纪念东吴大学法学院百年华诞

本书为江苏高校优势学科建设工程资助项目（PAPD）

本书属苏州大学公法研究中心研究成果

东|吴|法|学|文|丛·东吴法学先贤文录

东吴法学先贤文录
·国际法学卷·

陈立虎◎主　编

中国政法大学出版社

2015·北京

声　　明　　1. 版权所有，侵权必究。

2. 如有缺页、倒装问题，由出版社负责退换。

图书在版编目（ＣＩＰ）数据

东吴法学先贤文录.国际法学卷/陈立虎主编. —北京:中国政法大学出版社,2015.8
ISBN 978-7-5620-6269-1

Ⅰ. ①东… Ⅱ. ①陈… Ⅲ. ①法学－文集②国际法－法的理论－文集 Ⅳ. ①D90-53②
D990-53

中国版本图书馆 CIP 数据核字(2015)第 195727 号

出　版　者	中国政法大学出版社
地　　　址	北京市海淀区西土城路 25 号
邮寄地址	北京 100088 信箱 8034 分箱　邮编 100088
网　　　址	http://www.cuplpress.com（网络实名: 中国政法大学出版社）
电　　　话	010-58908586（编辑部）　58908334（邮购部）
编辑邮箱	zhengfadch@126.com
承　　　印	保定市中画美凯印刷有限公司
开　　　本	720mm × 960mm　　1/16
印　　　张	31.5
字　　　数	510 千字
版　　　次	2015 年 8 月第 1 版
印　　　次	2015 年 8 月第 1 次印刷
定　　　价	74.00 元

东吴法学先贤文录总序

胡玉鸿

　　光阴荏苒，岁月流金；薪火不熄，学脉永继。自 1915 年 9 月美籍律师查尔斯·兰金创办东吴大学法科以来，时光已一世纪，然东吴之辉煌、法学之昌盛，至今仍为世人津津乐道；东吴大学法学院于中国法制改革、法学教育史上之地位，亦可谓震古烁今，高山仰止。国内现代法学大师中，王宠惠、刘世芳、董康、戴修瓒、郑天锡、郭卫、章任堪、赵琛、凌其翰、徐传保、徐砥平、张志让、俞颂华、向哲浚、曹杰、张慰慈、吴芷芳、王效文、章士钊、朱通九、梅仲协、魏文翰、张企泰、范扬、俞叔平（以上为东吴教授，以到校任职先后为序）；王士洲、吴经熊、陈霆锐、何世桢、狄侃、李中道、盛振为、金兰荪、梁鋆立、端木恺、丘汉平、桂裕、孙晓楼、陶天南、张季忻、陈文藻、黄应荣、杨兆龙、李浩培、姚启胤、倪征𣋉、鄂森、何任清、查良鉴、费青、郑竞毅、卢峻、王伯琦、郑保华、魏文达、裘邵恒、陈晓、丘日庆、王健、徐开墅、潘汉典、高文彬、杨铁樑、王绍堉、浦增元、庄咏文（以上为东吴学子，以毕业届次为序），或执教东吴哺育莘莘学子，或出身东吴终成法学名宿，人人握灵蛇之珠，家家抱荆山之玉。合璧中西，形成"比较法"之特色；戮力同心，铸就"南东吴"之美誉。

　　但前人之辉煌，非仅为后辈称道而已。诸先贤之呕心力作，亟待结集；比较法之教学特质，仍需寻绎。前者在集拢大师文字，归并成皇皇巨作，嘉惠后人；后者则总结教育成就，细究其方法之长，服务现世。沧海桑田，白驹过隙。东吴法学之先贤，或天不假年，已驾鹤西行；或虽尚健在，然精力不济。精研法理之书文，多将散佚不存；服务国家之良策，亦恐湮没无息。是以今日学子之任务，在搜寻先贤文字，重版印行；总结东吴之成就，使传于世。

苏州大学王健法学院系承继东吴大学法学院而来。前辈业绩，自然庇荫今人，但全院师生，在以先贤为荣之余，更感使命重大，无一日或敢怠息。同仁深知：既为东吴之传人，自应熟悉先辈思想，了解学院历史。为此经讨论决定，近年内学院将完成三大浩繁工程：一为出版"东吴法学先贤文丛"，汇集大师之作，使珠玑文字，重见天日；二是编辑"东吴法学先贤文录"，以学科分类，归并单篇之作，以为研究之资；三则撰写《东吴法学教育史》，探讨东吴法学教育沿革之始末，总结比较法教学如何适应于今世。前者已有王宠惠、杨兆龙、李浩培、倪征燠、潘汉典诸先生文集面世，后续之举，已列议题；今则辑录先贤文字，以学科归类，分八册出版，以纪念百年东吴，使尘封妙文，重见当世。至于教育史之编撰，待档案解密、人员齐备之后，再行商议。

自 2012 年以来，本人即开始遍访东吴法学先贤于民国时期之文章，下载、翻拍、扫描、复制，虽卷帙浩繁，搜寻不易，然淘书之乐，无时或已。所幸者科技时代，诸多志存高远之士，将民国文献辑成电子文本，使今人更为便捷得识先贤文字。但遗憾者年代久远，资料多有散佚，有时"上篇"已得，但"下篇"难觅；有"二、三"者，却缺"一、四"。至于错漏、脱讹而至无法辨识之处，更是不足为奇。即便如此，学院同仁及广大学生，仍深感使命重大，不畏艰难，共襄盛事。文字录入工作，主要由在校研究生完成，论文选择编排，则请各卷主编担纲。资料浩繁，校对费时，自知多有遗漏，所录者不及万一；完善修正之举，仍需假以时日。敬请学界同仁，多加指正；如有资料提供，不胜感激！

是为序。

2015 年 7 月

目录

Contents

国际公法是否法律之检讨[*]

赵颐年^{**}

国际公法 International Law 一词，始创于十八世纪之历史学家 Vattel 氏，继确定英之 Benthem 氏。然历时未久，基础不深，虽披法律之衣冠；惟仍有学者疑虑其无法律之本质者，而 John Austin 辈更倡言之为国际道德，是以当学者著书立说之时，常不敢断然称之为法律，而仅含糊其辞，名之行为规则。若 Lawrence 之定义，国际公法为 "The rules which determine the conduct of the general body of civilized states in their mutual dealing"，即一明例，但行为规则一辞，称道德可，称法律亦可；而国际公法之是否法律，乃致混淆不清，成一疑问。

按 Austin 辈主观之见解，法律乃主权者之命令。"Law is the command of the sovereign" 然叩之国际公法，主权者谁属？盖国际公法为世界文明各国所公认适用于国际相互关系之规则，其基础树立于平等国家自由意志公认 consent 之上，各国一视同仁，绝无较高之威权者，当更无命令之可言。则国际公法在 Austin 眼中，碍难承认为法律，然按 Richard Hooker 所下法律之定义，"Any kind of rule or canon whereby actions are formed"，则国际公法诚不失为一十足之法律。吾等虽不左祖 Hooker，然 Austin 之见解，亦未免过偏，盖诚如彼言。则习惯法首先百索不得其解，而允称法治之国英伦之判例法，亦难自圆其说矣。习惯法及判例法，皆无主权者，而人皆公认之为法律，则 Austin 至定义，既不能适用于此习法律判例法，更何能适则于彼国国际公法。

---

* 本文原刊于《法轨》1933 年创刊号。

** 赵颐年，1935 年毕业于东吴大学法学院（第 18 届），获法学学士学位。著作有《国际公法是否法律之检讨》、《引渡罪犯之研究》、《外侨一经犯罪即须驱逐出境之美国判例》、《领事裁判权问题》等。

若以第三者公正目光论之：则穗积重远之定义，比较公允，穗积重远之言曰："法律者，社会生活规范之由社会力（尤其由公权力）强制实行者也"。信如斯言，则法律有三必不可缺之要素焉。(1) 社会，(2) 规则，(3) 强制实行之外力，国际公法之能否列身于法律之林，唯问其有无三种要素。

（一）社会。社会即团体之意。国际之团体，乃唯一为国家；国家之存在，并不始于今日，其由来已久。而十九世纪以后，交通发达，文化演进，各国相互间之关系，弥形重要；欧战后更有国际联盟之组织，是团体之存在，事实上不容否认。

（二）规则。国际公法，其渊源虽一部由于习惯而来，然其大部则根据于条约，所谓 Law - Making treaties，如历届海牙和平会议议决之法律，及各国所签定之 universal international Law，其有一定之规则，亦昭然若揭。

（三）强制实行之外力。多数学者之否认国际公法者，即以国际公法无强制力为口实，而徒恃各国之自觉，有如道德然。实则此系以国际公法与国内法等量齐观之谬误。国家在国际团体之内，与个人于国家之内，其制裁方法，岂可同日而语。国际公法之制裁，谓之薄弱则可。谓之毫无力量则决不可，国际公法上之制裁，约有七端：(1) 舆论，(2) 强制解决国际争议之方法，(3) 报复，(4) 复仇，(5) 自卫，(6) 干涉，(7) 战争，然则要件悉备，欲否认国际公法之为法律，乌乎可？

或云：在伦理上则信如君言，于国际公法之本质上，不失为法律，奈其实际毫无效力何！列强或逞兵黩武，或恣意侵略，所谓非战公约，九国公约，直敞屣耳，则国际公法，亦形同虚设之具文也。此种见解，现亦盛行，然实似是而非之谈。吾人试以国内法言之：虽法令严森，尚不能令作奸犯科者之绝迹，而暗中逍遥法外者，实繁有徒，即明经告发之盗案窃案，能水落石出，人赃并获者，十之中，不过三四而已；漏网者竟居十之六七，然不失其为法律也。且破坏国际公法者，常有所借口，或云自卫行动，或云恪守条约，绝不敢明目张胆，悍然冒天下之大不韪，且法律之强制性，乃法律之强制可能性也。必须先有破坏者，而后强制有可能，若人人遵守，则固无强制之必要，做法律之破坏者愈多，则其强制力愈显，而法律之本质愈明，言国际公法无实效者；未免愚肯之讥也。

或以为于法律本质上，国际公法诚无疑义，然于程序方面，则不能释然，盖法律必有（一）制法之机关，（二）司法之机关，及（三）执行之机关，而国际公法独付诸阙如，未免美中不足，此亦系误解。

（一）就制法之机关言，此实将国际公法与政府颁布之法，混为一谈矣。法为人民与国家，或国家与国家相互往来之规律。政府颁布法律，不过颁布已存之法律，而国际公法则为自然存在之规则，一如习惯法之不必经政府颁布者；盖法治存在，非法之颁布也。国际公法中有不成文法之分子，如习惯法及礼让原则等；亦有许多成文法分子，如各国所签订之条约是。

（二）就司法机关言，则有所谓国际法庭，以司其事，且司法机关，亦非法存在之要素；法固可先法规而存在，法更可先法院而存在。司法机关虽无，然不能损其法之存在，如我东北沦亡，法院解体，然决不能解为法制亦因此化作乌有也。

（三）至于论国际公法之执行，则国内法常有依其规定，间接为之执行者，如各国元首之特权，各国国内法多予以规定。退一步言；且法律之存在，与法律之执行，（或法律之保障，）本非一物。国际公法即无执行机关，然不失其法律之存在。唯国际公法之执行，效力较差，或历时甚长，有在数十年后者，如普法战争，Thiers 语 Rauke 以战争为对付 Loius 而发，Schiller 更谓"世界之历史，即世界之法庭"。执行机关云何哉。

综之，国际公法之为法律，不容否认。惟因历史甚浅，仅粗具端倪，未能发荣滋长，肢体悉备，然观过去之国内法，亦曾经此阶段，今日之国际公法，虽属雏形，然其法律性已无容讳言。假以时日，则脱颖而出，必能一鸣惊人也。

本文之成，得舍弟昌年，资考之处为多，附此致谢。

于复旦

国际主义的复苏[*]

汪道章[**]

依据民族学学者的说法，海洋国家的民族性多半是动的，冒险的，进取的。翻开历史一看，征服者不都是海洋国家，被征服者却多是大陆国家，而地图上所涂染的各种色泽也就是这些历史所创制的遗迹。自达尔文的进化论问世以后，所谓"物竞天择""优胜劣败""适者生存"几个论点更被这些海洋国家认为无上法则而形成以力为中心的唯力哲学，抛弃了那些人类互助的陈腐论调。这种唯力哲学支配了差不多半部以上的人类历史，从而演变为偏狭的国家主义而帝国主义。因为这些国家既具备海洋国的先天赋予的性质和由此类性质所养成的狭隘的民族观念与民族优越感，于是侵略欲便成为她们的立国中心而形成帝国主义，其侵略性是军事的和政治的。产业革命以后，生产方式和生活方式都起了巨大的变更；金融与商品的饱和迫使这些国家不能不寻求投资市场与销货市场以做她们的金融和商品的排泄的尾闾，因此便发生资本主义，其侵略方式是文化的和经济的。但是，市场和殖民地的获得和维持，仍然要依赖强大的军事力量与政治力量，基于这个因素，帝国主义和资本主义又相互配合而形成资本帝国主义。

帝国主义间彼此的矛盾的对立是无法消弭的一件事，因此在各个的相同的利害之下组成相同利害的集团或同盟之类的形式以对抗与自己利相冲突的集团，十七、十八两世纪以来的神圣同盟，第一次大同盟，以及第二次大同盟之类由此产生。这类的同盟不过是国家主义的团结帝国主义的积体，其对人类的和平与幸福，自然并无贡献。但是国际主义却在这个时期开始孕育出

---

[*] 本文原刊于《国讯》1939 年第 221 期。

[**] 汪道章，1932 年毕业于东吴大学法学院（第 15 届），获法学学士学位。

来，尼古拉一世所召集的海牙万国和平会议即不啻是国际主义具体的雏形。这个会议虽然严格地说起来不够国际主义的理想，但是许多残酷杀害人类的方法却也受了相当的限制，其对人道主义方面的努力，也未可湮及。及至资本主义产生与帝国主义化合形成资本帝国之一以后，它们相互间又因经济的膨胀和不景气以及诸如是类的原因而发生冲突和矛盾。则此类冲突和矛盾愈益强化，尖锐化，而扩充军备和争夺殖民地便酿成大战的主因，渐露萌芽的国际主义又重复回到浅狭的国家主义。但是，战争并不是消弭帝国资本主义间彼此冲突的一个最有效的方法，经过由一九一四年至一九一八年的四年大战后，经验会告诉她们战争仅仅是残酷地屠杀人类的工具而不是解决纠纷的方法。获得这个经验之后，新的觉悟又使她们意识到国际主义而放弃国家主义以求人类的文明和幸福，以祈求达到国际主义理想为目的之国家的政治组织——国际联盟——遂以产生。

国际联盟是个国际的政治组织，是企图以集体安全制度和国际的集团力量来制裁国际的现状破坏分子而保障世界和平的一个艰巨而又伟大的一个试验。在国际的共同合作之下，这个国际政治权也做了许多解决国际纠纷的工作得到一般国际主义信仰者的拥护。可是，这个国际组织在开始的时候，却仍被国家主义者所操纵而使其抱有最大国际主义理想的发起者不予参加，因之其本身的组织和精神便带着先天的缺陷。据国际主义者的说法，国联的工作诸如：德国赔款问题的解决，消除了凡尔赛和约的困难；洛迦诺〔1〕条约的成立，德法边境的纠纷也告段落都是努力解决国际纠纷的种种成绩。但据笔者观察，诸如是类的工作不过是国联的操纵者操纵国联使其成为实施有利于自己之和约的工具，因此国联的努力不但没有彻头至尾澄清国籍的渣滓，而且相反的，还因之遗留了许多足使日后国际纠纷愈加严重甚至重新爆发另一次大战的火炉。虽然如此，努力国际主义的热心者并未因之气馁，太平洋上的华府会议的举行，九国公约的签订，社会主义国家的加入国联而做它的支持者，俱足表现倾向国际政治组织的改善以保障世界和平与集体安全的是大有人在。此外，各国在野的国际主义者也更进一步努力而组成了一个国际的民众组织——国际和平运动会，即国际反侵略运动会——以为国际的政治组织之后盾而追求人类的真正和平。一九三六年九月六日国际和平运动会便

---

〔1〕 "洛迦诺"原文作"罗迦诺"，现据今日通常用法改正。——校勘者注。

具体的实现，四个其基本原则：一、确认国际条约义务之神圣；二、运用国际协定，以减缩及限制军备，并取缔军火制力及贩卖之牟利；三、运用"集体安全"及"互助"的更有效的组织，增强国联之力量，以避免及制止战争；四、就国联组织内建立有效的机构，用和平方法，调整足以引起战争之国际事态。这个国际的民众组织是在一九三四年由英国薛西尔爵士酝酿发起，适在东亚的"九一八"和"一二八"发生，非洲的埃塞俄比亚[1]被侵略使国际联盟极度失了威信之后，可见国际主义依然具有其不能磨灭的伟大性而为人类所追求。

国际主义之所以在世人的信念中发生动摇，国际政治组织之所以被世人漠视，除掉它的先天缺陷以外，其后天的弱点也是原因之一。东亚的"九一八"事件发生，国际条约的尊严和国际的集体安全制度都被国际的秩序破坏者所毁弃，国际的组织并没实际地或表现地对弱小民族的侵略者予以制裁。欧洲的极权政治的国家主义者更进一步的撕碎了各项国际条约和国联的盟约并且以实际地行动作为她们毁坏和平的支持，使刚刚建设起来的集体制度完全破坏。国际主义的提倡者和支持者在此种情形之下，不但不以最大的力量和行动来答复这些破坏的力量和行动，反而企图以养虎贻忠的方法与国际秩序的破坏者妥协。在这个中心原则之下，使产生了极端妥协性的现实主义并且由现实主义跟着产生了同样性质的追随主义（Pursuitism）。在世界的另一角落的大陆上，光荣的孤立主义（Isolation）越发被一班忠实的笃信者所讴歌和颂赞。

现实主义和"追随主义"一登国际舞台，国际主义便被打入冷宫，而在国际主义之下成立的国际政治组织遂被它的一向热心的支持者所推翻；国际公约也被中立主义者逐渐地将它遮掩起来。敷衍让步和妥协成为国际政治中最流行而时髦的外交技术。可是我们加以公允的态度讨论，则现实主义之所以发生，也有它的实际背景。据美国纽约时报去年十二月间所载汉密尔顿[2]氏（T. J. Hamilton）关于德国战前殖民地之分析一文，其在战后被委任统治之殖民地有如下述：

---

〔1〕"埃塞俄比亚"原文作"阿比西利亚"，现据今日通常用法改正。——校勘者注。
〔2〕"汉密尔顿"原文作"哈密顿"，现据今日通常用法改正。——校勘者注。

地名	被委任国
坦噶尼格（TANGANU1KA）	英国
喀麦隆〔1〕（英属）（BRITISH CAMEROUN）	英国
多哥兰（英属）（BRITISH TOGLAND）	英国
西南非洲（SAUTHWEST AFRICA）	南非联邦
喀麦隆（法属）（FRENCH COMEROOM）	法国
多哥兰（法属）（FRENCH TOGLAND）	法国
路安达岛蒙地（RUANDA UNMIDI）	比国

据上表所述，再参看地图，我们即可知这坦噶尼格和喀麦隆正在非洲的两腰，北是法领西非洲南是英领南非洲，如果这些殖民地由德国收回，由德国在彼处建立空海军的根据地以后，则不列颠的印度和非洲殖民地的交通线时被德国机要切断而地中海的霸权亦将不保。直布罗陀、苏伊士〔2〕、开普敦都是英帝国的海上生命线，而这些生命线的根据又完全建立非洲上面，所以，在两害相权取其轻的现实主义之下，宁可使她的敌人的枪口朝向其它的方向，而不愿自己的权益有损分毫。追随主义自凡尔赛条约得来许多利益之后便一心一意的打算维持现状，又因其它的利害亦与现实主义者完全相同，故其始终追随者现实主义。至孤立主义者，因为紧紧遵守她们的开山始祖一七九六年的遗言，虽然有时候过问外界的事，但是却像钟摆一般，总是摇摆于"孤立"与"非孤立"两个摆向之间，但以"孤立"的摆向为多，纵然大西洋或太平洋风浪十分险恶，她却平安无事的坐在一旁打自己的算盘而不欲将自己牺牲替世界谋和平。

但是九月一日的炮声，终于震醒了现实主义的美梦而不能不对过去的主义重新清算和估价。他们开始意识到妥协，敷衍，和让步不独不能换取和平即暂时的安稳亦不可能，不但如此，而且妥协敷衍和让步只有鼓励现状破坏者更进一层的破坏，增加了它们的侥幸。冒险的骄横的心理，而且国际的秩序和正义也将到达不可收拾的地步。所以在现实主义的清算之下与之对立的

---

〔1〕 "喀麦隆"原文作"喀墨隆"，现据今日通常用法改正，下同。——校勘者注。
〔2〕 "苏伊士"原文作"苏彝士"，现据今日通常用法改正。——校勘者注。

国联中心主义，英国的国际主义者遂又有渐抬头之势，换句话，国际的动向，又将由浅隘的国家主义回复到国际主义。现实主义既然遁形，追随主义自然也会追随而逝。在新大陆方面也开始意识到世界的和平确是一个不可分体，即以利益而论，第一次大战以后，世界的经济也形成了一道连锁，引动这一个环节即可牵动其他环节。她的贤明的政治领导成者已经努力地毁弃了孤立主义的枷锁，对大西洋方面动员了一个和平的武装——中立法，在太平洋方面亦已开始了武装的和平——军事的调动。

人类的潜意识中，本来蕴藏着无限的公正和道义，但是客观的环境却使人们不得不为自己和自己的民族国家打算而推进实利主义。可是这类的主义终有被争议克服的一天，即从实际上着想，各个的利害也正演进而成为共同的利害，而共同利益之维持和共同损害之排除，也非共同行动共动维持不可。所以从历史方面，理论方面，以及实际方面去推测和观察，国际主义在最近的将来或因世界上的各领导国家的努力而有实现的可能。三民主义者是国际主义的最忠实的信仰者和维护者，虽说在事实上国际主义给予它的是空虚和渺茫，然而它还是始终不懈的贡献它最大的支持力量。"九·一八""一·二八""八·一三"诸事件以来，尽管有许多非国际主义者主张选出这个失去了国际主义精神的国际政治组织——国联，而三民主义者仍然相信国际主义终有复苏而将这个躯壳重行充满生机的一天。三民主义最后的理想是大同主义，而国际主义正是渡到大同主义的一座最恰当的桥梁，所以它始终不渝的信仰着，而它两三年和浅狭的国家主义有的搏斗是它拥护国际主义的最有力量的一个表现。历史的鞭子是最不客气的，迷恋国家主义残骸者应该觉悟地警醒起来，放弃那些以只可当着生物学论证的理论为基点的唯力持学和骄傲自私的民族优越感而努力于白种人所提倡的人群互助论和黄种人所追求的大同社会的理想而踏进天下为公的世界大同社会境地里面去。

再论国际主义*

汪道章

在本刊第二二一期里，作者曾写过"国际主义的复苏"一文，就目前国际演变的事实略加解析并从这些复杂的事实中的一般趋势着眼，说明现实的国际政治，颇有恢复〔1〕到国际主义的可能。严格地说，国际联盟这个组织并不是真正代表国际主义的一样东西，不过，在没有一个组织能够以超国家的力量使国际所发生的无政府状态消灭而成为有秩序的国际以前，国际联盟似乎是一个必经的阶段，一个代表国际主义的雏形产物。同样地说，现实主义之类的外交的放弃重复回到国联而运用它的力量去维持仅仅与国联强有力的领导者有关系的利益或者排除和这类分子有关的冲突时，也并不足以推定或者肯定国际的趋势是已经恢复到国际主义。这是作者属笔为本文以前对于"国际主义的复苏"一文所必须修正和补充的。

既然如此说法，现实的国际趋势自然不是趋向国际主义了，然而又不是这样说，国际联盟既然是一个代表国际主义的雏形产物，那么〔2〕如果国际上对于国联不欲存心破坏而热心地支持着它的话，国际主义的初步即可由于这些支持和赞助而完成，其最后的目的亦可因初步的完成而实现。一九一八年以后，过去的同盟制度为团体安全制所代替，即作者在"国际主义的复苏"一文内所述的由狭隘的国家主义走上了国际主义的过程，质言之，即是由各国以各自的力量化为集体的国际力量以保障共同的和平，去代替从前仅由某些国家互相同盟角逐争雄的局面。国际联盟遂根据此种原则而产生，承认凡

---

* 本文原刊于《国讯》1940 年第 224 期。
〔1〕"恢复"原文作"回复"，现据今日通常用法改正，下同。——校勘者注。
〔2〕"那么"原文作"那末"，现据今日通常用法改正，下同。——校勘者注。

是盟约中的会员国如由一国被侵略时，其他会员国即与之发生协助义务的关系。姑无论此类理想的盟约在实施上有若何的困难而其祈求和平的目的趋向国际主义的归宿则是毫无疑义。在这个崇高的原则之下，确实也有许多国际纠纷在国联里面顺利解决。可是，不幸得很，这个国际主义下的新制度，在开始产生的时候便先天的带着许多的缺陷；它舍弃了那些为它真实努力地热心追求正义的支持者而俯首帖耳于市侩式的政治玩弄者的摆布之下驯至演变为其运用的工具。它对一切国际事件所贡献的，亦只仅仅发挥了维护对战胜国有利条件的力量，质言之，它不幸演变为实施失去严格公平的条件的工具。因为这个弱点，国联的本质便起了发酵作用而其地位也就在这个工具主义（Instrumentalism）之下牺牲而降落，至埃塞俄比亚〔1〕事件和远东九一八事件发生，这个弱点越发显明。

国际联盟不特具有这个弱点，就是以它为工具的工具主义者也因它所表现地特别微弱而对它发生了离心的动向，而恢复到以前的同盟制度。在这个状态之下国联不独是成为现实的被遗弃者，而且国联主义的初步工程的基础也受了相当的打击。可是，国联的遗弃者在以现实中心的国际活动之下，连串的事实，诸如捷克之被并，澳大利亚〔2〕之被吞以及波兰之被侵略……又使他们渐渐重新意识到国联的功用和效能而追认以前的那些国际活动室外交错误（Dipfomatie Bfunfer）（这是指外交行动而说；并不指他们的外交政策，请阅"国际主义的复苏"一文）。他们回到国联头一步工作，便是解决苏联和芬兰的问题，据本年十二月十一日内瓦电：国联第二十届大会决议要求苏联撤兵与分来和平谈判并限制苏政府二十四小时答复；十二日电：苏联拒绝接受国联的建议；十四日电：国联大会通过宣告苏联出会，当投票之时，我国放弃了投票权。苏联于一九三四年因法国之拉拢而加入国联，于本年十二月出会，这在国联方面是一椿划历史的事件。

国联宣告苏联出会，是否表现国际主义的抬头，国联地位增高，这倒是一个替国联估定真实评价的最好的课题。我们如果希望在这时候得着肯定的答复，目前的许多材料还嫌不够，尚有待于进一层的发展。不过，我们根据过去的事实，尚可得到一个虽然不见得十分准确但是也不见得十分歪曲的答

---

〔1〕 "埃塞俄比亚"原文作"阿比西尼亚"，现据今日通常用法改正，下同。——校勘者注。

〔2〕 "澳大利亚"原文作"奥大利"，现据今日通常用法改正。——校勘者注。

复。苏联是一个社会制度的国家，它和一切资本主义的国家间隐存着一道很严重而深刻的鸿沟和矛盾。这个矛盾，在一九二〇年间资本主义联合进攻苏联时，表现得非常明显。苏联为了打破这个孤立的局面起见，最初是意欲拉拢德国以便再来设法与欧洲各国恢复邦交，其后因希特勒的登台又逐渐和法国接近。因法国的关系，苏联又加入了国联，并且又和法国在一九三五年成立法苏互助协定，至是苏法二国成为欧陆中心而领导许多小协约国。这个和平集团到也相当的阻止了国际侵略的气焰，然而资本主义和社会主义终是不能交融的，捷克问题发生，现实主义者便舍弃并轻视了这个集团的力量，既不利用它和各个小协约之间的协定——苏捷，法苏，法捷——而又不将这个问题付诸国联处理。依照上述事实，一方面十足的证明苏联确实是支持着国联走向国际主义的道路而为和平努力并有意将自己成为反侵略的先锋，他方面又表明妥协份子对侵略者的妥协否定了国联在世界的地位，破坏了集体安全的制度。在远东方面，苏联也曾经尽了许多同情的呐喊并且尽了许多帮助被侵略国家的义务，而支持国联要求它对远东的侵略者予以集体制裁行动，但是不幸这个提议未为国联接受而易为个别制裁致未实行。由此，又可证明苏联对国联的支持和赞助不但不在任何人之下反而较之热烈，实际。

国联呢？自不谓说，它先天既然带着许多缺陷而又在后天的工具主义播弄之下降落了自己的地位，那么，它一切行动所代表的自然便系工具主义者所要求的，所以它在开始的时候成为工具主义的实施有利条约工具。其后，远东的九一八发生，因对国联的提线者的利益还没有发生直接的冲突，故其所决议的以及具体的方法皆是软弱无力。埃塞俄比亚事件发生，国联的指挥者便开始指挥这个工具对侵略者加以制裁，可是因为已经失去了威望不及设法恢复，以致更进一步使国联碰壁。

然而话又说回来，国联究竟是国际上一个超然的政治组织，它正是国际主义的初步基础，它虽说先天带来许多缺陷并做了工具主义者的牺牲品，而我们却不能因噎废食地而连带的对它失望。我们更要进一步的匡扶它，好像保姆对于婴孩一样，极力的纠正它的不好的地方而维持其好的地方。在抗战中的中国，数年来对于国联所设施及其行动虽亦有些不满的地方，但是我们却未尝因为这些不满而影响其对国联的根本认识或动摇其对国际主义的基本信念，反之，它对国联还是仍然抱着十二万分热忱和希望。不但如此，我们还把信赖国联，重视公约以及拥护集体安全种种原则定为我们最基本最坚定的外交政策，这在我"抗战建国纲领"很明显的规定的："对于国际和平机构及保障国际和平之公约，尽力保护并充实其权威"一个原则，足以证明中国正是国联的忠实的拥护者和支持者。遵照这个纲领，一切反国际主义的表示和一切足以减低国联或其他和平公约的权威的行动乃至一切侵略集团，中国不但参加而且还要加以反对并愿支持国联对之加以制裁。这是这个对国际主义最鲜明的态度对国联最显明的表示。

除在政策和行动方面有最切实的表示以外，在政治理论方面，也很十分的指出中国的政治理想也正是向着这个方面在努力。国际主义，在中国的政治术语中，就是世界主义。在现时中国的基本政治理论的三民主义的民族主义中，对国际主义发挥得非常充分。三民主义所要建设的国家，在民族方面，即是要建设一个完全以由自然力所结成的民族为本位的民族国家，再由此民族国家而踏上世界主义，即国际主义的大道。因此之故，她虽然以世界主义即国际主义为依归，但是它却反对不经民族主义的阶段而直达于空想的世界主义，所以孙中山先生说："我们要知道世界主义是从什么地方发出来的呢？是从民族主义发生出来的，我们要发达世界主义，先要民族主义巩固才行，如果民族主义不能巩固，世界主义也就不能发达"（民族主义第四讲）由此以观，中国的政治理想即是以国际主义，或世界主义，也可以说是世界大同主义为最终目的，而已民族主义为其实行阶段；必要通过民族主义的阶段而达到的国际主义或世界主义，才是真实的国际主义或世界主义。因此，中山先生说："我们要发达世界主义，先要民族主义巩固才行，如果民族主义不能巩固，世界主义也就不能发达"（见前）。在这个以祈求国际主义或世界主义为目的的先决条件的原则之下，尤以我们被压迫的中国的特殊地位为最，所以中山先生又说："我们受屈民族，必先要把我们民族自由平等的地位恢复起来之后，才配讲世界主义"（见民族主义第四讲）。中国是国际主义的最热心的赞助者和支持者，在目下对日抗战情势之下，固然是实行达到国际主义的最初阶段，同时，无论国际主义下的国联所表现得是如何令人失望，所答复于中国是怎样的失掉了国际主义的真谛，中国都是十二分的忍受着，咬紧牙齿向国际主义作最有力的追求。不但如此，而且三民主义的民族主义所追求的国际主义并不是空想的而不合于实际的，因之它不但反对民族的虚无主义，即是不经过民族主义的阶段而直达于空想的国际主义或世界主义，而且同时反对狭隘的国家主义。关于此点，作者在"国际主义的复苏"一文中，曾经略为提及，对于狭隘的国家主义，认为是构成国际帝国主义的基础。帝国主义的存在，适足以构成国际的侵略行为，而这种侵略行为又适足妨害其他各民族的生存，酿成一种国际上混乱的无政府的状态，而成为国际主义或世界主义的最大的障碍。

帝国主义的侵略行为既足以酿成国际的无政府状态而为国际主义的最大障碍，当然是未追求真实国际主义以及人类正义的中国所切实反对，故而中山先生又说："所以中国如果强盛起来，我们不但是要恢复民族的地位，还要对于世界负一个大责任，如果中国不能够担负这个责任，那么，中国强盛了，对于世界便有大害，没有大利。中国对于世界究竟要负什么责任呢？现在世界列强所走的路，是灭人国家的，如果中国强盛起来，也要去灭人国家，也去学列强的帝国主义，走相同的路，便是蹈他们的覆辙"（民族主义第六讲）。所谓真正的国际主义者，里面包括一个最低的要素——国际道德，这个国际道德就是指世界上的各个民族国家，不论其民族优越或低劣至如何程度，都具有最神圣的生存权；它们彼此的地位，一律自由平等，不受其他国家的干涉和侵犯。根据这个原则，国际道德之下又分为两个原则：其一，即民族自决，任何民族都赋有依照自己的意思处决自己的事务，建设自由自己的意思所设计的国家和政府而不受任何国家的干涉和支配。由于这个民族自决的原则又可分为两面；第一方面，消极地承认其他国家的民族自决权，第二方面，积极地扶住其他国家的民族自决权，这就是中山先生所说的"对世界负一个大责任"的意义所在，所以他又说："所以我们对于弱小民族，要扶持他，对于世界列强要抵抗他"（民族主义第六讲）。其二，即国际信义的尊重，所谓国际信义，就是一面遵守国际的条约尊严，严行是项条约所包含的义务一面要求一切国家间的行为要真诚和平而不能以强项欺骗手段去凌辱其他的国家，如果有一个国家不守国际信义或者甚至破坏国际信义，国际即应采取一致行动，对它予以有效的制裁。

依上所述，三民主义的民族主义可以说是国际主义或世界主义的实行，国际主义或世界主义是三民主义的民族主义的目的。如能依照以上几种原则实行，则国际上所有一切不平等和相互侵略的现象和行为都会消灭殆尽而成为一个真正自由平等的世界。国联是代表国际主义的一个最理想的机构，它的目的即在企求以国际的集团力量去制裁国际信义的和国际秩序的破坏者，维持国际条约的尊严而予世界和平和集体安全以最大保障的。它所具有的本质和效能一切都与三民主义的民族主义所蕴含的几个原则相符合，所以中国以渴望真实国际主义的国家都将他们的理想和愿望一切都寄托在国联的身上。

截至现在，国际主义似乎已经从瘫软的状态中恢复常态，虽然这种常态还有许多地方可以指摘，然而它究竟还不失为一个国际的超然组织而最低限度亦可稍事发扬国际主义的真谛。这次国联对苏联的作为，姑无论国联是否仍然是在工具主义者之手摆弄，也不管苏联的立场如何，国联的本身究竟似乎是较前略胜一筹而对国际上的纠纷作了一个有勇气的尝试。中国对此苏芬事件虽说放弃了投票权，可是对国联尚未至失望的程度。至于国联本身，当然有许多缺陷尚待改正，而其改正的第一个阶段即在要积极把自己跳出于工具主义的范畴之外而形成一真正超然性的机构。第二个阶段即是要尽可能的发挥国联的力量，对于国际信义和国际秩序的破坏者要予以毫不姑息而又切实的制裁，而做到如中山先生所企望的"对弱小民族，要扶助他，对世界的列强，要抵抗他"的地步。如果国联能够向这两个目标努力地话，则国联的地位将不高而自高，国联的力量亦将不大而自大，而其所代表的国际主义也不会是虚无的空想的国际主义而是真正的切实的国际主义。再申说一句，中国是国际主义的最忠实的信仰者，是国联最热忱的拥护者她始终不懈对国联的拥护者的态度和近几年来对反国际侵略运动的努力，无形中替国联增加不少的力量，对国际主义播下了不少的种子替人类正义增上了不少的光辉。国际主义是最理想的，如果人类的智慧和感情不至于堕落到不可收拾的地步，国际主义终有很美满成功的一天而得到许多意想不到的收获。

格劳秀斯海洋自由论[*]

范　扬[**]

（一）

海洋自由论，勃兴于十七世纪初期，就中为英法荷兰等新兴的海商国所提倡，其理论始推翻了西班牙葡萄牙等国的海洋独占说，并为人类社会道破了当然的法则。至十八世纪，其主张渐为一般世人所承认，及十九世纪，便居然成为国际上的一个大原则了。当十七世纪的初期，关于海洋自由的学说，为格劳秀斯[1]所代表。格氏的海洋自由论，即发表于其初年的名著《海洋自由论》，一名《印荷通商权论》（Mare Liberum sive de Jure quad Batavia competilad Indiana commercial Dissertatio）中。这《海洋自由论》，出版于一六零八年，其内容本为别稿《捕获法论》的一部分，作成于一六零五年。这稿子

　＊　本文原刊于《社会科学论丛》1935 年第 2 卷第 2 期。

　＊＊　范扬（1899～1962 年），字望洋，浙江金华人。法学家和法学教育家。1916 年赴日本留学，先后就读于预备学校、东京高等学校、东京都第三高等学校文科、东京帝国大学文学院哲学科、法学院法律科。1928 年，范扬从日本东京大学法律科毕业。归国后，先后任浙江省警察学校教务主任、浙江省地方自治专修学校教员、南京中央大学教授、安徽大学教授、复旦大学教授、中山大学教授、上海社会科学院哲学研究所研究员等职。抗日战争爆发后，弃教从政，历任国民政府军事委员会政治部第三厅副厅长、考试院参事，颇有政绩。新中国成立后，又弃政从教，撰写了《评新行政执行法》、《各国宪法中之行政权》、《改进行政救济制度之我见》、《宪法及行政法》、《继承法要义》《行政法总论》、《警察行政法》等论文和专著，对行政法学基础理论和学科建设做出了重要贡献，对宪法的一些问题也进行了深入的探讨。译注有《法哲学原理》、《私法变迁论——〈拿破仑法典〉发布后私法之一般的变迁》等。

　〔1〕"格劳秀斯"原文作"格罗丘斯"，现据今日通常用法改正，下同。——校勘者注。

当时不曾复印，[1] 及西荷交涉，西班牙要求荷兰放弃对于印度的通商航海，格氏乃将旧稿中讨论海洋自由的部分，取出修正出版，用以驳斥西班牙之不合理的要求。所以如其另一标题所示，这论文是为荷兰人争夺印度的通商贸易权而发表的。

现在先就《捕获法论》的来历说，当时西班牙与葡萄牙共同拥戴者菲利浦二世，构成身上联合，处于同一君主之下。西班牙人曾于一四九三年依罗马法王的命令，以太平洋及印洋作为自己的领域。据此，他们两国遂欲独占这些海洋，禁断外人的航行出入。其时荷兰人虽与西班牙人酿着战争，而与葡萄牙人却还持着稳重的态度，避去不与交锋。然一面因荷兰及瑞兰五公司的船舶航行于东印度，屡次受了葡萄牙人的凌虐与暴行，荷兰人为保全印度方面贸的与利益计，乃放弃从前以经济的发展为国是重心的态度，合同许多小公司，创立东印度公司，整备武力，从事正当防卫。惟该公司于消极的目的之外，更欲向敌人进攻，冀自战利品中获得巨富。自此荷兰人与葡萄牙人渐开冲突，一六零二年东印度公司的一船长海姆斯开克，竟将葡船卡他利那号，自麻拉卡公然抢了回来。该公司这回的举动是否正当，原属疑问，不过为保持自国的商业活动，对于葡国的海上排外运动，的确是有对抗的必要。那时格劳秀斯恰好担充印度公司的法律顾问，因受公司的嘱托，乃就做这《捕获法论》，来辩护拿捕的行为。

《捕获法论》的内容，共分三篇：第一篇为"捕获法的理论"，由自然法及万民法的见地，论述战争的意义；交战权及捕获权等；第二篇为"沿革"，叙述荷兰所以不得不与西班牙及其同盟国开战的原因；爱尔伐（Aloa）公的暴虐；菲利浦二世对于荷兰人的态度；东印度公司自一五九六年初到印度时起，至卞他利那号拿获时止，荷兰人所受葡萄牙人的欺待；以及两国兵力的冲突；第三篇即为"海洋自由"，论着海洋自由的一般原理，及荷兰人对印度贸易的权利等项。一六零八年于西荷交涉之际，所出版的《海洋自由论》，即与这《捕获法论》的第三篇相当的。

---

[1] 这"捕获法论"的原稿全部，在格氏的生前，并未出版。至一八六四年，即距其执笔二百六十年之后，其遗稿乃发见于海牙的某书肆中，书面上是题者"格劳秀斯关于捕获法的论文全书十六章"的字样。发现了之后，为莱丁大学法学院所购入，至今还藏在该大学的图书馆中。经过 Virsering 及 Fruin 两教授编纂之后，乃于一八六八年首次出版。

（二）

以下请就《海洋自由论》的内容，稍稍详细的介绍：按独立出版的《海洋自由论》，全书分为十三章，第一章说依国际法的原则，不论那国人民都有在海上航行，或与他国通商的自由；因妨害了这个自由，历史上曾经引起了许多次的战争。

第二章说葡萄牙人对于东印度并无何等权原，不许为东印度的土地所有人，如甲伐（Java）斯里兰卡〔1〕（Ceylon〔2〕）及马六甲〔3〕（Malacca〔4〕）等岛，都从早已有固有的君主与法律，并非为葡萄牙人所有。葡萄牙亦不能因发现就得到权原，如欲取得权原，此外还要实行占领。况葡萄牙一直未到印度以前，其土地已早为世人所共晓，其住民自己曾有权原，而且现在还维持着。

第三章说葡萄牙人也不能依罗马法王敕令的授与，而得到什么权原，法王的权力，只能及于灵界，而不有俗界的权力。

第四章说葡萄牙人又不能依征服而取得什么权原，因对于现在与荷兰人通商贸易的多数人民，葡萄牙人并未与之开战，对于印度诸岛，并未实行军事占领，至于海洋的占领，是不必说了。

第五章说原始的国际法即自然法上，凡物皆非私有财产，一切皆为公众所共有，只是因使用而要消耗的，或不得不归个人专用的东西，才认为各人所有。各人的所有物，首推各人所最需要的饮食物品，次及衣服动产家畜，最后为不动产。然所有权发明了之后，关于所有权的法规，仍出于自然的模仿。凡物因各人的必要，不得不专归各人使用，所以认其物为各人所有权的目的物，并因其占有而发生所有权。除了野兽之类，对于收押要起抵抗的东西之外，关于占有，倘已经过有形的占有，其后只要有占有的意思便够了。所谓有形的占有，在动产为收押，在不动产为围障。故于此可下两个断案：（一）一切的所有权，既起源于占有，则不能占有或未曾占有的东西，不能属

---

〔1〕 "斯里兰卡"原文作"锡兰"，现据今日通常用法改正。——校勘者注。

〔2〕 "Ceylon"原文作"Feylon"，现据今日通常用法改正。——校勘者注。

〔3〕 "马六甲"原文作"莫留卡"，现据今日通常用法改正。——校勘者注。

〔4〕 "Malacca"原文作"Molucca"，现据今日通常用法改正。——校勘者注。

于任何人所有；（二）其性质无妨于各人共同使用之物，即天然生成供给人类共同使用之物，如日光，空气及水等，至今日也与天然生成的当初，存于同一的状态，即将来也永远存于同一的状态。以故像海洋这般浩浩荡荡，茫无涯际，事实上既然不能占有，而且无论航海渔业，却都适于各人使用的东西，宛同空气一样，也是应为各人所共有的。从私法上论起来，海洋的某小部分，实际上为谁人所占有的时候，固然也得暂时认为占有，然其占有，决不许妨害公共的使用。至于非属内海的真正的海洋部分，若占有了要妨害公共使用，是全然不许占有的。现在让一步说，即使海洋得为谁人占有，而如航海的使用，是不会消耗海洋，终不许为各国所独占。

第六章说海洋本身及航海权，不能因罗马法王特许的权原，而归属于葡萄牙人。盖法王非俗界的君主，并无俗界的权力，即使有俗界的权力，也不能将随其职位的权利，而移转于他人；而且也没有权力可以使海洋为他人所有，来做这种违反自然法的行为。

第七章说海洋及航海权，不能因时效或习惯而属于葡萄牙人。时效是国内法上的事项，而非国际法上的事项；违反自然法或国际法时，时效也不能成立。即使从国内法上论，海洋是不能占有，或准占有，及处分，也当然不能依时效而取得其所有权。又习惯也不能违法自然法或国际法而有效，更不能否认一般的或普遍的法则为有效。格氏于此并引了西班牙人伐斯开斯的话，说国际法上为一切人所共有的一切公共的场所，不能为时效取得的标的物；时之经过，决不能对于不正事项，授以时效的权利；并说专行航海权及禁止他人航海的权利，均非依时效或习惯所能获得。接着格氏自己说，假使如某人所想，依时效能在公共财产上设定权利，则其权利的创设，须有三个绝对不可缺的要件：（一）不以长期间的现实占有为已足，须自渺茫不可记忆的时期以前，实行占有；（二）须该时期内他人未曾公然行使同样的占有权；（三）他人要求使用其占有物时，须尝为妨害其使用之处置，且其处置为世人所周知，及为该事件之关系人所默认。然葡萄牙人对于海洋的占有，决不能主张已开始于不可记忆以前；也未尝妨害他人之使用；更未曾获得足以禁止他国人航海于印度海洋的一种权利。就这样论起来，所以葡萄牙人欲取得海洋航海独占的权利，实缺乏其所必要的条件。

格氏这样讨论了海洋本身的自由及其使用自由之后，其次，在第八章说国际法上贸易是无论谁人都可自由；第九章说东印度的贸易，不能因占有的权原而属葡萄牙人，第十章说不因法王特许的权原而原属葡萄牙人；第十一章说不因其时效或习惯而属于葡萄牙人；第十二章说葡萄牙人禁止他人贸易，于平衡的法理上非有适当的基础；最后在第十三章说荷兰人与东印度贸易的权利，如不能以和平条约维持，则非以战争维持不可。

《海洋自由论》，本讨论为实际问题而起草发刊，但到了出版的时候，西荷两国已结成十二年休约条约，因之这论文当时犹未引起一般人的注意，及英人塞尔登[1]（Selden）著了《海洋闭锁论（Mare Claum）》，来反驳他，才闻名于世。

（三）

格氏的《海洋自由论》，其主旨虽在对葡萄牙主张印度洋之通商航海的自由，然其所谓海洋自由，意义颇广，并牵涉到渔业的自由。他以为对外国渔民科渔业税，禁止外国人渔业的自由，其行为比妨害航海的自由，还要恶劣，是野蛮而非人道的。因此他方面又卷起了英国沿海岸渔业权的争议。

当格氏的《海洋自由论》出版后三个星期，英王詹姆斯一世曾出了布告，禁止未得英国特定官吏特许的外国人，在英格兰及爱尔兰沿海经营渔业。其间荷兰人犯了禁令，其护送军舰，有一回且将英国军舰的舰员，拿了回来。因此英荷两国之间，屡次起了纠纷。终因英国的海军力甚强大，荷兰人莫之奈何，一时遂将该地方的渔业停止了。到了一六三六年五月，英王查理斯一世，又发了同样的布告，禁止外国人在海洋四周经营渔业，且其禁止的范围，比前回还要广些。

由英国方面看来，格氏的《海洋自由论》，和他们的主张，是不能相容，于是也有人出来在理论上与格氏争辩。初次是有一英人名埃尔伍德[2]（W. Welwood），于一六一三年著了一册《海洋法要论》（Abridgment of all the Seal-aws），对格氏的论说，射其反箭。即在该书第二十七章中，讨论着"海洋之共有及所有"，也与格氏同样的引证了许多教典及罗马法的原则，以为"海洋应属于君主或人民的明确的范围及境界，并不难于认识"，因之"海洋的本

---

[1] "塞尔登"原文作"岁尔廷"，现据今日通常用法改正，下同。——校勘者注。
[2] "埃尔伍德"原文作"威尔俄德"，现据今日通常用法改正。——校勘者注。

质，不能说是不适于征服或占领的"。这《海洋法要论》出版的时候，格氏刚巧派遣在伦敦，与英国讨论海象捕获的问题，看见了这书，当经做了一篇辩论的文字，又从新来论述海洋自由的趣旨。其大要以为罗马法中所谓海洋共有的原则，不特可适用于一国内的人民之间，也可适用于一般人类之间。不过共有物（res comounis）和公有物（res publicum）不同，海洋虽非不能以假想线来设定区域，这究竟是另一问题。对于某物的所有，应带着占有，占有不是单以精神或知识可以设定，必须有具体的行为，方可设定。否则天文学者，将要求天为自己所有，地质学者，将要求地为自己所有了。至于渔业权，则以为海洋是万人可以利用，谁也不能禁止或科以渔业税的。但格氏恐怕更强烈的触动了英国人的感情，这论文终于未曾付梓发刊。

过了数年之后，为反驳格氏的海洋自由论，又有英人塞尔登，于一六一八年著了一册更有名的著作，就是《海洋闭锁论》。这论文曾献于詹姆斯一世，至查理斯一世，乃于一六三〇年，以敕令拿来出版了。塞氏的学说，虽适合于当时的习惯，而其立论的基础，则根据于圣书，以为依"创世纪"第一章所说，上帝曾授海洋鱼类支配权于亚丹，因之海洋本身的支配权，也当然可视为已归属于亚丹的。但何以英国人民为亚丹唯一的子孙？及何以应继承其权利？关于这几点，完全没有说到。又以为土地既得为所有权之标的物，则海洋也自然可为所有权之客体。这种论调，实在也不能成立，毕竟是为有权威的英国大法学家布莱克斯通[1]（Black stone），所驳斥否认了。对于塞尔登的驳论，当时格氏因身被放逐，漂流外邦，未能尽其国民的任务，来拥让本国的立场，但因《海洋闭锁论》出版，得到当世许多人评论过之后，格氏的《海洋自由论》，愈为世人所注意，而愈负盛名了。

关于海洋自由的论说，本来非为格劳秀斯所首倡，在格氏以前已经有许多的学者主张，即格氏的《海洋自由论》中，也引证了许多前人的学说。惟格氏的著作，从种种方面看来，都与众不同，其理论要比较的有系统和整齐。所以他的著作，独为后世所推重，尤其对于海洋自由之国际法上原则之确定，独有不可磨灭的功绩。

---

[1]"布莱克斯通"原文作"拔拉克斯顿"，现据今日通常用法改正。——校勘者注。

在实际上，到十七世纪下半期以后，除沿海岸以外，[1]在其他的海洋上，不但没人主张禁止外国船舶的航行，而且也没人再科航海税，或禁止他国经营渔业；只是海上的敬礼，还有少数人主张罢了。及至十九世纪，海洋自由的原则，乃竟认为国际上的惯例，不但航海渔猎等海洋使用的自由，已为世人承认，即海洋本身的自由，也为一般人所确认了。[2]

（四）

不过格劳秀斯是十七世纪的学者，从理论上看来，他的学说，终未脱那时代人所有的谬误。他的海洋自由的学说，从今日看来，应当加以评述的地方，约有两点：第一他的立论以自然法为基础，是犯了方法论上的错误；第二，海洋自由的内容，应分为海洋本身的自由，与使用的自由，关于这点，格氏也未曾充分加以区别。

第一，格氏的《海洋自由论》本为《捕获法论》的一部分，其执笔的时期，与其大著《平战法论》，相隔有二十年，但其立论，根据于自然法的思想，前后却同出一辙。海洋自由论之以自然法为基础，在其所著《荷兰法要论》中，已具端倪，即从该论文辞句的表面，也可以显然看出。如其所引的万民法或国际法，在当时就是当自然法来用。又如他所说，凡物之性质，概为自然所赋予，因一人之使用，而无妨于他人共同之使用，如空气或水者，不得为所有权之标的物，这种论调，就显然是自然法的独断论。由自然法来演绎现实的国际法，是犯了方法论上的错误，关于这问题，已于他处提及，此处姑不再论。

其次，海洋本身的自由与海洋使用的自由，两者虽有密切的关系，但在讨论上，却有加以区别的必要。海洋自由之成为国际法上的原则，大抵出于确定自由使用的必要，因海洋自由的原则确立了以后，则不属于任何国家的公海上，一国的船舶自然不致受他国的妨害，而可以到处通行。然海洋自由，

---

〔1〕 在国际法上，一国的沿岸领海，犹陆地一样，认为该国所领有。故今日所谓海洋自由，并非海洋一切部分的自由，乃除沿海的部分而言，海洋中除沿岸以外的部分，国际法学上另名公海，以示区别，故为表示海洋自由的原则，以说公海自由，为最正确。

〔2〕 所谓海洋本身的自由，语意似采拟人法，以海洋自身为主体，而享有自由。然从严格解释，则指海洋自身不属于任何国家权力之下，亦不得为任何国家之领域。

与海洋使用的自由，虽然有这样密切的关系，而其两个观念，未必完全相同，因之国际法上一面承认海洋本身的自由，并不为任何国家所有；他面则于一定场合，制限某国或其船舶使用海洋的自由，如在平时，国际上有时要制限海洋使用的自由；至在战时，则限制中立国航行船舶的场合，尤其是特多。这海洋本身自由与使用限制的观念，并非有什么矛盾，存乎其间。

关于这点，格氏的海洋自由论中，未曾加以的区别。在第五章的末尾，固然也曾说，纵使认谁人对于海洋有支配权，……但航海决不会消耗海洋，对于航海，不能加以禁止云云，即区别海洋自由与使用自由而言，然第五章其他部分以至第七章为止，则以两者相提并论，以为无论依于占有，特许，以至时效，习惯，海洋与航海的权利，均不属于葡萄牙人，在实际上却不曾把两者加以相当的区别。

但关于海洋的自由与海洋使用的自由，无论在理论上或实际上，都应加以区别。从历史上说，海洋使用自由的原则，在十七世纪早为世人所承认，而海洋自身的自由，及至十九世纪，才为世界所公认。至在今日，海洋本身的自由，无论在平时或战时，都已经成为国际法上的确定原则，可不再生问题。惟其使用自由的原则，却还未能算为充分的确立。如世界大战后，巴里媾和会议的时代，德国人及美国人[1]所主张的海洋自由论，实在是论著海洋使用的自由，就中是专指战时中船舶之平和交通的自由而说。如德美人主张撤废捕获敌国私有财产，撤废战时禁制品制，及连续航海主义，禁止公海设置鱼雷等项，即属其例。这些事项，均未为现实的国际法所确实规定，故欲充分确立海洋使用自由的原则，今日的国际法规，似尚有大加改正的余地。

美国总统威尔逊，曾以海洋自由为媾和基础条项十四条中之一，主张除强行国际协约，以国际行动为全部或一部封锁外，不论平时或战时，于领海外之海洋中，航海得绝对自由。

十五（1926年）·十一·三〇

---

〔1〕 德国人许劲（Sehueking）曾主张将捕获法，封锁法，战时禁制品，危险水域及其他代用制度，一概加以废止。

所谓国联盟约第十六条者[*]

梁敬钊[**]

巴黎和会之终也，英外相葛雷（Grey）[1]欣欣然告人曰，"使国联组织获存于一九一四年之顷，则欧战惨祸，必可消弭于无形。"诚以历来国际和平组织，多憧憬于幻想，不切实际，或欲以宗教信仰，统率全民，[2]或欲以一尊势力，维持大局，[3]及其季也，宗教信仰分裂，一尊势力崩颓，国际和平，遂以破碎。海牙和会继起，笃信各国政府无喜穷兵黩武者，以为国际之间，苟有仲裁争执之机关，即可永奠世界和平之基础，乃不知国家观念与种族之成见未除，国际冲突，终不可免。及争端既起，仲裁无效，盟约之中，复未有制裁规定，于是大战之祸，遂以演成。国联成立，鉴于前此覆辙，于盟约之中，既设立裁判机关，复重以制裁

办法，俾正义终得获伸，和平有以保障。故国际制裁者，为国联之最后武器，亦其所独具之特征，而第十六条条文者，则为其全约精神之所寄也。

一

国联盟约第十六条共包括四项，其全文如下：

（一）联盟会员如有蔑视本约第十二第十三第十五条之规定而从事战争

---

[*]　本文原刊于《外交评论》1936 年第 7 卷第 1 期。

[**]　梁敬钊，1933 年毕业于东吴大学法学院（第 16 届），获法学学士学位。著作有《所谓国联盟约第十六条者》等，译有《古代中国伦理学上权力与自由之冲突》、《法律教育之计划》等。

〔1〕　Grey of Fallodon 为一九零五年——一六年英国外相。

〔2〕　如十六世纪前之天主教堂组织。

〔3〕　如神圣罗马帝国。

者，则依此事实，应视为对于其他联盟国，有作战行为。其他联盟会员，当立即着手与之断绝各种商业上或金融上之关系，禁止其人民与毁约国人民间之一切往来；并阻止其他任何国家之人民，不问其为联盟会员与否，其与毁约国人民之一切金融上商业上或个人间之往来。

（二）遇此情形，行政院应负责向关系各政府建议，以各联盟会员应如何分拨海陆空军组成军队，以维获国联盟约。

（三）联盟会员并约定在适用本条金融上及经济上之办法时，彼此应互相协助，借以减轻实施上述办法时所感受之损失与困难。如毁约国对于联盟会员中之一国施行任何特殊办法时，亦当互相扶助以抵制之。拥护联盟约章各会员，其军队过境，应设法予以假道上之便利。

（三）联盟会任一会员违反联盟约章之任一项者，经理事会之表决，列席理事会其他会员代表之赞同，得宣告令其出会。

概括言之，第十六条所包含之要点，有如下列：（一）制裁实施之条件（第十六条第一项前段）；（二）制裁实施之时期（第十六条第一项前段）；（三）制裁实施期中各会员国之义务（第十六条第一项后段）；（四）实施制裁之方法（第十六条第一项后段，第二项，第三项，及第四项）。兹请分别论之：

（一）制裁实施之条件——必具备如何条件，而后制裁条款乃可以请予适用，此研究盟约第十六条者，所当注意者也。实施制裁，须以毁约国之行动，构成"诉诸战争"行为，为其先决条件。兹所谓"诉诸战争"行为，系指下列各项：

（甲）凡足致国交断绝之争执，乃不以交付仲裁裁判，或提交国联理事会审议，而诉诸战争者。[1]（乙）上述争执，虽已交付仲裁，或提交审议，而于仲裁判决或理事会报告之后，未候满三个月之期，遽诉诸战争者。[2]（丙）争议经仲裁裁决后，对于遵依判决之一造，乃复诉诸战争者。[3]（丁）争议事件依盟约第十五条之规定，交理事会或全会公断时，理事会之报告已经全体会员国之赞同，或全会之决议已经大多数之采取，而对于接受理

---

[1] 国联盟约第十二条前段。
[2] 同上后段。
[3] 同上第十三条第四项。

事会报告或全会决议之一造，乃诉诸战争者。[1]

此四者为援用第十六条之特殊条件，有一于是，即可请予施用制裁。兹所当注意者，第十二条之前段曰："联盟会员同意，凡会员国间之争议，其结果足致国交断绝者，则当以此争议事件，提付仲裁机关或法庭解决，或提交理事会审议之。"国交断绝云者，非指战争，亦非指外交关系断绝，盖谓两国间亲善关系，悉行破裂是也。故凡战争或未达战争程度之炮击，强力之侵占，其结果皆足致国交于破裂。依第十二条前段之规定，此项强力措置，在应用之先，宜履行盟约所规定之手续；倘未经履行盟约所规定之手续，而遽诉诸战争，则制裁条款，便可请予实施矣。

然而何谓诉诸战争，此又为引用第十六条盟约者，所首待解释者也。战争为一种特殊状态，在公法上，有其一定之意义，通常报仇（Reprisal）干涉（Intervention）平时封锁（Pacific blockade）及一切强力胁迫之手段，公法均不置诸战争之列。然自非战公约以来，世固有未经宣战而遽以兵戎相见者矣，此种状态，果足视为战争与否，学者于此，异说纷纷，莫衷一是。[2]一二九三年八月，意大利以该国军官数人在希被杀，派舰炮击希之科孚岛[3]（Corfu），并实行占领其地，国联出而干涉，意国乃竟加以拒绝，以为炮击之举，并非开战行为。及其事既告解决，国联乃令法律专家委员会讨论强迫手段，是否违反盟约，其答案则以为施用强迫手段之原意，不在战争者，可以与盟约第十二条至第十五条相合，亦可与之不相合，须视各场合之一切情形而定。是则科孚事件。固未予吾人以明确之解释也。近代一般学者，均以凡应用武力于其国境之外者，均适于第十六条"诉诸战争"之解释。[4]故凡合于侵略之条件者，均得为"诉诸战争"。侵略之定义，历来国际约章，均有规定，而以一九三三年七月苏俄与东欧各国所订三协定中之定义为最详。计其定义，约含五点：（甲）向他国宣战；（乙）未经宣战，乃以武力侵入他国之领土；（丙）以海陆空之武力，未经宣战，对于他国之领土军舰或飞机，加以攻击；

---

[1] 同上第十五条。

[2] 或以军事报仇等类非依盟约不得行使（Hershey Fauchille），或以最后通牒为违反公约，惟报复（Retorsion）报仇及平时封锁则为合法（Keith），或以上述各种以不包含战争性质之手段为合法（Strupp）。（参阅周鲠生国际公法之新发展第二七五——二七九页）

[3] "科孚岛"原文作"科尔府"，现据今日通常用法改正。——校勘者注。

[4] Sanctions, published by the Royal Institute of International Affairs, p. 18.

（丁）以海军封锁他国之口岸；（戊）援助在其国土内组成之武装队伍，侵入他国之领土，虽经被害国之请求，但仍拒绝对于该队伍停止其援助与保护，综其大旨。亦以施用武力为要件也。

（二）制裁实施之时期——制裁实施之条件既备，"其他联盟会员（对于毁约国）当立即着手与之断绝商业上或金融上之关系……"[1]"立即"云者，据一九二一年国联国际封锁委员会之解释[2]，谓系取得一致行动之最早时期之意[3]。盖是时封锁委员会之解释，率皆着重于减削本条文之严峻性，既认决定约章有无违反之权，应由各委员国自行定夺，则实施制裁之时期，势不能过于逼急。布鲁凯尔[4]（Broukère）深斥其说[5]，以为凡国际争议之危害结果者，均可纳入第十条[6]第十一条[7]及第十五条之范围；尤以在十一条情形之下，理事会可审议此事件之情形，建议"敏捷有效"方案，以保障国际和平。所谓敏捷有效方案者，系指非军事行动之方案而言，是则在此时期，第十六条所规定之手段，已可先行讨论，一旦"诉诸战争"之状态成立，则第十六条之约章，自当立即自动施行。

一九二四年九月二十七日，国联大会通过修正案，即以盟约违反与否之问题，委由理事会判断。然修正案仅经少数会员签署，迄未生效，故目下第十六条条文之解释，仍以封锁委员会之决议案为依归。

（三）在制裁实施期中各会员应有之义务——本条第一项之规定曰："联盟会员如有蔑视本约第十二条第十三条及第十五条之规定，而从事战争者，则依此事实，应视同对于其他联盟会员有战争行为。"所谓"视同对于其他联盟会员有战争行为"者，非谓对于各联盟会员果有实际之战争行为，特不过解除其他会员国遵守盟约不得"许诸战争"之义务，而许其对于毁约国家实行宣战而已。

在制裁时期，会员国均有履行盟约第十六条之义务，以实施制裁，如有

---

〔1〕 第十六条第一项后段。

〔2〕 一九二一年封锁委员会之决议案为大会第三委员会所根据。

〔3〕 参看 British Commentary on the League of Nations Covenant, in Butler, Handbook to the League of Nations. p. 175.

〔4〕 "布鲁凯尔"原文作"蒲洛凯"，现据今日通常用法改正，下同。——校勘者注。

〔5〕 见一九二八布鲁凯尔对大会之报告。

〔6〕 即保障领土完整之条文。

〔7〕 即遇有战争威胁时由国联筹划敏妙有效之方法以保障和平之条文。

怠忽，即属背约，是以各会员国此时当即与毁约国断绝一切商业金融之关系，并禁止其人民与毁约国人民有商业上金融上之往来；凡其他不属于国际联盟之国家，其人民如与毁约国人民有商业金融上之往来者亦力加阻止，而破坏之。如会员国延缓制裁，有裨于公众行动，或减少其自身之困难时，经理事会之同意，得展缓之耳。[1]

（四）制裁实施之方法——制裁实施方法，对于毁约国之措置有三：曰经济制裁，曰军事制裁，曰宣告其退会。对于各联盟会员国间之措置，亦有三：（一）曰实施经济制裁时，各会员国间应彼此互助，借以轻减损失减少困难；（二）曰毁约国如对于联盟国中之一员，施行特殊方策时。各会员国应互相扶助，以抵制之；（三）曰拥护盟约之各联盟国，其军队国境，应设法予以假道之便利。

本条文第一项，经济制裁与金融制裁，并行列举，二者区别，实至微细。大体言之，金融制裁系指外汇之制裁而言。毁约国家，其国内所产，鲜能有自给者，其势必向国外购其所余，以补不足，外汇之制裁，即所以阻其购买便利，断其供应来源。以例言之，如组织毁约国或其人民向外借贷或放款；该国或其人民机关设有发行债券者，亦设法阻其销售[2]。如是则其国力必饱遭减削，而后强项者乃可使就范围。金融制裁，其效力虽稍微弱，但其办法，轻而易举，此其利也。经济制裁，乃指与违背盟约国家断绝一切贸易之谓。依本条第一项后半段之规定，经济制裁，系包括经济绝交与经济封锁二种。前者为消极的制裁，后者为积极的制裁，前者系对毁约国禁止一切货物进口，并禁绝一切军用材料及重要原料之出口；后者则进而干涉非会员国人民与毁约国有金融商业及私人间之往来。封锁制裁之结果，毁约国往往以不甘屈服，或出于军事行动之一途，于是经济制裁之终极，又将继以军事制裁。

当国联盟约之初草成也，各国以为经济制裁已足以戢暴行者之野心，故约中只有经济制裁，而无军事制裁。维时法国欲代国联操国际警察之权，以称霸欧陆，遂促成军事制裁之规定，是知盟约之精神，本不着重于军事制裁也。军事制裁之方法，或以海军封锁毁约国口岸，或以军队保护被侵略之国家，或竟攻入毁约国之领土。惟当实施制裁之际，孰负此执行之责，则又不

---

〔1〕 参看修正盟约第四项及一九二二年通过之经济制裁第九条。
〔2〕 参看去年十一月十八国联对意制裁方案。

无可议之点。国联自身，既无军队足以捍卫和平，势必借重各国联军，以代行其职，萨尔事件，即为国际联军合作之明例也。惟是军事之范围既广，统制之苦难以生，各国利害之情形不同，而后散乱之步伐乃见。本条第二项之规定，一曰"建议于各关系国政府"，再曰"各拨……实力"，其用意乃欲以军事制裁之责任，委诸有密切利害关系之国家。利害关系之国家，平日对于违约国之情形，既研求有素，则其操持军事制裁之务，必易收功效。若干国家于国际联盟之外，复互订有安全或互助公约，如罗加诺公约，如最近之法俄互助条约，皆其明例，参与此项条约之国家，自亦负有出兵之义务。惟理事会于此只负建议之责，故其所主张，殊无强制性质也。

至若"宣告令其出会"之办法，其效力似强而实弱。勒令退会之举，无非欲将毁约国屏诸国联之外而已；然一国家敢冒大不韪，故犯约章，则其无意守盟，已昭然若揭。使从而令其出会，不特适遂厥衷。而国联组织。亦将因是速其崩溃矣。

经济制裁之办法，固足以摧残毁约国之实力，然参加制裁国家，实亦蒙重大损失，其对于被制裁之国家，本有巨量输出者，兹则势须另觅市场；本有巨量输入者，兹则须另求他国出品；本负有债券者，固可支付延期；本握有债权者，将转至无从取偿。故盟约第十六条第三项规定，各会员国间应彼此互相扶助，设有负担，必归各国分付，借使困难与损失，得以渐减之极微域，所以恐固制裁之阵线也。倘毁约国持报复手段，对于联盟会员之一国，施行特殊办法以压迫之，扰害之，甚或威以兵戎，则联盟会员，宜协同抵制，以免制裁阵线之解体。若联盟军队为拥护盟约故，假道过境，此为互助上所应予便利，亦为清理之所容也〔1〕。

二

制裁之功用，有消极与积极之分，消极制裁，乃所以阻止不法行为于其成事之先，积极制裁，乃所以制止不法行为于其既成之后，不法收获，必不可容，强暴之风，必不可长。盖其目的乃在维持世界或社会之秩序也。制裁

---

〔1〕 第十六条之规定亦得适用于会员国与非会员国间之争执，或两非会员国间之争议，参看本约第十七条。

不同于讨伐：制裁以阻止暴行为重，讨伐以惩戒暴行为先。虽然，制裁固非讨伐，然亦有以讨伐为制裁者，讨伐性之制裁，乃所以警将来之暴行，而维持现存之法纪也。国际之间，防止暴行之制裁易，制止暴行之制裁难。良以一国强大，往往至不可制，使集合群力尚不能阻其暴行于成事之先，则鲜有能仍借同力制止之于其既成之后者，国联盟约之所以迟迟未经适用者，职是故也。

盟约第十六条之实施，以去年意阿事件为其嚆矢。意阿事件以前，尚无适用者。当一九二一年之顷，有南斯阿夫与阿尔巴尼亚事件，英总理鲁易乔治于是年十一月致电国联秘书长，召集理事非常会议，曾请先由理事会讨论第十六条规定之手段，以便届期实施，其议提而未用。一九二三年意舰炮击希腊科孚，希腊代表于理事会中，虽曾提出意大利暴行应否适用第十六条之问题，但亦未切实主张其应用。中日满洲之事件起，李顿调查团报告书，及一九三三年二月二十四日国联大会所过通知报告书，皆指斥日本之行为，认为违反盟约第十条及第十二条之规定。维时英法各国，其自身方多忧患，无力束谋，故难主张正义，而实无意制裁。玻利维亚与巴拉圭之大厦谷战争，国联对于两交战国宣禁运军火之令。一九三四年一月二十四日，依盟约第十五条之规定通过最后报告与建议，此项报告于建议，既经玻利维亚接受，而巴拉圭对玻仍事战争，依其举动，显属背约，国联虽曾于一九三五年三月由委员会讨论实施制裁之方法，而各国纷纷反对，[1]故除撤销对玻之军火禁令以外，从未采有积极制裁。

意阿二国既以华尔华尔事件。肇启争端。卒以兵戎相见。国联仲裁。既告无功。英国以切身利害所击，乃竭力督促国联以成立制裁，于是号等具文之盟约第十六条，遂尔复活。国联于去年十月七日据六国委员会之报告，[2]以意大利之行动为有背约章，乃于大会决议设立制裁方案调整委员会，以资调整各会员国所决定之处置。委员人选，由准备执行制裁手段各会员国代表充任之；其他反对制裁各会员国，则准其不必参加，并准其展缓实行手段，但以不妨害国联全盘计划之成功为度。并组织十八国小组委员会，分行讨论

[1] 南美各国，如阿根廷，乌拉圭，智利，比鲁等，皆反对制裁，英法二国，亦不愿超越军火禁令。

[2] 六国委员会认意国为毁约，以（一）东菲意军总司令波诺将军对于部下发有逾越边界之命令，（二）侵犯阿国国土地，（三）轰击阿狄格拉特与阿杜华。

禁运军火借款金融禁油诸问题，于是国联五十八国中，除意阿两当事国、奥匈及阿尔巴尼亚等国拒绝合作外，余均接受国联制裁之方案。制裁之方针既定，乃厘订禁运军火，及财政制裁经济制裁等之规则并定互助办法，[1]其明决态度，敏捷措施，诚足以重整国联之阵容。乃曾几何时，埃塞俄比亚[2]覆亡矣，制裁失效矣，主张制裁最力之英国反向国联作撤销制裁之声请矣。盟约第十六条之弱点，至是乃暴露无遗，而国际组织之基础，遂形崩溃。[3]

本年六月十八日，英外相艾登宣布其对意取锁制裁之主张，其言曰："制裁办法，对于原有目的，迄未曾达，此时若继续实施，殊无裨益，此吾人所不能不承认者也，……埃塞俄比亚前帝国境内，现无任何政府存在，苟欲重建埃国，势非军事行动不为功，然综观全国，有愿采取此种军事行动者乎？"综其大旨，乃以不得实施军事行动为制裁失败之主因。夫经济制裁之结果，固易牵涉军事制裁，然使经济制裁之阵容严密，未始不足以戢暴行者之野心。[4]当对意制裁之初，若干小国之态度，已见动摇；[5]英法两国为制裁之中坚，其见解乃复同床异梦，[6]德美二国既未参加，禁油办法又成画饼，[7]而意国则方竭力准备，内尽充实储存之方，外肆捭阖纵横之术，以划一阵容，抗乌合之众，则制裁之失败，又宁在意外哉？

英国素持集体安全之策，自不肯以独力对意为军事制裁，英内相西门答阿特里之言曰："外传英国对于海军实力，未敢自信，有所畏怯，实非真相。……

---

〔1〕 关于互助办法，计有四项如下：

1. 应以各项适宜手段，增加各会员国之进口数额，借令因参加制裁以致损失意国市场之各国，获得利益。

2. 若干会员国或不参加制裁，并因其他会员国实施制裁而获有利益者，各会员国应将此等国家所当担负之互助义务，与所获利益互相对照，而在合理范围之内，采取适宜手段，以减少此等国家进口货物数额，以资抵销。

3. 参加制裁各国应设法鼓励，使平时专事对意输出某种货物之公司，因制裁而受损失者，与平时专事输入此类货物之公司增加相互之贸易。

4. 参加制裁各国，应会同组织国际贸易制度，用以抵补因参加制裁而丧失意国市场之损失。

〔2〕 "埃塞俄比亚"原文作"阿比西尼亚"，现据今日通常用法改正，下同。——校勘者注

〔3〕 墨西哥，巴拿马，加拿大诸国，对于议案，均放弃表决权，以示反对，智利并有退会之辞（见六月五、六两日新闻报。）

〔4〕 见六月六日新闻报国联主席齐兰之闭幕词。

〔5〕 奥匈及阿尔巴尼等国；若干小国，并请保留制裁。

〔6〕 英主严厉，法主缓和。

〔7〕 禁油办法美国既未参加，英法亦一面倡言制裁，一面仍运油至意。

但若英国海军为埃塞俄比亚故，而从事战争，则即使沉没一艘，亦余所不愿见也。"[1]英外相艾登亦有"此后英国在地中海方面所设之防御准备，当较意阿战事以前，益为强固"之语，[2]原其本意，无非目下各国方力持均势主义，莫肯首先发难，以自损其实力而已。

自制裁实行以后，意国状况，日感窘迫，[3]而英国乃于此次武器渐生实效之际，突然声请撤销制裁，是又岂英国之所得已哉哉？英既不能以其实力与意相周旋，而英德关系，复日渐疏远，莱茵设防问题，德奥关系问题，意法携手问题，在在皆足以破坏欧陆之和平。英意之妥协亦所以维持均势故也。

今者制裁已撤销矣，正义已屈服矣，所谓不承认既成事实之说，实际上不过等诸具文。为欧陆列强之利害计之，撤消制裁，固属及时，为国联计之，其声威之坠，将无复有重起之日。国际联盟以维持和平之职，责诸会员，而各会员国方肆其纵横之术，以转移国联之运令，和平约章，至是遂如废纸。今也，各国再张军备，重讲均势，以维持和平，战机四伏，间不容发，一旦争端勃起，调解无方，则其屠杀之惨，恐非一九一四年之欧洲大战所可及。使葛雷复生于今日，吾知其必将喟然而叹，爽然若失也。

---

[1] 见六月二十四日《字林西报》。
[2] 见三月二十日《字林西报》。
[3] 见六月二十四日《新闻报》。

对于国联前途的预测[*]

梁鋆立[**]

　　申报月刊记者向予征求对于今年国际政局的预测。予以为国际政治的动乱，诚非一朝一夕之事，今年发生的事变，其原因诚在去年已呈露迹象。但是"月晕而风，础润而雨"式的猜测，究竟难以适用于必受人类理智和情感的支配的国际现象上。以故予只欲就目前甚嚣尘上的国联改组问题，稍加臆测。予只臆测，所根据的，是过去历史的事实，和世界舆论的表现。因限于篇幅，仅能将予之一般结论，约略说明，至于此一问题的政治上和法律上的涵义，他日当另著专文论之。

　　据最近报纸所载，意大利倡议改组国联的计划，其大纲有下列三点：（一）限制小国之投票权，（二）解除国联内部繁重复沓之组织，（三）分离国联盟约与凡尔赛和约。此项计划发表之后，墨索里尼尚有美洲事由美国处理，远东事由日俄处理，欧洲事由德法英意处理的拟议（见路透华盛顿十二月九日电）。意大利改组国联的动机，导源甚久，近因德总理戈林赴意游说之后，成为具体化。各国对这计划的态度，在本文属稿时尚未完全明了，惟法国则已有露骨的表示。法外长彭古氏已明白宣言："国联成立的根本原则，应保持到底"并"日后纵有改革，万万不可废除理事会常任会员的原则，而代

　　* 本文原刊于《申报月刊》1934 年第 3 卷第 1 期。

　　** 梁鋆立（1905～1987 年），乳名善尧，新昌新天乡（今回山镇）樟花村人。1926 年毕业于东吴大学法学院（第 9 届），获得法学学士学位。并于上海曙光大学夜间部补习法文，先后就任上海中华书局英文编辑及商务印书馆法律与文学书籍编辑。又先后担任武汉国民政府外交部秘书、南京国民政府司法部秘书及上海市第一特区临时法院推事。1929 年 5 月，被派往驻美华盛顿公使馆秘书，出席第十届国际联盟及国际法编纂会议，任中国代表团技术顾问。1930 年，获美国乔治·华盛顿大学法学博士学位，旋又获得卡内基和平基金会国际法教师研究员奖学金，进入哈佛大学法科。

以完全之法西斯帝制。"（见国民巴黎十二月八日电）。彭古氏并将出游东欧南欧各国名为"以坚友谊"，实则为联络波罗的海诸国家（Baltic States）及小协约国（Little Entente）以构筑"拥护现有国联组织的阵线"。

我人欲预测意大利提议的改组国联计划能否实现，可由国联的理论和实际两方面观察，随后我人不难结论："除了国际政局发生剧烈之变化，此一计划，至少在今年无实现的可能。"

第一，国联的理论，虽然自从它的创设以来，经过了不少的变化，但是至今大家还是承认它的机能，是（甲）制止国际战争（乙）促进国际合作诚然有人怀疑此二种机能，认定国联不过是帝国主义国家的工具，防止战争，促进合作，不过是它的门面招牌，可是客观的观察告诉我们：不论国联目前如何荏弱，如何为大国的鹰爪，它总是大战以后国际思想的结晶，我人现有惟一的集中国际舆论的机构。虽然国联于制止战争一机能，迄今未能显示卓越的成绩，但是在促进合作的一点上，国联却已有了不少的努力，此则稍读国联历史的人所不能否认者。我人若一察目前意大利对于制止战争之一问题的立场，即可发现其主张，对于国联的理论，实是一断然的否认。墨索里尼于一九三二年曾称："法西斯帝主义决然摈斥和平主义，因为和平主义是放弃人们的奋斗，并且在牺牲的面前，显示出十分畏怯的态度。只有战争可以使全人类的能力紧张到最高度，只有战争能够给予敢于从事战争的种族以荣誉的标记。……所以根据于此种危害滋大和平思想的主义，是和法西斯帝主义处于敌对地位的。"（见墨氏所著 The Political and Social Doctrine of Fascism, Enciclopedia Italian）。国联对于制止战争，虽无实力，但是反对战争，仍是它的中心思想，其所以得到人们的拥护与同情者，大半就是在此。上面所引的墨索里尼的话，却与国联的主旨，背道而驰，即其字面上，亦好像和欧战前夕般哈提将军（General Bernhardi）所著的《德国和第二次大战》（Germany and The Next War）一书内所主张的理论，若合符节。倘使世界舆论尚有些微的力量，必不愿国联在此种提倡战争者的羽翼之下，亦自不愿它在这种理论之下，从事改组。我人应记得无论何种机关，倘使失了舆论的拥护，它的末日必可观足而待。而舆论的造成，也不是完全专制的独裁者所可操作的。

复次，墨氏的计划，着重在剥夺小国平等投票的权利，使国联成了大国的工具。无论在理论上，这种计划讲不通，即在事实上大国主持的国际机关，何尝有维持世界和平的能力？现代历史岂不曾告诉我们：十九世纪，欧洲大国想用"欧洲协调"（Concert of Europe）的方式，去维持欧洲的和平，至其结果，列强因分赃不均，终于自相猜忌，所谓"欧洲协调"，竟成了欧战的远因。美国国际法学者 John Bassett Moore 对于大国操纵政治的靠不住，曾屡屡言之，故远在国联组织之前，即主张国际组织，应极端尊重平等的原则，不应有大小国之分，况且国联盟约，已经给予大国特殊的权利，使之任常任行政院理事，其他国家只在大会中有平等投票的权利。倘使墨氏歧视小国的计划，一旦实施，世界舆论对于国联，更将失其信仰，有人说笑话，在彼种情形之下，墨氏尚不如将国联，搬至罗马，置于梵蒂冈（Vatican City）之侧之为愈。

第二，从国联的实际上看来，国联的无能，正是因为各大国在实施盟约上缺乏诚意。例如中日事件的无法处理，不是大国对于国联的操纵还不够，却是由于它太被大国操纵了的缘故。今墨氏变本加厉，还要将国联索性变成御用的机关，何能得到人们的赞助？并且国联在促进国际合作的工作方面，正有待诸效果的共同努力，在过去的历史上，诸小国的贡献，亦以在此方面的为最多，例如"委托治理委员会"（Mandate Commission）里就有不少小国委员，代国联监督委托治理地的管理，又如救助难民，禁止鸦片输运等工作，小国的贡献一似较诸大国为卓著。

墨氏提议亚洲事务由日俄处理，这显然是对于国际政治的运行，一个滑稽的观察，日俄的积不相能，墨氏岂不熟知。二个利益互相冲突的国家，何能通力合作，长治久安？我人试阅十九世纪之末的历史，各国在非洲进行其侵略计划的时候，虽然非洲的土著，十分愚笨，各国相互之间，不久亦即发生冲突，何况今日东方的民族，其求自决的心理，千百倍于当日非洲的土著，对于帝国主义者的铁蹄，不断的想谋反抗，即使日俄两国，不自相冲突，被压迫的民族，自己就要揭起反叛之旗，以与这二个想操纵弱小民族的生命的国家相对抗。

美国近来对于国联，破抱合作的态度，也许不久即可加入国联，做正式的会员。对于意大利改组国联的计划，美国虽未置可否，但舆论对之，必不满意，此可断言。改组计划倘然成就，将益延迟美国加入国联的期日。法国及小协约国以及其他小国，以为国联现在的目的或机能，尚不够保障他们的安全，自然更不愿国联更被崇拜武力的国家所操纵。

综上以观，予信意大利改组国联的计划，至少在本年内，无实现的可能，因为它和世界人民对于国联的希望，差得太远了。国联若要改组，还须循着比较合理的历程罢！

国际法庭[*]

王宠惠^{**}

一、起源

自古以来，国际争端，赖公断方法以解决者，史乘所载，不罕其事。十九世纪，国际公断益见发达，几成万国通例。一八九九年第一次万国平和会，遂有创设公断机关之提议，盖将以之规定于国际条约焉。

第一次万国平和会，开会于海牙，议决一国际公断条约，而永久公断处（Cour permanente d'arbitrage）于以成立。按此条约之规定，凡认为有公断员特定资格者，应将其姓名编成一公断员名单；国际遇有公断事件，由关系国于名单内选择三人或五人，组织公断处以解决之。同时另设一国际机关，凡关于公断处往来文件及秘书厅职务，皆隶属焉。此外复规定关于公断通行程序凡若干条，除两造特订明外，均适用之。

第二次万国平和会，于一九〇七年在海牙开会，议决修改一八九九年条约若干款。此次会议之宗旨，在设立一司法机关，以期渐次发展国际司法管辖权。此机关之法官，名额较少，皆久于其任，且有一定之薪俸；遇有国际争议，经关系各国声请后，应即随时开庭以解决之。其设立之原意，盖欲于

* 本文原刊于《东方杂志》1925 年第 22 卷第 14 期。

** 王宠惠（1881~1958 年），字亮畴，广东东莞人。法学家、外交家。王宠惠是中国近代历史上第一个大学本科文凭的获得者；耶鲁大学首个华人法律博士；中华民国南京临时政府第一任外交总长；北京政府第一任司法总长；中国第一任驻海牙常设国际法庭正式法官；世界上第一部德国民法典的英文翻译者；南京国民政府第一任司法部部长、司法部院长；中华民国南京政府第一部刑法典《中华民国刑法》的主持制定者；中国第一批被海牙国际法院评选出的 50 位国际法学家之一。20 世纪前 50 年，王宠惠以其深厚的法学功底、精湛的语言能力、娴熟的外交谋略和博学儒雅的个人涵养，享誉海内外，为推进中国法制近代化、捍卫国家主权、收回司法主权，做出了巨大贡献。

国际公法范围内，逐渐造成一种有系统[1]之判例也。

第二次万国平和会，复议决一国际条约，以期设立一国际捕获法庭，并议决一国际条约草案。此草案之内容，系关于国际法庭之设立；此法庭之性质，与上述国际公断处略有不同。

国际捕获法庭（Cour internationale des prises），就其性质而言，可谓名称其实；盖与通常法庭相仿佛也。其组织之方法，审案之程序，及职权之范围，皆详定于条约内。法庭之管辖权，虽有限制；然事属创举，竟获世界各国一致之赞同，诚为国际史上开一新纪元也。

至于国际法庭之设立，虽经讨论，迄无成议。缘各大强国与其他各国，对于选举法官之意见，未能一致。故会议结果，仅通过一希望案（Voeu），希望与约各国对于国际公断法庭（Cour de justice arbitrale）条例草案，予以批准；一俟选举法官及法庭组织两问题议定办法，经各国承认后，即将该约施行。

第二次万国平和会必会后之第二年，美国提议就国际捕获法庭之现行制度，略为变通，改作国际公断法庭。此提议用意甚善，惟卒未得各国之赞同。

第三次万国平和会，原定于一九一五年在海牙开会，其应讨论之各项问题，业经各国政府及国际法专家，详加研究，妥为准备；果能如期开会，逆料其必有良好之结果。惜欧战发生，事遂中止。惟会议虽未开成，而会议之目的依然存在；且规定于欧战后各和约内，其首二十六条所载，即国际联盟会之规约也。

国际联盟会规约第十四条规定如下：

行政院应筹备设立永久国际法庭之计划[2]，交联盟会各会员审定之。凡各造提出属于国际性质之争议，该法庭有权审理并判决之。行政院或联盟会大会，不论何种争议或何种问题，有所咨询时，该法庭对于咨询事件，得发表意见。

二、国际法庭条例之起草及批准

国际联盟会行政院，依照盟约之规定，于一九二〇年二月，召集法律专

---

[1]　"系统"原文作"统系"，现据今日通常用法改正。——校勘者注。
[2]　"计划"原文作"计画"，现据今日通常用法改正。——校勘者注。

家委员会，从事起草国际法庭条例案，以备行政院审定后，交由联盟会各会员决定之。委员会委员额定十名，分配于世界各洲间。兹将各委员姓名列开于下：

日　本　安达峰一郎（Adatchi）

西班牙　阿尔塔米拉〔1〕（Altamira）

巴　西　比域赖嘉（Bevilaque）后改由费尔南德斯〔2〕（Fernandez）出席

比　国　德尚〔3〕男爵（Baron Deschamps）

挪　威〔4〕　哈盖鲁普〔5〕（Hagerup）

法　国　拉普拉代尔〔6〕（de Lapradelle）

荷　兰　罗德尔〔7〕（Loder）

英　国　菲利莫尔〔8〕爵士（Lord Phillimore）

意大利　里奇〔9〕补沙提（Ricci Busatti）

美　国　伊莱休·鲁特〔10〕（Elihu Root）

除上列委员外，国际联盟会副秘书长安次落提（Anzilooti）亦参与会议。

该委员会于一九二〇年六月，在海牙开议，至七月间，始行闭会。其所起草之条例，经国际联盟会行政院于同年八月十日先后在圣塞巴斯蒂安〔11〕（Saint Sébastien）及比京 Bruxelles 会议，略加修正；通过后复由国际联盟大会修改一次；是年十二月十三日，通过大会，国际法庭条例于以成立；惟尚须联盟会过半数会员批准条例之规约，方能实行。由是观之，国际法庭条例，实属万国公约之一种；其所规定各款，非经与约国过半数之同意，不得有所更改。

---

〔1〕 "阿尔塔米拉"原文作"亚罗塔美赖"，现据今日通常用法改正，下同。——校勘者注。

〔2〕 "费尔南德斯"原文作"费能达士"，现据今日通常用法改正。——校勘者注。

〔3〕 "德尚"原文作"地相"，现据今日通常用法改正。——校勘者注。

〔4〕 "挪威"原文作"那威"，现据今日通常用法改正，下同。——校勘者注。

〔5〕 "哈盖鲁普"原文作"克极陆"，现据今日通常用法改正。——校勘者注。

〔6〕 "拉普拉代尔"原文作"特赖巴敌罗"，现据今日通常用法改正。——校勘者注。

〔7〕 "罗德尔"原文作"罗特"，现据今日通常用法改正，下同。——校勘者注。

〔8〕 "菲利莫尔"原文作"菲腊摩亚"，现据今日通常用法改正。——校勘者注。

〔9〕 "里奇"原文作"立芝"，现据今日通常用法改正。——校勘者注。

〔10〕 "伊莱休·鲁特"原文作"意赖荷胡律"，现据今日通常用法改正。——校勘者注。

〔11〕 "圣塞巴斯蒂安"原文作"圣息巴斯田"，现据今日通常用法改正。——校勘者注。

一九二一年九月，当国际联盟会开大会时，该规约已得过半数会员之批准，遂由大会选举法官。翌年一月，国际法庭举行第一次开庭典礼。此国际法庭成立经过之大略情形也。

三、关于国际法庭之条文

关于国际法庭之组织方法，办事细则，管辖范围及审案程序，皆有条文详为规定。其种类有四：

（一）国际法庭条例（此条例系由国际联盟会大会通过，经联盟会会员批准者）。

（二）国际法庭办事细则（此细则系由法庭根据条例规定者）。

（三）国际联盟会行政院及大会，因补充条例所通过之各种议案决。

（四）各项条约及国际协定，承认国际法庭有管辖权者。

（此种条约及协定，有对于某项问题概括规定者，有对某种案件列举规定者。）

四、国际法庭之组织大纲

法庭以法官十五名组织之——其中四名为补充法官；遇有联盟会会员加增及法庭事务纷繁时，法官得增至二十一名。

法官由联盟会大会及行政院，于候选人名单内选举之，选举之方法，大略如下：

凡参与海牙公断处各国所指定之各团体（Groupes nationaux），经咨询各该本国之最高法院，大学校，法律专门学校，及其他法科学院后，应推举候选法官四名——其中最少二名，须系外国人。其未参与海牙公断处诸国，亦得仿照办法，成一特别团体，推举候选法官。

各候选法官名单到齐后，应编成一总名单，送交联盟会大会及行政院分别投票。非同时得大会及行政院过半票数者，不得当选。遇有大会及行政院不能一致时，依特定程序选举之投票，至第三次仍无结果时，由大会及行政院各举三人，组织一协商委员会，以谋彼此之一致。如协商无效，即由当选之法官，自行投票，选举其余之法官。

按国际法庭条例之规定，被选之法官，应具有特定之资格；而世界各大文化及各大法系，亦应由法官代表之。

以上选举法，于一九二一年见诸实行，各方面皆表示满意。盖关于设立国际法庭之最难问题，厥惟选举法官，而此次所定，实为折衷办法。质言之，数大强国，既为行政院常任会员，而其余各国实占大会之过半数，是列强方面对于选举，已有相当之保证，而其他各国，亦得参与其事；可谓双方并顾，毫无遗憾者矣。

法官任期，定为九年，连举得连任，任期中遇有缺席时，另行选补，其执行职务，至原任期满为止。

庭长及副庭长，由法庭选举之，任期三年，连举得连任。

五、国际法庭之组织细则

法庭开庭时，由正任法官十一名出席。正任法官因事故不能出席时，由补充法官出席。但因特别情形，不能补充足此数时，若有法官九名出席，即作为已足法定人数。

以上所述，为开庭通例，至简易庭（Chambre de procédure sommaire）则属例外。盖简易庭由法官三名组织之，每年由法庭改选一次。凡案件非经关系各造之同意，不得送交简易庭审判。此外尚有所谓专门庭，由法官五名组织之，每三年由法庭改选一次。专门庭共有两种：其一关于劳工问题，其一关于交通问题，均系根据凡尔赛（Versailles）和约第十二章第十三章及其他和约而成立。其法官任期定为三年者，盖欲使法官久于其事而判例亦可渐趋于固定，不致前后矛盾也。专门庭之管辖权，系基于关系各造之同意，与简易庭无异；如未经同意，则依通例应归全庭审判。

出席法官人数，依条例之规定，有因特别情形而增加者，所增加之法官，即所谓本国法官（Judges nationaux）及专门陪审员（assesseurs technique）是也。按照国际法庭条例：法庭全庭开审时，凡与两造同一国籍之法官，皆得出席审判，无庸回避；若一造有同一国籍之法官而他造无之，则他造得临时指定一本国法官出席；若两造均无之，则各得指定一本国法官出席。以上之规定，其用意有二：一则可使法庭判决书之措词，不致有伤各造国民之感情；一则可以证明法庭之审理该案，对于各方面之意见，均经讨论无遗也。

专门庭之法官人数，不得因指定本国法官之故而有所增加；若一造有同一国籍之法官出席时，庭长应请其他法官一名退席，暂以他造所指定之法官补之。

简易庭之组织，不得因一造无本国法官有所变更，故两造均无本国法官时，不得指定法官出席。

庭法对于交通案件开全庭或专门庭审判时，得因两造之声请；命专门陪审员四名列席。若关于劳工案件，则虽未经声请，亦应命陪审员四名列席。至以何人为陪审员，由法庭于陪审员名单内定之。凡案件有关于交通事项者，其名单由国际联盟会会员定之；关于劳工事项者，由国际劳工局行政部定之。

法庭书记官由法庭委任之，除海牙公断处秘书长职务外，不得兼任他职。

书记官掌管关于诉讼及咨询案件之秘书长职务，并负庭内行政及会计之责。法庭与各国政府及国际联盟会往来文件，由书记官行之。庭内设有起草秘书（secrétaires - redacteurs）及其他职员，辅助书记官执行职务。

法庭经费共约二百万金法郎〔1〕，由国际联盟会担负之。其预算案，为国际联盟会总预算案三部之一，非经大会通过，不能有效。其未加入国际联盟会诸国，若有案件交由法庭审理时，应负法庭所定之相当经费。

法庭设于海牙，其办公处设在平和宫内，（美人卡耐基〔2〕Carnegie 捐款建筑者），宫内藏书室之书籍，法庭得随时借用。

庭长及书记官应常用居住法庭所在地，其他法官于开庭时，亦应居住海牙。

专门庭得在海牙以外之地点开庭。

六、国际法庭之管辖

国际联盟规则第十四条，规定法庭之职务为两种，即诉讼案件与咨询案件是也。

关于诉讼案件，其条文如下："凡各造提出属于国际性质之争议，该法庭有权审理并判决之。"

关于咨询案件，其条文如下："行政院或国际联盟会大会，不论何种争议或何种问题有所咨询，该法庭对之得发表意见。"

甲、关于咨询案件之职权

国际联盟会大会及行政院，对于法庭均得咨询意见，此外无论何种机关，

---

〔1〕 "金法郎"原文作"金佛郎"，现据今日通常用法改正，下同。——校勘者注。
〔2〕 "卡耐基"原文作"卡耐奇"，现据今日通常用法改正。——校勘者注。

不得向法庭咨询意见。

自法庭成立以来，行政院送交法庭之咨询案件，日益加增。此种案件，或系行政院职权内应解决之国际问题或争议，由该院自行送交者；或系依某国或某国际机关之声请，以行政院名义送交者。以是之故，咨询案件将为法庭之重要职务，可断言也。

虽然，按法庭办事细则，法庭有保留不发表意见之权。故对于咨询案件，因特别情形不答复之。例如所咨询之事，若属于概括抽象之法律问题，则答复之范围甚广。此等概括办法，其结果殊难逆科，将来于行政院处理事务之自由裁判权，或有妨碍。法庭于此情形，自可行使其保留权而不发表意见。

乙、关于诉讼案件之职权

依法庭条例，关于诉讼案件之管辖，可分为两种：一为合意管辖，一为强制管辖。

（一）合意管辖。两国间如有争议，经双方之同意，特订公断协定（Compris），交由法庭判决者，法庭之管辖，实基于双方之同意，故名之曰合意管辖。

（二）强制管辖。两国间之现行条约或协定，如订明一切争议，交由法庭解决，或两造于争议发生前，均已承认法庭有管辖权者，其法庭之管辖，于事前即有约束力，故名之曰强制管辖。

凡属于强制管辖之案件，甲国虽未得乙国之同意，亦得声请法庭，传唤乙国到庭；传唤后缺席不到时，法庭为缺席裁判。

关于法庭之强制管辖，法庭条例协定内载有专条，名曰任意条款（Clause facultative），盖承认与否，悉听各国之便也。但一经正式声明承认后，则对于其他同样正式声明承认之国，如有左列问题之争议，法庭当然有强制管辖权，无须两造另行定协。

（一）关于条约之解释；

（二）关于国际公法之问题；

（三）关于事实之证明，其事实若经证明属于违背国际义务者；

（四）关于违背国际义务所负赔偿损失之性质及范围。

上述之强制管辖条款，自法理言之，实属强制公断条约之一种，已承认其为有效者，凡十五国。

其他现行条约及协定，与法庭之强制管辖有关系者，不一而足；例如欧

战后所订之各

和约，皆有明文规定，凡关于口岸，水道，铁路等事项，如解释或施行条约时有所争论，由法庭判决之；又如和约所规定，关于劳工问题，其最要者，即国际劳工局之一会员国，因其他会员国不履行条约而为之告诉是也；又如关于和约所规定，协商国与协商国间恢复旧约所发生之问题，诸如此类，法庭皆有强制管辖，此属于概括规定之条文也。至于特种问题，列举规定者，间亦有之，例如凡尔赛和约规定，凡关于德国基尔（Kiel）运河之争议，由法庭裁判之；又如圣日耳曼〔1〕（SaintGermain）和约对于捷克国（Tchécoslovaquie）与奥国间关于建筑电线电话各问题，亦有同样之规定。

除上述外，左列事项，亦属于法庭管辖权：

（甲）关于语言种族或宗教不同之小数民族之保护问题。保护小数民族之办法，或载于欧战后之和约，或载于协商国与波兰（Pologne），捷克（Tchécoslovaquie），塞尔维亚－克罗地亚－斯洛文尼亚王国〔2〕（Royaume des Serbes，Croates et Slovènes），罗马尼亚（Roumaine）及希腊（Grèce）间所订之特别条约，（俗称为小数民族之条约），或载于单方之声明书，其内容与上列条约之规定无甚区别；惟须在行政院正式宣告，方为有效。凡关于保护小数民族若有争议，得由行政院之一会员或数会员，声请法庭受理之。

（乙）关于委托管理殖民地之问题。依和约之规定，凡德，奥及土耳其所放弃之殖民地及领土，悉由国际联盟会委托协商国管理之。关于委托权之解释及行使，遇有直接交涉不能解决之问题，得由法庭判决之。

（丙）关于特定水道之问题。除和约所载关于交通事项之概括条文外，其他条约亦有规定关于特定之水道之争议，交由法庭解决者，例如：（一）协商国与波兰及罗马尼亚所订关于维斯杜拉河〔3〕（la Vistule）及普罗特河（la Pruth）之条约；（二）关于多瑙河〔4〕多瑙河（la Danube）及易比河〔5〕（l'Elbe）所

---

〔1〕 "圣日耳曼"原文作"圣执满"，现据今日通常用法改正。——校勘者注。

〔2〕 "塞尔维亚－克罗地亚－斯洛文尼亚王国"原文作"塞尔维，克洛西及斯洛伐尼王国"，现据今日通常用法改正，下同。——校勘者注。

〔3〕 "维斯杜拉河"原文作"域斯徒河"，现据今日通常用法改正。——校勘者注。

〔4〕 "多瑙河"原文作"丹齐河"，现据今日通常用法改正，下同。——校勘者注。

〔5〕 "易比河"原文作"爱路比河"，现据今日通常用法改正。——校勘者注。

订之各种条约；（三）巴塞罗那〔1〕（Barcelone）会议所订关于交通自由及国际水道之各种条约；（四）关于国际交通规则之帕尔托罗斯协定〔2〕（l'accord de Parto – Rose）。

（丁）关于航空之问题。例如巴黎条约及其他条约，皆有条文承认法庭之管辖权。

（戊）关于通商之问题。通商条约，以明文规定法庭管辖权者，不一而足，兹举其最著者于下：

（一）瑞士（Suisse）与波兰所订之条约；

（二）荷兰与捷克所订之条约；（此条约尚无批准）

（三）德国与波兰在国际联盟会所订关于西里西亚北部（Haute – Silésia）

（四）捷克与奥国所订之政治协定；

（五）奥国与匈牙利所订之政治协定；

（六）波兰与多瑙自由城所订之条约；

（七）芬兰，瑞典及与亚伦岛（les iles d'aland）有关系诸国在日内瓦（Genéve）所订之条约；

（八）英国与伊拉克〔3〕（Irak）所订之条约。（此条约所载，关于法庭管辖之条文，系仿照委托管理权之条文而定）。

关于法庭之管辖有疑义时，由法庭解释之。

丙、到庭之两造

法庭审案时，何者得为该件之两造，此应行解决之问题也。按照条例之规定，凡国际联盟会会员或其他非会员国，皆得为诉讼之两造；至两造是否具有国家之资格，由法庭审定之。

惟有一事不可不注意者，即赴诉于国际法庭之国，不以联盟会会员为限。盖凡两国间订有条约承认法庭之管辖权者，无论其为联盟会会员与否，均得赴诉于国际法庭。至赴诉之条件，则各有不同；如系联盟会会员国及联盟会规约附款所列举之国，（北美合众国在内）则须先行批准国际法庭条例协约；如系其他国家，则须将承认法庭管辖权，及遵守法庭判决之声明书，送交法

---

〔1〕 "巴塞罗那"原文作"巴斯伦"，现据今日通常用法改正。——校勘者注。

〔2〕 "帕尔托罗斯协定"原文作"波道胡露斯协定"，现据今日通常用法改正。——校勘者注。

〔3〕 "伊拉克"原文作"依拉克"，现据今日通常用法改正。——校勘者注。

庭书记官备案，方得起诉。此声明书之内容，或关于特定之案件，或属于概括之规定；如属于概括之规定，则与联盟会会员之批准任意条款事实上无甚区别。惟声明承认法庭强制管辖权之非会员国，对于批准任意条款之会员国，非得其同意，不得声请法庭传唤之。

联盟会会员以外之国，因案起诉法庭者，应负相当之讼费。

按照国际法庭条例之规定，凡关于允许非会员国到庭之条件，应以平等待遇为原则，不得有所轩轾。

七、审案程序

国际法庭，为常设之机关，故名为永久国际法庭（Cour permanente de justice internationale）。每年于六月十五日开常期庭一次；遇有必要时，经庭长之召集，得开临时庭。

简易庭长，于案件送到时，应即开庭。

法庭开庭后，应将本届应办之案件审理完毕，方能闭庭。凡诉讼案件或咨询案件，于开庭前送到法庭，或于开庭期间内送到者，皆属于本届应办之案件。

法庭用语，为法英两国文字，其余各国文字，遇有特别情形，经法庭许可后，亦得用之。

甲、咨询案件

关于咨询案件之程序，其详细办法，尚无明文规定。惟依现行惯例，法庭为调查精密起见，对于各咨询案件，均分别知照各关系国及国际机关，请其将所有关于该案之文件送交法庭，并随时派员莅庭口头说明，以供法庭之参考；口头说明，由法庭公开行之。

法庭开始讨论意见及起草意见书时，应秘密行之。讨论意见时，各法官应陈述意见，并附以理由。讨论毕，即依据讨论之结果，起草意见书。法官中与多数之意见不同者，得将己见附于意见书后，以备引证。

意见书造成后，由法庭公开宣告之。宣告后刊成专书，以广流传。

乙、诉讼案件

诉讼案件之程序，因法庭管辖之性质而各异。

凡属于合意管辖之案件，于法庭收到两造协定之通知时，其案件即为成立。两造之诉状及辩诉状，均应于同一期限内递送法庭。诉状应载明关于争点之结论及理由。对于诉状有所答辩者，名曰辩诉状，对于辩诉状有所答辩者，名曰驳辩状。

凡属于强制管辖之案件，于法庭收到原告声请书时，其案件即为成立。法庭收到声明书后，应即知照被告，以便诉讼之进行。至两造所递之诉讼书状，共有四种：（一）为原告之诉状，（二）为被告之辩诉状，（三）为原告之驳辩状，（四）为被告之复辩状。如被传之一造，不于所定期限内递送辩诉状时，法庭应先行审定对于该案有无管辖权；如其有之，得依原告之辩论，宣告缺席裁判。

书状辩论毕，即为口头辩论，其程序不因法庭管辖之性质而有所区别。当两造代表辩论或证人鉴定人陈述时，法庭应公开行之，但遇有特别情形，得秘密行之。

关于诉讼程序，尚有三事，应行说明者如下：

（一）在诉讼进行中，第三国遇有下列情形之一者，得为参加诉讼（intervention）：（甲）案件关于条约之解释，而本国曾签押于该条约者，（乙）案件直接关于本国法律上之利益者。

（二）在诉讼进行中，如两造经商定解决办法，无庸进行裁判时，法庭得命将所定之办法载入诉讼录，该案即行注销。在诉讼进行中，法庭对于两造之权利认为有危害时，得命施行一切之必要处分，以期暂行维持现状。

丙、简易程序

简易程序者，通常程序较为省略，以期案件之速结也。此种案件，由特别庭审理之，名曰简易庭。关于简易程序之案件，两造应于同一期限内递送诉讼书状，法庭即依据书状裁判之。但遇有应行补充说明时，得命开庭，由双方加以口头说明；但不得有所辩论。

丁、判决

关于诉讼案件，各法官讨论意见之程序，与咨询案件无甚区别。惟法庭宣告之判决，有最终判决之效力，无所谓上诉也。如有一造于判决后发现新事实，而其事实足以发生重大影响于法庭之意见者，得于事实发现后六个月内，及判决宣告后十年内，声请再审。

八、国际法庭引用之法律

法庭审理案件，无论其为咨询案件或为诉讼案件，若国际条约有所规定，经两造国或直接有关系之国承认者，应以条约之规定为依据；无条约规定者，以国际习惯及各文明国所承认之普通法理为依据。诚以习惯与法理，皆有其所以然之故，于此而推求其适用之法例以为判案之准绳，是为法庭之重要任务。至于各国判例及著名公法家之学说，法庭亦得详加参改，以为印证之资料，但不得以之为判案之标准也。

按照法庭条例：法庭之判决，惟对于本案关系各造有约束力，对于他造则无之。故其判例无法律之效力。质言之，则国际法庭有宣示现行国际法之权，而无创造新国际法之权。

九、国际法庭之影响于国际法

国际法庭之判例，其直接之关系，在于解决国际之争议，此乃显而易见之事，无庸赘述。其间接之关系，在于国际法之编纂，兹略述之于左：

（一）国际之关系，每因现行国际法之不确定而发生重大之争论。若有法庭正式宣示之，则国际法将日益显著而渐趋于确定也。

（二）现行国际法，如有与现时国际情形不相符合之处，则法庭之判决，实足以唤起国际之立法。盖各关系国或国际联盟会，有鉴于现行法之不便，势不得不召集国际会议，另定新法，以图补救。是国际立法之进步，当以国际法庭之判例为间接之动机也。

惟有一事不可不注意者：即国际法庭为司法机关而非政治机关，故其强制管辖权，只及于法律问题，若重大政治问题，除有关法律疑问外，罕有送交法庭审理者。反而言之，欧战以来，国际关系日益繁杂，几有牵一发动全身之势；国际之纷争，自关系各国观之，虽属于政治问题，然为维持国际公共利益起见，不得不服从法律解决者，间亦有之。

今试将国际法庭与国内法庭两相比较，则国际法庭之重要可改见矣。今夫一国国内个人与个人之争，其归法庭解决者固多，其不归法庭解决者亦不少，即如国内之重大政治及经济问题，多有不由法律解决者；然未闻有因此而主张废弃法庭者。是则法庭虽非万能，亦不应等闲视之也。国际法庭之于国际关系亦若是耳。

国际法庭之管辖权，与国际永久公断处及其他国际公断机关之管辖权，自严格法理上观之，无甚区别。惟两种机关之性质与任务，自国际关系上观之，则各有不同。盖法庭之裁判官，有一定之员额，有一定之年俸，任期久远，并得随时出庭审案。其审案也，有一定之程序，且依据现行国际法以为判决之基础。换言之，国际法庭解决国际之纷争，与国内法庭解决个人间之纷争，无二致也。若夫国际公断处，则公断员之选派及酬报，公断之程序及适用之法律，皆由两造随时商定之，此其与国际法庭不同之要点也。

十、国际法庭审案撮要

法庭成立后之第一年，曾开庭三次，开庭期间凡五阅月；第二年开庭二次，开庭期间凡四阅月。其首次开庭，名为准备庭（session preliminaire），凡关于诉讼程序细则及庭内行政事务，皆于此期间内议决；其第二次开庭，则为第一次常期庭。

甲、第一次开庭（常期庭）

第一次常期庭审理之案件，共有三起，皆属咨询事件，且皆关于凡尔赛和约所规定国际劳工局各条之法理上解释。兹将各咨询问题及法庭答复之意见，胪列于左：

第一问题各职业团体，对于选派出席国际劳工大会各代表团之工人代表，其参与此事之权限，如何定之？质言之，政府选派工人代表时，于各职业团体中，若仅得其最有代表资格之一团体之同意，其选派应否认为合法？各职业团体意见不一时，应否以多数团体之意见为准？

法庭答复之意见大略如下政府选派工人代表时，自应先与各职业团体商议妥协，方能有完满之结果。若协商无效，则政府经代表多数工人之团体之同意后，即得选派之。此种办法，与和约所载关于选派工人代表之规定，并无抵触之处。

第二问题农业工人之劳工条件，国际劳工局是否有权以国际规则定之？此问题于国际劳工局之前途极有关系。法国政府对于此事，力持国际劳工局无权干涉之议，与他方意见不合，遂声请法庭解决之。

法庭答复自意见大略如下依据凡尔赛和约所载各条之正当解释，农业劳工事，应在国际劳工局职权范围内，其理由甚详，兹不赘述。

第三问题此问题与前问题有间接之关系，其要点如下：关于农业各问题，是否在国际劳工局职权范围内？

法庭答复之意见大略如下关于农业各问题，不在国际劳工局职权范围内；但和约特别规定，应归该局管辖者，不在此限。

以上三意见，对于关系各造，在法律上无约束力，惟宣告后，即经各造正式承认。故现下国际劳工局关于上述各事之进行，皆以法庭之意见为依归。

乙、第二次开庭（临时庭）

法庭第二次开庭审理之案件，亦属咨询事件。因急待解决，故开临时庭审理之。缘法国政府于一九二一年十一月间，曾会同突尼斯〔1〕（Tuniste）及摩洛哥〔2〕（Marroc）两部落之酋长，公布国籍条例。依此条例之规定，马耳他〔3〕（Maltais）人种之大部分，属于法国国籍。惟依英国法律，则属于英国国籍。以是之故，英法两国互有意见。

当上述之马尔他人被征服兵役时，两国间对于此种人之国籍问题，大起争论，迭经交涉，迄无解决之方法。英国尝提议交国际公断，而法国以此问题涉及内政，不允所请。英政府乃将此事诉诸国际联盟会行政院，经双方同意，即由该院送交法庭，咨询对于左列问题之意见：

英法两国所争论之事，是否纯属于法国之管辖？

法庭答复之意见，略谓：英法两国所争论之事，非纯属于法国之管辖。此意见发表后，法政府提议将关于此事之根本问题，交由法庭判决。英代表以未得训令不能有所表示，只得声明允将此项提议，转达本国政府，本国政府接到提议，自必加以慎重之考虑云云。

厥后两国政府复开交涉，经磋商后，议妥解决之办法。

法庭第三次开庭时，遂将两国自行解决之办法，正式宣告，并登入卷宗内，此案即行注销。

丙、第三次开庭（常期庭）

一九二三年六月十五日，法庭第三次开庭。本届案件单内所列举之事项有三：一为温布尔登〔4〕（Wimbledon）输船案，此案系属于诉讼事件，审理毕，由法庭宣告判决。其余二案，皆属于咨询事件，审理毕，由法庭宣告意见。至咨询案之问题：其一系关于东卡累利阿〔5〕（Carelie orentale）之政治制度，其一系关于德国割与波兰领土内原属德国国籍之一部分人民，应否视

---

〔1〕"突尼斯"原文作"土尾土特"，现据今日通常用法改正。——校勘者注。

〔2〕"摩洛哥"原文作"马乐克"，现据今日通常用法改正。——校勘者注。

〔3〕"马耳他"原文作"马尔泰"，现据今日通常用法改正，下同。——校勘者注。

〔4〕"温布尔登"原文作"温伯烈亭"，现据今日通常用法改正，下同。——校勘者注。

〔5〕"东卡累利阿"原文作"东加利厘"，现据今日通常用法改正，下同。——校勘者注。

为波兰国籍民？

1. 温布尔登输船案

温布尔登输船案，于国际史上实有特别注意之价值。盖一造未经他造之同意，径行赴诉于国际法庭，而法庭依据条约，有强制判决权者，自此案始；海牙国际法庭审理诉讼案件，宣告判决者，亦自此案始。（前此所办理之案，皆属于咨询事件）。此案经过之情形，略述于左：

有英国输船名温布尔登者，为法国某公司所租用。船内载有运送至多瑙海口之波兰国军用品约四千吨。该船于一九二一年三月十一日，行抵德国基尔运河口。运河管理局局长奉到命令，禁止该船进口行驶；其禁止之命令，系依据德国所颁布之中立条例。

按凡尔赛和约有明文规定：基尔运河为永远开放之河道，凡与德和好之各国，无论其为商船或战舰，皆享平等之待遇，并得随时自由行驶。驻柏林法国大使，依据和约之规定，与德政府交涉，请其将该船放行。德政府不允。该船既被阻进口，只得绕道而行，计所失之时间，在河口停泊共十一日，绕道时间共二日。协商国大使会议，因此事与德政府重行交涉，亦不得要领。惟交涉中，德国曾提议将此事送交国际法庭审判。遂由协约国方面之法英意及日本，于一九二二年十一月十六日，声请法庭受理此案。

依国际法庭条例：法庭审判案件，若一造无本国国籍法官时，得指定一本国国籍法官出庭参与审判。德政府依据此规定，遂指令德国法官一名，列席审判。此开审前该案所经过之大略情形也。

法庭以此案有关凡尔赛和约第三百八十条之解释，遂将原告之声请书，知照签约各国。波兰政府接到知照后，即要求加入本案，为参加诉讼之一造（intervention）。经各造发表意见后，由法庭宣告"中间判决"（arret interlocutovie），承认波兰以签约国之资格，对于本案有参加诉讼之权。

法庭开审时，关系国皆派员出庭，为言词之辩论毕，经法官发表意见，付诸表决后，即造成判决书。

本案之判决书，系依据法官九人多数之意见而定；其不同意之法官二名，及德国法官一名，皆实行其保留意见之权利，于判决书后另附不同意之理由，于是八月十七日，归法庭公开宣告之。判词之结论，约有数端：

（一）协商国之起诉书，法庭应受理之。

（二）德国官员不应禁止温布尔登输船入口。

（三）德国政府因违法禁止该船入口，应负赔偿损失之责，其损失之额数，定为十四万法国法郎。

2. 东卡累利阿案

芬兰与俄国，于一九二〇年十月十四日，在多尔帕特〔1〕（Dorpat）缔结和约。签约时俄国代表团正式宣告关于东卡累利阿自治之声明书，厥后两国政府，因东卡累利阿自治问题对于和约第十条第十一条及声明书内容之解释，彼此意见不同。

按东卡累利阿原属前俄罗斯帝国领土之一部分，在芬兰之东，以白海（Mer Blanche）为界，西以勃特尼海湾（Golfe de Bathnie）为界，南以拉多加湖〔2〕（Lac Ladoga）为界。居于此区域内之芬兰人，按照和约俄代表团之声明书，应享有种种自由及种种自治权。芬兰政府对于此事颇不满意，谓：俄国并未履行和约及声明书之规定。俄国政府则谓：和约未缔结以前，东卡累利阿已由俄国政府改为工人及农民自治区（Communauté autonome d'ouvnèrs et de paysans）并已编入莫斯科联邦共和国版图内，故和约及声明书所载各条，系指现行自治制度而言，非指将来之自治制度而言；况此问题，纯属俄国内政问题，非他国所得过问。此俄国所持之理由也。

关于此案咨询法庭意见之问题如下：

芬俄和约第十条第十一条，及俄代表团之声明书，是否发生俄国对于芬兰国应履行之国际义务？

法庭按照办事细则之规定，曾将此案正式知照国际联盟会各会员国，及其他有关系之国。（俄国亦在被知照之列）。芬兰国接到知照后，即要求派员到庭辩论。俄国之复电，则声明对于此案概不与闻。

法庭公开二次，由芬兰国代表到庭辩论，于七月二十三日宣告意见书。

此意见书，系依据法官七人之多数意见而定，其结论略谓：法庭对于本案无管辖权，故所咨询之事，当然不能答复，其理由如下：

（一）咨询之问题，已成为芬俄两国交涉之争点，若答复之，则与裁判诉讼案件无异；俄国既始终不允与闻其事，则法庭当然不能受理。

（二）凡属国家，皆享有自主权，此原则为国际联盟会规约第十七条所承

---

〔1〕 "多尔帕特"原文作"都耳柏"，现据今日通常用法改正。——校勘者注。
〔2〕 "拉多加湖"原文作"辣都加湖"，现据今日通常用法改正。——校勘者注。

认；而本案实有关于国际联盟会会员国（即芬兰）与非会员国（即俄国）之争议，若未得非会员国之同意，则法庭不应有所表示。

（三）办案之事实问题，颇为重要，俄国既不允派员到庭，则调查本案之真相，实属不可能之事。有此三理由，遂宣告所咨询之事件，法庭不能答复云。

3. 波兰国内之德国小数民族案

关于保护居住波兰国内德国小数民族之咨询案件，共有两起，兹分述之于下：

德国割与波兰之领土内，有德国小数民族之居民，于欧战发生前，曾与德政府订立契约，购置产业。其契约之种类有二：一为租买契约（Rentenguts-vertraege），即以定期租金代买价，租买人履行一定之条件后，得向不动产登记局声请将产业过户及登记，此项程序，德文名为 auflassung。一为租借及用益契约（Pachtvertraege）此种契约，经履行一定之条件，得改为租买契约。波兰政府对于第一种契约，凡战前未经过户及登记者，概不承认；对于第二种契约，凡停战后改为租买契约者，亦概不承认，并勒令订契约人将产业退还。德人不服，依据条约诉诸国际联盟会行政院。该院遂将此案，送交法庭征求意见。

法庭关于此案，应行答复之问题如左：

按照保护小数民族条约之规定，国际联盟会对于波兰政府之举动，有无讨论之权？如其有之，则波兰政府之举动，是否违背其国际上之义务？

法庭书记官依照办事细则之规定，曾将此案知照国际联盟会各会员国及其他有关系之国。（德国亦在被知照之列）。

波兰政府及德国政府，对于此案，均有详细说明书递送法庭，并于开庭时派员到庭，为口头之说明。

法庭于九月十日开庭宣告意见书，其要旨略谓：（一）按照条约之规定，国际联盟会有讨论该案之权；（二）波兰政府之举动，实属违背关于保护小数民族之国际义务。

第二案

协约国与波兰国订有条约，名曰保护小数民族条约；其第四条规定德人取得波兰国籍之条件。关于此条之意义，德波各持一说德国之主张，凡德人在割与波兰之领土内出生者，当然取得波兰国籍。波兰之主张，除本人须在该领土内出生外，尚有其他条件，方得为波兰籍民。其条件维何？即本人出生及条约实行时，其父母已常川居住（domicilié）于该领土内是也。

以上争点，虽经德波两国直接交涉，然迄无解决之方法。最后由此案之关系人诉之于国际联盟会行政院。而波兰政府，以行政院无权干预此事，提出抗议。该院乃将此案送交法庭，征求对于下列问题之意见：（一）行政院有无讨论此事之权？（二）如行政院有讨论此事之权，则德国与波兰之主张，应以何者为正当？

法庭于九月十五日宣告意见书，其答复之要点有二：（一）国际联盟会有受理此案之权，（二）波兰之主张不得认为正当。盖依该约第四条之正当解释，本人出生时，若其父母居住该领土内，则当然取得波兰国籍。

丁、第四次开庭（随时庭）

一九二三年十一月间，法庭开临时庭，审理国际联盟会行政院送交关于波兰与捷克在斯波斯（Spiz）地方划界争议之咨询案一件。此案俗称为涉和斯那案（Affaire de Jaworzina），其经过之情形，大略如左：

协约会议，曾议决波兰国与捷克国交界之区域，应由该处居民全体，投票表决自愿隶属于何国。此议决因政治上种种困难，迄未实行。最后由两关系国之代表，商定将划界之争点，交由协商国最高行政会议（Conseil supreme）解决之。该会议依据两国协定，委托协约国大使会议执行划界之任务。大使会议执行委托之任务，议决两国之界限。双方对于所定之界限，大致赞成，惟对于涉和斯那（Jaworzina）区域，则各持异议，遂由行政院将此问题咨询法庭之意见。法庭经双方代表到庭说明后，于十二月六日开庭宣告意见书。此一九二三年法庭最后审理之案件也。

十一、结论

综观上述，可知国际法庭实为国际上不可少之机关。盖自国际联盟会成立以来，法庭各法官，均已选定，其选举之方法，较前此所提议者为妥善。且法庭办案，有一定之程序，自初次开庭以迄于今，成绩斐然，实出吾人意料之外。是故各国间以特别条约扩充法庭之管辖权者，时有所闻。于以见国际法庭之信用日益昭著，而国际之纷争，交由法庭解决者亦日益增加。加此可为国际和平前途贺者也。

附录一

左列各国，已签押关于国际法庭条例之协定：（以字母为序）

南非[1]（Afrique du Sud）、阿尔巴尼亚[2]（Albanie、）澳大利亚（Australie）、奥国（Autriche）、比国（Belgique）、玻利维亚[3]（Bolivie）、巴西（Brésil）、保加利亚（Bulgarie）、加拿大（Canada）、智利（Chili）、中国（Chine）、哥伦比亚[4]（Colombie）、哥斯达黎加[5]（Costa Rica）、古巴（Cuba）、丹麦（Danemark）、英国（Empire Britannique）、西班牙（Espagne）、爱沙尼亚（Esthonie）、芬兰（Finlande）、法国（France）、希腊（Grèce）、海地（Haeti）、匈牙利（Hongrie）、印度（Inde）、意大利（Italie）、日本（Japon）、拉脱维亚[6]（Lettonie）、利比里亚[7]（Libéria）、立陶宛（Lituanie）、卢森堡（Luxembourg）、挪威（Norvège）、新西兰（Nouvelle - Zélande）、巴拿马（Panama）、巴拉圭[8]（Paraguay）、荷兰（Pays - Bas）、波斯（Perse）、波兰（Pologne）、葡萄牙（Portugal）、罗马尼亚（Roumanie）、萨尔瓦多[9]（Salvador）、塞尔维亚 - 克罗地亚 - 斯洛文尼亚王国（Royaume des Serbes，Croates et Slovènes）、泰国[10]（Siam）、瑞典（Suède）、瑞士（Suisse）、捷克（Tchécoslovaquie）、乌拉圭（Uruguay）、委内瑞拉（Venezuela）。

以上共四十七国。

下列各国已批准关于国际法庭条例之协定：

南非、阿尔巴尼亚、澳大利亚、比国、巴西、保加利亚、加拿大、中国、古巴、丹麦、英国、西班牙、爱沙尼亚、芬兰、法国、希腊、海地、印度、意大利、日本、拉脱维亚、立陶宛、挪威、新西兰、荷兰、波兰、葡萄牙、

---

〔1〕 "南非"原文作"南斐洲"，现据今日通常用法改正，下同。——校勘者注。
〔2〕 "阿尔巴尼亚"原文作"亚尔巴尼亚"，现据今日通常用法改正，下同。——校勘者注。
〔3〕 "玻利维亚"原文作"巴里维亚"，现据今日通常用法改正。——校勘者注。
〔4〕 "哥伦比亚"原文作"可伦亚"，现据今日通常用法改正。——校勘者注。
〔5〕 "哥斯达黎加"原文作"哥斯太利加"，现据今日通常用法改正。——校勘者注。
〔6〕 "拉脱维亚"原文作"莱多维亚"，现据今日通常用法改正，下同。——校勘者注。
〔7〕 "利比里亚"原文作"里比里亚"，现据今日通常用法改正，下同。——校勘者注。
〔8〕 "巴拉圭"原文作"巴辣圭"，现据今日通常用法改正。——校勘者注。
〔9〕 "萨尔瓦多"原文作"萨尔伐杜"，现据今日通常用法改正，下同。——校勘者注。
〔10〕 "泰国"原文作"暹罗"，现据今日通常用法改正，下同。——校勘者注。

罗马尼亚、塞尔维亚－克罗地亚－斯洛文尼亚王国、泰国、瑞典、瑞士、捷克、乌拉圭、委内瑞拉。

以上共三十五国。

附录二

下列各国，已签押关于承认法庭强制管辖之任意条款：

奥国、巴西、保加利亚、中国、哥斯达黎加、丹麦、爱沙尼亚、芬兰、海地、利比里亚、立陶宛、卢森堡、挪威、巴拿马、荷兰、葡萄牙、萨尔瓦多、瑞典、瑞士、乌拉圭。

以上共二十国。

下列各国，已批准关于承认法庭强制管辖权之任意条款：

奥国、巴西、保加利亚、中国、丹麦、爱沙尼亚、芬兰、海地、立陶宛、挪威、荷兰、葡萄牙、瑞典、瑞士、乌拉圭。

以上共十五国。

附录三

法官及补充法官姓名如下：（以字母为序）

（一）法官

阿尔塔米拉（Rafael Altamira 西班牙）

安齐洛蒂〔1〕（Prof. Dionisio Anzilotti 意大利）

佩索阿〔2〕（Epitacio de Silva Pessoa 巴西）补已故原任法官巴博萨〔3〕（Ruy Barboza）之遗缺

布斯塔曼特〔4〕（Prof. Antonio S. de Bustamante 古巴）

芬雷〔5〕（Vicomte Robert Bannatyre Finlay 英国）

胡伯〔6〕（Max Huber 瑞士）

---

〔1〕 "安齐洛蒂"原文作"安次落提"，现据今日通常用法改正。——校勘者注。
〔2〕 "佩索阿"原文作"比苏西"，现据今日通常用法改正。——校勘者注。
〔3〕 "巴博萨"原文作"巴堡沙"，现据今日通常用法改正。——校勘者注。
〔4〕 "布斯塔曼特"原文作"保斯特满特"，现据今日通常用法改正。——校勘者注。
〔5〕 "芬雷"原文作"芬利"，现据今日通常用法改正。——校勘者注。
〔6〕 "胡伯"原文作"许巴"，现据今日通常用法改正。——校勘者注。

罗德尔（Loder 荷兰）

摩尔^[1]（John Bassett Moore 北美洲众合国）

尼霍姆^[2]（Didrik Galtrup Gjedde Nyholm 丹麦）

织田万（Dr. Yorosu Oda 日本）

维斯^[3]（Charles – André Weiss 法国）

（二）补充法官

贝芝门（Frederik Valdemar Nikolai Beichmann 挪威）

尼古拉斯哥^[4]（Demetre Negulesco 罗马尼亚）

王宠惠（Wang Chung – Hui 中国）

耶华那域柱（Michel Yovanovitch 塞尔维亚 – 克罗地亚 – 斯洛文尼亚王国）

（三）书记官

哈马苏（Hummarskjōld）

---

〔1〕"摩尔"原文作"摩亚"，现据今日通常用法改正。——校勘者注。
〔2〕"尼霍姆"原文作"奈孔"，现据今日通常用法改正。——校勘者注。
〔3〕"维斯"原文作"威士"，现据今日通常用法改正。——校勘者注。
〔4〕"尼古拉斯格"原文作"溺高赖斯高"，现据今日通常用法改正。——校勘者注。

联合国安全理事会的组织与职权[*]

钱清廉[**]

一

联合国宪章全部包括三大文献：（一）宪章本身，（二）国际法院规约，（三）过渡办法。依据宪章所设立的主要机关有大会、安全理事会、经济暨社会理事会、托管理事会、国际法院和秘书处。本文所研讨的限于联合国的一个主要机关，也可以说异常主要的机关，即安全理事会的组织与职权。

大会如果是联合国的审议机构，则安全理事会是它的执行机构。大会如果代表人类的最高政治组织，则安全理事会可说是世界上至关重要的团体。它的成功或失败可以决定和平或战争，决定国际法的统治或武力的统治。

安全理事会是一个和事佬，同时是一个警察，以一个和事佬的地位，它用各种可能的方法来防止任何纠纷发展成为一个剧烈的冲突，以一个警察的地位，它运用各种可能的工具来约束破坏法律的国家。依照宪章的精神而言，安全理事会应当永远不用它的无限制的权力。但当一个国家的和平和安全受到威胁时，安理会却经常准备着行动，这是最理想的办法。

安全理事会的组织和权力构成一种政治制度真确反映一个充满疑忌的世界，但它的主要任务是在避免战争的再起。创办安全理事会的人正是五大国——美、苏、中、英、法——在世界舞台上已经占有优势，而在五大国间

　＊　本文原刊于《新法学》1948 年第 1 卷第 3 期，第 4 期，第 5 期。

　＊＊　钱清廉，1931 年毕业于东吴大学法学院（第 14 届），获法学学士学位，其为管理中英庚款董事会第一届留英公费学生，后任东吴大学法学院教授，并担任《观察》杂志的撰稿人。1936 年 9 月代表中英庚款董事会参加于日内瓦召开的世界青年大会，演讲稿由钱清廉起草。

发生重大冲突时，则现在这个联合国势难幸存。所以安全理事会的制裁和强制办法是根据这样的一个前提。就是这些办法，不能适用于任何一个常任理事国。

建立安全理事会的观念，是认为必须使联合国的一切会员国都参加集体的行动来制止一个侵略者。即使非常任理事也能以联合国的最高行动团体的份子而参加这种行动。这是所以设立非常任理事的制度的原因。

安全理事会关于国际和平与安全的职务是无所不包的，现在它是由五强和六个非常任理事：即澳国、巴西、波兰、墨西哥、荷兰和埃及——所组织，上述六国中前三国的任期是两年，其他三国是一年。这些非常任理事的选举是十分重要，所以在伦敦的大会中经过了五次投票和一个抽签后才得到最后的结果。宪章规定非常任理事，由选举产生任期二年。但在第一次选举中，三个非常任理事的任期却定为一年。关于那些国家被选为二年，那些选为一年，曾经发生剧烈的竞争，结果荷兰与波兰的票数相等。大会主席，斯巴克先生（Mr. Paul Spaak）当时只得用抽签的方法来决定。波兰幸而中签，最后被选为任期二年。

对于大会的建议案，会员国有接受或拒却的自由。但安全理事会的决议案对会员国有约束力。宪章有一条特别规定，会员国同意依照宪章的规定接受和实施安全理事会的决议案。

安全理事会的组织和职权与国联行政院不同。这是从法西斯侵略的痛苦经验中和国联行动的迟缓中学得了很大的教训。所以新的世界安全机构的运用是常川的和永久的。安全理事会的组织办法是使它能够不断地活动，常任和非常任理事国必须任命全权代表经常驻在联合国的所在地。在过去有所谓周末事件，迅速发展成为危险的情势。但照这次的组织没有利用周末事件的可能了。因为安全理事会在一星期中工作七天。它能随时开会和立即开始执行职务。在紧急事件中，它并不固定于联合国的所在地，而能移动到世界上任何危险的地区，或它觉得能够发生更为有效工作的任何其他地点。

安全理事会为了便利和必要的理由，有权创设辅助的机构。它能委任许多权力给辅助机构。这一点是很重要的，因为可能同时有几个紧急事件。如果安全理事会没有辅助机构，它只能处理一种紧急事件，它有了辅助机构，便能在各地处理各种事件。

军事参谋委员会。安全理事会与旧国联行政院有两个基本不同之点。第

一、安全理事会有重要军事机构。第二、会员国有执行安全理事会的决议的义务。

关于一切军事问题,安全理事会可以经常得到军事参谋委员会的劝告和协助。军事参谋委员会是十分重要,因为五强都遣派它们最高的军事人员——它们的参谋长或他们的代表。它们的陆海空军都有着代表。

这个军事参谋委员会,隶属于安全理事会之下,对于联合国所能运用的各种军队,负有战略上指挥的责任。经安全理事会的授权,军事委员会得设置区域分委员会。凡联合国的会员国家任何区域组织存在的地方,军事参谋委员会将与它自己的区域分委员会商讨,以便确保最大限度的合作。

依照宪章规定,军事参谋委员会的义务是,关于维持国际和平与安全所需的一切军事需要,给予安全理事会以劝告和协助。此外该委员会,在对了侵略国家的一种国际联合行动中,负责劝告、协助、运用,和指挥一切陆海空军。自一九四六年初,根据在伦敦举行的安全理事会的决议设立军事参谋委员会以来,已经开过许多次秘密会议,但到今天,关于使它成为有效运用一点,还很少进步。自从那些主要国家的参谋人员代表举行第一届会议以后,大家便认为联合国如果要发生有效的运用,军事参谋委员会的组织须与任何一国的军事参谋机构的组织一样。换言之,它必须有一个参谋总长,一个情报机构,和其他战术与战略的机关。尤其重要的,它必须知道一切国家的军事秘密。可是,这最后一个条件显然尚还不能做到。在今天,国家安全的概念,仍与军事秘密的概念结为一体,而不能分开。各国甚至对于联合国,也还不愿意透露它们的军事秘密。

不过,话又说回来,在若干方面,已经有了进步。例如,陆军、海军和空军的将官晤对一室,他们所谈的,不是关于战中的军事同盟问题,却是为了世界和平而组织一个世界军事力量。这不是很可欣慰的事实?

会员国依照宪章规定,各将军队供给安全理事会运用,并且必须给予一切协助和便利,包括通行权在内,俾该会的行动得以成功。安全理事会将建议与各个会员国家订立特殊协定,规定所需军队的确实数量,军队的所在地点和特定军队的种类。所以,军事参谋委员会有成为未来世界参谋人员的可能。该委员会将有一切国家的情报、知识、军队的计划、军队所在地、军队分配和军队的种类在它的支配之下。

军事参谋委员会与裁军。一个军事参谋委员会的通常职务是计划更大的军备和更大的军队，因为军事领袖所持的基本原则，是在必须的军队数量以外，还有更多可以支配的军队。但联合国的军事参谋委员会——而且这一点是安全理事会整个精神的特点所在——同时负有重要责职来协助安全理事会计划军备的管制和一般的裁军。

在这一点上，联合国比较旧国联占着一个更有利的地位，联合国的安全理事会将会正确知道何种攻击的军器，必须首先予以管制。它认识这些军器的消灭能够产生一种互信的空气，则最后可以达到裁军的结果。在瑞士日内瓦举行裁军会议时，国联没有像军事参谋委员会那样的军事组织。而这一点大大减弱了限制军备的一般协议的希望。在各国的国家主义者和参谋人员便可借题发挥。他们说："当我们自己的政府计划限制自己的军备时，其他国家很轻易地可以规避协定的规定或者用更有力的军器来替代某种军器。"

军事委员会有一点特别有趣，即它的两种主要职务，似是互相抵销。在一方面，它的工作时在加强一个军事机构，——在联合国支配之下的军事机构。在另一方面，它的工作是在达到整个裁军的目的。其实，如果没有整个裁军，则军事委员会必须约束侵略国和保卫和平。

原子能委员会。从旧金山会议签署联合国宪章到伦敦第一届联合国大会的期间，原子能的发现向全世界宣布了。自从原子弹轰炸日本以后，全世界的注意都集中于那些具有原子能的国家——美、英，和加拿大。本来人们都很明白只有一个世界组织才能处理世界问题。联合国的会员当然认识联合国的将来是与原子能武器的管制的将来，连结在一起。如果原子能武器不能管制，则联合国组织可以自动投票裁撤了。

由于这种观点，联合国接受原子能的挑战。大会一致决议设立一个原子能委员会，而由安全理事会全体理事和加拿大的代表组织之。鉴于原子能整个问题，对于维护世界和平与安全的重要性，大会决定将原子能委员会隶属于安全理事会。大会决议该委员会应当用最大速度实施行动，且有权力来研究有关原子能的任何方面。

（一）为了和平的目的，将基本科学知识的交换，推广到一切国家。

（二）在必要范围以内，管制原子能，以确保其用于和平的目的。

（三）各国军备中废止原子武器，和其他于用于大量杀人的其他主要武器。

（四）采取有效保障，（用检查和其他方法）来保护那些遵守管制原子能办法的国家，因其他国家违反和逃避管制所发生的危险。

原子能委员会应将报告和建议送交安全理事会。这些报告的内容应当公开，除非安全理事会认为报告的公开有妨和平的利益。安全理事会如认为适宜，这些报告可以送交联合国大会，经济暨社会理事会和联合国的其他机构。

原子能委员会的重要性无疑地将继续增加，而它的活动将超越联合国其他一切机构活动的重要性。但安全理事会经大会特别授权，可以管制原子能委员会关于安全的一切事件。

该委员会有权制定它自己的程序法。不过这种程序法在实施以前，应提请安全理事会核准。联合国大会的决议案更明白规定，在核准这种程序法时，安全理事会应经七个理事国的多数票才算通过，但常任理事国是是否在这七个理事国以内，则在所不问。

原子能委员会既有广泛的行动范围，故安全理事会与整个联合国，已经进入了一个新的境界，可能大大影响国家主权的传统概念。

关于安全理事会的行动可以分为三个阶段加以说明。

一、和平解决争议

当两个或两个以上国家发生争议，而这种争议将要危害国际和平，则根据宪章规定，这些国家应当适用和平的办法，来达到一个公正的解决。宪章特别规定，它们不得互相采取不负责的行动，而应当商议，对于现实情势作一个完全的调查，并适用和解、调停、公断，以求一个司法解决。为了避免这种争议扩大成为一般性的纠纷起见，宪章特别规定可以利用区域机构的办法。例如，假使在拉丁美洲两个国家间发生争议，或美国与一个拉丁美洲国家间发生争执。它们可以请美洲区的机构，加以调停。如世界其他部分[1]有区域办法存在，则可以适用同样程序。联合国明文规定争议国家间直接谈判，或适用区域协定下的解决程序，或双方所同意的任何和解方法。

安全理事会有权要求双方当事人用和平方法解决它们的争端，也有权调查任何可以引起国际冲突的情势。所以在整个地球上没有两个国家，（不论怎样的小国，也不论是联合国的会员国或非会员国）可以在一个地域发生一种争议而为安全理事会的权力所不能管辖的。不仅一个争议的双方当事人，而

---

[1]　"部分"原文作"部份"，现据今日通常用法改正，下同。——校勘者注。

且联合国的秘书长，联合国大会和任何会员国都可以将争议的案件提出安全理事会。这在事实上是十分重要的，因为一个国家的合法政府可以被一个侵略国所支持的傀儡政府所替代，在那个时候，这侵略国自然不会把那个案件提出联合国。在这种情形之下，联合国的其他份子可以为那个国家的被压迫人民而采取行动。

由于安全理事会的活动，联合国真正负起了警卫世界的职务。甚至非会员国，也有权向安全理事会请求帮助和指导，以及必要时，请求保护，假使那些非会员国事先接受宪章所规定的和平解决争议的义务。任何国家再不能推诿说，它们之间的争议是纯粹一个地方事件，而拒绝联合国的干涉。没有一件争议能够隐藏好久时间，因为现在有许多途径可以唤起安全理事会的注意。例如，假使有一件关于边界的地方冲突事件发生——这类事情时常引起危险的国际情势——安全理事会可以建议给当事国的任何一方作若干英里让步以便处理。安全理事会对于一个法律争议案件，提出建议案时，该会照一般通例将劝导双方当事国把这个案件提出国际法院。

二、非军事制裁

如果争议的当事国，相信它们不能用和平的直接调解，或仲裁来解决它们的争议，它们须把争议的案件报告安全理事会。当安全理事会接到这种报告时，它可以采取下列两种办法：它可以建议协调的各种方法或程序，或者案情如果是十分严重，它可以提出它自己的解决办法。但是，安全理事会如确信这种争议足以威胁一般的和平或构成侵略的行为，则该会即可采取行动。

安全理事会，可以决定若干种临时办法以免增加冲突。例如，假使当事国的军队正向他方进军，安全理事会可以要求双方当事国停止它们的军队于所在的地区。这种办法当然对于双方当事国的权利、主张或地位并不发生任何偏见。这种办法在一九二五年曾谓国际联盟所运用，以停止侵占保加利亚的领土的希腊军队。起初这不过是因为少数守边卫军冲突而发生的一件边界事件，但希腊动员了三个军团以后，这边界事件便扩大成为威胁世界和平的问题了。当时国联行政院的主席是那位著名的法国政治家布朗特〔1〕先生（Aristile Brind）他开始要求双方军队停止在接到他的通知时的地点，并静候

---

〔1〕 "布朗特"原文作"白利安"，现据今日通常用法改正。——校勘者注。

国联委员会的到达。

希腊人期初还想抗不从命，但是因为行政院提出了一个最后通牒说，如果它们不服从，则将使用海军示威，或海军封锁，或经济制裁，希腊人便接受行政院的命令。这一个前例，安全理事会在同样情势之下，是可能援用的。

如果争议的情势尖锐化，安全理事会可以要求联合国的会员国使用军事以外的一切方法。例如，一个国家没有遵照和平解决争议的建议案做法，相反地，它威胁和平或破坏和平，则可以对它断绝全部或一部的经济关系，以资惩处。安全理事会可以要求联合国的会员国对于那个违抗的国家断绝一切外交关系。它们可以与那个国家停止一切陆运、海运、空运、邮政、无线电、电报和其他交通。

不过，在这里，我们必须强调安全理事会在组织上的一个重大弱点。它虽然有一个军事参谋委员会可以在军事行动方面，供它的指挥，虽然有一个国际法院，可为司法解决之用，但是没有设立机构，来适用有效的经济制裁。当然安全理事会可以要求经济暨社会理事会提出关于经济制裁的建议。可是，安全理事会本身究竟没有建立机构来实施经济制裁，像军事参谋委员会那样的精确与迅速。为要实施最有效的经济制裁，足以立即阻抑已成侵略国或将成侵略国的行动，则在经济方面，必需要有一种参谋人员，与在军事方面与参谋人员一样。

三、军事制裁

安全理事会如果确信非军事的办法不足以应付，或在已经实施非军事的办法以后，而发觉这些办法的不足，那么，该会可以立即采取海陆空的军事行动。这种行动可以从简单的封锁到全面的军事作战。

联合国的庞大机构，一旦开始实施以来，侵略国势将无所逃避。整个世界不会像过去十多年的情形，例如意大利墨索里尼〔1〕侵略非洲黑人国时，国际联盟在一再延迟以后，才决定实施效力微弱的经济制裁，而且那些经济制裁还仅仅是部分的实施。现在的联合国有无限的权力，可以采取最强烈的制裁办法，甚至包括原子能的使用在内。

联合国的会员国中，其军事力量对于侵略国采取制裁行动时极为重要的，

---

〔1〕 "墨索里尼"原文作"墨梭里尼"，现据今日通常用法改正。——校勘者注。

联合国将与那个会员国，实现签订特别协定。每个被邀参加集体安全行动的国家，在服役此项行动的时期，有参加安全理事会的权利。会员国为了配合紧急行动，将遣派空军分队，以备国际联合制裁之用。凡为彻底击败侵略国所须的一切计划，将由军事参谋委员会事先予以拟定。该会必须准备于世界任何地区采取行动。

粮食、原料区、交通工具、和其他物品，包括在联合国与会员国所签订的特殊协定之内的任何物品，亦将由安全理事会予以统筹支配。

由于非常的资源，和可能的异常迅速的行动，对于任何战争情势增加了限制的机会，和使它缩小成为地域化的机会。事实上，这些机会从来没有像现在那样良好。在世界史上没有一个时期，有任何军事委员会曾经事先签订过援助的协定，其范围广泛及予地球的各洲。

在原则上，联合国的安全理事会成为国际组织的一个最有效的机构，能够使一个争议用和平的解决办法而结束。用经济或其他制裁与侵略国家断绝关系，或用联合国全体会员国的军事力量予以制裁。不过，在安全理事会的组织上有一条规定，恐怕可以使得整个联合国制度成为瘫痪的情形。

关于这条致命的规定，究竟内容如何，容待下文说明。

二

一、否决程序

我们上文说过，安全理事会的否决程序是该会成败的关键，依据宪章规定，安全理事会每一理事国只有一个投票权。该会对于一切事项的决议，应有七理事国的可决票，始得成立。这一种相当特殊的程序，即十一个理事国所组成团体，须要有七个国家的同意票，始得成立决议，究竟是什么道理？这一点可以从该会的组织来加以解决，因为安全理事会中有六个非常任理事国。如果采用较多数的办法来成立决议，则小国可能经常占有多数，而一切问题，将为小国所支配，此为大国所不愿，所以宪章规定"安全理事会关于程序事项之决议，应得七理事国之可决票表决之"，依照这条规定，则在决定程序问题时，必须有一个责任理事国与其他小国投相同的票，否则，便不能成立决议。

但是，在宪章上主要的新奇之点，不在于程序问题的投票规定，而在于程序问题以外的一切问题，不仅要有七理事国的可决票，而且须要包括全体常任理事国——即五个常任理事国——的同意票，才能决议。是故，每个常任理事国，可以运用它的一票，来反对任何决议案的成立，这就是世人所称的"否决程序"。

一国如果是争议当事国，则不得参加投票，即不能运用否决权。关于上述这些投票的规定办法，载在宪章第二十七条，已为全世界的法学家、律师和政治家所热烈讨论争辩。他们对于"争议"一名词，曾经尝试下过定义，他们曾经指出在什么时机一个常任理事国可以否决安全理事会对于一个争议作进一步的调查。

安全理事会曾经任命若干专家组织一个特别委员会，负责草拟关于这类问题的程序法规。该委员会对于其他一切问题都能得到一致的协议，但于投票程序却不能获致协议，因为根据宪章规定的文字来说，有两派的根本观念完全不同。

有一派主张宪章起草人的用意显然是除程序问题以外，强国可以否决任何决议，只有程序问题的决议则不能行使否决权。

另一种观念是基于这个事实，就是争议当事国的任何一造，既无投票权，则当然不能停止安全理事会就和平解决争端的范围以内，采取任何办法。因此，安全理事会对于争议事件可以自由加以调查，提出协调办法和建议任何办法的仲裁，——甚至采取直接行动。

不过有一点，大家都无异议，就是当采取行动时，即适用外交的、经济的、军事的或其他制裁，非有五强全体一致同意，再加两个非常任理事国的同意票，则不能有所行动。

在这里可能发生如下的问题：就是，五强中的一国，假使有一个坏政府，或者其中一国如果发生政变，则安全理事会怎么样？如果一个小国，自己觉得在一个大国保护之下而竟攻击另一个小国，则安全理事会又将怎样？

对于上述问题的答复是：照现行组织讲，安全理事会是不能有所行动的。

但是，这个答复的本身是不完全的，因为五强中任何一国无疑的将尽量避免对于其他一切国家使用否决权。安全理事会的经验，已经表示全体理事国都尽量设法避免迫使问题到投票的阶段，所以安全理事会时常接连几天继续开会讨论一个各方意见分歧的问题。只有在没有其他方法可以解决问题时，该会才用投票的方法来坐决定。

吾们分析安全理事会历次会议的经过情形，我们可以说，中英美法等国对于否决权的使用是非常审慎，它们认为这是一个非常的办法，只有在极少数的情形之下才可以适用。

话虽这样说，这个问题却依然存在：就是，如果安全理事会不采取任何行动，不论由于程序上的延迟或由于否决权的缘故，则其后果怎样？

二、自卫的权利

在两种情形之下，一个被侵略的国家可能遭遇到安全理事会没有什么行动。

第一种情形是侵略行为来得那样迅速，以致安全理事会没有时间采取行动。在这种情形之下，以及在其他一切军事侵略的情形之下，联合国的会员国，不论个别的或集体的，都保有它们自卫的绝对权利。被侵略的一国或数国可以继续自由采用一切可能的办法来防卫它们自己，直到安全理事会采取必要的办法来维护或重建国际和平与安全之时为止。被侵略国家的惟一义务就是将所采办法立即报告安全理事会。

自卫的权利并不影响安全理事会采取任何行动来维护或恢复国际和平与安全的责任与权力。

试举一例以说明上述情形。让吾们假定有一个小国甲，被一个强国乙的军队所袭击，而联合国的空军还没有达到。则甲国有防卫自己的权利，也有请求一切邻国和同盟国援助的权利。但，同时，它必须将已经采取的办法，报告安全理事会。那些曾经援助这个被侵略国家的邻国和同盟国亦必须把它们所采的办法报告安全理事会。该会既然有了一切情报，便可以开始行动。透过它的军事参谋委员会，安全理事会可以发动它的机构。安全理事会所能支配的各国特别空军分队以及该会与各国所订特别协定中规定的一切其他援助，都对于侵略国实施行动了，从这时起，安全理事会指挥对于侵略国的战事而被侵略国不过参加这个战事。

第二个假定是比较更复杂，但可能性也是较少。例如甲国被乙国所袭击。甲国向安全理事会提出控诉。该会起先将试行和平解决。如果乙国恰巧是安全理事会的常任理事国，则乙国既为争议的当事国，当然不能否决对于此项争议的调查与公开讨论。它所能否决的惟一事件就是联合国对它的制裁办法，不过，假使乙国是一个常任理事国的同盟国，则该常任理事国既非争议的当事国，对于试行和平解决办法与制裁办法都能予以否决了。

于此，又发生下列问题了。就是，在这种情形之下，怎么办呢？那个被侵略的甲国将怎么办呢？

甲国所能做的就是几个世纪以来所常行的办法。甲国自己实施抵抗，它寻求同盟国。如果那个问题简单明了，则联合国的其他会员国将予甲国以援助。在这种情形之下，联合国这个组织好像已不再存在一样。军事参谋委员会，原子能委员会和一切其他机构所已经获得的知识都不能供联合国之用。个别国家以它们自己的身份当然会运用这种知识的。

不过，上述那些都是纯粹理论上的问题，因为整个联合国的概念是建筑在大国的道德和一致之上的。

三、区域办法

联合国的基本目的之一是给予各个会员国以最大主动，来用和平方法解决地方性的争端。因此，区域办法或区域机构的存在为宪章所明白认许。

当然，那些区域机构和它们的活动必须与联合国的原则符合。如果世界上某一地区发生一个争端而该地区已有这类机构存在，则安全理事会将鼓励该机构从事于和平解决，或者甚至于把地方性的争端委托该机构加以处置。安全理事会也可以运用这类机构实施执行行动。不过这类机构在安全理事会未经特别授权以前不能采取执行行动。

上述那些规定是那些参加吉布尔泰必克会议（Chapultepec Conference）的签字国要求的结果。在旧金山会议以前，它们之间已经缔结一个区域办法。本来在联合国里对于任何区域办法曾经表示过坚强的反对——因为恐怕区域办法会减弱联合国整个组织——但这种办法最后还是加以认可，不过规定安全理事会有最终的决定权。

这一点明白确认安全理事会，如果认为必要，可以从任何既成的区域组织或将来成立的区域组织的手中把争端的和平解决问题，加以接收。并依照该会所有的一般权力来采取必要的行动。

三七（1948 年）、七、廿四、于首都

三

一、托管领土里的战略防区

联合国关于战略防区的各项职务，包括托管协定条款的核准、更改或修正，都由安全理事会行使。安全理事会应当利用托管理事会的协助，以履行联合国托管制度下关于战略防区内的政治、经济、社会、和教育事件的职务。而托管领土的管理当局得利用托管领土的志愿军、设备、和协助，以履行该当局对于安全理事会所负关于这一点的义务。

综合前述各点，可见安全理事会的职权有四大类别，即（一）争议的和平解决（二）防止或强制执行行动（三）区域办法，和（四）托管领土里的战略防区。此外，安全理事会行使关于组织性质的若干职权。

安全理事会的职权，虽有上述几类，但究以维持和平为最主要，因为联合国的宗旨，依宪章第一条的规定，固然有四种，（参阅第一条）但它的最基本的宗旨是维持国际和平与安全。而关于维持和平与安全的直接主要机关，便是大会与安全理事会。大会包括全体会员国的代表，有讨论关于国际和平与合作的一切事件之权。（参阅拙作联合国大会概论）安全理事会仅系由少数会员国（依现在规定为十一国）所组织，但它专负维持和平与安全的应负责任。在它执行此项责任的职务时，即系代表各会员国（现时共为五十八国）。并且在它处理争端的时候，大会非经安全理事会的请求，不得为任何建议。所以就维持和平说，安全理事会的地位，实在超出大会之上。（参阅宪章第十二条和第廿四条）

二、从职权的性质看安全理事会

安全理事会的职权之运用，在前文中已有简要的说明，现在拟再就安全理事会职权的性质分为（一）建议权（二）选举权及咨询权（三）托管地的管理权（四）监督权（五）调查权（六）制裁权（七）缔约权七类。依次析述如后。

第一，建议权。安全理事会的建议权，虽不如大会的广泛，但都很紧要，而直接着重于维持和平与安全的问题。现在分列于后。

1. 关于拟具军备管制（包括军备和军事参谋委员会等）等方案（宪章第二十六条）

2. 关于解决争端方法。（宪章第三十三条第二项及第三十八条）

3. 采择何种解决争端方法。（宪章第三十九条上半段）即宪章第三十三条所举历来惯用的外交谈判、调查、调解、公断、司法、区域办法等是。

4. 采择适当程序的调查方法。（宪章第三十六条第一项）

5. 国际法院解决处理方法。（宪章第三十六条第三项）

6. 对于国际法院判决的执行办法。（宪章第九十四条第二项）

7. 维持和平的临时措置。（宪章第四十条上半段）

8. 鼓励区域组织办法。（宪章第五十二条第三项）

9. 推荐联合国秘书长人选。（宪章第九十七条）

10. 推荐入会国家，及开除联合国会员国会籍的提议（宪章第五条第六条）

11. 停止联合国会员国的权利。（宪章第五条）关于停止会员国的权利须经安全理事会的提议。但按宪章第五条下半段的规定，安全理事会得恢复会员国的权利。可见恢复会员国的权利，不在大会权力范围之内。这样规定的理由，或许是因为安全理事会有应付紧急情势的特权，故不必征得大会的赞同，或许是因为技术上的原因。否则大会仅有停止会员国权利的权力，在逻辑上不无问题。

第二，选举权及咨询权。此等权限，与旧国联盟约所规定的相同，可分述如下：

1. 选举国法院与咨询国际法院的职权。此为大会与安全理事会所同有的职权。（宪章第九十六条，国际法院组织法第一章第四，第八，第十一，第十二等条）

2. 对于联合国其他机构的选举权。此为大会所特有：即（1）安全理事会非常任理事国的选举（2）经济暨社会理事的选举（3）托管理事会非会员国必要数额的事理选举。

第三，托管地的管理权。托管领土，关于战略防区的各项职权，特别划在安全理事会行使范围之内，已如前述。但托管领土的非战略之一切防区托管协定的职务，则归大会管理。

第四，监督权。安全理事会，既系专负维持和平责任的机关，它的监督权虽不如大会的广泛，但亦非常重要，列举如下：

1. 区域制度的监督。依照宪章第五十三条第五十四条，安全理事会有听取区域机关的报告，而在原则上区域机关如无安全理事会的授权，即不得取任何行动。

2. 解决争端问题。安全理事会对于当事国为解决争端已经采取的任何程序，应予考虑。（宪章第三十六条第二项）

3. 临时措置问题。对此临时合宜而必要的办法，安全理事会不特应提请当事国遵行，而对于不遵行此项临时办法的情形，应施以适当的注意。这种"考虑与注意"似甚空泛，然即表示安全理事会无时无刻不以维持和平为职责。

4. 关于和平威胁、和平破坏，与侵略行为等存在的断定，更是监督权重最重要的一端，因为安全理事会对任何国际事件危机和平的，都有监督责任，所可发生这种断定的权力。

第五，调查权。调查权是国际机关通常行使的权力。联合国宪章以调查权授予安全理

事会，为解决国际争端与维持和平的特权。它的范围很广，无论任何争端，或可能引起国际摩擦或惹起争端的任何情势，都可行使调查权。此项权力极为重要，因为借此可望消弭争端，或争端情势初发生时，即可设法消除或补救。并可根据此次调查结果，安全理事会得以决定争端或情势是否继续存在，与其存在的继续，是否足以危害和平与安全的维持。所以，这是安全理事会干涉争论的先着，也是行使制裁的根据。

第六，制裁权。此种权力，亦不脱旧国联的窠臼，不过宪章的规定，着重技术问题，当较进步。联合国大会与安全理事会都有若干制裁权。就安全理事会而言，则宪章既以安全理事会为维持和平的专一机关，所以将有效而且具体的制裁行动归属该会。关于此项规定，比较周详，但亦沿用国联的成例。如前所述有下列三种：

1. 外交制裁。即与毁约国断绝外交关系，此则为用政治压力，亦可称为政治制裁。

2. 经济制裁。包括对毁约国的铁道、航空、海运、邮电、无线电和其他交通工具的一部或全部的停止。

3. 军事制裁。包括海陆空军的示威、封锁和其他军事行动。至于如何分

配军力、调遣军队、实施武力干涉等，有军事参谋委员会，专负责任。在平时，预先筹拟具体计划，并由安全理事会与会员国缔订协定，这也是技术进步的一大特征。(宪章第四十一条至第十七条)

第七，缔约权。国际机关，具有缔结条约权，在旧国联已有先例。如国联与瑞士政府订立关于使用电信机关的协定。不过，联合国将此项权力载入宪章。此项缔约权有属于大会的，(参阅宪章第六十三条及八十五条)有属于安全理事会的。而安全理事会的此项权力，尤为重要。可分为下列二种：

1. 关于战略防区的托管协定的核准，及更改或修正之权。(宪章第八十三条第一项)

2. 关于军事特别协定缔结之权。这是宪章的一大特点。依宪章第四十三条第三项的规定，此项特别协定，应以安全理事会的主动，尽速议定。并应由安全理事会与会员国或与若干理事国的集团缔结之。此项特别协定的缔结，须由签字国各依其宪法程序批准之。可见缔结此项协定手续的烦赜与慎重。且依宪章第四十五条的规定，为国际共同执行行动起见，关于空军部队的调遣，此项部队的实力，与准备的程度，及其共同行动的计划，应由安全理事会以军备参谋委员会的协助，亦在此项特别协定范围内决定之。吾们对于这一点，固然极感国际组织技术上的进步。但吾们不能不回忆旧国联对于军缩条约失败的经验，而深觉此项特别协定，将生迁延之患，因为它的范围比较军缩更为广大而复杂。虽宪章对此另定五强互相协商，并于必要时，与联合国其他会员国洽商，联合行动的过渡办法(参阅宪章第一〇六条)，然亦可想见此项军事特别协定缔结的不易。其实国际机构，既赋有权力，具备独立执行的功能，此项军事措置，如由国际机构调查各国国力，直接厘定，议决执行，当较国际机构与各会员订约为简捷。况军事科学，进步日速，此项协定为适应需要起见，不免时加修改，则批准程序的迟缓，更可想见。而会员国间如有强国不能同意，必使此项协定的签订或批准，陷于停顿。如遇有紧急应付之时，应如何补救，那是极堪研究的问题。

纵观上述各种职权的运用，安全理事会与大会显有不同，大会的权力，偏于讨论与建议，

而安全理事会的主要责任是维持和平与恢复和平。所以它具有应付紧急情势的特权。归纳言之，可得两点：

第一，上述职权，有须大会与安全理事会合作而执行的。如

1. 选举国际法院法官，系由大会与安全理事会单独同时举行。

2. 会员国的入会须经安全理事会的推荐，而由大会决议。（宪章第四条）

3. 停止会员国权利与会员国的除名，都经安全理事会的建议而由大会决定。

4. 检讨宪章会议，经大会三分之二的表决，与安全理事会任何七理事国的表决始能确定日期地点，举行全体会议。（宪章第一〇九条第一项）

第二，安全理事会单独处理争端维持和平的职权。任何争端，不论当事国或任何会员国或非联合国会员国家，而接受宪章解决争端的，均可由安全理事会提出会议。而安全理事会在技术上运用职权，已如前述，现在不揣重复节要如次：

1. 为任何争端发生事件，应促请依照宪章第三十三条所列各项解决方法使其解决，而在各项解决方法进展中，安全理事会应注重当事国已采取的程序，并得在任何阶段，建议适当程序，或调整办法，其具有法律性的争端，应请当事国提交国际法院处理。（宪章第三十六条）

无论何时，安全理事会得调查任何争端，或可能引起国际争端的任何情势，以断定是否足以危及和平。（宪章第三十四条）

如果当事国对争议事件，不能依照上述各方法解决，而在事实上足以危及和平，则安全理事会应决定采取行动，或建议所认为适当的解决条件。（宪章第三十七条）

总之，安全理事会在解决争端范围内所最切要的工作，是注意此项情势的进展情形，与此项争端的解决程序，施行政治压力，趋于干涉。这种"注意"责任，乍看起来，似属空泛，实则极为重要。因为若干当事国可能实施偏颇的解决程序，或当事国的一造强迫他造接受解决程序，则安全理事会的"注意"可以发生防止作用，在一个公正而强有力的国际机关密切注意之下，当事国不能不有所顾虑，而比较平允的解决，可望获致。

2. 为和平威胁，或破坏，以及侵略行为，依宪章第三十九条至第四十二条的规定，应采取两种办法：

甲、属于必要而合宜的临时办法，则可劝令当事国停止武力武突，双方军队各撤退指定地带。

乙、如果无效，而此项和平威胁等行为继续存在，经断定足以危害国际和平与安全的维持，则可采取外交、经济、军事等制裁方法，此种制裁方法，或择一而行，或合并实施，当视事件的情势而决定。

此项破坏和平的事件发生时，可能不经过和平解决争端的程序，而安全理事会即采取第三十九条至第四十二条的应付方法。但上述争端事件的演变，可能成为威胁和平的结果，则安全理事会，依据第三十四条的调查权，即可决定对于和平威胁等应付的方法，因为这种调查权，并无限制，在任何时间，安全理事会均可行使。

要而言之，安全理事会重要职权的运用有二，（一）调解争端（二）应付侵略。至于二者应如何断定，与应采何种方法，则由该会调查决定。而二者或分开运用，或相互而行，亦由该会决议行使。甚至有些事件，在本质上属于任何国家内管辖的事件，依宪章规定联合国不加干涉，但此项不干涉原则并不妨碍安全理事会对于应付侵略采取制止办法的适用，由此可见安全理事会，为恢复和平，拥有如何重大的权力。

不过安全理事会，纯为解决政治性质的争端，其主要的利器，还是理事国运用政治上的压力，尤其是五常任理事国的善意合作，才可获致维持和平的效果，例如注意权、调查权、建议权、临时措置权，都具有政治上压力的作用。

职权的实际运用。我们在本文中，已经就宪章的规定，把安全理事会的职权作分析与综合的叙述，究竟这些职权。实际运用的情形怎样？这是研究安全理事会的人们应该予以详尽的探讨，因为法律上的规定是一件事，而在现实环境之中，这些规定的适用情形怎样，以及它们所发生的实际效果怎样？都是值得作进一步的研究。不过本文限于篇幅，不能详述。作者只想指出安全理事会为履行它维持国际和平与安全的主要责任，它从一九四六年一月起业经考虑下述主要政治与安全问题。

1. 伊朗问题；

2. 希腊问题（苏联申诉）；

3. 印度尼西亚问题；

4. 叙利亚及黎巴嫩问题；

5. 西班牙问题；

6. 希腊问题（乌克兰申诉）；

7. 希腊问题（希腊申诉）；

8. 军备的一般规定与裁减及关于联合国军队的情报；

9. 突尼斯的自有领土；

10. 科孚海峡事件；

11. 前日本委任统治各岛屿的托管；

12. 根据宪章第四十三条的特别协定和联合国军队的组织。

安全理事会中大国的否决权[*]

李浩培[**]

一

第二次世界大战的结果，产生了联合国组织。在联合国组织中，大会及安全理事会同为它的核心机构。不过，关于国际和平与安全的维持，大会仅有讨论与建议的权力，安全理事会却有强制执行的职责。故后者较之前者，实更为重要。但自联合国成立三年以来，安全理事会的行动似颇受大国否决权的牵制。致一般人于联合国的是否能完成其维持国际和平与安全的义务，渐表怀疑。本文拟将安全理事会中大国否决权的问题，略为探讨与分析，以供国人的参考。

为说明大国何以在安全理事会中被赋予否决权起见，我们须将各国此次

[*] 本文原刊于《新路周刊》1948 年第 1 卷 23 期。

[**] 李浩培（1906～1997 年），上海市人，中国当代著名国际法学家。1928 年，毕业于东吴大学法学院（第 11 届）。1936－1939 年在英国伦敦经济政治学院研究国际公法、国际私法、比较民法。回国后历任武汉大学教授兼法律系主任、浙江大学教授兼法学院院长。中华人民共和国成立后，担任中央人民政府法制委员会和国务院法制局外事法规委员会专门委员，国际关系研究所研究员，外交学院国际私法教授，外交部法律顾问，中国社会科学院法学研究所兼职研究员和学术委员会委员，中国法学会理事，中国国际法学会理事，九三学社中央文化委员会委员和中央顾问委员会委员，中国国际贸易促进委员会海事仲裁委员会副主任等职。还曾任中国人民大学、北京大学教授和中国社会科学院法学研究所研究员、《中国大百科全书·法学》编委会委员兼国际私法分支主编等。1985 年当选为瑞士国际法研究院院士。1993 年当选为联合国前南斯拉夫问题特设国际刑事法庭法官。主要著作有《国际私法总论》、《国籍问题的比较研究》及《条约法概论》等；并有大量译作，著名的有：A. 韦德罗斯著《国际法》、《德意志民主共和国刑法典》、《美国刑法的反动本质》；同他人合译的《法国民法典》（《拿破仑法典》）、M. 沃尔夫著《国际私法》、《纽伦堡军事法庭判决书》等。

组织联合国并在联合国中设立安全理事会的基本理论稍予阐述。这种基本理论，约如下列。第一，各国认为战争是人类的俄莫大灾祸，应予消灭，而为消灭战争，各国应有一组织，以便通力合作。因此，联合国的组织有其必要。第二，在联合国的大会中，每一会员国均得派代表参见。故大会开会时，出席人数既众，意见亦多，每遇一事，将讨论冗长，难有决议。因此，大会只适宜于讨论与建议，而不适宜于担任执行制止战争的工作。从而，联合国应有一个人数较少，但实力强大，且协定敏捷有效的机构，俾付以维持国际和平与安全的主要责任。这样，安全理事会便须成立。因欲使安全理事会构成分子较少，虽少数小国可被容纳于这个机构之内，多数小国必须被排除于外，结果，在较小的国家中，只能有六个被选为安全理事会的非常任理事国。因欲使安全理事会实力强大，全体大国必须被容纳于这个机构之内，结果中、美、英、苏、法五大国均被定位安全理事会的常任理事国。因欲使安全理事会行动敏捷有效，这个机构不但须有讨论的职权，并须有决议与实际行动的职权。它应有权决定侵略行为或威胁及破坏和平的行为是否业已发生。它认为这种行为业已发生时，并应有权决定以何种手段——武力的或非武力的——应付，以资维持或恢复国际和平及安全，而他它一经决定采取某种应付的手段时，联合国的一切会员国——不论大国或小国，亦不论是否安全理事会的会员国——必须接受并实行。

以上是各国组织联合国并在联合国中设立安全理事的两个基本理论。但何以大国在安全理事会中被赋予否决权呢？这由于另外的两个基本理论，第一，为确保国际和平与安全，为使安全理事会的决议有效，联合国组织必须加一切会员国以接受并实行安全理事会决议的义务。但一切会员国是否都愿意无条件担任这种义务？一九四四年八月，英、美、苏三国的代表会议于顿巴敦橡园以起草联合国宪章时，他们均以为安全理事会的决议，关系既非常重大——例如：它可认定某国系侵略国，它亦可命令某国以武力对付侵略国——大国绝不愿无保留的担任这种义务。盖大国如无保留的担任这种义务，则每一大国随时有被安全理事会以多数决议认为侵略国的危险。故他们以为各国大国，为维护其主权及重要利益起见，必须坚持：他们的加入联合国并接受及实行安全理事会的决议，以安全理事会为决议时，每一大国对于该决议均表同意为条件，换言之，以非每一大国同意，安全理事会不能决议为条件；这个条件，如不能办到，他们宁不加人联合国。但因大国具有实力，欲期联合国达成其维持国联和平与安全的使命，又非使全体大国加入联合国不可。这样，联合国的宪章便不得不承认大国在安全理事会中有否决权。所谓大国在安全理事会中有否决权，便是非中、美、英、苏、法五国全体同意，安全理事会不能为决议的意思；亦即这五国中的任何一国，如认为安全理事会的某一议案为己不利，而头反对票时，纵构成安全理事会的六个非常任理事国及其余四个常任理事国业经完全同意，该议案仍不成立的意思。第二，各国认为大国的继续合作，系联合国继续存在，及国际和平与安全继续保持的基础。大国如能合作，则否决权不至被滥用，因此它的存在并无害处。大国如不能合作，则总无否决权，国际和平与安全亦将不能保持。而大国的继续合作，依赖于各该国家的尽力寻求协调，不在于以安全理事会中的多数压倒少数。安全理事会中大国的否决权，如善用之，颇能促使各大国寻求协调，以是即能助成他们的继续合作。故，大国的否决权，就理论言，虽似违反法律上平等的原则，就实际言，却有裨于国际和平与安全的维持。

在顿巴敦橡园会议中、美、英、苏四国的代表，基于上述的理论，就大国在安全理事会中应有否决权一点，已有协议。不过，这协议并未安全。他们已一致同意，当安全理事会就一事件为决议时，为该会常任理事国的任何大国，如对于该事件并非当事国，应由否决权。但一大国如系该事件的当事国，英美两国的代表，适用"当事人不得审判其自己的案件"的原则，认为不应有否决权，而苏联的代表却主张仍应由否决权。对于这意见上的不同，美国故罗斯福总统于一九四五年二月间的雅尔达会议中，提出了一个折衷的方案，经苏联的首领斯大林及英国的前首相丘吉尔赞同，问题遂告解决。这折衷的方案如下，在安全理事会中，每一理事国，无论常任与非常任，均有一个表决权。安全理事会决议时，关于程序事项，以任何七个理事国的可决票行之。关于其他事项——这其他事项，既非程序事项，均系安全理事会为维持国际和平与安全的重大事项，国际争端的和平解决，武力制裁及非武力制裁亦包括在内——该会的决议亦以七个理事国的可决票行之，但在这七个理事国的可决票中，原则上必须包括五个常任理事国的可决票。换言之，原则上，关于这种事项，非经五个常任理事国全体的同意，及六个非常任理事国中两个的同意，安全理事会不得采取任何行动。对于这原则，仅应加以下列的限制：安全理事会为关于和平解决争端的决议时，或为关于利用区域办法或区域机关以和平解决地方争端的决议时，争议当事国不得参加表决，即争议当事国为五大国之一时亦然。在一九四五年四月至六月旧金山联合国国际机构会议中，这折衷的方案由中、美、英、苏四个发起国的代表提出，经多数小国严厉反对，但经这四大国——最后并加入法国——的代表坚决的支持，并经他们强调声言"关于投票方面的俄特殊地位，各大国将以高度的责任心并于顾及较小国家的利益下使用，故否决权亦将少用"后，即最后的被写入联合国宪章了。

二

自安全理事会开始工作以来，否决权将被少用这句话，未能见诸事实。事实上截至本年六月二十五日止，苏联行使否决权已达二十三次，其中十一次系有关准许新会员国的加入联合国，九次有关国际争端的和平解决，而其余三次则有关联合国宪章第七章——对于威胁或破坏和平或侵略行为的应付方法。这自然由于战后美苏间的关系未能和谐，并由于苏联在安全理事会中缺少与国的缘故。因美苏间的关系未能和谐，美国的提案常与苏联的利益相冲突，而苏联不得不加以反对。因在安全理事会中英美等理事国常能得其他理事国的支持，而苏联常只有一个"卫星国"为其与国，故英美等国对于一个题案投反对票时，该提案常不能得七个赞成票，形式上不构成否决权的行使，而苏联投反对票时，常仅有一个非常任理事国与他同投反对票，以是苏联的投反对票，形式上即属于否决权的行使。但这使颇多的英美人士认为苏联在滥用否决权，以阻碍安全理事会的行动。于是大国的否决权应予以废止或修改的议论，风起云涌。现在，联合国大会的临时委员会已被付以研究并建议修改否决权的任务，而中、美、英、阿根廷、新西兰、加拿大、比利时、土耳其等国亦已分别向该委员会提出修改的意见。依本年三月十日美国向该委员会所提出的修改意见，安全理事会向大会建议准许新会员国加入联合国的决议，及和平解决国际争端的决议，不论这种决议是否程序问题的决议，应以任何七个理事国的可决票行之，大国无行使否决权的必要，惟有关联合国宪章第七章的决议，因关系重大，大国仍应保留否决权。但这问题尚未有最后的决定。

我们以为，否决权的常被使用，实系各大国间有裂痕存在的一个显明的症候。联合国的会员国如欲增强安全理事会的威信与效率，有效的手段应是促使各大国以折衷为协调的态度逐渐除去这种裂痕，而绝非废止或修改否决权。在现在的情势下，否决权的废止或修改，纵属可能，亦将迫令苏联退出联合国，而苏联的退出联合国，于国际和平及安全的维持显无补益。去年十一月五日，联合国大会讨论设置"小型大会"的提案时，苏联的代表维辛斯基曾谓："在国际事务中，并非每一事可以机械的对数决定，国际的合作才是我们所必要的。"我们以为这句话实具有至理。

联合国的安全理事会与国际和平[*]

李浩培

人类的以战争互相从事残杀，自远古以迄现在，虽偶有间歇，但从未根绝，这是人类历史上的一个大悲剧。在科学颇为发达，原子能，细菌等已可被大量利用于战争的今日，人类若不消灭战争，战争必将消灭人类；这又是现代全人类所面临的一个大危险。因此，除非我们采取失败主义者的观点，认为战争本源于天赋的人性，以是根本无法消弭，或已从黩武主义者的观点，认为战争能促进人类的文明，以是还须予以提倡，我们自应尽最大的努力，使这个世界永远免于战祸。联合国主要的是现代各主权国家为维持国际和平与安全而建立的一个组织。为期达成这个目的起见，它设立了颇多机构，如大会，安全理事会，经济及社会理事会，托管理事会，国际法院等。但在这颇多的机构中，维持国际和平与安全的主要责任，实由安全理事会负之。本文拟将这个机构略予叙述，并推测其是否真能完成这重要的使命。

联合国现在共有五十七各会员国，而安全理事会只以其中的十一个会员国组成。这是一个会员国中的五国——中美英苏法——系安全理事会的常任理事国，其余六国则为非常任理事国，由联合国大会选举之。非常任理事国任期两年，任满不得即行连选连任。每一理事国仅得代表一人出席，故安全理事会开会时，只有是一个自然人参与讨论与表决。

安全理事会的组成分子虽属甚少，它所负的责任却至重大。依联合国宪章（以下简称宪章），"各会员国为确保联合国的行动迅速并有效起见，将维持国际和平与安全的主要责任授予安全理事会，并同意安全理事会于执行这项责任下的任务时，其行动代表各会员国"；且"各会员国同意依宪章的规定

---

　　* 本文原刊于《观察》1948 年第 4 卷第 7 期。

接受并履行安全理事会的决议"。从此可见各会员国因欲达成国际和平与安全的宗旨,实已牺牲不少的主权,而安全理事会因此亦已取得颇大的权力,以实行其维持国际和平与安全的任务。然则安全理事会将如何实行其任务?关于这,我们可分为两个问题——国际争端的和平解决与制裁,及军备的管制与缩减——说明之。

(一)国际争端的和平解决与制裁

安全理事会知悉有任何国际争端存在,或有可能引起国际摩擦或争端的任何情势存在时,得予以调查,以资断定这种争端或情势的继续存在是否足以危及国际和平与安全的维持。由于调查,或由于其他方法,安全理事会如断定这种争端或情势的继续存在足以危及国际和平与安全的维持时,得促请各当事国以和平方法解决其争端。为解决这种争端,安全理事会亦得向当事国建议适当的程序或调整方法。安全理事会建议这种程序或方法时,对于当事国为解决争端所业经采取的程序,应予以考虑。关于具有法律性质的争端,安全理事会原则上应建议当事国依国际法院组织章程的规定,提请国际法院判决。安全理事会并应鼓励区域组织从事于和平解决国际的争端。如当事国的争端不能以和平方法解决,而因此有威胁和平,破坏和平,侵略行为存在时,安全理事会一经断定确有这种情形存在,应即采取进一步的行动。于此情形,安全理事会得对侵略国实施制裁,以维持或恢复国际和平与安全。但在实施制裁以前,安全理事会得促请当事国运行前者所认为必要或合理的临时办法。例如:设两争执当事国的军队均正开往前线,即将遭遇时,安全理事会得要求该两国均命令其军队停止前进,以免接触。安全理事会对侵略国的制裁,可分为武力制裁与非武力制裁两种,究竟采用何者,有安全理事会自行决定。安全理事会如认为非武力制裁已足维持国际和平与安全时,自得先行适用这种制度。于是,安全理事会得促请联合国会员局部或全部停止与侵略国的经济关系,及于侵略国的铁路、海道、航空、邮电、无线电及其他交通,并断绝与侵略国的外交关系。安全理事会亦得利用区域组织,以实施这种制裁。在颇多的情形,这种非武力制裁已足使侵略国屈服。但如这种制裁仍属无效时,安全理事会不得不使用其最后的手段。

安全理事会为维持国际和平与安全可以使用的最后手段,即系武力制裁。在这种情形,安全理事会得采取海陆空军示威,封锁,及其他一切军事行动,俾达制服侵略国,并恢复国际和平与安全的目的。安全理事会实施武力制裁时所需要的海陆空军以及一切协助与便利，均由联合国各会员国供给。因空军在一切军队中出动最速，威力特大，故宪章各会员国准备将其空军部队随时立即供安全理事会调遣，以为于情势紧急时执行国际的联合强制之用。安全理事会为确保于必要时即能使用这种军队起见，应于平时先行与联合国各会员国谈判，俾取得各该会员国担任供给这种军队，协助，及便利的诺言。在这种协定中，军队的俄种类，数目，其准备的程度，驻扎的地点，以及协助与便利的性质，均应明白订定。会员国订立这种协定后，应即履行依各该国宪法所定的程序批准的手续。这种制裁，安全理事会亦得利用区域组织为之。

安全理事会的事实武力制裁，并有军事参谋团的参谋与辅助。该团是常设的，以安全理事会各常任理事国的参谋总长或其代表组成。关于安全理事会的武力需要问题，关于该会所支配的军队的使用及统率问题，该团有向该会贡献意见并辅助的责任。故该会应与联合国各会员国订立的关于军队等供给的协定，亦由该团事先计划并草拟。在实施军事制裁时，对于该会所支配的任何军队，该团且负战略上指挥的责任。

（二）军备的管制与缩减

国际和平与安全的建立，有赖于各国军备的管制与缩减。故安全理事会应借军事参谋团的协助，负责拟制军备管制制度的方案，提交联合国会员国采择。关于军备缩减的问题，安全理事会亦得向各会员国建议，而军事参谋团亦负有向该会员贡献意见及协助的责任。

于此，值得我们注意的是原子能的管制问题。在一九四五年旧金山会议议定联合国宪章时，原子弹尚未被利用于战争。但是第一颗原子弹降落于广岛后，联合国各会员国即深感联合国若不能管制原子武器，原子武器必将消灭联合国。故联合国大会第一次开会时，即通过设立原子能委员会的提议。该委员会以安全理事会全体理事国及加拿大各派代表一人组成。关于国际安全的一切事项，该委员会受安全理事会的指挥。该委员会有权探讨有关原子能的一切问题，并应对于下列事项为确定的建议：（1）推广各国间以和平为目的之基本科学知识的交换，（2）在确保原子能只用于和平目的之必要范围内，管制原子能，（3）将原子武器及可用以杀害大批人类的一切其他主要武器排除于各国的军备以外，（4）以检查及其他方法有效的保护遵从联合国的国家，使不受他国违背与规避原子能管制的危险。

安全理事会虽构成分子不多，故能迅速行动，虽得拥有国际军队，故其实力强大，但因其表决程序的特殊，故实际的行动颇受束缚。依宪章，安全理事会每一理事国有一个表决权。关于程序事项，以任何七个理事国的可决票行之。关于其他事项——这其他事项，既非程序事项，均系完全理事会为维持国际和平与安全的重大事项，争端的和平解决，非武力制裁及武力制裁亦包括在内——亦以七个理事国的可决票行之，但在这七个理事国的可决票中，原则上必须包括五个常任理事国的可决票。援言之，原则上，关于这种事项，非经五个常任理事国的全体同意，及六国非常任理事国中两个的同意，安全理事会不得采取任何行动。这原则即所谓五强在安全理事会中有否决权的原则。对于这个原则，宪章仅加以一个不甚重要的限制，即安全理事会为关于和平解决争端的决议时，争执当事国不得参加表决，即争执当事国为五强之一时亦然。

宪章之所以予五强以否决权，无非因：维持国际和平与安全的责任，实际上须由五强负之，故除非五强全体同意，安全理事会虽有决议，无从执行，因此亦毋须决议，且予五强以否决权，可望五强能事事谋求折衷与协调，而免各走极端。不过，五强各有否决权的结果，安全理事会为维持国际和平与安全的武力及非武力制裁，只能加于无大国为与国的小国，而不能加于大国或有大国为与国的小国。但事实上惟大国或有大国为与国的小国方有侵略他国的能力。安全理事会对于这种国家的侵略，既绝无制止的可能，其达成维持国际和平与安全的任务的可能性，自不免减少。

默察联合国成立以来的世界大事及安全理事会的工作情形，亦难令人乐观。世界已分为美苏两集团，互不信任，明争暗斗，最近且入于剑拔弩张的状态。在安全理事会中，苏联已行使否决权达二十次以上。军事参谋团成立多时，而国际军队迄今无组成的希望。原子能委员会屡经集会讨论，但毫无结果，现正准备向联合国大会报告其任务已无法完成。凡此种种，显示人类尚未能充分发挥其理性，而安全理事会以及整个的联合国组织颇可能仍蹈前国际联盟的覆辙。

条约与法律[*]

张企泰[**]

中美中英新约签订之后，中国在国际上已取得完全平等地位。以后遇有涉外案件，依国际公法或国际惯例，应由中国法院管辖时，即由中国法院受理。中国法院除应依中国法律（包括中国的国际私法在内）外，有时尚须依条约之规定而为裁判。故法院适用条约，今后将较过去频繁。但条约应具备何种条件，始得为法院所援用，又法院适用及解释条约之情形何若，简言之，条约与法律在中国法院之立场言之，究有何种区别，系今后实际上一重要问题。

民国十七年，中央政治会议对于民法总则编立法原则审查案第十端说明载："凡条约经双方批准公布后，两国家间当然有拘束力。但对于一般国民，有认为同时直接发生效力者，有认为仍须经立法院手续方能直接发生效力者，兹拟采用第一种手续。故将原案第十端'外国法人之认可，依法律及条约之规定'句内'及条约'三字删去。（是凡中外条约，一经中国政府批准公布，对于中国人民，即直接发生效力，与一般法律无异。）"

但民国二十年司法院训令司法行政部第四五六号称："原则上，条约与法律抵触时，应以条约之效力为优。若条约批准在后，或与法律颁布之日相同，自无问题，若批准在颁布之前，应将其抵触之点，随时陈明候核"。

上述两种文献，前者以条约之效力与一般法律无异，后者以条约之效力较法律为优。前者之审查案说明，固无拘束力，后者则训令，亦不发生如法

* 本文原刊于《中华法学杂志》1944 年第 3 卷第 3 期。
** 张企泰，曾任东吴大学法学院教授。译有《法哲学原理》、《法学总论》，著作有《中国民法物权论》等。

律之拘束力，惟得作为法院之参考而已。但现时对于条约与法律，尚乏一致之意见，已可想见。实有待于吾人之精详研讨也。

本文所述，仅以条约为限，至于国际公法之定则或国际惯例与内国法之关系，虽系至值得研究之问题，但不在本文讨论范围之内。

甲、条约须具备何种要件始得为法院所援用

其要件得分两个时期论述，在条约缔结时者，与在条约联结后者，分述如次。

一、其在条约缔结时者

其在缔结时条约应具备之要件，又得从两不同之观点申论：（一）从宪法之观点，（二）从普通法律之观点。

（一）就宪法之观点而言，条约应合乎国家根本法之规定。此根本法，通称宪法。但我国现在训政时期，仅有训政时期约法，其第六七条规定："国民政府行使宣战，媾和，及缔结条约之权"。（中华民国国民政府组织法第四条，作相同之规定）至于五五宪草之规定，颇有不同。其第三九条称："总统依法行使宣战，媾和，及缔结条约之权"；第六一条第三款称："提出于立法院之……条约案"，应经行政院行政会议议决；第六四条称："立法院有决议……条约案……之权"。其规定较为详明矣。

如条约之缔结，不合于根本法之规定，法院于当事人声请适用该条约时，应否适用之？易言之，法院对于条约之违宪，有无审查之权。有正负两说：或以为法院无适用宪法之权限者，或以为宪法既系法之一种，自应与其法律，同由法院适用之者。此一问题，实即另一问题（即法律违宪）之变相。各国解决之方法，互有不同；即在同一国内，各学者间之意见，亦不一致。法国采消极说，认为行政机关之命令，是否合法，在普通法院，无审查之权。行政机关之命令，如超越其权限，而侵入立法之范围，固属不合宪法，但无庸普通法院为之操心。如其对于行政机关是否谨守其宪法中规定之权限，加以预闻，实至不当。（参考一九二三年六月十六日冲突法院关于 Septfonds 一案之判决）法院对于法律之违宪，既无审查之权，更不得对于行政机关条约缔结之行使，加以干涉。抑且其所发生效果，可以影响及于国际关系。盖如条约

为法院排除，该国有被视为违反国际义务之虞。但此一判决，法国学者，几一致施以攻评。至于美国普通法院得适用宪法，依宪法第六条第二项之规定，殆无疑义。其词曰："本宪法与依照本宪法所制定之合众国法律，及以合众国之权力所缔结或将缔结之条约，均属全国最高之法律。……各州法院推事，均应遵守之。"法院既得适用宪法，则其对于法律是否合乎宪法，自有审查之权。至于条约之违宪，是否亦在审查之列，虽学理方面有持反对说者，（前中国驻美使馆顾问美国法学家韦罗贝氏亦其中一人）美国联邦最高法院及各州法院，仍迭次认定有审查之权。虽事实上条约从未以其违宪而遭排除，但法院固亦未尝放弃其审查权之行使也。（参考下列三成案 1890 Geofory v. Riggs，1920 Missouri v. Holland，1924 Asakua v. Seattle.）

以言我国现制，法院对于法律之违宪，是否得予审查，训政时期约法并无规定。最高法院亦未著有判例。学者对于此一问题，更鲜研讨。至于五五宪草第一四〇条第一项则规定法律与宪法抵触者无效。又第一四一条称命令与宪法或法律抵触者无效。但其无效是否得由普通法院主张之；即法院如遇法律命令违宪，应否拒绝适用之，系一先决之问题。盖认定违宪之法律无效，是否仅限于第一四〇条第二项所定之程序，即由监察院于该法律施行后六个月内，提请司法院解释，尚有研讨余地。此系宪草规定之得失，应俟他日另文详论。此外应提出而予注意者，有下列两种文献。

其一，民国十八年六月十七日第三届中央执行委员会第二次全体会议通过之"治权行使之规律案。"其第一条载："一切法律案（包括条例案及组织法案在内）及有关人民负担之财政案等，属于立法范围者，非经立法院议决，不得成立。未经立法院议决而公布施行者，立法院有提出质询之责。其公布施行之机关以越权论，立法院不提出质询者，以废职论"。此议案曾由国民政府于同年七月三日令行各机关遵照。但行政机关以此越权行为所为之法令，法院是否得排除之而不予适用，则未议及。是否仅应由立法院提出质询，司法机关不得预闻，抑司法机关，亦有审查之权，尚多疑义。

其二，民国三十二年九月廿八日司法院字第二五七四号解释称："各行政机关所定管制物资之规章，具有处罚性质者，除合于非常时期取缔日用重要物品囤积居奇办法之规定，得依该办法办理外，如未经过立法程序或呈转国防最高委员会核准之规律，殊难据以援用前开办法办理。"显见认定法院对于法律是否合乎根本法，有审查之权。众司法院虽非审判机关，但往往代法院做解释法律之工作，即法院适用法律有疑义时，得请司法院解释，予以协助。故实际上司法院之解释，无有不为法院采用者。法院既得审查法律之违宪，而依前中央政治会议之见解，又称"条约与一般法律无异，"则谓法院亦得就条约之违宪为审查，当不致于误谬矣。

（二）从普通法之观点而言，现行法律是否可影响及于条约之效力，即如法律业已就某种事项而为规定，以后条约就同一事项有相反于法律之规定时，于此，法院应适用法律软，抑应适用条约？或是否尚需另订新法以废止现行法，俾条约得以施行无阻？自来有两种说法：一说认为仅法律得废止或修正法律。该依法理，若将一种行为，予以废止或修正，须由具有同种形式之行为完成之。条约既不经普通立法程序，自无废止法律之效力。另一说认为条约既须经国会或立法院议决（五五宪草第六四条参照），如其规定与法律抵触时，自有排除法律之功效。依前司法院之训令，我国系采第二说，殆无疑义。但所根据之理由，仍不无研究之价值。如以为国会或立法院参与条约之缔结，因此即认为与普通立法具有同样之效力，而得废止法律，所见未必正确。愚以为国会或立法院之议决条约案，其性质与议决法律案，迥然不同。法律案得由立法机关提出，而条约案仅得由行政机关提出，此其一。立法机关之议决条约案，应就其全部为可决或否决，而不得加以任何修正；而其议决法律案时，则不然，此其二。立法机关之决议，如其关于条约案者，系对于行政机关（尤其一国之元首）所为之授权行为，即授予全权批准条约；如其关于法律案者，则加于元首以公布之义务，此其三。最后条约得以元首之单独行为废止之，而元首不得以同法废止法律，亦条约与法律各异其趣之处。故条约纵须经立法机关之议决，但其缔结仍系一国元首独有之任务，立法机关之承认，不得影响及于条约缔结行为之本质。尤其依训政时期约法，条约不必经立法院议决，而司法院之训令，仍认为条约得排除现行法律之适用，益见上述见解之不足恃。从而中央政治会议称条约与一般法律无异，亦有重加检讨之必要。然则条约之所以能排除现行法律之适用者，其理由固何在。愚以为条约自成一种独立之法源，与普通法律同须具备根本法所规定之要件。两者之间，就效力言，并无优劣之别。司法院之训令称："原则上法律与条约的抵触时，以条约之效力为优"吾人实难苟同。至于条约虽得排除法律之适用，但并不废止之。此与新法废止旧法之情形，迥然不同。盖条约得由行政机关之单独行为废止之，远不如法律之耐久。故其如与前之法律抵触，仅使法律在条约存续期间停止发生实效。一旦条约失败，法律即恢复其原有的效力，毋庸再经立法机关之决议也。

二、其在条约缔结后者

如条约业已合法成立，缔约国应即依约履行其义务。但法院是否即得予以适用，应视条约之种类分别而论。关于此点，得分条约为两类。第一类之条约，依其规定，缔约国有为一定措置——如制定某一法律——之义务，例如洛桑条约第十八条规定："缔结国应各修正其法律，俾本约之实行得获保证"。或缔约国有发布命令，组织公务或事业机关，支出费用等义务。有上述之情形者，内国法院适用条约之问题，根本不致发生。第二类之条约，直接创设一新法律规范，此如条约对于国籍之赋予，人之身份，或外国人之权利能力等所为之规定。中美新约第四条及第五条，中英新约第五条及第六条均属之。但在何种条件下，法院始得予以适用？众条约一经批准，批准书亦已互换，行政机关应更为一定措施，俾条约得生实效。其最要者，莫非条约之命令公布。此与法律之须经政府明令公布者，初无不同。但公布之法律上性质及效用究何若？公布系一国最高行政机关之行为，为执行条约或法律所发布之命令。或以为公布之效用，在使国际条款变成国内法律，于是得在国内发生效力。此说在学理上并不正确。众条约系一独立之法源，有如上述，则不必更使其变为国内法而后始发生拘束力也。又公布者，仅系对于人民及法院所为之命令，使各遵守条约，故经公布后，条约始得执行。但并未因此而变质也。故公布之行为，仅系条约生效之要件，如不具备，不仅在内国法上，抑且在国际法上，得发生问题。

上述条约须经公布后，法院始得予以适用，考诸他国法制，何莫非然。前法国发生一颇有趣之诉讼。缘一八三四年法国与西班牙缔结四国同盟条约，规定以 Don Carlos 为法西两国之共同敌人。有一法人协助该敌人，竟以外患罪被诉于法院。法院以该条约未经明令公布，认为无援用余地，该 Don Carlos 自不得以敌人视之。至于美国甚且以国际法为国内法之一部 International law is a part of municipal law，但条约如未经美国总统公布者，法院不受其拘束。

乙、法院对于条约之适用及解释

条约既经具备合法条件，发生效力，而得由法院予以适用矣，其更应研究者，即法院对于条约适用及解释之问题耳。

一、关于条约之适用者

依中央政治会议之说明，条约之效用，与一般法律无异，则关于条约之适用，应得下列之论断：

（一）条约应如法律，须经行政机关命令公布。

（二）法院之裁判，有背条约之规定者，得为第三审上诉之理由。或以为条约规律国与国间之关系，则仅国家为条约之当事人，个人系第三者，个人不得直接主张适用之 Resinter ahos acta，亦系法理当然。但以条约与私法上契约等视，所见未甚正确。个人之于国家，并非一第三者。至于第三者之概念，在公法上所发生之效果，与私法不同。盖行政机关之行为，一经公布，对于国内任何人发生效力。则条约经合法缔结后，亦对缔结国人民，生发拘束力也。

引渡条约，则较特殊。个人不得为己之利益，在审判上主张适用之。众引渡条约每次之适用，须经行政机关之特别决定，而后法院始自认为无管辖权。若准个人主张适用引渡条约，不管承认法院就引渡事项得对于行政机关之决定，予以抗争，殊有背于治权分立之说也。

（三）法院应不待当事人之声请而依职权适用条约。

（四）依行政诉讼法，人民因中央或地方官署之违法处分，得提起诉愿或行政诉讼。但其处分（尤其属于外交方面者）有背于条约时，是否亦得据以提起诉愿或行政诉讼。愚以为属于外交问题，应使行政机关之自由不受任何限制，若在进行中之交涉，为题外之争执所阻挠，自非所宜。但若行政机关为执行法律所为之措施，其有背于条约之规定，致人民之权利受损害者，自得准其提起诉愿或行政诉讼。

（五）不溯既往之原则，其应用于条约者，与应用于法律者相同。如系解释之约定，则与为解释对象之本约会成一体，自溯及于本约发生效力。

（六）新法与旧法抵触时，旧法即遭废止。但新法与条约抵触时，是否亦有废止条约之效力。司法院之训令，仅称条约之批准，在法律颁布之前，应将其抵触之点，随时陈明候核。至如何核定，根据该训令，无由推知。以言理论，废止之情事必假定有两个连续而抵触之行为，或出于同一机关，或出于两个不同机关，其中第二个，系一上级机关。至于条约与法律，依现时情势论，系在两个不同场合之两个行为，由两个不相隶属之机关制成，则新法自无废止条约之效力。若不顾条约，而竟施行新法，可发生国际法上责任问题，或依外交方式仲裁方法解决之，或诉请国际法院予以裁判。国际法院前会著有判例两种：其一关于 Wimbledon 一案（该法院一九二三年第一号判决）。其判决称："德国以公布于一九二〇年七月廿五日之中立命令，适用于 Kiel 运河，实属有背凡尔赛和约第三八〇条。德国政府对于因此而受损害之各船舶，应负赔偿责任"。其二关于 Chorzow 工厂一案（该法院一九二六年第七号判决）。其判决称："本法院自无权解释波兰之内国法，但未始不得审查波兰于适用该法时，是否违背其国际法上义务，即依日内瓦公约，波兰应对德国所负之义务。"该法院于为积极之认定后，即判令波兰赔偿德国所受之损害。但国际法院系以国际法所定标准为依据。至于内国法院遇有上述情形，是否亦应适用条约，抑应适用法律。于条约与法律有极明显之抵触时，其问题尤难解决。处于内国法院之立场，宜尽设法谐调两种文献。盖吾人究不应推想一国之立法机关，有违背该国国际法上义务之意思。美国国际法学家摩尔[1]氏 Moore，于其巨著国际法编纂中称："除有极明确之规定外，法院不应解释国会所议决之法律，认为其有修正或废止条约之意思。"其所称明确规定，例如洛桑条约第一条是。该条于规定缔约国间绝对互惠之原则后，即称："缔约国中一国，依其法律或其他行为，对于土耳其人民拒绝予以同等之待遇时，该国人民及团体，亦不得在土耳其依本约享受同等之权利。"

今将上述情形除外。若新法与条约有抵触，果能谐调之，自属幸事。如其不能，依我国法律之现况及法制而言，以适用新法为是。考其理由，不外下列数端：

　　a. 契约当事人之行为，如违背其义务，固侵害他方之权利，但其行为仍有法律上效力。此乃债法上一大定则。

　　b. 条约非根本法之一部，从法院得审查法律是否违宪，但不得以法律不

---

　　[1]　"摩尔"原文作"牟核"，现据今日通常用法改正。——校勘者注。

合于条约而排除其适用也。

c. 如法院不适用法律，试问其根据何在，是否因其有背于国际法？但内国法院除采用内国法所定标准外，他非所知。

查美国之判例，亦采同一见解。联邦最高法院于一八八九年关于排除华人案 The Chinese Exclusion Cases 所为之判决称："条约之拘束力，未见较法律之拘束力为强。故不论其为条约或法律，主权之最后意思表示，应为有效。"

法国之判例亦同。一八五三年之法美条约，规定美国人民得在法国享受关于不动产之权利。此与法国人民在美国所享受之待遇相等。一九二五年，法国政府公布一新法，规定房屋所有人如系法国籍人民者，就已出租之房屋，得行使其收回自用之权。有一美人，不顾法律之规定，欲根据条约，主张行使收回自用之权，其请求为法院所驳回。

但学者间亦有持相反说者，其理由不外三端：

a. 条约一经缔结生效，非经新约的约定，不得予以修正。同时非经双方同意，或一方声明废约，不得予以废止。

b. 新法自国际公法立场而言为不合法，应不予适用。

c. 如新法得排除条约，则条约之效力，甚至国际法本身之存在，将遭严重之威胁。盖此不会承认条约之订立，均附有随意解除条件，缔约国任何一方，不愿受其拘束时，即得表示其意思，使条件成就而条约解除。

但欲采用上述见解，必先使条约与宪法有同等之效力。于是不合于条约之法律，即等于不合于宪法之法律，法院得排除之而不予适用。此非我国现时之法制，殆甚显然。

二、关于条约之解释者

关于条约之解释，有特为解释之条约，而与本约合成一体者；有由缔约国一方政府为解释者，此间专论内国法院对于条约之解释。

法院既得适用条约，自有解释条约之权。盖适用与解释，虽属两种不同行为，但事实上往往甚难划分。此在法律之适用与解释，已可证之。吾人既认定法院有解释条约之权，其待研究之问题，得分三点论述：

（一）法院是否对于各种条约有解释之权——关于此点，普通条约分为两种：有属于公法者，有属于私法者。仅属于私法之条约，始得由法院解释、此种分类，至不合理。盖条约之缔结，多少系一种公法上行为。又近代重要政治条约，如凡尔赛和约及洛桑条约等，其所规定之对象，往往包括公法上私法上事项在内。于是有主张改变诉讼事项之本质为区别者，盖就其本质而言，有涉及私人利益者，有涉及公益者。但吾人能想象民事法院所受理之诉讼，其有不涉及私人利益者乎。

愚以为法院解释条约，应无上述限制。法院适用法律时，既应就法律之各部门（不分公法私法）以探求立法者之意思，甚且有解释宪法之权，则使其对于一切条约有解释权，又何悖于法理哉？抑且依中央政治会议之见解，以条约与法律同论，则更不应对于法院解释条约与法律之权限。有所轩轾也。

（二）法院对于政府所为之解释，应取何种立场——如系解释之约定而与本约合成一体者，其解释对于法院自有拘束力。如系政府一方之解释，法院是否亦受其拘束。有正反两说：其主正面说者，称外交部有权确定其外交行为之涵义。故其解释，对于法院应有拘束力。主相反说者称条约双方之行为，而政府之解释，纯系一方的，自不能使一方之解释，发生相等于条约之效力。外交部之通令，固得拘束其下属机构，但对于法院则无同等之拘束力。抑且部令非法源之一种，除有参考之价值外，不应有其他意义。

如系司法院对于条约所为之解释，各级法院，是否受其拘束？司法院解释法令之权限，在学理上之根据，固尚不无研讨余地，但事实上，各级法院对于司法院之解释，靡不遵守严谨，视同法律者也。

（三）法院解释条约，应具何种态度——如以条约为双方之约定，则应探求双方当事人之真意（民法第八九条）。但愚见以为条约者，系国家法律之一部，应以纯然客观立场，并依一国全部立法旨趣，而为解释。但有关国际事业之公约如邮政公约者，不得以之为内国法之一部，而应认为国际组织之一部，则公约之解释，自不得以内国法为据矣。

关于条约与法律一题，论述既异，更为数言，以作结语。即条约与法律之问题，系相对的，随国际公法之趋势及国内法制之推移而变化。依现时情形，仅国家具备实施法律之机构。故势必由国内法院之审判及行政机关之执行，始得使国际公法发生充分之效力。吾人本文所持各见解，即为此种现实情形所范围。如将抗战结束，能建立较国际联合会国际法院更完善有力之国际组织，向世界大同之目标迈进，则条约与法律之问题，将随之变化，问题之解答，自不同于本文所论述者矣。

互惠条约及最惠国条款[*]

梁鋆立

一

互惠条约和最惠国条约，都是国际条约中最平常不过的事。于它的本身，初无什么十分可议的地方。可是在中国对列强的条约史上，它却变成了对于中国非常不利的制度，尤其是最惠国条款，为不平等条约的体系中最难受的束缚。说者谓"各国与中国的约定之最惠国条款，就各国论，为对于中国经济侵略最巧妙之武器。盖不费交涉与压迫之力，凡第三国用何种方法，取得中国最优之权利利益能一并享受之，故其夺取中国经济利益最大诚非过论"。互惠条约，就其字面上而观，似乎再好没有。即国民政府屡次对外宣言，亦引"缔结平等互惠的条约"为其对外方针的鹄的。但从国家经济方面着眼，互惠条约，并非对于中国绝对的有利。

际此中英、中美两约即将修改的时候，著者兹愿将最惠国条款及互惠条约在中外条约中的适用及修约时我国对于此问题应采的方针，就其大端，提出讨论，至于专门的理论，不乏专书，足资参考，此处因限于篇幅，姑从略。

二

中外条约中，载有最惠国条款者，以一八四三年中英续约为始。一八四三年的中英条约（即所谓南京条约），尚未载有最惠国条款。因为当时英国与

---

　* 本文原刊于《东方杂志》1934 年第 31 卷第 12 期。

中国缔约的时候，中国尚未以任何重要权益，让给他国。但是英国既由南京条约而得有种种权益，他国亦来要求，英国为预防其地位受不良影响起见，乃于次年的续约中第八款，向中国取得最惠国待遇。第八款如下："向来各外国商人只准在广州一港口贸易，上年在江南曾经议明，如蒙大皇帝恩准西洋外国商人一体赴福州、厦门、宁波、上海四港口贸易，英国毫无靳惜，但各国既与英人无异，设将来大皇帝有新恩施及各国，亦应准英人一体均沾用示平允。"

一八四四年中美望厦条约，第二款载有最惠国待遇如下："合众国来中国贸易之民人所纳出口入口贸易之税饷，俱照现定例册，不得多于各国。一切规费，全行革除。如有海关胥役需索，中国照例治罪，倘中国日后欲将税例变更，须与合众国领事等官议允，如另有利益及于各国，合众国民人，一体均沾用，用昭平允。"

此外中法、中瑞、中那、中丹、中荷、中西、中日等等条约，亦有同样地规定，吾人于此须特别注意者，为上列中英、中美两约中所载的最惠国条款，尚属于国际法上此项条款最严格的范围，即限于商业性质的事项。嗣后在中国与列强缔结的条约中，最惠国条款的范围，愈推愈广。如一八五八年中美天津条约第六款云：

"嗣后无论何时，倘大清皇帝情缘与别国立约，或为别国允准与众友国钦差前往京师到彼居住，或久或暂，即毋庸再行计议，特许大合众国钦差一律照办同沾此典。"

同约第十五款载："……别国按条约有何更改，即应一体均同，因大合众国人所纳之税必须照中国至好之国一律办理。"

同约第十五款载："现经两国议定，嗣后大清国皇有何惠政恩典利益施及他国或其商民，无论关涉船只、海面、通商、贸易、政事、交往等事情，为该国并其商民从来未沾，抑亦为此条约所无者，亦当立准大合众国官民一体均沾。"

观此可知本约中最惠国条款的范围已涉及"政事"，而不复限于商业性质。且其义务为片面的而非双方的，换言之，即中国政府负担给予最惠国的待遇的义务，而不能因此享有何种的权利或酬报。中国给予最惠国待遇的条款，多为无条件的。按国际法上所谓无条件的最惠国条款，系指缔约国的甲方不问乙方给予第三国的权利时会得到何种报酬，甲方得不附条件，径向乙方要求享受，乙方不得拒绝。如上举一八五八年中美条约第三十八款云："亦当立准大合众国官民一体均沾。"前文"立准"两字，即系不附条件之意。惟其不附条件，故更与享受最惠国待遇的国家以机会，遇事即借口此一条款，向我国要求曾经给予第三国的权益。

复次，关于最惠国条款的解释，我国向来亦甚吃亏，按国际法上关于条约的解释有一规则，称凡解释给予恩惠的约章时，应对给予者取狭义的解释，换言之，即遇有疑义时，应作有利于"给惠国"（Grantor）的解释，而不应作有利于"受惠国"（Grantee）的解释。因为假使给予国对某种权益决定已慨然给予，必有明白的表示，若约中无此种表示，遇有争执时，吾人不能硬说给予国业已将此等权益在约中放弃，但是在中外条约中，每有约文未经明白规定甲种事项某国得受最惠国待遇的场合而该国援引乙种事项，用宽大的解释，坚持于甲种事项亦得享受最惠国待遇者。例如一八四四年的中美条约第八款及同年中法条约第六款均载有关于商务及税则的最惠国待遇，此种条款绝对不能援用以为对领事裁判权及其他政治性质的事项要求最惠国待遇的根据。

互惠条约在原则上固为双方平等的条约，但是我们不能只看条约的表面而忽视条约的内容。在国际条约中尽有便面上双方互得权益的规定，，但事实上仍为单方受益的条约。一八六八年的中美续约第六款规定："美国人民前往中国，或经历各处，或常行居住在中国，总须按照相待最优之国所得经历常住之利益，俾美国人一体均沾。中国人至美国，或经历各处，或常行居住美国亦比按照相待最优之国所得经历与常住之利益，俾中国人一体均沾。"此约中国方面与美国方面同得最惠国的待遇，自表面上看来，不可谓非互惠条约。可是美国国会嗣后通过取缔移民入境条例，将中国方面缘此约而得的权利摧毁无余，虽然美国因此难免国际上的责任，但我国迄未能于改订的新约中，使美国履行此一互惠条约的义务。又如一八八〇年中美续约第三款称："中国允美国船只在中国通商各口，无论该船载美国货物与别国货物，其进口出口及由此口进彼口之税，与其所纳船钞，均照中国船只及各国船只一律征纳并不额外加征，亦不得征他项税钞。"美国亦允给予中国在美船只以同等待遇，但因美国有船在华而中国无船在美，此款从中国方面看来，亦是"口惠而实不至"。

一九二八年中比及中意两约第一条第二项约定"对于关税及其关系事项"，适用最惠国待遇，而其第三项约定"对于彼缔约国人民货物之进口或出口"适用内国待遇。同年中德条约也如此。这些虽然是互惠的条约，但是想中国那样经济落后的国家，是否可以长久受这种互惠规定的拘束，自是大大的疑问。在商业发达的国家，出口货与进口货的数量大致相等，且买卖有固定市场者，采取此种税则互利的条文，颇有双方便利的好处。我国生产的力量，现尚十分薄弱，出口货远不及进口货的额数，依此约文，我国出口货物在他国进口时所得的实惠，而他国出口货物在我国进口时所得的实惠大，此种条约表面上乃是互惠条约，实际上还是不平等条约而已。

在我国与英美商订新约的时候，我们根于以上所论，可总括本题在磋议的过程中特应注意的几点：

（一）最惠国条款固然可以载入新约，但应当在约中明白声明，关于政治事项的权益，不在最惠国条款范围之内。

（二）在约文的草拟中，特别注意最惠国条款在约文中的地位，最好使之和不相关的事项相隔离，以免对方将来类推比附，提出适用此款的要求。

（三）无条件的最惠国条款，须尽力避免。在规定享受最惠国条款的条件时，措词尤须绝对明确。

（四）在国际法上最惠国条款虽应受狭义的解释，即是有利于"给惠国"的解释，但在中外的条约关系上，列强向持宽大的解释，几乎成为惯例。若是等到争执发生的时候，我国再援引国际法的原则与之相持，究属费事，不如在约文中先行规定本约中所载的最惠国条款，须从狭义解释，有疑义时，须采有利于"给惠国"的解释。

（五）互惠条约的订立，不应炫于条约表面的平等，而当考究其内容是否可以给予我国以实惠。

（六）内国待遇在我国现在经济落后的时候，不能在条约中贸然给予，我国应保留控制外国在华大规模投资的组织的权利。在必要时，尽可使之承受重于内国组织的负担。此点关系国民经济，至为重大，吾人更不可震于互惠的名目，抛弃实际的利益去交换空疏的名义。

以上数点，在磋议新约的过程，吾人认为关于本题我国应有的最低限度的立场。就是达到了目的，还只不过取消不平等的工作的一部分。可是在最惠国条款的问题上，我国稍稍放弃正当的立场，则无论在旁的方面如关税、领事裁判权、内河航行权等问题，我们的主张，怎样胜利，将来尽可被一条最惠国条款取消或断送了，这是值得我国外交当局严重的注意。

不平等条约之真相[*]

孙祖基[**]

　　近来取消及修改不平等条约之声，洋溢盈耳，学者据论于国内，行人振词于坛坫，凡属国人，几无不视此举为重要矣。顾所谓不平等条约者，其真相如何，不独常人所不知，即知识阶级，研究者意甚鲜。如此而欲望达到取消或修改条约，不甚难哉。

　　夫条约者国家与国家间之契约之谓。此项条约，大约可分为两类研究：一条约循公法之原则，订约国之两方面，其权利义务地位，互相对等，并无轩轾之别。二条约徇彼方之意思，则一方为权利国，一方为义务国，义务国之主权每因订立此项条约后，而致丧失不成为国。大凡订立此项条约，必有数种情形，第一如两国交战，一国战败后与胜国订约，城下之盟，无求勿应，则此条约每为片面的。第二为对方国家之侵略的胜利，不恃战争而获异常的权利。第三则为订立最惠国条款，而各后进国家亦得恃此条款，而均沾利益。自一八四二年鸦片战争至今，列国与中国间所订条约，可云均不能脱离以上情形。此种片面条约，盖即一般所谓之不平等条约也。

　　中国与列国缔结条约，以俄国为最早盖为一六八九年。尔时，我国文治武盛，隆及东西，故所订条约，并无丧失主权之处。

---

　　[*] 本文原刊于《青年进步》1925 年第 87 期。

　　[**] 孙祖基（1903～1957 年），字道始，江苏无锡人。孙祖基早年先后就读于江苏第二师范学校、1926 年毕业于东吴大学法律系（第 9 届），常在《时事新报》副刊《学灯》、《民国日报》附刊《觉悟》上撰文，讨论法律与两性问题。1929 年出任无锡县（今无锡市）县长。1932 年加入上海律师公会并开设律师事务所。后来他编撰了中国第一部法律图书目录《中国历代法家著述考》。1936 年，曾在七君子案中担任邹韬奋的义务辩护人。1949 年后赴台，开始研究台湾历史风俗，常在《台湾风物》杂志上发文。1957 年逝世。

　　但一八四二年之鸦片战争，我国失败，与英订立南京条约，实为不平等条约之首矣。自此以后，至一九二一年止，除近年来与南美诸效果所订条约，尚无瑕疵外，其他条约，我方面均懵无知觉，一任外人之所为，彼既乞酱而得酒，我更剥皮以及肤，何莫非订约不慎所致哉，兹先将缔约各国及年代表列如下：

俄国	一六八九
英国	一八四二
瑞典	一八四七
挪威	一八四七
美国	一八五八
法国	一八五八
德国	一八六一
葡萄牙	一八六二
丹麦	一八六三
荷兰	一八六三
西班牙	一八六四
比利时	一八六五
意大利	一八六六
澳大利亚	一八六六
日本	一八七一
＊秘鲁	一八七四
＊巴西	一八八一
＊刚果	一八九八
墨西哥	一八九九
＊古巴	一九一三
＊智利	一九一五
＊瑞士	一九一八
＊玻利非亚	一九一九
＊波斯	一九二〇
＊巴拿马	一九二一

（注）　＊表示所订条约尚无不平等之处。

至条约中不平等之点，兹择其主要者分类略述如下〔1〕。

一、领事裁判权

领事裁判权者，一国人民居留他国之领土内，不受其所在国法律之管辖，而受其本国之裁判也。列国在华之有领事裁判权，盖始于英国，其根据则为前清道光二十三年（西一八四三）七月之中英五口通商章程。在条约未缔以前，外国虽设有领事在华，但尚无受理侨民诉讼之事，且一听中国官吏裁判。

惟当时刑律严峻，凡过失杀伤等罪，均处重刑。故外人极为不平，遇事则谋脱我管辖。鸦片战争后，外人气势骤张，乃将领事裁判权明定于商律中。中英条约第十三条规定，凡英人犯罪须依英国法律处理，而以领事审判之。一八四四年（道光二十四年）美法两国亦继起与中国订立类似之条约，及后一八五八年（咸丰八年），中英订立天津条约，其第十五条规定云："英国属民相涉案件，不论人产，皆归英官查办。"又第十六条云："英国人民有犯事者，皆由英国惩办，中国人欺凌扰害英民者，皆由中国地方官自行惩办。两国交涉事件，彼此须会同公平审判，以昭允当。"于是因此"会同审判"一语，彼方又可派员观审，领事裁判权更行扩张。同年法美两国亦订同样之条文。自是以后，德、日、奥、意、葡、荷、西等国，亦相继与我国订立同样规定之条约，而外人领事裁判权乃弥漫于中土矣。按领事裁判之弊者，夫人皆知，其关于中国者，（一）侵害统治权（二）蔑视警察权，有扰中国之治安秩序，（三）往往牺牲我国人之利益，以保护外国人之利益，（四）所依据之法律不同，往往同罪异罚，有背刑罚之原则，（五）法律参差，当事人之权利义务不能确定，（六）往往涉及外交政略，审判难期公平。至其弊害之及于外人者，亦有数点：（一）各国法律不同，同一案件而有多数不同国籍之被告人时，须各受其本国领署审判，其适用法律之参差，一言难尽。（二）案中所需证人苟其国籍异于被告领署，非特不能勒令作证，即有伪证而领署亦不能施以罚则，故诉讼进行甚为困难。（三）往往外人在内地犯罪，亦须解送到千里外之通商口岸领署惩办，日久道远，搜集证据之艰难，不问可知。此外弊害尚多。民国十年华府会议，议决派员来华调查司法，以为撤销领事裁判权之准备。现将于本年十二月间实行来华吾人亟望我国政府与人们能上下一心，

---

〔1〕 "下"原文作"左"，现据今日排版需要改正。——校勘者注。

一方面尽力鼓吹，以期得外人之同情，而他方面则当竭力整顿法制，以免外人再有借口，冀此丧权辱国之领事裁判权，得以早日撤废，则国家将受赐无穷矣。

二、关税协定

凡为独立国家，莫不有关税自主全权，惟我国大于暹罗数十倍，而关税反须与列国协定，岂不可笑。溯其沿革，一八三四年前，外人在广州以及中国他埠贸易，均须与中国政府所委派之行商及所谓公行者相交涉。一八三四年，英政府有鉴于华洋贸易之一日发达，拟与中国政府讨论满意之通商条件，两广总督拒绝之。英人乃啧有烦言，适鸦片战争起，我国败绩，订立南京和约，开五口通商，并规定一律之进出口税则，将昔日之行商撤销。二年后，根据该约订立税则。至一八五八年，天津条约成，即将该税则作废，一八六〇年重行修正。将统一税则一项，订如条约之内。以后各国与吾订约，均依最惠国条款例，划一抽税。一八五八年之约章，虽稍加限制，规定值百抽五，然尔时货价与税率未画标准，所纳之税，不过值百抽一二而已。且此百分之一二之税，因一八五三年洪杨之乱，上海关道，遁入租界，海关停办，由英法美领事派员征收，后又以美法人员之变动，其实权落入英人之手。中日之战，海关又经一变革，因该次之战及损失，外债增高，不得已以关税为担保，因英德借款约定四十五年，不得改变海关制度。庚子之役，我国赔款又增四亿五千万两，除以海关税余款担保外，又加以常关之收入，且将各通商口岸之常关，移归海关管理，至是外人之权，尚仅限于征收事务，而于支出之处，尚无容缘余地。迨辛亥革命，外人因吾国政变，遂借端要求将关税收支两项，均委于总税务司，以保障其所债权。

自此不但关税主权完全旁落，即并关税之收入，亦不解缴财政部，而以汇丰银行代为吾国国库矣。他且不论，吾人只就现行关税协定制度上观察，有种种极奇异之点，为世界各国所罕见者，如（一）税率之均一。无论进口货出口货除少数免税品外，一律值百抽五。（二）片面的协定，各国在中国享受关税协定权利，而中国对于各国则否。（三）协定为普遍的，各国相同。（四）各国协定之权及于内地税。（五）实抽税率不及五分。（六）关税行政权之旁落。以上特点，我国如一日不能将关税权收回自主，则断难取消。此次北京政府邀集各国代表于十月二十六日开关税会议，我国拟将关税自主案首先提出，但国内混战又先关会而开幕，于是此会之成功与否，成一问题矣。

三、领土租借

香港让英，台湾割日，此为中英南京约，中日马关约之结果，辱国固矣，然此犹得曰战败后特别之酬例也。威海卫，旅顺，大连，广州湾，九龙等租借，此为中英法日等约之结果，丧权固矣，然犹得曰一时一事之特约，且不无年限之条件附也。国人之最所不解者，则自南京条约以五口地方准允寄居而后，由是而北三口，由是而长江三口，无不以同一条件应外人之要求，今且偏于全国各地矣。夫租界不过为在通商口岸内特别划归外人住居营商之区域，此系处于外人住居生活上之一种便利的方法，在法律上仍属主国领土，主国从未放弃对于此部地面的主权，抑且不似对于租借地之暂时不行使主权而任外国治理，租界内的外人业主仍有向主国政府纳税之义务，虽则为行政便利计，主国政府允许租界外人享有一种市自治的权利，而或由关系国领事主持，或由一种市政机关如上海工部局之类行使，但彼之权限仅限于道路，警察，卫生，及举办市政税等，纯属市政事件，不及其他。乃自上海作俑，有所谓地产章程者，而土地所有权骤行膨胀，有所谓会审章程者，有所谓工部局者，其权力皆扩展至条约而外，本年五卅案之起，亦无非因租界权力过度的扩张，而置所在国主权于不顾所致。

四、外债

中日战争以前，吾国所负之外债，不过二十万磅，甲午败后，乃一跃而达五亿四千四百五十五万元之巨额。至义和团肇事后，更增加四亿五千万两之大外债。自民国成立至袁世凯死，共增加三亿六千万元之外债，而民国财政史几成为一部外债史，盖除借债之外，无所谓财政，甚至于经常费亦须赖外债之供给。截至民国十一年九月底止，计有抵押之外债为十四亿一千万元，无抵押之外债为二亿六千六百零四万三千元，又交通部铁路电线外债五亿六千八百七十三万五千余元。连上共计二十二亿四千四百七十七万八千余元。夫外债如此之钜，虽犹较各国所负之国债为少，但其订约之条件，非常严苛。如（一）优先抵当权，（二）借款用途监督权，（三）公债之保管出纳及汇兑管理权，（四）担保收入之先取权，（五）二重的担保之债权，（六）保存财源防止收入减少之特权，（七）财源之管理经营权，（八）禁止提前偿还之债权等等，且除义和团赔款等二三之例外，其借款契约，属于国际的条约而外，各种借款之债权者，均为外国人一私人或私法人，其与吾国政府所订之各种借款契约，其非国际条约，而完全为一种私法上之契约，已无疑义，但以私法上之债权，而享有私法上所不许之担保物权，其非法的条件，恶辣的手段，其意非欲令吾全国破产不可也。

五、经济侵略

鸦片战争前，外人与吾国通商地点，只限于海岸少数地，中国取缔甚严，时因细故而有中国下令停止通商驱逐外人出境之事。鸦片战争后，五口商埠既开，继续与外人订约所开口岸全国数达七十，此外尚有中国为情势所逼迫自行开放之口岸约三十处。于是西人纷至沓来，加以海关税则助长其势力，其入口价额，遂逐年增加。一八六四年（同治三年）输出尚能超过输入三百万两，一八八四年则输入反超过输出五百余万两，一八九四年，输入超过至三千余万两，一九一四年，输入超过至二万一千余万两，一九二四年，输入超过至二万四千余万两。又各国在华之航权，凡沿海及内河，均可自由航行。其根据则为光绪二年之烟台条约二十五年之中英长江内港行轮章程及二十八年之马凯条约。又中日马关条约准许外人在华办理工厂、又外人在华有铁路之建筑权及管理权。如英国有沪宁铁路建筑管理权，沪杭甬铁路之借款权，法国有滇越铁路之建筑权，日本有南满安奉两路之管理权等等，均有条约可查。

不平等条约之真相已略如上述。或者以为条约为双方同意所缔结，即不平等，但非经双方同意，不得变更。不知条约之为物并非永久不动，亦如一般契约然，自由其消灭之时会。盖一切条约均含有一个条件，即因为意外的情势变迁，条约义务危及一方当事国之生存或根本的发达，则此国有要求解除此项义务只权利。我国之不平等条约，以南京天津北京诸条约为中坚枢纽。但南京条约成立于一八四二年，天津条约成立于一八五八年，北京条约成立于一八六〇年。距今远者八十余年，近者六十余年，时移势易，岂能至今日而仍适用？一八七八年俄国取消柏林条约第五十九款，保加利亚国取消柏林条约第一款，即为依照上述情势变迁之理由。国际法及国际之成例如此，吾国民岂不能努力一致，将不平等条约取消其存在乎？

不平等条约与排华律[*]

端木恺[**]

美国国务卿凯洛格致外交部长王正廷的通牒，根本赞助国民政府的废约办法，并由财长宋子文与美国驻华公使马慕瑞在帝国主义者侵略中国的大本营所在地的北平，签定关税自主的新约，最近又自动表示废除治外法权，非但在中国外交上开了宁案换文中所谓中美邦交上之新纪念，并且使国际外交政策上发生一大转机。无怪乎处处仿效欧战前的德意志帝国行为而变本加厉的日本军阀内阁田中，要手忙脚乱，惶恐失措了。

废约云云，并不是说中国革命之后，要恢复以前闭关自守的状态，和世界各国断绝关系。只因鸦片战争以后，所订的条约里面，充满了不平等的规定，以至八十余年来，中国政府人民，被压迫的气都透不过来；为要保全国家的生存，促进世界的文明起见，决不能不把这野蛮无理强食弱肉的畸形条约废除，另定合乎平等公理的新约。

中外条约中，并不是句句字字都是不平等的。但是外人来华经商游历，而不受中国的管辖，货品出进中国口岸，而不让中国自定税则，这样的办法，

---

　* 本文原刊于《革命华侨党刊》第 1 集。

　** 端木恺（1903～1987 年），又名端木铁恺，字铸秋，安徽省当涂县城关人。1926 年毕业于东吴大学法学院（第 9 届），获法学学士学位，并获上海复旦大学政治系学士学位，后留学美国密歇根大学，获得法学博士。他曾从事执业律师多年，并且历任安徽省政府教育厅秘书、科长，省立安徽大学法学院院长，复旦大学法学院院长，国立中央大学行政法教授，东吴大学教授。民国 36 年（1947 年）12 月，复出担任立法院立法委员。民国 37 年（1948 年）7 月，任司法院秘书长；同年 12 月，出任行政院秘书长。民国 38 年（1949 年）4 月，端木恺携全家迁居台湾。此后任总统府国策顾问。1969 年至 1983 年，任台湾东吴大学校长。1983 年，改任台湾东吴大学董事长。1976 年至 1986 年，历任中国国民党第十一、第十二届中央委员会评议委员。著作有：《社会科学入门》、《社会科学大纲》、《中国新分析法学简述》。

即是德谟山尼所复活，恐怕也说不出什么平等的理由来！这些便是我们所要
根本废除的。至于合乎平等原则的，我们当然要保留。

本来平等是个相对的名词，假使双方的人民在相享受治外法权，那么[1]
领事裁判制便成了平等的了；如果双方的关税皆由外人做主于是国际协定制
也就要没有什么不平了。可是我们决不恶意的要求在外国享受像外国人在中
国所享受的特殊权利，而后以为平等。我们很愿意尊重国际公例，以列国待
遇外人的合理方法，来待遇在华外人。我们本没有像罗马帝国那样以外国人
为野蛮无文化而不让他受本国法律的保护。同时我们至少得要求我国人民在
外国也受平等的法律保护。

那么我们看中国人在美国的情形怎样罢。治外法权的梦，我们本没有做
过，至于入境和受保护的权利，总不能说是非分之想罢？但是素以中国的好
友著名的美国，却有排华律，禁止一切华人入境。虽然求学经商，游历等情，
可以特许，事实上仍极麻烦。甚至于生长在美国，或者经过合法手续入境的
人，因故暂时离后再回去的，亦常被拒绝。每次船只进口时，可以保险总有
若干"支那人"受排华律之赐而饱尝铁窗风味。关于货品的留难那更不必说
了。这也许是我国因允许他们治外法权而得的一个"最惠的"酬报吧！

当那排华律产生的时候，那一个华侨不怒发冲冠竭力反对。但是华侨们
究竟太洋化了。见了不合理不如意的事，就要愤怒不平。到底政府是能代表
中国固有的宽洪大量的美德，除了照例提出一个轻描淡写的抗议之外，便把
它置之度外了。虽然侨胞们此心不死，仍以团体或私人资格，不绝地设法援
助舟车劳顿后又受拘禁的新旧同志，但是政府对于在直接治下的外大人，尚
且无能为力，在洋政府势力之下个把"支那人"，更是无可奈何了。可怜每年
多花许多金钱，精力，而侨美的人数，仍是日渐减少，势力日渐薄弱。

侨美的同胞统计起来，大半数是工人，其次为学生，商人简直少极了。
营业本来就不大，在排华律的限制之下，更难有发展的可能。其实我们何尝
情愿出国。假使国内能谋相当的工作，谁肯受尽辛苦，侮辱到外国去替人家
洗衣烧饭，假使国内能得着充分[2]的教育，除了有特殊的研究之外，谁肯
拿着父兄的血汗到外国去念寻常的书？然而耐不住肉体的饥寒，智识的恐慌，

---

〔1〕 "那么"原文作"那末"，现据今日通常用法改正，下同。——校勘者注。
〔2〕 "充分"原文作"充份"，现据今日通常用法改正。——校勘者注。

只得硬着头皮去了。在国内看看所有的外国人，不管他是什么东西，只要是黄头发绿眼睛，甚至挂着洋籍未出国门一步的奴才，都能狐假虎威，装腔作势。到了外国，无论是用了钱求学，拿着货品贩卖，或是凭着气力换饭吃，总得被人欺侮。追究原因，只能怪国势太弱，然而国民全体之不努力，又何能辞其咎？侨胞们远处海外，为生活所迫，不能回国效力疆场，可是能尽的力量，无不尽了。北伐之所以有今日之成功，华侨之宣传热心，虽说是发源于本身直接的痛苦，也可证明侨胞对于祖国之期望和爱护呢。

现在国内是统一了。废除不平等条约的工作，亦已开始进行，从和美国交涉的顺利情形看来以后的解决，想总可以圆满。然而国内的一切平等了国外的又怎样呢？三民主义本是整个的，自然没有国内国外之分。我提出这个问题，真所谓杞人忧天，有点太愚蠢。可是主义的实现，竟可分好多步骤。现在大家对于国内建设，虽然没有办出什么成效来，相当的筹划到底不能否认，然而至少，总大家谈的很热闹。但是对于侨务方面，似乎不大有人提起。我们知道大家并没有把侨胞忘记，更深信将来一定改良侨胞生活的善策，但是我们为了切身的痛苦计，实希望能早点解决。

其实，排华问题并不是同胞的偏面问题，不过身为华侨，所感觉的比别人深切一点罢了。实际上说起来，最不便利的是想出国的人们，因为到美国第一步难关，便是登岸。这还不过是预备侨居美国的人的问题而已。再进一步讲，排华律确是中国一个莫大的耻辱。同是独立国，同是友邦，为什么不排别人，而单排中国人？为什么限制别国移民厉害一点，便生问题，而独对中国便能随意所欲呢？此种蔑视我民族全体的东西，竟然听其存在，我国的体面放在哪里呢？

替美国想想，也觉得不大合算。美国亦是一朵自由平等之花，十三州的独立运动，实启世界民立革命之先声，南北战的结果，又确定了人种平等的真理。这种光明荣耀的历史，应如何爱护，乃竟因歧视一个民族的关系，不惜牺牲奋斗多年而没得着的光荣，岂非失策？固然凡是独立国，皆有决定一切政策的全权。我们正在要求恢复自主权的时候，何能忽视别人的自主权？然而主权的行使，应以不妨碍别国的正当利益为限。移民政策，只能从康健，年岁教育，职业方面着眼，决不能以国籍〔1〕与种族来为分别的标准。

---

〔1〕 "国籍"原文作"国藉"，现据今日通常用法改正。——校勘者注。

我们研究美国法律，最钦佩它的平等公道的精神。非理的对人歧视（Discriminatio Againse Persons），是绝对违法的，所以这排华律实在没有存在的可能。现当美国尊重我革命政府，商订平等新约的时候，一方面我们希望美国政府自动取消排华律，一方面更希望国民政府努力交涉，以全国家体面，维护人民利益。

取消不平等条约与我国今后国际地位及应有之努力*

朱向荣**

汝舟兄以上题嘱为《国民外交日报》（创刊号）撰稿时间匆匆草草塞责幸大雅有以教之。

中国国民改革之目的，为求中国之自由平等。此次抗战，诚如，蒋委员长训示为革命必经之程序。盖经兹阶段，而后中国之自由平等，从尚未完全实现但已臻具体化，愿言其详。

英美于中华民国成立三十一周年纪念时正式宣布准备撤销在华领事裁判权及解决其他在于问题重订新约。其他国家亦步亦趋，以前在中国横行一世纪之丧权辱国制度，寿终正寝。

查领事裁判权自各国对土耳其撤销后，硕果仅存者，中国一国而已，自三十一年十月十日后，该制度已成历史上之陈际，行见将来必与帝国主义，资本主义等名词，同为后人凭吊之资。百年来我国受该制度之约束，不特主权旁落抑且横遭剥削。司法院长列陈其弊，有如下述。（一）破坏中国行政完整。（二）领事对于本国人民之偏袒。（三）如诉讼事件在内地发生则搜集证据传集证人诸多不便。（四）各国侨民往往借领事裁判权为违法，为非作恶。（五）养成华人对外侨歧视心理。（六）因各国司法制度与法律之不同，至当事人往往发生种种困难。（七）同一案件，以致各国法律之互异，而有不同之判决。（八）对于发展中外贸易发生重大障碍。（九）凡被告系享有领事裁判权之外籍人士之案件，既由各该国在华代表审判，则遇有不平，无从上诉。（十）传集外侨作证之不易，知故领事裁判权之撤销，与我国前途裨益至巨。

* 本文原刊于《国民外交月报》第 1 卷（1943 年）。
** 朱向荣，1937 年毕业于东吴大学法学院（第 20 届），获得法学学士学位。

无怪消息传来，举国欣喜，十中全会宣言有云："美英等国自愿取消在华领判权及其他特别权及其他特别权益，此乃，系中山先生勉励同志之一种任务，已告完成，我国废除不平等条约成功，乃经过长期旧门所得之结果，今后我人更应利用此时机，以增强我国建国之基础。"足见朝野对此事之重视也。

新约现尚未签订，交涉经过如何，局外人不得而知。所谓其他有关问题，果将如何解决，其牵涉范围，广泛至如何程度，自为关心国事者，所急于知悉。考自南京条约签订以还，不平等条约之被加于我国者，曾见迭出领事裁判权其一例，与可得而述者。如（一）租界——界法租界，（乙）在厦门之英租界鼓颂与之公共租界，（丁）在汉口之法租界，（戊）在天津之英租界法租界，（己）在烟台之公共租界。其他如在厦门汉口重度奉天苏州天津牛庄之日租界，天津之意租界，则以宣战关系，条约已经失效。（二）租界地——迄今尚未收回之租界地，计英之九龙，葡萄牙之澳门，法之广州湾，其他日本借等地，以宣战关系，条约已经失效。（三）东交民巷之外交区及其附带驻兵守卫权。（四）为各国得维持北平与海外交通自由计，中国撤毁大沽口炮台，并在若干地域，永不驻兵，各国则得在天津塘沽秦皇岛山海关等十余处派兵驻守。（五）通商口岸之设置——南京，天津，诸条约订立，以在广州，福州，厦门。宁波，上海，牛庄，澄州，潮州，鲁州、镇江、九江，汉口处，为通商口岸。（六）内河航运权（七）外国军舰，在中国河内巡行与停泊权。（八）海关税务司，邮局邮务长，聘请外人担任。（九）外国银行，得在中国设立分行，办理储蓄，存款，汇兑，及其他一切银行业务等。

此次订论新约时，我方是否已对上述诸问题，一并提出，通盘打消，抑仍静待时机，徐夜长梦多，将来演变正多。况上述之不平等条件，以战事关系，其存在理由，事实上早已消减，我方尽可根据情势变更原则，提请撤销，享有特权之同盟国，亦应认清时势，以平等互惠之精神，重订新约，否则一面高唱自由平等，一面别有怀抱，民主国家将何以自直于天下。

不平等条约之全部撤销，固尚有赖乎外交界之折动，但该项条约撤销以后，中国是否可以一跃而入列强之林，在未来世界中占一重要地位，则全视本身之努力，中国对世界贡献愈大，则其地位亦愈高，否则徒以地大物博相号召，事实上事事仰仗他人。而欲在国际求隆崇之地位，缘木求鱼，徒见其心劳计拙，是以动精图治，自强不息，则非徒政治建设、经济建设与社会建设三方，兼程并进不可，政治建设应注意者不外。

（一）训政工作之切实推进。我国人民受专制政体的约束，垂数千年，民国肇事造册一年来，真正实行训政工作，允其量亦不过数十余年，兼以交通不便，民智低落，收效自难尽如人意，战后徒以时势所趋，实行民主，依然有名无实，因此地方官吏之选择，与夫教育之推进，不可不慎重注意。

（二）文官制度之改善。查我国以科举取士，由来已久，王安石变法，主张废除流弊滋生之科举制度。而代以学校取士之方法，至清代而科举取士之制又大盛。自国府奠都南京，根据中山先生遗教，设立考试院，主持全国文官考试事宜，以选贤纳士，由全叙部主理全国文官叙级升降诸端，著有成绩，我国文管制度，于是雏形粗具。战后更应切实加强，绝幸进之途，杜京兆之心，俾中国政治得登康庄大道。

（三）贤能政治之实践，上述文官制度之改善其影响仅及于事务官，而政务官不与也。政务官徒不免以政海浮沉为进退，但其任用之标准，仍应以贤能为主，不当以关系为前提。庶几也无遗贤，民无怨言，融融洽洽，共图国事。

至于战后经济建设，自当工业农业，兼程并进，我国以农立国，垂数百年，过去经济，均以农业为基础，美国工业发展时代，其巨大之机械输入，即赖农产品之输出，以为拒注，故工农并重，实为不容或变之国策，观乎地政管局理之设立，与最近美农业部长派专家去华，及地政会议于十中全会后召开，可见政府当局对于农业之往重。至于发展战后工业，以我国得天独厚与历年来朝野艰苦经营之经验，前途自可乐观。最大问题，厥在资本如何筹措，技术人员如何训练分配。所谓资本，即向国外购置机器工具及必要原料所需外汇。战后中美经济合作，自必加强，而美国工业由战时转入平时，当有过剩机械，寻求国外市场，我国正可乘此时机，筹借长期信用借款，购置机器工具原料，同时或可在互惠条件下，欢迎投资，以奠定工业建设之基础。然借款投资，权操他方，我人当不能不求诸在己，以备万一，求己之道有如下述：（一）逃避在国外之资金三万万至四万万美元，应计划利用，必要时得由政府全部动用，改发公债票，以资抵偿。（二）华侨资本亦应有计划利用，除消极欢迎回国投资外，应积极指导发展其在海外已有之业务。（三）由政府切实统筹，大量发展出口贸易，凡出产品之可以外销者，尽量减低国内消费，不必要之进口贸易，应由政府明令禁止，切实施行，其可以替代者，应尽量寻求替代品，战时统制进出口办法，原则上仍应赓续。（四）税源之开发，税可分间接税，直接税两种，前者如关税监税统税等，后者如所得税遗产税过分利得税地价增值税等，增加间接税，无形增加物价，影响国民生计，故间接税之增加，除为保护国内幼稚工业与阻止奢侈品入口增加关税外，均与国计民生无甚裨益，增加税源，由是非从增加直接税着手不可，考我国实行直接税以来，为时未久，事属创举，自难完善，观夫实收数之年有增加，假以时日，当有客观。惟推行直接税，初原则之确定外，余如人民守法之精神养成，会计制度之确立，其他技术问题之改善，与夫行政当局之严厉执行，均为先决条件。我国实行伊始，善终慎始，不可不于兹实际问题三注意焉！（五）投资之奖励。战后应竭力鼓励人民投资工业，一方用精神感动，一方用减低利息，政府补助等种种办法，以资引诱。至于技术人才之训练与分配，则应未雨绸缪，及早准备。根据资源委员会估计，实行其所拟定之五年计划时，须用工程师三万人，技工八十万，而现在该委员会仅有工程师九千五百三十四人，技工十七万人，则不敷之处，为数甚巨，其他管理人才，更无论矣，解决之道，惟有（一）在国内按实际需求尽量分别训练（二）派遣人员来美实习（三）就在美一千七百三十七留学生中择其学成与技术有关者就近加紧训练（四）未受大学教育，及有一技之长之华侨，青年之罗致与训练，此项工作，已由资源委员会华美协进社及其他主管机关分别切实办理。今后所当注意者，厥为计划与训练之配备得宜，与夫数量之设法逐渐增加，此事虽或限于人力财力及事实上种种困难，推进为艰，但勉力以赴，当有宏效，将来人才如尚属不敷，自当借重外国技术人员，但楚才晋用，原所以用其才，应以不含政治作用为原则，否则顾而不问，有弊无利。至于社会建设，则当从（一）实行社会保险（二）平均地权（三）节制资本着手，社会保险，根据十中全会决议案，当于明年开始办理，细则如何，自须从长计议，为原则上应力事普及，英国贝弗里奇[1]氏（William Beveridge）最近提出之战后因果社会保险方案，可资借镜，务期达到老有所终，壮有所用，幼有所长，矜寡孤独，发疾者，皆有所养之境地。民为邦本，本固国宁，不可不注意也。至于耕田农有，原属天经地义之事，此项计划，战后从不能立刻实现，亦当用渐进方法，限期完成。如是不特农民生活，可以改善，而地主阶级之消灭，可以转移一部分闲散人力，从事建设，诚属一举两得，地主固须消除，私人

---

〔1〕"贝弗里奇"原文作"裴佛其"，现据今日通常用法改正。——校勘者注

资本之增多，由当力事防范，资本主义功过难抵，前车可鉴，我人当不可再重蹈覆辙，战后工业发达，对比又不可不三注意，防范之道，不外如所得税，利得税，地价增值税，遗产税之增加，垄断操纵，应切实规定明文禁止，交易所之由国家监督统治等，日前纽约时报载我国为防止通货膨胀计，将对薪工运费及其他重要物价制定限度，对因投资及其他不劳而获之收入似应同样办理，上述诸端，系老生常谈，贵能力行耳。

中美签订关税新约的意义[*]

梁鋆立

　　际此废除不平等条约的声浪高唱入云的时候，在中国享有特殊权利的列强，自然不能继续的抱熟视无睹的态度。自从国民革命军克复北平以来，这数星期之内，利强表面上虽然似乎尚以维持既得之特权为其对华的政策，但国民政府对于废除不平等条约的决心和表示却使列强不得不将他们历来对华的方针，重新估定一下，看它是否有继续采取的可能。从前各国对华的政策，彼此间均是相同，骨子里只是"条约的权利，是万万不能放弃的"这一句话。所以遇有中国提出修改条约的要求，——自巴黎和约华盛顿会议一直至五卅案件发生后北京外交部提出的修约照会——各国均联合一致，取协调主义，对于中国的要求，或予以决然的拒绝。（如华盛顿会议中各国拒绝中国关税自主的要求），或用一种敷衍手段以为搪塞的工具（如法权调查会）。但是近来他们的协调政策却不得不动摇了。原来所谓列强的对华协调政策，亦只是以共同利益为前提所采的一种政策，现在列强发现了他们的共同利益因为中国国民运动的坚决反对，必无继续维持之可能，便觉得有各自为计之必要，因此之故，他们对华的阵线，已有拆散的表现。其对国民政府的态度，也就不一致了。

　　在国民政府方面，公认不平等条约之废除，是我国政治经济发展所托命，是国民革命主要目的之一，无论如何应该促其实现的。同时我们对于中国将来之发展，尤其是在经济方面，有需乎列强的帮助。凡有愿以平等互惠的原则为根据而与我们厘定现在的关系的国家，我们是十二分欢迎，这点早已在国民政府的历次宣言中郑重声明。这次美国国务卿凯洛答复国民政府的修约

　　* 本文原刊于《现代评论》1928 年第 8 卷第 191 期。

照会，可算是美国摈弃对华协调主义的显示。中国关税新约的签订可算是美国政府有高瞻远瞩的眼光以"平等民族"待我的态度的切实表现。国民政府对于美国这种态度，是应该表示好感的。

这次中美两国签订的新约，其意义的重大，可分两方面观察。第一，这约的签订是美国正式承认国民政府的表示。第二，这约是国民政府成立之后，所谓列强自动的与中国依平等互惠的原则所订的第一个条约。进一步说，并且是国民以来在华享有特殊权利的强国自动的与中国依平等互惠的原则所订的第一个条约。

国民政府已经取得列强事实上的承认，这是无容疑义的。关于这点，已有许多中外关系间的事实，作充分的证明（参阅本刊三周纪念刊周鲠生君之《国民政府的国际地位》）。但是正式的承认，迄今尚未取得。前此中美两国关于南京事件所签订的协定，诚然可以引为国民政府与华盛顿政府发生条约关系的证据，但那时美国政府是否已经承认国民政府为中国全国的政府，抑或只是一个地方政府，却是一个疑问，并且美国公使，在换文上，故意不用"国民政府"的字样，只用"南京当局"以代之，这点尤可证明美国那时实无正式承认国民政府的意思。这次中美两国签订的条约，不但在名称上形式上谋较"协定"为尊严，并且所解决问题的性质的重大，也远过于以前所订仅仅关于地方性质的"协定"。按照国际公法的理论和成例，一个新政府的正式承认，本来用不着明白的形式，由承认国宣言某国政府已被正式承认，之消承认国与被承认国发生正式关系，如互派代表，订结条约，承认其国籍，或其他方式，便足构成正式承认。此次，中美两国，互派全权代表，"各将所奉文书，互相校阅，……妥协会商，议定条约"。手续如此之庄严，而所订条约的性质，又如此之重大，谁也再不能否认两国就此发生正式外交关系。也许美国政府尚欲以明白的形式，宣言正式承认国民政府，但这次关税新约的签订，已足构成默示的正式承认，却是无可置疑的。

国民政府两年以来与外国签订的条约除此次的关税新约以外，只有与英国政府的"收回汉口英租界的协定"和与美国的"解决宁案协定"。收回汉口英租界协定的内容，虽然包含着双方平等的原则，但英国政府却不是自动的愿与国民政府签订协定，放弃汉口英租界，设立特别区。我们对于该项协定，固然觉得英国政府迁就事实的态度，可以引起若干可喜的惊异，却不认英国是诚意的放弃既得的特权。至于中美解决宁案的协定，种种规定都是中国吃亏，自然不是平等的条约。所以这次的中美关税条约，撤废不平等条约中关于在中国进出口货的税率等条款而"适用国家关税完全自主的原则"实是美国彻底的承认对华适用平等互惠的原则的表现。再进一步说，民国以来，北京政府承认也曾经和各国签订了几种"平等的条约"，但是许多条约对手方，是在中国向无特殊权利的效果，如波斯，玻利维亚，智利等国家，至与德俄等国所订的条约，其情形也有特殊的性质。中德不平等条约的废除或新约的签订是欧战的结果。中俄条约的签订，是因为俄国的特殊政策的关系。美国向来亦在帝国主义国家之列，这次竟能够依然决然，自动的和我国签订平等互惠的条约——虽然范围还是狭小——尤足使吾人十分满意。

对于这个新约，有一个解释问题，是十分重要的。就是本约第一条的但书，称"惟缔约各国对于上述及有关系之事项在彼此领土内享受之待遇与其他国享受的待遇毫无区别"。关于此点，解释颇难一致。有人说看，关于此款，美国诚然中国适用关税自主的原则，是附有条件的。条件为何？即"如其他各国也让中国自定关税，则美国当承认中国适用关税自主的原则，在他国未曾承认以前，中国不能对美国货物，征收高于他国货物的税率"。从该项但书的字面上看来，也许可以有这种解释。但是条约的解释，国际法上，也有一定的规则，这种解释，我们认为与本约的精神不相容。并且按照条约解释原则，当条约的字句，照字面上解释，与条约的显然目的相冲突的时候，字面的意义不能禁止为达到该约目的所必要的宽大解释。例如英法 Urtcht 条约第九款规定以后法国不得在 Duukirk 建筑炮台，却没有禁止它在离该地三里，一个叫 Mardyck 的第建筑炮台。后来法国果然在后一地建筑炮台。英国抗议，称此种解释可以使该约的目的完全失败。法国毕竟让步。应用此一原则，假使我们对于中美关税新约只用字面上的解释，则该约目的的达到——美国承认中国适用关税自主之原则——变为完全不可能。换言之，该约等于没有签订。因为倘使中国要等候其余各国都同意于关税自助，则约内所称以前条约各种关于关税条款"应即撤销作废，而应适用国家关税自主之原则"的一句话，亦毫无疑义。从我们看来，该款正当的解释，是：在关税自主的原则之范围以内，中国对于美国货物不应有歧异的待遇，说得详细一点，就是倘若中国自由决定对于英国某种货物征收百分之二十的税率，则对于美国同种货物不能征收高于此数的税率。这是本款唯一的合理的解释。如此解释，方和本约的目的不相违背。我们深信这也是美国方面的解释。

我们希望美国政府，能更进一步，与我国从事中美关系整个的厘定，同时并希望其他各国也把眼光放远一点，毅然放弃其特权，与我们签订互以平等为根据的条约。至于向以"中日共存共荣"为口头禅的日本，依然对我实施其帝国主义者的政策，近且变本加厉。中日商约，明明满期，田中内阁，却一味狡展，尚思延长其对华侵略政策的生命。我们深信日本的对华政策不久将陷于孤立的地位，因为国民政府的主张和方针及其统治全国之事实，已在世界各国耳目之中，列强的协调政策业已解体，日本倘若还是冥顽不悟，不但将来在华断然不能维持今日的地位，恐怕其悖谬的行动将引起巨大的反响，其在华的利益，免不了致命的打击罢！

国际公法上之引渡[*]

徐砥平[**]

一国之权力，仅及于本国领土之内。如遇有应受本国主权处分之人寄居外国，或逃匿他邦，则事实上势不能受本国主权之管辖，此为公认之缺点，遂有引渡制之设立，以资补救。引渡云者，一国将另一国人民之有犯罪嫌疑，或已受刑罚之宣告者，移归其本国处罚，或执行之方法也。[1]引渡制之肇始甚早，惟各时代之办法不同。马当（F－De Martens）分之为三时期。第一期，为上古中古及近代之初期。此时引渡之实行，殊不多见。至十四世纪，方有引渡条约之缔结。但仅规定政治犯移民及邪教徒之移解，而不及普通刑犯。第二期，为十八世纪之全部及十九世纪之前半期。始有普通刑事犯引渡条约之发现，惟所注重者，仍以逃兵等为多。一七六五年之法西条约，及一七七七年之法瑞（瑞士）条约是也。第三期，为自一八四〇年起。各国咸转其视线于普通刑事罪犯，大部分引渡条约即于是期订立，俄国自一八六六年司法改良后，亦加入焉。

引渡制之是否合法，学者议论不一。名学者郭克（Lord Coke）、梅吉[2]（Mege）、马当（F－De Martens）、萨佩[3]Sappey 等。根据保障人类自由之原则，反对引渡。其言曰，人各有自由择地而居之权，使不犯所在国之秩序与安宁，即不受其限制。试问一国对于由另一国逃来之犯人，蒙何损失？故必将邻

　＊　本文原刊于《法学季刊（上海）》1929 年第 4 卷第 2 期。

　＊＊　徐砥平，曾任东吴大学法学院、暨南大学教授，上海监狱代典狱长。译有《公法的变迁》、《〈拿破仑法典〉以来私法的普通变迁》、《国际航空公法平时》。

〔1〕　Brocher, Annuaire de l'Institut de Droit International, 1880 T. I. p. 204.

〔2〕　"梅吉"原文作"麦全"，现据今日通常用法改正。——校勘者注。

〔3〕　"萨佩"原文作"萨蓓"，现据今日通常用法改正。——校勘者注。

国罪犯解回，使之受罚者，侵犯人类自由之野蛮举动也。[1] 惟反对之论调，终于无效，各国均已一致赞同。波登[2]（Bodin）、格劳修斯[3]（Grotius）、瓦特尔[4]（Vattel）并为辩护。近代学者，如博谢[5]（Beauchet）、伯纳德[6]（Bernard）、布伦奇利[7]（Bluntschli）、卡尔沃[8]（Calvo）、加罗[9]洛（Garraud）、韦斯[10]（Weiss）等，亦异口同声。为之张目。[11]

引渡之为正当，虽已众目一辞。但各学者之根据，则非全同。或以公正为理由，或以国家联立关系为根本，或以国际互助为论据。其言曰，有罪必罚，世所公认，断不能以其逃亡而无罪，解回处罚，公正之道也。世界各国，互有联立关系。此国之恶蠹，彼国亦蒙其害。引渡犯人，即所以自除恶因也。各自为谋，阻碍殊多，国际互助，自属主要。引渡罪犯，即互助之道也。故雷诺[12]（Renault）曰，引渡者，公正而合乎各国利益之方法也，俾将罪犯严为预防而处罚。[13] 尚有以相对条件，为引渡合法与否之标准者，即两国互允引渡者为正当，否则为非法。此种论调，乃政策上之条件，殊与制度本身无关，不足取也。

引渡之性质如何？必守之义务乎？抑任意之权力乎？依前者，则一国对于另一国之逃犯，不论究竟，须一概引渡。依后者，则引渡与否，尚可斟酌而行。格劳修斯（Grotius）、瓦特尔（Vattel）、康德（Kent）、菲奥里[14]（Fiore）、里

---

〔1〕 Lord Coke—Institute, Revue Etrangere T. XI, p. 349；Mege—Discours à là Chambre Frangaise des dépioutés, Moniteur Universel, 1842, p. 780；G. F. de Martens—Droit desgens moderne de l'Europe, Liv. III, ch. III, § 101；Sapey—De la condition des Etrangers en France, p. 306.

〔2〕 "波登"原文作"宝当"，据今日通常用法改正。——校勘者注。

〔3〕 "格劳修斯"原文作"葛罗帝"，现据今日通常用法改正，下同。——校勘者注。

〔4〕 "瓦特尔"原文作"华特尔"，现据今日通常用法改正，下同。——校勘者注。

〔5〕 "博谢"原文作"波鲜"，现据今日通常用法改正。——校勘者注。

〔6〕 "伯纳德"原文作"贝尔那"，现据今日通常用法改正，下同。——校勘者注。

〔7〕 "布伦奇利"原文作"白郎西"，现据今日通常用法改正，下同。——校勘者注。

〔8〕 "卡尔沃"原文作"加尔华"，现据今日通常用法改正。——校勘者注。

〔9〕 "加罗"原文作"加洛"，现据今日通常用法改正，下同。——校勘者注。

〔10〕 "韦斯"原文作"魏一司"，现据今日通常用法改正，下同。——校勘者注。

〔11〕 Bodin——De la Répuque, Liv. III, chap. VI.；Grotins——De jure belli ac pacis, lib. XI, cap. XXI.

〔12〕 "雷诺"原文作"勒诺尔脱"，现据今日通常用法改正，下同。——校勘者注。

〔13〕 Annuaire de l'Institut de Droit International, t. v. p. 70.

〔14〕 "菲奥里"原文作"菲渥尔"，现据今日通常用法改正。——校勘者注。

维耶〔1〕（Rivier）等曰，为维持秩序，及保障人类计，各国有尽力互助之义务。伯纳德（Bernard）、比洛〔2〕（Billot）、马当（F. De Martens）、普芬道夫〔3〕（Puffendorf）、惠顿〔4〕（Wheaton）诸学者，则不然，谓引渡仅属道德上之义务，得视实际利害之如何，而定引渡之从违。如各国不能独裁，而必依他国之请求，殊有损国权独立之原则。〔5〕细审双方所持之理由，不外国家权力，与国际联立之争。然俱不能视为圆满，证之实际，各国自有单独裁夺之权，然明知其应为引渡而故拒之者，亦属违反国际法规。其结果必至互相报复，甚至决裂。而沦于战争之境地，Casus Belli 不可不慎也。

引渡犯人，每依条约之规定而履行，然各国亦有特别法，规定引渡之条件与手续，以为遵守。一八八〇年国际法学会在牛津开会议决，各国得自定引渡法，俾无条约规定时以便遵循。故近世各国，多有引渡法之制定。〔6〕惟引渡是否须有条约或法律之根据。条约或法律未明定之罪犯，应否移解。说者谓条约上之列举，为指示 Indicative 性质，而非限制 Limitative 性质。且以国际联立论，即未明定。凡应处罚者，自宜引渡，故有相对宣言 Declarations de Réciprocité 之办法。其与条约列举事项相似者，亦得互为引渡。如条约明文禁止比引者，当属例外。〔一八六九年七月九日，法瑞（瑞士）条约第八条，一八七〇年五月十二日法意条约第九条，一九〇六年四月十一日，法希条约第二条〕一八八〇年国际法学会，在英国牛津开会。其第三决议，谓引渡并非必依条约，即无任何契约者，亦得将犯人引渡。欧美各国，照此而行者，不胜枚举。除英比美三国外，殆无不赞成条约以外，亦可引渡之主张也。若由法律规定者，则须严格依照法律。盖法律非可随意变更而伸缩，所以免行政者之越权而玩法，故条约之必由立法机关批准而生效力者，亦须严格遵守，因其带有法律色彩故也。

〔1〕 "里维耶"原文作"利维爱"，现据今日通常用法改正。——校勘者注。
〔2〕 "比洛"原文作"别洛"，现据今日通常用法改正，下同。——校勘者注。
〔3〕 "普芬道夫"原文作"璧芬独夫"，现据今日通常用法改正。——校勘者注。
〔4〕 "惠顿"原文作"灰东"，现据今日通常用法改正。——校勘者注。
〔5〕 Paul – Fauchille – Traité de Dr. Inter. Pub. T. I., P. I., Page 992, Note 4.
〔6〕 Paul – Fauchille – Traité de Dr. Inter. Pub. T. I., P. I., Page 995.

应被引渡之人犯

有罪必罚，人所共认。且各国有联立之关系，与互助之必要。故一国对于外国之罪人，自应引渡，使之受合法之制裁。惟习俗不同，法制互异。故各国立法，不无例外之规定。亦国际法所公认，例外之理由为何。厥为犯人之国籍，与特别之情状，兹分别略述之。

关于犯人之国籍者，可由下列三方观察之。

犯人为请求国之国籍——如犯人即为请求引渡国之国籍，其引渡自属当然，各国一致承认，无容疑义。

犯人为被请求国之国籍——据一般之规定，本国人在外国犯罪而逃回者，得不引渡。大陆各国所订之条约，均有如此条文。[1]各国法律，亦复有本国人民不得引渡之规定。德国刑律第九条，奥国刑律第三六条第一项，比国一八七四年引渡法第一条，保加利亚[2]一八三六年刑律第十一条，希腊刑诉条例第三条等，均有是项规定。匈牙利刑律第十七条云，匈国人民不得引渡于外国，别国人民，仅可引渡于其本国。日本一八八七年八月十日之法令，在原则上，日本人民不在引渡之列。法国一八七九年引渡法草案第三条，亦如是规定。惟旧刑诉条例，及一八一一年十月廿三日拿破仑[3]第一之命令，准将法国人民引渡外国。英美两国，明准将其国民移解外国，但仅属空文，以其每另订条约而特别规定也。一八七三年英奥条约第三条，一八七六年英法条约第二条，即如此办法，一八七八年之英西条约，英国允将诸色人等 All Persons 一律引渡。一八八九年英阿——阿根廷——条约谓缔约之各方，均可任意引渡其本国人民于他国。一九〇七年华盛顿开引渡会议，其约章第四条云，缔约国无引渡其本国人民之义务。惟在任何一国之罪犯，各国均得处罚之。

本国人民不引渡之理由，谓各国人民须受其本国之保护及裁判。如引渡之于他国，恐受不公之待遇。各国法制不同，尤属显见。且国家不制裁其本国人民，而必引渡之于外国，更属自损国权。不引渡者，非谓犯人无罪，不

---

〔1〕 Paul – Fauchille – Traité de Dr. Inter. Pub. T. I., P. I., Page 999 § 4593.

〔2〕 "保加利亚"原文作"堡加利亚"，现据今日通常用法改正，下同。——校勘者注。

〔3〕 "拿破仑"原文作"那坡仑"，现据今日通常用法改正。——校勘者注。

过由本国处罚耳，对于请求国亦殊无不公之嫌也。赞成引渡本国人民者曰，罪人应由所犯地点之法院审判之，以侦查讯问，易于着手，对于国权亦无妨害。盖一经被请求国之允许，即为该国之独立决定，并非遵从请求国之命令也，否则藐视外国法庭，有损邦交，将无事可办，而犯人反以此而免罪。例如法国人之在外国犯罪受罚者，乘间逃回。依法国法例，不能代为执行外国法庭之判决，但以其业已判决，则一罪不能两罚，而又不引渡，岂非使犯人免罪乎？尤有进者，如数人共犯一罪，而一人逃回本国。若不引渡，势必同一犯罪行为，须在两国审判。其判决或至大相径庭，此不便之最显者也。故本国人民不引渡之规定，须以其能在本国受相当处罚为条件。否则恐不能达有罪必罚之本旨，而公共利益终以不保。故学者如伯纳德（Bernard）、班费斯〔1〕（Bonfils）、布鲁萨〔2〕（Brusa）、加罗（Garraud）、韦斯特莱克〔3〕（Westlake）等，均不以本国人民不引渡为然。一八八〇年国际法学会，决议第六款，谓对于司法制度相仿，而互相信用之国家。引渡本国人民，实为保持善良刑事行政之妙法。而由犯罪地之法院（Forum Delicti Commissi）审判，更为适宜。欧战告终，凡塞尔对德和约第二二八条，对奥和约第一七三条，与保加利亚所订之纳伊〔4〕（Neuilly）条约一一八条，与匈牙利所订之特里亚农〔5〕（Trianon）条约第一五七条，与土耳其所订之色佛尔〔6〕（Sevres）条约第二二六条，均将本国人民不引渡之向例推翻，借使上列各国将大战之祸魁引渡。

犯人为第三国之国籍——如逃犯为第三国人民时，应如何办理？例如甲国人民在乙国犯罪，而逃至丙国，丙国是否应将甲国犯人引渡乙国，若以国家联立及互助为根据，自应引渡。而乙国之请求引渡，亦属正当。惟内国于移解犯人时，是否须通知犯人所属之甲国。为保护各本国人民计，丙国自以通知甲国为佳。一八四七年法国与奥尔登堡〔7〕（Oldenbourg）、梅克伦堡施特

---

〔1〕 "班费斯"原文作"蓬非斯"，现据今日通常用法改正。——校勘者注。
〔2〕 "布鲁萨"原文作"泼鲁山"，现据今日通常用法改正。——校勘者注。
〔3〕 "韦斯特莱克"原文作"惠司拉克"，现据今日通常用法改正。——校勘者注。
〔4〕 "纳伊"原文作"纳意利"，现据今日通常用法改正，下同。——校勘者注。
〔5〕 "特里亚农"原文作"脱利阿诺"，现据今日通常用法改正，下同。——校勘者注。
〔6〕 "色佛尔"原文作"塞佛尔"，现据今日通常用法改正，下同。——校勘者注。
〔7〕 "奥尔登堡"原文作"恶尔顿波"，现据今日通常用法改正。——校勘者注。

雷利茨〔1〕（Mecklembourg – Strelitz）、梅克伦堡司威林（Mecklembourg –
Schwrin）所订之条约，一八五四年法葡条约，明定遇上列情形，必须通知犯
人之所属国。一八五八年之法奥条约，一八六〇年之法智（智利）条约，及
一八四七年以后法国与德国各邦所订之条约，则视通知犯人所属国为任意之
行为。犯人所属国接到通知后，当可提出抗议。但通知国对此抗议，应否加
以考虑，亦为一问题。凡承认通知为必需者，主张应尊重〔2〕此抗议。如视
为任意者，则亦可任意从违。一八四四年九月廿六日之法罗（罗森堡）条约，
认通知为任意。而引渡必须由犯人所属国决定之，似不无矛盾焉。

关于特别情形者

犯人藏身宗教会所，或有宗教特别关系者，每以不受某种刑罚之处罚，
为引渡之条件。一八五〇年八月廿六日之法西条约，西班牙以不处死刑为引
渡之条件，否则即不允引渡。

奴隶制为近代国家所共恶，故如奴隶为身体自由而逃至他国者。若该国
亦有奴隶制者，当然引渡，否则奴隶制本身即为一大罪恶，殊无引渡之必要，
俾奴隶由此 Ipso Facto 脱离苦海。若奴隶之逃亡为普通犯罪行为，而与奴隶本
身无关，则引渡自亦不成问题。但请求引渡者，须以恢复奴隶自由于处罚之
后为条件，否则对方可以拒绝引渡。

各国元首不必引渡，其业经退位或废黜者，即不能享此权利。一九一九
年六月廿八日，凡塞尔和约对于德废王威廉第二应否引渡，殊有讨论之价值
也。〔3〕

犯人以不可抵抗之事故，而漂流于第三国者，是否即应由该第三国引渡。
学者均谓不可抵抗之事故，不足为不引渡之口实。爱利 Faustin Helie〔4〕则根
据人道，而倡反对之论调。一九一一年海牙仲裁法庭，对于英法两国关于类

---

〔1〕 "梅克伦堡施特雷利茨"原文作"梅克伦坡司来斯"，现据今日通常用法改正。——校勘者
注。

〔2〕 "尊重"原文作"遵重"，现据今日通常用法改正。——校勘者注。

〔3〕 Travers—Le Droit Penal international, t. v, No. 2214.

〔4〕 Faustin Hélie, —Traité de l'Instruction criminelle, t. Ⅱ, p. 619；Saint – Aubin—l'extraditon et le
droit extraditionnel théorigue et Pratique, p. 352.

是问题之判决，亦主不可抵抗之事故，不足为不引渡之理由。[1]

如将犯人引渡他国，而必经第三国者，该第三国是否有任其经过之义务。一九〇八年三月廿六日堡（保加利亚）比条约，明认经过引渡之可能。此类条约，不胜枚举。惟犯人为被经过国家之人民时，可根据本国人民不引渡之原则，而阻止之。

同一犯人而被两国请求引渡者，例如甲国以犯罪在其国土，向乙国请求引渡。丙国以犯人为其国民，亦向乙国请求。遇此情形，乙国将何所适从。一八七一年之意俄条约，一八七四年之俄奥条约，及一八七七年之俄西条约，规定将犯人引渡于犯人所生之国。一八七七年荷比条约第二条，则以引渡于犯罪所在国为准。另有主张引渡于先请求之国家者，有谓被请求之国家，可以自由选择一国而引渡之，议论纷纭，莫衷一是。一八八〇年国际法学会决议第九款，谓如有数国为同一罪而请求引渡同一人者，应引渡于犯罪所在地之国家。

应为引渡之犯罪行为

普通犯罪行为——十九世纪之初期以前，引渡之范围极狭。惟重罪如叛国、暗杀、毒杀、放火、伪造货币、强盗等行为，方得引渡，[2] 其后范围渐广。举凡应受身体自由刑之罪犯，均应引渡。（一八三四年十一月二十二日法比条约等）自一八六九年以来，各国条约复规定较重之轻罪，亦应引渡。大率受羁禁二年之有期徒刑者，亦在引渡范围。[3] 各国复依两国相距远近，与关系疏密，将引渡之范围伸缩之。盖两国边境相距咫尺者，声气相通，关系密切。此国之犯罪行为，于彼国亦有重大影响，故恒将引渡范围扩大，以为互助。一八一〇年俄国瑞典条约，一九〇一年之法西条约，及一九一五年之英属印度与法属印度之引渡条约，订定凡属刑事罪犯，不问其轻重如何，均须引渡，即违警罪，亦不能除外。[4] 且条约上所规定引渡范围，并非无扩张之余地。如双方同意，当可通融，其由法律规定者，则不能随意扩张，亦不

---

[1] Paul – Fauchille—op. cit, P. 1007 § 4614

[2] Grotius—De jure belli ac pacis, lib. II, cap. XXI, No. 4；Vattel—Droit des gens, Liv. I. chap. XIX, No. 233；TraitéFrance et Suirse, 18 juillet 1828.

[3] Paul – Fauchille—op. cit, P. 1007, § 4631.

[4] Paul – Fauchille—op. cit, P. 1011, Note 1.

得用比引之方法，为伸缩之手段。如英比荷诸国，均有法律限制，而不能任意变更者也。一八八〇年牛津国际法学会，亦谓引渡乃严重之方法，应仅限于重要犯罪，各国条约，须为之正确规定云云。

政治犯罪行为——侵犯个人之普通罪犯外，复有侵犯国家之犯罪行为，即所谓政治犯。法国学者拉泼特尔及拉诺特（Lapradelle & Larnaude），谓以推翻或改组国家之政体，或国家之行政与组织为目的，或危害人民之公权者，为政治犯。简言之，凡危害国家内部安宁者，为政治犯。此未免失之过狭。外患罪，如妨害国家独立，破坏国交等罪，亦何尝不为政治犯。[1] 惟政治犯之成立，须以国家为标准，而以政治利害为归宿。故如损害国家财产之行为，虽同属国家，而不能谓为政治犯。例如抗纳赋税，非政治犯也。政治犯应否引渡，学者议论不一，约分三派。

第一派，主张政治犯亦应引渡。以其犯罪行为虽为对国家，而非对私人。但其所生之损害，或更甚于普通罪犯。全国为之扰乱，千万人为之死伤，甚至国家亦因此而衰亡。且此等罪犯，一旦逃至他国，仍必照常活动，以图死灰复燃。则被逃入之国家，反为其大本营，亦必蒙不利之影响。故以引渡为是。伯纳德（Bernard）、赫夫特[2]（Heffter）、李斯特[3]（Von Liszt）、梅尔佛（Mailfer）[4] 等均主之。

第二派则反是，主张政治犯不引渡。其理由，为普通罪犯，人人受其损害，尽人知之，故宜引渡。至政治犯则否，各国风俗习惯政治制度，互不相同。此国以为罪者，彼国或不以为罪。类此情形，屡见不鲜。故关系政治罪犯，各国殊无连带利害，如必欲引渡，无异干涉被引渡国之政治。且审判犯人，须以公平。今政治犯之被害人，及审判者，同为国家，难免报复。故学者如博谢（Bauchet）、克利华（Grivaz）、奥本海[5]（Oppenheim）、韦斯

---

〔1〕 Beauchet—Traité de l'Extradition, No. 347; Garrand, Traité de Droit penal, 3a Edit. 1913, t. II, No. 124; Hans, —Principes généraux du droit pénal Lelge, No. 346 ets.; Travers—op. cit, t. IV p. 519 Note 1 et p. 529.

〔2〕 "赫夫特"原文作"爱夫德"，现据今日通常用法改正。——校勘者注。

〔3〕 "李斯特"原文作"李士德"，现据今日通常用法改正。——校勘者注。

〔4〕 Bernard——Traité théorigue et Pratique de l'Extradition, t. II, p. 149; Von Liszt, ——Zeitschtift für die gesn mite Strafrechtswissenschaft, 1882, p. 65; Mailfer——La Démocratie dans ses rapports avec le Droit International, p. 148.

〔5〕 "奥本海"原文作"欧本海"，现据今日通常用法改正。——校勘者注。

（Weiss）等，均主张不得将政治犯引渡。[1]

第三派，为折衷派。特拉弗斯（Travers）主张之。引渡与不引渡，俱非绝对之规定，乃随各国的组织与趋向而异者也。惟若两国刑事制度相仿者，自应引渡，政治犯亦不能例外。如两国迥不相同者，则自无引渡之必要也。

证之事实，十九世纪中期以来，各国已一致否认引渡政治犯。此等条约，不可胜数。[2]苏俄一九一八年三月廿八日法令，明文禁止引渡政治及宗教犯。一八八四年国际法学会在牛津开会，议决不准引渡政治犯。一八四八年时代，大陆政治逃犯之匿居英国者甚众，英国非惟不予引渡，且不愿逐之出境。一九二〇年二月，加普[3]（Kapp）博士谋叛德国政府，事后逃往瑞典。同年四月，德国请求引渡，瑞典则未之允许也。

如犯罪行为纯系政治性质，固已不生疑问。惟同一犯人犯两行为（一为普通一为政治）而有连带关系者。Connexes 或仅犯一罪，而有两种性质者（一为普通一为政治）（Complexes）则又如何办理？对于前者，各国条约，每规定凡带有政治色彩者，一律以政治犯论，而不引渡。如阿根廷一八八五年四月二十五日法律，及阿一的 Haitienne 一九一二年十一月廿一日法律。意大利刑律第九条，亦规定与政治有关之罪犯，不得引渡。[4]其同一行为而具有两种性质者，布伦奇利（Bluntschli）、血服（Chanveau）、韦斯（Weiss）等主张，视为普通犯罪而引渡之。[5]一八五五年十月一日，美国与两西西（Deux Siciles）所订之条约。一八六一年四月十七日之奥西条约，即采此议。特拉弗斯（Travers）则主张视为政治犯，而不予引渡。各国采此主义者亦不少，更有为免除争议计。在条约明定，如遇上列情形，概行引渡 Clause d'attental 之规定者，亦常有之。惟以上主张，似觉过趋极端，其困难仍不得免，遂有各种折衷办法之发起焉。（一）分划主义——将普通与政治两行为，划分清晰。而分别定其应为引渡与否。[6]但联带或混合之两行为，能否划清，实属疑

---

　　[1]　　Beauchet—op. cit, No. 342；Grivza— op. cit, p. 139 Oppenheim — International Law，§ 333 ets；Weiss—Etude sur les conditions de l'extradition, p. 143.

　　[2]　　Paul – Fauchille—op. cit, p. 1014, 1015，§ 4642.

　　[3]　　"加普"原文作"加泼"，现据今日通常用法改正。——校勘者注。

　　[4]　　Paul – Fauchille—op. cit p. 1016～1017，§ 4644.

　　[5]　　Paul – Fauchille—op. cit p. 1020, Note 1.

　　[6]　　Paul – Fauchille—op. cit, p. 1017, Note 3.

问。采划分主义者，有一八八八年十一月十七日之瑞士奥国匈牙利条约。
（二）偏重主义——将两种性质分析，视其孰重孰轻而定引渡与否。如偏重于
政治方面者，不引渡。偏重于普通方面者，引渡之。[1]瑞士一八九二年一月
二十二日法律，及巴西一九一一年六月二十八日法律，采此办法。惟所谓着
重何方，仅属偏见，而殊不能正确也。（三）目的与原因主义——如犯罪行为
之原因为政治者，宜引渡。但其目的为政治者，不引渡。惟如何分别其为原
因与目的，恐非易事。（四）因果主义——凡普通犯罪行为，由犯政治行为而
生者，得不引渡。雷诺 Renault 主张之。英美两国，并采此办法，但失之太泛
亦太狭。太泛者，以其如为政治，而所生结果即为普通至重大行为，亦不引
渡。太狭者，何故仅限于初时之政治行为，而不及其以后之影响。（五）战争
习惯主义及残酷方法主义——一八八〇年国际法学会，谓略带政治色彩之普
通罪犯，均不引渡，殊欠公平。必须在内战或极严重之政治暴动所发生者，
方得不引渡。一八九二年该会在日内瓦开会，罗林[2] Alferie Rolin 建议残酷
方法主义，意谓不论其有无政治气味。如其行为为残酷而野蛮者，则引渡之。
博谢 Bauchet、戴斯博克 Despagnet de Boeck 等均赞同之。

十九世纪末年以来，有所谓无政府党 Anarchistes，虚无党 Nihilistes，恐怖
党 Terroristes 之出现。其目的在根本推翻社会组织，与固有之秩序。此种罪犯
为反社会 Antisociaux 之行为，是否可视之为政治。除少数人外，[3]均以不
视为政治犯为然。一九〇二年一月二十八日，墨西哥与南美各国所订条约第
二及第十三条。一九〇六年七月十六日，古巴西班牙条约第四条。一九一七
年一月十一日德土条约第三条等。明定反社会行为，不能视为政治犯。一八
九二年日内瓦国际法学会议决，谓意图推翻社会组织，而并非仅对于一国或
一种政体之行为，不得视为政治犯。故一八九三及一八九四年，英国将无政
府党弗朗索瓦[4]（Francois）及默尼尔（Meumer）引渡于法国。而法国亦于
一八九四年，将鲁雪绥（Lucchessi）引渡于意国者也。此外如海盗，各国亦
一致不视为政治犯，而须互为引渡。犯罪之行为是否为政治犯，将如何定之，

---

[1] Von Liszt—op. cit, t. II, p. 73；Oppenheim—op. cit, t. I. § 339；Ortolan —Etéments de droit penal, t. I. No. 725.
[2] "罗林"原文作"洛郎"，现据今日通用用法改正。——校勘者注。
[3] Beauchet—op. cit, No. 433；Travers, —op. cit, t. IV, No. 2042.
[4] "弗朗索瓦"原文作"佛郎沙"，现据今日通用用法改正。——校勘者注。

由请求国定之乎，抑由被请求国定之乎？依国际法则，由被请求国定之。一八七六年八月十四日，英法条约。及一八七〇年一月九日英国法律，均采此办法。一八八〇年国际法学会议决，第十四款，亦如是规定。学者如博谢 Bauchet、梅利那克 Merignhac、韦斯 Weiss 亦异口同声，其主张由请求国决定者，则甚少。特拉弗斯 Travers 则主张由两关系国，各就其观察点以审定之。[1]

特别罪犯——（一）特别罪犯者。如关系狩猎、捕渔、森林，及财政等之犯罪行为也，大概均特别规定，或各国互订条约以资遵守，而不在引渡范围之内。惟学者不无批评耳。[2]（二）报纸罪，及宗教罪——巴西——一九一一年六月二十八日法律——瑞典——一九一三年六月四日法律——以报纸罪与宗教罪视为政治犯，不受引渡。此未免过分。以新闻家每用报纸鼓吹，而侮辱他人，或扰乱公安，不宜一律视为政治犯，故宜严格限制。宗教罪在原则上，亦不受引渡。总之以上两罪，须严格确定其性质及范围，否则易生弊端。

军事罪犯——军事罪犯者，如逃兵等，各国均不主引渡。惟海军兵卒或商轮水手，则不能享此权利，其理由为经济上之利害。盖水兵或水手而逃亡，势将所有船舶抛弃，经济上蒙甚大之损失也。战争时联盟国每互允引渡逃兵，而不顾海陆之分。欧战时一九一五年七月二十五日之法比协定，一九一六年三月九日法意换文，一九一七年一月十一日土德条约，均有上项规定。至中立国，须对于其他各国一列看待，不能此允彼违，而授人以偏袒之口实。其他如通敌及间谍等罪犯，亦应概不引渡。欧洲德逃兵避匿荷兰者，依德荷条约，视为普通罪犯。德政府请求引渡，荷政府以处罚徒刑期满后，得在一定时期，任其离去德土为条件。德国不允，荷国因之未为引渡也。

战争时违反国际惯例及国际法之行为——此种行为，能否以政治犯看待，而不受引渡，学者无是主张。且战争时更有与战争无关之不法行为，如任意残杀、强劫等。殊与政治无分毫关系，自属普通刑事，而应加以引渡。欧战告终，德王避匿荷兰，协约诸国求德国允为引渡。由特别法庭治以违反国际道德，及藐视条约之罪，德国未抗议，而荷兰则依据政治犯理由。至今未为引渡，殊有讨论之价值也。

---

〔1〕 Beauchet—op. cit, No. 363；Mérignhae—Traité de droit public international, t, II, p. 757；Weiss—op. cit, p. 163；Travers—op. cit, t. IV, No. 2048.

〔2〕 Travers, —op. cit, t. IV, No. 21283.

请求国与被请求国均处罚之行为——凡请求引渡，至少其行为在请求国法律视之为应处罚者。如公诉期间已过，或不为罪者，均不得请求引渡。一八八九年一月二十三日，蒙得维的亚[1]（Montevideo）条约（第十九条）。一八九七年五月十九日，墨西哥法律。一九一一年二月二十八日，巴西法律，均有明白规定。至凡尔赛和约第二百二十七条，似未顾及此点。盖以违反国际道德，而请求引渡德王威廉第二，但请求各国之法律，固俱无以此为犯罪行为之明文也。

被请求国之法律，是否亦须认某行为为犯罪，而后方准引渡。如以引渡根据于请求国之处罚权者，当先有法律规定。如仅视为国际互助者，则不必。且以地位及情形之特异，每有在此国能发生之犯罪行为，而断不发生于彼国者。（如毁坏电报、铁道罪等，在无电报铁道之国，当无此种罪发生）如依上项主张，势必犯罪而不罚矣。[2]至各国法律，对于该行为之性质，或处罚之轻重，更无全同之必要。各国条约，均谓引渡须以两关系国法律同认为犯罪者为根据。学者如伯纳德（Bernard）、韦斯（Weiss）等之意见则不然。一八八〇年国际法学会决议第九项曰，除以制度或地位之特别情形，致使某种犯罪行为不能发生外，引渡均须以两关系国法律，同认为犯罪之行为者为根据。

被请求国业已追诉而审判之行为——引渡之请求，当不能再根据于此种行为，各国条约之如此规定者甚多。[3]但凡尔塞条约第二二八条，圣日耳曼[4]（Saint Germain）条约第一七三条，特里亚农（Trianon）条约第一五七条，纳伊（Neuilly）条约第一一八条，色佛尔 Sevries 条约第二三〇条，将一事不两罚之原则，Non Bis in idem 推翻。故土政府须将大战时残杀之凶犯，不问会否处罚，一律引渡于协约国。

由例外法庭管辖之行为——凡由例外法庭管辖之行为，不能为请求引渡之根据。瑞士一八九二年一月二十二日法律，巴西一九一一年六月二十八日法律，俄国一九一一年十二月十五日刑律等，均有此种规定。凡尔赛[5]和约第二二七条、二二八条，圣日耳曼条约第一七三条，纳伊条约第一一八条，

---

〔1〕 "蒙得维的亚"原文作"蒙德维独"，现据今日通常用法改正。——校勘者注。

〔2〕 Renault—Annuaire de l'Institut de droit International, t. V, p. 81

〔3〕 Paul – Fauchille—op. cit, p. 1033, § 4711

〔4〕 "圣日耳曼"原文作"圣球门"，现据今日通常用法改正，下同。——校勘者注。

〔5〕 "凡尔赛"原文作"凡塞尔"，现据今日通常用法改正。——校勘者注。

及特里亚农条约一五七条，及色佛尔条约第二三〇条，则将该原则推翻。

缔结引渡条约前后之行为——英法美比瑞士阿根廷均主张如无明文限制。缔约以前之行为，亦得援用该引渡条约。一八八〇年国际法学会决议第七项，亦有同样规定，此即追溯既往之谓也。盖逃亡之罪犯，对于以前法律，殊无已得权利之可言，当受新规定之制裁。一八七六年八月十四日，英法协定，明认对于已往事实，亦得援用。惟一八五〇年四月九日之努韦勒格雷纳德[1] Nouvelle Grenade 条约等，则反是。

请求引渡之管辖机关与引渡手续

（一）请求引渡之机关——引渡之请求与允准。由两国行政机关，依外交方式行之。其他机关，则无此权能。盖以引渡之实行，与国权有重大关系，间有主张由司法机关行之者，惜此议甚为危险。恐以司法参预行政，而有碍对外关系。且引渡问题，每联带发生政治问题，于两国邦交，有重要影响。故非由各国行政机关行之，不足以昭慎重，而免隔阂也。

（二）引渡之手续——引渡之请求。既以外交方式递呈于被请求国之外部，则请求之是否正当。将由何机关以审定之，由行政机关乎？抑由司法机关乎？如由司法机关，则仅表示意见乎？抑完全由其决定乎？对此问题之办法，约有三派。

第一派，为行政主义，亦即法国派。——依行政主义，首将犯人逮捕移交检察官审问，使犯人对于引渡有申辩之可能。然后由检察官将口头供词，移呈司法部。（一八七五年十月十三日，一八七六年十二月六日，及一八八六年一月十五日法司通令）再由法部提出，经元首裁可，令知内政外交两部，再由外部用外交方式知照请求国。

第二派，为司法主义，亦即英国派。——先将犯人拘解法院，公开审判。引渡与否，由法官判决定之。犯人对于引渡之决定，并可上诉于高等法院。最后将裁判之结果，通知外长，然后为引渡之实行。惟引渡之决定，外长亦无须绝对服从，而为实行。（一八七〇年八月九日法律，一八七三年八月五日，及一八九五年七月八日该法律修改案，一八七六年八月十四日英法条约，一八九六年二月十三日该约修改案，及一九〇八年十月十七日英法协定。）英

---

〔1〕 "努韦勒格雷纳德"原文作"诺佛尔克莱那特"，现据今日通常用法改正。——校勘者注

国派对于保障人权一节，甚为得力。但授英国法官，以审判外国罪犯之权，似属创见。盖依此主义，须将犯人究竟犯罪与否，根本审判，则于法律效力之属地主义，不无冲突也。

美国之引渡问题，由一八四八年八月十二日，一八六〇年六月二十二日，一八六九年三月八日，及一八七六年六月十九日，各法令规定，亦由司法机关主持之。[1] 巴西一九一一年六月二十八日法律，亦规定由司法机关管辖之。

第三派，为折衷主义。——比国（一八七四年三月十五日法律，及一八七五年七月七日，一八六六年三月二十二日，及一八九九年六月二十日该法修正案。）及荷兰（一八七五年四月六日法律）派。司法机关仅能表示意见，以备政府之自由采取。法院仅能审查请求手续之合否，而不及犯罪之本身。犯人对于引渡得为辩护，决定之后，转知外交部长实行之。意大利（一八八九年刑律）亦采取此办法，实为最宜，以其能补短截长，兼以上两主义而汇通之也。苏俄一九一八年三月二十八日法令，谓如外国请求引渡人犯，由外交委员长审查之，转请法院核定其犯罪行为，或为政治，或为宗教，或为普通罪犯，而定引渡之准否。瑞士一八九二年一月二十二日法律，第十五至二十五条规定，由联邦委员会，依逃犯之供词而决定之，逃犯对于请求之是否合乎瑞士法律与条约，得向该联邦委员会要求查核。惟不能论及犯罪行为之本身。

请求引渡之国家，须呈验逃犯之身份[2]、国籍、犯罪性质、管辖机关，及曾否判罚之各种证书。各国条约，均规定上项证书，为证明之帮助。其办法亦分三派。依第一派，只须有拘票，或相当书证，即得引渡。至将犯人移解何种法庭，则无容证明。（一八七四年八月十五日法比条约第五条第二款）第二派，则须将犯人移解于何种法庭，正式声明。第三派，为英美派。首须证明移解之法庭，及如在英国法庭所需之何种证据，惟犯罪确实证明者，方得引渡。

引渡之效力

依特定 Spécialité 之原则，请求国对于引渡罪犯，仅能就其请求时所列举

---

[1] Lawrence – Wheaton——Conunentaire sur les elements du Droit International et sur l'Histoire des progress du Droit des gens, t. IV, p. 448 ets.

[2] "身份"原文作"身分"，现据今日通常用法改正。——校勘者注。

之事项为审判，而不及其他犯罪行为。法国虽未有明文，然恒守之不逾。英国一八七四年法律第十九条，则明文规定之。一八七五年劳伦斯〔1〕案 Lawrence 美国不遵此原则。致与英国争论〔2〕卒于一八八六年六月二十五日，英美重订协定，将特定原则明文列入。比国于一八七四年以前，亦无特定原则之规定，可任意审判犯人。是年以后，亦加改良，与各国一致。如遇新犯罪行为，须另为请求。至发生连带之行为，虽犯人自愿受审，然为免除忽略计，亦以通知被请求国为宜。一八七四年八月十五日法比条约第十条，谓如非由犯人明白允许，并通知被请求国，则不得审判请求以外之行为。一九〇〇年，将该条约修改，只须被请求国允许。虽犯人不愿，亦得审判请求以外之事项。被引渡者，对于引渡手续之违法或违约，得申诉。但对于被请求国之逮捕与引渡，则不得非议。盖引渡为被请求国之国权，自能独断，不受条约之拘束，即或违法，亦惟有其本国之合法机关，得以审察，而非请求国之权力所可顾问。

请求国能否将犯人更引渡于第三请求国，即所谓再引渡 Reextralitre，例如一人在两国犯罪，而逃至第三国。两国中之一国先向第三国请求引渡，引渡之后，该第一请求国能否将犯人转引渡于另一请求国。伯纳德（Bernard）、比洛（Billot）等，主张无庸特别手续，即可再为引渡。勒布克（Leboucq）则反对之，视为与特定原则相反。各国实例则认再引渡为可能，惟附有下列条件（一）须得第一被请求国之同意，（二）犯人之临其国土，并非由于第一被请求国之引渡，而由于独立之事端。一八八〇年国际法学会在牛津开会，其第二十四议决案，谓任何政府，如未得引渡国之允许，不得将犯人转渡于第三国。各国法律与条约，对于再引渡，均认为可能。惟须有第一引渡国或犯人本人之允许，或犯人之至其国土，并非由于引渡而出于自动，且可随意离去者为准。如犯人情愿自首，而无须引渡者。其效力将如何，依比国派，即为情愿自首而非引渡，比国对之仍可干预，特定原则亦宜遵守。法国判例则反是，视逃犯为普通犯人，而被请求国对之殊无任何权利，其关键在犯人之是否为引渡或自首。杜佛帝（Duverdy）曰，此问题，惟犯罪者本人能解决之。

〔1〕 "劳伦斯"原文作"劳活伦司"，现据今日通常用法改正。——校勘者注。
〔2〕 Paul - Fauchille——op. cit, p. 1039, Note 2.

引渡罪犯之研究[*]

赵颐年

一、引渡的意义

引渡制度，本基于国际司法上的一种共助行为，也是补充领土管辖唯一的原则，依属地主义积极方面来讲：个人的犯罪行为，在一个国家领土范围以内，都有管辖之权，消极言之，即凡是在国家领土以外所产生的犯罪行为，就与本国不生关系；本国法院当然也无权管辖，可是这句话是很困难的，如果犯罪的人，从某一国家犯了罪，逃到另一个的国家，他本国的刑罚，便不能及其身，而所在国的法院，以为犯罪行为的发生，不属于他法权范围以内，那便可不受刑罚的制裁。这样看来，也有相当的害处，因为通常罪犯，大都是在社会的反常分子，他们犯罪的天性，如果不受刑罚的裁制，仍然有发生的可能性；是以与所在国的利害攸关，站在国际关系的立场上来看：各国应该有相互援助的需要，虽不能说是绝对的义务。

引渡 Extiadition 的意义，简单地说，任何人在甲国犯了罪，逃亡于乙国，甲国政府请求乙国甲国罪犯交付的一种行为，这便叫做引渡。例如一个人在日本犯了罪，逃到中国，我们便应该把他引渡给日本。

Bagria 主张引渡制度的理由，大意说在这种制度之下，世界各国相互移交罪犯所发生的现象，是使罪犯无可逃匿，这当然是一种防止犯罪的方法，不过要达到这种目的。一定要使各国能够遵守正义，忘却自己私利的存在，否则对于犯罪行为，承认有避免的可能性。

---

[*] 本文原刊于《法轨》1934 年第 2 期。

二、引渡的条约

引渡制度的发达，像 Bagria 说：要各国互相信任，这是一个先决问题，可是各国的趋势，大都有一种不信任的表示。这由于此种观念，以为（一）引渡是对于自己国家的主权有损害的，（二）并且引渡也不是国家应尽的义务。然而事实告诉我们，不引渡是多么的危险，与不可能。从前法国因为调查户口的方法，不大完善。隐匿的罪犯，在数量上较他国多增一倍[1]，便是很好的明证，何况对于罪犯绝对不引渡呢?

在这两重困难之下，世界各国就不得不适用一种折中主义来调和它；所谓折中主义，就是究竟引渡与否的问题，全由条约来规定，做一种共守的标准。

讲到引渡条约的历史，滥觞于纪元前一千三百年的埃及，那时很不多见，直至十九世纪近今四五十年前的时代，此种条约，才见发达起来，不过当时公认法当引渡者，只包括叛乱罪，信教罪，海陆军逃亡罪三种。一七九四年英美西国引渡条约，加订文书伪造罪，杀人罪的条约。一八四二年又加放火强盗等罪，这不过是开端的一个例子而已。

在一八八六年，日美引渡条约，规定谋杀罪，伪造罪，坚守盗罪，强盗罪，伪证等罪十三种。一八九四年，中英两国在伦敦续议滇缅条约，第五条云："英国之民，在犯罪逃至中国地界者或中国之民，有犯罪而逃至英国地界者，一经行文请交逃犯，两国即应设法搜拿，查有可信其为犯罪之据，交与索犯之官。"一八九六年，中日订通商行船条约，第二十四条规定："日本人在中国犯罪或逃亡负债者，潜在中国内地，或潜匿中国人民房屋或船上，一经日本领事照请，即将该犯交出。中国人在中国犯罪或逃亡负债者，潜匿在中国之日本人民所在房屋，或中国水面日本船上，一经中国官照请，日本官即将该犯交出。"

又如：一八九九年中韩条约，第五款第三项规定："两国人民或有犯本国律禁，私逃在彼国地方者，一经此国官员知照应即查明交出，押归本国惩办，不得隐匿庇护。"总上或述，可见引渡都由条约而订定的。

---

[1]　"一倍"原文作"一培"，现据今日通常用法改正。——校勘者注。

三、引渡的限制问题

罪犯的引渡，非简单之事；既根据条约而规定，重大之罪，都在引渡之列，但是事实上条约的限制极严。因之，这里发生几个问题，我们不得不研究，关于三种人为各国公认应该拒绝引渡的。

（一）自国人的引渡问题

自国人在外国犯罪，仍然逃回本国。就属地主义来说，应该从外国裁判。但各国都以不引渡为原则。以为 a 自国人服从外国的裁判权，是一种侵犯本国主权独立的行为，b 外国的制度，法律，和裁判官，多不能使人信任，审判上恐有偏颇的待遇。如日美引渡条约，即有此限制，几成为国际上的一个公例。

近代因为交通频繁的结果[1]，各国制度逐渐一致与完全，敬此间的信任也就巩固，西班牙与瑞士引渡条约，英美间引渡条约，自国人之规定，实开引渡的新纪元，据一八八〇年牛津国际法学会决议，凡是采用同一法系的刑事的国家，虽自国人亦可交还于他国。

（二）国事犯的引渡问题

国事犯就不政治犯，这种人大都含有政治的作用和背景，他们的目的在于改良政治，可是要改良一种政治，势不能不反对现有的政府；而政府对于这种人当然目为犯罪。

英国学者阿尔比恩[2]解释政治犯，约有三语，即犯罪须有政治的动机，和政治的目的，这种人如果一旦事败，逃亡于他国，各国都拒绝引渡的。因为他们这种行为，不过与本国政治发生一些关系，依自由国家观之：不但与国际没有冲突，并且认为大有功于世界文化。更值得推崇，如瑞士与德国引渡条约，就是一个实例。

有些学者主张在某种情况之下，有的罪与各国都发生直接或间接的影响。譬如犯罪的人，是个无政府主义者，那么[3]，像从前意大利无政府党，在瑞士刺杀奥国皇后，就不适用这种的原则。

---

〔1〕"结果"原文作"给果"，现据今日通常用法改正。——校勘者注。
〔2〕"阿尔比恩"原文作"阿滨洪"，现据今日通常用法改正。——校勘者注。
〔3〕"那么"原文作"那末"，现据今日通常用法改正，下同。——校勘者注。

（三）逃亡军人的引渡问题

逃亡军人，与普通罪犯不同，并且各国对于军事上的事件，以不补助为原则，故军人逃亡也是拒绝引渡的一种，但据国际法学会决议第十六条二项，有一例外，军舰商船的水夫，就应该交还，这并不是基于法理，而是基于经济上和警察上的理由。

以上是关于不引渡的限制，以下在讲引渡的限制问题。

（一）第三国人的引渡问题

第三国有国籍的人，从甲国犯了罪逃亡于乙国，依引渡的原则，甲国当然可向乙国请求引渡，即第三国亦未始不可请求，但究竟引渡给那个国家呢？我们采取引渡于犯罪行为发生的国家的学说，因为他们的利害关系比较深切。

（二）数国罪人的引渡问题

同是一个人在几个国家犯了罪，那么请求引渡的国家有几个，而犯罪的主体则一，怎样引渡却是一个很重要的问题，综合起来有五种学说：

子·引渡于引罪最重的国家的。

丑·引渡于被请求国距离最近的国家。

寅·引渡于犯罪的本国。

卯·引渡于最先犯罪的国家。

辰·引渡于最先请求引渡的国家。

上述的五种学说，俱合公理，国际都从辰说，一八八〇年万国国际法协会决议："同一罪犯有数国请求时，当与优先权于最先请求引渡之国。"

四、引渡的例外

引渡罪犯，多是关于已经判决的罪；若属现行犯，就可废除请求的手续，这大概由于节省时日，便利拘获的缘故。譬如德俄奥〔1〕三个国家，土地邻接；如果在两界交错的地方，适有现行犯，那只要逃数十步，就可从一个国家逃到另一个国家。故德奥俄特立一种条约，在此种情形之下，直接可行使逮捕权。这是引渡的一个例外。

---

〔1〕"奥"原文作"澳"，现据今日通常用法改正，下同。——校勘者注。

五、结论

Grothus 的学说"引渡或责罚"。以为人类是不可分的，大同的；一切犯罪行为，由人类全体方面视之，对于人的自然权利，都有相当的侵害，故即非犯罪行所发生的地方，亦有尽责罚之义务，如不责罚，就应该引渡。

Garraia 认刑罚是普遍的，绝对的权，力凡是犯罪行为对人类自然权利有抵触，即可根据自然法律加以制裁。

由此学理上，脱化出一种观念，就是普遍刑法权，在这种观念之下，全世界任何国家的法院，对于任何地方所产生的犯罪行为，都有管辖之权，这并不是本国主权的表示，或本国利害的保障，乃不过为人类共同利益着想而已。

这种世界主义的补扩，却比引渡更进一层，现代法律思想，与时代一般地突飞猛进[1]，已由利害观念，倾向于公利的观念，真是一个[2]好现象。

---

〔1〕 "猛进"原文作"猛晋"，现据今日通常用法改正。——校勘者注。
〔2〕 "一个"原文作"一件"，现据今日通常用法改正。——校勘者注。

国际法上战争定义的变迁[*]

梁鋆立

一

法律上一个最难解决的问题，就是法律和事实的分野。诚然在普通人看来，这个问题，并不呈露着十分的困难，因为他们是认定了法律是个神秘的东西，只有法官、律师和专门家可以懂得。这个问题，从极端的法学家看来，亦是容易解决的，他们的工具，是演绎法和分析法，而他们根据的材料，是现实法的外层。他们认定一个法律名词，其涵义永久不变，凡是一种社会现象，不管它什么时候发生，只消它与传习的信条稍有出入，他们便将它摈于可受法律控制的领域之外。他们打起法律的幌子，毫不迟疑地宣言到：这是一种不可避免的事实，一种不能预见的事实，当初造法者初未计及此种事实的可能，我人在法言法，对于此种新事实，只有置之不理，虽然我人很抱憾于法律的不完备。

可是不受极端的逻辑论的桎梏的法学家，对于上述之一态度，却抱十二分的怀疑，他们以为法律与事实，其界限并不如是的清楚，"法律是如何"（law as it is）和"法律应该如何"的鸿沟，常罩满着迷濛的白雾。况且法律学本是一种"规范的科学"（normative science），目前认为天经地义的规则，在全部法律学中，只占了一极小的部分。我人何能停止我人对于真理的寻求而武断地认定了迹象为较明显的规则，便是我人永久的指导。这一派法学家，

---

* 本文原刊于《东方杂志》1934 年第 31 卷第 1 期。

鉴于上述所谓极端逻辑论或法律机械论的危险[1]，思欲有以补救之，他们不以为区区逻辑的适用，便可解决人生的问题，便可自诩已经科学的洗礼，其实精细观察之下，此种法律机械论，还是不合逻辑的，因为机械论的法学家所根据的，每每只是些假设（working hypothesis），这种假设，离开绝对的原则，还差了不少的阶段，我人何能贸贸然误认假设就是原则呢？[2]

此派法学家所用的工具，是历史的方法，心理的方法和实验主义的方法（pragmatic methods）。凡是他们碰到一个法律现象和现实相差太远，他们不单单埋怨法律的不完备，他们要考求这个特定法律现象的历史背景，去决定这个现象的存在理由（raison detre），它的效果是普遍的？抑是限于某种情形的？他们要考求这个法律现象变迁的历程，去决定它的本身多少已经受着时间的侵蚀和人们感情和理性更变的影响。他们要考求在现在的社会环境之中，这个法律现象的存在，对于社会对于人们将要发生何种的影响。这种影响自然有的是好，有的是坏，在解释一个模棱两可的法律现象时，我们是否应该注意到它的结果，并采用实验主义的方法，观其结果之所届，权衡轻重与利害，然后再定一个最后的抉择。

在我人的变动不居的社会中，法律现象自然也随之变动。假使我人在怀疑的场合，将每个法律现象，用上段所举得各种方法，去分析去研究，我人也许可以矫正许多机械法律机械论者的结论。我人也许可以得到一种成绩，如美国大法学家卡多佐[3]氏（Justice Benjamin N. Cardozo）所描写的。卡氏之言曰："不少的奇特的和苛刻的结论大家假定以为一个观念和一个公式之正当的后裔者，倘若我人将此观念或公式在一比较真实的模型中重行陶铸，我人即可发现此种奇特的和苛刻的结论乃不过私生子而已。"[4]

---

　　〔1〕　Roscoe Pound, Mechanical Jurisprudence, Columbia Law Review December, 1908. 在国际法学中此种态度的危险亦经学者指出参阅 E. D. Dickinson, Les Gouvenements on Etats non reconnus en droit anglais et American, Revne de Droit International et de Legislation Compare 1923 2/3. 作者亦稍有论述见 Proceedings, American Society of International Law, 1932, p. 128

　　〔2〕　John C. H. Wu: Juristic Philosophy of Roscoe Pound, in Juridical Essays and Studies, p. 131. Note 3.

　　〔3〕　"卡多佐"原文作"卡铎查"，现据今日通常用法改正。——校勘者注

　　〔4〕　"……Many a bizarre and harsh conclusion, supposed to be the legitimate offspring of a conception or a formula, will be shown forth as bastered when the formula or conception is recast in truer mold." Cardozo, Law and Literature（1931）, New York, p. 133.

二

大战以后的国际法，充满着表面上似与事实隔离甚远的规则，这却不是一桩可以惊异的事情。因为我人知道法律的发展，常较社会的发展为延缓。"法律是一种植物，它生长多时之后始含苞吐蕊。"[1]有许多法律现象，看看是陈旧不堪，实则它们正在蜕化的时期。在此时期，我人颇难描摹其实质，但是我人却不能漠视着它们变迁的迹象，武断地认定它们还是亘古不易的东西。

一个最显明的例子，便是"战争"的一个现象。我人不能否认近十五年世界各国的执政者和人民的中心思想，就是如何可以避免战争，所有一切国际的努力也集中于此一问题，但是什么是"战争"却不是一个极容易解答的问题。这个问题，从普通人看来，是极易回复的，"战争"就是"打仗"，当两国不和，以兵戈相见的时候，就是战争的发生。倘若你告诉他，"事实上的战争"（war in material sense）不是法律上的战争（war in legal sense），他一定瞠目不知所对，只有赞美法律的神秘了。我们去找法学家，问他们什么是战争，他们的解答，也是聚讼纷纭，莫衷一是，但大多数承认：事实上和法律上的战争是有区别的。

我人对于战争的定义，有彻底研究之必要，这是不容疑义的。微论我们中国人到现在还是受着这个问题直接的影响，就是为世界和平组织的进行，裁军会议的继续，甚而至于为将来大战的预备，我们应该明了什么是国际法上所谓的战争。我人拿起国联盟约或凯洛非战公约（或巴黎公约），便可见其中"战争"两字散见各处。我们且援引几条看看：

国联盟约序言第一项："各缔约国……特允接受不从事于战争之义务。"

盟约第十一条："凡任何战争或战争之威胁……皆为有关于联合会全体之事。"

盟约第十二条：联合会会员"约定……无论如何非俟公断裁决和法律判决或行政院报告三个月以后不从事战争"。

---

[1] "Law is a plant that lives long before it throws out its bulbs," Justice Holmes, Introduction to "Rational Basis of Legal Institutions," New York, 1923, p. XXIX.

盟约第十五条："联合会会员约定彼此不得向遵从报告书建议之任何一造从事战争。"

盟约第十六条（最重要者）："联合会会员如有不顾本约第十二条第十三条或第十五条所规定而从事于战争者，则据此事实，应视为对所有联合会其他会员有战争行为，其他会员应即与之断绝各种商业上或金融上之关系……"

巴黎公约序言："……此后签字本约之国如欲恃战争以增进其利益，不准享受本约给予之利益。"

公约第一条："各缔约国兹以各该国人名之名义郑重宣言诉于战争以解决国际纠纷之非，及在相互关系上利用战争为国家政策之工具，应行抛弃。"

其外如一九二四年之日内瓦议定书（Geneva Protocol）内亦屡用"战争"二字。在某种情形之下，从事战争，即将被认为侵略国（aggressor）。罗加诺公约（Locarno Pact）规定：德国与比国及法国相互约定各不得从事"攻击"或"侵犯"；且在无论何种情形之下，各不得为战争。[1]

上举文书中所载"战争"一语，我人可以假定它指法律上的战争（war in legal sense）。因为法律解释的规则，告诉我们：凡是一个术语有普通和专门两个意义，若这个术语发现在专门文件中，应该从它的专门意义解释。但是"法律上的战争"究竟是什么意义呢？我人欲解答此问题，不得不求助于国际法上战争的概念；虽然我人应该在此处声明，战争的概念，诚然可以帮助我们了解某种文件内所用"战争"一语的意思，它却不能拘束我人对此术语在该项文件内的解释。盖"战争"的概念，仅仅是抽象的，而我人解释一种文件内的术语，还要顾到这种文件的一般目的，和此术语同该项文件其他各部的关系。

三

国际法较早的作家，如格老休斯[2]（Grotius）对"战争"的观察是显而易解的，他说"战争是人与人用武力解决他们纷争的情状"[3]此定义，学者

---

[1] 参阅拙著《侵略国界说的研究》第十六至十八（外交评论社单行本）。

[2] "格老休斯"原文作"格罗休氏"，现据今日通常用法改正，下同。——校勘者注

[3] Bellum est status per vim certantium qua tales sunt, De Jure ac Pacis, 1. 1. 2. 1.

谓为平平无奇〔1〕。可是后来作家，均用为重新创造定义的出发点。如华什尔氏（Franchille）的定义云："战争乃一种状态与国际社会的常态——和平——相反，但是此种状态的最终目的，还是和平。"〔2〕此定义捎带理想的色彩，殊缺乏描摹的性质。奥本海姆〔3〕（Oppenheim）的定义云："战争乃两个或两个以上的国家用军队的斗争，以互相克服而任意要求战胜者之条件为目的"。〔4〕此义所明白标出之战争目的，殊有未洽，其过于写实，与华什尔氏的偏于理想正同。惠斯莱克氏（Westlake）就格老休斯的定义，加以些微的修正，氏云："战争乃政府之间用武力斗争的状态或情状。"〔5〕海德氏〔6〕（Hyde）的定义云："战争乃国家间用武力敌对的一种状态。"〔7〕

上举各种定义，可以代表国际法学者对于战争之一概念的观察。我们可以看出他们大半，都有一个共同立足点，就是认定战争是一个状态，不是一种行为。美国国际法家摩尔氏（John Bassett Moore）对于此点，说得更显明："战争之一名词，非指单纯的武力的使用，乃是指一种法律情形的存在，参加者可以武力去争取权利。倘若二国彼此宣战，战争即行存在，虽然没有武力的使用；反之，一国可对他国用武力，如复仇（Reprisals）之类，而不致成战争状态，在此种情形，可谓有战争的行为，而无战争的状态。这个区别，至为重要，盖自战争发生之时起，第三国即当履践中立国的义务，而蒙受因交战国行使权利而发生的一切不便。"〔8〕因为一般的国际法学者多半认此区别，所以国际法上就有事实上和法律上战争的分野。所谓事实上的战争就是战争行为——即是摩尔氏所谓不是法律上战争的意义者，而法律上的战争，则是摩尔氏所谓的战争状态，所谓事实上的战争，传习的国际法更将它分为

---

〔1〕　Fauchille, Traite de Droit International Public, Tome II, p. 2.

〔2〕　"un etat de fait contraire a letat nonnale de la communante internationale qui est la paix", etat de fait dont la resolution, la fin, but ultime est cette paix meme. Fauchille, op. cit. Tome II, §1000.

〔3〕　"奥本海姆"原文作"奥本汉氏"，现据今日通常用法改正，下同。——校勘者注

〔4〕　"the contention between two or more states through their armed forces, for the purpose of overpowering each other and imposing such conditions of peace as the victor pleases," Oppenheim, International Law, (McNair's Ed.) p. 115.

〔5〕　"The state or condition of governments contending by force." Westlake, International Law, Parat 2, "War," (2nd Ed.) p. 1.

〔6〕　"海德"原文作"哈哀特"，现据今日通常用法改正，下同。——校勘者注

〔7〕　"a condition of armed hostility between states," Hyde, International Law, Vol. II., P. 189.

〔8〕　Moore, Digest of International Law, Vol. VII, 153 – 154.

下列的几种：（一）复仇；（二）武力干涉；（三）平时封锁（pacific block-ade）。

事实上的战争，虽其程度也许比法律上的战争为猛烈，为扩大，但国际法还是认为它发生在和平状态之下。互相冲突的两个国家，不是国际法上所谓的交战国（belligerents）。第三国对之也不必严守中立，因为国际法上的和平状态，既未打破，战时国际法自不适用。而国际法上平时与战争时的区分，乃是绝对的，和平与战争中间，并无他种状态，可以参入。格罗休氏曾援引西塞罗（Cicero）之言曰："和平与战争之间，无他物。"〔1〕战争之一状态，既有一定之范畴，则凡是国际状态，不能归入战争之内者，自是属于"和平"领域之内了。

此种武断的分类，是崇拜逻辑，忽略现实的一个极强的证据。此分类，具备了战争实质的要素的种种武力行为，只因没有具备了"战争状态"的条件，可以戴上和平之冠，而享有"法律上战争"的多种实益。事之矛盾滑稽，莫此为甚。但是我人却不能不承认这是传习的国际法的态度。

四

照传习的国际法，法律上的战争，应该具备什么条件？这是我们现要研究的问题。据学者的意见，战争状态的开始，可有二种方式：（一）明示的宣告——即宣战；（二）默示的表示，即国家以战争的意思，直接向敌国作战斗动作者，二种条件，皆以"战意"为根据，所谓"战意"（animus belligeren-di）者，乃一专门的术语，照一般的人看来，"战意"仿佛就是"打仗的意思"，但是照传习的国际法的解释，这还不够，"战意"是要有"促成国际法上所谓战争的意思"，宣战固然很明显的表示着一国愿从事国际法上所谓战争的意思，但当一国不愿宣战而从事武力行为，则何以知道它是否具有"战意"呢？惠斯莱克说："首一武力行为，假使不是为平时封锁或为报仇起见，而为开战起见；或者一武力行为，为平时封锁或为报仇起见而对手国对之从事战争；或者一武力行为，无论具何目的，而对手国认为战争；这几种行为都是

---

〔1〕 "inter Bellum et pacem nibil est medium," Grotius, op. cit. III. XXI. 1. 1.

国际法认为有战意的行为。"[1]霍尔氏（Hall）与奥本海姆（Oppenheim）亦谓在未定战的场合，一国的武力行为，倘对手国不加反击或不宣言认其为战争，则此种行为，不引起战争状态。[2]总而言之，两国之中，至少须有一国有战意，但倘一国有战意，以足构成战争，不必两国均有战意。[3]

现在我人可将"宣战"与"不宣战而有战意"的二个条件，分别研究，看他们是否在法理上有坚强的根据。

<h1 style="text-align:center">五</h1>

"宣战"是否是构成战争的要件？在古代，开战有严肃的形式，有通知书，手续甚繁，盖当时战争被认为神圣的事件，先期通知，所以昭郑重，且所以防止暗中的袭击。宣战的需要，在古时，乃一荣誉的问题，不宣而战，公认为是不荣誉的事情。后来此一规则，渐被废止，迨十九世纪之末，多数作家，均主张宣战不是必要的手续[4]。日俄战役之初，日本不经宣战，即向俄国袭击，俄国指为违背国际法，但日本的行动，未被一般国际法学家所贬斥。因为当时的国际法，尚缺乏强迫采取宣战手续的规则。嗣国际法学会（Institute de Droit international）在比国冈城（Gand）开会，议决应将宣战的义务规定在国际法典之中。一年后第二海牙和平会议开幕，法国代表提出宣战条款，经众采纳。海牙公约第三编（关于开战）第一条称："签约各国承认，是后战争未有明确的警告，不得开战，宣战之形式，或为详叙战争意旨之宣言，或为附有答复条件之最后通牒。"第二条称："战时状态之发生，须通知于中立国而其所生之效果，须在中立各国接到通知（可用电报）之时起算，虽然中立国在明白战时状态毫无疑义时，不能因缺乏通知而不承认。"[5]

此约历史的背景就是日俄战争中日本的袭击和一九〇六年国际法学会的冈城会议。此约的动机，共有二端。一、荣誉问题，当时的法学家多认袭击为战争上不荣誉的事。二、中立国的便利问题。盖宣战的手续，可以使战争

---

〔1〕 Westlake, op. cit. Vol. II, (2nd Ed.) p. 23~24.

〔2〕 Hall, International Law, (8th Ed.) p. 452; Oppenheim, op. cit. Vol. II, §55.

〔3〕 Strupp, Elements du Droit international public, (1930), p. 505.

〔4〕 Hershey: The Russo - Japansse War, p. 63.

〔5〕 Scott, The Hague Conventions and Declarations of 1890, and 1907, p. 96.

开始的期间确定，第三国可借是而决定中立与否的方针。这是此约的目的。有的作家以为此约确定了事实上的战争与法律上的战争的区别，此约实施之后，未经宣战的武力行为，不是法律上的战争。[1] 此种解释，显然误会此约的性质。按此约乃是规定战争应用什么方式去开始，是一个手续的问题，并不是说，不经宣战的武力行为就不是战争。违背此约，不经宣战而采取武力行为的国家，是此约的破坏者，应受一般破坏公约者的制裁，我人却不能主张因为它没有宣告，就没有战争。此约的目的是强迫国家宣战，倘若一国可以不宣战而否认法律上的战争的存在而同时从事事实上的战争，则此约的效果，岂非奖励国家的不宣战？[2]

不宣战而从事武力行动，乃是破坏此约的行为，但仍然足使战争状态发生，此为多数学者公认的规则。在世界大战时，奥匈向日本开战，并未宣战，土耳其和英法俄三国开战，未宣战，希腊与中欧列强开战，亦未宣战。

由此可知宣战并非构成战争的要件，传习国际法学家，误认海牙公约的性质，均有此误会。即此亦可见用历史的方法，以解决疑难问题之重要。

六

我人今试研究所谓"战意"乃构成战争必要条件的规则。按"战意"的有无，应适用主观的事实？抑应适用客观的事实以为断？倘若我人采用主观说，就是认定当事国自己声称的意思，是构成战争的要件，假使当事国不声称自己从事战争的行为，便无所谓战争，则我人将得到下列的结果：那从事战争的强国对于彼对手方的弱国，必绝对否认其战意，因为它的否认战意，可有不少利益。它可以得到战争的益处而可以避免战争的法律上不利的地方。譬如有的国家，像美国，规定宣战的手续，是要经过国会的批准的，倘然该国的行政部否认战意，仅仅声明是在采取复仇手段，或干涉的手段，就可以用兵而不经国会的同意。又当一国正式宣战以后，对于第三国的中立权利便要遵守，否认战意即可不发生与中立国关系的各种困难。又否认战意，可使

---

[1] Wilson, Use of Force and War, American Journal of Int. Law, 1932, pp. 3~7.

[2] 参阅 Mankey O. Hudson, The Duration of War between the United States and Germany, 39 Harvard Law Review, p. 1922.

该国在从事战争时不受战时法规的束缚。凡此种种，都是采取战意主观论的结果。[1]而弱国尤不敢并不便声明战意，假使它声明战意，那强国一定利用这个机会，声言于世界，说这个弱国是侵略国，更加可以大肆其侵凌。

唯一合理的解释是采取战意客观说。我人要认定的，是战争的事实，不是从事战争的国家所口口声声，再三声明的和平的话。凡是采用武力行为的，我人即应断定其为具有战意。在一般的法律制度上，除了少数的例子外，关于意思的表示，总是采取客观的主义。美国唯实派法学家柯克（W. W. Cook）曾很幽默地说："假使你要找一个人的真正意志，你非将他脑壳敲破不为功。"一切法系所用以审察人们的意思的工具的，就是一个客观的标准。一个国家采取武力的行为，自然显露它的作战的意思。譬如刑法上窃盗罪的构成，初不必犯罪者自知并自称所犯者，系窃盗罪，倘其行为，乃法律所认为窃盗，即足构成此罪，自无待其自认之理。

七

前二节所述，系对于传习的国际法一种批判。就历史上和理性上证明此种原则无坚强之根据。兹拟进而研究战争一语在国联盟约上和在巴黎公约上意义。

我们首先应该注意的是国联盟约一般的精神和目的。国联的目的，如其盟约的序言所云：是"增进国际的协作并保持其和平与安宁"，为了这个目的，各缔约国"特允接受不从事于战争之义务"。我人在解释盟约内字句的时候，自应着眼于此一般的目的，为实施这个目的，盟约中有许多条文，尤其是第十二条到第十六条，规定和平解决纷争的程序，以期代替武力解决的办法。这种和平解决的程序，盟约是说得很明白的，就是（一）公断；（二）法律裁判；（三）行政院（或大会）报告。此种手续完了之后，诚然第十二条规定，三个月后，也许可从事战争。此处所谓战争，乃是与上所列举的和平解决的各种程序相对待。初非与传习国际法上所谓"不及战争程度的强迫息争方法"相对待。此乃彰彰明甚。所以我们不难结论：盟约中所规定的息争程序，只有两种，一是和平的程序，为盟约所列举的，一是战争。复仇，武力干涉，

---

[1] Baty and Morgan, War: Its Conduct and Legal Results, (1915), pp. 395~397.

平时封锁——诸种所谓事实上的战争，都是包括于战争一语之内。理由是很简单，因为无论如何，恐怕没有人可将"事实上的战争"的各种现象，与公断，法律裁判和行政院调停及报告通通归纳到和平息争程序之下罢！

说者有谓盟约起草之时，稿凡数易，原来用"武力"的地方，后来改成"战争"，可见缔约国不愿担负不从事武力的义务，只愿担负不从事战争的义务，因为"战争"的范围较"武力"为狭[1]。予以为此点殊不足证明国联盟约中所用"战争"一语，乃是较"武力"范围较狭的名词。微论此一动机，在文书上未经载出，就是我们解释盟约的时候，亦只能就条文而解释，势难就些微的迹象，即作悬空的猜测。又有人谓"考夫"（Corfu）一案，国联默认意大利的炮击希腊城市为正当，可见未达传习国联法上所谓的战争的行为——如炮击考夫——不被国联盟约所禁止[2]。其实"考夫"一案在国联的讨论，纯被当时政治所左右[3]。国联委派的法学家委员会虽提出一个报告，称："强力方法，与国联盟约是否冲突，须视每案之情形以为断"云云，但此一报告，模棱两可，深为一般法学家所诟病，该委员会委员比国法学家维舍氏（Charles de Visscher）后发表一文，声称行使强力与盟约规定的息争方法，殊不相合，氏文引起国际法学家深切的注意，凡讨论此问题者，多援引其理论。[4]

盟约第十六条所载"联合会会员如有不顾本约第十二条第十三条或第十五条而从事战争者，则据此事实应视为对于所有联合会其他会员有战争行为。"此条所用战争一语，是指战争行为？抑或指战争状态？此一问题，亦深为学者所聚讼。予意此条所载"战争"一语，应解为战争行为，实无疑义，盖此小句原文为 resort to war（从事战争），照文法上的观察，无论在英文在法文或在中文，从事战争只可解为"从事战争之行为"而不能解为"从事战争的状态"，此种说法，在英法文都不可通。非但文法上的解释，应该如此，逻辑上的解释，亦应当如此。从事战争与战争状态在寻常情形之下，也许有因

---

[1] Hindmarsh, Force in Peace (1933) New York, p. 133. quoting miller, The Draft of the Covenant.

[2] Bassett, The League of Nations (1930), p. 201, Conwell Evans, The League Council in Action, (1929) pp. 82nd et seq.

[3] Williams, Shanghai and Manchuria, The Political Quarterly, April – June, 1932, p. 167; Brierly, International Law and Eesort to Armed Force, Cambridge Law Journal, 1932, p. 315.

[4] Op. cit. 此文原文系法文经予译出已登载东吴大学法学季刊（英文）一九三三年十月号。

果关系，但在解释盟约第十六条，它们实不相涉。因为战争状态的观念之所以必要者，盖为便利第三国计，第三国见战争状态的开始，便可决定其中立的地位，享受中立的权利并承担中立的义务。而盟约第十六条的主旨，厥为保持国际的和平，故有破坏和平者，第十六条即适用国际制裁（sanctions）以对付之。而破坏和平，则战争行为，已绰乎有余，故不必战争状态，也许在某种情形之下，无战争行为相伴而来的战争状态，反而不背第十六条的规定。原来第十六条所禁止，所认为和平之敌者，乃动的行为，而非静的状态。此说着眼在该条的目的，颇足供吾人的思考。[1]

八

巴黎公约虽然大家认为禁止战争较国联盟约为彻底，可是其中所载"放弃战争"一语，亦有待乎详细的研究。此处所谓战争，是法律上的战争？抑是事实上的战争？有些学者的意见，以为事实上的战争，非第一条所禁止；第一条所称"放弃战争为国家政策之工具"云，只能适用于法律上的战争[2]，但此种强力使用，自然不能算作公约第二条所规定解决争端的和平方法（pacific means），故事实上的战争违反第二条而不违反第一条，之有法律上的战争是违反第一条和第二条。次说虽似有理，但细按之，似有瑕疵。依解释一般法律之通例，倘同一文件内各条可有几个解释，我人应采取可以调和其内容的解释，而不应使一约数条之间，有显然的缺漏。况巴黎公约的主要目的，原为提倡和平息争，今若将其第一条解为尚可容许事实上的战争，则公约的精神，必将大大的为之减灭。学者取此观点者，亦繁有徒，如美国国际法学家米勒[3]氏（Miller）认定违反该约第二条者，即违反该约的全部[4]。此系将第一条和第二条融成一片的解释，着眼在该约的一般目的。较前述的将约文全体肢解为二部者，似胜一筹。

---

[1] Brierly, op. cit. p. 313; Sir John Fischer Williams, The Govenant of the League of Nations and War, Cambridge Law Journal 1933, pp. 1~2.

[2] Quincy Wright, The Meaning of the Pact of Paris, Am Journal of Int. Law, 1933, p. 56.

[3] "米勒"原文作"密勒"，现据今日通常用法改正。——校勘者注。

[4] Miller, The Pact of Paris, N. Y. (1928); Shotwell, War as an Instrument of National Policy and its Renmeation in the Pact of Paris, N. Y. (1928).

并且公约序言称：缔约国"深知各国民间关系之变更，只可用和平方法暨温和有秩序的手续，使其实现。"倘我人承认事实上的战争为第一条所容许，与此序言之目的，殊难吻合，以强力行使，作为"温和有秩序方法"之一种，宁非滑稽之尤。说者谓该约的起草者，完成第一条之后，发现所禁止者只为法律上的战争，乃加增一条，以作补充，借以禁止其他武力行动。此说在公约签定之前后，均无文书上的根据，兹姑存而不论。[1]

九

二年以来的中日事件是否构成国际法上的战争，学者意见颇不一致，予始终认为日军在满洲及在上海之军事行动，构成国际法上，尤其是国联盟约上及巴黎公约上的所谓的战争行为[2]，至此事件是否发生战争状态，可不必问。因为我们所要研究的问题，是日本已否从事战争违反国际机关及国际条约所维持所规定的和平息争之程序，而不是第三国会否中立，或日本或中国会否宣战，或会否表示战意的问题。中国没有撤回驻日公使的事实，与此问题的解答，亦无直接的关系。盖构成战争的要件，乃武力行为。断绝国交，撤回使节等事，不过为战争的寻常的附带的结果，不是构成战争的要件。予信此一暂拟结论，与现实相去，尚不甚远，极愿公诸大众，借求是正。倘能因此引起海内法学家的更深切的讨论，尤为予之所切望。[3]

二十二（1933 年）年十二月十二日，南京

---

〔1〕 Brierly, Op. Cit. p. 314,

〔2〕 Yuen－li Liang, Remarks before the American Society of International Law, 1932, Proceedings for 1932, pp. 128~133; Review of Eagleton's International Government, Harvard Law Review, December 1932, The Pact of Paris as Euvisaged by Stnison, China Law Review, October 1932.

〔3〕 关于本问题之参考书籍除以上所列举外尚有 MacNair, The Legal Meaning of War, in Grotius Society Transactions, 1925, p. 7; Clyde Eagleton, The Attempt to Detine War, International Conciliation Series No. 291, 1933. 又此文属稿时夏晋博士曾以其未刊稿示予合并致谢。

关于宣战绝交问题[*]

梁鋆立

　　自从我对日全面战争展开以后，一个常被讨论问题，就是：中国是否应该对日正式宣战？尚有一附带的问题，是：中国虽为某种原因，不愿正式宣战，是否应对日绝交，撤回驻日使节？最近因为中日战事，更进了剧烈的阶段而国际舆论对于我国复有热烈的拥护，此二问题更引起一般的注意。可是试论对于此二问题，虽甚嚣尘上，但学理上之探讨，则不数数见，兹拟就理论方面，说明宣战与绝交的意义，然后一察我国政府现在所采之政策，是否与抗战前途有利。

　　在学理上，战争二字之意义，曾有不少的变迁，（参看作者所著《国际法上战争定义的变迁》东方杂志三十一卷第一号）传习的国际法上所谓不宣而战，不能构成国际法上之战争的原则，现在已被战后学说所推翻。所以一九三一年至一九三三年的东省事件以及一九三二年上海事件中，日本政府的武力行为，虽然并未采取宣战的方式，但国际法学者大多数认为日本的武力行动直接违反国联盟约和巴黎公约中禁止战争的条文，国联本身亦于一九三三年二月通过决议案，对于日本的行动，认为违反国联盟约及巴黎公约，本年七月以后日本在华之军事行动，亦经国联大会认为违反国联盟约及巴黎公约，前数天复经美国政府正式认为违反巴黎公约，由此可知国联盟约和巴黎公约所禁止的是战争行为而不是所谓"战争状态"，照国际法的规则，欲造成"战争状态"，须有宣战或其他表示，但战争行为，则虽不经宣战的手续，亦可发生，否则甘为戎首的国家，尽可不宣而战，避免国际法及国际约章所规定的义务了。

---

　　[*]　本文原刊于《半月文摘（汉口）》1937 年第 1 卷第 2 期。

但是国际法对于战争行为，虽然加以禁止并且需求集体安全的机构，加以制裁，但一方对于传习的法则所承认的"战争状态"，仍然承认。假使甲国对乙国宣战而造成战争状态，则国际法上关于战争的法则，立刻被交战国和中立国所适用。所谓"战争权利"亦即发生。此种战争权利之中，最重要的是"封锁敌国口岸"和"临检中立国的船只"。我行知道现在日本海军对于中国的封锁，至多只可承认它是一种"和平封锁"在法律上是无多大根据的。并且，就是承认它是和平封锁，此种封锁不能影响到第三国的权利，日本海军亦无临检第三国船只之权，可是假使中日两方，有一方宣战，战争状态便将发生，两国海军，便有临检中立国船只的权利，如发现有禁制品，即可经捕获法庭予以没收。战争状态发生后，交战国既有此种权利，何以日本不愿对我宣战呢？其理由很简单，日本军部虽然悍然不顾一切，对华采取武力行动，可是日本政府却不愿明目张胆的对华宣战，因为依照现在国际法，"正当的战争"（Just War）和不正当的战争（Unjust War）的区别——易言之，由道德的观点去判断战争的正当与否——虽无客观的法律标准，但显然违反国际约章的战争，必致引起全世界的唾弃，此为日本所深知，日本政府一方虽对华从事战争行为，一方还想以诡辩掩蔽全世界的耳目。今若公然宣战，师出无名，自然要引起极大反响，因此之故，日本军部虽主张对华宣战，可是日本政府迄未表示赞同。

中国如对日宣战，诚然可表我们抗敌的决心，但在精神上和物质上恐将失去极大的援助，在精神上，现在我们全国一致应战，世界各国政府和人民，均对我表示恳挚的同情。对于日本，一致加以郑重的谴责。我们为自卫而抵抗暴力，与中国素来爱好和平的旨趣，并无冲突。我们若一旦宣战，则难免予敌人以机会，向他国鼓其如簧之舌，谓日本作战的目的在保侨，在维持东亚的和平，而中国实为首先造成战争状态的国家，结果使敌人反多一种口实。许多他国人民，对于中国无深切的认识，对于国际法则国际约章，亦无深切的研究，最易为日人宣传所诱惑，而对于中国的爱好和平之政策，反起一种疑质。在物质上，我们的军器和与军事有关的材料，现在尚须仰给于他国，假使日本将中国海岸，加以合法的封锁，对于第三国驶华的船舶，施行合法的验检，则我国军需上必受重大的障碍，这是一般承认而不必讳言的。

有人以为我国既不对日本宣战，至少应对日绝交。这种意见，原则上自有理由，但是否必要，亦可注意。我们要各国承认日本在华的武力行为是国际上和国际约章上所谓的"战争"，无须与日绝交。九·一八和一·二八的时候，曾有人主张，因中日未曾绝交，故中日间并无战争行为。此种论调，殊属错误，盖绝乃战争行为的寻常的附带结果，而不是战争行为的要件。日本虽不与中国绝交，但其武力行为，仍不失为国联盟约上和巴黎公约上的"战争行为"。中国虽不与日本绝交，但抵抗暴力的决心，业已昭示于世界。诚然，中国政府与日本政府的关系，现在是极度的畸形，但中国此种态度，与其"应战"的政策，是一贯的，换言之，中国现在的对外方针，是抵抗暴力，中国不想借宣战造成战争状态，乘机取得战利品，亦不欲作不必要的姿态，反而启世界的怀疑。我们维持和平的苦心，是始终一致，我们的抗战，是限于对侵略行动的答复，其余问题，在此大前提之下，似乎都成枝节了。

战时国际法上之继续航程原则[*]

陆鼎揆[**]

在昔战术简单国际之交通未发达时代，两国以上战争之结果，不过影响于交战国之人民，其对于第三国人民所发生之影响，固亦甚微。降及近世，国际交通既日以发达。于是经济上之关系亦随之密切。任何国家，必须有所仰赖于国外而给用者。故战争一起，而国际金融与贸易必立受其影响。交战国则亦欲相互断绝其敌国与他国之往来，以实行其坐困之计。由是而第三国人民之贸易权利遂因之发生问题焉。交战国对于中立人民之贸易方面，以遏绝敌国之接济，故得设种种之禁令，其干涉之范围殊为广阔。其最普通者，则为禁止其以战争用品供给敌国，其对于中立国之船只，则有临检搜索捕拿诸权，此之谓交战国之权利。虽然此种干涉行为，在交战国方面为权利，而在中立国人民权利方面则为一种束缚，使交战国此种权利而漫无限制，则中立国人民之贸易权交通权，将受莫大之障碍焉。彼中立国人民对于交战国方面既皆立于旁观地位，原不应负有何种义务。故破坏封锁港岸贩运战品等行为，在国际法上不认为一种犯罪行为。惟对于交战国，则因是有助敌之嫌得出而取缔之。此种交战国之自卫权利，既与中立国人民之权利立于冲突之地位。故为顾全两方面之利害起见，不能不有一定之限度。所谓限度者，约而言之，可分为两端。其一为货品种类之限制。即交战国对于某种货品事前曾

---

　　[*]　本文原刊于《法学季刊（上海）》1923 年第 1 卷第 6 期，第 9 期。

　　[**]　陆鼎揆，1920 年毕业于东吴大学法学院（第 3 届），获法学学士学位，后任东吴法学院法律学系教授。著作有《战时商业之国有船舶在国际公法上之管辖问题》、《国籍法研究》、《国际法学者奥本海传》、《战时国际法上之继续航程原则》等文章，译有《社会法理学论略》（商务 1935 年版）等。曾担任国民参政会参政员。

宣告为绝对战用品或相对战用品而经中立国政府明认或默认者，方能有没收之权。其二为航程方面之之限制。即交战国对于中立国船只必须其航程确有破坏封港之举动，或其所载货品列于战品，而或船客有敌国之现役军人，其航程之目的地或经过地，确系敌国港岸，方有捕拿及没收之权。交战国于此以外，不得干涉中立船只，或其载货，中立国人亦除此以外。对于交战国不负何种责任焉。虽然当战争之时，中立国人民往往利交战国内需求之孔急。市价之骤高，辄趋之而若鹜，故或则冒险以赴之，或绕道以避之。而交战国则为自卫起见，亦深文周内，务使巧者不以诡道而获免。由是而战时海上法每因一次战争，而随之发生一种变动，继续航程原则之发生亦其一也。

一、继续航程之意义及其由来

国际法原则，凡中立人民输送绝对战品于敌国或相对战品于敌国之政府或军队者，交战国方得视为破坏中立行为，而没收之。其输送目的地，为中立国者，则交战国不得加任何干涉。特是货物之输送方法，原不必借一种工具，或向一条航程而赴之。彼中立国之贸易商，为避免此战时法之束缚起见，固可以先将某种货品输送于邻近交战国之中立港岸，然后或改换船只，或改由陆路，送至最后之目的地。而其对于另一方之交战国，若遇留难，则彼固可以航程之非向敌国自解也。交战国知其欲借是以逃战时法之束缚，于是不得不变更所谓航程与目的地范围之解释，而创所谓继续航程之原则，以对付此种规避行为。继续航程者，谓某船只之载货输送目的地原系甲港，而因甲港为敌港或封锁区域，于是先将此货送至一中立港岸，然后再由此中立港岸用他输送法输送至甲港，以避却交战国之干涉。英美派之国际法，认此分段式之航船，为一整个航程，其第二段之航程，即为第一段之继续航程。

此原则之由来，学者皆谓出自英之裁判官斯托韦尔[1]贵族（Lord Stow-ell）（即 Willian Scott）之判决。斯托韦尔为美之捕获审判官，适在十八九世纪之交，其时拿破仑方思夺英人在海上之霸权，英法之海战历五十余年而不息，斯氏居于其位，其判牍之影响于后来国际法者不少。其 Maria 案件之判决，实为继续航程原则之嚆矢。在十八世纪时代，欧洲诸国之有海外殖民地者，类皆各自垄断其母国与殖民地间之航行权与贸易权，而拒绝外国人之参

加。及英法战争既起，英海军密布于大西洋方面。法之殖民地交通，完全割绝。法人乃以此种贸易权对其友邦之荷兰人与以开放。而于荷兰以外之中立人民，依旧闭拒。英政府于是对于荷兰商船之往来于法境及法殖民地者，亦加以捕拿，其理由为荷兰商船，虽为中立船，而其从事于此等之航路，享他国人民所不能享之特权，则事实上已变为法兰西所使用之船只。故英政府必须以仇敌行为视之。自此以后，遂有所谓一七五六年战役原则〔1〕者出现，此原则不特禁止敌国船只之往来于其母国及殖民地，并禁止中立国船只之往来于此等航程。斯托韦尔贵族于 Immanuel〔2〕案件判决中，曾切实声明此原则成立之理由。自此原则宣布以后。而中立国人民之殖民地贸易，受一极大之束缚。于是中立国政府之抗议纷起。英政府不得已，遂于一七九四年，由英王发布一命令，规定惟限于中立船只之自法属西印度殖民地载其货品而直运至欧洲港岸者，始在禁止之列。其对于由欧洲向此等殖民地之航程，或由殖民地至北美之航程，则不赞一词。盖较之一七五六年原则，已放松一步。及一七九八年又以英王名义，发表一命令，规定中立船只之航程由法兰西、西班牙、荷兰诸国之殖民地而往欧洲口岸者，得捕拿之。惟其终止点为英国口岸或该中立船只本国口岸，则置不问。此命令之效力，则固已承认中立人民得由敌国殖民地载货至英国或其本国口岸，特同时所谓一七五六年原则之精神，却仍为英国法庭所坚持勿懈焉。中立国商人，是时艳羡殖民地与母国贸易之坐获厚利。于是更欲利用一七九八年命令以避免一七五六年战役原则之束缚，彼辈乃先以殖民地产品运至其本国港岸，然后再由其地输送至交战国之口岸。其间最易从事于此种贸易者，即为美国商人。

英之创立一七五六年原则，原欲借以断绝敌国之接济，而经中立商人如此巧避以后，敌国之供给方面，并不受英政府命令之应响。英之禁令几同虚设，英政府为切实厉行其本来之政策起见，不得不对于其一七九四一七九八等命令。下严格之解释，谓一七九四一七九八命令之输送目的地者，指真实的目的地言，而不能用以包括疑似的 Colorable 目的地。特商人掩饰之方法既极周密，英之军舰在海上遇见此等中立船只，欲确定其货品之目的地果系何地，殊为难事。故此等绕道规避之方法，最初并未为英之海军所窥破，直至

---

〔1〕　Rule of War of 1756.

〔2〕　2C Rob. 186.

十八世纪末叶，有一美国商船自古巴载糖至查尔斯塘，为一英军舰所遇见。及搜索之后，知其赴中立港岸，因即任其驶行，不意此商船之真目的地实为一欧洲口岸。故驶抵查尔斯塘数日，即复向欧洲方面开驶。取得该处官厅之允许证以后。不幸中途又遇英舰搜索，而此舰即为未抵查尔斯塘时所遇之舰，于是而此商船之绕道规避之真情。遂以察出，英军舰遂捕之赴英，经捕获裁判所判决。谓其实际与一七五六年之禁令触犯，而没收之。[1] 惟确实所谓继续航程者，实始自 Maria [2] 案件，斯托韦尔贵族之判决中，谓仅仅停留于一中立港岸，而其船货并不真实运至其地，而与其他之货，混而为一，则不能有新航程之可言。如此船仍以原有船货运至他处，则应自至最初之开行地至最终之目的地，认为一整个之航程。其第二节之航程不过为一种继续之航程，而不能以另一新的航程作论。

自是以后，而所谓继续航程原则，乃确立于海洋派之国际公法中矣。

虽然航程之是否为继续或非继续，固不如吾侪理想中之简单也。一船只中所载之货，不必为一种之货品。其货品之目的地，又不必相同，此船货之输送目的地为甲港，彼船货之输送目的地又为乙港。如是而欲侦查其某货品之真目的地，因实甚难。若仅据其送货单船照上之记载而断定之乎，则商人巧避方法，层出不穷。往往有记载簿上注明送至中立港某商人，而送到以后，可以启运上陆，报关纳税，经各种手续，仍再交原船输送至敌港或送交敌国政府者。或上陆以后，由他途运送入敌境者。若不以船册之记载为凭证，而单就其货品之性质由而悬拟其真目的地为某港某地乎，则是中立商人之贸易权利。尽悬于交战国法庭之手，其对于中立商人之损失，不其綦重。英之法庭为调和此种困难起见，确定此原则可以引用之范围。规定凡中立船只，其货物之输送地确实为中立港者，虽其第二段之航程系赴敌港，此原则亦不能适用。或此种货品之一小部分[3]，仍为原船带至敌港亦置不问。质言之，某货之输送地一视其实际的所赴之市场为标准，而所谓实际的输送目的地，则当假定为船册上所记载之输送地。必有他种证据，能证明记载之非真。然后可以使船商或货商负反证之责任，而最初之举证责任，则在捕拿此船只之

---

[1] Mercury Acton Reports of Cases Vol. 1 p. 51.

[2] 5C Rob. 365.

[3] "部分"原文作"部份"，现据今日通常用法改正，下同。——校勘者注。

交战国。

尚有一端，即最初适用此原则之时，交战国之捕拿权只能行使于第二段之航程中，而不能行使于第一段航程中。换言之，即只能行使于从疑似的中立港岸赴最后的真实的敌港岸时，而不能于未达疑似的港岸即加以捕拿也。此种限制，亦即为最初之原则与后来原则适用异同之点也。

二、南北战争时代之继续航程原则

继续航程原则，自十九世纪初叶经英之捕获法庭创始以来，历五十余年至南北美战争而后此原则乃始确立于海洋派国际法中。

南北美战争以前，欧洲诸国中亦偶或有引用此原则者。当克里米亚[1]战争时，有哈拿凡邦之船只，名 Vrow Houwina，[2] 曾图绕道运硝石至俄，中途为法舰所捕。巴黎最高捕获法庭援用同一原则而判决其没收。特此原则之通行，实至南北美战争乃始显著于国际界。

当南北战争之役，合众国政府为禁止运输战品至南邦起见，宣告南邦各港岸为封锁区域。欧洲商人贪运货至南邦之厚利，于是先以货品运至南美中立国港岸如拿骚[3]（Nassan）马塔莫罗斯[4]（Matamoras）诸地，然后再由是地，或改用陆运，或改装小舟转运入南邦贸易。于是昔之北美南方沿海贸易，今皆移至拿骚诸港口。其外国贸易增加之量，几与利物浦纽约相颉颃。而联邦政府封港之举，有同虚设。联邦政府为杜绝此类偷漏故，于是命令其海军舰队对于巡逻洋面所遇之中立国船只，如能搜出相当证据，证明其确系载运战用品至敌国，不问其直接运至敌港，或间接换船运至敌地，及直接或间接破坏封锁区域者，皆得捕拿之。惟善意的往来于中立港岸，而并不载有战用品者，则置弗问。

自此命令颁行以后，中立船只之希图绕道运货入封锁区域或敌地者，皆遭联邦军舰之捕拿。联邦法庭于判决货品及船只没收之际，引证斯托韦尔贵族之继续航程原则为其先例，用以证明此类之捕拿及没收实为国际法上所允许，而实际上联邦法庭所适用之继续航程原则，与英国最初所规定者，固大

---

〔1〕 "克里米亚"原文作"克里米"，现据今日通常用法改正。——校勘者注。

〔2〕 Calvo, La Droit Internationale thérique et pratique, §2767.

〔3〕 "拿骚"原文作"奈沙"，现据今日通常用法改正，下同。——校勘者注。

〔4〕 "马塔莫罗斯"原文作"梅太马拉司"，现据今日通常用法改正，下同。——校勘者注。

有异同焉。斯托韦尔之原则创立之始，其适用之范围，只限于自始至终之航程，用同一船只从一港岸而往表面的中立港口，再由此而往真实的敌港或由此交与敌政府或军队者。（相对战用品）交战国乃始得而干涉之，其犯罪之种类，只限于输送战用品，而不及于破坏封锁区域。其在南北战争之役者，美联邦法庭判决，则不问其一个继续航程中是否为一船只之单独行为，抑数个船只之联合行为，皆视为犯继续航程之嫌，而取缔之，其犯罪之种类，不限于输运战用品，并可以为破坏封锁区域。此继续航程原则定义方面不同之处，不宁惟是。当此原则发生之始，交战国之捕拿权只能行使于最后一段航程之中。（即赴敌港之航程）而南北战争时代美之舰队，既不能破坏南美诸国之中立，而入其领海捕此类船只，故其捕拿，皆行之于未抵中立港岸之先，其证据需要之范围，又不如最初适用于英国之严格的。此原则适用方面广狭之不同者也。总之自经南北战争时代，联邦法庭许多判决之结果，而继续原则在国际法上之地位，盖发生不少之变更矣。

联邦法庭最初适用继续航程原则之判决为多尔芬[1]号（Dolphin）事件[2]此船之航程。依其自己之供述，为从利物浦至拿骚。惟法庭根据自船中搜获之证据，断定其载货并非运至拿骚，而更将在拿骚加载他货驶入封锁港域。法庭以为驶向封锁港域之行为，如明知有封锁事情，而有意破坏之者，则不必待封锁实际破坏，而交战国即可行使其捕拿权。

此判决申引继续航程原则曰：一个连续的航程，因其中途停泊于各口岸而分为数段的航程时，固足以欺蒙[3]交战国之军舰或法庭，使其难于决定何者果为其心目中之航程的终点。但设使事实上确为一整个的航程，则不能因其中途停顿而即认为几个不连的航程，亦决不容一整个的航程原来为犯法的，而因其分为数段即可以认为合法的。法庭惟有就事实判断，不能依一种假定而定曲直云。

第二次判断为珍珠号（The Pearl）[4]事件上，此船系在未抵拿骚前所捕获。法庭认为有破坏封锁嫌疑，判决没收之，其船货因系属于船主，亦同时没收。

---

〔1〕 "多尔芬"（Duffin 的变体）原文作"杜尔芬"，现据今日通常用法改正。——校勘者注。

〔2〕 Federal Cases, Vol. Ⅶ p. 869.

〔3〕 "欺蒙"原文作"欺矇"，现据今日通常用法改正，下同。——校勘者注。

〔4〕 Pearl（Federal Cases Vol Ⅶ P. 869）.

此外可注意者，为百慕大[1]号判决[2]（Bermuda）此案之事实，较为复杂。而其最重要者，则为依法庭之意见，此船抵拿骚以后，将悉起卸其船中之战用品及军器，改装一小舟先锋号至敌境，于是此船及其载货悉为联邦没收。判决中对于航程终点之法律上关系，下明晰之解释曰：如一件交易为一船只单独行之而犯罪时，则此交易不能因多数船只联合为之而即认以为正当，致使同一原则无从适用。船主之担负犯罪责任与否，全视其行为之善意与恶意而分判。如全段中一段之航程为合法行为，而船主亦以善意出之，则不论其他各段为非法，而船主亦不负何种责任。如或船主明知此全段之航程为某所，而驶行此全段中之一段者，则不论何段如为犯法行为时，其他各段皆应受同样之处分。盖连续的航程 Successive Voyage 因一个计划一个目的而连成之者，当然宜视为一复式的单位。譬如炼然，其分段之航程犹之其中之环，其对于全体之重要固相等而已。又有史蒂芬哈特[3]号判决[4] The Stephen Hart 与百慕大相类，其后又有所谓关于马塔莫罗斯港事件者。马塔莫罗斯为墨西哥之一海口，由此上陆或从内河北行，可以直达南邦。其第一船因赴马港而遭捕拿者。为彼得霍夫[5]（Peter hoff）[6]及法庭开审以后，于是发生问题，即此种航程如其货物之目的地为敌境，而第一段航程完结以后须用陆运能运到者，是否亦能适用继续航程原则而惩罚之。联邦初级法庭认以为可以适用而没收其船货，惟联邦最高法庭否决其判决。以为继续航程适用之范围，至少必须数段航程中之一段为破坏封锁行为。今马港既为一中立口岸，则固并非破坏封锁，由马港而往南邦之交通，又原非联邦所可得而禁止，因之无论如何，赴马港之船，无从加以干涉，而继续航程，于此固已不能成立。继此而起者又有奔潮号（Dashing Wave）、伏浪号（Volant）、科学号（Science）皆包括马港事件中，而获有同样之结果。

于此判决之外其最惹世人注意之判决则为羚羊号（Springbok）[7]案件。

---

[1] "百慕大"原文作"蒲末道"，现据今日通常用法改正，下同。——校勘者注。

[2] Bermuda 3, Wall, 514.

[3] "哈特"原文作"哈脱"，现据今日通常用法改正。——校勘者注。

[4] Stephen Hart (Federal Cases, Vol. VII, 1262－63).

[5] "霍夫"原文作"霍甫"，现据今日通常用法改正。——校勘者注。

[6] Peterhoff (5, Wall. 56).

[7] Springbok 5. Wall. I.

此船之主人为英国商人，自伦敦开至拿骚之途中，为美国军舰所捕获。其载货之小部分为战用品，惟其运货单内，并不注明收货人之姓名，而其货件包裹之外面又大都不注明何物。法庭预审之结果，认以为其运货手续之种种含糊不明，实为有意避免交战国之侦查，致显露其不法行为之真相，而其真实的目的地之为封锁港岸，又系无可讳之事实。此等情形，既为货主预定之计划，则纵使至拿骚后，改装他船，亦视为单个之航程，而使其受没收之惩罚，惟其船只，则因未能证明船主实系同谋，故判决释放。此判决发表以后，伦敦之送货商人因此受损失者，群起要求政府提出抗议。以为送货单之注载，及货物之表明，凡羚羊号判决之视为嫌疑形迹者，实系贸易上习惯之办法。其目的地既明明为拿骚，则万不能视为破坏封锁之举动。惟首相罗素贵族，拒绝商人之请求，以为英国商人之行为，实有自取其咎之道。联邦法庭之判决，未为不当，政府无从抗议。[1] 盖英国自身既为海权国家，其政策原来偏重于扩张交战国海上权力，一旦有事，彼固可以借此压迫敌国之海上交通。此其所以不得不默认美国法庭之判决，以为自身留后来之地步者也。(参看后文德舰事件)

南北战争时代之继续航程原则，其适用方面之变更与扩大，可得而约举之者，盖有数端。

凡战用品不问为相对或绝对的，苟系运输至敌地者，其航程不问为直线或绕道皆得逮捕之。

凡航程方面之继续性，不问系同一船只，或数船联接运输，或水陆联运，皆无分别。

其捕拿之施行，不限于自中立港至敌地之一段，苟商船确系运货至敌国，则虽驶往中立港之时，即可加以捕拿。

商船以继续航程方法，希图往敌港而犯罪者，不必定载有战用品，即单纯破坏封锁，亦已对于交战国犯破坏中立之罪，而可以施以惩罚。

船货如载往中立港岸而销售于此处市场，因意外而又转展流入于敌手者，不以继续航程论。盖继续航程原则，所过问者，为最终之运输地，而非最终之消费地，Ultimate destination not Ultimate Comsumption 航程之终点果为何地。法庭得依据各方情形而自由判定之，而以反证责任加之被告。

南北战争时代所适用之继续航程原则，世之公法学者，颇有认以为与斯

---

〔1〕　Parliamentary Papers（1900）No. 1 p. 51 also Stowell & Memro Int. Cases, p. 398.

托韦尔所设立原则大有异同者。奥本海〔1〕氏（L. Oppenheim）以为真正的继续航程，只可行之于同一船只，若多数船只实行联接运输之时，不当认以为继续航程而当名之为继续运输 Continuous Transports。南北战争时代之所谓继续航程，大都皆继续运输而已。〔2〕

对于联邦法庭之判决，最不满意者则为霍尔 Hall。霍尔以为英国法庭对于此等案件，苟非证据确凿。毫无疑义，决不轻易没收中立商人之货物，而其捕拿亦必须自离中立口岸而迳往敌港时方施行之。若美国法庭，则不但适用此原则于载运战品至敌地，抑且适用之于仅仅破坏封锁，其捕拿之施行。

皆于其往来中立港岸之时，其惩罚之加于中立商人，不必以其实在之行为而只根据于其有倾向于此程行为之意思的嫌疑。由是观之，英美所适用之原则，则事实上固毫无相同之点可言者也。美国法庭适用之原则，在美国以外举世无不攻击之，不宁惟是。即当时美法庭之判决官，若 Nelson 亦自认为不过一种感情方面之主使而已。〔3〕

其次为韦斯特莱克〔4〕（John Westlake），韦氏以为南北战争时代中之关系于继续航程性质案件，往往与破坏封锁相提并论，而实际上此原则实无从适用于破坏封锁行为。盖破坏封锁行为之构成，完全视其曾否与禁止往来之区域内有何交通，而不向其曾否以何禁止货品输入此区域也。换言之，此种犯罪行为完全系船只方面之问题，而非此船只内之船货问题也。果使此船只而仅赴中立港岸为止，则决无破坏封锁之可言。固不能以其船中所载之货后来将输入敌地而执以为其船之罪也。美之判决则固未尝于此等处加以何种之辨别者也。〔5〕

菲利莫尔〔6〕（Phillimore）以为美判决之引用此原则，其中颇多独到之点，而且实与最初美国法庭之原则相合。惟其并载运战品与破坏封锁为一谈，菲氏极端反对之。菲氏尤不满意于羚羊号之判决理由。〔7〕其他著名之公法学

---

〔1〕 "奥本海"原文作"阿本海"，现据今日通常用法改正。——校勘者注。

〔2〕 Oppenheim's Int. law p. 568.

〔3〕 Hall, Int. Law, 669, 5th Ed.

〔4〕 "韦斯特莱克"原文作"韦斯莱克"，现据今日通常用法改正。——校勘者注。

〔5〕 Westlake, Int. Law Vol II. 298, 2nd/11 Ed.

〔6〕 "菲利莫尔"原文作"费立玛"，现据今日通常用法改正，下同。——校勘者注。

〔7〕 Phillimore, Int. Law § 398 p. 490.

者，亦皆持反对论调。一八八二年国际法学会，集会于威斯巴登[1]（Wiesbaden）之时，海上法委员会全体委员，阿恩茨[2]（Arntz）、亚瑟[3]（Asser）、蒲梅林格（Bulmerrneg）、加斯纳[4]（Gessner）、霍尔（Hall）、特马顿（De Martens）、皮耶兰托尼[5]（Pierantoni）、雷诺[6]（Renault）、罗林[7]（Rolin）、特威斯[8]（Twiss）共同发表意见。以为联邦法庭对于羚羊号之判决，实完全与海上法自来公认的原则相反。依海上法素来之规则，凡中立商人之货物装载于挂中立国旗之船只，往来于中立国港岸者，决不能受交战国之干涉而遭捕拿与没收之处分。若联邦法庭之判决，实可为启海上法未有之先例。依其主旨，对于无论何类中立国财产，不必确实证明其船与货实系往敌地，而只须有运抵中立港后将再输运至敌港或运入封锁区域之嫌疑，而交战国即可加以没收之处分，推其极将使凡中立船只之往来中立港岸者皆有破坏封锁之嫌疑，而势不得不委其运命于交战国之掌中者也。[9]

三、南北战争以后之发展及海牙和会之公约

继续航程原则，自南北美战争以后，经联邦法庭屡次之适用，乃始确立于国际法学中。一般学者对于联邦法庭之过度的适用，固多反对之。特对于此原则本身，则无不承认其有存在之价值。如加斯纳以为船只目的地之重要，远不如所载货品目的地之甚。伯伦知理对于货船之往来两中立港间，而其船货目的地则为敌地者，赞成联邦法庭惩罚之判决。克林（Kleen）亦反对因船只之目的地为中立地，而货品亦应视为中立性之主张，以为如货物之目的地实系敌境，则自其装运之始，即应以战用品视之。菲奥里[10]（Fiore）虽反对英美法庭所适用之原则，惟对于货物之确系赴敌境而成为战用品者，亦主张

---

[1] "威斯巴登" 原文作 "韦司勃登"，现据今日通常用法改正。——校勘者注。

[2] "阿恩茨" 原文作 "安兹"，现据今日通常用法改正。——校勘者注。

[3] "亚瑟" 原文作 "阿沙"，现据今日通常用法改正。——校勘者注。

[4] "加斯纳" 原文作 "辩司脑"，现据今日通常用法改正，下同。——校勘者注。

[5] "皮耶兰托尼" 原文作 "拜兰党尼"，现据今日通常用法改正。——校勘者注。

[6] "雷诺" 原文作 "莱诺尔"，现据今日通常用法改正。——校勘者注。

[7] "罗林" 原文作 "洛林"，现据今日通常用法改正。——校勘者注。

[8] "特威斯" 原文作 "推士"，现据今日通常用法改正。——校勘者注。

[9] Moore, Digest of Int. Law Vol. VII, p. 731.

[10] "菲奥里" 原文作 "富埃勒"，现据今日通常用法改正。——校勘者注。

以载战品船只待遇此类假冒往来中立地之船只而得捕拿之。邦菲尔[1]（Bonfils）之主张与伯伦知理相同，以为此原则可以适用于载运战用品而不应适用于破坏封锁。[2]一千八百九十五年，巴黎之国际法学会，对于此原则。通过一议案如下。

La destination pour l'ennemi est presumeé lorque la transport va à l'un de ses ports, ou á un port neuter qui, de'après des preuves évidentes et de fait incontestable, n'est qu'une etape pont l'ennemi, but final de la mêmeo operation Commerciale.[3]

如商船系驶往敌国之港岸，或虽系驶往中立国港岸，而依其不可否认之证据，非仅将停歇于敌港，而且视此港岸为其最后之贸易地者，则其最后之目的地应视以为敌境。

由是观之，大陆派之学者，盖已完全赞同联邦法庭对于战用品所适用之继续航程原则，且亦承认战用品之运输固有绕道或间接之可能者也。

同时大陆诸国，亦都有援用此原则者。如一千八百六十四年之普鲁士海战法规中，规定战用品运输行为之构成，可以依其船只之终止点或货物之目的地而确定。由而施行捕获权。瑞典国之海战法规亦与之相同。[4]此外大陆法庭之援用此原则而判决者，则有意大利捕获法庭判决之杜尔惠克 Doelwijk 案件。[5]一千八百九十五年，意大利与埃塞俄比亚[6]（Abyssinia）方有战争。意政府宣告爱来史赖（Erythrea）及其附近为战事区域，是时有一挂荷兰国旗之船杜尔惠克号，由亚姆斯特满装军用品驶往欧洲之卡赖奇地方，船抵红海口之塞得[7]（Said）港时，船主以接船公司之命令，改向吉布提[8]（Djibouti）行驶（在法属索马里[9]与埃塞俄比亚接近）中途为意舰所搜索，以其半途改程，且系驶往埃境附近，遂为所捕。意之捕获裁判委员会宣判，谓其船只之目的地为吉布提，而吉布提地方。当时既无需用多量军械之必要，

---

［1］"邦菲尔"原文作"彭飞史"，现据今日通常用法改正。——校勘者注。

［2］ Oppenhiem p. 572.

［3］ 同上。

［4］ Kleen p. 389.

［5］ Revue Generale de Droit International Public（1897）.

［6］ "埃塞俄比亚"原文作"阿比西尼亚"，现据今日通常用法改正，下同。——校勘者注。

［7］ "塞得（埃及）"原文作"塞特"，现据今日通常用法改正。——校勘者注。

［8］ "吉布提"原文作"地蒲梯"，现据今日通常用法改正，下同。——校勘者注。

［9］ "索马里"原文作"沙玛拉"，现据今日通常用法改正，下同。——校勘者注。

则其必系运至该地后，转运至埃塞俄比亚境无疑。意大利海战法规言敌境而不言敌港，明示运输战用品行为之构成，不必运输之船只之实往敌港。凡此等船只虽不往敌港，而其货品系输入敌国者，皆可以运输战用品行为论。况亚比西尼原无海口，战用品之输入万不能直达，故该船只之往吉布提，其运输战用品行为，确已成立云云此判决盖援用继续航程（奥氏所称之继续运输）原则无疑也。

自是以后，对于继续航程原则，国际曾惹起重大之交涉者，则为南非战争之三德舰事件。当一千九百年，英吉利方有事于南非之德兰士瓦〔1〕共和国，德境位在南非内部，无海口，其与欧洲交通，皆必假道于四周之邻境。英政府既无从宣告其封锁，于是对于船舰之往来于其邻近海港者，稽查綦严，以防战用品或战斗员之间接运入。因是而德舰之往来于南非者以嫌疑数为其海军所捕。而其中惹起德人之激昂争之最烈者，则为奔司拉（译言联邦议会）Bundesrath 号。〔2〕此船由德属之爱顿驶往第拉阁海湾，中途经英军舰截获，以其载有疑似之战斗员数人将赴德兰士瓦参加战役遂为英舰捕拿而送至德班〔3〕（Durban）。是地之德领事，立即提起抗议，以为该船既未装载战用品，则英政府无逮捕之理由。未几柏林直接以此事与伦敦交涉否认奔司拉之可以交捕获法庭受理，其理由为中立船只之得受干涉者，惟有为装载战用品而输入敌国之时，德兰士瓦既为无海口之国，则不论奔司拉号之船货为何种物品，既无从载至该地则决不能构成对英之仇敌行为。文中并举英之对于羚羊号之异议，及一千八百六十六年英政府所颁定之海战法规皆援用此例。（按英国海战法规第七十六则，凡船只之出发地，经过停留地，及终止地皆为中立口岸者，则该船只之目的地应视为中立。又凡船只之目的地为中立口岸者，虽其船货有从此地转运往敌境之嫌疑者，仍应视为运往中立地之货物。）继而柏林政府，审知奔司拉号并无载运战用品性质之货物，于是再申抗议，以为不论奔司拉号未载战用品，即载有是类货物。英政府亦不应干涉往来于中立港岸之中立船只，英政府如欲防止间接输入之弊，尽可压迫葡政府取缔货品之经由其属地而入德兰士瓦。英政府复牒。谓英国政府对于羚羊号虽经其商人之申

---

〔1〕 "德兰士瓦"原文作"杜兰斯哇"，现据今日通常用法改正，下同。——校勘者注。

〔2〕 Moore Digest of Int. Law Vol VII p. 739.

〔3〕 "德班"原文作"杜彭"，现据今日通常用法改正，下同。——校勘者注。

请，而从未向美国有何异议。至于海战法规之条文，不过极简单之普通条例，对于德兰士瓦国境之特殊情形，当然不能一律适用，使中立船只之目的地，虽为中立海岸，而其战用品性质之货品，果系输送入敌境或交付于驻在中立海岸之敌国代理商者，自应以载运战用品一律处置。牒文更引证德之公法学者伯伦知理之意见，谓船只或货品之往中立海港，更欲由此而赴敌境者应以战用品论，而交战国得没收之。[1]最后谓奔司拉案件之前途，非待英法庭审查其是否载有战用品，及此类货品是否果往德兰士瓦。英政府不能答复云。是时复有他二舰亦为英海军逮捕至德班，一为将军号（General），一为赫佐格[2]号（Herzog）。将军号载有军械运往门多萨[3]，又粮食货品运至第落阁（Delagoa），惟因其系交付中立商人故立即释放。赫佐格号则载有大宗食品送往敌国代理商人，惟伦敦海军部训令德班海军司令，谓苟非查出载有军械或载有食品而且确系供给敌国政府及军队者，此船应立即释放。于是赫佐格亦立即为德班英海军所释，而奔司拉号，法庭亦以查无仇敌行，旋即宣告释放。（是时德人对英政府逮捕德舰事件，愤怒之极，恫吓之辞，甚嚣尘上。故英政府取宽大政策，以消德人之恶感。）于是此漫天云雾之德舰事件，遂告终了，特英之主张适用继续航程原则，固跃然于纸上也。

至一千九百零七年，列强以编订海战法规条约事件，开会议于伦敦。当时曾提出继续航程原则问题于会议席上，英吉利、合众国、俄罗斯、法兰西、意大利、日本皆赞成此原则之适用，惟德意志、澳大利亚极力反对之。而德因南非战争中立之舰事件反对尤力，最后经两方许多之磋商，乃由会中提出一调协之办法。即对于绝对战用品，则继续航程原则应听其适用，而对于相对战胜品则不许适用。惟于此尚有一例外，则为交战国如系无海口之国时，则此原则对于二者皆可适用也。伦敦宣言之第三十条曰：

Absolute contraband is liable to capture if it is shown to be destined to territory belonging to or occupied by the enemy or to the armed fores of the enemy. It is immaterial whether the carriage of the goods is direct or entails transshipment or a subsequent transport by land (Article 30, Declaration of London).

---

〔1〕 Si les navires on merehandises ne sont expédiés à destination d'un port neuter que pour mieux venis en aide a l'ennemi il y aura contranaude de guerre et la confiscation sera justifiée.

〔2〕 "赫佐格"原文作"哈属喀"，现据今日通常用法改正，下同。——校勘者注。

〔3〕 "门多萨"原文作"蒙勃沙"，现据今日通常用法改正。——校勘者注。

凡绝对战用品，显系运往敌境或敌之占领地，或敌之军队者，皆得捕拿之。其运输方法不论系由一船只直接运往，或中途换装他船转运，或中途改由陆路运输，皆无区别。

其下二条则关于确定航程之证据方法。（原文从略）

第三十一条：

凡有下列情形者，应视其目的地为敌国。

（一）船货单载明系在敌国海口交付者，或交付与敌之军队者；

（二）船只之驶往地系敌国口岸，或中途须停泊于敌口岸，或虽系往中立口岸，而未抵该地之先，将与敌之军队（指军舰等言）相遇，因而以此等战用品交付之者；

第三十二条：

凡船只载有绝对战用品时，其航程之方向应以其船照所载为惟一证据，惟如其实在航程与其船照所载者不符，而该船又不能申明其改程之理由时，则不在此限。

其第三十五条关于相对战用品之规定如下：

Conditional contraband is not liable to capture, except when found on board a vessel bound for territory belonging to or occupied by the enemy or for the armed forces of the enemy and when it is not to be discharged in an intervening neutral port.

相对战用品，非载在船内，而此船系驶往敌境或敌之占领地，或往敌之军队。同时此等货物，又并不将在中途经过之中立口岸起卸者，不得加以捕拿。

同条系关于断定航程之证据方法规定如下：

关于船只之航程及货品之卸货口岸，应以其船照所载为惟一证据。惟如其实在航程与其船照所载者不符，而该船又不能申明其改程之理由时，则不在此限。

第三十六条则为对于前条之但书：

Notwithstanding the provisions of Article 35, Conditional contraband, if shown to have the destination referred to in Article 33, is liable to capture in cases where the enemy country has no seaboard.

相对战用品，虽有前条之规定，惟如有第三十三条所述之情形，而敌国又系无海口者，仍得捕拿之。（按三十三条规定相对战用品如系运往交与敌之军队者，或敌国政府机关者，得捕拿之。）

伦敦宣言之本旨，原欲确定一种国际上通用之海战法规，以为海牙和会条约中所提议设立之国际捕获法庭判决之依据。不幸此宣言虽经当时之会议通过，而迄未得与会各国之批准。由是其对于国际束缚之效力，实等于零。而所谓继续航程原则之适用之程度，谓其始终未达一致之规定，亦未谓不可。是则盖由海权国与大陆国利害之不同有以致之也。特大战以前，此宣言中所规定之条文，实际却亦尝为欧洲国家所援用者，则为意土战争时代之迦太基[1]号（Carthage）事件。[2]迦太基为法之邮船，是时由马赛驶往突尼斯[3]（Tunis），中途为意舰所检查，以其船中载有飞机一架，遂为所捕。巴黎政府以此向意政府提出抗议，意政府解释其逮捕之理由，谓此飞机须属于一法人名杜瓦尔[4]（Duval），而杜瓦尔系服役于土军队中，故应以战用品论，而可受没收。惟后经杜瓦尔之父，证明其不确。意政府乃将此船释放，法政府以意大利不应擅捕其商船，要求赔偿损失，其抗议之理由，则根据伦敦宣言中，对于相对战用品之规定，以为飞机既列于相对战用品之类。（宣言第二十四条）而相对战用品之载于中立船只而往来于中立口岸间者，例不得加以逮捕，则意大利之逮捕卞绥奇商船，实为滥用其交战国权利。卒由两国政府互相协商请求海牙公断法庭裁判，裁判之结果，意大利遭败诉，而对法商船出十六万法郎之偿金焉。盖伦敦宣言本身虽未能邀各国之批准，而其中规定之原则，实已渐为各邦所默认，而奉以为圭臬。苟使大战中德皇不滥行其潜艇政策，则此原则之固不至若晚近之无限制适用，以摧残中立国之贸易权，而增加战争之罪恶也。

四、大战争中本原则之无限制适用

自格劳休斯[5]（Grotius）之名著 De Jure Belli Ac Pacis 出世以来，历二百年而国际法之规模粗备及拿破仑聘驰欧洲，而二百年中之所树立发育，几

---

〔1〕 "迦太基"原文作"卞绥奇"，现据今日通常用法改正，下同。——校勘者注。

〔2〕 G G Wilson, Hague Arbitration Cases, p. 351.

〔3〕 "突尼斯"原文作"都宜司"，现据今日通常用法改正，下同。——校勘者注。

〔4〕 "杜瓦尔"原文作"杜昧尔"，现据今日通常用法改正，下同。——校勘者注。

〔5〕 "格劳休斯"原文作"葛鲁休"，现据今日通常用法改正，下同。——校勘者注。

乃尽受其摧隳残破。十九世纪初叶以后，迄大战争之发生为止，其向经学者之鼓吹，列邦之倡和得稍稍臻于发达之域。而国际和平之旗帜，人道主义之条约，方高悬于海牙和会巨厦之巅。大战一起，德兴于前，英法继于后，取数百年以来，国际法上之成规，而悉摧倒之败坏之。国际法前途之浩劫，自格劳休斯以还，未有若是之甚者也。

自一八九九年至一九一四年，此十五年间，可谓国际和平运动全盛时代。列强之代表，两集于海牙，一集于伦敦，而谋为陆战海战之法规之编纂。于是有所谓海牙条约，伦敦宣言者出。方谓自此以后，即有战役，亦将进退周旋，动中于节。战争之痛苦，或可因而渐灭，而孰料事变之兴，适得其反，并世之所谓强者。既已悉与其役，则致果杀敌，惟求各尽其能，而曩之信誓旦旦，亦有所不暇顾者矣。其不加于战役者，又皆弱小而无可为力，则虽身受其痛，而不敢问讯也。中立国之权利义务，于是皆以交战国之意思为从违，由而中立商人之贸易权利，皆惟有仰海权国之鼻息。交战国中之海权国，为扼敌人之吭故，则务遏绝其粮食器用之供给，使其生以待毙，职是之后，继续航程原则之适用，遂趋入于无限制之倾向。一九一四年八月大战开始，同年十月，英政府下令曰，自今以后伦敦宣言第三十五条之效力撤废，凡相对战用品载往中立港岸，而其货物单注明交与任何人之命令者（to order）或收货人之名姓未注明者，或收货人系居于敌境或敌之占领境者，皆得捕拿之。一九一六年三月三十日，英政府宣告前条之效力对于绝对用品，一律适用。[1]

其它协约国之政策，则更甚于此。一九一四年十月二十九日宣布下列之规则曰，如敌之政府果实系经由或依赖邻近之中立国之供给而养其军力，则凡中立船只之往此等中立港岸者，不得援用伦敦宣言第三十五条，使上述情形而果存在，则凡船只之载运相对战用品往此等中立国港岸者，皆不得免于捕拿。一九一六年三月三十日，更下令曰，凡货物系注明交与一收货人，而此收货人曾于开战以后，以输入之战用品送往敌境或敌之占领境者，则伦敦宣言第三十条与第三十五条所规定之目的地，应假定其为存在。[2]

英政府之命令，其与伦敦宣言完全背驰固无逮言矣。伦敦宣言之所允许

---

[1]　Oppenheim p. 575.

[2]　Ibid.

适用本原则者，仅限于绝对战用品与相对战用品之间接输入于无海岸之交战国家。而英之命令，则于此等限制一概抹然。且也此等货品之受捕拿也，更不必证明其为输送至敌国供其政府之用者，只须受货人之地位稍涉嫌疑，或送货单之注载略加含糊，则立刻可以加以捕拿。其货物输送之目的地，更不必证明为敌境，只须为中立国而由此有转流入敌邦之可能。而继续运输即已构成，交战国从而即得捕拿之。较之南北美战争时代之通则，实又变本而加厉者也。若协约国宣布之规则，则更进一步，而举凡受货人曾一度与敌国为战用品之交易者，及中立国之曾以是类货品输入敌国者，则货之交付此类商人或输送至此种国家者皆在捕拿之列，继续航程原则范围之扩大，几乃举中立贸易，而一网尽收入之者也。伦敦宣言既亦已完全推翻矣，美法之政府，更进一步而用其全力干涉中立贸易，威迫瑞典挪威〔1〕荷兰丹麦诸国，使自行取缔各种绝对的或相对的战用品，禁遏其输入敌邦是时中立诸国。更于协约严厉的干涉之下，本邦之进出贸易，大受其影响，而以减少。于是乃不得不相率而就英法之范，自动的禁止货品之通过其领域而入于交战国境，借以维持其本国之国外贸易。对于国外输入之货品，预先担保其不输入德奥。由是之故，而德奥之输入贸易，几遂完全断绝，而英法之政策遂大告胜利。〔2〕

英法除用此种手段防止战用品之输止德奥以外，更利用其它之方法，而取缔之焉。当大战之际，北海方面既已为英德海战之战场，而德人以断绝英人粮道之故，时时使其战舰南航而扰英之海岸。英人借口自卫，遂密布海雷于北海，既足以儆德人战舰之南袭，又足以使美洲与北欧之海上交通，无形减少，而生收断绝敌国贸易之利。一方面更劝告中立各邦，凡中立船只，往来于此等区域者，如欲得安全之航程，则当先生往英之海口，由英政府遣派领港人员，代为驾驶，则不至误入水雷区域。于是中立船只，鉴于北海航程之危险，无不从英之劝告。而求英人为之驾驶，英政府则俟其船只进口之时，对于其船中之载货与乘客，加以严密之检查，稍涉含糊，即加扣留。由是中立贸易，无有漏网，而德奥之海上接济，完全停顿矣。国际法学者，谓此时之中立贸易，盖已完全在英法掌握之中，得英法政府之允许，方始得来往于美洲与欧陆中立诸国之间，而所谓公海自由，实已完全破坏，实确论也。[1]

英法之断绝敌国贸易，除对于运输方面，加以积极之干涉外，其对于战用品之种类，亦加以无限制之扩张。伦敦政府几于每月之中有极冗长之布告，增加战用品列表之内容。举凡人生日用之货品，几皆无不包括在内。其所遗而未列入者，盖仅少数之奢侈品、化妆品而已。欧洲中立诸邦，原来为输入国者，既因此而感受十分之苦痛。而大西洋对岸之输出国，美利坚合众国之对外贸易，当然亦为其最大之牺牲者。美利坚政府，因其商人之呼应，往往以此而与英政府发生交涉，指斥英国干涉之违反国际惯例。英大使于一九一四年十一月答复美外部牒文，为其本国辩护，以为英政府现在之手段，实采取南北美战争时代同一之方针。美政府驳之，谓南北美战争时代，与此次大战争之情势，有不可一概而论者。当时如马港及南沙诸口岸，实不过货物经过之口岸，平时毫无进口贸易之可言，其为绕道避免交战国之干涉，无人能否认之。若今之美国货品之输送目的地，则并非人烟稀少之荒岛，若南沙诸地然。而为户口众多贸易素盛之著名海港，其平时之物产上需求量数非细，何得认为一种转运地点，而与马港南沙相提并论。至于战争既起，以后之输入激增，则因中欧交战诸国，原来常以货物供给此等国家者，因战事而自给不暇，供给骤停此所以不得不加增另一方之输入量，以补充其不足而已。总而言之，此等中立国之口岸，绝对不能认为仅仅中途停顿之地点，而实应视为最终之运输地者也。

一九一六年四月英外部格雷[2]子爵，致美政府牒文中，更举种种证据，证明此等船货之运往中立国者，实非为自用，而以转运入敌国。文中详列中立诸国输入品之统计，若瑞典诸国，其战时之输入量较之战前，骤增至十倍以上之巨。英政府视为足以证明此等货品，决非完全为中立国所自用，而实系供给敌国毫无疑义。更有他种证据足以证明英政府之判断为准确者，即普通大宗船货之收货人，为殷实之商家，或信用卓著之贸易公司者，而目下送货单上之收货人，试一调查其来历，则大多数皆与进出口贸易素无关系。而显然不过为敌国之出面人者数千吨之货品，其收货者乃为一码头之苦力，或则为一灯塔之看守人。大宗之粮食，价逾钜万以上者，乃交付与一小旅馆之

---

[1]　Stowell & Mouroe Int, Cases Vol. II. p. 418
[2]　"格雷"原文作"葛雷"，现据今日通常用法改正，下同。——校勘者注。

主人或则一面包工人，或之消费乎，或长久的堆存于中立国内。而遂为其中国货品之一部分 Common Stock 乎，使此等船货而亦必认为真正运输至中立境内之货品，不许交战国加以干涉，则是无异取消协约国在海洋方面对于其敌国之作战权力而已。[1]

协约之扩张继续航程原则，至莫大之范围，而对于中立贸易取积极的干涉，揆之最初继续航程原则发生时代之主旨，实已相去天坏，特一般国际法学者，固亦不无为之辩护而认以为交战国应有之权利者。彼以为在昔战争之时，国际交通之工具简陋，转运维艰，交战国若欲向邻近中立海口，获得货品之接济，乃极不便之事。故货物运往中立境内以后，是否再将运往敌地，并不视为其重要问题。故斯托韦尔在益曼乃案判书中，以为中立船只之货物，苟非确系运往敌港之货，则不能认为战用品，而加以处分。若现代交通发达、运输便利，一国家欲向其邻境获得物品之供给，易如探囊而取物。一电朝去，万货夕来，则旧有之原则已不足以济其穷。苟使交战国对于运往中立地点之中立船货，不能严格注意于其最后之目的地 Ultimate Destination，则对于战用品之流入敌国，将无从而禁绝之，而禁绝之。而交战权利之大部分，将完全失其效用，是则继续航程原则之扩张。与最后目的地原则之必需同时适用，实因时代之关系，而不可避免之结果，吾侪不能加以苛议者也。

五、大战争时代关于本原则重要判例

大战争时代关于继续航程原则方面之捕获判决最重要者，首推英捕获裁判所之金[2]（Kim）案件，或称之为芝加哥包扎房案件［Chicago Packing House Case Kim, Law Reports (1915) Probate 215］。一九一四年十一月有属于甘斯[3]轮船公司（Gans S. S. Line）之 Kim, Alfred Nobel, Bjornsterjne Bjorson, Fridland 四海舶，满载食油肉食麦粉及其它粮食。其中一船并载有橡皮及兽毛诸物，由纽约启椗将运赴丹麦京都。中途为英海军所截获，而被捕拿。英政府向捕获裁判所提出控告，认为所截货品，皆属于相对战用品，而系间接输入德国之物，其橡皮兽毛则属于绝对战用品，皆应受没收之处分。货物之主

---

[1] Garnie, p. 301.
[2] "金"原文作"扣姆"，现据今日通常用法改正。——校勘者注。
[3] "甘斯"原文作"甘司"，现据今日通常用法改正。——校勘者注。

人芝加哥包扎公司，亦向英法庭提出辩议。以为系国际之惯例，交战国对于相对战用品，必须能确实证明其为运往敌国政府，或军队之货，始能加以没收。而此等举证责任，并属于交战国。至于继续航程原则适用之范围，亦惟限于由运货之原主直接的输送于交战国而后可。若原主既已善意的售之于中立商人，再由中立商人之手而流入于交战国，则原主不负责任，此原则亦决不能适用。若谓因德国政府对于全国粮食特设机关官理，而遂对于此等货物加以绝对战用品之处分，是大背于国际法上分别两种战用品之原则者也。被告更举格雷子爵对于伦敦海军会议之训令中，所定继续航程原则适用之标准，谓"该原则之范围限于某种货品之运输由运输地而达交战国，是否为单纯的商务贸易。运输人于运送之时，曾否预定将送至此种目的地，有之则入于本原则之范围，否则不能适用。"若被告现有之货物，乃系售与丹麦商人之物，则本原则当然不得适用。

此案争辩历一年之久，至一九一五年九月捕获裁判长赛缪尔伊文思[1]（Sir Samuel Evans）宣布其爱书，大旨谓丹麦对于食料脂肪一项，在承平之际，原为输出之国，而以与德境接壤，故由此而运输至亨堡卢别克柏林司丁登诸地，至为便利。而自战事发生以后，食料脂肪肉类之输入丹境者，远逾其本国人民所需用之数量。单就脂肪之输入而言，一九一一年至一九一三年之输入数，不过一百四十五万余磅。而现在四船所载之脂肪，已逾一千九百二十五万余磅，较之原来丹国三年中所输入之数，几十三倍而有零。就此事而推论之，则此种货品之实将由丹而往德，更无疑义。再就其贸易之手续方面而推考之，则所谓收货之人，皆非丹京著名之进出口公司，而皆为素不闻名之商人，往往以数百金之资本，而经理数千万金之货物，订货单保险单及其它收款付款之证据，皆付阙如，不宁惟是。被告对于种种含有嫌疑之信件文书，经英政府所搜查出者，皆不能与以充分之说明，而洗刷其嫌疑，则其贸易之是否为善意的中立贸易，从可知矣。至谓英政府对于相对及绝对战用品施行同一待遇，为违反国际惯例，则亦毫无根据。两种战品分别之发生，实由伦敦宣言所规定，而该宣言对于此项规定，在国际法上实为一种创例。今之英政府命令，取消伦敦宣言三十五条者，不过取消此种创例而已。至于粮食之为物，原不必限于军队之需用，而为普通人民所共需之物，特今之德

---

[1] "赛缪尔伊文思"原文作"三妙尔伊文思"，现据今日通常用法改正。——校勘者注。

国军队与人民，已无从区别。其全国人民，几已成为一团结的大军队，战斗员与非战斗员，既已无从辨别。则凡粮食之输入德境者，是无异输送至德之军队者也，况德之政府方面人民征用一切食品，此等货物之入于德政府或军队之手，既为必然之结论。则安得认为非战用品而不受没收之处分，如谓此货物之运往丹京，非以供德之海陆军需用者。是无异吾人之目，为理论与原则之灰沙所迷，而转盲于其事之实际者也。因上述之理由，而四船之载货除一小部分外皆判决没收。

自此案判决后，美之舆论，大起反对，认为英政府无理的干涉中立贸易。国中法学者，亦以为此案之判决，其理由完全为一种推论 Inference 与假 Presumption 之结果，而毫无可恃之实在证据为之基础。当时且有倡对英断绝贸易（Civil Embargo）以为抑制者，英政府惧伤美人感情，转于战事不利，最后乃与原主磋商，由英政府照价收买，其事乃已。

此外有琼森（Axel Johnson）案件[1]，此船载大宗羊毛至瑞典，将由此运往德国纺织成料，再运回瑞典。惟其副产物及废料则为制造家之余利，英法庭认为既经入德以后，则随时可为德征用而变成相对战用品，于是判决其没收。又有巴尔托[2]（Balto）案件[3]系载运皮革至瑞，英法庭认运货人有预定将以此革制造军鞋，而售之德国之意思，亦宣告其没收。又有庞奈（Bonna）案件[4]者，系载运大宗可可油至瑞典，经英海军捕获。英政府认为此宗油品，将以制成一种人造奶油，于是瑞典原有之油，可以多余，而贩售之德国，要求法庭处以没收。裁判长伊文思以谓使制成之油，直接将售之德国，则本原则可以适用。若今之油品，既以供本国之用，则不能谓因此而或有多余之货物，可以流入敌邦，而遂可以处以战用品之处分，于是宣告发还原主。

法兰西捕获判院对于本原则方面亦有不少判例，其判例大旨对于相对战用品。如系交付与中立境内一定之收货人者则是否将最后输入敌境其举证责任在捕拿人方面，如系笼绕的不交付与任何一定之收货人，则送货人负举证之责任。对于绝对战用品，则凡系输送至中立国港岸，或中立境内之敌国代

---

[1]　Trchern British Prize CasesVolI. p. 532.
[2]　"巴尔托"原文作"佩尔都"，现据今日通常用法改正。——校勘者注。
[3]　Ibid II p. 398.
[4]　Ibid III 163.

理商或收货人之姓名不注明者，其举证责任皆属之被捕拿方面。又凡货物之运往荷兰境内者，因荷兰之海港皆适沿莱茵河口，而莱茵又为条约上自由航行之河流，故视为与直接运往德国无异。至于相对战用品之往德者，则因德政府对于国内货物，无不征为国用，故不必证明其交与政府或军队，皆处以没收之惩罚焉。[1]

六、结论

大战时代之本原则其与南北美战争时代所不同者。当南北美时代，法庭苟非确实证明其货物实系送往敌境，则虽明知其势将流入敌境，犹不致轻易没收之，其对于中立国之商务，犹能尊重其权利，而不敢施以过度之压迫。若大战争时代，则中立货品，只须稍有输入敌境之可能性。则法庭立即引用本原则，而科以没收之处分。证据方面，完全忽视。故其断论，皆实有如美之国际法学者所谓，完全筑于推论与假定之基础上者也。中立国之贸易权利，经海权国之重重束缚，而所余乃无几矣。

战争时代之中立国贸易权，往往为国际法争论之焦点。或以为禁止仇敌行为，或破坏中立行为，不特系交战国之权利，而实系中立国之责任。中立国国家，应严重监督其人民，禁止其从事于援助任何一方之贸易。何以故规定中立国与交战国关系者为国际公法之主体，乃国家，非人民也，此盖主张积极的取缔中立贸易者也。

若英吉利，世界号称为第一位之海权国也。故凡英吉利牵入战争之时，则对于中立贸易，多取积极的干涉政策。利用其海权，以压迫敌国，而其于海牙和会二次开会之时，则曾一度提议取消交战国之干涉中立贸易权利。而与中立商人以绝对之自由，其理由则因以前交战国行使所谓临检搜索等权之时。其时船只之内容小，而搜检较易。若近代建筑进步，船只之容量，大者几敌一市镇。交战国之军舰，在海上对于此等船只，加以搜检，殊非易事，往往必须带至本国海港，然后乃能行使其职务。而中立商人之损失，遂不可计数，不如完全取消此等交战权利。在国际方面犹可免却无数交涉争论，而中立贸易，受害非细。此议案提出以后，列席者三十五国，赞成者二十六，而反对者五国，为美俄德法蒙的内哥汇。其余则未有所表示，卒以四强国不

---

[1] Garner II. p. 309.

赞成之故，而此案遂以废弃。若使当日而诸国能力成此议，则大战争中德之接济未必遽绝，胜负之数未可知也。[1]

交战国之得而积极的干涉中立贸易，既因大战争之往史而已成为国际上之惯例，使今之列强，不能有所悔悟，而思有以矫其过甚，则今后苟有战祸，交战国之干涉行为，其必变本而加厉欤。

---

[1] Garner II. p. 314.

侵略国界说的研究 *

梁鋆立

一

凡是留心现代国际法趋势的人，都不能忽视了两种互争雄长的势力。一种是传习的所谓国家主权论所代表的，而其他一种则为大战以后革新的国际舆论所主张。前者理论的根据，可远溯于霍布斯[1]（Hobbes）他承认国际法的规则未经个别国家明白的或默示的采取，即对此国家无拘束力，因为国家的主权是不被外界所束缚的。有了这个前提，有些国家，一方面虽然参加国际组织，讨论关于国际立法的事件，他方面对于凡是足以剥削或限制国家自由的国际协定或条约，它们便避之若浼。后一势力，则根据与国家相互生存之一社会事实，认定国际社会，是一大规模的人民团体，奥国学者凯尔森[2]（Kelsen）称之为（civitas maxima）各个国家，只有职能（ocmpetence）的享有，而无个别的意志。国际法只是分配此种职能的规则，并非什么综合的国家意志的表现。而这些职能的分配，却是根据于个人的企望与要求，不是专为国家促进少数人的利益的工具。

大战以后，各国人民厌战心理的普遍，是不可否认的事实。在这种心理所表现的国际运动中，废弃战争，自是国际法上的中心问题。因为战争手段的采取，为国家主权极端的行使。盖当一个国家，不惜将其生存为孤注之一

---

* 本文原刊于《外交评论》1933 年第 2 卷第 9 期。

〔1〕"霍布斯"原文作"霍布士"，现据今日通常用法改正。——校勘者注

〔2〕"凯尔森"原文作"凯尔森"，现据今日通常用法改正，下同。——校勘者注

掷，我人自不能不认为它是将传统的主权论所赋予的全能或机会，尽量的利用。因此之故，从主权论者看来，别种国家自由，可被剥夺或限制，可是战争权既为主权的最重要部分，却不能轻易放弃。但从个人方面的观点看来，战争权的行使，在许多的例子上，只为政府一时政策的实施，很少计及人民的利益，假使国际法上承认战争是国家的职能，便是违反个人的福利。以个人为主体的新国际法，自难载有此种足以妨害国际社会之安全的原则。

这个境地，现行的国际法，自然尚未达到。但却不是完全属于玄想的范围。国际联合会的建立，即是此种趋势具体的表现。国联盟约引言内称："各缔约国为增进国际的协作并保持其和平与安宁起见，特允接受不从事战争之义务。"此乃国际历史上战争权受着限制的第一次。但其出发点仍是不脱主权论的窠臼，关于引言中所用"特允"二字，可知各缔约国的"特允"，即系主权的行使。初非各国承认"不从事战争"的义务，乃是国际社会事实所需求。因为国联盟约仍为国家主权论所笼罩，所以随后的非战运动，虽风靡世界，足以代表人民厌恶战争之强烈的情感，迄今尚无卓著的具体成效。各国政府，虽有心使国联盟约的规定较为充实有力，其出发点乃是主权论的出发点，所以每次集会，欲求一种方式以实施盟约时，断断争辩于约文字句的解释，鳃鳃过虑于将来义务的负担，历次会议所以失败的原因，大半殆即为此。

国联盟约上关于限制战争权的规定，列在规约本文第十二、十三及十五条，总括起来，国联会员国绝对约定下列场合，不从事战争：（一）争议未交付仲裁，或司法解决，或理事会处议以前。（二）争议在上述任何一项平和方法解决期中。（三）仲裁或司法裁判或理事会报告提出后三个月以内。（四）他方当事国遵从上项判决或报告之场合。国联会员国如果漠视盟约十二、十三、十五诸条，而有于上列场合从事战争之举，这种战争便是非法的战争，而应受盟约第十六条规定的经济的甚至军事的制裁，除了这些规定之外国联盟约第十条规定："联合会会员有尊重并保持所以联合会各会员领土之完整及现有政治上之独立，以防御外来侵犯之义务；如遇此种侵犯或有任何威胁或危险之虞时，领事会应筹履行此项义务之方法。"

在上举的盟约第十条中，"外来侵犯"一语，初被国际文书所引用。在传习的国际法上，"侵犯"并非一个术语。我们要找它的法律上的定义，从前的国际法学家都不能与我们以帮助。盖"侵犯"从未成为一个法律上的观念。从一般的观察"侵犯"是战争第一个阶段，字典上的定义，是"最初的或未经挑拨的攻击"（First or unprovoked attack）。何以此前的国际法未予以规定呢？原来"侵犯"的观念既与战争息息相关，在国际法对于战争没有旗帜鲜明的态度的时候，自然"侵犯"一语，只是道德上贬斥的字面，不能涵有足以致成法律效果的概念。

吾人试究国际法学家历来战争的态度，可知其中经过不少的阶段。在中古时期经院派法学家时代，战争是被视为一种申冤的手段，格劳休斯〔1〕（Grotius）沿袭其说，有公道的战争与不公道的战争的区分。范德尔（Vattel）承认倘一国未受损害，且并无损害之危险而从事战争者，其战争为不公道的战争。此说亦为后来作家所提倡，此派意见认道德的因素与战争的正当与否有密切关系。迨国族主义勃兴而主权无限之说日益膨胀后，凡是诉诸战争的国家，莫不以公道正义相号召，国际法学家亦知空悬一道德的标准不足以使逞兵动武的国家，入此抽象的范畴，失望之余，遂抛弃对于战争正当与否的判断。试观近代国际法学家，如劳伦斯〔2〕（T. J. Lawrence）及霍尔（W. E. Hall）等之书，可得欧战前夕国际法对于战争的观念，劳伦斯云："国际法对于战争的道德问题，为从前公法家所聚讼者，今已不复再下判断。"霍尔之言，尤为坚决，谓："国际法对于战争，只有一种办法，就是不问其肇端是否正当，承认之为一种法律关系，当事国得任意设立之，国际法的任务，就是对此关系，予以调整而已。"霍尔之说可以代表十九世界学者的意见，他们知道国际法在此种场合，不能尽一般法系的主要任务，就是辨别武力使用的正当与否。此说的优点，在其坦白的态度，对于国际事实，慨然承认，不作虚伪的表示。

在二十世纪的开始，战争仍被认为国际现象上一种不可避免的事实，虽受法律的控制。此种国际命运论，却没有减杀国际平和运动的努力，第二次海牙会议和所谓布莱恩〔3〕（Bryan）仲裁条约，都是设法避免战争的企图。大战终结，凡尔赛会议开幕，战胜国借其炙手可热之威势，于条约中规定德国是欧洲大战的开战者。并使之负担赔偿的责任。此虽是一种国际政治上的措置，与法院判决有罪不同，但却输入一重要的原则于国际法体系里面。就

---

〔1〕 "格劳休斯"原文作"格罗休"，现据今日通常用法改正。——校勘者注
〔2〕 "劳伦斯"原文作"卢麟斯"，现据今日通常用法改正，下同。——校勘者注
〔3〕 "布莱恩"原文作"伯利安"，现据今日通常用法改正。——校勘者注

是凡开战致成战争的国家，对其行为应负国际上的责任。

但是在媾和的条约中，硬派战败国做开战者而与以惩创，是一件容易的事情。欲在一个各国以平等资格参与的国际会议席上，规定一个"侵略"国家的定义，却是很不容易。所以在国联盟约中，虽有经济的或军事的制裁的规定，但在何种情形之下，这种制裁可以适用之问题，仍没有完美的解答，信然，第十条说到"外来侵犯"而第十二，十三，十五诸条说到"这战争"，但第十条与第十二条相互的关系，盟约中并未明白地指出。说者谓第十条防止外来侵犯乃是设立一个客观的标准，凡是侵犯，不管动机如何，均在禁止之列。至于第十二条至第十五条乃是积极义务的规定，例如须将争议交付仲裁，裁判，或审议的义务，和三个月内不得开战的禁止。尤其是后一规定，盟约起草人认为可以切实防止战争的发生，因为这三个月内两国愤激的情绪，可借此得一渐趋冷淡的机会，三月期满时过境迁，两国当不致以明日黄花的事实，再作开之理由。

纵观盟约关于防止战争的规定，与其说它是判断是非曲直的条文，毋宁说它是救济燃眉之急的措置。惟有第十条，措辞甚为概括，内中虽不用"战争"二字，其意义实在条文涵义之中。盖许多战争，都以侵略为阶之厉，虽则传习的国际法学者，亦有主张军事行动，以具备构成勤侵略的条件而非国际法上所谓之战争者。盟约第十条关于制止侵略的规定，既如此的概括，而战争与侵略，又多少具有因果的关系，盟约的注释家许经和惠伯两氏（Schuecking Wehberg）遂认定第十条是一种原则上的规定，而第十二至第十五条则为此原则具体的适用。但因为一切战争，未能包括于"侵略"二字之中，所以第十二条至第十五条，规定了时间上和手续上的限制，以减少"侵略"以外的战争的机会。

二

盟约第十条所用的"侵略"二字，到底是什么意义呢？原文（aggression 或 Angriff）的涵义，有的人以为含有政治上的动机不单单是一种军事上的行为。此意与中文的"侵略"两字相当。亦有人以为只是一单方的军事行动，至其含有政治意味与否，可不必问。此意与中文的"侵略"两字无异。最近德国学者 Werner Wilmauns 曾将 Angriff（侵略或侵犯）在国联盟约上的意义，作一彻底的分析，依其见解，此语有三个解释，各为学者所主张者，第一，此语与盟约所禁止的战争同一意思。第二，凡无正当的战争理由而从事战争者为侵略国。第三，凡是威胁或危及领土的完整者，均是侵略。不管它是法律所许可的，或是有正当理由的战争或武力干涉。

三说之中，自然以第三说含义最广。循此一说，"侵略"的界说，当以第十条所悬为鹄的之原则作根据。第十条所着眼者，乃是土地的完整。凡是有妨此一原则的武力行为，不管它性质如何，自与此条相冲突，而构成"侵略"的事实。第二说，则含有道德的色彩，似有回返到格罗休所提倡的公道不公道的战争观念的趋势。依此说，欲决定"侵略"的标准，不仅应研究某种行为是否违反盟约第十二条所规定的手续上之条件，亦应研究是否在动机上该项武力行为有被责难的理由。"侵略"不但是违反手续法的行为，抑且违反实体法的行为。换句话说"侵略"即是非法的战争（en disaccord avec le Droit 或 Guerre illegitime）。此说自有弱点，盖战争的正当与否，国际实体法上，并无标准，但法国国际法学者多趋向自然法一派，其提倡此说，自不足为异。第一说则系严格的法律论，它认定战争的控制，只有用手续上的方法，如盟约第十二条至第十五条所规定的。欲判断一桩战争事件的实质的是非曲直，不是吾人能够做到的事。此种观察，与本文前面所说的英国派法学家霍尔及卢麟斯的主张相近。它是一种将盟约第十条和第十五条至第十二条融成一片的企图，切实认定第十条内所用"侵略"一语，是第十二条至第十五条所禁止的战争的蓝本。凡是一桩战争事件，苟非后数条所禁止的，它就不违反第十条，就不是第十条所明白规定的侵略。它既是合法的战争，自然享有传习的国际法所赋予的法律结果，即是碍及第十条中"土地完整"的原则，亦不能谓为非法。

那一种战争，在盟约第十二条至第十五条主治之下，仍是许可的呢？具体的说来，有下列的几种情形：（一）如理事会不能成立全体一致的报告；（二）如果一方当事国不遵从仲裁或司法判决或理事会全体一致通过的报告；（三）如果双方均不遵从上项判决或报告。此外则在十五条所谓纯属国内法权事件保留条项之下理事会既无建议解决的权能，当事国似乎保有行动的自由，甚至诉诸战争而不算是违反盟约。在上列诸场合可能的战争，当然假定是发生在仲裁或司法判决或理事会报告提出三个月之后，否则仍是不合法的。照前段最后所论到的第一说，除了这些例外，其余各种战争，就是"侵略"。但有些作家，使用严格的逻辑方法，主张非第十二条所禁止的战争即非第十条所指定的侵略。以此为大前提，更主张或种武力行为，既然不足构成战争，就不是侵略。此种武力行为，即是传习国际法上所谓"未达战争程度的强迫解争方法"（Methods of Constraint falling short of war）。如报仇（reprisals）和平封锁（pacific blockade）或干涉（intervention）之类。有人以为"侵略"与此种武力行为不同的地方，在乎"侵略"的目的，是无限制的。而此种武力行为，则具有特定的目的。所以这些行为，不足以构成侵略，也有人说就是侵略的目的，是无限制的，是意在引起战争的，但倘相对国不以自卫的手段相抵抗，则可有侵略而无战争，因为战争是两方面的事情，不是单方面的。

我们对于上举各派意见，可有一概括的认识。就是它们虽然辨析秋毫，持之有故，但各国政府，为实际的国家利益所左右，自然十分谨慎，不愿在各派学说的一团乱丝中，去抽出一条清楚的线索来。它们还是借日内瓦机关的便利，用会议的方式，去达到它们自己的目的。它们承认战争在盟约规定之下，尚未完全废除，这是因为盟约有了不少的缺陷，欲弥补此种缺陷，在一九二三年国联大会有所谓互助协约草案（Draft Treaty of Mutual Assistance）的拟定。该草案（第一条）宣告"侵略的战争为国际的犯罪"。至于何种战争是侵略的，该草案并无确定的解释。但其第四条规定"倘战事发生，理事会应于四天之内决定何国是侵略的对象（Object of Aggression），它应受其他会员国的辅助。"此不过是一个消极的确定侵略国之办法。但起草此约的临时混合委员会（Temporary Mixed Commission）曾委派了一个小组委员会专门研究"侵略国界说"的问题。这小组委员会很失望地草了一个报告，内说"与拟一满意的关于侵略行为的定义，是不可能，惟一之办法，就是在特定情形之下让国联理事会去决定"。

互助条约草案失败之后，日内瓦又有所谓《国际争议和平解决议定书》（Protocol for the Pacific Settlement of International Disputes）通称曰《日内瓦议定书》的拟定议定书序文明白宣告："国际联合会会员由连锁关系而结合，侵略战争破坏此连锁，为国际的罪犯，故除了国际共同制裁及自卫以外，一切战争，均受禁止。"而关系"侵略者"虽未下明白的定义；却定了几个推定的标准：（一）拒绝将战争交付和平解决程序；（二）在争议审议中违反理事会指定的临时办法；（三）拒绝接受停战劝告。如值战争发生，一方交战国犯有上列情事之一者，则当推定为侵略者。此种推定，可以反证推翻之。但推翻的决议，须理事会全体一致。倘在未有此数假定之场合，则理事会当依全体一致之决议，决定谁为侵略者。

日内瓦议定书是国际法上一项异常重要的文件。虽则以后来未经各国政府一致采纳，因此就无形打消。然其规定的严密，在世界舆论方面所得的注意，都足使它成为国联盟约后最足纪念的历史文献。尤其是关于侵略国界的确定，它的技术，表示出匠心独运的地方。照议定书起草者波罗狄思（Politis）的说明，欲确定侵略国的定义，须从两方面着眼：第一，侵略的性质，必须厘定，这倒不是十分困难的事；第二，确定侵略性质的标准之后，吾人须将此标准适用于具体的事实，这才是非常困难的问题。吾人很容易说出在何种条件之下有所谓"侵略"的行为，但两造中到底那一造首先肇战，却不容易立刻断定。假使吾人让国联理事会来判断，无论它用大多数同意或一致同意的投票方法，事实上仍不妥当。最好的办法，是设立若干客观的标准，承认其为现实情形的反影，除非理事会一致同意将此种推定予以推翻。

政治上的理由暂时撇开不讲，从法理上批判日内瓦议定书关于"侵略国界说"者，亦繁有徒。例如有些学者承认关于拒绝仲裁或拒绝执行仲裁的决定，在法律尚无切实的规则。在罗马尼亚与匈牙利因选住人（optants）发生争议，交付仲裁一案，仲裁决定是否有效，为学者所争论，假如在日内瓦议定书之下，战事爆发，罗马尼亚即将被视为侵略者，除非理事会全体同意罗马尼亚有对该仲裁决定认为无效的理由。但此一问题，既为学者所聚讼，在理事会中自难得一致的同意，在此种情形之下，贸贸然，凭了几个武断地标准而不先以调查事实的程序，以对错综纠纷的法律局面，无相当的认识。照此标准而断定谁为侵略者，并加以制裁，大有削足适履之讥，且多少含有危险之成分。

尚有一种批评，以为仅仅乎拒绝仲裁或拒绝执行仲裁决定，不足以构成"侵略"的要件。构成侵略必须有战争的存在。而战争的定义，在国际法学界中既属议论纷纭，莫衷一是，这些推定便失其精确的效用。复次，议定书在第二条规定自卫的权利。国联第五次大会席上且有人主张自卫乃是一国家的义务者。而"自卫"与"侵略"虽意义上大相径庭，事实上凡蓄意侵略的国家，莫不口口声声以自卫二字为护符。历史所昭，毫无疑义。扩张自卫的范围，即为侵略国开一方面之门，今议定书对于自卫之观念，不但未加以彻底的限制，反从而予以奖励，即此自卫权的奖励，已是减却议定书第十条所载

179

的各种客观的推定而有余，盖遇有此种情形发生，侵略国尽可假借自卫战争（La Guerre Defensive）之名而行其侵略之实，议定书的各项客观标准，事实上便等于具文。

三

日内瓦议定书在舆论方面所得的拥护，远过于其在会议席上之所得。尤其是国家法学家，因它终被打消，抱十分的失望。盖日内瓦议定书关于侵略国界说得厘定问题，确有重大的贡献，国际文书中毅然将侵略国界说具体化，实以日内瓦议定书为第一次。

日内瓦议定书既被抛弃，欧洲诸重要国家为应付当时人心不安的国际政局计，次年复有罗加诺公约（The Locarno Pact）的订立。其目的是在保障莱茵河方面德法比三国国境的安全，当时各国以为大规模的日内瓦议定书，因其性质及适用的区域，太属普遍，反而窒碍难行，不如退而求其次，致力于在中欧局部维持原来局面的计划。这个公约对于战争的限制，只是限于缔约国的一部分，就是德、法、比三国。公约附件甲（Annexe A）第二条规定："德国与比国及法国互相约定各不得从事攻击（attack）或侵犯（invasion）且在无论何种情形之下，各不得为战争者。"此条对于战争的限制，似甚彻底，初不限于"侵略战争"，但在该条第二项，便明白规定，自卫权的行使，不在该条禁止之列。该约胜于日内瓦议定书之点，在乎其所禁止者，不仅限于传习的国际法上的所谓战争，抑且包括"军事报仇"（military reprisals）等情形。其意义与广义的"侵略"相仿佛。罗加诺公约尚有与日内瓦议定书显然不同之点，日内瓦议定书关于自卫权行使的规定，是无限制，而罗加诺公约则除了重大的（flagrant）侵犯外，必俟理事会决定有侵略的事实时，始可容许自卫的战争。关于侵略国界说，罗加诺公约并不采用机械的方式，如日内瓦议定书所采用的。它规定有重大情形时，在理事会判定侵略国之前，缔约国就要给予被攻击的国家以辅助，再待理事会对此争议全部的建议。

由此可见罗加诺公约对于侵略国界说的确定，较之日内瓦议定书，在技术上稍逊一筹。其差强人意之处，在"单纯的侵略"和"重大的侵略"的区分。在重大的侵略（flagrant aggression）的场合，缔约国自行决定之后，就可立即出动。但最后决定有否"侵略"情形之权，仍为理事会所保留。所谓重大情形，乃指越过边境，战事爆发，或在不许驻兵之区域，屯集军队诸事而言。颇与日内瓦议定书所规定的各项推定相类似。但不及其明确。且确定侵略国须理事会全体的同意，更为事实上之困难。总而言之，罗加诺公约，在规模上可视为日内瓦议定书之原则的缩影。但除在重大情形可有紧急处分外，并无何种重要的进步。

此后国联承认欲订一普遍的公约，下一包罗万象的定义，在事实上暂时为不可能。但一般原则之继续的研究，仍认为必不可缓。国联大会于一九二七年九月十九日复通过一决议案，内称："（一）一切侵略的战争，应当禁止，（二）当使用所有的平和方法以解决国家与国家间一切的争议。"并宣告国联会员国均有遵行以上两项原则的义务。随后大会指派了一般"仲裁及保安委员会"（Committee on Arbitration and Security），去研究盟约诸条的缺陷，和仲裁及保安一般的问题。是年大会尚有一事足值我们的注意的，就是波兰提出一《不侵犯条约》的草案，该草案经过极剧烈的辩论，后荷兰复提议重行审察日内瓦议定书的大原则。大会情势，益形紧张。但因种种关系，波兰提案，终被搁置。

一九二八年仲裁及保安委员会提出三个报告，其中之一，为对于盟约第十条第十一条及第十六条的研究。报告者为荷兰罗格斯[1]（Rutgers）。此报告关系侵略国的确定的问题，表示："预先下一严密的或绝对的标准以确定将来的侵略国，在现有之情形下，恐无实际的结果。"但也举出几个可以视为侵略的场合，以供参考之用。例如拒绝将事议会＝交付业已约定的平和解决方法或违背业已接受的军事限制等等。波里狄思（Politis）所起草的关于"保安"的报告，其中亦谓严格的手续，反而有妨拥护及实施盟约的精神，但在范围较小的地域内，关于侵略国界说的协定，较易订立，且较易实行，其法在赋权于国联理事会，在两造军事进行中，即下停战的命令，两造之一造如不遵此项之命令者，即由理事会投票，以三分之二的大多数，宣告其为侵略国。

一九二八年非战公约在国联外由十五个国家——包括美国——在巴黎签订。此约在正式签订以前，各国间曾有不少往来磋商的文书。"侵略战争"的问题亦经再三的讨论。法国政府主张抛弃"侵略的战争"，而美国政府则坚持约文内不应用有"侵略战争"字样，其理由约谓：倘废弃战争为国家政策工

---

〔1〕"罗格斯"原文作"若吉士"，现据今日通常用法改正。——校勘者注

具的宣言,附有"侵略国"的定义及种种之例外,及保留且规定在某种情形仍可战争,则此宣言的效力则大为减损,而其保障和平的积极价值,亦必因此而摧毁无余。法国政府及美国政府的共同努力,实被诚恳的及乐观的理想所驱动,而此种理想,其所以博得世界的同情和注意者,则纯恃其纯洁,简单的本质。法国政府接受美国的原则,在非战公约本文的字面上,不加何等的限制或词句的变更,但声明自卫的权利,不受公约的影响,并声明倘缔约各国内有一国破坏公约,其余诸国对于该违约国,即不受公约条文的束缚。

首倡非战公约的美国外交部长凯洛格〔1〕氏(Frank B. Kellogg),一面虽主张在巴黎公约约文中不应特别指出所禁止者只是"侵略战争",一面对于自卫权的解释,却很不经意地扩充其范围。氏在致法国政府照会中,声明关于自卫战争,国家自己是唯一的判断者。此一声明,事实上可解为自卫战争的判定,不必用客观的标准,而凭当事国主观的见解。凯洛格氏此项声明发出之后,其他各国,若英,若法,若日本亦有同样声明,虽则此种声明在约文解释上,有否变更约文本身的效力,是国际法学家所聚讼的问题。但凯洛格氏此种宽弛的解释,殊与世界舆论一个不良的印象。有些法学家甚至于因此推断非战公约非但不能消弭战争,反而给予所有侵略战争一个坚强的法律根据。此项意见法律上力量似甚薄弱,虽然从事实方面看来,也许有些微的理由。例如去岁十一月日本代表团在国联理事会即援引凯洛格氏之言以为其所主张"自卫权不受外界限制"一说的辩护。这种托词,在国际法上自属不能成立,屡经学者指出,兹不详陈。惟非战公约的精神却因此而大受减杀,去年八月八日,美国外交部长——凯洛格权的继任者——史汀生氏在美国外交研究会演说,氏深知凯洛格氏的关于自卫权的解释事实上为"侵略国"开一方便之门,不惜谆谆为之辩解。史氏谓"自卫权原为固有而又极普遍,可不比明白列入条文中,又其意义,人人可得而喻亦不致使关于力量,为之减弱,在私法上个人事件,常有自卫权之存在。在公法上国家与其国民,当然同具此理,其界限有无数先例为之明白确定,苟有一国,凭借自卫权之假面具,以掩饰其帝国主义之政策,靡不立被揭破真相。夫此问题,既如此明白易解,而在此世界之上,一切事实,又复极易搜集评价,自不能长久希望混淆错乱世界之舆论也。"史氏之意,谓世界舆论能指出侵略国,未免过于乐观,且谓

---

〔1〕 "凯洛格"原文作"凯洛",现据今日通常用法改正,下同。——校勘者注

自卫权的界限，有无数先例为之明白确定，亦未免稍觉言过其实。总览历史上以自卫的名义来掩饰攻击的行为者，究有几件是真正自卫权的行使？伏尔泰（Voltaire）说得好："所有战争，都是取攻势的。"（Toutes les GUerres sont offensives）非战公约的提倡人，对于自卫权不加以严密的限制，反予以扩大的解释，自难免为人诟病。吾人就非战公约作整个的观察，亦觉此点足使一个历史的文件，瑕瑜互见，美中不足。

尚有一点，亦是非战公约受人批评指出。就是：公约第一条称抛弃为国家政策之工具的战争。此处所谓战争，是否包括军事报仇，干涉，和平封锁，及其他强力的使用而言？有些学者认定战争是专门名词，只消主动的国家原意，不把他们当做战争，在国际法上也就不纳入战争之列。虽然新派学者，对于此样传习的学说，抱极大的怀疑，有的且予以公然的摈斥。非战公约对于此点的模糊，实足以减却它在政治上和在法律上的效力。亦有一派学者，认上述的强力的使用，虽不足以构成国际法上所谓的战争，容非巴黎公约第一条所禁止；但此种武力行为，当然不能认作公约第二条所规定解决国际争端的惟一方式——和平方法。（pacific means）

前述二点：一、公约中自卫权之扩大的解释；二、强力行为的不能彻底的，明确的被禁止，实为巴黎公约最大的缺陷，使之对"侵略国界说之确定"问题的解决，无重要的辅助，而于现实侵略——例如东省事件——亦缺乏事前制止或事后制裁的力量。

四

一九三三年二月六日，在日内瓦举行的国际裁军会议总委员会（Seneral Comission）集会讨论"法国计划"的时候，苏俄代表李维诺夫氏（Litvinoff）作一长篇演说，并提出一具体的提议，原来"法国计划"谋组织国际联盟军队以便制裁侵略国家，一面并谋订立互助公约，以为保安的辅助。李氏即对法国计划关系保安部分，加以补充，可是它的提案在精神上和在文字上都是对传习的模糊的国际法规则一个严重的抗议，对于原来的法国计划，亦是一种讥讽式的批评。

李氏对于巴黎公约的解释，有极显明的表示，氏称吾人故愿将巴黎公约的义务扩充之，充实之，但吾人尤应注意的，是现在已经被规定的义务，不应受任何的剥夺或减少。签字于公约诸国内有对于此等义务加以保留或声明者，此种保留或声明几乎使公约的义务，完全消减。此种保留，在法律上诚然没有效力，因为除了保留或声明某种例外者，其余签字于公约的国家，并未表示同意于此等的声明或保留。法律上的观察虽然如此，但我们知道事实上尽有援引此种声明和保留以为侵略行为的遁词者——（作者按此指日本参看本文注三十八）——故欲使巴黎公约切实有效，我们必看须明定战争与侵略的意义。分清侵略与自卫的界限，并正式宣告过去历史上托词侵略各种情形的谬误而加以斥责。

李氏的《确定侵略国界说草案》可分三部。第一部是列举构成侵略国的积极条件，内载在任何国际冲突中，凡最先干犯下列任何一条之国家，即为侵略国：（1）先向他国宣战者；（2）即不宣战而其军队侵入他国境内者；（3）其海陆轰炸他国之土地或有意对他国的海、空军攻击者；（4）其海、陆、空军未得他国之准许而擅自通过或降落于其境内，或违背他国许可的条件逗留于其境内，或扩充其逗留之区域者；（5）封锁他国海岸或港口者。

草案的第二部分乃是指出常被援为借口以避免"侵略"名义之诸种情形。规定：不论何种政治、军事、与经济的理由，或被侵略国境内富源的开发，或某种利益或权利的取得，或其投资的数量，或所谓在此国或彼国的特殊利益，或否认一国具备所谓国家组成之条件等；皆不能用以证明在前节所确定之侵略行为的正当。下列各条尤不能用为侵略的借口：（甲）一国之内部情形：（1）如政治、经济或文化的落后等；（2）据称之政治上行政上的缺点；（3）外侨生命财产之危险可能性；（4）革命或反革命运动，内乱，暴动，或罢工等；（5）任何国家的任何政治，经济，或社会制度的设立或维持；（乙）任何国家所采行的下列法律、命令或条例，亦不能作为侵略的理由：（1）有违国际条约者；（2）取消对于一国或其人民的商业让与权或其他任何经济权利者；（3）断绝外交或经济关系；（4）经济上或财政上的杯葛；（5）拒绝负债；（6）禁止或限制外侨之入境或改变对于外侨的政策；（7）侵略他国正式代表的特权；（8）拒绝允许他国军队通过其国境而至第三国；（9）宗教或反宗教的处置；（10）边境事件。

草案的第三部分则为紧急处分的事件。它规定：遇有一国宣布军队总动员令或以大军集中边境时，其受威胁的国家，应采用外交或他种手段，务使国际争论和平解决；惟同时该国家亦可采行同样性质的军事行动，但以不侵入他国境界为限。

苏俄提案在总委员会提出后，在会场上有不少发言拥护的国家，如中国、波兰等。在世界舆论上尤得热烈的赞美，英国的孟却斯特指导报甚至称之为自由的特许状。（Charter of Freedom）且因其处处拿国联无法解决的东省事件作蓝本，尤引起国际政治上的注意，批评或反对它的，也有几种意见，有的以为它取列举主义，太严密了，凡是太严密的规定，总有许多漏洞，人家可以利用这些漏洞以规避约文的限制，所谓"法之极即害之极"。（Summum jus summa injuria）有的因为政治的理由，如英国，所采的态度。盖英国最怕实施国际判裁的计划。此种计划的实行，必须英国海军出动，而英国海军，乃专为保持英国和平（Pax Britainica）的利器，英国传统的政策，决不预先约定将其海军提供国际的用途。确定侵略者界说，是实施国际制裁的先决条件，自为英国所不喜。有的批评说：现有的国际组织，已将宣告破产，我们不就已经存在的法律加以严厉的施行，反而欲求更繁重，更麻烦的组织，未免太迂阔不务实际了。又如国际裁军会议讨论苏俄提案的时候，日本正在猛烈的向热河进攻，而国联特别大会的负责人视若无睹，在这种空气之中去讨论抽象的"侵略定义"问题，未免太不顾及现实的情形了。中国代表团即抱这个意见，在原则上虽然拥护苏俄的提案，但自己为现实侵略的牺牲品，而国际组织，无能为助，对于确定侵略国抽象的讨论，自然要发几句牢骚。在舆论方面亦有批评苏俄提案者，有谓苏俄自己过去的行为，正是其提案所禁止的。今提出诸种方式及规则，就是它从前所破坏的，未免使人发生出尔反尔的感想，例如苏俄对乔治国（Georgia）何尝不是不宣而战，采帝国主义的手段？苏俄于一九二九年为中东铁路事向中国取武力干涉手段，何尝不是李维诺夫提案中所谓"侵略"？

但是就苏俄提案的本身而论，其起草的技术，确有使人赞美的地方。她针对传习国际法的漏洞而予以补苴，不被法律的机械论或极端逻辑论所迷惘，而能对国际反常的现象，作当头的棒喝。从本文作者看来，其最值得赞美的地方，是第二部，就是打破侵略的各种借口。本文前面已经说过，凡是"侵略"都带着自卫的假面具。法律家对于什么国家利益可作自卫的对象之问题，始终没有完满的解答，在苏俄提案之前，作者知道只有比利时的法学家德康[1]氏

---

〔1〕 "德康"原文作"德冈"，现据今日通常用法改正，下同。——校勘者注

（Baron Descamps）说过同苏俄提条第二部类似的话。德康氏云："自卫只是限于生存原始权利的维护。"（La sauvegarde du droit primordial de Conservation）国家的他种权利虽然为外表所必要，但不是生存的原始权利的精髓者，例如金钱上的损害或侨民所受到损失，都不能取为自卫的对象，这是很显明的。苏俄提案，列举了许多不能作为自卫——或侵略——借口的情形，比德康氏的意见，更进一筹。虽所列各项，其中容有可议之处，但大体上吾人应认为是独运匠心，针对时事的历史文件。

裁军会议总委员会于五月二十四日接受安全问题委员会主席波里狄思审察苏俄提案的报告。该项报告附有草约三条，均是关于侵略国界说，第一条列举五项事实为确定"侵略"的标准：（一）宣战；（二）即不经宣战用武装军队侵入他国领土；（三）用陆，海，空军向他国领土或船舰或空军进攻；（四）在他国海岸或口岸设置海军封锁；（五）对于侵犯他国的武装部队予以辅助。第二条载明政治上军事上或其他理由不得引作第一条规定的侵略行为之借口或辩护。第三条声明本约为裁军公约的一部分。

此一报告，就苏俄提案，去繁就简，采其精华，虽然没有苏俄提原案的彻底，但不失为一空前的文件。在总委员会讨论时，英国代表复极端反对，其理由仍为：此种定义，太属机械化。虽经报告委员波里狄思再三解释后，英国代表坚持预先确定界说的不可能。巴黎时报对于英国代表的论据，认为英国闭关政策的复活，谓英国前此所以不敢并不愿实行国联制裁者恐美国之严守中立，在"海上自由"问题上发生纠纷，今美国已允在侵略发生时，与各国商议关于侵略国的如何确定并允在相当情形之下，不再坚持海上自由之原则。是英国的顾虑，可以涣然冰释了。今仍事阻挠实施国际制裁的预备，似乎英国对于国际安全问题不肯尽其应尽的责任。嗣后伦敦经济会议行将开幕，裁军会议，暂时停会，波里狄思的报告也暂被搁置。同时苏俄多边公约，已有许多国家加入，其内容亦包含着"侵略国界说"，这是大家所知道的。

侵略国界说的确定在不久的将来，仍将为国联和国际裁军会议一重大的问题。在美国方面，此问题亦无甚重要，因为美国迟早是要积极参加国际和平之维持计划的。美国的保守派国际法学家如摩尔（J. B. Moore）及其徒博查德〔1〕（E. M. Borchard）均不主张预定一"侵略国"的定义。他们以为只

---

〔1〕 "博查德"原文作"鲍雪德"，现据今日通常用法改正。——校勘者注。

有历史的判决，能够告诉我们"谁是侵略国"。至英国的态度，将来仍将为此问题解决的障碍，英国对此问题的哲学，可以其外相西蒙氏（Sir John Siman）的话来说明。西蒙氏曾说，确定"侵略国"的界说，正如定确"象"的定义一样，我们在未见象之前，很难描写其形状，但我们如在街上同象相值，即可认识它是什么东西。有人反诘西蒙说，假使我们对于"象"的观念，未有精确的认识，在路上碰见象的时候，就难免指马为象，或在群象的面前，熟视无睹了。

二二（1933年），八，三十，南京

国际公法事实上与法律上侵略观念之构成[*]

汪道章

　　何以侵略？日本何以为侵略者？实为此次中日战争之基本前提。战事发生后，中国即于二十六年九月间正式向国联提起申诉，并于二十七年二月及五月迭次申请，要求依据盟约第十七条这规定，邀请日本接受会员国之义务，听由国联处理。国联行政院对日发出邀请书，为日本拒绝，国联遂按盟约第十七条第三项之规定，于九月三十日通过报告书，认"日本在中国所采军事行动系属违法，既拒绝邀请，在目前情形下第十六条自得适用"。国联报告书中，仅认日本之行动为"违法"并未确指其为"侵略"，而会员国间亦尚有认为对日实施经济制裁乃至军事制裁，仅为对于盟约义务之履行，尚不得认为侵略制裁行为，换句话，即对日制裁乃系遵行盟约义务而非制裁侵略，其意即以日本尚未确定为侵略国。[1] 考国联之所以成如是之报告书者，似因国际环境关系与本身盟约条文关系不欲将日本确定为侵略国，俾免反因集团制裁之技术的困难，对日本既不能实施制裁，中国反不能蒙个别援助之效，反之，对日既可实施个别制裁对华亦可实施个别援助，以免再蹈过去之覆辙。[2] 此固为国联之苦心，然日本之行为，确为百分之百的侵略行为，吾人须在事实上和法律上予以确定，以为中国对日抗战之理论的根据。次如国联盟约第十条："会员担任尊重并保持所有会员国领土之完整及行政之独立，以防御外来之侵犯。"虽将"侵犯"明白指出，但未加解释，而在理论与事实上亦未确定"侵略"之一般的公共承认之原则，因之各国遂以不同之立场而作不同之解

---

　　* 本文原刊于《中华法学杂志》战时法规专号。

　　[1] 王宠惠氏著：抗战以来之外交；两年来之外交。

　　[2] 此路不过为国联冠冕堂说法，其实自国联对实施制裁失散后，关于制裁实施问题已转为世人研究之中心，盖盟约第十六系所规定义务，已越过各会员国愿意负担之程度故一至履行时，即成具文。

释。解释既异，不特使侵略者与被侵略者各执一词，引出或扩大许多国际纠纷，即在盟约解释上或事件解决上亦复感到困难，上述国联解决中日纠纷之事实即为例证。因是，吾人对"侵略"一词，无论在事实上或法律上，须有极明确之概念，故著者在本文内即掺和国际法学者之意见并参考国际法规约以及其他有关国际文件，对侵略在事实上与法律上之构成，作一般之研究。

侵略构成的观念，可分两种：事实上的观念，法律上的观念。

事实上的观念具有客观和主观两个条件。客观的条件，又含有两个要素，即武力行为（Actofforce）和先动手的攻击行为（Firstattack）[1]。所谓武力行为即是一国对他国或侵略他国领土内发动之军事行为，并使他国之领土及主权行使受有妨害。[2] 此为一般学者之意见，依此，则单纯的武力行为尚不足发出侵略问题，而必须以是否足使他国的领土和主权的行使受有妨害为条件，若此项条件构成，则不问其武力行为之久暂如何，即成为侵略。其次武力行为应解释为军事行为，换句话，即一国军队侵入他国领域所发生之土地占领，要塞攻击，空中轰炸，枪炮攻击，施放毒气等等均得谓之武力行为。但一国军队未侵入他国领土，仅以远射程巨炮由本国境内向他国领土轰击时，应作如何解释，据一般学者意见，此种行为虽足构成武力行为，然仅为单纯之武力行为并不发生侵略问题，盖构成侵略之武力行为必须使他国之领土与主权行使受有损害为条件。是故构成侵略之武力行为，必须侵入他国领域并因其行为引起他国领土与主权行使受有妨害，并不问时间久暂与否，对方国家反应如何，均足构成侵略。据著者之意，除武力行为外，一国以远射程巨炮由本国境内向他国轰击，如超过边境偶发事件（Frontjer incident）（见后）之程度时，应视为故意的行为，非一般的单纯行为可比，纵不妨碍对方主权行使或领土完整，亦为侵略行为。由此，事实上观念的侵略之构成，以被害国从他国武力行为所受之实际损害程度（见后）为准，不必责及是否使侵入领域或在领域之外，盖实施武力国若无侵略之意思，其武力行为绝不致超过意外事件程度以外，如超过是项程度，则其武力行为必为故意之武力行为，亦"除武力行为外，尚须有先动手的行为。"甲国在乙国境内因乙国所施之武

---

〔1〕 牛津大字典及韦字大字典均将"侵略"解释为 Firstattack。

〔2〕 国际法学者芮氏谓侵略是一国对他国的领土的侵犯或边境的攻击，但边境的攻击是否绝对的侵略诚属疑问，而侵略是否原以妨害他国主权行使为条件，仍为学者聚讼之问题。

力行为而被迫采取同样之行为以为对抗者，严格言之，不得谓之侵略，但如甲国借口自卫向乙国实施式力行为或乘乙国不备先动手向乙国实施武力行为者，即为侵略，即如两国发生纠纷，而甲国不依和平方法解决，迳自武力行为施诸乙国者亦同。盖国际纠纷仅可以和平方法解决不必诉诸武力，国际联盟即为实施此项原则之机关，但如一国不经和平解决方法或经过和平解决而轻视解决结果借口纠纷而向他国先动手，采用武力行为者，即足构成侵略。不仅如此，一国纵对他国发生疑虑以为他国正在从事对本国军事计划在其准备未完成以前阻止其进行先动手攻击之行为，亦应视为侵略。[1]

　　盖凡国际纠纷中，如有一国舍弃和平方法而以种种借口向他国作武力行为者，即为侵略国。所谓借口，不仅限于政治军事或经济方面之借口，即其它种中方面亦不得为实施武力行为之借口，统言之，即任何理由均不得为侵略之借口。一九三三年五月军缩大会特别委员会之侵略定义报告以及一九三三年七月伦敦公约规定："任何政治的，军事的经济的或其它性质之理由，不得为侵略之借口成辩护"者，即为预防侵略的借口。

　　武力行为与先动手之武力行为是否必须达到某种重大程度，学者间之见解不一，德国学者如施泰因莱茵[2]（SteinLein）主张须至被害国除诉诸战争以为对策不足以解除被害状态之程度，罗特（Rotter）主张须至被害国不得不采取正当之御权之程度，一般学者意见，则以无需过问其程度如何重大，仅以任何某种足以构成侵略观念之武力行为为已足。著者以为武力行为既不以被害国之反应如何为前提，（见前）自亦无需过问此类武力行为在被害国之损害程度若何，如一国对他国已采取前述武力行为中之一者，已足构成侵略即该项武力行为已至被害国不得不采取正当防御或诉诸战争之程度而被害国因本身种种关系容忍退让不采取正当防御或诉诸战争时，对方国之武力行为，亦已构成侵略。例如济南事件，日本之武力行为虽已达到国不能不采取正当防御或诉诸战争之程度而中国并未采取防御行动，或与日本战争，但日本并

---

　　[1]　德国柏林大学国际法讲师罗格主张一国因他国侵略计划之长期准备，在准备未完成前，为阻止其完成而先动手攻击他国者，不为侵略。此说似系为其本国辩护。著者以为任何理由不得为侵略借口之原则较为正确，故依据该项原则，不独罗氏之论不能成立，且因先动手之故，尚须认其为侵略国。

　　[2]　"施泰因莱茵"原文作"斯担莱因"，现据今日通常用法改正。——校勘者注。

不因之卸却侵略责任。国际法构成如奥本海[1]（Oppenheim）、巴克（Baak）主张强暴之行为即为侵略之特征，其意似亦以强暴之武力行为为已足，可不问其程度即构成侵略，著者颇然其说。

事实上观念的侵略之主观条件，亦含有两个要素，即侵略须为国家之行为，侵略须为国家故意的行为。侵略之主体须为国家，即侵略须为一国之陆海空军向他国领域攻击之武力行为，是故一国这私人或私人团体向他国所实施之武力行为不得谓之侵略。虽然，近代国际侵略方式各有不同，每有国家辄利用或资助本国私人或私人团体如武装群众之类，使其向他国作种种武力行为而图卸却本国侵略之责任者，数见不鲜。

此种私人或私人团体之武力行为，若为一国之国家政府或负责机关所授意或明知而故纵者，亦应视为国家之行为而认为侵略，故近代国际条约亦有是项之规定。[2] 著者认为此种原则犹不免稍狭，尚须将其范围推广，即在被害国领土之被害国私人或私人团体如被对方资助利用给予武装唆使向被害国实施武力行为者，则此资助利用被害私人或私人团体之国家，亦应视为侵略。此种原则，虽未订立于国际规约，然国际立法尚在演进，终必因事实演变而被采用，则可断言。至如一国之陆海空军未奉有本国命令而向他国领土实施武力行为时将作如何解释，著者以为在被害国未请求该侵入之陆海空军本国政府主意改正之前不妨认为"偶发事件"或意外事件（Incident）至经被害国请求改正注意而侵入国政府不予改正注意或故置不理者，则此侵入国之陆海空军应视为执行其本国政府之命令为其本国家行为，其本国及此项军队同负侵略责任。如依著者解释，则所谓国家之行为，实不止一国之单纯的积极直接行为，即间接行为如授意行为或放任行为之消极行为亦包括在内。

除直接行为与消极行为外，侵略之构成尚须为国家之故意，如上述明知故纵之行为，即为故意行为之一。非国家之故意行为，如军队不明地志入他国疆界，军用飞机因天气关系误入他国领空，或两国哨兵相互射击等，皆缺乏故意之要素，仅可认为偶发事件或意外事件而不能认为侵略。但如此项偶发事件或意外事件扩大至相当程度与构成侵略之武力行为相等经对方国向其提请注意而不予以注意或能注意而不能予以注意，或默认其进行甚至公然指

---

〔1〕 "奥本海"原文作"俄本罕"，现据今日通常用法改正。——校勘者注。

〔2〕 伦敦公约第二条第五项。

挥其进行时，则此种状态已超过偶发事件之程序，亦不得不谓为侵略。例如"七·七"卢沟桥事件，"八·一三"虹桥事件，俱因日本借口一二名兵士失踪或伤亡之故发生，当时虽可认为意外事件，但因中国当局提请由正常外交途径解决，日本仍以武力扩大事态，超过意外事件程度以外，是日本已含有故意与先动手之武力行为，绝不能辞侵略之责。法国学者史特鲁普〔1〕（Prof. Strupp）认侵略为"一国明知而故意施用武力，对他国所为之侵入"之说，良有见地。至侵略者多主张应不问其目的或企图，著者亦赞同此说，盖一国之企图属于政治范围，如以之为侵略构成之条件，易牵及政治问题，对于法理及法律之适用，反有窒难之处，不如纯以法律为准则，既易于判明且使于适用。且国际本身之障碍，即在于国际政治过于复杂，致国际法迄今尚未能获得圆满运用，如再加以政治问题，直不啻作茧自缚，故国际法这原理与运用，以牵涉政治问题愈少愈妙。综之，一国对他国所施之先动手之武力行为。即已构成侵略，不必问其是否想达到某种目的，获得某种特权，只要其有武力行为的事实，有实施比武力行为的故意，不问其有无目的，即得谓之侵略。

至法律上侵略观念之构成，须以国际条约说明，试述如下：

1. 国联盟约。国联盟约虽亦规定"外来之侵犯"〔2〕。但何谓外来之侵犯，条文殊无明显之规定，但据第十六条规定："会员国设有不顾本盟约第十一条至第十五条所规定之义务而遽行开战者，即视为对其他全体会员国有敌对行为……"则所谓外来之侵犯，为一国对于国际纠纷不经过国联仲裁判断或经行政院审查，向他国开始战争者，即构成侵略。故依照国联盟约，构成侵略之条件必须一国对于国际纠纷不顾盟约第十一条第十二条第十三条或第十五条之规定的义务。此与事实的观念，不经过和平方法而迳以武力行为施诸他国者虽同，但依照盟约之严格解释，此使用武力之国家必须远反盟约之规定，始构成侵略。

依据国联盟约，内有数条足为条约运用上之困难且足为野心国家之利用以规避侵略之责任。盟约第十五条第八款："如相争之一方对于争端自行声明

---

〔1〕 "史特鲁普"原文作"史脱勃"，现据今日通常用法改正。——校勘者注。

〔2〕 国际联盟盟约第十条规定："会员国有尊重并保持会员国领土之完整及行政之独立以防御外来侵犯之义务，如遇此项侵犯或有任何威胁或危险时，行政院应筹划履行此项义务之方法。"

并为行政院所承认及按照国际公法纯属该方本国法权内事件时，则行政院应据情报告，不必为解决争端之建议"之规定，即属非常危险。例如一九二三年科孚岛〔1〕事件〔2〕及一九二七年济南事件〔3〕均因此项条文之被利用而使国联盟约发生缺欠，谈国联改造问题者似应注意及此。国联盟约条文，对侵犯虽乏明显规定，但据国际法学者对条文解释之意见，则颇有许多恰当处，如迪亚曼代斯库〔4〕（Diamandesco）之解释，谓盟约中所谓侵犯，当作领土侵入与攻击解，此与事实观念首先开始军事行动者即为侵略者之说相同，颇为正确。至盟约第十五条第八款，则一九三三年伦敦条约侵略定义议决案尚可补救，该议定书："任何政治军事经济的理由，或被侵略国内部情形不得为侵略的辩护或借口"的规定，实足证明无论任何理由，凡以武力加诸他国者：即为侵略。此项规定，如运用于中日间，则日本自济南事件以来，即为侵略者，而国联对济南事件亦不致采取不理态度，而为"九·一八""一·二八""七·七"诸事件之张本，故伦敦议定书与迪氏之言，实堪为研究国际法者之探讨。

2. 互助公约案。一九二三年所起草之相互助援助条约案即互助公约案，对于侵略含义，更有进一步之法律界说，依该案条文解释，侵略不独具有一般事实的含义，且具有严格的法律的含义。该案第一条第二项规定凡接受行政院一致通过之劝告，国际永久法庭之判决或仲裁裁定之国家对于不接受该项劝告，判决或裁定之缔约国家所施之战争不得视为侵略战争。

依此法定，可得两个解释：一、接受劝告，判决或裁定之国家对不接受劝告，判决或裁定之国家所施之战争即不认为侵略战争则不接劝告，判决或裁定之国家对于接劝告判决或裁判之国家所施之战争，应视为侵略战争；二、接受劝告，判决或裁定之国家对不接受劝告判决或裁定之国家所施之战争虽纵为先劝手之武力行为亦不得视为侵略。此外，互且公约案在实际上对国联

---

〔1〕 "科孚岛"原文作"科佛岛"，现据今日通常用法改正，下同。——校勘者注。

〔2〕 一九二三年"划定埃塞俄比亚国境委员会"意大利委员军官一人在希腊境内被人暗杀，意大利遣军舰炮击并占据科孚岛，希腊政府依据盟约第十五条将该案提出行政院。乃意大利宣称此项举动完全属于本国法权范围，国联无权干涉。

〔3〕 一九二七年济南惨案发生，中国根据盟约第十条提出国联亦无结果。且国联机关报日内瓦日报谓："因日本出兵山东，实为保护日侨，并非侵略可比，即使有侵略行为，然此种侵略亦由中国内战所造成，故应认为一国内问题。而国联不能干涉国家内部之事务。"

〔4〕 "迪亚曼代斯库"原文作"狄亚孟斯科"，现据今日通常用法改正。——校勘者注。

盟约第十六条予以不少帮助并使之容易得到适当之机会，因盟约第十六条已将不接受劝告，判决或裁定之国家对接受的国家所施之战争认为侵略战争明白规定，而互助公约第一条第二项又适与盟约第十六条规定符合，是则互助公约案与国联盟约有相互辅衬之妙，对侵略含义在法律上更有深切之确定。

除公约草案规定外，常起草该案前，国联中有两个委员合对侵略含义，亦有相当研究结果，足资参考。共一，即一九二〇年设立之常设咨询委员会（Permanent Consulative Commission）之关于互助公约的意见书，对侵略构成的要案认为有下列七种；产业与经济动员组织的计划，产业与经济动员实际的组织；原料的屯聚；制造的开始；军事动员的准备；军事动员的实行；敌对行为。以上七种，国际法学者多认为恰当，然据著者见解除军事动员的实行与敌对行为可能构成侵略观念外，其余各项仅能构成一般军事准备的观念，盖在其实施战争目的国未判明前，各种军事准备固不得视为对某一国家而发，则在其实施行动前，亦即不很认为侵略，否则，难免他国不以军事准备为借口指其为侵略而向之进攻，其弊端实大，至如该国军事计划系防御性而非攻击性时，吾人将更难断其是否侵略，故上列七种除最后两种外，余者充其量亦不过系侵略之征兆（Symbol），而非侵略之实质著者暂以"准侵略"（Quasi aggression）名之，以待研究。其二，一九二一年成立之临时混合委员会（Temporary Mixed Gommission）关于侵略定义的评定书、认为构成侵略的要素有六：实业或经济动员的实行（无论在本国或他国领域内）；编练非正规军队秘密军事动员，或于动员前宣布战争危险状态存在，以为借口；陆军或海军或毒气的进攻；遣派武装军队至他国领域；拒绝将军队撤退至行政院所指定界限以西；争议之一造实行显明的侵略政策并拒绝将争议交付和解或交付仲裁或拒绝接受和解或仲裁之建议。此六项要素，皆足以构成侵略。如加以区别规则前四项属于一般事实的观念的确定，后二项属于法律观念的确定，似较常设咨询委员会所提出之意见书正确，且易于解晰判明。该项意见报告、对互助公约案有不少影响，对于今后侵略观念之研究，亦有不少贡献，互助公约案虽未成立[1]但其法律观念，不可磨泯。

3. 日内瓦议定书。一九二四年第五届国联大会所议决之日内互国际争议

---

[1] 互助公约案于一九二三年九月国联大会议决交由各国政府考虑，但在二十九国复文中，仅十八国在原则上赞同，且因反对者甚力，故未成立。

和平解决，虽因多数会员国未予批准不可成立，〔1〕但其规定这侵略定义为一最完全之法律观念的定义。依照该项定书条文，可分二点：第一，原则的规定，第十条第一项上段云："凡违反国联盟约或本议定书所规定之义务而从事战争说之国家，即视为侵略国"。第二，侵略之要素，第十条第二项云："除行政院全体一致另有议决外，有下列各项之一者，为侵略国；（一）拒绝将争议交付盟约第十三条第十五条及本议定书所订和平解决办法解决或不遵照行政院全体一致议决或法庭判决，仲裁裁定者；（二）违反行政院依本议定书第七条在争议和平解决程序中所指定之临时办法者；（三）凡拒绝行政院因短期不能确定孰为侵略者时对交战国所为之停战建议或停战条件者。"以上二点，足证该定书在法律观念上对侵略定义规定非常周密且包罗亦广。除法律观念的规定外该议定书对事实观念的规定，亦复载明，如第十一条下段——关于违反武装解除地带规则之行为与诉诸战争之行为，应同样视为侵略国——即为事实观念之规定，因违反武装解除地带规则见后即构成侵略行为，此种行为在事实上又比较容易确定。该议定书对侵略定义实以法律的观念与事实的观念兼筹并显，足称完备。

日内瓦议定书虽未成立，然对于此后各国彼此所缔结之双面或多边条约影响不少，如一九二五年洛迦诺〔2〕条约第四条及第五条之规定〔3〕即为最显著一列。除条约外，国际著名宣言中，对侵略定义有详细之阐述者，如一九二四年美国萧特威耳（Prof. Shotwell）、布利斯〔4〕（General Bliss）、米勒〔5〕（Miller）三人起草之罪责侵略战争宣言案第五条第二项——缔约国拒绝接受国际永久法庭关于上述案件之裁判权限者，即视为本约所规定之侵略——不啻指明凡违反国际法律拘束而从事之国家，便为侵略国。一九二七年美国参议院之贾培法案——任何国家已允将国际争议交付和解仲裁或法律

〔1〕 日内瓦议定书虽在大会通过，但未经多数会员国批准，亦未成立。

〔2〕 "洛迦诺"原文作"罗迦诺"，现据今日通常用法改正。——校勘者注。

〔3〕 一九二五年洛迦诺条约第四条规定："国联行政院如认有违反本条约第二条（攻击，侵入战争的禁止之规定）及凡尔赛条约第四十二条第四十三条（武装解除地带之规定）所规定之行为者，本条约其他之缔约国对于受此违反行为之国家，应即予以援助。"（所附一三项从略）所谓违反行为者，据横田喜三郎解释，即视为侵略的构成。第五规定云："因气绝服从和平处理方法或判决而发生上述这违法行为将适用第四条规定。"

〔4〕 "布利斯"原文作"布里斯"，现据今日通常用法改正。——校勘者注。

〔5〕 "米勒"原文作"弥勒"，现据今日通常用法改正。——校勘者注。

解决而未经交付即开始敌对行为时，均认为侵略者——亦注重国际法律拘束之效力。

一九二八年六十余美国名流学者公布之宣言——争议未经交付和解，仲裁，法律程序或其他和平解决之方法而企图以战争为解决的国家，为战争中之侵略国——对侵略之定义，亦确定无余。综上三种宣言，均以违反国际法律拘束，忽视国际条约义务，一意孤行用战争为手段或方法之国家，视为侵略者，并不重视事实上之侵略观念，尤为明晰简捷，易于解释和确定。

4. 伦敦公约。一九三三年之伦敦公约或侵略定义条约，通常又称东方公约〔1〕为在条约上正武规定侵略定义的第一次条约。〔2〕该约第二条对侵略要素和定义有极详尽之规定，即凡首先违反下列五种事实之一者，认为侵略国；（一）向他国宣战者；（二）虽不宣战而将武装军队侵入他国领土者；（三）虽不宣战而陆海空军攻击他国领土，船舶或飞机者；（四）封锁他国海岸或港口者；（五）资助在本国领土啸聚而侵入他国领土之武装匪众，虽经被害国请求，不于本国领土内尽其可能力量为必要之措置取消对该匪众的资助或保护者。五项规定中，可讨论者首为第一项，盖所谓宣战者，是将军事行动和作战的意思通知对方而达到国际法上所谓"战争状态"（State of war），不宣战而向他国攻击固构成第二项和第三项两个条件而成为侵略国，但宣战而不作军事行动，换句话，即缺乏事实观念之武力使用时，究应作若何解释？依据伦敦公约第二条第二项，则仅以向他国宣战为已足，不必问其是否有军事行动，或武力使用，详言之，即一国纵不向他国使用武力而仅将使用武力之意思通知他国者，亦以侵略同，此项规定自较纯凭事实形成之观念完善。但依著者观察，该项规定似尚忽略一点，即如一国因对方国种种军事压迫或军事以外之压迫至不能不以战争为排除之对策并经战事发生前种种和平解决方法而无效，被压迫向对方国宣战时，该宣战国是否为侵略国，该公约并无详确之解释。窥原来立法者之意，似欲定一"孰为宣战者即孰为侵略者"之原则，

---

〔1〕 伦敦公约有三种："一、为阿富汗，受沙利亚，芬兰，莱脱维亚，波斯，波兰，罗马克尼亚，苏联、土耳其于一九三三年七月三日所订者；二，为捷克，罗马尼亚，土耳其南斯拉夫诸国于七月四日所定者；三、为苏联与立陶宛于七月五日所定者。以上三种条约均相同，惟七月四日订立者多一他国得申请加入条款。"

〔2〕 法国学者李富尔（L. Le Fun）称"伦敦公约划分国际公法发展史上一种要阶段，因为以条约规定侵略的定义者该约尚属初次"。

俾将宣战之责任完全归之于侵略者，使野心国家有所顾忌不欲冒此不韪，甘为戎首，然以法律立场言之，似尚有待于研讨。除第一项外，余者均为实质之侵略，但第五项规定似亦宜扩充适用于本国政府资助或利用他国私人或私人团体之事实，已见前论，兹不多述。以上为该公约对侵略所下之积极定义，至消极定义则订于第三条及其附款，该条分为两部：（一）一国之情况，内分两项：（1）政治经济或社会统治方面行政上的缺陷；（2）由罢工，革命，及革命或内乱所引起之纷乱；（二）一国之国际行为，内分五项：（1）对他国或他国人民物质上或精神上之权益施以破坏或恐吓行动；（2）外交及经济关系之断绝；（3）经济或财政之抵制；（4）由财政或其他义务所引起之冲突；（5）边境偶发事件；上述情形，绝不能引为侵略行为之合法的解释，换句话说，即侵略者不能以上列情形之一为自卫的借口而向他国攻击。该公约反复剖说，对侵略事实也列举详尽，在国际条约上，应推空前第一次之创作。不过该公约过于偏重事实的定义，法律的定义仅为第一条第一项，似亦尚待补充，盖国际事实演变，日新月异，该公约所列举事实在目前虽尚完备，然能否适应将来之动态的演进，实难预断，日本国际法学者横田喜三郎以为侵略的定义须兼备事实方面与法律方面者，其理由当不外此。

综合以上事实的观念和法律的观念，可知侵略在国际公法上构成的观念如左：

（一）事实的观念

1. 武力行为——故意的（直接的故意与间接的故意），先动手的；

2. 授意的武力行为——资助利用本国或他国私人或私人团体向他国实施武力行为；

3. 国家的行为——一国明知而故意施用武力，向他国侵入。

（二）法律的观念

1. 不将争议交付和平解决，仲裁而遽行开战者（国联盟约第十六条）；

2. 不接受国联行政院劝告，国际永久法庭判决或仲裁裁定之国家向接受劝告，判决或裁定国家所施之战争（互助公约案）；

3. 拒绝将争议交付和平解决，违反和平解决程序中所指定之临时办法，拒绝行政院对交战国所为之停战建议或条件（日内瓦议定书）；

4. 向他国宣战，或不宣战以武力侵占他国领土或攻击他国海陆空军，封锁他国海岸港口，资助在本国领土啸聚而侵入地国的武装匪众（伦敦公约）。

以上系就事实上和法律上研究侵略在国际公法上之构成，惟著者超一流国际法上之规定尚嫌未臻完善。甚望伦敦公约之精神与内容能被采纳于其他国际条约，庶其适用范围能够扩大；国联盟约今后亦能尽量补充修正；日内瓦议定书与互助公约说能复议使其成立。欲达此目的，对国际立法技术与原理须有充分讨论与准备，并须先行扫除国际疑嫉仇视心理，始能建立共信的完善的国际规约，甚望国际主义者，国际法学者及国际立法者努力赴之。

中日战事与中立问题[*]

梁鋆立

狭义之中立，与战争状态之观念，息息相关。在以前国际法对于战争并不判分合法与非法战争时，战争状态，颇易确立。以前两国发生战事，第三者非参加战争，即须保守中立，以不偏不倚之态度，对于不予交战国以任何援助以致利此而损彼。其时国际法对于战争只能确定交战国与第三者之一切权利义务，而不能加以是否合法之判断。

自国联盟约以及巴黎非战公约后，情势为之一变。战争之性质有合法与非法之分，而国联盟约更有关于制裁之条文以制裁违反盟约之会员国。从此产生所谓"事实上战争"之暧昧状态。因盟约规定会员国违反盟约之规定而从事战争，即被认为对其他会员国采取"战争行为"，但"战争状态"则并不即行产生。以前此种"事实上战争"系以"干涉""报复""和平封锁"或以笼统之名词，"非战争式暴力行为"名之。然发生此种状态之例尚少。现今采取"事实上战争"之国家，其目的显然为避免被判处其战争行为之非法而尤以免除国联盟约之制裁条款为主因。

其最显著之例，如日本于一九三一年之侵略东三省，意大利于一九三五年之侵吞阿比西尼亚。彼时意日均属国联会员国，不欲因此而负违反盟约条款之责任。目前日本之大规模侵略中国，日本虽已非国联会员国，但仍在国联盟约第十七条禁止范围之内。且日本仍受九国公约之束缚，如正式宣战，即发生违反该约之明证，而其为巴黎非战公约之签字国，一经正式宣战，益形暴露其为侵略之罪魁，因非战公约规定国际争端须以和平方式解决之也。

此种状态，在国际关系间已渐成惯例，盖因"事实上战争"之状态实予

* 本文原刊于《时事月报》1938 年第 19 卷第 6 期。

侵略国以便利，因其既能用战争方式收获利益而复以无非凡条约之义务此种现象，实出以前法学家所制定中立条款时之意想。以前非守中立即属交战国之铁律业已动摇。Bynkershoek 所定义之中立为 "Non Hostes"（非交战者）虽未成立，但如以 "Non Hostes" 即属狭义之中立，业非确当。因自有狭义和平与狭义战争之中间观念产生后，遂有狭义交战国与狭义中立国之中间状态矣。

利用"事实上战争"之国家，固以不造成实际"交战状态"为较利。即第三者亦以不必确定其是否参加任何交战方或严守中立位较便。除因国联盟约及巴黎非战公约而生之不确切之义务外，第三者因事实上之关系对于"事实上战争"确有依其国家利害及国际形势而定其应取之途径。对于战争，故无实际参加之愿，然事实上，第三者不得不偏向交战国之一方而敌视他方。如交战国之一方显系违犯条约者，第三者更能振振有词以偏向他方。此种态度，不论其应名为"善待中立"，抑"不纯粹中立"或"事实上中立"均与实际无关，惟国际法学者则应认识此种态度与"事实上战争"之联系性。

上述象征，在日本侵略中国之"事实上战争"颇为显著。一九三七年八月廿一日之中苏互补侵犯条约，其第二条规定之义务，虽属消极性质，但此条显然判分侵略国与被侵略国之别，遂令签约者不论其有否战争状态，负有偏向其订约国被侵略时之义务。苏俄固未加入中国方面作战，然其应负约内所规定之义务，以偏向中国，当无疑义。此种偏颇态度，在以前之狭义中立观念下，断难容许者也。

美国所取态度，亦为偏向之明证。日本之行为已在数次官方宣称中被判为侵略者。罗斯福总统已于一九三八年五月一日拒绝援用"中立法案"，因为此法案如经施行，实有利日本而有损中国。其国务卿赫尔对罗总统之不施行中立法案且曾阐明其理由，而本年八月廿一日美商务部且警告美出口商与日本交易须以取得信用保证书为条件，事实上即晓示其商人须与日本作现金交易也。

英法之态度，比较上亦系偏向中国。日本之不满英法，盖由于此。

综上以观，各主要国家对中日战争所取之态度，加入战争状态业已发生，应已分列于参战或中立之一方，其所以各取"事实上偏向"者所以适应此"事实上战争"之暧昧状态，而亦缘各国均被重大之利害观念所左右。由此更可见国际如有两国冲突，当然影响其他所有国家之内外一切，使其根据国家之立场及实际利害以定其倾向何方也。

对于和战问题应有的基本认识[*]

何世桢[**]

　　中日的和战问题，在战事互延到二十六个月以后的今天，成为全世界所最注意的一件事，尤其是有切身痛痒关系的两大民族念念不忘的一个大问题。在日本方面，固然一边仍旧继续着它的军事行动，可是同时它朝野上下作和平呼吁的主张，也层出不穷。我国民众，身受着钜创深痛，对于和战问题，似乎应当有更较深切的认识的需要。

　　抗战时现在的国策，但是在"七·七"事变以前，何当又不是以和平为我国的国策？《塘沽协定》，《淞沪协定》，以及《何梅协定》都是这一惯的政策，良以未至最后关头，绝不轻言牺牲。等到"七·七"事变发生，全国上下，都觉到忍无可忍，于是在全体民意的支持下，进行了大规模的抗战，而一向所采取的"和平国策"也不得不改变为"抗战国策"了。这种改变，是受着环境所支配，以及民意所造成的。所以一个国家受着战事威胁的时候，和战之决定，须要能把握着时机，可以抗战则抗战，可以言和则言和，不可以抗战而又不可以言和，则亦唯有抗战。我们知道抗战的目的为保全民族的生存领土主权的完整，所以能抗战而不抗战，则是误国。和平的目的，也是

　　* 本文原刊于《正气旬刊》1939 年第 1 卷第 2 期。

　　** 何世桢（1894～1972 年），字毅之、思毅，安徽望江人，何芷舠之孙。1921 年毕业于东吴大学法学院（第 4 届），获法学学士学位。在校时曾参加五四运动，任上海学联会会长，由此结识国父孙中山，并加入国民党。后留学美国密歇根大学，获法学博士学位。回国后，任东吴大学法科教授，上海大学学长（教务长）。民国十二年（1923 年），任第三届国际律师协会中国代表。翌年，国民党一大召开，为上海代表之一。是年，在上海江湾西体育会路创办持志学院，自任院长，兼行律师业务。五卅运动中，被宋庆龄指定为后援会法律组副主任。民国十五年四月，任中国国民党第二届中央执行委员（西山会议派）；八月，任中央政治委员会委员（西山会议派）。翌年七月，任安徽省政府委员兼教育厅厅长。民国十八年七月，任上海公共租界临时法院院长，任职期间秉公办案。

为了保全民族的生存和领土主权的完整，能得到光荣和平而不言和，也是误国。我们不需要盲目的抗战，可是也不能容忍屈辱的和平。列宁在革命的时候，不惜与德国媾和，以完成其国内革命，到现在谁也不能说当时列宁的和平政策是错误的。现在德波的衍变，张伯伦在最后一分钟和平希望断绝后才决定对德宣战，这种抵抗侵略的政策，也不能说是错误的。所以无论战也好和平也好，都是一个国家在某一时期的政策，而这种政策建筑在民意堡垒之上，更须视国际与国内的形势而为转移的。绝对没有永久保守和平政策而不抵抗外来的侵略，也没有永久保持抗战到底的政策而不接受任何光荣的和平。和与战，是一个国家在危急存亡时的二条大路，和若有利，则随时可以和；战若有利，则随时可以战。这是关系着整个民族的幸福，关系着国家的存亡，应当随时随地的考虑，而不是一成不变的。

我国民众，对于国内政治，多半是取缄默的态度，尤其是在现在的环境之下，主张抗战就会被反对他的人们指为赤化。主张和平就会被反对他的人们斥为汉奸，于是更噤若寒蝉不声不响了。所以要估计全国民众究竟是主战的多还是主和的多，实在是无从断定。但是在私人方面所听到的言论，可得到下列的分析：

从年龄上说：青年人主战的多，壮年人半主战半主和的，老年人则是主和的多。就区域上说：在沦陷区的人民主和的多，在未沦陷的区域里主战的多。但是主战的人们，其思想出发点，也不尽同。主和的人们，亦各有其论据。

血气方刚，意气用事的青年，凭着一时情感的冲动，不去细细考察事件的前因后果，高喊抗战到底的口号，这纯粹是激发于爱国的热忱，我们绝对不能任意诬蔑他们为赤化的。如果认为他们的思想错误，那只可以纠正他，而不能冤抑他。有这种情形的青年大概不在少数。再说未沦陷里人们，看不见沦陷区域人民的苦痛。所看见的报纸，是尽量登载胜利的消息；所听到的，是绝对可以得到最后胜利的言论，那无怪也是主张抗战到底了，属于这种情形的也不在少数。

一般高喊抗战而实行其所谓寄生政策的人们，是不能为我们所原谅的。因有抗战乃囤积居奇，从中牟利，以至百物昂贵，破坏整个商场，影响到整个民生；或趁抗战之机，大量收买外汇，扰乱我金融市场，以至币值低落；或为巩固自己的地位，借抗战之名以消减共己份子；或为谋本身之发展，不惜假名抗战以实行寄生政策。这种种情形，到处可见，他们把国际民族的存亡问题置之脑后，所重视的，只是个人的功利观念，其行卑鄙，其心可诛。

已沦陷区域的人民，所受的痛苦如何？颠沛流离，饥寒交迫，再加上失业，生活等高昂等问题的压迫，是如何急迫的需要和平？这种有目共睹的事实，无庸细述的。再有一般人们，鉴于抗战的结果是两败俱伤，不忍坐视东亚两大民族沦亡，因而发出和平之建议，这种见解也是不可厚非的。估计这两种份子，在现在社会里都占多数。

不过有一种人假借主和之名实行攫取正确的主张，这也是同样不为我们所原谅的。需要和平，是求能得到光荣的和平，才谈得到民族的生存，国土主权的完整独立。不是空洞的和平主张，而置国家民族于不顾的。如果在急急的想夺取政权情形之下，实际上就得到迁就事实，哪里还谈得到有坚强的主张。这种也是同样的重视个人功利，不是一般民众所看得起的。

上面是对于主和主战的一个分析，如果谈到究竟应当是和还是战，我们非把事件的本质仔仔细细的透视一下不可。所以凡是主张抗战的人们应当研究下列几个重要的问题：

首先是中国在国际上所得到的援助是怎样？支持抗战最力的，原有英国和苏联。在欧战还未爆发的时候，英国是否曾经积极的助我？贷款的数额，一再的减少，在东京谈判的内容是怎样？刺程嫌疑犯之引渡，都可以表明英国的态度。何况欧战现已发动了，它还顾得到远东吗？苏联的帮助，就更令人怀疑了。记得苏联《真理报》有一段评论，就是中国抗战之后，对日本的实力问题，可以一目了然了，这不如说苏联是把中国作为实验日本实力的工具。实际上苏联支持我国的地方，究在哪里？在军事上去年张鼓峰事件竟会消沉下去了，难道不能以一战，以牵制日本的实力吗？其次如国际联盟的决议更空洞了。美国的态度，也是不敢招惹一点是非，何况它还是日本军火的供给者呢！这种种国际上有利和无利的因素，是我们首要考虑的。

其次是作战能力问题。我们的军火军器还不及日本的优越，这是无可讳言的事实。但是过去能够抗战二年有余，还不是靠几百万血肉之躯，与无情的炮火对垒。这几百万的勇士，为祖国牺牲，我们深寄同情与钦佩。而这种流血的精神，已经博得全世界各国对我的正确认识，也是我中华民族可以引以为豪的。不过作战的原则，须尽量减少牺牲，杀人的利器，固然不可少，军事策略，也须注重。我们试一下检阅过去的战绩，战略上的失败，是不能否认的事实，我们也不欲一件件的举出例子来。至于游击战术，只有增加沦陷区域人民的痛苦，所收的实效，也是微乎其微了。在作战的方式和策略上，实在难期最后的胜利，而此后欧洲多事，军火的供给已成问题，难道我们仍旧拿整个民族的血肉身躯，作孤注之一掷吗？这也是须要考虑的。

最后，经济的力量，可以支持多久？现在的战争不如说是经济战争。起初我们预料作战六个月后，日本经济，即将崩溃。而日本对于我们的估计——甚至于我们自己的民众——也绝料不到我们能维持到今天，双方都是估计错误的。但是谁能比较的支持长久，便是谁占胜利。如果作战的结果，双方的经济状况，都到了同一程度，甚至于同时崩溃，那是无形中解决了战事。假使日本的经济先行崩溃，战事也就此结束；设我们先行崩溃，结果又是怎样？这三种趋势究竟那一撺比较的可能呢？我们国内的物价高涨和日本国内的物价高涨比例如何？法币值的低落和日元值的低落比例又是怎样？日本黄金外溢和我国的金银外溢的程度又怎样？日本对于战事的事先准备和一切的统制，收效若何？我国又怎样，如果不对于这些问题加以详细调查，是不能得谁先崩溃的结论，那又何从而断定抗战的结果？

此外如已经饱受痛苦的人民生活状况，几经摧残的工商业情形，都应当附带研究的。至于主和的人们，虽然为着挽救国家的危亡和保全民族的生存，但是忽略了下列几个重大的问题，也就失去了主和的真意。

首先是和平的条件如何？民众方面对于和平是乐意接受的，但看和平的条件是怎样。就原则言，自然是领土完整与主权独立。但是尽管是表面上的领土完整，而事实上经济权却被操纵了，交通权却被统制了，那好像是一个四肢五官健全的人，气管血管都被人紧握着一样，还要这躯壳式的完整领土做什么？不仅是原则要考虑，就是细则和技术上的问题，也重要的，所以领土完整与主权独立，是主和人们应当坚持的一个是最低原则。于此原则之下我们尽可为一切的谈判，像"经济合作""共存共荣"等问题，都可以考虑的。至于如何始能称为真正的平等的"经济合作"？如何始能称为永久的合理的"共存共荣"，须循何途径？更须执行何种方式？则或为细则，或为技术，也应详细研究不可忽略的。

其次是否依据平等原则以谈判和平？过去数十年中，中日两国间的误会实在太多了以至造成今日的不幸，而这一次战争给予双方的损失，也确实惊人。我们应当借这一次机会，清理已往一切的错误，把中日的关系，早日纳入正轨中，但是首要的是应以平等的原则为谈判依据，根本铲除"占便宜"的心理。所谓平等原则，不单是主观的，还要具有客观的要件。不如此，不能得公允的结果，不得公允的结果，则不能铲除以往的一切障碍，且将招致将来的湘穷悔尤。凡尔赛条约就是造成今日欧战之原因，可资殷鉴的。

复次是双方诚意的问题。二年多的战争，使得我们感觉到深切的痛苦，自然对于依据平等原则所得到的光荣和平，有热烈的需要。设使有作和平谈判的机会，我们是不会以无诚意的态度来见证这一切的。日本有无诚意，是谈判和平的主要关键，我们只能在他朝野上下的屡次言论中，看到一点，知道他们已经推动了和平运动。而且在许多言论中，也声明了无土地的野心，无赔款的要求，可是我们的立场不同，我们有我们的主观，我们不能用客观的方式来透视日本一切的一切，所以我们实在无从断定日本有无诚意。不过言为心声，我们极希望日本是有诚意的。因为和平谈判是否成功，以双方有无诚意为先决条件，否则是等于纸上谈兵，无补实际。

最后是名词上的解释问题。日本不是主张大亚细亚主义吗？中山先生也是大亚洲主义的倡导者，名种上是相同的，所谓"共存共荣""经济合作"，表面上看起来，也很像与中山先生大亚洲主义符合的。不过空洞的名词，是无从想象它的内容。中日的立场不同，解释上自亦各异，也不能推论它的实际。所以中日双方欲求彻底解决一切的纠纷而谋真正的和平，应当首先确定一切名词上的解释，庶几可以真诚相见，不至于圆枘方鉴了，不然，双方是无从接近的。

抗战与和平，是我国当前的二条大路，上面已经说过了，无论我们是主和或是主战，不是空喊口号的事，最低限度必须对于上面所提出的基本的问题，有充分的研究和深切的认识，才可以确立我们的主张。如果空喊口号，不求实际，那是踪迹盲从，形同昏聩了。事实上除掉国家观念薄弱的极少数人之外，其余大多数人民，是如何关切着时局的进展！不过和战二说，聚讼纷纷，遂致一般民众徘徊歧路莫衷一是。这固然是对于和战问题的基本认识不足，但是被一般主和主战的人们麻醉的宣传，有以致之。

我们试一检查主战者的言论中，有许多不合于理论的口号。譬如说："抗战至最后一人最后一弹"吧！那么我们抗战的目的是什么？是不是保全领土求民族的生存？到了只有最后一任最后一弹的时候，国家也亡了，全民族也牺牲了，那不是与我们最初的目的相反了么？我们需要的是正气，可以挽救国家的正气，我们是无限钦佩，不过国家仍然是亡了，绝不无遗憾吧！这一类的口号是作战兵士的排长连长的口号，所以激励士气，已过的中心攻治主张，应当就整个民族着想，不能拿来作孤注一掷的。再说"焦土政策"吧！那简直是焦我们自己的土，毁坏我们自己的建设，摧残我自己民众的生存，对于我们抗战的目的也大相径庭了。更令人感觉到极痛心的是"主和即汉奸"的口号。主和主战，只要以国家民族利益为前提，便是正当的主张，难道说，一个国家抗战开始，全国朝野上下的人就不能主张有利于国的和平，也不能主张接受于国家有利的和平建设吗？那么如何结束战争？希望日本灭亡还是中国灭亡呢？中国在战事上的成绩已经表现作战能力是如何了，难道希望我中华民族灭亡？这样使得一般民众哪里还敢表示什么主张，一经主和，便轻轻的加上一个汉奸的名号了。事实上从川滇黔最近来沪的人还告诉我，人民方面甚至于政府官吏在私下里说话的时候，大多数切望着和平，不过不敢公然主张就是了。全中国的人民有这类情形的正多。如果照这种口号说起来，岂非都成为"英雄口汉奸心"的人了吗？我们对于国家民族的整个利益问题，需要什么假面具！所谓真正的民意真正的舆论又到那里去找？

再就主和的方面说，也有许多令人感到失望的事。既然主和，就应当站在中国人的立场说话，为中国国家民族的利益设想。为了实现这种主张，即使牺牲个人的一切，也应当在所不计。但是有许多人太看重现实了，把个人的功利观念看的比国家民族的福利还重，于是不惜迁就一切以求造成"既成事实"的局面。试问这种情形能不能叫民众满意？如果主张是正大光明，于心无愧，眼前纵然为民众所谅解，终有大白于天下之一日。中国一向重视王道精神，中山先生毕生尤致力于此，所以最后在日本的演说，还不断的把王道精神向日本人灌输。我们若是三民主义的信徒，就不能丝毫违反中山先生的主张，应该把王道的精神唤醒中日两国的民众。这是主和的人们应当深切了解的。

总之，国家民族之存亡，已经到了千钧一发的时候，我们都应该以公正的立场，诚挚的态度，悲恻的襟怀，冷静的头脑，来讨论当前所务之急，不能再来情感用事了。我们要认清我们的目标，主战也好，主和也好，但是必须对于一切问题，要有深切的认识，对于一切错误的心理，要有纠正的勇气。迷途未违，及早回顾，何去何从，当自择之！

评东京战犯法庭对日本甲级战犯的判决*

何任清**

战争罪犯在第二次世界大战之前，虽经 1906 年《日内瓦条约》规定可用刑事方法来制裁，但认真执行的案例则不多见。第一次欧战结束时，协约国方面会宣布德皇威廉第二为战争罪犯，但结果并没有宣判和处罚。此次世界大战，系由轴心国家所发动，其性质完全是侵略的战争，故其负责人应负破坏和平的刑事责任。德、意两轴心国先后在欧洲失败，主要同盟国领袖为惩处侵略者的罪行起见，于 1945 年 7 月期间在德国的波茨坦开会，议决严厉处罚轴心国战犯的原则。其中第十条规定："对于包括虐待俘虏者在内之一切战争犯罪者，必须加以严厉的处罚。"便足以表示同盟国家的决心了。波茨坦会议后不久，英美法苏四强复于同年八月八日在伦敦签订协定并议决宣判战犯条例。后来参加该项协定的国家，除四强外，尚有十九个国家。其后在纽伦堡成立的战犯法庭，即系根据该协定及条例而来。伦敦协定所决定的处罚原则有三：

（一）破坏和平罪：所谓破坏和平，依伦敦协定的解释，是指一切违反国际条约、公约，或国际保证而策动阴谋支持或发动侵略战争或其他非法战争的行为。此类战犯多为敌国军政方面决策人物，故其罪行亦应负罪严厉的处分。例如纽伦堡国际战犯法庭判决德国空军元帅戈林将军，及外交部长里宾

* 本文原刊于《智慧》1948 年第 60 期。

** 何任清（1910 年～）字伯澄，广东兴宁人，1929 年毕业于东吴大学法学院（第 12 届），获法学学士学位。后留学法国，入都鲁士大学学习法学理论，获博士学位。1939 年起任重庆复旦大学教授，讲授刑法、国际公法、法学通论等课程。1949 年去台，先后任台湾嘉义地方法院推事、庭长、台湾高等法院推事，兼任东吴大学法学教授、军法学校教授、政治大学法律学系教授、辅仁大学教授、东吴大学罗马法教授。著有《刑法概要》、《国际公法纲要》、《法学通论》等。

特洛甫[1]死刑，便是明显的例子。

（二）违反战争法规及惯例罪：依照国际公法及国际惯例，交战国家作战，不能违反战争法规及惯例。例如杀伤俘虏，使用毒气或散播毒菌，轰炸不设防的城镇等军属之。不论直接或间接实施上述行为者，均构成战争犯罪条件也。

（三）违反人道罪：所谓违反人道，及指不合理性的疯狂行为而言。例如推行散步强用或强种毒品，强迫服用或注射毒药，或消减其生殖能力均是。

伦敦协定后不久，日本在东方亦告屈服。驻日盟军总部于 1946 年 1 月 29 日颁布远东国际军事法庭宣判条例，其中规定，凡日本主要战犯有下列各罪之一者，即（一）破坏和平罪，（二）违反战争法规及惯例罪，（三）违反人道罪，均应交该法庭审理。至此三种罪的轻重之分，宣判条例复有如下规定：第二第三两种罪的直接下手者为丙级战犯，直接责任者为乙级战犯，包括第一种罪在内的最高责任者为甲级战犯。东京战犯法庭于 1946 年 2 月 29 日开始成立，其中宣判官及检察官各十一名，由在日本投降书上签字国九国再加上印度和菲律宾两国共十一国各派宣判官一人，经驻日盟军统帅麦克阿瑟任命之。审判长由澳洲代表韦伯[2]，检察长由美国代表季南担任。中国出席法官为梅汝璈，检察官为向哲浚。其余各国代表亦均是法律界知名之士，极一时之盛。东京战犯法庭成立后，国际检察团及于同年 4 月 29 日提出对日本甲级战犯 28 名的公诉。此 28 名战犯皆为日本头号人物。如第一名战犯东条英机是发动太平洋战争的首相，板垣征四郎是 9 · 18 事件时的发动人，木村兵太郎是驻缅甸日军总司令，松井石根是南京大屠杀案件中的主角，武藤章是马尼拉大屠杀时的元凶，荒木贞夫是完成东北占领时的陆相，佃俊六是日驻华派遣军总司令，桥本欣五郎是憎恨白种人的陆军上校，平沼骐一郎是日本参加轴心国时的首相，星野直树是东条内阁时的书记长，木户幸一是日本宫内大臣及日皇裕仁的枢密顾问，小矶国昭是继任东条的首相，南次郎是 9 · 18 事变的陆相，冈敬纯是日本海军次官，大岛浩是日本参加轴心国时的驻德大使，佐藤贤了是东条内阁时的陆军事务局长官，岛田繁太郎是袭击珍珠港时的海军大臣，铃木贞一是东条内阁时的统计局长官，贺屋与宜食珍珠港事变

---

〔1〕 "里宾特洛甫"原文作"李宾托夫"，现据今日通常用法改正。——校勘者注。

〔2〕 "韦伯"原文作"威伯"，现据今日通常用法改正。——校勘者注。

时的藏相，白岛敏夫是日本参加轴心国时的驻意大使，梅津美治郎是日本投降时的参谋总长，重光葵是日本投降时的外相，东乡茂德是珍珠港事变时的日本外相。其他如外相松冈和海军军令部长永也业已病死，大川因神经病免诉，所以实际参加受审的甲级战犯，只有 25 人。

东京战犯法庭自 1946 年 5 月 5 日，开庭起讫 1948 年 11 月 4 日宣判时止，凡 2 年又 6 月有余，前后开庭 800 余次，速记笔录 5 万余页，判决书近 1000 页，宣读判决书需时一周，诚开宣判史上一新纪元。此判决在大体上，尚能差强人意，例如东条，广田，坂垣，土肥原四人都以破坏和平策动侵略战争罪名判处死刑，松井，武藤，木村三名则以策动战争并指挥暴行罪名论死，其他被告则处徒刑，无一幸免，足为从事侵略者作一警告，颇为一般与论死所称许。惟此次判决，从法理观点来说，尚表现许多缺点，兹分项说明如次：

（一）天皇责任问题：许多人对于此次东京战犯法庭没有提讯日皇裕仁一点，表示怀疑与不满。在第一次欧战前的国际公法，一国元首或其他负责人，发动对外战争，照例不负战败刑事责任。第一次欧战结束时，协约国会提出惩办德皇威廉第二的要求，虽因当时德皇逃跑而作罢，可是元首不负战败刑事责任的传统观念，却被打坏。到这次大战，公认德国元首希特勒是天字第一号战犯，如希特勒不自杀，必将受宣并处极刑，绝无疑问。日皇裕仁在东方所处的地位，与希特勒在西方的地位相同。元首无罪的法律观已被历史否定了，那么日皇自然要与希特勒一样，应受法律的裁判。其次，有人以为日本天皇制度是一种虚君制度，天皇平时不负实际治理责任，故亦不应担负发动战争的刑事责任。此种辨证，如确系事实，还不失为一有力的理由。可是日本天皇制度并不是一种虚君制度，天皇的权力，世无其匹。每逢国家大事，天皇照例召开御前会议，亲自决定，那么发动像上次那样大的战争，天皇自无不事先同意之理。东京战犯法庭明知此种理由，不甚健全，故将欺君蒙蔽之罪，推到宫内大臣木户身上，以示裕仁之无他。以此为木户应负一部战犯责任的理由则可，若为裕仁无罪的论证则未可。复次，又有人以为日皇对投降有功，便利盟国完成占领任务，并使日本人民容易统治，所以主要盟国同意日皇免除战犯责任，这可说是完全基于政治上的理由。此种措施，在政治立场上言，或许是必需的；但在法律观言，法律的尊敬却无庸译言的受到不少的损伤。其实，专就政治立场言，此种措施也未见得高明。因为此例一开，将来侵略者将更无所顾忌，其害真有不堪设想者，依照远东国际军事法庭宣判条例的规定，盟军统帅有权变更或减轻东京战犯法庭所判的刑期，那么为两全计，法庭自可依法提讯并宣判日皇，而让联盟军统帅行使其赦免或减轻的特权。如此，既可保全法庭的尊严，复可达到政治上的目的。自比现在的措置高明多了。

（二）判决延迟问题：此次东京战犯法庭，费时三年始行宣判，可说是失了教育和惩罚的意义。过去纽伦堡战犯法庭于纳粹德国失败之后，以极迅速的程序，将策动战争的头号战犯戈林元帅及外长里宾特洛甫等处决，在德国人民心理中总算起了一些教育的作用，同时并使一般从事侵略的人民知所警惕。反观此东京战犯法庭的判决，则其所得效果，恰正相反。三年前的日本人民对于东条英机及其他作战的领袖，无不痛心疾首，欲啖其肉而寝其皮。投降当时的日本人民震于盟国的声威，同时感到自己的国破家亡都是他们的领袖所造成；如在那时即以很快捷的程序，迅速将重要的战犯处决，那么战犯们既可俯首就戮而不敢置一词，而日本的大众亦可借此学习一些做人道理。但由于法庭的拖延不判，那种情势已成过去陈迹。经过长期疲劳式的审判，战犯们对于法庭的尊严，早不放在眼中，嚣张跋扈的东条英机更利用法庭上的席位，宣传其所抱负的军事宏图。由于东京战犯法庭审判的结果，东条英机再度成为日本民族英雄的典型，甚至有许多日本人以耶稣基督之十字架，比拟其日本英雄的遭遇。日本人民不独不悦服东京战犯法庭的判决，凡有因此酿成将来报复的危险。此在教育及惩罚政策立场言，均已完全失却原有的意义了。

（三）量刑上的问题：再就量刑方面言，此次东条英机、板垣征四郎、广田弘毅、松井石根、武藤章、木村兵太郎及土肥原贤二七人被判死刑，固是罪有应得，死有余辜。其他如9·18事变时，陆田南次郎，完成占领东北及热河工作。陆相荒木贞夫，继松井石根而为日本驻华派遣军总司令佃俊六，沈阳事变后任日本关东军参谋长并会一度继东条英机为首相的小矶国昭，日本参加轴心国时的首相平沼骐一郎，日本宫内大臣及日皇裕仁的枢密顾问木户幸一，袭击珍珠港时的海相岛田繁太郎，珍珠港事变时的外相东乡茂德，按其过去的罪行，均有处死的必要，而此次东京战犯法庭，判处无期徒刑或有期徒刑，不论从任何角度来说，均失之太宽了。

日本赔偿问题[*]

查良镛^{**}

中国作战最久，牺牲最大，日本应该赔偿中国多少？

自去秋日本投降以来，已历一年又四个月，而盟国关于日本的赔偿至今犹成为悬案，商讨会议，几无虚日，而终迟迟未能解决者，实有重大之症结在，兹试将此问题略作分析。

一、为什么日本要赔偿

日本侵略中国，是第二次大战之导火线；其后，日本又乘英美不备，突然袭击珍珠港香港及新加坡，揭开太平洋战争的序幕，所以日本实为此次大战之罪魁祸首。无论根据法律或惯例，日本之应赔偿盟国损失，当无疑义。而联合国要日本偿付一笔巨大的赔偿，其重要原因为（一）对于日本的挑衅而酿成大祸，应该予以严峻的惩罚。（二）日本赔偿乃管制日本政策中之一环，以求消灭日本之实际作战能力及完成占领军之任务。（三）以弥补在这次战争中所遭受的物资及其他损失。（四）借此以限制日本战力之复兴，以防日本侵略势力之东山再起，又在远东引起新的战争。

* 本文原刊于《半月新闻（杭州）》1947 年创刊号。

** 金庸，原名查良镛，1924 年 3 月 10 日生于浙江省嘉兴市海宁市，武侠小说作家、新闻学家、企业家、政治评论家、社会活动家。1944 年考入重庆中央政治大学外交系。1946 年赴东吴大学法学院插班修习国际法课程，1948 年毕业。1946 年秋，金庸进入上海《大公报》任国际电讯翻译。1952 年调入《新晚报》编辑副刊，并写出《绝代佳人》、《兰花花》等电影剧本。1959 年，金庸等人于香港创办《明报》。1996 年至 1997 年，担任全国人大常委香港筹委会委员。1998 年，获文学创作终身成就奖。2000 年，获得大紫荆勋章。2009 年 9 月，被聘为中国作协第七届全国委员会名誉副主席。同年荣获 2008 影响世界华人终身成就奖。

二、应该赔偿多少？

依国际惯例，决定赔款数额可有三项原则。（一）惩罚赔款——战败国所付赔款，超过胜利国实际所消耗的战费，以示惩戒，（二）补偿赔款——战败国所付赔款总额几和战胜国战争消耗费用相等，（三）部分赔偿——战败国只赔偿战胜国的一部分战费。近代战争消耗费用，已达天文数字，故战胜国所消耗之战费，决非战败国所能负担。以前凡尔赛和约已放弃前二次赔款原则而采用第三项，今次联合国对日本要求之赔偿，亦采决第三项原则。在波茨坦会议拟订对日本公告中，曾明白提出："日本将被准许维持其经济所必须及可偿付货物赔偿的工业"这就是说一方面要求日本人赔偿，一方面又须不影响日人之生活。至于各国对日作战所受之损失，不论在政府方面或人民方面，均难作精确之计算。同时各国所受之损失，又各不相同，实在没有一个客观的标准，极难计算。以我国而论，约略言之，则为（一）政府方面——历年战费的支出，国有财产的损失，复员方面，国有财产被占后的运用损失，（二）人民方面——私有财产的损失，沦陷区内日人借发行军票伪币，向人民榨取财产及物资的损失，私有财产被占后的运用损失，然计算极为困难复杂。

我国对日本赔款，虽尚未正式提出要求，但原则上早已决定，即"我国抗战最久，损害最重，日本对盟国之赔偿，我国自应享有优越之比额与优先受偿之权利。政府应按照此原则，提出整个赔偿方案，对于盟国行将设立之赔偿机构，更应获得有力之参加，以求我国赔偿要求之实现。"本年九月在巴黎举行和会时五外长曾明白宣称："中国在战时虽蒙受重大损失，但不提出超过日本偿付能力之赔款要求"据现在中国政府拟就之方案，大抵谓中国在对日作战中，自七七事变起至结束止，公私物资之损失总计四五百万万美元之巨，此数尚不包括军费在内，因此中国要求将来在日本对盟国之赔款中，至少应得百分之四十。

三、中国实际上能得多少？

关于日本工业的抵作赔偿，鲍莱调查团本来拟有计划，可是早被取消，华盛顿最近的决定是"准许日本资产运往受战争损害之国家，但以不得超过每种工业估计总值百分之二十为限"在这个原则下，能充作赔偿的机器等，总数不过一千三百万吨；在这赔偿总数中，中国约可获四百万吨，价值约为二十万万美元，比起五百万万美元的损失来，这数目真是渺不足道。

前据中国驻日代表团陈专门委员报告，由远东委员会规定，赔偿我国之工厂共为九种，继之允许我国要求，增加二种，共为十一种，其工厂为：轴承，工作机械，制铁，火力发电，造船，兵工及其研究设备，硫酸碱，轻金厂等九种，增加混合成汽油，合成橡皮二种。其中兵工厂及轻金属制造厂全部拆迁中国（台湾），其余只为一部分。尚有肥料厂正在接洽力争中。

远东委员会规定拆迁原则"拆散""包装""运到码头"由日本负责，现已成立赔偿局专司其事，其他运回事宜，概由各国自行负责。我国运费约需二万六千七百六十万万元，就船只运输能力言，我国全年运输力仅七十万吨，赔偿工厂则在三百万至四百万吨，全力赴之非五年不可。且远东委员会规定须以一年试运，成绩优良，则如约履行，否则还有停止可能，这是我国极大的"难题"。至由日本全责运华，减少厂数，又为总部所不同意。万不得已提出"逐渐拆迁"之要求，在未拆迁前，让日本继续开工。此种办法虽受日本欢迎，但与我国工业前途，影响极大。

四、目前问题的症结

自从莫斯科三外长会议同意设立一"制定日本于履行投降条款时应恪遵之政策原则及标准"的远东委员会后，赔偿问题即经常在该会议程之列。然一年以来，却无多大成就。美国为求迅速解决赔偿问题，曾建议由远东委员会十一国代表（即中、英、美、法、苏、荷兰、加拿大、澳洲、印度、新西兰[1]及菲律宾[2]）成立有独立性的赔偿会议，数度呼吁，终因苏联独持异议，未能成立。最近美国谋积极打开僵局，已请各国协力草拟一种指令，发交与麦帅，以便分配日本的赔偿，其要点有二：（一）将拨充赔款之日本财产，提出百分之十五至二十，由要求赔偿各国立即分配；（二）其余百分之八十之分配方法，容后决定。但由于美苏两国发生龃龉，此问题终不能立刻获得解决。其问题的症结在苏联搬走中国东北及朝鲜的日本工业设备。在苏联方面，认为日本的工业设备，是苏联的"战利品"，不能仍视为日本的资产，作为偿付赔款之用；但美国却坚持苏联在东北及朝鲜所搬走的物资，不能视

---

[1] "新西兰"原文作"纽西兰"，现据今日通常用法改正。——校勘者注。
[2] "菲律宾"原文作"菲列宾"，现据今日通常用法改正。——校勘者注。

为"战利品",而仍应视为日本的资产,在苏联应得的赔款内,应该扣除这笔物资。同时美国又派了杜鲁门总统的赔款专员鲍莱前来中国东北及朝鲜,调查苏联所搬走的物资。根据十二月十三日发表之鲍莱最后报告书,苏联占领期内,"满洲"工业所遭受之直接损失,达八万五千八百万元,修复此项损失,至少需款二十亿美元。此问题一时似尚不能顺利解决。

五、中国的主张

我国现在对赔偿问题的主张主要的应为:

(一)希望赔偿会议能顺利召开,使整个赔偿问题能获得迅速,合理,彻底的解决。这一方面固然要依赖于美苏折中的结果,一方面亦要凭借我国外交上的运用。

(二)如果赔偿会议附有条件召开,即各国谅解不讨论东北被搬运物资事,则中国不能容让他国将中国利益作为换取彼国间互相妥协之条件。除非中国能在其他日本资产方面取得东北被搬运物资的补偿,中国对这赔款会议决不忍辱参加。

(三)在申请赔偿国境内之日本资产,中国主张不应并入总赔偿项目内,应属于财产所在国家,同时日本本土之财产,则应拨出以满足各该国之赔偿要求。

中国代表在远东委员会中所说照中国之立场,确实极为公正,即:"中国对于日本一切事物,凡足以补偿吾人战争损失者,均表关注,因吾人在参加太平洋战争各国中,受害最重,吾人要求自日本获得之资产总额较他国为多,吾人亟欲取得对吾人有价值之任何事物,中国对日本并无恫吓或报复之念,但求对自身公正而已。"

战后侨民之管理与保护*

丘汉平**

一、侨民管理之重要

世界五十余国中，侨民之最多者，几无人能否认为中华民族，其散居地球上各区域中最普遍和最广泛者，亦莫若中国之侨民。英人尝夸言于世界曰："阳光照耀，英国飘摇"，吾人亦可当而无愧曰："阳光普照，青天白日红飞飘"，盖凡人迹所及之地，鲜不有国人之足迹焉。

顾国人散居之地虽广，为数虽众，然一向缺乏组织，政府亦从未施以严密之管理，逮前清末叶，政府对于侨民，始加注意，然终未见有积极之措施。反观英、法、荷、西、日等国，对于海外侨民之管理，不惟维微维细，且悉力辅助，切实指导。故其旅外之侨民，虽不及中国之众，然其所表现之力量与成绩，我侨民实望尘莫及。

试观各国之侨民，每至一地，辄能自成一区，秩序井然，久而久之，形成一良好之居留地，或为祖国开疆辟土，建立殖民地。此何故耶？果吾中华

---

* 本文原刊于《公余生活》1944 年第 2 卷第 2 期。

** 丘汉平（1904～1990 年），福建海澄人。罗马法学家、法律史学家、商法学家、华侨问题专家。先后毕业于国立暨南大学和东吴大学，后赴美国留学，赴欧洲考察。从 1931 年起，出任国立暨南大学、东吴大学教授，创办华侨中学等多所中学以及省立福建大学，曾任福建省政府财政厅长，国民政府交通部官员。1948 年，任立法院立法委员。1949 年赴台湾，出任东吴大学校长。一生著作甚丰，出版有《国际汇兑与贸易》、《先秦法律思想》、《中国票据法论》、《罗马法》（上、下册）、《法学通论》、《华侨问题》、《历代刑法志》等。此外，还发表了《现代法律哲学之三大派别》、《宪法之根本问题》等众多论文。他在罗马法、法律史、商法（尤其是票据法）和华侨问题等领域，均有专深的研究。长期担任东吴大学法学院院刊《法学季刊》（后改为《法学杂志》）的主编，在他精心策划和组织下，该刊物成为国民时期水平最高、名声最响的法学刊物。由于邱汉平在法律学术上的出色表现，他被选为意大利皇家学院"罗马法"荣誉研究员，美国密苏里州斐托斐荣誉会员。

民族不及彼等之优秀乎？曰：非也，乃在于我政府之无管理耳。盖管理之最大目的，在使无组织之团体变为有组织，使无无量之组织变为有力量。管理云者，力量发生之酵母也。世有无管理或管理不善而失败之事。然决无有科学管理而不能使事业中与，或发达之理。事犹人也，人犹国也，管理侨民，焉能外此？

或曰：国民之外移，即国力之远播，应许其绝对自由，决不可妄事干预，盖管理，即干预也；干预即束缚其行动之自由也。实则太谬不然。夫人民之外移，如听其放任，则良莠不齐，老弱不一，任其自生自灭，羞辱团体，贻笑邦人，自所不免其甚者，或有不满祖国政府，从而造成反革命分子，从事推翻政府或其他破坏社会国家之行动。

再从经济方面观察，人民自由出国，自由在外活动，自难有大规模企业之经营。一遇资本不足时无处呼吁，万一经营发生困难或受外力挤压时，更无何处请援？矧经济活动，须有专门学识与技术指导。今若有政府从中辅导，加以援助，则一切困难，自易迎刃而解，自生自灭之弊，亦可避除。

从社会方面言之，假使政府对于侨民一向施行管理，则可随时加以策劝指导，此等现象，自难发生，即使发生，亦不至于严重，当可断言。尤有进者，管理侨民在近代已成为独立国家应有之责任，无论何国，政府绝无推诿之理，倘国家侨民事业游惰，残废、娼妓、婚姻等问题，非加以管理，无法解决。入二十世纪以来，我国旅外侨民问题，亦惟此为最严重。倘战后不为积极之救济与管理，则问题之困难将与时俱增。盖国家如放弃其管理侨民之责任，则在国际上难获平等，而种种歧视，难免发生。故侨民之是否忠爱祖国，侨民之是否具有民族意识，国际地位是否提高，以及侨民之是否有助祖国经济之建设，胥赖国家施行管理侨民政策之是否适当也。

二、侨民管理之实施

侨民管理之方法，一般言之，应有次述之步骤：

第一，出国前之管理

近世各国，完全听任人民自由离国之事已无其例，无论何人出国，必须先获国家之许可，发给护照，方能离境。各国宪法中，虽有保障人民迁徙之自由，然此只限于本国主权所及之领域而言。即此一点，国家亦可视实情之需要依法律而加以限制之。故国家之管理人民外移，实为应有之责任。职是之故，凡侨民出国，政府得审查其年龄、性别，所赴之地，拟从事职业，及其他应询明之事项，以便决定准否，如有不合规定者，如年龄过轻或从事不正当或违法之职业，或无法谋得职业，或有身心缺陷，或有犯罪之人，当拒绝其外移。如是，则外移人民，当尽为优良份子，将来侨居他邦，自能为一良好国民，为民族谋利益，为国家争光焉。

第二，出国时之管理

人民领得出国之护照及其他应具之证明文件后，即可出境，此时政府尚须对于移民给予种种应知之智识，俾移民得免各种阻难。例如移民所赴之目的地之风俗，语言，人情，习惯，及其移民政策入境手续与对待外侨之法律等是。

第三，出国后之管理

人民既经出国，政府所负之责任不但未了，甚至益加繁重，故此时政府管理侨民之职责，不容忽视，语其要者有五：

甲、侨民居留之登记

凡国人到达居留地，应即向当地祖国领事馆登记，以便为外交保护之依据。昔日之放任自由，已成过去，我国既为独立自由平等之国家，对于侨民出入国及在各居留地之人民，应仿效英、美、日等国对侨民之管理，严行登记，方可使祖国政府明了[1]侨民之动态。惟施行登记时，应注意迅速便利，并为种种协助，乃属至要。

乙、侨民生命统计之办理

侨民旅居异邦，出生死亡婚嫁移转之事，在所难免，自应随时予以登记，俾侨民数目之消长，政府得于了然，而为决定移民政策之根据。

丙、侨民职业之登记

侨民经营何业，商业状况如何，以及从事该业及其成功失败之原因与职业之分布等，均须详细向祖国领事馆登记，以便调查统计，而资政府作切实之指导。在积极方面，须使侨民所经营之事业，彼此相互辅导配合，作有计划之发展，必要时可进而与外商竞争，以求国家经济之向荣。在消极方面，凡侨民之正当之营业，不合法之竞争，如盘剥重利，贩卖鸦片毒药，买卖人口，贩卖军火，拉洋车，卖淫，开赌馆及其他羞辱国体或伤风败俗之职业，

---

〔1〕"明了"原文作"明瞭"，现据今日通常用法改正，下同。——校勘者注。

一概严予禁绝。

丁、侨民生活之指导

吾侨旅居外邦，驻在它政府每以不能同化之理由蔑视五侨。夫不易同化，本为一民族之优点，惟有许多不良恶习，实应急切铲除，方不致毁损国体。如随地吐痰，不穿外裤，衣冠不整，不剃须，赤膊，缠足，大声谈笑或将碎纸秽物任意抛掷等均属不良习惯。

戊、侨民事业之辅导

华侨在海外，不仅经商及从事农工业而已，此外在文化教育方面与社会事业方面，亦有惊人的建树，如中小学校之创设，剧场电影之开演，报纸杂志之开行，社会救济之举办，医院公司之普达等，皆为有目共睹者，此项事业，如不获政府从中协助或予技术上之辅导，每易走入歧途，难收预期目的。如国内出版之学校教科书，每不合用，似应易行编辑，侨校组织，多由侨商独资或合资办理，校董与校长常因职权不清，发生龃龉，政府似亦应妥予规定，以臻协调；电影、戏剧、卖淫奇怪者太多，海外公演，有伤国誉，政府亦应禁止；或代为编制，言论机关，政府更须随时纠正反动思想与错误论调。除此之外，侨民之工商农各业，政府必须切实协助，或供给商情统计或指示投资方向，或解除所遭风险，或供应技术人才，或给予各种便利，或贷予运行资金，或代为拟定计划。凡此皆属政府辅导之责任，不容轻予推卸，其详有待主持当局之筹划实施也。

三、侨民管理之机构

在国际法上，除共营及其他特种情形外，适用在一个领土内，绝不容有二种主权之实施。吾侨民所居之地，既系它国统沾，则祖国政府当无施行其管理之权责。吾人纵能在侨民驻在地设立机关，对侨民发号施令，执行管理之权，然驻在地政府势必不予承认，结果管理侨民一语，只属空言已。因此之故，近代诸国，往往互订商约，互设领事馆，以取得法律上管理保护侨民之权利。故吾人言管理侨民之机构，除自国境内者外，在驻在地只有驻外使馆而已。使馆为外交机关，负一般管理之责，多为间接的；领馆则为商务机关，负驻在地侨民管理管理之责，恒为直接的。故领馆之负管理侨民责任，非常重要。领馆既负如此重要之管侨责任，则领馆之组织与领事之人选，似不应如过去之漠视也。

吾国领馆之组织，素极简单，人员既少，经费支细，因之办理官侨责任，未能有所收获。若商务随员等，我国领馆中尚少设置。如此，而欲令其切实负起指导侨民之责，不但力有未逮，且亦为事实所不许。故战后强化领馆之组织，实为当务之急。而在此时，更应先事准备。试观英美日诸国驻外之领馆，人员之充实，经费之宽裕，职务之繁重，世所共晓，故其对于侨民之任何事业，如驻在地之工商统计，教育状况，侨民之调查与生命之统计，驻在地之民情，风俗，物产，资源及驻在地之政治变动，舆论趋向等，殆无一不在其工作之列，因此本国政府得于随时获得许多驻在国之珍贵情报及其侨民之生活状况，以为改进移民政策之根据。其次领事之人选，尤须加意选拔，以期获得真才。凡派任之领事，须具有应付困难之才，通达世故之智，然最低之限度，亦当熟悉国际情势，明了外交惯例。若夫通晓该国之语言，洞悉华侨之实况，尤为理所当然之必要条件。

由此观之，侨民之管理，在国际法上当以领事馆为唯一之合法机关。然在事实上，驻在地之侨民各种组织，亦可由领事监督，使其负相当责任。例如商会、工会、农会、渔会及其人民团体等，均可从旁协助，与领馆相互配合。能如是，当可收事半功倍之效，要在政府如何运用之而已。

四、侨民之保护

(一) 保护侨民之意义

在政治学上言，国家之职能有三：一曰教民，及陶育国民智力道德，发展民族文化也。二曰养民，即解决国民之衣食住行，提高生活水准也。三曰保民，即抵御外敌侵凌，保障国民之生命财产也。三者之中，其惟保民为国家生存之先决条件，如国家不能担此任务或虽担任而未能满足人民之要求，甚或引起加害之行为时，则国家之是否再能强令人民服从与拥护，诚为学者间争论不休之问题。吾人对此问题固不必在此详为辨正，然在事实上之观察，保护人民确为国家之不能否认之天职。安内攘外，其斯之谓。

我国侨民，离乡背井，披荆斩棘，远走异域，从事谋生，时日既久，竟能在海外开辟商场，树立经济基础，一方减轻国内人口过剩，与生存竞争之压迫，以增加原有人口之生活资料，一方发展国家经济，开拓国家市场，以提高民族之国际地位，其有功于祖国，何庸多论。如国家对于此等人民，仍不能施以保护，于法律之权利义务相对待之义而言，实为人情理论之所不许。

尤有进者，侨民身处外国，每受当地政府之欺凌虐待，百般压迫，如战前暹罗之颁布"华校教员暹文考试条例""华校学生授课条例""华侨汇兑商改用暹文簿记令"及"取缔募捐条例"等，无一不在摧毁侨民谋生之路，苟我政府对于此辈侨民犹不加以援手，为之作外交上灾苦之解脱，则若辈侨民，势必疏难祖国，归化外族，其狡黠者，甚或啸聚歹徒，背叛祖国，故侨民之保护，不可不注意焉。过去政府当局往往以保侨为一种义举，事属慈善，不事积极办理，前清且以之为一种皇帝恩典，专以羁縻藩属为职志。此种观念，实属谬误，盖近代早已认保护侨民为国家之一种基本义务矣。

（二）各国之护侨政策

近世各国之护侨政策，约言之，有四种形态：

其一，为放任政策。易言之，即移民之出国回国绝对自由，政府毫不加以限制，即侨民在外之如何活动，受着何种冤屈，完成何种功勋，政府亦从不过问，任其自生自灭，如早期吾国所采之政策，即属此种。

其二，为干涉政策。简言之，政府对于侨民只事苛求，凡有利于母国者，政府无不悉心为之，如增加赋税，开发资源，推销国产，开拓市场等是。至于政府对于侨民应负何种职责，则不致问。如初期英法诸国之政策，即属此类。

其三，为奖励政策。移民之向外迁移，政府仅居被动地位，如遇某项困难，政府从中代谋解决，如受当地政府之虐待，政府亦仅采取消极的交涉方式。苟侨民经营事业失败，或竟失业流离，如侨民自身不向政府请求援助，政府亦置若罔闻。反之，侨民在外建树特殊勋业，如拓殖领土，树立新政权等，政府即立即派军协助，以助其成。此种政策，俄德诸国曾在一时期中采用之。

其四，为保护政策。政府对于移民不但消极的施以各种奖励援助，而且积极的自身亦参与移民工作。对于侨民之各种设施，自动予以改进，凡有利于侨民之事业，政府无不悉力以赴，如在国内设立各种护侨机关，在国外设立各地领馆等是。此项政策，近世各国，皆一致采用，故以时期言，护侨政策有四个阶段，若以本世纪（20世纪）而言，护侨政策，只有一种。

吾国护侨政策，在海禁未开前，禁民下海，故对于侨民之生死存亡，与迁移转徙自无从过问。谓为放任政策，故未尝不可，谓为毫无政策，亦无不可。迨亡清末叶，革命思想日高，国民之出国，不但不予便利，甚至严厉禁止。盖彼时认为爱国人民者，应聚居国内，以承祖宗之产业，今乃背父母之邦，远徙千里，显然有不满政府之表示。此种人民，为乱徒，应予惩治，故彼时人民之出国者，多系偷走，如被政府发觉即有诛灭之虞。及至五口通商之后，清廷[1]渐见侨居上海之外人，该国政府不但不予处分，而且事事均为辩护，清政府至此，始悮曩昔政策之非，急求改善之道。其后乃有护侨机关之设，以利侨民，对于侨民，始有爱护之思。

民国成立以来，政府对于侨务略加注意，曾在国务院设立侨工事务局，专司侨务，然一究其实际，亦仅具虚名而已。民国十三年以后，中山先生在广州大本营内组有侨务局，民国十五年国民政府改设侨务委员会。十六年奠都南京，政府念侨务之不容忽视，即在外交部内特设侨务局，并在大学院内设立华侨教育委员会。不过当时之侨务局既隶外交部，规模殊小，侨领颇有訾议，陈请政府恢复十五年之侨务委员会，后卒如所请，十八年国府改组，侨委会改隶中央执行委员会，易名中央侨务委员会。二十年该会又改属行政院，仍称侨务委员会。其工作要点，有侨民状况之调查与统计，侨民移殖之指导与监督。侨民纠纷之处理，侨民团体之管理，回国侨民之投资游历参观之指导介绍，侨民之奖励或辅助，侨民教育之指导监督及调查，回国求学之指导，侨民教育经费之辅助及文化之宣传等。由是观之，吾国政府已渐认保侨之重要矣。溯自该会成立以来，确曾向着所悬之工作标的努力迈进。虽自抗战发生，工作仍未稍懈，最近与教育部合办南洋研究所，即其一例。

（三）护侨方法之探讨

考诸列国保侨之方法，不外下述数端，吾国自难例外。不过执行之时，各国须斟酌自国国力国际情势，与侨民住在国之关系如何而从中权衡轻重而已。

第一，外交上之保护。所谓外交上之保护系指关涉侨民之一切问题而属于政治性质者，政府须采政治手段解决之之谓，例如侨民受当地政府之虐待，或受驻在国人民之殴辱，如暴动，袭击，残杀，区别待遇，与缺乏相当注意等行为时，或侨民受驻在国官吏与人民之驱逐，胁迫，无理禁锢与排斥等行为时，此时侨民所属国应即采取外交保护方式向驻在国政府提出严重交涉，其较轻之手段或比较和平之方法：（一）抗议。（二）周旋。（三）居间调停。

---

[1] "清廷"原文作"清庭"，现据今日通常用法改正。——校勘者注。

（四）会议。（五）公断。如此项方法实施无效，则可进一步采取较激烈之手段，如报复，或封锁，禁止对手国船只之来往本国，抵制对手国商货，必要时可径行断绝国交等是。

第二，法律上之保护。侨民在驻在地居住旅行贸易经商，依理应与驻在国人民受同等之待遇与保护，除非另有特殊之规定，如沿江沿海之贸易，内河之航行，律师医生之限于本国人等是。因此之故，侨民之权益，如条约上之权利，商业上之利益，国籍之争执，讼案之不公，或国际惯例上应享之权利等，受当地政府或人民侵害时，侨民所属国应即根据条约，或国际法之规定向侨民加害要求赔偿惩凶，或道歉。如证明侨民加害国确属违反或破坏条约时，则法律责任分明，侨民加害国自无反抗之理。总之，法律问题，有法律所依据，实非曲直，容易分辨，解决依易。例如侨民国籍之争议，如系只有单一国籍者当无纠纷发生，如系双重国籍，或三种国籍者，表面上视之，问题似属复杂解决，然实际上即因其为法律之争，故亦不难解决。即具有双重国籍之人，当其在任何一方之国境时，只有受驻在国政府之管辖，另一方之政府不能对其施行保护之责。如在第三国境时，双方政府虽欲同时加以保护，但该本人职能选择一方，而该驻在国政府亦只能许其取得一方之保护。享有双重国籍之人，决难从中取巧，至于享有三种国籍之人，其办法亦同。虽然法律之争，解决固属容易，然不幸两国别有居心，或问题愈演愈剧时，即往往易变成政治之争，政治之争，如不能以政治手段解决，则结果或被迫而采取军事行动，果尔，则战争启矣。故世之侵略国家，往往借口细微之法律问题，而施行其侵略政策。此次敌日之侵略中国，其造端乃极细微之事，足为极好之例证。

第三，经济上之保护。外交上与法律上之保护，在侨民本身方面观察。仍属消极的，故国家必须另从积极方面，对侨民施以经济的保护，所谓经济的保护，即国家应协助侨民从事经济之种种活动之谓。详言之，凡侨民缺乏商工业资本时，政府须设立银行通融之；凡侨民商品输出入发生困难时，政府应设航运与海上保险便利之；凡侨民营业失败而发生破产或失业时，政府应拨巨款救济之；凡侨民经营实业遭遇各种困难，或需要各种商情报告与统计时，政府应迅速供应之，等是。

（四）护侨机构之强化

护侨机构可分两方面言之，在侨民所属国内，应有负保护侨民之专责机关，如英法之殖民部与日本之拓殖省是；在侨民驻在地内，应有大使馆公使馆驻办使馆或代理公使使馆与领事馆，执行保护侨民之职责。如两者缺一，护侨即不易周到。如两者机构不健全，护侨即不易得着实果。是于护侨机构之强化，实为刻不容缓之举，其详有待当局之筹划。

中国侨民应享条约权利之研究[*]

丘汉平

一、绪论

我们中国人到外国去，十九地方是受人歧视。著者昔年游学欧美就注意到这个问题。过去亦曾为此问题写过几篇文字[1]。本文的撰述是在提出中国人到外国去，经商承工游学等等——应享的条约权利。许多人以为中国现时是一个弱国，谈不到侨民权利的保护，这只有三分道理，却不是定则。就个人管见所及，弱国是最需要外交——只有外交可以得到相当的胜利。读者，倘是翻阅各国外交史，便可知道我这句话是"信而有征"了。[2]

侨民的权利渊源，不外三种[3]：一是基于条约——这可包括了中国与各国所订定的一切约章及国际公约。二是基于住在地国内法，——这就是说，侨民既居留在他国领土以内，便在该国法律上享有相当的权利。[4]三是基于国际惯例，——这是包括侨民在国际上往来居住应该享有的基本权利，否则，就不能通商。这种惯例，不论侨民的本国政府与住在国政府有无往来，住在国都要遵守最低的义务。[5]

　＊　本文原刊于《东方杂志》1936 年第 33 卷第 13 期。

　〔1〕　"文章"原文作"文字"，现据今日通常用法改正。——校勘者注。

　〔2〕　如一九〇九年间前清交涉废止秘国禁限华侨苛令是。详细文件，可阅中外条约汇编四五二页至四六二页。

　〔3〕　Thorpe, G. C. : International Claims (1925), p. 5; Borchard, E. U. : Diplomatic Protection of Citizens Abroad (1916), p. 38, 39.

　〔4〕　Moore, J. B. : Digest of International Law (1906), Vol. IV, §534~540.

　〔5〕　Thorpe, op. cit, p. 7; Borchard, op. cit. , 49; Pillet, A. ; Principes de droit int. Privé (1903), pp. 169, 194.

中国与各国所订立的条约，其涉及侨民的权利，可以归纳下列二点：一为移徙自由的权利，二为平等待遇的权利；此又可分做信教自由的权利，教育文化的权利，通商游历的权利。现在就把我国侨民寓住最多的几个有约国分别讨论大略。

二、中美条约

移徙自由是人民的一种基本权利，但在原则上有下述两点的限制：一是移徙时应遵照移徙的手续，二是在某种情形之下是可以禁止移徙的。这不但在国际上是如此，即在国内，有时亦要受此限制。比方国内某一县有瘟疫，国家为杜绝传染起见，得禁止该处人民之外移或他处人民之内移；又如匪区或要塞人民的移徙要备具相当的手续等，都是一种限制。[1]

在国际上，他国对本国人民亦可订立移徙的手续，必要时得禁止限制之。[2]不过现今的国际惯例，如为通商贸易的移徙，则鲜有禁止，最多加以限制罢了。[3]但对于劳工群众的移徙，视移入国的需要而定政策。在需要劳工的时候，总是欢迎外国工人的多多移入；及至不需要的时候，总是设法限制外国工人的输入，甚至想出种种方法来排斥。这也是国家行使治权应有的权利，倘无条约的限制，我们实不能加以诋议的。

依据一千八百六十八年的中美续增条约，双方均确定了移住自由。[4]这时，在美国方面是需要华工，在中国方面，法律上却禁止国人向国外迁徙。所以美国此次对中国的要求是"人民移住自由"，两国各不得加以禁止。该约规定："大清国与大美国切念民人前往各国，或愿常住，入籍，或随时来往，总听其自便，不得禁阻为是。"[5]不过移住虽是人民的自由，但两国亦不得用非法的手段招致任何国人民移住，故又规定："现在两国人民互相来往或游

〔1〕 如过去江西剿共区域内的种种居住及移徙限制是。又中国在前清海禁未开时，禁止本国人向外移徙，都是一种限制。大清律例有"私出外境及违禁下海"条。

〔2〕 国际公法学者对此问题的意见分为二派：一派说无论哪一个国家不能完全禁止外侨入境，因为这是国际往来的一种基本权利，但对于驻在国的利益将发生重大妨碍者，不在此限。这派学者可以柏崙智利（Bluntschli, J. K. ; Le droit international cedifié, 5th ed. Revised, Paris, 1895, 381.）为代表。他派则认定国家主权及自卫为禁限外侨入境的理由，这派可列举奥本海姆（Oppenheim, L. ; A Treatise of International Law. 2nd ed. , Vol. 1390 ~ ）为代表。

〔3〕 参较 Hall W. E. , *A Treatise on International Law*, 6th ed. , by Alay, Oxford, 1909, p. 211.

〔4〕 同治七年六月初九即西历一八六八年七月二十八日在美京华盛顿订立，约凡八条。

〔5〕 中美续增约第五条。

历或贸易或久居得以自由，方有利益。两国人民自愿往来居住之外，别有招致之法，均非所准。是以两国祥定条例，除彼此自愿往来外，如有美国及中国人勉强带往美国或运于别国，若中国及美国人将美国人勉强带往中国或运往别国，均照例治罪。"[1]当时订立此条的解释是"指西班牙团专好贩运猪仔，陷害华民无数。闻各国皆斥为非理，美国并无此事。立此约者，为别人说法也。"[2]可见在十九世纪间，华工是到处需要的。贩运猪仔（即华工）是一种最好收入，然其无人道，也算是十九世纪黑暗的一幕！

就上述的条约看来，在一千八百六十八年的时候，中美两国人民是移徙自由。随移徙自由而产生了，（一）入籍自由，（二）居住自由，（三）贸易自由，（四）游历自由。此时的中国人，不问哪[3]一级，都可自由移往美国。讵料该条约墨迹未干，美国西部反对华工的空气日加浓厚，排华事件成为美国政治的问题。加省（California）首先制定排华律例，虐待华人，但经最高法院判为违宪后，反而日趋激烈，[4]终而使美国政府压迫中国修改一千八百六十八年的条约，遂于一千八百八十年十一月十七日订立中美续修条约中美续约附立条款。[5]这次条约的惟一动机是承认美国可以限制华工，故第一款载："大清国大美国公司商定，如有时美国查华工前往美国或在各处居住，实于美国之益有所妨碍，或与美国内及美国一处地方之平安有所妨碍，大清国准大美国可以或为整理或定人数年数之限，并非禁止前往。至人数年数总须酌中定限，系专指华人续往美国承工者而言，其余各项人等，均不在限制之列。所有定限办法，凡续往承工者，只能另其按照限制进口，不得稍有凌虐。"观上约文，便可知道美国根据本约的权利固明明白白是对"华人续往美国承工者"的限制权，即此限制，亦须符合主观与客观的两条件：主观的条件是续往华工与美国的利益或治安有所妨碍，客观的条件是酌中得限。可是美国在该约换文后隔年（一八八二年）便由国会通过一个法案，名叫执

---

〔1〕 前约第五条后段。

〔2〕 中美续增条约解释第五条。

〔3〕 "哪"原文作"那"，现据今日通常用法改正。——校勘者注。

〔4〕 详见丘汉平著：美国排华之过去及现在，东方杂志第三十一卷，第十二号，六十二页以下。China Weekly Review, Vol. 55, No. 3, p. 84 sqq. : Henry P. Chiu, "The Chinese Exclusion Law and its effect."

〔5〕 订约是在光绪六年十月十五日，换文生效是在光绪七年六月十六日，即西历一八八一年七月十九日，共四款。

行条约上关于华人的条例，明文规定自该条例通过日起十年内，禁止华工入境。[1]复于一千八百八十四年七月五日严密修正。这个法案很显明地是违背一千八百八十年的中美续修条约，因为美国要对于续往的华工，如果要有所规定，必须符合上述主观的和客观的条件，方符条约的精神。这，我们且不去管他！中国续往的华工虽有加以整理的必要，但最多只能限制人口，却不能完全永远禁绝，这在条约的文字上是载的明明白白，毫无可曲解的。然而美国不顾条约，不顾国际公法，不顾信义，不顾中国的抗议，竟断然地实施"禁止"的法案！

自从一千八百八十年以后的十年间，住在美国的华侨，可以说是最悲惨的时期。屠杀的，驱逐的，鞭打的，侮辱的，掳掠的，……无不应有尽有。[2]虽然每次事件发生以后，中国政府提出抗议，然终不能达到完全基于条约上应享的权利。中国政府被这等事实的驱策，同时美国也觉得片面的禁止华工入境在法律上缺乏充分的根据，便迫中国政府再来订一次条约，承认其禁止华工续往及限制华工的权利。至一千八百九十四年，中美乃订立条约六款，第一款载明两缔约国"兹彼此议定，以此约批准互换之日起，计限十年为期，除以下约款所载外，禁止华工续往美国"。[3]所谓"以下约款外"的华工，亦不是续往美国的新华工，乃是限于寓美华工回到中国再由中国回到美国的一班个人。即此辈华工，亦要符合实质的条件和程序的条件。实质的条件是"寓美华工或有父母，正妻。儿女或有产业值银一千元或有经手账目一千元未清而欲自美回华由华回美者，不入第一款限禁之例。"[4]程序的条件是"华工于未离美境之前须先在离境口岸详细缕列名下眷属，产业，账目各情报名该处税务司，以备回美之据。该税务司须遵现时之例或自后所定之例发给该华工按此约章应得回美执照，但所立之例不得与此约款相悖。倘查出所报名

---

〔1〕一八八二年五月六日通过施行。"An Act to Execute Certain Treaty Slipulations relating to Chinese"当时美国国会里有一部分议员指出此条例是违背条约。原条例可阅 Treaty, Laws, and Rules Governing the Admission of Chinese, 1926, Washington.

〔2〕Brooks B. S.: Appendix to the Opening Question. (San Francisco, 1877), 1~72; Dorland, Chinese Massacre at Los Angeles in 1871, Historical Society of Southern California, iii, pt. ii, 22~26; Sargent, A. A.; The Wyoming Anti-Chinese Riot, Overland Monthly, N. S., Vol. 6, (Nov., 1885) 507~512; Vol. 7, (Jan., 1886), 54~60; Compare Vol. 6, 573~576. 华侨志一百三十七页以下。(商务印书馆)

〔3〕中美会订限禁来美华工保护寓美华人条款订立于一八九四年三月十七日，同年十二月七日在华盛顿换文生效。

〔4〕前约第二款。

情属伪，则该执照所准回寓美国之权利尽失。又例准回美之权，例限以一年为期，以离美之日起计。倘因疾病或别有要事不能在限期内回美，则可再展一年之期，但该华工须将缘由禀告离境口岸中国领事官给与凭批，作为证据，以期取信于该华工登岸处之税务司。该华工如不再税关呈验回美执照，无论其由陆路水路回美，均不准入境。"[1]

寓美华工如不回国，也要依照美国一千八百九十二年国会通过的禁止华工入境及寓美华工注册条例及一千八百九十三年的修正案。这也是此次条约中国被迫所承认的，不过美国美其名曰"保护"，来得较为动听！现在将该约第五款一并录下来："美国政府为加意保护华工起见，一千八百九十二年五月五号美国议院定例，一千八百九十三年十一月三号，此例又经修改，凡在定例以前，所有美国境内一切例准住美之华工，均须照例注册，中国政府现听美国办理，美国政府亦应听中国政府订立相类条例。（下略）"这次条约结果，不但是准许美国禁止续往华工，而且依一千八百九十二年五月五日美国国会通过禁止华人入境及寓美华工注册条例第一条规定，中国政府是追认了美国一切排华的法案。该条的原文是："现行禁止及管理华人及其同种人入境之各种法令，自本条例施行日起继续有效十年。"一千八百九十三年十一月三日的修正案，最要是对于"商人"及"工人"两名词的解释。

根据这次一千八百九十四年的中美会订华工的条约，其期限是十年，如届期中国政府不行文知照，则禁限再展十年。[2]中国政府届期未允展长，美国就单独的通过一九〇四年排华律修正案，一方面将以前的所有律例明令永远继续有效，不因条约的届期而废弛。[3]他方面严格解释准许在限制条件下人口华人的身份。自兹之后，美国数十年来的排华立法大备，其严密无以复加。这就是美国承认人民移徙自由的经过。

移徙自由既是禁止了，美国犹嫌不足，必欲将现有的寓美华人设法使其一天一天减少，于是想出三种方法：一是最严格的定出种种程序，使中国侨民不胜其烦，稍一不慎，就要丧失寓美的权利，立被驱逐出境；二是最广义的解释"华工"一个名词；三是在法律上使中国侨民不能享受条约上赋予的权利。

---

〔1〕 同前款。
〔2〕 前约第六款。
〔3〕 一九〇四年四月二十七日条例见。

关于第一点，如订了许多登记检查审问等手续，可以不必多讲了。[1]关于第二点，倒是值得见识的。谁是"华人"？谁是"华工"？谁是华商？谁是"教师"，"学生"，"教士"，"海员"，"旅客"？谁是"生长美国的华人"？这许多问题，如果不逐一简单说出来，恐怕很少人知道吧！此等名词意义，美国现行的排华律及历来法院判例都有充分的解释，现在姑为简述一下。

甲、谁是华人？

美国第六十一届国会编订的人种辞典（Dictionary of Races or Peoples）第四十一页"中国人"条下如此的注解："美国法律是从政治的意味来下'中国人'的定义，就是说，'中国人'一词是包括一切中国籍民。"[2]依此定义，美国排华律例中对于"中国人"是这样包括的：

（一）具有中华民国国籍之人民是中国人；

（二）虽非中华民国人民而属于中国人种者，亦是中国人，至于现在国籍是英国或法国，均所不问；

（三）父母之一方为中国人，所生子女虽取得他国国籍，但在排华律例内仍视为中国人。

乙、谁是华工？

关于"华"工的解释，也很特别。依一千八百九十三年的修正案是如此规定的："凡本条例及修正条例所载'工人'名词是包涵粗细工人与技术工人，以及中国人从事于矿业、渔业、小贩、挑卖、洗作，或拾取暴晒海咸鱼生之类以为家用或输出的皆是。"[3]

美国法院判例的解释，先时还比较合理。自一八八二年后，就甚广泛了，现在试引几个判例作证明：[4]

（1）商人兼理他人工作者，失去商人地位而取得华工身份。如甲自己开设杂货店，工余兼充他人工作，美国法院的判决认甲为工人，而不认为是商人，应受排华律例的拘禁驱逐出境。[5]

---

[1] 详见 Treaty, Laws, and Rules Governing the Admission of Chinese, Washington, 1926.

[2] Dictionary of Races or Peoples, 1911, Washington, p. 41, In re Fisher, 217（2nd）, 1007；Nagle etc. V. Loi Hoa, 274 U. S. 475－482；Pals V. Weedin, 877，（2nd）607. China Critie Vol. iii, No. 36.

[3] 见注二十一引书第十四页。文中所引的是该修正条例第二条第一项。

[4] 一八八二年前的判例可见 In re Ho King 147, 724.

[5] 66 F. 953.

（2）开设酒肆菜馆者，先时，法院都认为是劳工，亦受排华律的禁止，自一八九四年著为判例，一直到一千九百十五年才由美劳工部列为商人。其后法院判决亦稍稍改正此种极不合理之解释，判决纯以开设酒肆菜馆的是"商人"，不是"工人"，但若同时充作厨子或代他人工作，仍视为工人。〔1〕

（3）开设成衣铺兼任裁缝者，法律上认为是劳动，而列入华工之列。〔2〕

（4）华工经商犯罪，被判为有期徒刑的，释放后认为是工人，应依排华律受驱逐出境。〔3〕

（5）妓女是劳动者，取得华工的身份，应受驱逐。〔4〕

（6）开设赌场的是工人，应即驱逐。〔5〕

（7）工读学生是工人，失去学生身份，应该驱逐出境。〔6〕

丙、谁是华商？

依一千八百九十三年的修正条例，所谓商人是如此解释的："商人是指从事于买卖商品，而有一定之营业所，并以自己之名义从业。凡主张其为商人身份者，须非从业于手工作，但若其工作为商人所应有者，不在此限。"〔7〕美国工商部及最高法院都从最严格的来解释"商人"的意义。其违背一千八百六十八年的中美续约是毫无可疑的。〔8〕

---

〔1〕 以开设酒菜管者为"工人"的判例，见 In re Ah Yew, 597 561；U. S. V. Chun Li Koon, 837, 143；Mar Bing Guey V. U. S.，977, 576；Kwock Sue Lum V. White, 263 U. S. 715；In re Low Yin, 137. (2nd) 265. 一九一五年以后，美劳工部改列酒菜业者为商人，而一九二五年的判例亦认定之，见 U. S. V. Lee (1915), 2247. 447；Weedin V. Wong Jun, 77 (2nd), 311.

〔2〕 Lai Moy V. U. S. (1895), 667, 954.

〔3〕 U. S. V. Wong Ah Hung (1894), 627, 1005.

〔4〕 Lee Ah Yin V. U. S. (1902), 1167, 614.

〔5〕 U. S. V. Ah Fawn (1893), 577, 591.

〔6〕 Ex parte Tsiang Tsi Tseng (1928), 247. (2nd) 213.

〔7〕 修正案第二条第二项。

〔8〕 应满法定年龄，见 Ex parte Chan Hai (1926) 117. (2nd) 667 应有股份或实在利益，见 U. S. V. Lee You Wing (1914) 2117. 939；Wong Fong V. U. S (1896) 777, 168；Guan Yuei Lem V. White (1924), 2977, 994；Tom Heong V. U. S. (1904), 193 U. S. 517. 不少判例认东须将姓名加入合伙商号方可取得商人身份，见 In re Quen Gin (1894), 617, 385；U. S. V. Pin Kwan (1900) 1007. 609, 178 U. S. 611. 其后美最高法院改正往年各下级法院判例错点，而以姓名各有无列入商号为非必要。见 Tom Hong V. U. S. (1904), 193 U. S. 517. 但亦以须在合伙契约有其姓名为限，如果不能证明他有合伙契约，则不能取得商人身份。见 U. S. V. Loo Way (1895), 687 475, 725, 688. 以劳务合伙者，非商人，见 Tulsidas V. Insular Collector (1925), 262, U. S. 258. 商店雇用人，即使在服务商号有股份，如无确实证明，不取得商人地位。见 Pin Kwan V. U. S (1900), 178 U. S. 611. 商人助理或充书记，非条例中所谓商人，见 22 op. Atty. Gen.，130.

丁、谁是教师，学生，教士，海员，旅客？

（1）教师是限于专科以上的教员，换言之，小学或中学的教员不是教师，在禁止之列。[1]

（2）学生限于美国特许专科以上的学校，并不能兼任工作。[2]

（3）教士限于正式传教的人。[3]

（4）海员限于随船上工作的人员。[4]

（5）旅客有一定期间的限制，并不得从事工作。[5]

戊、谁是生长美国的华人？

以上是美国现行律例禁限华人入美的一般，倘和本国侨民依中美条约应享的权利比对，就可知道有无违约了。关于与我国侨民有关的现行条约是一千八百六十八年的中美续增条约及一千八百八十年的中国续修条约，至于一千八百九十四年的中美会订限禁来美华工保护寓美华工条款早已失效，故不加讨论。

基于上述中美条约，中国人应享的权利是有二项：第一，中国人有移徙美国权利，设有限制，亦应与最惠国条款的待遇平等。第二，中国人入美之后，美国有保护的责任，并且应依最惠国条款待中国侨民。所谓最惠国条款，就是一个订约国家给与对方缔约国的最优利益，其他各国亦一样的享受。[6]中美续增条约第六条："中国人至美国或经历各处，或常行居住，美国亦必按

---

〔1〕 见一九〇二年的条例，重见于一九二四年移民条例（Immigration Act of 1924）第四条第一项第四款。

〔2〕 见一九〇〇年美财部的解释。详见 Mckenzie, K. D., Oriental Exclusionp. 134～155. 这显然是违反了一八六八年中美条约的文义及精神。该约第七条载："嗣后中国人欲入美国大小官学学习各等文艺，须照相待最优国之人民一体优待。"不能兼任工作，见 Ex parte Tsiang Hsi Tseng（1928），247.（2nd）213.

〔3〕 详见 U. S. C. Annoted，§263 su b. 4. 并见一九二四年的移民条例第四条第一项第四款。参照一八六八年的中美条约载："嗣后中国人在美国亦不得因中国人民异教稍有屈抑苛待，以昭公允。"

〔4〕 见 In re Ah Sing（1882），137. 286; In re Tie and others（1882）137. 291. 及一九二四年及一九二七年的移民条例。

〔5〕 中途不能变更身份，引例见 Mckenzie, op. cit.，p. 118.

〔6〕 前清与各国缔结的条约，关于外侨在华的权利，悉皆是依此规定，因此中国受损不少。关于 "最惠国条款" 的意义及适用，见 Horubeck, The Most‐Favored‐Nation‐Clause in Commercial Treaties（1910）; Herod, Favored Nation Treatment（1901），5－6; Luwig, Consular Treaty Rights and Most‐Favored‐Nation‐Clause（1913），119 sqq; Moore, op. cit.，Vol. 5, §§765～769; Oppenheim, 24 Law Quarterly Review（1908），328～334.

照相待最优之国所得经历与常住之利益，俾中国人一体均沾，惟……中国人在美国者，亦不得因由此条即特作为美国人民。"又中美续修条约第二款："中国商民，如传教、学习、贸易、游历人等以及随带并雇用之人，兼已在美国各处华工均听其往来自便，俾得受优待各国最厚之利益。"对于已寓美的华人华工，则于第三款更明白的规定："已在美国各华工及他项华人等，无论常居暂住，如是偶受他人欺辱之事，美国应即尽力设法保护，与待各国人最优者一体相待，俾得各受该约应得之利益。"由以上的约文看来，美国的禁绝华工入境，对于在美的中国侨民加以种种歧视和待遇，是完全违背了中美条约上的文义和精神，用不着多赘了。[1]

可见中国侨民之在美国，不是没有条约可以根据，却是民国以来的政府不能如前清政府的力争，忘却保护本国侨民的应享利益。这种交涉是靠中国的外交策略，却不是国势衰弱就不可说话了。

三、中英条约

英国版图最辽阔，政治组织亦复杂，关于英帝国各地的排华情形可略而不述，而只就中英条约与我国侨民应享的权利讨论以下。[2]

一千八百四十三年的中英江宁条约第一款载："嗣后大清大皇帝大英国君主永存平和，所属华英人民，彼此友睦，各住他国者，必受改国保佑身家安全。"这是中英两国在条约上应负保护侨民责任的规定可是中国侨民在多数英国各地，没有得到身家安全的保护，处处受了种种歧视待遇，并且剥夺了他们的生活工作。比方南非德兰士瓦[3]（Transvaal）法令的种种不合理规定，读了不觉使人难过。例如居住及经商，由地方当局划定，不得于此等指定区

---

〔1〕　丘汉平：Sino - American Treaty Relations in respect of Immigration, Vol. I, Chinese Nation, No. 25, p. 570 sqq.

〔2〕　参阅 Tyan, pp. 105 ~ 123；MacNair, 155 ~ 174；Jenks, J. W. , Report on Certain Economic Questions in the English and Dutch Colonies in the Orient（War Dep. , Washington, D. C）1902；Tilby, A. W. ；Britain in the Topics, Book XX ch. Iii；R. Siegfried, Democracy in New Zealand, 228 sqq. ；Official Year Book of the Union of South Africa（1919）, 186sqq. ；Statutes of Union of South Africa（1913）, 228 sqq. ；Eldershaw and Olden, Asiatic Immigrants in Ausstralia, Amer. Acad. Pol. And Soc. Sci. , Vol. 34, 1909；Cameron, E. R. , The Canadian Constitution etc. ，（Winnipeg, 1915）, 564 ~ 570；Phillips, L. , Transvaal Problems（London, 1905）；Chinese Immigration Act and Regulation（Ottawa）, 1922.

〔3〕　"德兰士瓦"原文作"脱兰斯华"，现据今日通常用法改正。——校勘者注。

域外居住或经商，不得与欧人用同一邮局，电车或火车，不得在公路的人行道上行走，不得于夜间九时后行走，不得经营矿业及贵金属品。[1]要之，侨居此地的华人，好比坐监一样。处在这种环境的本国侨民，正是羞愧不得呀！

其他如对禁止华人入境，则由法院承认为行政权力，外侨不能主张异议。[2]地方当局的歧视华人，加增税收，剥夺营业，则视为属于政治及警权方面，不是违背条约。[3]

但是我们检查一千八百六十年的中英续增条约，固明明是英国要求中国工人可以自由到英各地承工，既是准华工到各地承工，那么[4]英国依江宁条约就负有一体保护身家安全的责任，更不能禁止华工的移入英国各地。该约第五款："一戊午年定约互换以后，大清大皇帝允于即日降谕各省督抚大吏，以凡有华民情甘出口或在英国所属各处或在外洋别地承工，具准与英民立约为凭。无论单身或顾携带家属，一并赴通商各口下英国船只，毫无禁阻。该省大吏亦宜时与大英钦差大臣查照各口地方情形，会订章程，为保全前项华工之意。"就上述两条约来说，很可明了中国人的向英国各地方出入是基于条约的应有权利，纵使因各地情形，对于"移入民"要加以限制，亦应"一体办理"，不应以颜色，种族，地理的不同，强为歧视。[5]可是英帝国各地并不如此，其情形与美国是一样的，——不，有许多地方还更加歧视呀！

复有进者，英国既在条约要尽力保护中国侨民，当然不能加以歧视。"倘以歧视华人为合法，则约文中所谓保护华人的生命财产，不是沦于无意义吗？何况彼此同受法律保护，一体办理，那么在中国的英侨，既享受一切最惠国条款待遇，则中国人到英国应受同等待遇，亦有当然的事。"[6]因此我们就

　[1]　Statute Law of Transvaal, 173～174, 374, 433; Transvaal Ordinances (1911～1912), 154, 163～188; Tyan, 120.
　[2]　英美判例都是一样。就国际法来说，我们不能有所訾议。但是两国如有条约规定，是不是可以不顾条约上的规定而片面的主张此权利呢？英判例见 Musgrove V. Chun Tecong Toy (1891), A. C. 272 sqq.; Wong You V. U. S. 223 U. S. 67. Gee Fook Sing V. U. S., 497, 146; Moore, §561.
　[3]　Rex V. Quong Wing, 6 Saskatehewan Law Rep. (1914), 242 sqq. Statutes of the Provinces of Saskateechewan (1912), 77; 5 Ges. V. ch. 22, §2.
　[4]　"那么"原文作"那末"，现据今日通常用法改正，下同。——校勘者注。
　[5]　Tilby, Britain in the Topics, Bk. XX ch. iii.
　[6]　Tyan, 121.

联想到伊姆斯[1]（Eames）及美国最高法院推事布鲁尔[2]（Brewer）二人的话。伊姆斯对英国各地待遇中国侨民的种种歧视，不禁感慨的说："中国受过去一切条约的束缚，不得不容纳英侨在各种优厚条件之下，而对于其在英帝国的本国侨民却很严厉的被拒绝驱逐，只有默息的静观。……倘使将来，中日两国强盛，任何一国一样的采取排斥政策，英人就不要想在那种情形之下，要求中国或日本来放弃其权利。"[3]布鲁尔向来同情在美国的中国侨民之不幸，故在许多案件中总是对中国人说公平话。有一次他竟在判决中表示其意见，说："最后，我要说，当这时候，许多中国青年到我们国内教育机关求深造，她的对美贸易日见繁盛，她的人民来为我们建筑铁路，她看待我们是最好的友邦，我们如果完全反其道而行之，以致激起地球上人口最多的国家为我们大仇敌，那么研究历史的人就回想到圣经上的一句话：'他们散播风，他们就会收获回风。'至关于造成这种仇敌的原由，只要看到我国过去二十年来如何待遇该国人民，便可知道了。"[4]

四、中法条约

一千八百四十五年的中法五口通商章程第一款明白规定："嗣后中国与法兰西国及两国民人均永远和好，无论何人在何地方，皆全获保佑身家。"这是中法两国订立彼此对侨民应负条约上的责任。至一千八百六十年的中法天津条约，第一款的约文意义亦是相同的，"嗣后大清国皇上与大法国皇上及两国商民，毋论何人在何地方，均永远和好友谊敦笃，彼此侨民皆获保护身家。"由上两条文看来，中法两国所负保护彼此侨民的义务是一样的。故在原则上，中国人在法国任何地方，法国政府不能歧视中国人，这也是很显明。

关于中国人到法国各地工作的自由，另于一千八百六十年的中法续增条约第九款规定，其文句与前述的英约一样。其后越南事件，以致酿成一八八四年的中法战争，乃于一千八百八十五年订立中法会订越南条约，第一款末段，中国政府声明寓住越南华侨的权利应受保护，约文是如此规定的："凡中国侨居人民及散勇等在越南安分守业者，无论农夫工匠商贾，若无可责备之

---

［1］"伊姆斯"原文作"依姆士"，现据今日通常用法改正，下同。——校勘者注。
［2］"布鲁尔"原文作"卜留尔"，现据今日通常用法改正，下同。——校勘者注。
［3］Eames, J. B., The English in China（1909）p. 583.
［4］在 U. S. V. Sing Tuck. etc. 194. U. S. 182. 卜氏签注的不同意理由书。

处，其身家产业，均得安稳，与法国所保护之人无异。"一千八百九十六年，双方依签约第十款订立中法会议云南边界通商章程第四款载明："越南各地方听中国人置地建屋，开设行栈，其身家财产具得保护安稳，决不刻待拘束，与最优待西国之人一律，不得有异。中国官商所寄往来公文书信，电报，经法国邮政电报各局，一律递送，并不阻止，中国待法国人，亦照此一律优待。"中法越南条约内所载通商及将订各项章程，以十年为期，期前六个月彼此具得通知修正，否则，继续延期有效。故中法越南边界通商章程第十八款载明秀月期限照前约办理。可是中国政府历年忙于内忧外患，却顾不到这些修约的事情，以致中法越南通商章程一再继续延长。民国十七年，中国政府才通知法国废弛上项通商章程并进行商订专约。但以国事蜩螗，法国政府又因种种要求，终未成议。延到民国十九年五月十六日，双方始在南京订立中法规定越南及中国边省关系专约十一条，民国二十四年七月二十二日公布生效。此次条约算来是比较互惠，然其对本国侨民的权利，除较从前的详细的规定外，原则上与一千八百八十五年及一千八百九十六年的通商各款无多大区别，因为在一千八百九十六年的通商章程，本国侨民在越南已取得最惠国条款的待遇，所可惜的是中国政府一向没有彻底为华侨力争条约上的权利呀！

新订中法越南条约第四条是规定中国人前往越南及法国人前往中国云南、广西、广东三省的手续及待遇，"两缔约国约定依照各过法律章程互相给予最惠国之待遇。"此条是中国人移徙越南境内的权利。第五条则规定本国侨民寓住越南境内的各种权利，原约文载："在越南之中国人民及在上载中国各地点之法国人民应享有居住游历及经营工商业之权利。凡依照越南或中国之现行章程法律所给予各该人民行使此种权利之待遇，不得较逊于任何他国人民所享受之待遇。"不过照约文的文义来说，两国人民所享受的权利是列举的，限于（甲）居住（乙）游历（丙）经营工商业三种权利，此外如教育、文化、传教、农业、耕作等业，似不包括在内，与一八九六年的章程反形减少。可是法国人民在中国三省各地就不只此，因为她有其他条约可以根据的。由此看来，中法越南新约对于本国侨民并没有增进任何权利，所谓上述列举三种权利，岂不是反不如从前的权利吗？[1]

---

[1] 中法修订越南条约的动机，大半是税则问题，故关于侨民权利一项却未详加研究。这是著者对于研究本问题的见解。

我们现回到本问题，就是此次条约第五条第二项又明白的载明："在越南之中国人民及在上载各地点之法国人民，其所纳之税捐或其他税项，不得异于或高于最惠国人民所完纳者。"照此条规定，则法国在越南待遇本国侨民应按照最惠国的待遇，这也是新约未订以前已经是如此约定的。可是事实上，法属越南对亚洲人，施行人头税及移民律以及种种入境的歧视侮辱等手续早已违背条约上法国应尽的义务。[1] 那么根据最近订的新约就应该废弛了。然在事实上却依然如旧！法国政府对于税捐一项，自知违背条约，因此在新约订后，照会中国政府，声明是一种特权说："关于本日签订之中法专约第五条，兹本公使特向贵部长声明本国政府对于该条所载之规定并不视为得以阻止其向中国人民征收其在越南行使历来享有之特殊权利之有关系税款。"[2] 这不是明明白白声明其过去违约施行于中国侨民的种种法令及征收税款为合法保留吗？而这等权利，法国竟视为对中国人历来享有之特殊权利！中国政府，对于这种声明自然不能无条件的同意，故照复文内声明说："惟以此种税款在越南享有与中国人民同样特权之任何其他各国人民亦应一律缴纳者为同意之条件。"在实际上，中国人在越南谈不到特权，因此中国政府的声明条款应该认为过去法属越南境内的人头税等等为违约，这也无须加以说明的。[3] 至于中国侨民在越南境内，"关于法制管辖及民事刑事税务以及其他各项之诉讼程序应享有与给予任何他国人民之同样待遇相同，"亦经双方照会无条件的声明同意。然以有法国上述另行照会声明保留对中国侨民历来享有特殊权利的税款，故此次新约的结果仍不能解除过去越南华侨的痛苦。

五、中荷条约

荷属东印度群岛是华侨的第二大本营，因其历来虐待华人，故前清政府

---

〔1〕 见 Dubreuil, R., De la condition des Chinois et de leur role économique enIndo – Chine. Bar – Sur – Seine, 1910. 此书论列最详。

〔2〕 附件三甲法公使玛德致王部长照会。

〔3〕 附件三乙王部长复公使玛德照会。这可显出中国外交对于约文文句的欠斟酌。在当日中国政府以为如此声明可保留将来交涉之余地。殊不知法国照会原文是说以前法国对中国人所行使的特权加以保留，而中国政府竟以"享有与中国人民同样特权"为同意之条件，查与中国人享受同一之待遇就是"东方外国人，"而越南的人头税与移民律仅对此"东方外国人"实施，岂不是中国人享受特别待遇吗？中国政府自己走入了文字上的圆妥，无形中把过去可以交涉的事件变为不可以交涉的余地了。依个人的意见，中国政府应该声明"法国政府在越南行使历来享有之特殊权利之有关系税须为中法一千八百九十六年通商章程所赋与者为限"，则可保留交涉的地步。

就特别注意。[1] 可惜民国以来，中国政府对于居留荷属的中国侨民所遭遇的种种歧视等问题，竟未有采取适当的解决步骤。今且就中国侨民基于条约上的权利简单的说一下。

说也奇怪，中国以前被迫与各国通商订立许多片面的条约大都有彼此保护侨民的规定，如英、美、德、意、法、俄、葡、西、瑞典、丹麦、巴西、比利时、奥匈、墨西哥、秘鲁、朝鲜等条约都有此种规定。但一查中荷条约，却没有明文载明。不过我们就一千八百六十五年的中荷天津条约第十五款来说，荷兰在条约上不能说没有负同一的义务。该款说："现经两国所定条约，凡有取益防损之道尚未议及者，若他国今后别有润及之处，荷国无不同获其美。"依此"利益均沾"解释，荷国在中国当然要援最惠国条款待遇荷侨，那么荷国对中国的侨民的待遇亦要依中国与他国订立互惠条款一样办理，这应是当然的解释！如果仅就中国侨民在荷兰本国而言，几乎谈不上这个问题，但若提到荷属各殖民地来说，这个问题就重大了。因此，前清政府几度与荷兰交涉在荷属殖民地设领，以冀保护本国侨民，却因国籍问题久延未决，终于一千九百十一年订立中荷关于荷属领事条约十七条，其中都是对于中国领事行使职务的规定，最重要的是受最惠国条款的待遇。同时该约换文中声明中荷两国国籍问题，最重要的是中国臣民与和兰臣民要依荷属地法律解决。这样规定，凡依该属地法律认定中国侨民是取得荷籍的，中国依约就不能视为中国臣民，而本国领事便无权过问了。照荷属法例算来，中国侨民在荷属殖民地大半已不能视为中国人，中国政府无论如何是不能施行外交保护的。

故从荷属东印度来说，中国侨民基于条约上的应享权利是很薄弱的。在条约上尚且不能有确切的根据就，无怪乎本国侨民要处处受苛待了。中荷修订商约殊不可缓，这是本国政府当局急应注意的。

六、中日条约

谈到中日条约，几乎令人头晕眼花了。再就中日目前现势来论，似乎谈不到什么本国侨民的权利。我们现在暂且丢开现实，而仅就法理上来讨论。

---

[1] 详见 Campbell, D. M. , Java; Past and Present. 2 vols. （London, 1915）; Cabaton, A. , Java, Sumatra, and the other Island of the Dutch East Indies. （London, 1911）又 Crawford, History of the Indian Aehipelago 亦详述华侨之被屠杀。

甲午一役，中国败于日本，订立中日媾和条约（又称马关条约，）第六条载明：“中日两国所有约章，因此次失和，自属废绝。中国约俟本约批准互换之后，速派全权大臣与日本所派全权大臣会同订立通商行船条约及陆路通商章程，其两国新订约章，应以中国与泰西各国现行约章为本。”翌年（一千八百九十六年七月二十一日）订立中日通商行船条约，同年十月二十日互换生效。此约第一款规定：“两国臣民均永远和好，友谊敦睦，彼此臣民侨居，其身家财产，皆全权保护，无所稍缺。”日本此时因尚受列强领事裁判权的约束，故在第三款规定互设领事官条文中，特别声明中国领事官“除管辖在日本之中国人民及财产归日本卫署审判外，各领事等官应得官利及优例，悉照通例给予相等之官一律享受。”在订立此约时，前清政府颇能主张侨民的互惠权利。然因处境困难，未能邀到日本的完全容纳。前清致日本的照会说的很透彻，值得一读：“现订中日通商行船条约，日本臣民应得优待利益，均经详载，惟中国商民如何办法，屡经商论，贵大臣以按照欧洲条约并无华民在外国一律优待之条。本大臣举奥国条约相证，贵大臣以奥国路远，华民足迹不到，故奥国肯驻于约。惟本大臣重复马关条款有此商约以欧洲各国条约为本，美国本有一律优待之约，贵大臣谓美非欧洲似也！然则奥斯马加，非欧洲帝国乎？贵大臣若按照马关约办理，以欧洲各国约章为本，则奥国之约，不能抹杀不算。贵大臣屡言贵国家无不优待华人，但不必分注约内，贵大臣言必有信，本大臣深相敬佩！现在约款大致已具，惟中国商民商船往来贵国者，贵国究何以处之？尚祈贵大臣查照历次会议问答迅赐见复。”日本当时复会却是另提出理由，并详为驳复说：“案查历次会议问答，贵大臣屡以优待华人一节为言，而本爵大臣不肯分注约内者，我国近与（欧洲）各国更改条约，数年之内，应开通国，俾各该国人往来居住，从事生业。此次（中日）约内若将优待华人一节一经分注，届时不可不照（欧美）各国人应得优例一律办理。顾贵国未开通国日本臣民除在通商口岸居住从事生业外，其往来内地者，亦为条约所限制，不甚自便，彼此所享，大形轻重。且贵国曩与别国订立通商条约，虽有华民应得按照相待最优之国一律相待之条，后因于该国内之益有所妨碍或与该国内或该国内一处地方之平安有所妨碍，该国终立限制之条，贵大臣当能记忆也！若夫奥国，华人稀到，所有条约，未可比照而论。以上情节，本爵大臣屡与贵大臣会议，业已面告一切矣。至其将贵国商民商船应如何办理之处，苟非于国内之益或平安有所妨碍，我政府务期公允，而昭睦谊。"我们由上引的条约来研究，可以检出日本虽负保护中国侨民的责任，但对"商民"与"商船"则仿照美国一千八百八十年的中美续约口吻以为条件。如此说来，遇到中国商民或商船与日本人竞争，当然是于"日本国内之益有所妨碍，"而日本就可依其复会的条款施行限制了。故中国侨民在日本国内不能享受最惠国的待遇，这是很鲜明的。

关于中国割归日本的属地，——台湾、琉球诸岛以及后来日本吞并朝鲜，中国人民的地位因主权移属而发生极大的变动。马关条约第五款规定："本约批准互换之后，限二年之内，日本准中国让与地方人民愿迁居让与地方之外者，任便变卖所有产业，退去界外，但限满之后尚未迁徙者，酌宜视为日本臣民。"其后日本并吞朝鲜，而中国人在朝鲜的居留地亦废止。[1]

我们从以上的简单叙述，可以得到下列几点：（一）中国侨民在日本享有受依法保护的权利，但无最惠国条款的待遇；（二）中国商民在日本营业，如于日本国内之益有所妨碍，就要受限制；（三）中国侨民在台湾，琉球诸岛，因甲午马关条约依日本法令归化为日本臣民；（四）朝鲜的中国人，除一九一三年十一月二十二日订立的协定章程继续享受相当权利外，其他与寓住日本国内一样。

七、中秘条约

十九世纪下半期，中国南部人民，尤其是广东省，相率渡洋赴美国承工及开发荒地。其后美国发生排华，侨居美国的中国人就逃避墨西哥及中南美诸国，而新去美洲的华人，亦多改到此等地方。现在先述在秘国的本国侨民。

当一千八百七十三年时候，秘国时辰到津，请立和约，中国政府因闻悉华工在秘鲁常受委屈，所方虐待，就提出声明，应先查办华工虐待及善后情形，乃于翌年（一八七四年）订立中秘通商条约时另订中秘会议专条。此时秘国所以屈就中国的请求，确实出于秘国需要工人。该专条由两国使臣议定："现因秘国地方有华民多名，且有称该华民有受委屈之处，兹（本大臣李本大臣葛）意欲两国通好，会同商订先立通商条约，和好往来，庶此无不同心合意。一面由中国派员前往秘国，将华民情形彻底查办，并出示晓谕华工，以便周知一切，秘国无不全力相助，以礼接待。俟中国委员到时，秘国无不谕

---

〔1〕 中国在朝鲜居留地废止协定章程六条，于一九一三年十一月二十二订于朝鲜。

知各处地方官，实力襄助，尽职办理。如查得实有受苦华工，合同年限未满，不拘人数多寡，均议定由委员开单，知照地方官。雇主倘不承认，即由地方官就近传案讯断。若华工仍抱不平，立许上告秘国各大员，再为复查。凡侨寓秘国，无论何国人民呈禀式样是最优者，华工应一体均沾其益。自秘国核定此项章程之日起，凡华工合同已经期满，若合同内有雇主应出回国船脚之议，该工人有愿回国者，即当严令雇主出资送回；又各华工合同，若无送回字样，合同已经期满，该工人无力自出船资，有愿回国者，秘国应将该工人等附搭往船上送回，船资一切无须工人自备，秘国自行料理。"这一个专条要算是清政府开始关念本国侨民的权利。同时订立的中秘通商条约，对于移徙贸易自由及本国侨民寓秘应享的权利，亦详加规定。

（一）移徙贸易自由的权利

在订约以前，秘国人民常有沟通西葡诸国人民贩运华工，因此，在通商条约第六款是载明移徙时要出于人民的自愿，不得以非法方法招致。详阅本款规定，与中美一八六八年的条文相仿，该款载："大清国与大秘国切念民人前往各国或愿常住、入籍、或随时来往、或游历、或贸易、或佣工、或久居，得以自由方有利益。除两国人民自愿往来居住外，别有招致之法，均非所准。现经两国严行禁止，不准在澳门地方及各口岸勉强诱骗中国人运载出洋，违者，其人各照本国例从严惩治，至所载运之船，一并按例罚办。"第八款规定："中国商民准在秘国通商各处，往来运货贸易，一体与别国商民同获利益。"第九款规定："中国商人在秘国通商各处起卸货物，输纳税项，不能较诸相待最优之国，稍有增加。"

（二）寓秘中国侨民的权利

中秘通商条约第一条明文揭载："两国商民人等，彼此侨居皆获保护身家资财。"第五条规定："中国民人在秘国，如安本分但能不违秘国律例章程，无论何处，人便游历。"第十五款规定："中国商民，在秘国有控告事件，准其原被告任便呈禀地方官照例审断，与秘国商民及待各国商民之例，一律办理。"两国都承认彼此利益均沾，故"中国官民在秘国亦应与秘国最为优待之国官民一律。"换文时，中国政府照会秘国"妥将以前苛待华工弊端，尽行革除。"[1]照会中附去当日在秘的华工受委屈的供词一本，而秘国的复文，是

---

〔1〕 光绪元年七月初七日（一八七五年八月七日）丁大臣致秘鲁使臣照会。

答应照办。[1]

中秘通商条约后来发生施行期间问题，并且对于条文解释载明"除各用本国文字外，亦可兼看英文，庶无讹误。"因为秘国条约上的西班牙文与中英文略有出入，秘国外交部认为该约满二十年后则已失效。至一千九百零九年五月十四日，秘国颁令"进口华人每名须有英金五百镑呈验始得入口。"当时中国政府电令驻美使臣伍廷芳[2]前往秘国交涉，伍氏先从中秘条约有效一步着手，其致前清外务部函说得很明白，他说："此次苛例之颁行，其根原在于靖乱，而特借题于中秘约章业已届满为言。盖中秘条约第十八款，就英秘两文解释，本少有歧义也。故欲去苛例，必先辩明条约。……廷尝细核我国秘约第十八款汉文与英日文字（日文即西班牙文）实有不尽不符之处，而十七款又声明彼此解释若有疑义，当以英文为准。若不趁此时机设法补救，诚恐仍留他日外交上之障碍。现彼已面从，犹未明认。"[3]伍氏深明中国交涉的立场，就对中秘条约的效力不断的辩驳，经过不少的麻烦，终于一千九百零九年八月十七日订立中秘条约证明书，由中秘两国协同声明："中秘两国明认一千八百七十四年六月二十六号所署押于天津之和好通商行船条约为有效力，该约内容所载，仍当赓续履行。"中秘条约既是仍生效，那么秘国的禁限华工命令便是违约，所以伍氏于同年八月二十日与秘国订立中秘废除苛例证明书。初时秘国外交部觉得明文废止五月十四号的禁限华工命令有失体面，而附人修约之内，伍使又不赞同，并很婉转的解释："条约既照旧施行，似不宜参入别事。"秘国乃在该废除苛例证明书声明"中国政府有意设法自行限制人们出口及按照所拟定之办法，本大臣相应与伍大臣声明五月十四号之饬谕立停效力——并将一切涉于反对上开各款举动，概行废除。"[4]这次中国政

---

[1] 秘鲁使臣复丁大臣照会云："查华民在于本国佣工者，本国志在实力保护，不容稍受委屈情事。俟贵国选派钦差大臣前往本国商办一切，本国当必实力会商华丁事宜，以期为华工尽除一切弊端，使其皆得安居，身家资财以无护全，以符条约及专条所定章程，并遵信守。现准贵大臣送来华工见证供词一件，本大臣自当译出转送回国查照办理可也。"同日。

[2] 伍廷芳（1842~1922年）字文爵，号秩庸，广东新会西墩人。清末民初杰出的外交家、法学家，出生于新加坡，早年入香港圣保罗书院，1874年入伦敦学院攻读法学，获博士学位及大律师资格，成为中国近代第一个博士，成为香港立法局第一位华人议员。南京临时政府成立后，出任司法总长。著作有《伍廷芳集》、《美国视察记》等。

[3] 引文见于能模等：中外条约汇编三版，第四五三页，四五四页。内有错字，经著者在引文内改正。

[4] 见中国废除苛例证明书第九款。

府交涉，可以说是完全胜利，而其胜利的原因是遇着得力的外交人才，否则，此次秘国排华事件必定偿还损失了事，不会据"条约效力"一点力争。[1]在这里，我们可以看出外交的重要，并不是弱国全无外交呀！

八、中墨条约

中国与墨西哥订立的通商条约，要算是比较的互惠了。在这条约中，有二点是值得注意的：第一，相互最惠国条款的承认，第二，彼此管理侨民。今将关于侨民权利方面叙其大略。

（一）移徙贸易自由的承认

一千八百九十九年订立的中墨通商约条第五款："两国允准，嗣后彼此人民出洋，无论单身，或携眷属，皆须于处于情甘自愿，不准或在中国各口或在他处妄用勉强之法，或施诡谲之计诱令中国人民不出情愿而往。如有两国人民及船只违背此约，则两国必从严究办，均照本国律例，从重拟定罪名。"这是入境自由的承认。第六款载："中国人民准赴墨国各处地方往来、运货、贸易、与别国人民一律无异。"这是贸易自由的承认。第四款："中国人民在墨西哥，如安本分，不违墨国律例，章程，无任何处，任便游历。"这是游历自由的承认。第十二款："此国人民订立合同在彼国承工，不论田寮机器厂行店住宅等处，应遵照两国妥定章程办理。"这是招工自由的承认。中国政府因鉴于墨国华工时被排斥，而过去的商约，迄未修订，乃于一九二一年订立暂行修改中墨一千八百九十九年条约之协定，此协定内容，一是承认墨国禁止华工入境及"华工"的解释，二是对于寓住墨国华侨的规定。协定第二款："在墨西哥政府禁止外国工人入境期内，两缔约国各禁其本国工人入他一缔约国境内。"第三款规定："此后华工，非有中墨两国政府认可不得来墨，其应备条件另定之。"此两款是中国政府承认墨国有禁止华工入境，并且中国政府亦负有自己禁止本国工人入墨境。如订约以后，华工到墨国，应该备具两国

---

[1] 伍使臣致前清外务部函中云："廷此次选奉钧电敦促赴秘，系因新立苛例华侨被虐两节。秘都华商数及万人，甲于他埠。当廷秘时，杂还应谒，塞道为满廷连日分见其久居股实明白事理者多人，详询近状，备知该国始以尝争肇，终及吾民，由内政不善而牵动外交，复欲借外交以推翻其内政，原因复杂，未易窥缕。幸现时已不骚动，侨情亦安谧如恒。且自廷抵秘时，该国即连日由户部大臣派委干员，详查各商店损失实数，以便议偿。廷心知其意，特置其小者而规其远大。"前引中外条约汇编四五三页。错字经著者改正。

订立的条件及手续办理,方可入境。谁是华工呢? 第四款规定,说:"凡来墨专为受雇从事手工及并无资本,仅持臂之收入为生者,应以工论。"可是这条释义很广泛,于是在第五款更为详细注明。"两缔约国人民其非工人者,不在上开限制之列,对于此项人民,应按照中墨现行条约各项规定及对于各友邦工人以外人民适用之各法办理。但为预防将来发生困难起见,两缔约国商定:凡此国人民前赴彼国境内从事商业并携有资本在墨币伍佰元以上者,不在上开限制之列,又此国人民前赴彼国境内,仅系从事于各项以智识谋生之事业或游历者及有可靠之财力供给之学生或艺徒,均不在上开之列。"第十二款:"农户不以工论,其招致章程应依照墨国将来与最优待之国所订章程一律办理。"第六款:"两缔约国之官员及其眷属随员仆从,均不在限制之列。"第十一款:"现在旅墨及将来准许入境之中国人民,其妻室及未成年子女来墨,均不在限制之列。"由以上的约文看来中墨条约上的"工人"涵义较美国移民律所规定的,相差不啻天壤,至协定内的禁限华工入境,不影响于寓墨华工,亦不因其暂时离开而丧失返墨的权利。第七款明文规定:"两缔约国人民,不论是否工人,业经准入他一缔约国境内者暂时离去,不在限制之列。"但应备具同款但书规定手续,则"两缔约国人民例得享受本款特许者,倘欲使用之,应按照下列条件办理:甲、在离去驻在国之前,应向驻该国之本国使署领取护照,说易仍欲回至所驻在之国。此项护照,必须粘贴请照人相片,由使署在相片上盖印并送驻在国外交部签字;乙、此种护照,有限期间,自签字之日起,两年为限。"

(二)侨民在墨国境内的权利

依中墨通商条约第一条规定:两国人民"彼此皆可任便前往侨居,其身体家属财产,皆全获保护,与相待最优之国人民同获恩施权利。"第七款:"两国人民及商船,凡在此国通商口岸,既应遵照此国与各国现在合例同性商务章程或日后续议新章一律办理。"第八款是各享受税则等。第十款则规定:"此国人名寓居彼国境内,不得勒令充当水师,陆师,义勇等役,亦不得勒令出资捐免,亦不得以军需等名目勒借强派。惟遇有按产抽捐之事,此国人民在彼国置有产业,则照彼国人民一律办理。所有船只器具各项货物以及家用杂物,均不得强令捐出,以供军务等用,须先定价议妥方可。"第十一款规定在各通商口岸与外洋往来贸易的航运权利,但无内河航运权。一千九百二十一年的协定第九条,亦载明:"凡一缔约国人民准入他一缔约国境内者,须完全遵守该国现行之移民及卫生法令，但应与各友邦人民一律待遇。"

九、结论

由上所述，就可知道中国侨民基于条约上的应享权利，不是完全无根据的。本国政府倘能处处注意，出力保护，尽心交涉，至少也可以保存几分。前清故置不论，民国以来的外交，一样的庸弱无能。对于本国侨民的保护，多是有首无终，究其原因，厥为"外交机构"的不健全。外交机构好比人身，一个人人身体不健全，一切动作就发生影响了。中国外交的机构，就是缺乏这种健全的组织。要达到健全的组织，必须注意下述的几个因素：

第一，外交部应有固定不变的机构，研究中国与各国所订条约上应享的权利和应负的义务，分别通知各有关系机关注意，并阐明中国在法理上的立场。中国虽有"条约委员会"的设立，却因为个安顿人才的机关，所以人员多是朝秦暮楚，结果没有成绩可言。这不是中国没有此等专门人才，原因是没有固定的职务保障和优厚待遇容纳这辈专门人才。因此，遇到订条约时，却是临时行事，常发生错误的结果，对于文字上亦多欠缺斟酌。我们说前清政府不谙外交，民国以来又何尝不是呢？记得蒋廷黻先生曾这样说："我们读这一期外交史的时候，无论如何，昏庸二字是不能在前人。"[1]这才是最公平的评论呢！

第二，使领不能尽使领的责任及行使条约上公法上的权利。中国与各国订立的条约，甚为繁复，而本国在外侨民又是如此众多，所以使领的责任更为重大！然而过去的成绩告诉我们，多数使领是不知自己的责任及充分的行使条约上公法上的权利。这也是中国外交官吏因人任事，未有长久经验的缘故吧！

第三，外交交涉多未依适当步骤进行。比方有许多事件是条约上载明中国政府应有行使的统治权，用不着照会外国政府声明立场，可是我们往往怕事态复杂变化，常有这一举。及遇到一个问题的交涉，重大的姑置不论，即小小的一事件，亦是有首无终，变成悬案。这种弊病要归原于"交涉无步骤"而这"交涉无步骤"的原因，一半是外交事务官常变动，一半是主持外交的不知如何进行，亦不肯深加研究。从前伍朝枢出使美国，暇时便浏览外交要

---

[1] 见近代中国外交史资料辑要中卷自序。

籍，一切演讲及外交文件措辞，往往翻寻字典，务须明了每字涵义，和他的先父伍廷芳正是一样的精神。照伍氏的学识经验，可以毋庸多此一举，但他因为知道他所负的责任是代表国家，不能不格外小心行事！这不过是著者亲见的一个举例。以证明交涉步骤的应备具的必要条件。就第六节所述前清使臣伍廷芳交涉秘国虐待华民的一事来看，其胜利就是基于学识和步骤。如果他不先将中秘条约继续有效一问题先解决，则交涉取消苛例万难达到。这岂不是"交涉有步骤"的例证吗？

以上三点，我们认为是外交上应有的要件，在实行外交保护本国侨民时，万不能忽略的。

国家继承论[*]

汤宗威^{**}

（一）国家继承〔1〕之起源

国家继承之起源，为罗马民法之个人继承。被继承人死亡后，其权利义务统由继承人继承之。就生命言，则其人已死亡，然就法律上人格言，则继承人继承死者之权利义务，一若死者之依然存在言，罗马民法之个人继承，乃全部的，继承人对于被继承人之权利，固完全继承之。然于其义务，亦须完全负履行之责，不得仅继承其权利，而置其义务于不顾，或任择二者之一部。故被继承人之财产，不足抵偿其债务时，继承人须以自有之财产清偿也。

依据私法上之继承理论，首倡国家继承者，为格劳修斯〔2〕（Grotious），彼以私法上之理论，向国际公法，作无条件之介绍，以为一国之新元首所继承之权利义务，与个人子嗣所继承者，完全相同，彼为此说时，国际公法尚在创设时代，所以对公法上关于统治权变更之原则，有不少影响。翕从格氏之说者颇众，均以为新元首继承一切义务，与一切权利同。惟同时亦多相反之论调，尤著者，如凯斯〔3〕氏（Keith）。谓国家继承，不过构成一种简单继承，易言之，即权利之继承，而非义务之继承是也。在任何情形之下，若无条约上之明白规定，则解决本问题之原则，乃权利继承，而非义务继承，因此种继承，不过一种无继续性质之替代也。

---

　* 本文原刊于《华东季刊》1926 年创刊号。

　** 汤宗威，1925 年毕业于东吴大学法学院（第 8 届），获法学学士学位。曾任民国江西专员、少将副司令官。

　〔1〕"继承"原文作"承继"，现据今日通常用法改正，下同。——校勘者注。

　〔2〕"格劳修斯"原文作"葛罗休氏"，现据今日通常用法改正，下同。——校勘者注。

　〔3〕"凯斯"原文作"凯司"，现据今日通常用法改正，下同。——校勘者注。

其他学者，对本问题聚讼纷纭，莫衷一是，其中格不相入者亦多。无怪各国实际上行为，颇不一致也。惟吾人所得而注意者言个人继承，则继承人可完全替代被继承人而继续之。若国家继承，则国家系一种政治组织，有独立之权威[1]，欲其与个人继承绝对相同，事实上正多困难。故罗马民法之个人继承，不能完全适用于国家继承，且今日国际情势，极形混乱。强有力者，往往以自身利益为前提，逾越国际成例，任意行动，久而久之，法律不免为事实之奴隶，从兹改变也。

（二）国家继承之类别

著作家寻常将国家继承，分作全部及局部两类。科贝特[2]氏（Cobbet）更加列一种，曰限制继承。当此国际关系日益复杂之时，限制继承实现愈多，吾人不得不加注意焉。

（甲）全部继承。全部继承，乃一国并合他国之谓。此种全部继承之发生，大率由于下列情形。

（1）两独立国之合并。如一八七一年德意志帝国之成立是。

（2）一国在和平状态中，为他国所吸收。如一八四五年德克萨斯[3]共和国之并入美洲合众国是。

（3）因战争之结果，一国为他国所并吞。如南非共和国，及（Orange）自由国之被英国收为属地是。

（乙）局部继承。（1）因革命或宣告独立之结果，一国之一部分领土或属地，成一新国。如美洲合众国之脱离英国是。

（2）因割让或征服。一国得他国领土或属地之一部分。如丹麦于一八六八年割让 Schleswig Holstein 与普鲁士是。

（3）一国受他国之瓜分。如波兰之受俄、普、奥三国瓜分是。

（丙）限制继承。科贝特之倡限制继承，论其例如祖国于反叛之领土上，重建统治权。所谓限制继承者，意即继承权利，而不继承义务也。科氏为此说，有理由二。其一，祖国与反叛领土，无国与国之关系；其二，欲祖国继承一切反叛方面因希图推翻自身而发生之义务，与自在原则相反也。其中第

---

〔1〕"权威"原文作"威权"，现据今日通常用法改正，下同。——校勘者注。

〔2〕"科贝特"原文作"苟白"，现据今日通常用法改正，下同。——校勘者注。

〔3〕"德克萨斯"原文作"泰克塞司"，现据今日通常用法改正。——校勘者注。

二理由，吾人尤当认为重要。限制继承，又可分狭义、广义两种。狭义的限制继承，为祖国立立时能重建统治权于南部诸州然。广义的限制继承，为一国领土，为他国所割据，经长久之时间，而复归还之也。此种情形，其亦列为限制继承者，因一国领土为他国割据时，必蒙重大损失，于归还时，原主不负履行其义务之责，所以示补偿或减轻此种损失也。

（丁）国家继承发生后，关于被继承国之各项问题。

（1）条约。国家继承发生，则继承者被继承者及第三者，在继承原因发生前，相互所订条约，应受若何影响乎。对于本问题，无论国际实地行为，及法庭意见颇不一致，其得认为惯例者，可约略述之。

就让与国与受让国，及让与国与第三者间言之。倘割让之土地，包含一国全部者，则让与国及受让国间一切条约，于继承开始之日，尽行丧失效力。因让与国此时消失国际法上之人格也，若让与国仅失其土地之一部，其国际法上之人格，依然存在。其履行各项条约之责任，并不消失。对受让国如此，对第三者亦然。割让土地，固于政治及经济上，蒙极大影响。然不能因此卸除条约上之责任。犹之个人丧失一部分财产，不因此而能解脱一切个人之义务也。不过条约之标的，专属于所失土地者，情形不同，又当别论。因该项标的，已于割让时消失也。

就受让国与第三者简言之，受让国在国际法上之人格无变动，当然受其原有条约之束缚。而此项条约，应推及于新得之土地，惟受让国亦得为顾全自身利益计。酌定何项条约，得适用于新得土地，何项条约则不然也。

（2）法律及法庭。一国为他国并合时，并合国取得立法、司法，及行政之全权。被合并国之法律中私法部分，在未经合并国之明白修改，或取消前，得继续存在。其含有政治性质，及国家特权者，立即消灭。如关系一国政策，或处置国家产业，及给与个人或法人以半官性质之特权及利益者，此种法律，须依并合国之政策。而改变者也，至于并合国以立法，司法，及行政之全部或一部，惟及于新得之土地，纯视该国自身之利益为断。而有自主之权，其注目点，为并合国之独立权威也。

法庭一层，则继承开始时所有旧政府所建设之法庭，立即失其管辖权。其有照常行使职权者，不过经新政府之准许，或默认而已。至于旧政府法庭业经判决之讼案，对于新政府，无法律上之束缚能力。惟有时新政府为应付机宜计。对旧法庭所为合法之判决，与以相当注意。如果与新政府之政策相反者，则认为无效。

上述各节，于一国之为他国并合然，于一国一部分土地之割让亦然。

（3）国债。全部继承发生时，继承者应负旧政府经济上之义务，尤以向他国所借〔1〕之外债为然。对于私人之债务，虽债权人无国际法上地位，不能强继承者负责。若系第三国人民，则可请求所属国政府，以外交方法解决之，如同时有多数继承者，则债务之负担，得各以所得土地之利源及税额为标准。以此为例法计之，局部继承发生时，让与国之债务，当分普通及地方两种处置之。普通债不限取偿于何地，让与国续负偿还当地之事业。该地剖让时，受让国当负责任，是故割让地之债务，与割让地一同转移者也。

关于上述原则，有以重要之例外，如割让出于战争之结果。而所谓债务者，乃以之为作战之用，或债务成立于战前，而当时战争之情势业已显著者。如此，则继承者可不负责任，所以符自存之原则也。

（4）国债以外之契约及让与。关于旧政府由寻常契约及让与发生之权利、义务，各国法庭意见，多数作受让国有责任说。让与国与受让国间，倘无条约上之规定，则受让国对于让与国在开战前所订债务，应负清偿之责。战胜国于此，固未始不可拒绝履行此项义务，特非法律范围内之问题耳。英国一八七七年并吞 Transvaal 及一九〇〇年并吞南非共和国。对于此等义务，大多皆履行之，如让与非战争之结果，往往有条约订明之。

（5）私产。人民私产，国家继承不能影响及之，虽继承为战争之结果亦然，此已为世所公认。因当地人民，对于故国之忠顺关系，业经消灭，而彼等相互间之关系，迄无变动，若继承者，除取得统治权而代之之外，更将私人财产充公，实属违反国际惯例及公理也。故此种保证，可不必置于条约之中，如继承之原因，非出于战争之结果，则保证之存在，更不待言也。

（6）国产。被并合国之国有财产，当国家继承发生时，无论出于自愿或降服，当转移与并合国，如海岸、海口、商埠、河道、道路、防御建筑、军营监狱、学校，及他种属于国家之公共建筑等是也。此种处置，不必有条约为之规定。至于何者认为国产，继承者得收取之，何者则否。其标准，须依继承者之法律决定之，惟因此丧失财产者，往往得有报酬。此外半官性质之财产，如地亩、铁路、属于艺术科学，及军用之物质等，亦当转移于继承者，

---

〔1〕"借"原文作"假"，现据今日通常用法改正。——校勘者注。

其中如有第三者之利益，在须注意之。

（7）国籍。国家被并合，或土地割让时，人民之丧失国籍问题，无一定之法例。学者之主张，及国际之实地行为，颇不一致。有主新国籍之取得，应以法律上之居住所为标准，凡人民在该地有法律上之居住所者，均认为继承国之国民，此乃继承国家取得多数民众之最佳方法。有主以生产地为标准者，凡在该地生产之人民，其父母系亦在该地生产，或在该地取得法律上之居住所已久者，认为国民。此法，范围稍狭，而犹嫌其广泛，其缺点在以许多对新政府无同情及忠心之民众，纳入国籍也。

欲免上述之缺点，惟有予民众以选择权。因国籍不过法律上之身份，如以勉强出之，法理上实无理由。个人在寻常时，会有舍弃一国国籍，取得别一国籍之权。然则于国家继承发生时，不应更有此权乎。此法不特有益于民众，亦有益于继承国。以自存之原则言，新政府应留意其新得之民众，是否心悦诚服，其试验品，即民众之自由选择耳。

（8）结论。上述各节，为国际惯例。各国已认为有法律之效力，然强有力者，往往为自身私利计，显然违背之。此次世界大战，名义上，为正义自由而战，事实上，无论胜败各国，均疮痍满目，元气丧颓，观此，似可各自觉悟野心恣肆之非矣。然一窥凡尔赛和约内容，适得其反。他姑勿论，仅就国家继承诸原则言，该约内容多显，与相背之处，甚至市惠于弱小之国，主张土地之割让，统治权之转移须得人民之同意。而一方面又主张人民投票表示之结果，须待协约国主脑裁处。所谓口惠而实不至，且该约于重定德国疆界部分，以数百万纯粹德国血统之人民，置于波兰及 Zecho Slovakia 统治权之下。对于德国在中国山东之利益竟蔑视中国同在协约国之地位，不顾华人之热烈反对，许日本继承之，是更属自相矛盾也。更有所谓委托制度者（mandatory system）为该约之新产物，其着眼点，为战时协约国所占领之德国属地。媾和时，既不愿返还旧主，又不欲居割据之名。于是创设此种制度，各德属地，由国家联盟会分别委任列强治理之。以一国治一地，其统治权，则属之国际联盟会，该会所发委任状中，明白规定治理之标准，更规定受委托者，治理不当时，各国得干涉之。此种制度从表面上视之，未始不强差人意。然实际上疑窦正多。受委托者，治理时间之久暂，该约未曾订明。依常理言，自当于各地能自组政府时为止，然则至何时始得谓之有自组政府之能力乎，有自组政府之能力矣。受委托者，如果不愿放弃治理权，故意不予承认，则本问题如何解决，取决于国际联盟会乎。国际联盟会既非一国家，更非一太上国，事实上不过一种空洞之组织，作列强之留声机耳，是本问题之解决，仍由列强之有关系者主之。至列强自身利益冲突时，复诉之武力，无论孰胜孰败，在委托制度治理下之弱小民族，为俎上肉则一也。总之，此称制度，仍不脱割据之假面具而已，国际法在今日之幼稚程度，犹之原人时代之国内法，不独关于国家继承之一部分如此也。

法权调查会之缘起及其前途*

孙祖基

屡次延期之法权调查会议，现已于一月十二号在北京正式开幕矣。列席者计有十四国，中国委员为王宠惠，美为史陶恩，英为士纳尔，比利时为（一）罗雷（二）加慈（三）史吉色，法国为（一）道桑德（二）宾德，丹麦为（一）高福曼（二）狄里斯，瑞典为雷章哈甫德，葡萄牙为白安祈，西班牙为马铃，荷兰为安吉林罗，意大利为罗西，挪威为米曲勒，秘鲁为甘狄司，日本为日置益等六人。此会之由来，国人大多知与收回领事裁判权有关，但其缘起，则知者较少，兹先请略述其大概。

领事在华之有裁判权，盖始于英国，其根据则为前清道光二十三年七月之中英五口通商章程。在条约未缔以前，外国虽有领事驻华，但尚无受理侨民诉讼之事，且一听中国官吏裁判。关于如民事如买卖钱债纠葛等事，当时交由中外商人团体自行和解结束，经官审理者极稀。惟彼时刑律严峻，凡罪为过失杀伤，亦均一律论斩。故外人极为不平，遇事则谋脱我管辖。至道光七年以后，外人不服我法权之惯例，渐次成立，然无明文约束，终觉易生异议。及鸦片战后，外人气势骤张，乃将领事裁判权明定于商约中，而我国法权于是遂不统一。考国家之承认领事裁判权者，在欧有土耳其，在亚有日本暹罗，今者日本暹罗已早收回矣，土耳其则以其国民宗回教，视信仰基督教国家为外化，不屑以本国法律管辖之，故当时各国不得已而派遣领事，自管其侨土人民。至中国之有列国领事裁判制度，外人根据以为原因者，则有数事：其一中国法制不完，审讯以拷掠为常，且时滥用淫刑，若于犯人死亡逋逃不能科罪者，则使血统上社会上有关系之无辜亲友负其责任，以强达必罚

---

* 本文原刊于《青年进步》1926 年第 90 期。

之目的。其二中国裁判官，法律知识不足，且道义心薄，贿赂公行，而不知耻。其三中国人视外人为蛮夷，谓不以法治者，为治蛮夷之法。凡此三者，在吾国旧日司法情形容或有之，在今日则刑讯早已严禁，中外交际，睦谊尤敦，而司法界人物，大半为法律学校出身，平心而论，均为中国官僚中之较贤明者，（中国司法成绩较立法行政界为强）列国施领事裁判权于中国，侵害中国主权，紊乱中国之治安秩序，轻视中国人民权利，于是适因欧战和会之机会，中国代表乃在凡尔赛正式提出撤销领事裁判权之建议案。

中国建议案，首述缔约之沿革，与列国惠允废弃之情形，并条举中国司法成绩，计有下列六项。

一、中国临时约法采三权分立之制，凡所以保卫人民生命财产之根本权利，及保障司法官之审判独立，不受立法行政之两权干涉，悉有明文，载在约章。

二、中国业经编有法典草案五种（一）刑法（二）民法（三）商法（四）刑事诉讼法（五）民事诉讼法，各种法律法典，有已呈准暂行援用者，如暂行新刑律及刑事民事诉讼法内管辖再理各节是已。有业经公布者，如法院编制法高等以下审判厅试办章程是已。凡诸法典法律之编纂，多取材于现金诸国，剂量折衷，并以不背于中国社会为度。

三、正式法院系分三级，曰大理院，曰高等审判厅，曰地方审判厅，并采用检查制度，各级法院，均置有监察厅焉。

四、关于诉讼法律之改良，其显著者，则民刑案件分庭审理，审判取公开主义，刑事案件注重证据，刑讯勒供早经废止，辩护制亦已仿行，凡业律师者须经法定考试，或具有相当之资格。

五、各级法院之推事检察官，咸受有相当之法律教育，其中毕业于外国专门大学者甚伙。

六、监狱警察诸制度，均经整顿改良，成绩昭昭，在人耳目。

其次述应废除之理由，及中国之请求撤废之希望与条件。

一、中国请求有约诸国允于一定期间内，俟中国实行下列两条件后，将现行于中国境内此种陋制，实行撤废。

（甲）刑法民法商法及民刑诉讼法完全颁行。

（乙）各旧府治所在地（实际上外国人普通居住之地）地方审检应完全成立。

中国允于五年内实行右列两条件，同时要求有约诸国允俟该项条件实行后，即将领事裁判权撤废，其在中国境内设有特别法庭者，同时一并裁撤。

二、在领事裁判未实行撤废以前，中国要求有约诸国立为下列两项之许可：

（甲）华洋民刑诉讼，被告为中国人，则由中国法院自行讯断，无庸外国领事观审参与。

（乙）中国法院依法发布之拘传票判决书，得在租界或外国人居宅内执行，无庸外国领事或司法官预行审查。

此建议案提出大会后，以大会限于时间，所议以对敌条件为限，协约国相互条件，则须俟诸国际联盟会议，遂无结果。

民国十年十一月，美国哈顿总统召集华盛顿会议于华盛顿，中国代表复提出撤废领事裁判权案。提出后于十一月二十五日交付远东问题委员会讨论，经议决设立领事裁判权分委员会，详细研究，十一月二十八日，领事裁判权分委员会开会。议决下列之议决案：

以下列所列参与限制军备会议讨论太平洋及远东问题之各国代表，即美利坚合众国，比利时国，不列颠帝国，法兰西国，意大利国，日本国，荷兰国及葡萄牙国，应注意于一九〇二年九月五日中英条约，一九一三年十月八日中美条约，一九〇三年十月八日中日条约，各该国允助中国政府，以便实行其所表示改良司法制度，期等于泰西各国之志愿，并宣言一俟中国法律地位及实行该项法律之办法并他项事宜皆能满意时，即预备放弃其领事裁判权。

又因关于此事同情，促进中国代表团于一九二一年十一月十六日所表示，应将中国政治上，法权上，行政上自由行动之现有各种限制，立时取消，或体察情形，从速废止之愿望。

又因任何决定关于达此目的之适当动作，应就中国法律司法制度及司法行政手续之复杂情形，考察详悉，方有依据，此则本会议所不能决定者。

决议上列各国政府，应组织一委员会（各该政府各派委员一人），考察在中国领事裁判权之现在办法，以及中国法律司法制度，暨司法行政手续，以便将考察所得关于各该项之事实报告于上列各国政府，并将委员会所认为适当之方法，可以改良中国施行法律之现在情形，及辅助并促进中国政府力行编订法律及改良司法，并使各国逐渐或用他种方法放弃各该国之领事裁判权者，建议于上列各国政府。

本议决案所议设之委员会，应于本会闭会后三个月内按照上列各国政府嗣后所定详细办法组织之，应令该委员会于第一次集会后一年以内，将报告及建议呈送。

上列各国之每国，可自由取舍该委员会建议之全部或任何一部。但无论如何，各该国中之任何一国，不得直接或间接以中国给予政治上或经济上任何特别让与或恩惠或利益或免除为条件，而采取该项建议之全部或任何一部。

追加议决案一

未画押之各国，依条约有领事裁判权者，于本会闭会后三个月内，将声明加入之文件，交由美国政府通知各画押国，亦得加入关于在中国领事裁判权及施行法律之议决案。

追加议决案二

设立委员会，调查并报告在中国领事裁判权及施行法律之议决案，中国业已注意对于上列各国于中国政府取消领事裁判权之愿望，表示同情，深为惬意，并宣言拟派一人为代表，有列席该委员会为委员之权。惟对于该委员会建议之全部或任何一部，中国得自由取舍，再中国愿助该委员会，予以一切便利，俾得完成其职务。

以上决议案，于十一月二十九日由分委员会报告于远东问题委员会，一致通过，遂于十二月十日由委员会提出于限制军备会议第四次大会，复经全体通过，成为议决案。华盛顿会议闭会后，各关系国根据前项议决案，曾两次声明实行派员来华调查，吾国因预备未周，直至去年十月，始发出请柬，邀各国委员来华。

前项议决案，其意义甚为显明，大致如下：

（一）各国颇表同情于取消领事裁判权，但取消之步骤须为逐渐的。

（二）中国之法律及司法制度，系一实际问题，故须由各国派员来华调查。

（三）各国委员来华调查既毕，即报告其调查情形及建议取消领裁权之方法于各该国政府。

（四）各该国政府，可自由取舍该委员会之建议。

有此根据，故此次委员团于开第一次大会时，即郑重声明本会并非会议形式，委员团之任务，系调查在中国领事裁判权之现在办法，以及中国法律司法制度，暨司法行政手续。彼等并不负接受中国方面何种建议之责任。此会既开，于是国人哗然，以为中国所要求者，乃为于此会中，希望议决收回领事裁判权耳。而各国委员乃托词推诿，不负责任。实则大错早已铸成，时人以国内司法，求批评于国外，比如有女择配，而裸体通行以博大众之喝彩。故此事若在别国，则国际法权会议之名称，且无成立之余地，何况允准其调查；允准其调查后，而出具裁判式之报告？今各国委员既如约来集，此事前途，吾人所蕙蕙过虑者，有数点焉：

（一）列强对于中国向采敷衍手段，华盛顿会议中，吾国所提出之议案，其决议无有一条不出于以敷衍手段对中国者。关于领事裁判权问题，大会既有决议，则各国更可借为护符，任意延宕，结果仍以敷衍了事。而吾国亦为条约束缚，不克主张。

（二）司法委员代表之国，除中国外，计有十三国。此十三国法律各有统系，代表胸中各有成竹，今来华调查，万一甲国以为满意，乙国尚有后言，视彼方操纵之能力，为对华离合之迁就，姚公鹤氏谓"居仁堂一席地，作各代表眉来眼去心领神会之集合场，"殆非过喻。（姚氏曾有一书致法权会议王委员宠惠，见一月十二日上海各日报，颇可供参考。）

（三）中国数年来，因国家经费困难，全国尚未遍设法院，又民商法典尚未颁布，至其因政治行动偶有干涉司法独立者。则外人必将以中国司法尚未改良为借口。（上海有一美籍之布莱恩[1]律师 R. T. Bryan 尝撰文痛斥中国司法之黑暗，而不应废除领事裁判权，旅华西人社会颇多题其说者。）

法权会议既无益于中国，于是国人颇有主张立时停会，政府径自将领事裁判权无条件取消者。此种主张，亦自有其理由。但吾人不在其位，言之易易，若为政府设想，则无论解决何项问题，必有手续，始克实行。今日之计，愚以为一方面吾国应尊重华会议决案，任列国来华派员调查司法，此事现在实际上已经实行。一方面吾国为尊重本国主权计，应以无条件的宣告取消。

---

[1]　"布莱恩"原文作"博良"，现据今日通常用法改正。——校勘者注

其中之程序，穷拟如下：

（一）中国在法权会议席上，声明中国已决定取消领事裁判权，此次邀请各委员来华，一方面为尊重华会议案，一方面为我国准备取消，希望列国委员予以指导的协助。

（二）中国政府照会各国，中政府欣得华会对于中国有独立主权之了解，现已决定以无条件的主张取消领裁权，于一九二八年起（民国十八年）实行，在发出此照会后，与一九二八年一月一日以前，各国所有之建议，中政府均愿考虑接受，但中政府并未接受之义务。

（三）中国政府于本年一月起，于两年内，将法典及司法制度，实行改良吗，其计划如下：

（甲）民法刑法商法完全颁布。至于现行之惩治盗匪法，治安警察法，刑事补充条例等，即行废止。

（乙）各旧府治所在地地方审判厅，完全成立。又添设大理分院，以免积压上诉案件。

（丙）废除检查制度。

（丁）厉行司法官开始及律师考试。

（戊）改良法律学校，增添比较法学门。

（己）改良监狱，注重囚犯待遇，职业及威化。

（四）中国立时要求将租界内之中西会审公庙收回，因其为条约之外侵权事实，不能再有容忍。

以上办法，为我国主权计，为我国前途计，未为过当。但实行之时，半恃外交家之折冲坛坫，半恃国家能否为坚强之后盾，而国民之热烈运动，尤不可少，此三要素，不可失一。但现在内战未已，而国人又除少数法律界人物外，不大注意，美人尝谓中国于外交上每每错失机会。呜呼，收回领裁权之新机会又至矣，吾人岂又将坐失之乎？

接收会审公廨刍议*

董 康**

倡议收回会审公廨，数年于兹，五卅事变，国人且认为原因之一，列入十三条之内。吾国自通商以来，政府罔识世界大势，交涉昧于因应，事事落后，殊可愤慨。今赖国人万众一心，力争国际之光荣，如不平等条约，如领事裁判权，如关税必有与列国跻于同等地位之一日。则区区会审公廨，克以回复原状，自属指顾间事。惟吾国放弃公廨，已十有四年。其间人事之变迁，法制之更张，与夫弊窦之业绩，若不事先筹划，接收后必蹈哈尔滨特厅之覆辙。则经之营之，虽属政府之设施〔1〕，吾人亦不能不注意也。不揣谫陋，敬抒管见如后。

（一）组织

大要不外下〔2〕之三种。

（甲）——仍用公廨旧名。

（乙）设高等分厅。

---

* 本文原刊于《国闻周报》1925 年第 2 卷第 29 期，第 6 ~ 7 页。原文仅有简易句读，本文句读为录入者所添加。

** 董康（1867 ~ 1947 年），江苏武进人。法学家。董康是清末举人、进士，曾出任清政府的刑部主事、员外郎、郎中，修订法律馆提调，大理院刑庭推事等职。中华民国成立后，出任大理院院长、中央文官高等惩戒委员会委员长，全国选举资格审查会会长，修订法律馆总裁。其间，董康先后兼任东吴大学、上海法科大学、北京大学等大学法科的教授，也从事一段时间的律师业务。在学术研究方面，董康先后推出了《历朝法律沿革》、《宪法大纲》、《前清法制概要》、《书舶庸谭》、《第一次刑法修正案》、《第二次刑法修正案》、《调查日本裁判监狱报告书》、《中国修订法律之经过》、《中国编纂法典之概要》等众多作品。董康既是中国近代最早的立法、司法工作者之一，也是中国最早从事法律教育、法学研究的学者之一。

〔1〕 "设施"原文作"施设"，现据今日通常用法改正。——校勘者注。

〔2〕 "下"原文作"左"，现据今日排版需要改正。——校勘者注。

（丙）——设特别厅。

（二）法制

吾国修订法律，纯采用欧洲大陆制，手续繁重，颇感不便。自清以前诉讼法附见于列代刑律之内，极为简略，大旨与英制相近。将来改良司法，必须有若干部分稍复故步。质言之，即调剂大陆制与英制之间为有系统[1]之英制也。租界户口较有首都尤为繁盛，若不出于此途[2]，诉讼壅塞，更不堪言。故不妨即就租界为试验之标准，胪举如下。

（甲）管辖。属于第一次甲款者，应照历年办法，分别利弊，以为因革。但检举之权，不可旁落，仍宜设一控诉部，已备第二审之用，不服控诉部之审判，上告于大理院。属于乙丙两款者，宜附设地方初级两厅，初级厅之管辖权限，须较现制推广，并酌定若干项事，例用略式审判。

（乙）简易诉讼法。租界情形与内地略有不同，恐已颁行之民刑诉讼法，诸多窒碍，宜定一种简易诉讼法，以期速结。

（丙）和解。民事濡滞，行大陆制之国，同此困难，近来均倡和解之论，如法（战后行之今已废）如美俱有此制。挪威[3]且订于诉讼法中，诚减少民事诉讼之一良法也。我国旧日审理民事，大率以和解为结果，亟宜调查各国新制，订和解法，以资遵守。

（丁）废检察制。前此倡行与审判厅，对待式之检察厅，贻误匪浅。近顷法界以多持改革之议，宜乘机废止，或仿美国阿脱内[4]（Attorney）制。附设一种职员，亦可收指臂之益。

（三）人选

治事之难易，司法与行政不同。行政官厅上级对于下级有综覈或监督之责，则上级难。司法官厅纯重事实，牙角之争里闬常习。初级厅轻微事件，逾于地方厅奚止十倍。平情而论，则下级为难。例如刑事诉讼初审之证据较为亲切，一涉游移，事过境迁。恃上级审为之救正者几希矣，下级之法官得人，则上级之控诉自少。英之法官驰誉环球，无他，即得此中奥窔也。吾国似宜将任用法官章程谋根本上之变通，下级法官，优于待遇，庶有久于其任

---

[1] "系统"原文作"统系"，现据今日通常用法改正。——校勘者注。
[2] "途"原文作"涂"，现据今日通常用法改正。——校勘者注。
[3] "挪威"原文作"那威"，现据今日通常译法改正。——校勘者注。
[4] "阿脱内"即英文"Attorney"的音译，意诉讼代理人、辩护人。——校勘者注。

之念。否则，视下级为传舍，人人怀倖进之心，结果使下级最繁最难之责任，概以初隶仕版者充数。犹之建屋，基址不立，纵飞甍华栋，极轮奂之美，观未有不倾覆者。仆旧谓澄清吏治，宜为事择人，不宜为人择事。矧法院为人生命财产之所记付，较行政官尤为重要乎，所望我政府当局于此语三致意也。

（四）律师

司法事业，律师与法官相辅而行，不提倡律师之道德，侈谈司法改良。譬如折足鼎铏，而冀其独立，难矣。遍历欧美，以英之律师制度为纯洁无上，其次若美退任之总统，且讬业其中，故美之律师公会握最高舆论之权。其次若法，其时内阁首席为曾任总统之彭嘉孩君，尚于星期四日出席于律师公会。以此可见律师为全国人伦之表率也。我国律师未经考试，登记颇滥，以致薰莸并列。即身厕律师公会者，亦引以为憾，此实无可讳言。将来接收公廨之后，宜遴选品学经验兼著之律师，仿英之制度，设事务所数区。若刑事诉讼，并界以告发及检证之权。如不大加甄别，则习染相仍，人之议领事团占领时之公廨者，且加诸恢复后之公廨矣。

（五）经费

租界内之法院，为万国观瞻所击。若苟简从事，无以图司法之进步，反为收回领事裁判权之障碍。则经费一层，宜铸保障之法，储备事类，不外下列各款。

（甲）关馀[1]。华府会议时，仆忝备法曹，会议定以增加七五关税百分之五作为收回领事裁判建设特别法院六区之用，收回公廨为收回领事裁判权之先声，当然援例为本法院之基金。

（乙）讼费。

（丙）试办登记税。

（丁）试办印花税。以上三款均有制定法律。

（戊）试办承继税。此税法国最为发达，稍嫌其率税过高，似可酌量减收。

（己）行公证制。哈尔滨俄人行之，收入颇丰，租界内亦有此种事实，可

---

[1] 中国关税自 1842 年起，陆续作为各种外债、赔款的担保，每年关税收入，在尽先归还外债、赔款及支付海关经费后，所余之款由中国政府收用，称"关馀"。孙中山《革命成功始得享国民幸福》："这次我们争关馀，外国派了二十几只兵船，到白鹅潭来示威。"——校勘者注。

以仿行。即用此款补助律师事务所之不足以养其廉，则例外婪索之风当可自戢也。

国开周报，严传予君，叩余以司法兴废诸端，自达京邑，瞬届两年，梨枣营生，丹铅送日，凡法曹章程教条〔1〕，即手自六定者，都如隔世，几有一部十七史从何说起之概，姑以引众渴濡两之公廨问题，作踌躇满志之设想，此亦所谓未雨绸缪也，炎暑方张，二竖为厉，终胥悲痛欲绝，勉强濡染毫，无暇修润，固不足以尘大雅诸公之一睐也。

乙并仲夏初浣毗陵董康识

---

〔1〕 "教条"原文作"条教"，现据今日通常用法改正。——校勘者注。

治外法权[*]

陈霆锐^{**}讲　俊狂记

　　治外法权在中国之成为问题，已经有数十年了。早先注意的人还少，近来国人知识增进，多所觉悟，这个问题，就成了一般人视线的焦点。如今这个问题，有格外的重要。一二月之内，各国将开始履行华会议决案，对于我国司法情形，及领事裁判权实施状况，调查研究，以定态度。故我国人关于这个问题，当有确切的明了^{〔1〕}，具体的见解；务要知道治外法权究竟是怎么一回事，它是怎样来的？它的实施如何？对于我国有什么弊害？

　　我们知道，一个独立国，有她的最高主权 Sovereignty。此最高主权是不容第二国侵犯的，除非一国不是独立自主，别国才得侵犯这个主权。法权为最高主权之一种。故独立国的法权，别国不得侵犯本国亦决不容外人侵犯。如果某国武力侵犯，她就违反国际原则。

　　法权的范围，中古与现今不同。中古时代的法权，是取属人主义的。国家法权，不以领土为范围，乃以人民为准则；一国之人，无论所往何国，概归本国法权管辖。后来文明演进，法权观念严明，各国的法权，都采属地主义，以领土为范围；在一国领土之内，无论何国人民，皆当归该国法权支配。这是现行的国际原则。

---

　　* 本文原刊于《南洋周刊（上海 1919）》1926 年第 7 卷第 10 期，第 37～40 页。

　　** 陈霆锐（1890～1976 年），江苏吴县人。1920 年东吴大学法科毕业（第 3 届），获学士学位。1920 年赴美留学，获美国密歇根大学法学博士学位。1923 年回国，曾任东吴大学法律学院英美法教授、暨南大学教授。抗日战争时期，出任国民政府参政员。1944 年赴美考察司法，次年回国当选为制宪国民大会代表。1948 年 3 月去台湾，从事律师业务。1954 年任台湾东吴大学法学院院长。著有：《商法》（英文本，商务印书馆）等。

　　〔1〕"明了"原文作"明瞭"，现据今日通用用法改正。——校勘者注。

　　所谓领事裁判权，是属地主义的例外，即一国人民，在别国境内，不受那国的法权支配，仍由他本国法权的管辖。如英国人在中国境内犯了法，我国官吏，不能照中国法律审判他，必须由英国法庭〔1〕审判，照英国法律定罪。这种情形，是与国际原则相抵忤的。

　　外人在中国享受的这种权利，英文叫做 Extraterritoriality。这个字译作治外法权，严格的说，是不切合的。英文上的 Exterritoriality 才是治外法权。它的意思，即一国元首或公使驻在别国，不受那国法权的治理。这种权利是相互的，根据国际法的。美国公使在中国享受这种特权，中国公使，在美国也享受同样的特权。不过这种权利，只限于特殊的人，一般的人不得享受。但如今外人在中国的治外法权是不平等的，只一般外人所能享受的。譬如中国人一到了旧金山，就归美国法权治理，而英美人之在中国者，不拘流氓痞徒，都不归中国法权支配。这种一般外国人所享受的治外法权，亟应撤销。惟特殊人所能享受的治外法权，Exterritoriality，可以任其存在。

　　现在外国一般人所享受的治外法权，也常称为领事裁判权。这个译名，早先很对，现在也欠妥当。以前外人犯法，都归领事裁判，如今可不尽然；英美两国，在中国已设有特别法庭，英美人犯罪，有不归领事裁判的了。故 Extraterritoriality 当作外人在中国的法权就是了。平常不妨用领事裁判权的名称，来表明这个制度。

　　我们再看领事裁判权，何以得在中国存在呢？说到这里，第一不得不想到的是历史上的背景。治外法权制度的成立，首见于道光年间的南京条约。当时中国人缺乏国际法的知识，外人要求他们的国民由领事照他们本国的法律裁判，清朝毫不犹豫的承认了。再由于自大与贱外观念的作用。中国人自以为文物之邦，外人总不我及；而在外人方面，他们亦有以为文明极顶，岂可受中国法权的支配。所以彼方要求，此方欣然让与。

　　第二个原因是宗教关系。在外人想来，以为他们是基督教国家，人民偶然犯法，何能受异教的华人审判。

　　第三，他们说中国法律不完善。在他们看来，中国的法律；（一）太严，死刑太酷，惨无人道；（二）连坐制，不合外国法律；（三）监狱不良，彼时中国监狱情况的恶劣，如待遇犯人的不当，卫生方法的缺乏，亦是事实，无

---

　　〔1〕 "法庭"原文作"法廷"，现据今日通常用法改正，下同。——校勘者注。

庸讳言。可是现在大大的改良了,模范监狱,通都大邑,所在多有。

以上三节,是领事裁判权在中国的由来,现进而讲这个法权的实施。在中国,通商的外人很多,故实施方面,在条约上,也有明确的规定。

(一)领事裁判,为外人而设,纯粹华人与华人的案件,当然完全由中国官吏办理。

(二)凡华人与有约国外人的刑民案件,均归被告人本国的领事或法庭审判执行;所适用的法律,亦为被告人本国的法律。

(三)凡某有约国人民,彼此诉讼执争,全由该国领事或特法庭,照该国法律审判。

(四)凡这一个有约国的人民与那一个有约国的人民诉讼,处理之权,全属该两国领事,手续如何,亦照此两国的协定办理。大抵由被告那国的法庭审理。

(五)凡遇无约国人民,控告有约国人民,审判归诸有约国人的领事法庭。反之,如有约国人控告无约国人,则法权属诸中国。

欧战之后,德俄奥三国在华的领事裁判权,业已撤销〔1〕。故这三国的人民如果与我国人诉讼,概由我国官吏,照我国法律审判。

因为以上的第二节规定,华人为被告,必得由华官处理,我国在上海设立公廨;专理中国人为被告的一切案件。外人得了这个领事裁判权,还不放心,又规定观审的办法。即如英人控告我国人,案件在公廨办理,于审判时,英领得派代表观审,以视公正与否。这个规定,根本倒没有什么坏处,因为原来是相互的。如中国人控告英人,英领审判时,华官亦可派代表观审。不过外人素抱侵略主义,得寸进尺,见华官之易与,就由观审一变而为会审。盖观审无发言权,实行会审,则可随意发言,对于华官判断,横加干涉,再进一步,不但会审,由会审而进为外官独审。今日时间有限,上海会审公廨问题,不获详细讨论。而中国呢?不但不进而要求在外人法庭中会审,连观审也不观。我国放弃这个权利数十年于兹,良可浩叹!

说了领事裁判权的意义由来,以及其实施,我们当考究它对于中国的弊害如何。此节极其重要,我国人当格外注意,详加研究。考量起来,这个制度之于中国,有百害而无一利。现在略举几条如下:

---

〔1〕 "撤销"原文作"撤消",现据今日通常用法改正,下同。——校勘者注。

（一）侵犯主权，前面已经说过，法权为最高主权之一种；独立国的主权；非他国所得侵犯，今侵犯法权即所以侵犯主权。

（二）违反国际法原则。按现行国际法主权以领土为范围，今外人之在中国者，硬不受中国法权支配，有悖国际原则。

（三）诉讼手续复杂困难。中国人不知底细屡至吃亏且如被告有反抗的要求时，必得复到原告所属的法庭提出，方能有效。

（四）轻视华人权利。内地无领事之处，外人有罪，逍遥法外。华人因诉讼不便，公道难得，忍气吞声者，所在多有。

（五）扰乱中国社会秩序。（1）中国军阀，频年战争，早为国人所诟病，推究其源，军人多抱地盘主义，势力观念，故其本身，当然负祸国殃民的一部分责任。然要之，实领事裁判权有以致之此语。怎讲呢？军阀战争，全仗军火；而军火之贩卖，均由外人为之。他们所以敢如此肆行无忌，即在享有领事裁判权，不受我国法权支配。这样一来，他们发财，华人受害。（2）鸦片烟之尚未禁绝，与治外法权，颇有关系，前面说过，外人之在中国者，不论流氓痞徒，概享有治外法权这等的人，品行卑劣，无所不为，从事贩卖鸦片以满利欲；所仗的，中国法权不能惩治他。（3）今年五卅惨剧的祸根，也在于这个领事裁判权。英捕自己想，我是英人，在英国法权之下，枪杀了学生，华人其奈我何？结果，遂酿成绝无人道的惨剧。在日之英人，何以不枪杀日人，只有在华之英捕，敢大胆的杀戮我国学生和路人，其中原委，诸位不难索解。沪案未了，汉案又起，故领事裁判权一日不撤销，我国人一日不能安然生活，受英人横杀，恐怕亦不止这一次，我国人全体奔走呼号，惩凶惩凶；请问，到了现在，凶手有否惩办。向使外人在华，没有这个领事裁判权，凶手早已惩办，岂待今日！

（六）减少华人爱国心，使我国人心理上发生不良影响；我有一次与外人谈话。我说，中国知识界中人，现在恨你们。作苦工的人，谄媚你们。外人犯罪，华法不能制，而他们本国的法庭，又不认真惩治。工人见他们有偌大的权力，焉得不谄媚他们呢？无耻之徒，反入外籍，以领事裁判权为护符，这岂不是消失爱国心么？

（七）增高外人气焰。这与以上一节是相对的。有些外国人，在本国原来温文和蔼，到了中国，不久就横暴无礼，有痞棍之风，究其原因，不受中国法权治理有以致之。

　　有了以上种种的弊害，领事裁判权，非完全撤销不可。外国人或有以中国司法改良为条件者，其理甚不可通。窥诸国际法原则，独立国家主权之要旨，以及我国内一切情形，领事裁判权，绝无存在之理由。改良司法，乃中国自身之事，当然力求完善，无须外人越俎，岂可以之为交换条件，此理之明，正如外人不能以裁厘为关税自主的条件相同。且司法改良一事，外人信口而说，漫无标准。司法程度，何谓完善？何谓不完善？难道别国的司法已到了完善的境地么？望我国人关于撤销这个不平等而有百害的领事裁判权，大家兴起，努力进行！

废止约定治外法权应循的途径[*]

何襄明^{**}

此文之作：

并非是对过去的一种怨恨，因为历史或系必然的结果，或系偶然的事件；对于必然，既无可怨恨，对于偶然，亦无须怨恨。

并非是对未来的一种诉求，因为事实摆在目前，我们有我们的义务，我们也有我们的权利；权利的主张，并非诉求。乃是一种提示，提示给我们的友人一条人类应走的康庄大道。

我国六年来的抗战，已表现了人类伟大的牺牲精神和忍耐性能了。那挟带着这种精神和这种性能的枪声弹影，六年来不断地炫耀敌人的眼帘，不断地震响敌人的耳鼓，最后必会把敌人从奴役东亚，征服世界的梦幻中警醒的；然后我们六年来日夜奔流着的鲜血，能否把友人的种族偏见，贪霸本能，和人类惰性完全涂抹干净，至于不留残迹。那还得要看盟友的当政者的远见和决心。

据国庆翌日重庆报章的报道，英美两国政府发表声明，称两个政府采取同样态度，准备立时与我国政府谈判缔结一规定两国政府立时放弃在华治外法权及解决有关问题的条约，并望在在最近期内，以完成上述目的的条约，提交我国政府考虑云云。是则，我举国上下，百年来不断地挣扎着，日夜冀求着要摆脱那些渊源于无知，猜疑，和由于琐碎事件引起的不平的束缚，总算有了实现的曙光了。

（一）治外法权，持权，与有关的意义

美国声明中有称："美国准备缔结立时放弃在华治外法权及有关问题之条

---

* 本文原刊于《新中华》1943 年复 1，第 2 期，第 22～32 页。

** 何襄明，1929 年毕业于东吴大学法律系（第 12 届），获法学学士学位。

约";而英国声明中又有"帝国政府关于最近将来与中国政府进行谈判,并将规定立时放弃在华治外法权并解决其他有关问题之草约"等语〔1〕。因而对于所谓治外法权及有关问题的含义如何,和范围广狭,议论颇见纷纭。我们大有借此机会,予以说明的必要。

外人自一八四二年南京条约订立以后,每每把握着可乘的机会,尽量地凭着条约的缔结,和既成事实的创造,以扩充他们的特权。而他们的学者和作家们,从此也多方面地配合上一种似是而非的理由,并有意无意地把这种特权统称为治外法权了。治外法权原来是国际公法上的一种制度,是指一个国家的元首,外交官及有关的人员等在外国领域内所能享有的那些非普通人所享有的特权,和所能免除的那些非普通人所得免除的义务。外人要拿他们普通人在我国所享有的种种特权,和所免除的种种义务,比拟国际公法上的治外法权,图谋着将它的范围扩充,因此就竟称之位治外法权了。但我国的学者们,作家们,和其他人士,却极力地想把这些外人所享有的特权,尽可能的加以限制,所以多数人称它为领事裁判权。然而实际上,外人在我国所享有的种种权利,虽不能说是和国际公法上的治外法权符合。但其内容,大部可说是一致。因此,我们还是根据着实际的情形,称它为治外法权。不过,为着避免混淆起见,我们分别称那些在国家公法上各国元首,外交官和其他有关人员等在外国领域内所享受的特权称为:"法定治外法权",而那些根据条约,反乎国际公法原则,外人在我国所享受的一切特权为:"约定治外法权"〔2〕。约定治外

---

〔1〕 美国声明原文有云:". . . that the government of the United States is prepared promptly to negotiate with the Chinese government a treaty providing for the immediate relinquishment of the country's extraterritorial rights in China, and for the settlement of related questions…"

〔2〕 Dr. Baty 主张外国人在中国所享受的治外法权,系根源于条约,倡治外法权性质说。(见一九二七年香港大学法律学报 Hong Kong Law Journal 第一卷,第二期,第九三页)。

一九二六年法权调查委员会报告内同列领外法院与领事法庭(Courts exterritoriales ou consulaire)系指英美等国所特设之驻中国法院(如 U. S. Court for China)及其他国家的领事法庭在内。但治外法权一名词早存在于一九○三年中美续议通商行船条约第十五款内;可是,美国参众两院于一九○六年才通过设立"驻中国法院"一案,所以我们不能谓治外法权名词的采用系因英美等国特为设立了驻中国法院替代领事法庭而起。

民国十八年我外交部与各国交涉收回法权来往函件中,我一贯称为领事裁判权;可是英美等国复文中则称为治外法权,英复文中更列述治外法权产生的原因和经过,内有称:"一面以上述特别情形所产出之一种无定则治外法权,乃听该商等得几分自动担任己方事务之处理与己方秩序之维持"等语,即是颇堪玩味的。

法权，与其有关问题，因而包括领事裁判权，租界〔1〕，内河航行权〔2〕，及其他一切在国际公法上，不容外人享受的权利如免税权〔3〕等在内。英美政府声明时，特称为治外法权及其他有关问题，根据他们一向的态度和见解，当然是指他们国人依国际公法上不应享受的一切权利，亦即约定治外法权。十月九日路透社外交记者称："英国已履行其诺言，废止英国在华租界与在华特权"等语，正足以表明英美政府的真意。虽然，王亮畴先生曾对中央社记者称："故余希望即将开始之谈判，将包括一切不合于国家平等原则，或国际公法一般原则之现存权益（Spacial rights）让与权（Concessions）租界，特权（Privileges）等等"。可是，根据英美的声明，约定治外法权与其他有关问题的意义，及现在国际情势，和我国情势而论，我们非但有权希望，更进一步，我们实在是有权主张英美应立即废弃在华一切不合国际公法一般原则的约定治外法权。

（二）约定治外法权的实在起因

不少的人总以为我国的法律和司法制度不良，为外人强要取得领事裁判权，更伸张而成为约定治外法权的最大造因。但根据最初的历史事实说，则实在不然。这不过是后来提出的一种借口罢了。约定治外法权的真实起因，简单地说，不外是由于下述的几个原因：

---

〔1〕 租借系原于司法部分的治外法权而产生的。J. Escarra 在其所著的《中国与国际法》（La China Et Le Droit international）已有说明；并引一八四九年四月十二日法国驻上海的第一任领事 M. de Montigny 文称：为使领事得对其国人行使司法权起见，实有设立租界的必要为证。原文为："…Ces concessions sont dinn sutre cote' indispenssbles pour donner su consoul de cheque nation la possibilite' d' exercer une juristtition sur ses nationaux…"（见第八十五页）

Sir Robert Hart 谓一八六九年时一中国重要官吏曾称：如废弃治外法权，则任外国商人教士随地居住，否则，只能限于通商口岸云。（见所著 These from the Land of Sinim 第六八页）

其他如：一九二一年华盛顿会议我国代表宣言，一九二六年法权调查委员会我国代表于四月廿六日提出之备忘录，及该委员会报告书的绪言，和我国与比利时等国缔结的新约内，都可寻出司法部分治外法权与租界的直接间接关系。

〔2〕 因司法部分的治外法权产生了租界，更由于商埠与租界而带起了内河航行权。内河航行权的让与系于一八五八年订立天津条约时开端，参阅该约第六款的规定，英国获得长江内河航行权，系随镇江汉口开埠而至的。

〔3〕 外国人因了有司法部分的治外法权作护符，就因缘而超逾条约范围之外，也不受我警政行政的管治，我政府对此，因而特别注意；例如就外人抗纳捐税言，民十七年七月九日国府公布的"中华民国与外国旧约已废，新约未订前适用之临时办法第六条特别申明'凡华人应纳之税捐，在华外人应一律照旧缴纳'"。法权调查委员会报告书亦有相似的意见，又例如民十七年外交部电令厦门交涉员谓"逮捕为警察权范围，外领不得借口领事裁判权有所优越"。

A. 英国政府采用了东印度公司的态度对我国。

东印度公司在印度方面，原来就享有一切政府的权力，所以他们就习惯了使用这种政府的权力，并适用他们自己的法律去审理他们的民刑事件[1]。一八三三年前，当东印度公司握着和我国贸易的专营权的时期，该公司的当局和它派来我国的人员，总想将这样的惯例伸展到我国和其他远东的地方[2]。他们一方面即每事阻碍或拒绝我国政府行使司法权，另方面又凭着撤销贸易准许证的方法以强制他们的国人。一八三三年十二月九日英王取消东印度公司专营之权后，即颁布一道法令，设立法庭审理英帝国人民在我国领域，商埠，港口，及沿海一百英里内犯罪事件[3]；并派驻监督官，执行东印度公司管货员的职权。东印度公司专营权取消之后，准许证的制度也因而废弃了；因此，英国监督官就没有撤销准许证以强制其国人就范的方法可以凭靠。因而，英国监督官鲁滨孙（Sir G. B. Robinson）于一八三五时，就想乘着克廷的债务事件（The Case of Mr. Keeting）获得对其国人的民事审理权[4]。义律（Captain Elliot）也于一八三七年六月十二日及九月二十五日分别致函科宁厄姆[5]（Lennox Conyngham）[6]和帕默斯顿[7]（Palmerston），申明对于英国人的犯罪事件，应适用英国法律，自行审判的意思。所以，根据史实，我们可以看出，英国人在初本以对印度的看法看我国；以对印度的态度，对待我国。他们一开始就企图建立起约定治外法权的制度。但在当时，他们的头脑中，实在没有"中国法律和司法不良"的印象和观念。

B. 种族的偏见，无知，和猜疑。

他们既有了一种主见和一种企图，因而就很自然地，毫不自觉地产生出排斥中国法权的态度。随而因着中国政府对于外人犯罪事件，极力地主张行

---

[1] 一六六〇年查利二世（Charles II）令准东印度公司有民刑司法权。

[2] 一七二九年东印度公司函请广东官吏禁止在黄埔开设酒肆，免得水手和中国人生事，并要求于遇有水手生事时，任听依英国法惩戒。（见 H. B. Morse 著 Chronicles of the east India company 第一册一九三页）。

[3] 该法令虽既颁布，但法庭从未设立，待至一八三九年林维喜被杀案起，义律（Captain Elliot）因拒绝我国行使司法权，才临时根据该法令组织临时法庭审理该案。（见 Keeton 著 The development of extraterritoriality in China，第一册第一四三页至一七〇页及二〇一页）。

[4] 鲁滨孙致巴尔马尔斯顿函（见 Keeton 所著第二册第二一三页）。

[5] "科宁厄姆"原文作"康灵咸"，现据今日通常译法改正。——校勘者注。

[6] 见 Costin 著 Great Britain and China 1833～1860 第四一页。

[7] "帕默斯顿"原文作"巴马尔斯顿"，现据今日通常译法改正。——校勘者注。

使它应有的司法主权〔1〕，他们才有意地借口宗教别异，文化高下，法律文野，审判不公等理由，作排斥我国法权的辩护。这种种借口，更因为鸦片战争一败之后，尤其信口开河了。起始，宗教别异，在法律上不能成为侵夺法权的根由，他们本也明白〔2〕；文化高下是否属实，他们本也怀疑〔3〕；法律文野，原是他们一般门外汉的浅见〔4〕；至于审判是否不公，我们若拿曾经发生过而为他们所乐道的事件，加以分析，我们可以断言当时的审判，就依现在的法律眼光和司法制度说，亦可算是公正适当〔5〕。我们当然不能说

---

〔1〕 阮元奏有云："该夷兵在内地犯事应低遵内地法律办理"等语（见东华续录道光二年三月初七——一八二二年三月二十九日——谕军机大臣等。）

一八三七年九月二十五日义律致巴马尔斯顿函有云："行商辩称英人往法兰西既须受法国司法裁判，为何在中国则不然……"等语（见 Keeton 所著第二册第二二三页）。

一八〇六年在澳门有一暹罗籍水手杀害中国通译，死者亲属得款息事，中国官吏查悉坚持审究该事件，葡人拟侵我法权，故为抗拒，香山县府乃文告申言外人蒙皇恩准居留澳门，应遵守中国法律听从中国审判之意（见 Stauntord 所译大清律例——Ta Tsing Lu Li——第五一七页）。

〔2〕 欧洲本来是宗教派别杂陈的地区；虽说是共宗基督教，但战争每每因宗教而发生。

〔3〕 十八世纪时代，法国有伏尔泰（Voltaire），德国有莱布尼兹（Leibnig），英国有鲍林不洛克（Lord Bolingbroke），其他思想家已在沉迷于中国文化了。

〔4〕 Staunton 把大清律例译成了，已极认识了我国法律对于故杀，谋杀，误杀，戏杀等和犯罪之为故意或过失等早有了严密的规定。

〔5〕 休士船事件（Lady Hughus）：一七八四年十一月二十五日休士船司砲水手因放礼炮，射杀了一个中国人和射伤了两个中国人，我政府要拘拿该司砲水手，可是英人坚决拒绝交犯，旋我政府不得已拘押了英管货员斯密斯（Smith）并停止了贸易，其后英方才将该水手交出，经过审讯，判处极性。当时和以后的外人对于这个判处都异口同声地说我国的法律不分皂白，我法官偏颇，硬把一个无辜的人处了极刑，使而负了一桩意外事件的责任。他们并说我国的法律尚存着连带刑事责任的制度。但他们若能把成见抛开，以第三者的地位去审究，我相信他们一定可以得到一个相反的结论。这个案件的事实本很简明：一个水手放礼炮射杀和射伤了人，假设人们能够不于开始就下断语的话，总会明白凡礼炮都不应实弹射击的；今以一个司砲水手，实了弹放礼炮射杀了和射伤了人，任何人审理这个案件，我相信他必不至于认为那是一桩意外的事件，至于羁押管货员等，则因彼等隐匿犯人抗拒交凶的妨害公务行为而起，岂可因此即谓为连带刑事责任。

Neptune 船水手闹事事件：一八〇七年二月十四日该船水手多人上街寻醉酗酒闹事，被中国人搜去身上财物，因而斗殴。船长与大伙等出而干涉将水手护回，中国民众团而攻击，三日后一中国人因伤死亡。在初英方拒绝交凶听由我国审讯，几经交涉，才假洋行（Factories）地方开庭审理，结果判定 Edwardsheen 有罪，斗殴意外杀人，罚金了事。该船水手妄为生事，酗酒殴人毁物购物不给钱，想是事实，否则我国民众必不致于帮同公然搜取水手身上财物。该案审理时，船主与大伙等供称该十数水手行为不端好闹事生非（——Troublesome and Disorderly——）该水手既然酗酒斗殴伤杀他人，即使死亡结果并非其本人所意欲而系出于意外，就现代的刑事责任主义而论，亦不能说他是无罪而可以不罚的，所以这个案件的判处，我们不能说他是不公。

Tarranovia 事件：一八二一年九月二十三日美船 Emily 船员意大利人 Tarranovia 因购物生气用瓶掷向

这些判处都是十足十全地没有错误，因为"认定的事实"是否和"实在的事实"相符，是不能加予肯定的。这种肯定的困难，就是在现代司法最进步的国家里，也是一样地存在。不过，若从既获得的证人证物中能够认定一件事实的发生和存在，并且根据了这认定的事实下一个判处，从法律的观点论，无论如何不能谓之不公。虽然当时审判不公开的制度总免不了对于我国的人情事物尚不明了的外人，尤其是船员商贾们，对于我国法律是否优良，审判是否公平发生了疑惧。根由于这种疑惧，他们部分皂白地拒绝我国司法权的行使，同时也倡出了许多片面的理由以自辩。我国政府因为外人每事左袒犯人，并拒绝交凶，故也常于无可如何的情势之下，拘捕负责人员，如管货人等，或停止贸易，借作最后的强制。可是，外人就因此反而诬说我国法律对于普通犯罪尚存在着连带刑事责任的制度。这样一来，更加惹起疑惧了。到后来，外国政府和我国订立条约的时候，往往特别着重约定治外法权，可也说是因为沿袭了在我国里的外人的疑惧态度而来的。

C. 我国当时司法的消极态度。

我国俗语有谓："生不入衙门，死不入地狱"，故人民本来既观诉讼为畏途，而政府官吏亦以息事宁人，"刑期无刑"为能事。所以，从前的政府官吏，抱有了这样的心理。对于司法权的行使总是不甚积极。民事方面固然是任由各行会，各乡镇按着行规习俗，调处解决，就是刑事方面，亦只对于严重性质的案件，才不待事主告诉，便积极检举。因此，最初的东印度公司的负责人员，和其后的英国，及其他外国的官吏，对于他们国人的妄为与纠纷，为着实际的需要，就因利乘便，从中干涉起来了。这种需要，尤其是在东印度公司专营权取消，个人得以单独自由贸易之后所发生的钱债纠葛，没有了撤销准许证的强制方法，惟有听由私人自行交涉调理的时期，更见迫切[1]。

当然，外人这样的行径，未尝不可以相当同情，但人们不能因而既谓我国有意或自顾放弃法权，并任令约定治外法权的建立。那里有原极其简明：

（接上页）一艇妇头上，艇妇堕水身死。番禺县知事侦查审理，勘验该艇妇头上伤痕实系瓶击，而该瓶又系 Tarranovia 之物，并有证人目击见证；美方虽言被告言未被考虑，审判不公，然从番禺县知事根据事实和证人证物，断定该船员犯杀人罪，依法处刑，实不能说是不公正。Staunton 因而谓中国官吏因外人拒绝交凶故为判处严刑（见所著 Remarks on a recent dispute between The American and The Chinese.）

　　[1]　见上述 Robinson 和 Elliot 致 Palmarstom 函中。

一，因为我国政府和法律，对于己国人民本也是持着同样的态度；二，因为我国只容许外人以私人资格，在我主权之下自行相处，自行约束，一如容许行会乡镇按照行规习俗自行调处解决无异。

（三）英美放弃约定治外法权应采的态度

以前种种譬如昨日死，以后种种譬如今日生；我们且都把历史上的残迹，忘个干净！自一九四一年十二月七日，敌人偷袭珍珠港，引起整个太平洋战争后，英美和我国非但在事实上是站在同一的阵线，既在法律上也已成为同盟国家了。彼此比肩作战，不顾一切牺牲，为着共同目的——自由与公理而奋斗。这个公理是全人类的公理，这个自由是彼此相互的自由。全人类的公理，能够维系，各个的自由能够获得，国际的关系能走上幸福的，进步的康庄大道，而每个国家亦都可以得到繁荣。因此，我们希望，非但希望，并且有权要求英美当局，应在共同作战的目的，和一个已定的政策下，与我清理并处理彼此间的关系，鼓着勇气朝向坚定的目标前进，勿要留恋过去了的，麻醉的舒适，和目前枝节的近利，而跑入歧途。

这种过去了的，麻醉的舒适，只是留在我国境内，享有约定治外法权国家的少数人民，一种堕落的享受。它培植了一群傲慢的，忘记了友爱的，靠着历史上偶然的事实而得以懒洋洋地过活的人。这些枝节的微利，也只是一小部分保险箱里藏着股票，手里握着算盘的人们的获益。它对于两国间彼此的贸易，两国人民整体的生活，是没有多大的贡献的。因为他们以为剥夺就是通商。这种见解原是错误的。德国自丧失了约定治外法权之后，它与我国贸易蒸蒸日上的情形，可以作为明证。

1842 年南京条约订立的前后十年间，英国伦敦方面人士，对于那批由印度到我过来的商人们，尚还有时站在国际公法的立场上，给予指示，并矫正他们超越国际公法和条约范围的企图。还或许因为当年英国国会里地主贵族议员们占有势力[1]。他们根本轻视商人，因而他们对于在我国方面的商人们的逾越法律和条约的要求和行动，并没有作积极地主动维护。[2]可是，从

---

〔1〕 一八四六年英议会废止 Corn Law 至一八四九年才生效之前，英议会里占优势的是保护政策派，而该派系以地主教士们为主干的。迨上述年期后，自由贸易派才开始得势。

〔2〕 一八三八年六月十五日 Palmerston 致 Elliot 函有申明英政府不能从中干涉以保障英国商违犯经商人当地法律的行为之语（见英国会档案一八四〇年卷三十六第一一六号）。

一八四〇年秋，上海外国领事与商人欲以武力阻止军火运入城内接济叛党（时太平天国之乱），请

此以后，伦敦方面人士的态度就渐渐地转变了，他非但被动地纵容，并且进而积极地协助着侵损我国主权的勾当。在北伐成功之前，我国政府一直散漫地，在呻吟的状态下挣扎着。到了国民政府时代，总算怒吼起来。现在英美总算正式声明准备放弃约定治外法权了。英美当政者当不至斤斤计较在我国领域内享受特权了的人们的分外利益，而以盟友们平等互助的态度，和我国开诚布公地议定新约？我们敢向英美提出一个严正的要求，要求他们勿以缔订新约为废止约定治外法权的先决条件，而应以新约的缔结为废止约定治外法权当然的事情。否则人们总免不了有美中不足之感。

（四）不应有一个过渡的办法

我们不愿意有，且认为不应有一个过渡的办法，那理由很简单：一、因为我们恐怕一个过渡的办法将会变成了一个永久的办法。虽然，过渡的办法总有一个确定的期限。可是，战事结束了，情势变化了，源于继续性的原理和人类的惰性，难保一个确定的期间不变成为不断的延续。大同世界，公理国际，在目前说，还只是一个希望。一个国家仅凭靠着一个希望，实是一件最危险不过的事情。二、因为我们不愿意在我们国家里存在着任何差异的司法制度。假若有了差异的制度。这差异将必会在人民的心理上产生出人类的阶层：一个是优秀的民族，尊享的人类，一个是低劣的民族，吃苦的黎庶。

所以，即使在事实上有不得不因此事实稍予变通的地方，我们认为常由我政府酌量实际情况，颁布法令，作特别的规定。这种规定并非是以国或以人为对象，而应以事为对象。例如关于法院的管辖，我们不妨于刑事诉讼法第十条中加添一项规定：有管辖权之法院，因被告人不谙中国语言而至审判困难者，由上级法院以裁定将按移转于与原法院同级之他法院。若此，则类此的特别规定，一方面，因为是以事为对象，所以同样的适用于中外人，而不分，另一方面，又可以餍友国人士的希求。

过渡的办法虽不应有，但清理的办法确有商榷的必要。约定治外法权废

（接上页）求海军协助，英舰队司令海军将官吏提灵（Admiral Stirling）认为英国应守中立，若派军登陆，即等于作战行为，并系和海军部明令禁止和外国人民敌对的意思相违背。更以为保护上海外侨系中国政府自己的事情，或系外侨自动自卫的事情。因为依条约，英海军没有在陆地保护侨民的责任；所以在未得中国政府同意之前，不能视为是合法的。（见 F. Laning 与 S. Couling 著：*The History of Shanghai* 第三一七页至三一九页）。

关于一八五六年十月八日亚罗船（Arrow）事件，一八五七年二月间英国曾经过四晚的辩论，卒多数过否决政府政策的。（见 Costin 前书第二一九页）。

274

止之后，那些从前根据约定治外法权产生和培植出来的一切权利，当然立即不容继续的享受。然不能因此就抹杀过去私人已经[1]取得的权利，也不能因此即行完全适用我国法律于废止前业已完成的犯罪。所以，对以清理英美及其他外国人（自然人与法人）在我国的内河航行权，永租权，外国银行保险公司和其他法人等，参照我国刑法第一条第二条[2]的规定予以审判。

关于条约订立本身的问题和订立后法律上的问题，当有负责者和专家们起来解决；但我们仍愿借此提出一项要求，要求英美能于法律平等之下同时照顾到经济平等和我国订立新约，务使彼此能互助共荣。至两国此次采取共同步骤，更要请两国对之，应认为是在此次反侵略战争中同盟国家意志协和的一种表示，然未可即据而对我国的以后一切的外交交涉都去同一态度。因为各国彼此间有各国彼此间的特殊关系，且我国又并非和英美站在敌对的地位。不然的话，终难解免人们怀疑到罗斯福总统与丘吉尔氏会见的时候或已成立了一种默契，约定了以后对于远东问题，英美两国应付解决之前，应得彼此的同意；而所谓远东问题，又把日本问题和中国问题同行并列。但我们总认为那不过是一种无据的过虑罢了。

---

〔1〕 "已经"原文作"经已"，现据今日通常用法改正。——校勘者注。

〔2〕 我刑法第一条："行为之处罚以行为时之法律有明文规定者为限。"第二条第一款："行为后，法律有变更者，适用裁判时的法律，但裁判前之法律有利于行为人者，适用最有利于行为人之法律。"

二个外交系统上的问题*

梁鋆立

作者于本刊上期中，关于北京克复后的外交，曾经提出两个问题，一是所谓公使团的问题，一是承认问题。这两个问题，乃是关于政府对外的策略。作者于前文中，并已指出政府对于这二问题应取的态度。除了这两个问题以外，据日来报纸所载关于外交的消息，似乎又引起两个值得注意的问题。其性质虽然与前此作者提出的问题有异，但其重要，却是不相上下的。

这两个问题，是关于国民政府外交系统的。严格的说，它们不是外交的问题，只是政府为进行外交所用工具的问题。它们就是：

（一）北京政治分会与外交；

（二）驻外使馆问题。

按中央政治会议议决，在北京设立政治分会办理北方军政事务并且业已决定政治分会的人选。国民政府是否将迁往北京，政府迄今既无切实的表示。我们可以假定北方的政务——包括外交——至少在最近的将来是要听政治分会的处理，尤其是因为帝国主义者曾经表示使馆不能南迁，而国民政府当然不能为移樽就教的缘故马上迁往北京。虽然我们以主权国的资格，尽可实言倘若各国现驻北京的使馆，不愿南迁，我们可以不与来往，但事实上是否能做到，亦有商量的余地。诚然，天津交涉员，可以兼理北京交涉事务，但交涉员的权限，是很狭隘的，并且军阀时代的交涉员，素受外人的轻视。现在若将真正外交事务，归化天津交涉员办理，不但在国民政府方面恐怕负托不得当，而且事实上，盘踞东交民巷不愿南迁的各国公使，是否能依照办理，也不能不顾到。依作者看来，这却是一桩很不容易的事，因为东交民巷的诸

---

* 本文原刊于《现代评论》1928 年第 8 卷第 185 期。

位公使，向来以太上政府自居，此次不愿南迁，正是一种傲慢态度的表示。最近对于鲍旅缴械的事情，向蒋、阎、冯三位总司令提出抗议，而不理南京的国民政府——虽然我们不愿和公使团来往，亦足为他们态度倨傲离奇的明证。所以现在我们要强迫他们和天津交涉员来往，事实上恐办不到。现在我们可以结论：在国民政府和各国的关系，未曾切实厘定之前，北方的外交事务，事实上恐怕会归北京政治分会处理。我们要注意的就是在不妨碍外交系统的范围之内，北京政治分会可以有什么权能，它的办事手续，应该怎么样？

政治分会，是一种特殊的机关，在道路阻隔，交通不便之处，暂时设置，亦有相当的理由。但其弊害，亦甚彰著。每每政治分会对于政务的议决和处理，与中央相歧异。这种歧异之点，在内国的政务上，加以补救，尚不十分困难，但是外交政策及措施是整个的，应当集中于中央的。即在联邦制度的国家，外交事务，亦规定由中央政府处理。政治分会，处理外交，往往足以引起纠纷，这有过去的事实可以证明的。兹特举二例，以实吾说：

（甲）国民政府自广州迁至武汉后，外交部即随同迁移，但广州的外交部一部分人员，依然以外交部名义照常办公。后来南京政府外交部成立，广州的外交部仍未撤销。并于去年五月间拟定"脱离国籍取缔办法"，呈请广州政治分会议决公布。此事武汉的外交部和南京的外交部俱未接洽。一致等到今年一二月间日本驻福州领事鉴于广州政治分会所颁布的脱离国籍取缔办法与北京政府颁布而未经国民政府取消的国籍法及施行细则，有冲突之处，向福州交涉员质问。福州交涉员乃请示于外交部。而外交部因事前未接洽，办理大感困难。

（乙）较诸上述案件更加严重的，有去秋武汉政治分会任免汉口第三特别区（前英租界）局长引起纠纷一事。那时武汉政府业已合并于南京政府，外交部亦已撤销。按照收回汉口英租界协定，汉口第三特别区局长，应由外交部任命。适其时武汉外交部任命的局长因故离职，政治分会便另行任命。不料驻汉英领借口任命手续违反协定，拒绝承认局内英国董事并把持财政，不与新局长合作，后来该新局长南京国民政府重新任命，旅汉英人，还是枝节横生，召集会议，请求母国政府收回英租界，闹得满城风雨，这事一直到去年年底始行解决。

上面的例子，不过借以表明政治分会单独采取外交上的行动，便足引起重大纠纷。此次北京克复，正是我们要与帝国主义总算账的时候，北京政治分会对于外交上的处置，尤其要十二分的注意。我们主张北京政治分会办理外交的权限，应由政府和外交部明白规定限制。凡是重大外交问题关系全国的，北京政治分会都不应与外国公使开始谈判。这种事件，应由外交部直接和各国公使或其代表接洽。在不得已的时候，北京政治分会亦只应作一个承转机关，至于外交一般的方针的表示，对于特殊事件的意见，政治分会尤不应有自动的行为。免致与外交部的表示和意见，发生冲突。北京政治分会所能做的事，只可限于地方临时事件初步的处置，北京外交部未了的例行事件的结束，及外交情报的搜集与报告。

质言之，政治分会，本来是一种过度的办法，政治分会办理外交——尤其是现在的外交——更是暂时的措置。我们不能不审慎从事，倘若政治分会办理外交的权限太大了，各国公使将利用机会视为"事实政府"而置中央政府于不顾与之谈判关系全国的事件。在政治分会方面，尤其应当明了外交集中的原则。凡是外国公使或代表前往接洽关系全国的事件，应当拒绝，并告以须与外交部直接谈判。

至于驻外使馆的问题，似乎比较简单些。照新闻纸所载，外交部已有电致驻外各使馆令照常服务，但各使领馆，须一律悬挂党旗国旗。照我们的意见，政府通饬驻外使馆悬挂党旗，自是当然，但仅仅通饬驻外使馆悬挂党旗，似乎只是形式上的事。最重要的，我们要知道现在的驻外公使，不是善于逢迎的旧官僚，就是专靠油滑手段的外交系人物。他们既不懂得革命，更不懂得革命的外交。现在政府通令他们照常服务，在这种患得患失的人们看来，却是暗中活动的无上机会。他们为讨好国民政府起见，一方面一定向各国政府作种种接洽，以显其为国民政府服务的精神，一方面且不免有招摇的举动。他们以前可以为张作霖宣传讨亦的主张，现在也无妨替国民政府宣传三民主义。我们所要注意的，就是这种冯道式的官僚，在撤换他们之前，要严厉禁止他们向各国政府作任何关于国民政府的接洽，因为他们不懂得国民党的对外政策，倘使和各国有了不彻底的附条件的谅解和协定，反而为将来谈判的障碍。并且应该禁止他们作任何宣传，以杜招摇的弊害。

同时政府及外交部应当马上着手驻外使节的选择，务使最短期间内，能够派出懂得本党政策的外交人员去替代投机的官僚，而使外交政策的实行，能够内外一致。

公使与大使[*]

梁鋆立

一

最近中国外交上有不少促人注意的事情，其中比较慰情聊胜的要算是中日、中美、中英、中德使节的升格。自从国民政府统一告成以来，它的对外政策概言之，是在使中国在国际间得到自由平等的地位，所以一方面从事废除不平等条约的努力，一方面也注意到中国国际地位形式上的提高。在民国十七八年间，中国驻外外交代表，大都奉有向驻在国接洽将两国互换的公使升为大使的使命。可是当时各重要国家，都以时机未至为词，向中国婉却。作者犹忆一九二九年在美京华盛顿中国使馆服务时，当时我国驻美公使伍朝枢氏为使馆升格一事与当时美国外交部长斯廷森[1]氏曾有多次谈话，史氏答复，大概谓原则上美国自然赞同使馆升格，可是按照美国宪法，凡事增加国家经费的议案，须经国会议决，使馆升格，当然要增加国家经费，因此须国会议决，而在国会中提出议案，则非一二年不得通过云云。我人观于此次美国关于升格事件办理的迅速，不禁忆及斯廷森氏于一九二九年关于同一事件，答复的缺乏诚意。美国当时的态度，为其他重要国家之所同。盖彼时各国对华，尚积极的维持一种协调的政策，以为抵制我国关于废除不平等条约的要求。诸国中任何一国不愿在对华方略上脱离共同阵线，以故即在使馆升格这种形式事件上，亦不愿单独行动。一直等到去年九月间意大利迳自宣布

---

* 本文原刊于《时事月报》1935 年第 13 卷第 1 期。
〔1〕 "斯廷森"原文作"史汀生"，现据今日通常用法改正，下同。——校勘者注

和我国交换大使，其他在华享有重要利益的国家，才觉得为维持他们自己的利益和体面计，有步意大利后尘的必要。到了本年五月十七日，在中，日经济提摆的声浪鼓励中，日本也宣布和我国交换大使，随后英、美、德陆续通知我国升公使为大使，中，法大使的交换亦不过一个时间问题。

使馆升格虽然是一种形式上的举动，但在整个中外关系的进展上，却不能说是全无意义的举动，我国舆论方面，对于此事的批评，至不一致，有认为"使节升格后，我国在国际上声望的提高，是毫无疑问"。[1]有以为"各国的对华提议升格使节，其目的可谓其并不愿改善中国的国际地位，而放弃在中国的特殊权利，他们都只拟在这国际争夺中国的过程，各谋分得一席地而已，观于此次各国不相退让的情形，这就益足证明到今日中国的地位，是在怎样加速的国际殖民地化"。[2]这两种极端相反的意见的正确与否，不在本文的讨论范围之内，因为这两种意见，包含着背驰的理论根据，有待于专篇的探讨。本文之目的，是在阐明公使与大使在国际法上的地位以及最近的趋势，并将连带述及我国外交史上关于此一问题过去的事实。

二

普通的国际法书籍中均载有"外交代表的等级"或类似的题目一节。例如周鲠生著《国际法大纲》载"外交代表（diplomatic agents）分为四级，此系在一八一五年维也纳公会及一八一八年耶拉什丕尔（Aix - la - Chapelle）公会所协定者。在维也纳公会欧洲各国协定将外交代表分为三级：（一）大使（Ambassador），罗马教皇的代表（Legates or Nuncios）。（二）特命全权公使（Ministers Plenipotentiary and Envoys Extraordinary）。（三）代办（Charges d'Affaires）。嗣在一八一八年耶拉什丕尔公会又增加一级代表，称为办理公使（Ministers Residents）。以介乎全权公使与代理公使之间，构成第三级代表"。[3]

上举的外交代表的等级，滥觞于维也纳公会。诚如上引著者所云，维也

---

[1]　蔡书琴："使馆升格与使馆南迁问题"，载《政治评论》，一五五号，八六四页。
[2]　《申报月刊》第四卷第六号第一百页，"新辞源"栏"大使"项。
[3]　周鲠生：《国际法大纲》，一百八十页。

纳公会通过关于外交代表的章程第七条。由签字于一八一四年的巴黎和会诸国家签字。此等国家，包括奥国，法国，英国，葡萄牙，普鲁士，俄国，西班牙及瑞典八国。章程第二条规定只有大使及罗马教皇的代表具有"代表的性质"（representative character）。第四条规定，在同级代表之中，以正式通告到任前后，定位次。

根据于上引维也纳工会第二条的规定，国际法学家遂主张一种原则，谓大使有与所在国元首（Sovereign）公开谈判，有随时请谒元首的特权。而公使则不认为代表元首而认为近代表国务，因是不享有与元首直接交涉或随时请谒的特权，按维也纳公会距今已有一百余年之久，其所制定关于外交代表的规则，在过去的一百年中，是否受着正在剧变中的国际关系与政府组织的影响，换句话说，此种原则，事实上是否尚被遵守，乃一极足注意的问题，维也纳公会的前后，欧洲正是帝制之谈方张的时候，维也纳公会的本身，就是几个专制国王所包办。所以在此公会中规定了大使代表国家元首，承袭宫廷外交的原则，自属不足未异。可是欧洲各国的政治组织，自从维也纳公会之后，不久便有剧烈的改革，许多国家，抛弃了专制政体，即在专制政体的国家，政府对外的实际代表是外交部长而不是名义上得元首。所谓大使有随时请谒元首的特权一语，实际上已失却其真实性。盖外交代表请谒元首的机会，业被驻在国政府的规章所限制。一八八五年德国出版的何曾道甫氏（Holtzendorf）的《国际法概要》（Handbuch des Voelkerrechts）关于大使随时请谒元首的特权，有下列的意见。

诚如莱布尼茨[1]（Leibnitz）所云，大使的代表性质，被理性计习惯所限制。它不能予大使撇开外交部长而直接与元首交涉之权。俾斯麦曾确实地说过："大使或他种代表无权要求直接与元首会晤，而具有议会政治的国家的元首，亦不能不经责任大臣的赞襄而直接从事交涉。"只有在绝对专制的国家，大使与元首直接交涉始有若干的重要性，如一八五三年斯屈莱福爵士（Lord Stratford）和埃及苏丹的交涉与一八六六普国大使哥尔支伯爵（Graf v. Goltz）和拿破仑第三（Napoleon III）的交涉。大使的驻在国对于此种原则，亦表示反对。因为倘使此国的外交部长业与大使磋商安适的事情，一经大使与元首的直接交涉便可全部推翻，国家岂尚有一贯的政策可言？此所以弗烈特立

---

［1］ "莱布尼茨"原文作"来比内兹"，现据今日通常用法改正。——校勘者注

克大帝（Frederick the Great）拒绝接受任何大使，因他们实是一种不便。[1]

一九二四年国联理事会从事预备国际法典编纂工作，指派了不少国际法学家研究国际法中可被编成法典的部分。其中之一即为"外交代表分类的修改问题"（Rovision of the classification of Diplomatic Agents）。此一问题经一个小组委员会研究后，提出报告。该小组委员会系由国际法学家盖莱罗氏（Guerrreo）及马斯体尼氏（Mastny）组成。两氏所提出的报告书，曾将维也纳会议之后，外交代表的分类问题，作理论上及实际上异常缜密的探讨。是一十分重要的文件。[2]据此报告书，维也纳公会章程关于外交代表的分类，具有二种目的，一为表面上的目的，一为实际上的目的。第一个目的表面上是在预防关于"位次"的争执，但此一目的尽可用章程第四条的原则去达到它。第四条称在同级代表之中以正式通告到任的先后定位次，故不必求助于不合逻辑的拟制而将外交代表分为数等。维也纳公会章程实际上目的是在提高所谓大国的代表的地位。原来主持维也纳公会的国家，欲将所有国家依其大小分类。因此事之不可能，乃退而将其代表分类，因有"仅大使具有代表性质"的规定。所谓"代表性质"，乃指代表元首本身而直接晋谒所在国元首的特权。此一定义，据法学家品海罗弗莱拉（Pinheiro Ferreira）的意见，最初即已不确。盖大使所代表者，非元首个人的利益，而除少数专制国家外，大使不能撇去内阁大臣的媒介而直接与元首谈判。盖报告书继谓照现在国际关系及政治组织而言，只有国家享有主权（Sovereignty）而外交代表所负担者乃国家利益的使命，无论此国家乃一大国或一小国，外交代表的使命的渊源则一，其国书内容亦绝对一致。而所享受的权利，义务，特权，及豁免权（immunities）亦毫无区别。因此种种原因，实无将大使置于特高地位的理由。在若干国家内，其宪法有规定除国家主权外不承认其他主权者，维也纳公会章程所采的分类，实属有违此种宪法规定。该报告书复繁引国际法学家的意见，如克罗伯（Kluber），品海弗罗莱拉，卑拉第埃福特莱（Pradier Fodere），苏埃莱士（Jose Leon Suarez），亚尔培体尼（Albertini），费奥尔（Fioer），西拉西男爵（Baron de Szilassi）诸氏的意见，以证明特殊阶级的大使，已无存在

---

[1] Holtzendorf, Handbuoh des Vo Ikerrechts iii 611, quoted in Satow, A Guide to Diplomatic Practice, pp. 151~155.

[2] Guerrero and Mastny, Reports to the Council of the League of Nations on the Revision of the Classification of Diplomatic Agents, League of Nations C. 203. M. 77. 1927 V；A. 15. 1928, V. pp. 45~48.

的理由。最后一作家，称大使制度为"大使陈尸所"（ambassadorial morgue）。因大使制度乃一历史上的遗留物，其职务未必较所谓公使者为重要。为适合逻辑起见，除教皇代表之外应将所以外交代表归纳于一个名称。该报告书最后谓自国际联合会创设以后，国家平等的原则已经确认，而一种新精神已在国际关系中显露其势力，我人更不宜抱残守缺，保存一种不合时宜的制度。该报告书建议废除公使及办理公使的名称而将一切外交代表，均称以大使。并建议召集国际会议考虑此问题，以期得一普遍的协定。

上述报告书起草者盖莱罗氏为南美萨尔瓦特（Salvador）的法学家，协助起草者马斯体尼氏为捷克的法学家。二人的主张系代表小国的舆论及观点，是为吾人所不能否认者，可是该报告书自有其客观的价值。美国哈佛大学法学院所主持的国际法编纂草案关于外交官的特权及豁免权一题目，报告员密西根大学教授李扶斯氏（Professor Jesse S. Reeves）关于外交代表的分类，亦原因盖莱罗氏的报告，并谓"一八一五年维也纳章程第二条赋予大使的'代表性质'，殊无法律意义。观于一切外交使馆馆长 chiefs of mission）法律地位之相同以及在办理外交上宪法手续的产生，可知大使与公使的区别，即是在礼节上，亦已失去其从前的意义"。[1]但现今学者中仍主张维持公使与大使的区别者，亦不乏人。茹奈氏（Raoul Genet）在其《外交与外交法原论》（Traite de Diplomatic otdo Diplomatique）一书中，批评反对大使制度的作家之意见，至为详尽，并援引一九二〇年法国法律，特认大使为一种"荣典"（une dignite）。[2]

照作者意见，大使制度之为历史上的遗留物，实属不可否认，但其为国际上现实制度的一种，亦为彰明的事实。吾人对于盖莱罗氏报告书中所倡议召集国际会议以厘定一切外交代表的名称一节，固十分同意，但此种会议能否得到一种协定，则凡是对于国际会议稍有经验者，均将怀疑。在现在情形之下，吾人只有承认大使制度在外交礼节上尚有多少意义，至对其理论上的根据，则当顾及业经变迁的国际事实，认其早已不复存在了。

---

〔1〕 Article 1 and COmmentary, Report on Diplomatic Privilege and Immunities, Harvard Law School Research in International Law, 1932, p. 48.

〔2〕 Rnoul Genet, Traite de la Diplomatie et de Droit Diplomatique Tome 1, pp. 270～278.

<h1 style="text-align:center">三</h1>

在维也纳公会章程区分外交代表之前，各国互派大使，是最平常不过的事情。一七八八年英国拍派卡斯卡特氏（Charles Catheart）来中国，其名义即为大使。卡氏中途病故，未曾抵华。[1]嗣后英皇于一七九三年派麦加尼爵士（Lord Macartrey）代表东印度公司东来，欲至北京求见乾隆皇帝。复于一八一六年派安姆斯德爵士（Lord Amherst）东来，谋树立两国政府正式互派使臣的基础。二人皆有大使的名义。[2]但是一直到了一八五八年，两国始在天津条约中规定中英两国可任意交派秉权公使或大员分诣两国京师驻扎。彼时英国已以二等国视中国，自然不愿再派大使。其他国家，自亦不愿特别示好于我，同中国交换大使。

一九二四年中俄恢复邦交，互派大使。此事使当时北京东交民巷的外交团非常震惊。北京列强公使以为如与俄国大使共处于东交民巷，则一切外交上礼节公文，均应以大使为首领，使团如有会议，亦应以大使为主席。因为外交团是在中国的特殊制度，具有甚大的势力，列强决不愿任其为俄国大使所操纵。北京政府觉得难于对付列强的公使，起初拟请俄国依旧拍公使来华与各国所派代表，同一待遇，但俄国不允，一九二四年六月三十日苏俄政府训令加拉罕，向外交部建议中俄互派大使，加氏接到此项训令，即照会于外交部，照会内称"前俄皇政府随同各强国视中国为未曾享受完全权限之分子钱，可被迫而签订阻碍中国发展之条约。该政府恒派二等外交代表驻华，此种态度，即为不认中国与其平等之表徽，然中国有四万万人民之众，在今日国际为一极重要之分子，且在最近人类进展中，负有极大之任务，目前之地位，虽处艰难之中，但不能遂认其不应列入一等国也，苏联在其对亚洲各国关系中，已放弃分民族为等级之原则，而以完全平等原则为政策，固目前亚洲各国皆有大使驻莫斯科，同时并接待苏联大使，苏联政府，鉴于上述种种，并知中国必愿实现派遣及接待大使，认为负有通知贵国政府以其愿在北京设

---

[1] Letter of Charles H. Godfrey to London Observer, May 26, 1935.

[2] Motse - Meonair, Far Eastern International Relations, pp. 1 ~ 53.

苏联大使及在莫斯科设中国大使之责"云云。[1]中国政府延至同年七月十六,决定对俄交换大使。

嗣后公使团因俄使馆问题与中国政府曾有一番交涉。公使团因欲发泄对俄代表的不满,利用辛丑和约中"各使馆境界……独由使馆管理"的条文,宣言俄使馆须由俄代表直接香使团磋商,中国政府无权干涉此种问题。我国外交部一再驳复无效,嗣由外交部介绍俄代表与领袖公使直接讨论归还使馆问题。最后俄代表承认若干条件,乃得接受俄使馆。此种条件包括苏联大使在外交团之交际上,只能认其为普通公使,外交团领袖之地位,应照旧日习惯,以资格最旧公使充任,苏联大使不得为领袖。

此一条件,实开外交法律及习惯上的空前的例子,亦是违反维也纳政策第二条地位规定,只有在被帝国主义所操纵的中国中,才有此种现象。苏俄当时,怀有他种目的,为实利起见,也只好接受。

四

吾人固安于前数节之所述,可知公使与大使现在实际上虽少区别,但此次中国与关系国家之使节的升格,不能不谓业已达到数年前中国所努力之目的之一部分。吾人所惋惜者,是各国关于使节升格的决定,不来于国民政府最初统一全国之时,而来于目今国难日深之日。在现在的情形,使节升格不能给予吾人多量的欣喜,因为别的事情,使吾人处于危疑震撼的境地者,尚未过去。从关系的国家方面而观,使节升格在现今实现,似乎太迟一点,倘若各国在国民政府统一告成之日,便慨然与中国交换大使,吾人更将感佩各国适应中国新事实的能力。以前各国所以迟迟的原因,吾人现在固不必追问,吾人现在所宜注意者,即是将来如何尽其在我,使国家不但在名义上抑且在事实上臻于一等国的地位,从此点而观,则此次使节的升格,似乎可给吾人一种精神上的鼓励和激发,吾人目前对于此事聊可告慰者,似亦不过这一点希望而已。

二十四(1935 年)年六月二十三日,南京

---

[1] 全文载曾友豪:《中国外交史》,七十五至七十六页。

北京克复后的外交问题[*]

梁鋆立

北京已经克复了。北京的克复，诚然不一定是北伐成功的终点，但我们不能不承认是中国国民革命历程上的一个重要纪念碑。国民政府关于扫除北京的封建势力，整理久在军阀铁蹄下的政务，自必有其尽等硕书，我们现在所要讨论的，只是横在我们前面的外交问题。

国民政府成立至今已差不多有三年了。在此三年之中，外国对于国民政府的态度，是极可玩味的。国民政府最初建设的时候，领域不过粤桂两省，帝国主义者，挟持成见，对于国民政府自然抱有一种侮蔑轻视的态度。那时候国民政府方面，因草创伊始，对外的关系，自很简单，虽然设有外交部，但交涉的对手方，只是盘踞广州沙面内的各国领事，交涉的事务，也限于地方性质的。等到民国十五年七月间，国民政府，为欲解决两广抵制英货问题，曾经和英国代表作几度的磋议。这种磋议本身上容有注意的价值，但不能说中英两国政府因此发生重要关系。自国民革命军出发以后，迭次克复重要的省份，于是帝国主义者对于国民政府的心理态度，渐渐由轻视而变为焦灼。在武汉政府时代，各列强曾经先后派遣代表前往接洽。英国于解决汉浔案件之后，并先后派驻京英使馆参赞台客满氏和牛顿氏常川驻汉，直至去年七月始行撤回。国民政府在南京建都以后，设立外交部，那是距宁案发生不久，南京的各国外交官员都避往上海。接洽极感不便，外交部遇有交涉事件，大半令饬特派江苏交涉员与驻沪外国领事接洽。这种情形，延长已有一年之久。近来虽然有几国公使，来宁沪游历，但他们的使命，表面上可以说是"观光"，骨子里却是"侦查"。倘若贸然不察，误认他们的来意，是想和国民政

＊ 本文原刊于《现代评论》1928 年第 8 卷第 184 期。

府当局发生正式关系，便是大笑话！我们只看解决宁案的中美协定中，美国换文中故意不用"国民政府"字样，只用"南京当局"Nanking Authorities 来搪塞，可恍然于帝国主义者的心理了。

上面所述，可视为列强对于国民政府成立以来，心理态度变迁的缩影。换句话说，他们起初是轻视的，后来是焦灼的，在不久的过去是不诚意的敷衍——在中美宁案协定上这点尤其清楚。虽然事实上国民政府统辖下的地方交涉官吏，还是和所在地外国领事来往，和北京政府统辖下的地方无殊；但倘使有人提起"承认国民政府"的问题，帝国主义者的答案，一定是"国民政府未经外国承认，没有公法上的对等权利。"读者们也许可以记得去年冬间国民政府交通部派遣代表延请律师向上海之驻华美国法庭（United States Court for China）控告某美国保险公司，请求赔偿武昌电话局因火灾所受的损失。该法庭判决，国民政府尚未经美国政府承认，不能在美国法院中有起诉权。同时上海的美国领事天天与国民政府任命的上海交涉员来往，美国领事馆天天派员到国民政府的临时法院去观审；美国法庭却熟视无睹！

帝国主义者向来与之维持外交关系的北京政府，现已坍台了。国民政府的首都是否迁往北京的问题，现在不必讨论，我们所要引起注意的，是北京外交团历来所附属的军阀政府，现已没有踪影，列强的驻华公使，不得不和他们三年来故意漠视的国民政府的外交当局直接接洽了。从国民政府的方面来看，军政时期告终以后，便须着手厘定中外关系，实现中山先生废除不平等条约的主张。这种计划自须详细预先规定，积极实行。以前外交当局尚可推诿北京之未克复是不能和外国进行交涉的原因，现在这种托词，自然失败。但关于中外关系整个的厘定，不在本篇讨论范围以内，即北京东交民巷的问题亦须另文商榷，我们再本文内，就是要提出粗枝大叶的两点，作为北京克复后外交问题的引论：

（一）公使的问题

北京公使团或外交团的历史上的背影，我们不必在此处叙述。我们也无需说明公使团对于历来盘踞北京的伪政府所行使的势力，因为公使团北京的太上政府的一句话，大家是没有疑义了。公使团经有一次和国民政府来往，这是在民国十五年十一月五日，当时广州的国民政府颁布并实施《出产运销物品暂时内地税》。列强纷然大哗，指为破坏条约，北京公使团的领袖公使便训令驻澳领袖领事葡萄牙领事向国民政府外交部长陈友仁氏提出严重抗议。

陈友仁氏答复，称"北京代表各关系国之领袖公使之存在，本部长以其欠缺法律上之根据未便承认，特将原函奉还"云；此后公使团与国民政府间，迄无文件来往，直至最近张作霖仓皇奔走之后北京的公使团领袖公使欧登科氏，致文国民政府主席请求对于留守北京之胞旅，勿加攻击，俾得安全退出。按公使团，或领袖团的存在，实系一种最离奇的制度，在法律上或外交惯例上无根据。在交际的礼仪上，也许可以存在，如觐见时的由某国公使或领事领班，但在正式关系上，绝不适用。原来这种制度的形成，是根据于帝国主义者的协调主义，遇有一个问题发生，虽然不是与他们都有关系，他们为保持其共有利益起见，使用联合的名义，将外交文书送递我国，作为一致的主张，借资威吓。简单地说，他们自己预先拟定一致的计划，然后将中国最为实行这种计划的对象。我国在这张情形之下，自然不得不采取个别交涉，关于这点，本刊中已有详细讨论，兹不复赘；在广州和武汉时代的国民政府，对于这个个别交涉的原则，是始终一贯的。我们还记得十六年四月十一日关于南京事件，汉口英、美、日、法、意五国领事拟向陈友仁提出关于宁案的共同通牒并欲共同会晤陈友仁氏面递通牒，那时陈友仁氏便向他们单独声明，共同通牒不能接受，即同时来见，亦有不便。该五国领事究竟不得不分别面递通牒，陈友仁氏后来也分别与以复牒，这种态度我们是认为正确的。

国民革命军到了上海之后，那时的外交当局，不能打破所谓上海领事团的制度，这是我们所很[1]惋惜的。虽然上海公共界的制度与领事团有特殊关系，在租借未收回之前，否认领事团的存在，在事实上容有若干困难，但我们不承认这种困难是不能克服的。现在我们已经将北京打下，对于公使团，若是仍旧承认其地位，与之发生关系，那就全然与革命外交的原则相违背，走到官僚外交的路上去，脱离帝国主义的希望，简直是不可能！

这几天新闻纸上所载的外电，告诉我们各国对于北京已经被国民政府克复的事实业已引起深切的注意，某通讯社报告英国并有意召集讨论中国事件的会议，我们对于这个报告，虽不十分相信，但却预料这种会议召集的可能。因为帝国主义者恐惧国民政府将实行其废除不平等条约的主张，自当想预备一下，以便应付，这种会议，就是他们预备对付的工具，临时也许会以空疏的许诺，引诱中国加入会议。我们对于关税会议、法权会议，已有痛苦的经

---

[1] "很"原文作"狠"，现据今日通常用法改正。——校勘者注。

验了，国际会议对于中国的无意义甚而实行支配宰割的政策，也已被事实所证明了，我们何可再上大当？这个问题，因与国际协调对华的政策有关，所以在这里提出讨论，并下警告于外交当局。

（二）承认问题

自从国民政府革命军攻下武汉之后，某国某国有承认国民政府意思的消息，便喧腾于耳鼓。尤其是近来有一部分人好像以为只消外国承认国民政府，无论在何种条件之下，便是外交史上的新纪元。办外交的人，亦以为苟能办到国民政府得列强的承认，便是不朽的盛业。如上次中美宁案协定签字以后，上海的某大报，极力夸扬外交的胜利，说美国公使自己与国府外交部长同时签字于一张纸上，是空前所未有，就是对于国民政府的承认！

我们要讨论"承认问题"，首先对于这种"承认"，要努力来打破。第一，我们要知道承认在国际法上是怎么一回事。第二，我们来研究国民政府对"承认问题"该采取怎样的态度。

在国际法上，对于一个新政府的承认，可以用两种方式行之。一种是明白的，一种是默示的。明白的承认无待解释，默示的承认，就是承认国与新政府发生一种仅仅存在于独立国家间的关系。譬如派遣外交代表常驻于新政府所在地，双方订立条约或协定，都可作为默示行为，有"承认"的效力。虽然学者的意见对于默示行为足以构成"承认"的程度，人各不同，但是大家都认定，当一个国家和新政府有互相往来的事实就可构成一种事实上的承认（De facto recognition）。事实上的承认，它的效力自然和法律上的承认不同，但已足为规定两国关系的张本。欧战以来，新兴诸国，大都只获有事实上的承认。

国民政府现在与各国的关系，业已造成事实上的承认，是不容疑义。又如武汉国民政府与美国签订解决汉浔二案的协定及英国派遣代表常川驻汉的行为，似乎比"事实上的承认"更进一步了。国民政府统一中国以后，各国假使要与中国继续其关系，自然非正式承认国民政府不可。按承认新政府的行为，与其说是法律问题，毋宁说是政治问题。所以公法上一国没有正式承认他国的义务，不过事实上因政治的理由——如规定两国的关系——不得不加以承认罢了。所以在国民政府方面，这次对于承认问题，不必急求解决，更不应为急于要达到被承认的目的而在主义上或方略上有所牺牲。

总括一句，我们敢说现在的国民政府和各国的关系，已经造成"事实上承认"的局面，法律上或正式承认，不过是一时间问题，帝国主义也许因我们的立场和已死的北京政府不同，对于我们，没有政治的同情，不愿立刻承认或故意提出刁难的条件，作为承认的代价，但我们大胆说，政治的理由，将驱使他们不得不与国民政府发生正式关系。英国国际法学家罗伦斯说："承认的迟早，常被政治的同情所支配，但没有一个国家能够对于已成的事实，熟视无睹。当一个省份或一个殖民地业已获得真正的独立，承认不过是时间迟早的问题，那时即是他们的母国，也不能不加以承认。"（T. J. Lawrence, International Law，p. 88. 1th Edition）这明白告诉我们撇开政治理由不讲，各国在一种情形之下，也不得不承认了。何况列强在中国享有特殊利益，那肯因与中国不发生法律关系反蒙损害呢？我们所要郑重而不惮反复声明的，就是与其在某种条件之下，得列强的承认，无宁不被承认，否则便是走到袁世凯段祺瑞以"外崇国信"为南针的路上去，取消不平等条约，终于是一个幻想！

中国国籍问题[*]

朱向荣

中国外务部于一九零六年十一月十五日致美国驻华代办柯立治之照会中有云："本部当即通知修订法典委员，令即调查具报据复中国法典中向无规定国籍条文，现正审阅各国法典，作为修订参考。一俟颁行，即当奉达"云云。可知于中国一九零九年三月二十八日第一次国籍法颁布前，并无国籍法典。第一次颁布之国籍法作用有二，第一为竖立高度之归化标准，第二为防止生于国外之中国人迫隶外国国籍。施行不久，清室推翻，国民肇造，于一九一二年十一月十八日另行公布新国籍法。该法后经北京政府再度修改，于一九一四年十二月卅日颁布施行。迨北伐完成，国民政府于一九二九年二月五日令颁国籍法，施行迄今。本文所论列者即以前为国籍法中最主要之问题，厥为（甲）国籍之取得，（乙）国籍之丧失，（丙）双重或多重国籍，（丁）无国籍，兹依次分论之。

（甲）取得中国国籍之方式

依据现行国籍法中国国籍，得依任何下列方式取得之：（一）出生，（二）归化，（三）结婚，（四）认知，（五）收养，（六）复籍，（七）自愿脱籍之撤销。

（一）出生

中国国籍法，专凭血统为决定国籍之准则。故下列各人，不论出生何地，均属中国国籍。一，生时父为中国人者。二，生于父死后，其父死时为中国人者。三，父无可考，或无国籍，其母为中国人者。除上述三项外，发现于中国领域内之弃儿，其父母无可查考，或出生于中国领域内，其父母不属于

＊ 本文原刊于《国民外交月报》1943 年第 1 卷第 5 期。

任何国籍者，取得中国国籍，此种婴孩，或非中国人血统，但可依出生地而取得国籍，实系中国所持血统主义之例外。

（二）归化

本文所说归化，系指由政府准许申请人入籍而取得国籍之谓，我国国籍法，对于归化，并无种族之歧视。凡外国人或无国籍人具备左列条件者，经内政部许可，得归化中国：

一，在中国有住所，继续五年以上者。

二，年满二十岁以上，依中国法及其本国法为有能力者。

三，品行端正者。

四，有相当之财产或艺能足以自立者

一般言之，上述四端乃外国人归化中国之必要条件，但遇有下列情形之一者，得为例外：

一，下列各款之外国人，现于中国有住所者，虽未经继续五年以上，亦得归化中国。

甲，父或母曾为中国人，且其本人在中国有居所继续三年以上者。

乙，妻曾为中国人，且有本人在中国有居所继续三年以上者。

丙，生于中国地，且在中国有居所继续三年以上者。

丁，生于中国地，且其父或母生于中国地者。

戊，曾在中国有居所继续十年以上者。

二，外国人有殊勋于中国者，毋须具备上述几项条件。

三，外国人现于中国有居所，其父或母为中国人者，毋须具备上述第一，第二，及第四条件。

关于归化人妻子之身份，现行国籍法第八条规定如下：

"归化人之妻及依其本国法未成年之子，随同取得中华民国国籍，但妻或未成年之子，其本国法有犯罪之规定者，不在此限。"现行法对于：（一）归化人之妻，其本国法及随同归化人取得国籍时，能否单独申请归化，（二）归化寡妇之子，依中国法及本国法为未成年者，可否随同取得中国国籍，未有明文规定。外国人固可依归化取得中国国籍，但不能与生而即为中国人者，享受同等政治权利，国籍法第九条规定如下。

"依第二条之规定取得中华民国国籍者，及随同归化人取得中华民国国籍之妻及子，不得任左列各款公职：

一，国民政府委员各院院长，各部部长，及委员会委员长。

二，立法院立法委员及监察院监察委员。

三，全权大使，公使。

四，海陆空军将官。

五，各省区政府委员

六，各特别市市长

七，各级地方自治职员。"

归化者可在一定之条件下，申请解除上列限制，依现行国籍法第九条之规定，有殊勋于中国之归化者，自取得国籍日起满五年后，其他自取得国籍日起满十年后得由内政部呈请国民政府准予解除。至于取得国籍年限，应自内政部填发许可证照，或由部核准注册之日起计。

依一九三零年二月十四日内政部公布之《审查取得国籍人限制规则》第二条之规定，申请解除限制人须具备下列各项条件。一，取得国籍后在中国有一定之住所而现时仍居中国者。二，年满三十岁以上，依中国法为有能力者。三，品行端正者。四，通晓中国语言文字者。五，对于党国无不忠实之言行者。六，有相当财产或艺能足以自立者。申请解除限制时，须由本人填具申请书呈报现住地方之主管官署转呈内政部，行政院，国民政府解除之。

（三）结婚

现行国籍法规定，凡为中国人妻者，取得中国国籍，但如依其本国法，保留国籍者，不在此限。此项规定含义有二：一方使外国女子可取得其夫之国籍，同时避免因结婚而发生双重国籍之弊害，至于婚姻之自否成立，据司法院解释，应依当事人之各该本国法律为断。外国女子，嫁中国人为妾者，不能取得国籍。依现行法，因结婚而取得中国国籍者，仅限于外国女子至于外国男子而为中国人夫者，自否取得中国国籍，并无明文规定。外国女子，以结婚而取得中国国籍者，所受政治上之限制，与归化者同。

（四）认知

中国人与外国人，由于不合法结婚关系所生之子女，不得认为中国人，惟可经认知手续而入籍。依现行国籍法之规定，下列外人，取得中国国籍：（1）父为中国人，经其父认知者；（2）父无可考，或未认知，母为中国人经其母认知者。

因认知而取得中国国籍者，其所受政治上之限制，与归化者同。

（五）收养

外国人亦可由收养方式而取得中国国籍。现行国籍法第二条列举外国人取得中国国籍之各款中，包括"为中国人之养子者"，因收养而取得中国国籍者，其所受政治上之限制，与归化者同。

（六）复籍

中国人因归化外国或其他原因丧失中国国籍后，得在一定之条件下，请求复籍，兹根据现行国籍法，分析论列如下。

一，为外国人妻，自请脱离国籍，经内政部许可者，得候婚姻关系消灭后，经内政部之许可，回复中国国籍。

二，自愿取得外国国籍，经内政部之许可而丧失中国国籍者，如属品行端正，有相当之财产，或艺能足以自立，而在中国有住所者，得经内政部许可，回复国籍，但归化人及随同取得国籍之妻及子丧失国籍者，不在此限。

回复国籍人，自复籍日起三年以内应受与归化者同样之政治上的限制。

（七）自愿脱籍之撤销

中国国籍可因自愿脱籍之撤销而取得。依据国籍法施行条例第八条规定，凡丧失中国国籍后，发现有与国籍法之规定不合情事，经内政部备案者，应将原案注销，在此种情形下，当事者自即重行取得中国国籍，但与前项所述一般之复籍方式不同。

（乙）丧失中国国籍之方式

依现行国籍法，丧失中国国籍之方法有四：（一）结婚；（二）认知；（三）自愿脱籍；（四）取得回复国籍之撤销。

（一）结婚

现行国籍法规定，凡为外国人妻，自请脱离国籍，经内政部许可者，丧失中国国籍，则保留，或脱离中国国籍，概由自择，不以其为外国人妻而立受影响，颇为自由也。

（二）认知

中国人以认知手续而丧失国籍者，现行国籍法分下列二类：一，父为外国人，经其父认知者；二，父无可考或未认知，母为外国人，经其母认知者，但按以上二项规定而丧失国籍者，以依中国法未成年或非中国人之妻为限。

（三）自愿脱籍

现行国籍法规定，凡自愿取得外国国籍者，经内政部之许可，得丧失中国国籍，但以年满二十岁以上，依中国法为有能力者为限。又自愿脱籍者之妻子，并不随同丧失中国国籍。

（四）取得回复国籍之撤销

按照国籍法施行条例，凡依归化等方式取得或回复中国国籍后，发现有与国籍法之规定不合情事，其经内政部许可者，应将其已给之许可证书撤销。经内政部备案者，应将原案注销。在此种情形下，当事者自即丧失中国国籍。

为减免脱离国籍之流弊起见，现行国籍法规定有下列情事之一者，内政部不得丧失国籍之许可：一，届服兵役年龄，未免除兵役义务，亦尚未服兵役者；二，现服兵役者；三，现任中国文武官职者。合于国籍法第十条及第十一条之规定得准脱籍，而有下列情事之一者，仍不丧失国籍：一，为刑事嫌疑人或被告人；二，受刑之宣告执行未终结者；三，为民事被告人；四，受强制执行未终结者；五，受破产之宣告为复权者；六，有滞纳租税或受滞纳税处分为终结者。

（丙）双重或多重国籍

以出生为决定国籍之标准有二，为出生地主义与血统主义，前者英美等国都采之，后者则为中国所采，因此，出生于国外之华侨，常有双重国籍者，甚至一人而有数重国籍者，中国政府认为双重国籍之中国人，如在另一国居住时，应受该国之管辖。回至中国时，即认为属于中国籍。如在第三国居住时，则由其自择中国或另一国国籍。

（丁）无国籍

依据中国国籍法施行条例，凡外国人取得或回复中国国籍后，发现有与国籍法不合情事，内政部得撤销之。如依当事者之本国法，当其履行前述之归化或回复国籍手续时，即丧失其本国国籍，则大有变为无国籍之可能。中国政府，认为此种问题，应由国际方面共通解决之。故国际公法编纂会议，Conference for The Codification of International Law 在一九三零年在海牙开会时，特向国籍委员会提出如有人丧失一国国籍而未能取得他国之国籍时，其先属国家应允其所在国之请求而准其入境之建议。盖所以与受各国国籍之冲突之影响而致丧失国籍者以保障也。

战后我国对外接触，自属频繁。外国人之侨居中国，与国人之侨居海外者，必与日俱增，国籍问题，因之亦将日见重要。我人为避免将来无谓国际纠纷计，自不可不先事注意也。

苏俄的国籍法[*]

郑竞毅[**]

　　什么叫做国籍呢？这个问题在各学者的答案中，颇有不同；惟主要的只有下列三种：第一，国籍是人和国家间的一种契约——按契约的订立，必须根据双方的意思。国籍有时是由出生而取得，并非完全根据于个人的意思，所以国籍并不带着契约的性质。国籍契约说自不足信。第二，国籍是人民对于国家永久忠诚的一种关系——这种学说完全看国家为至高无上，神圣不可侵犯的东西，人民无论如何，都须忠诚为国。此乃专制国家所留下的一种陈说；可是多少总具有一部分真理，自不能完全加以否认。第三，国籍是人民和国家间的一种政治关系——近来学者大都以此说相标榜。按国家的设立，其功用大部分在于政治方面，此为人人所承认；但苏俄学者则谓国家的功用不特限于政治，就是经济亦包括在内。所以视国籍为人民和国家间的一种政治关系的学说，在苏俄学者的心目中并不准确。惟多数人依然还是采用，这是因为他们把"政治"的范围，加以推广，所以未曾把旧的学说废弃了。

　　苏俄法律的理论既和非共产主义者处于相反的地位，[1]则一切法律的制定，都有特殊的地方。在国籍法里当然不能例外。本文所述，以一九三○年六月十三日由联邦中央执行委员会所颁布的信国籍法为根据。[2]至于和我国

---

　　[*]　本文原刊于《新中华》1934 年第 2 卷第 9 期。

　　[**]　郑竞毅，1930 年毕业于东吴大学法学院（第 13 届），获法学学士学位。与其他几位高才生马君硕、费青等大体同一时代，在 20 世纪 30～40 年代比较活跃，在法理学、比较法学和民商法学领域均有建树，编著有《法律大辞书》外，还著有《苏俄法律的哲学基础》、《苏联的反宗教法律》等论文。

　　[1]　参阅《东方杂志》第三十卷第二号拙作苏联法律的哲学基础一文。

　　[2]　苏俄旧国籍法系颁布于一九二四年十月二十九日（见苏俄法令全书一九二四年第二十三号第二○二节及第一九二七年第十九号第一六二节）。

国籍法的规定发生抵触时，亦尽量加以说明。

一、苏俄国籍的特质

苏俄国籍的内容具有双面的性质，这是和多数的国家不同的一点。按苏俄联邦为七个加盟共和国所组织，一个人民具有两个公民资格。其情形和北美合众国相类似。即一方为联邦的公民，同时在另一方面则属于所住居之加盟共和国的公民。苏俄国籍法第一条有这样的规定："自苏维埃社会主义共和国联邦成立之时起……加盟共和国内每个人民系属苏俄人民。"在加盟共和国内常住的人民，原则上是所住居的加盟共和国的人民；但如依民族方面或出身方面不属于所常住的加盟共和国时，法律许其于自认与其他加盟共和国有关系时，得选择该共和国的国籍；惟此种选择不受苏俄国籍法的范围。因此苏俄国籍法仅系适用于苏俄联邦人民和外国人民关于苏俄国籍的事项，且此种联邦国籍的创设，为时甚短。即自苏维埃社会主义共和国联邦正式成立时，始行发生。在历史上并无沿革可言。

二、国籍的取得

国籍的取得可分为两种：第一种是固有国籍的取得；第二种是传来国籍的取得。

（一）固有国籍的取得

凡由出生而取得的国籍，称曰固有国籍。各国立法例对固有国籍取得的标准，计有三种主义：（一）血统主义；（二）出生地主义；（三）折衷主义。血统主义是把血统的关系做基础，父母为内国人，则其所生的子女亦取得父母的国籍。至于出生地是否在内国，皆非所问。（如父母国籍不同时，通常从父的国籍。私生子在未认领前，则从母的国籍。）采此主义的国家，约占十余国。日本、瑞士、瑞典、奥国、匈牙利为其显著者。出生地主义则专以出生地为根据。凡生于本国领土内时，则一概取得本国国籍。如出生地系属他国领土，则取得该出生地所隶属之国的国籍。采用本主义的国家，为希腊、卢森堡、墨西哥以及南美洲诸国。折衷主义是兼采上述两主义，更可分为两种：第一，以血统主义为原则，而参用出生地主义，即用出生地以补血统主义的缺陷，采此主义的有法、比、意、土、西、丹、荷、挪威以及中国等国。第二，着重于出生地主义，而参用血统主义。即以出生地主义为原则，以血统主义为例外。采此主义者计有英、美、葡和中美洲诸小国。

以上各种主义以折衷主义中之原则上采血统主义例外采出生地主义一种为近代多数国所采用。惟苏俄国籍法则专用血统主义。该法第七条内规定："父母或父母中之一人于出生时为苏俄人民，其子女依出生为根据亦被认为苏俄人民。"苏俄是一个共产主义的国家，素以世界革命相标榜。为什么专采血统主义呢？它的理由当然和一般资本主义国家之采用血统主义不尽相同。里面实具有一种极大的作用。按苏俄现为世界唯一的非资本主义的国家，环顾左右，尽是敌人。如果兼采出生地主义，那么苏俄国民在国外出生的，必变为他国人民。以历经共产主义所训练而成的国民，眼睁睁地看其子孙变成别国（资本主义国）人民。至于另一方面，苏俄不像英国在外拥有无数的殖民地，实无采用出生地主义的必要。因此苏俄国籍法便毫无迟疑地专采血统主义了！

（二）传来国籍的取得

凡基于出生以外之其他一切事由而取得的国籍，统称曰传来国籍，传来国籍取得的事由可分为三种：

第一，基于亲属关系而取得的国籍——一为婚姻；一为私生子女的认领；一为收养关系。在苏俄国籍法内仅对第二种未设明文。关于婚姻，列国立法例大都是妇女出嫁外国人时取得夫的国籍，即中国国籍法在原则上亦有同一的规定。苏俄国籍法则不承认婚姻有绝对变更国籍的效力。其第八条规定："苏俄人民和外国人结婚后，各自保存其本国国籍……"所以苏俄人民和外国人结婚以后，其苏俄国籍并不变更。而外国妇女嫁给苏俄人民为妻时，亦不取得苏俄国籍。依我国籍法内国女嫁给外国人时，丧失本国国籍。以自请脱离为限。若系和苏俄男人结婚，依苏俄法律并不单独因婚姻而取得苏俄国籍，自不至于贸然自请脱离我国国籍，而致成为无国籍的人民。关于此点，当然有防止其发生冲突的可能。又例如苏俄妇女嫁给我国人民时，夫妇两人在苏俄法律上各具不同的国籍，虽未与我国国籍法相抵触，[1] 然实际上已不方便。幸苏俄国籍法对于苏俄妇女与外国人结婚，亦认为系可以请求出籍理由之一。故第八条末段规定："……根据结婚人意思而欲变更国籍者，得依照简易程序办理之。"（简易程序在同法第十六条内规定）这样一来，国籍的冲突便可因之而避免了。

---

[1] 我国国籍法第二条第二项第一款参照。

关于收养关系亦为苏俄法律所采用。在列国的立法例，子女一般地概从父的国籍，养子女除须具备一定的要件（在亲属法内规定）外，均依其养父母的国籍。惟苏俄国籍法基于政策的关系，为辅助上述血统主义的作用起见，对于苏俄人民的子女虽经外国人收为养子，其苏俄国籍仍不丧失。此为国籍法第十一条所明定。依我国国籍法第二条内规定为中国人之养子者，取得中国国籍。在这一点中俄的国籍法便发生了抵触。例如旅俄华侨收养苏俄人民为养子女时，依我国法律该养子女为中国人。依苏俄法律则仍保存苏俄国籍，于是便生了两重国籍的问题。至于外国人为苏俄人民的养子时，是否取得苏俄国籍，在法律上并无明文的规定。根据欧美各国的习惯，养子女仅发生财产上的关系，并不因之而取得国籍。并且苏俄国籍法对固有国籍的取得系着重于血统主义，自应解为不得取得苏俄国籍，才算合理。

第二，基于住居的关系而取得的国籍——此种取得国籍的方法，在列国的立法例中当以苏俄的国籍法为嚆矢，乃属一种创见。依别国的法律凡外国人住居于本国领土内，超过一定年限（尚须具备他种条件）时，得用归化方法取得该本国国籍。所以居住关系仅为取得国籍的一种要件。独苏俄国籍法则于原则上规定，凡居住苏俄境内人民在未经证明其属于外国国籍时，均认为苏俄人民。（第三条）根据本条条文，凡在未经证明为外国籍的人民，如确系居住于苏俄境内时（不拘年限），都取得苏俄的国籍。

此外苏俄为着贯彻他们全世界工农阶级大联合，以实现其无产阶级大革命的策略起见，对外国人（工人和农人）居住苏俄境内而系以劳动为职业者，亦许其享有苏俄人民一切政治上的权利，（第六条）在这里法律并不用国籍字样，因为实际上和国籍很有区别。其一，享有政治上权利时，只以住居于苏俄境内时为限，和取得国籍后之不论移居何处皆得享有苏俄政治上一切权利者不同。其二，本条所规定者仅适用于工人和农人，而且住居于苏俄境内时须以劳动为职业。在国籍之取得，则无此种限制。

第三，基于归化方法而取得的国籍——归化是一种法律行为，即人们用意思表示抛弃其原有国籍，经另一国家的允许而取得其国籍，在近代交通频繁的国家，归化算是改变旧国籍而取得新国籍的最普通的方法。列国立法例多有明文加以规定，在原则上且须具备一定条件，才为有效。苏俄的国籍法则打破此种传统立法例，仅仅订明归化苏俄者须经一定机关之决议，便算合法。其决议机关则分为普通程序和简易程序两种。在普通程序更分为下列两类：（一）居住苏俄境内之外国人的归化——凡居住于苏俄境内的外国人，经苏俄中央执行委员会主席团的决议，或经所居住地之共和国中央执行委员会主席团的决议，便可归化而取得苏俄国籍。（第十二条第一项）至所居住地之共和国的中央执行委员会主席团的决议如系拒绝归化的请求时，声请人还可向苏俄中央执行委员会主席团控告。（同条第二项）所以居住苏俄境内之外国人归化的许可权，事实上还是操在苏俄中央执行委员会主席团之手。（二）居住苏俄国外之外国人的归化——凡居住苏俄境外之外国人归化苏俄时，须经苏俄中央执行委员会主席团的决议。（第十三条）

简易程序乃为便利人民而设，即归化人（归化本国或外国皆同）得不向苏俄或所居住地共和国之中央执行委员会主席团申请，凡居住苏俄境内者得向省执行委员会或与该会并行之机关申请，经其决议。若系居住苏俄境外者，则得向苏俄驻外所派全权代表（大使或公使）申请，经其许可。（第十六条）在此应注意者，即上述简易程序的应用，不是绝对的。如果省执行委员会和苏俄驻外全权代表认为应依普通程序办理时，便可批令申请人改向苏俄或所居住地之共和国中央执行委员会主席团申请，由该机关予以决议。此时申请人不得对省执行委员会或苏俄驻外全权代表表示抗议。（第十六条注）这种规定完全是图谋归化许可权之行使的统一起见。

此外学说上所称的大归化，在苏俄的法律并无明文，所谓大归化乃指归化人不须具备任何条件的归化而言。大都是对于外国人有特殊功勋而经政府的核准，许可其归化。在我国国籍法第六条内设有规定。苏俄国籍法虽无相同的明文，惟第十六条第二项："外国人因从事革命解放工作被通缉享受逃避权者之归化苏俄事宜……得适用简易程序，加以办理。"按外国人从事革命解放工作被通缉逃入苏俄国境的外国人，大体上都是和苏俄的社会革命运动有相当关系者。对于苏俄世界革命政策之实施和发展，很有影响。换句话说，凡因被通缉而得进入苏俄境内享有逃避权的外国人，对于苏俄在事实上是由相当功勋的。与我们通常所称的大归化之内容，实质上颇相符合。所以经称之大归化，亦无不可。

除上述以外还有所谓集合的归化，乃基于政治关系——条约或武力征服——将某个集团的人民，全体归化他国，苏俄为反帝国主义的国家，武力征服，非其素愿，在国籍法内仅对基于条约关系的集合归化，设有类似明文。即第二条内："苏俄人民为其常住之联邦共和国之人民；但如依民族方面或出身方面自认与他联邦共和国有关系时，得选择该共和国之国籍。"惟此种规定并不适用国籍法内所规定之程序。故与通常所称的集合归化实不相同。

三、国籍的丧失

人民和其所隶属的国家脱离政治上的关系，称曰国籍的丧失。国籍的丧失有一定的原因，通常可分做下列三种：（1）亲属的原因；（2）归化；（3）国际的原因（即基于集合的归化）。苏俄国籍法仅对前二种设有明文。

（一）亲属的原因

国籍既可依亲属的关系而取得，自亦可因之而丧失。一般立法例关于依亲属关系之丧失国籍情事的规定，和国籍的取得原因相同，例如婚姻、私生子认领与收养关系皆是。苏俄国籍法除规定未满十四岁之子女依法随其父母丧失本国国籍外，其余未设有明文。至于婚姻的缔结，男女任何一方的原有国籍并不使其丧失，依然还是保存各自的原来国籍，（第八条）不过缔婚人如果自愿变更时，便可照国籍法第十六条所定之简单程序办理罢了。这种例外规定，和列国之以避免夫妻双方国籍不同时之纠纷为目的，而使妻从夫的国籍之立法例的意旨，颇相类似。惟苏俄立法家对男女任何一方均可自由请求丧失各自的国籍，并不拘限于妇女一方。例如甲夫（苏联籍）娶乙妇（中国籍）为妻，甲夫可请求丧失苏俄国籍而取得乙妇之中国国籍。这种办法，实打破妻从夫之国籍的偏见，算是苏俄国籍法的特色处，不愧为一种近代最进步的立法例！

（二）归化

关于归化，在列国的法律中，亦都以至为国籍丧失的一种原因。苏俄国籍法自不能例外。因为既然明文许可外国人归化本国，则本国人归化外国，事同一例，在理论上或实际上均无可以"厚非"的理由。所以在第十四条内设有关于归化事宜之决议机关的规定："脱离苏俄国籍事宜，（甲）对于居住苏俄境内之人民，由苏俄中央执行委员会主席团，或隶属共和国中央执行委员会主席团决议批准之。（乙）对于居住国外之人民，由苏俄中央执行委员会主席团决议批准之。""声请人于取得所隶属共和国中央执行委员会主席团决绝后，得向苏俄中央执行委员会控告之。"据此，可见苏俄国籍之丧失的许可权，还是以联邦中央执行委员会为最高的机关。至于归化的条件及限制，在他国法律大都设有明文，苏俄国籍法则无规定。因为依归化而丧失其国籍，既须经中央执行委员会主席团的决议批准，那么是否具备某种条件或是否受着某种事项的限制，均须依据具体的事实做决定的标准。法律之不设有明文，完全是要赋与中央执行委员会主席团以自由酌夺之权。

关于国籍丧失所采用的程序，亦有普通程序和简易程序的区别。右述机关所办理的，乃属普通程序，至于简易程序，在苏俄国籍法第十六条亦设有规定，上面已经说过，恕不再赘。

此外，国籍的剥夺亦算为丧失国籍的一种原因。在何种情形之下得为剥夺国籍的处分？苏俄国籍法并无明文；惟第十七条则规定："剥夺苏俄国籍事宜须经苏俄中央执行委员会决议，始得为之。至各加盟共和国中央执行委员会关于剥夺国籍之决议，则应由苏俄中央执行委员会批准之。"是剥夺国籍的处分权，亦属诸苏俄中央执行委员会，惟不属该会主席团耳。因为剥夺国籍的处分，关系人民权利义务重而且大，断不可交由少数人所组成的主席团单独办理，以防流弊。苏俄立法家对人民权利之注重，于此可见一斑。

四、国籍变更的效力

国籍变更包括国籍的取得和丧失在内。一般地说，新国籍的取得在另一方面则系旧国籍的丧失。所以一个人只有一个国籍，这是国籍法上的一个大原则。按旧国籍丧失而新国籍取得，在法律上必有一定的结果，因为国籍一经取得，即与新取得之国籍所属的国家发生政治关系，兹分下列二项论之：

（一）及于本人的效力

本人一经取得新国籍，即为新国籍所属国家的人民，他们所享受的权利和义务，在各国法律上的规定，颇有异致。苏俄国籍法在积极方面，规定苏俄人民享有暨担负一切苏俄法律及其居住地之共和国法律为人民所制定之权利义务。（第五条）在消极方面规定凡已入苏俄国籍之外国人民，不享受亦不负担与隶属他国国籍相关之权利义务。（第四条）

（二）及于子女的效力

国籍因出生而取得后，其效力是否及于子女，列国立法例颇有不一致。苏俄国籍法规定父或母为苏俄国籍时，其出生之子女亦为苏俄国籍。（第七条）关于此点，显与我国国籍法所规定者相抵触。依我国籍法第一条内规定，生时父为中国籍者，其子女当然为中国籍。例如华侨娶俄女为妻，生有子女。依苏俄法律，妻为苏俄人民，其子女亦属于苏俄国籍。依我国国籍法则认该子女为有中国籍。此时该子女便有二重国籍，因而发生国籍的抵触。

父母或父母之一方传来取得苏俄国籍，或丧失苏俄国籍，其效力是否及于子女，应分下列两方面观察之：（甲）未满十四岁的子女——子女应随父母而变更其国籍。如仅父母一方取得苏俄国籍时，则依其居住的未成年子女经去父或母之另行申请，亦可随之而取得苏俄国籍。又依外国籍之父或母同居者，如苏俄国籍之父或母死亡或与子女完全丧失关系时，经该外国籍之父或母之呈请，得随入其国籍，若父母中之一人丧失苏俄国籍，而他父或母已死亡或与子女完全丧失关系时，得随入其国籍。（乙）已满十四岁之子女——仍未达成年[1]而即随父母取得苏俄国籍时，应取得该子女的同意。其已逾十四岁的子女，在其父母丧失苏俄国籍时，则该子女之国籍并不变更。在这里苏俄国籍法和我国籍法的规定，便发生了冲突。例如华侨娶苏俄妇女为妻，所生子女依苏俄法律为苏俄人民。假如其母变更苏俄国籍而取得中国国籍。按我国法律该已满十四岁子女，应取得中国国籍，依苏俄法律则仍保有苏俄国籍。这样一来，该子女岂不是具有二重国籍而发生重复国籍的问题吗？（以上参照苏俄国籍法第九条第十条）

五、国籍的恢复

所谓国籍的恢复[2]，乃指曾丧失国籍者之恢复其原来国籍而言。列国立法例对于国籍的恢复，有使其履行与归化同一之程序的，亦有令其履行另外设定之程序的，苏俄国籍法对于国籍的恢复，颇为郑重。在第十五条内："已丧失或被剥夺苏俄国籍者，仅由苏俄中央执行委员会主席团之决议，始得恢复其苏俄国籍。"据此，苏俄国籍的恢复，其决议权乃单独操诸苏俄中央执行委员会主席团之手。手续之庄重稍次于国籍的剥夺，在立法者的意思，剥夺国籍之处分，与人民的权利极有关系。所以须经苏俄中央执行委员会的决议，如果把国籍的恢复，随随便便交由不甚重要机关决议处理，不独对国籍之剥夺处分，视同儿戏，即对国籍恢复的处理，在后来时亦恐讨论不出一种统一的办法，可资遵循。至关于国籍恢复之条件及限制和手续，苏俄国籍法并无详细的明文，自应解为得由苏俄中央执行委员会主席团的决议酌定之。

---

〔1〕 苏俄民法第七条规定以十八岁居满后为成年人。
〔2〕 "恢复"原文作"回复"，现据今日通常用法改正，下同。——校勘者注。

华侨国籍问题之讨论[*]

丘汉平

一、华侨的定义

所谓"华侨",依文字的解释,不外是中"华"民国人民之"侨"居国外者的简称,但在法律上及事实上却不如此简单。因为侨居本国领土以外的中国人不一定仍全是"华侨",例如自动请求脱离本国国籍的"华侨",虽血统上是中国人,而在中国法律上却已不是"中国人"。或者有人要问,倘是居留地政府依照当地法令强制华侨登记归化作为居留地的籍民,他们是不是保留中国国籍呢?这里我们可以回答:如无条约的拘束,当然这辈被迫归化的"华侨"仍保有中国国籍,所以还是华侨。不过事实上有比此更复杂些,就是侨居本国领土以外的中国人,有的已历数代,子孙都忘记其家乡,但他们却并未脱离中国国籍,名义上尚可勉强戴上"华侨"的名称,在实际上已是被同化了。所以确定"谁是华侨",看来似乎不是普通人所能了解的。

因为这个缘故,研究华侨问题的人,为避免种种困难,就假定"谁是华侨"的意义如下:"华侨云者,系由移殖当时为中国之领土地域而移殖于外国领土之中国人或其子孙之居留于外国领土者也,但其国籍之如何,则在所不问也。"[1] 这个解释等于零,与"华侨者,华侨也",不相上下,此定义的缺点,举其要者有四:第一,我们既是讨论华侨问题,促起政府及国人注意华侨问题,最低的限度要先把"谁是华侨"说一个明白。倘是连"华侨"二

---

[*] 本文原刊于《东方杂志》1937 年第 34 卷第 1 期。

[1] 刘士木、徐之圭合编:《华侨概观》,中华书局出版。

字还弄不明白，那么〔1〕日日谈"华侨问题"等于"无的放矢"。这种谬误，我们再也不可加以尝试。故就定义本身言之，上引的定义不成定义。

第二，"谁是华侨"与祖国有绝对的关系。中国政府对于华侨负有保护的责任，因为他们是中国人；而华侨对于祖国政治，亦有参与〔2〕的权利，正是他们仍是中国人。〔3〕既是中国人，不论住在领域内或领域外，均有受同一之待遇，在政治上法律上俱是平等。就国家立场来说，保护侨民的先决条件厥为"谁是本国人？"如果不是本国人，纵然在血统上是本国人，（如本国人依法归化外国）亦无保护的责任。反过来说，倘是本国人，即使在血统上不是本国人（如外侨依法归化本国），也要负起保护的责任。

第三，解决"谁是华侨"应依本国法律来决定，绝不因事实的复杂或国势的衰弱而发生困难。法律问题与事实问题，在某种情形之下是要分开的。

第四，"由移殖当时为中国之领土"云云，在事实上亦欠妥当。比方台湾、琉球，移殖当时是中国领土，旋因甲午之役割归日本，在法律上已非中国领土，居住于台琉二岛的现在中国人，依上述定义的解释岂不是不能认为是华侨吗？因为移殖"当时"台琉仍是中国领土，并非日本领土。然在法律上及事实上，台琉二岛未依约被归化中国人却是华侨。所以上述的定义，在事实上法律上政治上均不能释明"谁是华侨"。我们认为非常遗憾。因为研究华侨问题的人已经灿若星辰，对于"华侨"的认识尚未能彻底。至此，我不能不引宓亨利著的华侨志开章明义第一句："自有华人侨居域外，而问题以生，乃研究之者，多属西人，良可异也！"

那么，"华侨"名称究应如何解释呢？我已经说过，"谁是华侨"是一个身份〔4〕问题。此身份问题非依法律是不能解决的。我国在一九〇九年颁布国籍法以前，这个问题确是无从解决，因为那时中国尚无决定"谁是中国人"的法律。自从颁有国籍法之后，"谁是中国人"既已解决，所以"谁是华侨"也就解决了。〔5〕而且逊清颁布国籍法的主因，却是决定"谁是华侨"，尤其

〔1〕 "那么"原文作"那末"，现据今日通常用法改正，下同。——校勘者注。
〔2〕 "参与"原文作"参预"，现据今日通常用法改正。——校勘者注。
〔3〕 外交保护侨民，以侨民是否为本国人问题现行解决，参见。
〔4〕 "身份"原文作"身分"，现据今日通常用法改正，下同。——校勘者注。
〔5〕 此次国籍法采血统主义，窥其用意，无非是保留海外数百万华侨的国籍。

是何属华侨。〔1〕现在"谁是华侨"一个身份问题，依中国法令的解释，〔2〕我们可以下一定义如下："凡是中国人移殖或侨居于外国领域而并未丧失中国国籍的叫做华侨。"至于事实上发生"双重国籍"或"复籍"情事，那是另一问题。〔3〕

依照这个定义，我们可以分析"谁是华侨"的几个因素：

（一）中国人移住或侨居外国领域

中国人自甲省移居乙省，不是华侨。外国人自中国领土向他国移住也不是华侨。公使或是本国政府遣派往外国的人员不是侨居，故不是华侨。所以"华侨"的名称，是指中国人自本国移住或侨居他国或他国的属地而言，倘是至两极探险或在未经任何国家主权所及的荒地开发，也不能称为华侨。

（二）外国领域与中国领域的区别

中国领土，法有明文规定。中国民国训政时期约法第一条："中华民国领土为各省及蒙古西藏。"民国船舰及中国公使馆视为民国领域，所以由甲国的民国公使馆移居于乙国的民国公使馆，正同中国领土内的移居一样。所谓华侨，必须向外国领域内移住或侨居，方是符合上述的定义。

（三）并未丧失中国国籍

此为身份的条件，就是说中国人移居到外国领土，虽是世代住下去，如未依照当时的中国国籍法或中外条约丧失中国国籍，还是"华侨"。反之，中国人已丧失中国国籍的，即使本人如何中国化，仍不是中国人，故不是华侨。

二、华侨国籍问题的发生

国籍是人民与国家所发生的一种关系，这种关系时经过历史上长时期的演进而愈形复杂。照原则上说，一个人只应有一个国籍，不应有二个国籍或

---

〔1〕 中国因荷属华侨国籍问题，设领条约，争持多时。宣统三年四月初五日（即一九一一年五月三日），中国政府屈从荷兰提议，遂在北京订立中和在荷兰领地殖民地设领条约，两国互换照会；由中国照会荷兰承认华人在荷领地照荷法律解决，而荷兰亦照会中国，承认荷领之华人若回中国，可恢复中国国籍，其往他国者，出籍与否，听其自由。故依中、荷条约，中国国籍法对于荷领地华侨就要受限制了。

〔2〕 依据民国十八年二月五日公布的国籍法。

〔3〕 这是国际私法上的严重问题。原则上，复籍问题，亦依所在国法律为断。不过中国因为有领事裁判权关系，于是百弊发生，国际问题愈形复杂。

无国籍。然在事实上，往往发生例外，所谓例外，便是重复国籍，[1]和无国籍之类。[2]这种冲突的发生，原因在于各国国籍法的立法政策之不同。[3]虽然经过多少次国际的开会讨论，却无甚效果，以致生出许多困难，这种困难，就成为国籍问题的中心。[4]

现今世界上各国的国籍法上，关于固有国籍的规定，有的采用血统主义，有的采用出生地主义，有的采用合并主义。各国采用的主义，既然如是纷歧，国籍的问题，就变成严重的问题了。[5]各国的国籍法的规定，大多随环境上的需要，采取一种或数种的主义以为立法的原则。一个国家与人民发生身份关系时靠国籍法，以分别谁是本国的国民，谁非本国的国民。政府根据这种国民的标识分别以后，便可尽他保护的责任，予以某种权利和义务。人民平时对于国籍，原无何等影响，惟在发生保护及权利义务的问题场合，便要牵涉国籍的问题。在法律上，一国的国籍法，乃是绝对的强行法，法院有不可以不遵从的义务，至于解决国籍的冲突，莫不一以适用本国法为准绳。[6]华侨散布的区域甚广各居留地的国籍法尤不一致，于是华侨的国籍，在许多地方便发生重复了。

三、国籍法颁行之由来

中国的国籍立法，迫于环境需要，比较来得早。清政府依据一八六〇年和英、法二国订立的条约，不得已承认人民自由移殖海外，可是当时关于华侨的国籍和身份，并没有怎样的规定。到了一八六八年，和美国订约以后，中国开始遣派使臣，在该条约第四条，有"本约不赋与在中国的合众国人民，

---

〔1〕 参阅 Journal of Society of Comparative Legislation（1918）p. 280 sqq；Baty, Th. , "La double nationalité est – elle possible?" Rev. de dr. int. et de lég. eomp. （1926）, 3rd series, vii.

〔2〕 Lémon, E. , "De La condition juridique des' Heimathlosen, on' Sans Partrie' en France ," Clunet（1910）403.

〔3〕 参阅 Wistrand, T. 11. , La diplomatie et les nationalités principes et methods, Paris, 1922.

〔4〕 关于各国国籍法条文，可参阅 Flournoy and Hudson, Nationality Laws, Oxford University Press, 1920. 以下简称 N. L.

〔5〕 参阅 Flournoy, Jr. , R. W. , "International Problems in respect to Nationality by Birth," Proc. Amer. Soc. Int. Law（1926）69 sqq. ; Munrse – Smith, E. , "The Law of Nationality," Cyclopaedia of Political Science（Chieago）11, 941.

〔6〕 一九三〇年四月十二日在海牙订立之国籍法公约，中国亦为签字国之一。据该约第二条载："关于某人是否隶属某特定国家国籍之问题，应依该国之法律以为断。"

或在合众国的清国人民以归化权"之规定，这就是我国对国籍问题，表示的开始点。[1]依据这次条约，我国明白承认在美国的华侨，依然是清国的人民。清光绪十二年，清廷派员调查荷属各岛侨民，荷人说荷属的华侨，应该作为荷民，清政府方才发现南洋侨民的国籍问题，颇有纠纷，然从未向荷人交涉。原来居留荷属印度的华侨，为数极多，且有几百年的历史，有绝大的势力，荷兰当局，起初歧视华侨，称华侨为"东方外国人"，和欧、美人的待遇，不能一律。[2]后来又想给一部分[3]华侨以荷兰国籍，希图断绝华侨与祖国的关系，而当时的华侨，都非常愤慨，其倚赖祖国的感情，较以前更加浓厚。次年二月清商部大臣奏请速定国籍法，以免荷兰政府借口中国无国籍法，摺中叙述当时情事极详。[4]依荷属东印度的归化条例，凡生在荷属东印度的，都属荷兰国籍。此例一行，那么百万侨民，永远和祖国脱离关系。当时朝臣以我国向来是采血统主义，故凡是中国人，不论他生在什么地方或居留在什么地方，都认为中国国民，乃于一九〇九年（即宣统三年）赶快颁布了国籍法。这就是中国国籍法的开始。此次完全依据血统主义，所以第一款，认下列人民，皆为中国国民：

（一）儿童出生之时，其父为中国国民者。

（二）生于父死后，其父死时为中国人者。

（三）儿童之母为中国人，而其父或属不详，或属无国籍者。

民国三年修正的国籍法，以及民国十年所公布的新国籍法，均重申此意。而

民国十八年国民政府公布的国籍法，则微有不同：

（一）生时父为中国人者；

（二）生于父死后，其父死时，为中国人者；

（三）父无可考，或无国籍，其母为中国人者；

（四）生于中国地，父母均无可考，或均无国籍者。

此新颁布的国籍法，虽仍是血统主义，但却认许在某种条件之下，亦可

---

[1] 中美续增条约第四条但书如此规定曰："惟美国人在中国者，不得因由此条件即特作为中国人民；中国人在美国者，亦不得因有此条即特作为美国人民。"

[2] "Vreemde Osterlingen."

[3] "部分"原文作"部份"，现据今日通常用法改正。——校勘者注。

[4] 清宣统朝外交史料卷一。

取得中国国籍。

至于国籍的丧失，现行国籍法第十条明文规定中国人有左列各种事情之一者，丧失中华民国国籍。

（一）为外国人妻，自请脱离国籍，经内政部许可者；

（二）父为外国人，经其父认知者；

（三）父无可考，或未认知，母为外国人，经其母认知者。

即如前项第二第三款原因的丧失国籍，亦以依中国法未成年或非中国人之妻为限。又于第十一条规定"自愿取得外国国籍者，经内政部之许可，得丧失中华民国国籍，但以年满二十岁以上，依中国法有能力者为限。"

按上二条，脱离国籍，非得内政部允准，不能有效。虽有已取得别国的国籍，但仍不失为中华民国国民。概括的说，照我国国籍法的规定，无论出生于何地的华人，都永为中华民国，保持着中华民国国籍，不过因条约而有例外的亦不在少数。[1]

四、英属各地华侨的国籍

华侨居留于英帝国版图内的人数，要占绝大多数。所以国籍问题比较重要。不过我们要叙述英属各地华侨的国籍问题，应先认明英帝国内部机构的复杂，不能单以英国籍及外侨地位条例为依据。因此我们要研究本问题，应该注意英帝国殖民地和英帝国各自治领及印度的特殊情形，对于其中有不同的地方，我们就特为提出。依英国籍及外侨地位条例（一九一四年通过，先后于一九一八年及一九二二年修正，以下简称英国籍法）。第一条规定，下列属生来英国籍民：（甲）凡在英帝国领域内出生者。（乙）即虽在英帝国领域外出生而其父于生时为英国籍民备具下述之要件者：（1）其父系在英帝国领域内出生者，或（2）其父依法曾取得英国归化证书者，或（3）其父因领土之合并而为英国籍民者，或（4）其父于其子女生时尚在服役者，（5）其出生日起一年内向英领事署登记，[2] 如有特别事故，得经部长之许可，于事故发生时二年内为之；但若其生时系在一九一五年元月一日或其后者，倘出生于是日以前依法应为英国籍民，应于一九二二年八月一日起十二个月内登记，

---

〔1〕 英国籍及外侨地位条例第八条第一项但书，原文见 4~5 George V. C. 17. 又 N. I.，p. 62.

〔2〕 领事署包括各种生死登记机关，不以狭义的领事署为限。见同法第二十七条。

否则丧失其英国国籍。（丙）在英国船舰出生者。此外但书中又规定取得英国国籍以登记为条件的，则应该于成年后（即满二十一岁）一年内依本条例制定的章则程序为保留英国国籍的声明；倘同时亦有他国的国籍，除声明其保留英国国籍外，还要为脱离该国国籍的声明。[1]

由上看来，英国采取出生地主义至为明了[2]。不过英国因为政治组织的复杂，为适应各地特殊情形及避免国籍的冲突起见，在国籍法上可以显然的看出两点：一是容许各自治领及特殊属地如印度之例外，二是容许两重国籍的人得以选择。

假使有中国人出生在英属殖民地，其父母为中国人，依中国的国籍法当然视为中国人，取得中华民国国籍，但依英国国籍法，因其出生在英国领土，故同时为英国人。不过英国为欲避免双重国籍的冲突，故对出生地主义又加以容许相对的规定。就是说凡是未成年人因出生而取得英国国籍并同时保有本国籍的，于届满二十一岁时，如无其他行为能力之欠缺，得为脱籍的声明，而恢复[3]其本国国籍。[4]其生时虽在英国领域外，因其父为英国人而取得英国国籍的，亦同样办理。[5]然依中国法律，此种个人片面而声明，未经内政部的许可及取得出籍证书，固仍然是中国人，遂发生双重国籍问题。

其次归化一项，亦足以引起国籍的纠纷。英国籍法第二条规定，部长得依外侨的请求，发给归化证书，但须备具相当条件：一是在帝国领域内居住至少五年以上或在过去八年内在英国服役至少五年以上；[6]二是品行端正并有相当的英国文智识；[7]三是如经许可归化后，愿居住于英帝国领域内或继续服役。[8]此项归化的准否权属于部长，在殖民地属于当地政府。[9]英国籍法既无明文规定请求归化的人应有出籍的证明，那么华侨在英国依归化手

---

[1] 英国籍及外侨地位条例第一条第一项但书。
[2] "明了"原文作"明瞭"，现据今日通常用法改正。——校勘者注。
[3] "恢复"原文作"回复"，现据今日通常用法改正，下同。——校勘者注。
[4] 英国籍法第十四条第一项。
[5] 同法第十四条第二项。
[6] 五年之条件，除于请求时起须有一年以上的居住英帝国外，其余四年居住不必连续，只要在过去八年间曾在英帝国居住四年以上就符合法律上的规定。见英国籍法第二条第二项。
[7] 在殖民地，得以法律上认可之文字以代替英文，如缅甸之以缅甸文是。英国籍法第八条第一项。
[8] 见英国籍法第二条第一项。
[9] 同法第二条第三项及第八条。

续取得的英国国籍，如未依中国国籍法完成出籍的程序，还是中国人，并不脱离中国国籍。这又是发生双重国籍的问题。

复次，妻子的国籍，也会发生双重国籍的问题。中国国籍法第十条关于丧失本国籍的规定：为"外国人妻，自请脱离国籍，经内政部许可者"，其与英国籍法第十条"为英国人妻者，取得英国国籍"，[1]便发生了国籍的冲突，而形成双重国籍。因为中国人嫁给英国人，依英国法视为取得英国国籍，依中国法并不当然丧失中国国籍，一定要经过出籍的手续，许可之权在内政部。事实上，中国女子为外国人妻，十九都不会依此出籍的手续办理。[2]至于子女便可依照英国籍法第十四条的手续，于成年后得为脱离英国国籍的声明。但在此全世界排除华人的潮流中，这种土生华侨，如果声明脱离英国国籍，便要马上遭遇到种种的痛苦。这是个实施与法律并重的问题。

英属各自治领对于英国籍法都大致采入，[3]惟若有涉及移民问题，不无有歧视的规定。[4]中国人虽依英国籍法取得英国国籍，可是到各自治领地方，非有居住该自治领域内一年以上，却不能取得自治领的籍民资格。[5]此外，在加拿大纽西兰[6]各自治领，还有移民条例的限制。研究华侨国籍问题的人，不可不注意及之。

---

　　〔1〕　同法第十条并规定英国人如丧失英国国籍，准许妻声明保留英国国籍。又英国女子为外国人妻，依法丧失其英国国籍。但如其夫之本国和英国是敌国，却准许妻请求恢复英国国籍，不过此种请求准否的权力属于部长，并且限于该女子系生来取得英国国籍的。

　　〔2〕　我国国籍法对于这一条的规定，须有修正的必要，因为中国人嫁给外国人为妻，依各国私法及我国民法皆规定妻以夫之住所为住所。况且中国女子本来已缺乏国家观念，夫妻间的关系较国家为亲密，在此不平等条约的束缚之下，不无利用与中国人结婚，而以妻的名义在中国购置土地。这也是值得讨论的。

　　〔3〕　英国籍法第九条明文规定不在各自治领发生效力。惟英国的立法，各自治领，除特殊情形外，都一一采入。加拿大自治领之一九一四年归化条例（一九二七年修正），澳斯大利亚自治领之一九二〇年至一九二五年先后修正之国籍条例，纽西兰自治领之一九二八年英国国籍及外侨地位（适用纽西兰）条例，南非联邦之一九二六年国籍条例，一九二七年之南非联邦印籍条例，纽芬兰之一九一七及一九二九之国籍条例，条文详见 N. I . p. 73, 88, 104, 116, 137.

　　〔4〕　如纽西兰一九二八年国籍法第十条规定；凡与一九〇八年移民律抵触者不适用是。此等白人区域，类皆排除有色人种，而中国当然是享受此优先排除的权利。

　　〔5〕　此为各自治领之一致规定。

　　〔6〕　"纽西兰"原文作"纽丝兰"，现据今日通常用法改正，下同。——校勘者注。

五、美属各地华侨的国籍

从国交上来说，美国对中国是没有侵略的野心，并且为维持门户开放政策，不惜时时对侵略中国的日本加以宣言，重申其向来的政策。可是从种族方面来说，那就没有一个国家歧视中国人来得更厉害了。[1]因为如此，我们的在美属各地的华侨，虽有八十余年的历史，较英、荷两属少得多多，而且这些美国华侨居留在美国工作的，已多是基于出生的权利。同时，美国和英国一样，在宪法上规定凡出生于美国境内的，都是美国人，取得美国国籍。[2]

美国的国籍法既是以出生为决定国籍的原则，而此原则因为是宪法明文所规定，国会无权可以制定排除中国人的法案，故凡中国人在美国出生的便取得美国国籍。后来排除华人的空气浓厚，几成美国的政治中心问题，国会根据宪法第一条第八项有制定归化法案的权力，遂于一千八百八十二年五月六日通过一案，明文禁止中国人不能归化为美国籍民。[3]从此以后，中国人在美国国籍法上的一个难题也不会发生，因为中国人从使取得中国政府的出籍证明书，亦无法可以归化为美国人。

出生在美国境外的华侨子女，其父若当子女出生时时取得美国国籍的，依据一千八百五十五年及一千八百七十八年的修正法案，亦为美国人，取得美国国籍，但若其父未曾在美国住居者不在此限。[4]美国最高法院，于一千九百二十七年在一中国人确认取得美国国籍一案，就加以严格的解释，以法案中的意义是指子女出生以前，其父不但是要已取得美国国籍，并且曾在美国居住。未具备此条件的，纵其父为美国人，所生子女也不能取得美国国籍。[5]这些出生在美国境外子女，因其父而取得美国国籍，依一千九百零七年的法案应于届满十八岁时在所在地美国领事馆登记，声明他愿居住美国并愿继续为美国人以及举行效忠美国的宣誓。[6]此等子女，如果未履行上述的手续，

---

[1] 详见丘汉平著：美国排华之过去及现在，东方杂志第三十一卷十二号。

[2] 宪法修正案第十四条（一千八百六十八年七月二十八日颁行）。

[3] 这个时候是排华最昂烈的时期。条文见 23 U. S. Stat. , 61.

[4] 见 8. U. S. Code, §61.

[5] Weedin V. Chin Bow (1927), 274 U. S. 657.

[6] 8. U. S. Code, §6.

就要丧失其美国国籍，和英国籍法的消极规定，大不相同。这等丧失美国国籍的中国人，因为有一千八百八十二年的法案，就不能再度请求归化或复籍。

中国子女与美国人结婚的，在前是基于婚姻关系当然取得美国国籍，[1] 至一千九百二十二年九月二十二日的法案，美国国籍法又为一变，规定夫妻不因结婚之故，取得美国国籍。[2] 易言之，中国女子如果与美国人结婚，妻不因夫的国籍而丧失其中国籍，这和中国现行国籍法不会发生国籍的冲突。[3] 美国这一条约的立法，其本意不是在解决中、美国籍法的冲突，却是在排除劣等中国人及其他"不易同化"的东方人，因婚姻的关系而取得美国国籍。这可在该法案中的规定看出，其文曰："凡外国妇女与美国人结婚或与归化的美国人结婚，自本法施行之后，不随夫取得美国国籍，但如该妇女，依美国法有取得美国籍民之能力者，得依归化条例履行必要手续……"[4] 中国人既被明文规定无归化的能力，所以中国妇女为美国人妻，亦无法可以归化。这里就发生了一个问题：美籍的中国人，如果是工人，（工人的意义解释甚广）回到中国与中国女子结婚，他就不能带她到美国，因为有移民律及排华律的规定。这就是说，美国国籍法把中国人的家庭拆散了，在人情上我们以为这种规定是违背耶教的信仰和人道主义。中国人不能归化也罢，何以要把美籍中国工人的妻子亦予以排除不得入境呢？[5]

反之，美国女子和中国人结婚，亦发生特殊的效果，这便是一九二二年法案的例外，其但书是如此的规定："美籍妇女与无归化能力之外侨结婚者，在婚姻关系中丧失其美国籍。"[6] 即如外国妇女与中国人结婚，在婚姻关系中亦丧失其归化权，于婚姻关系终了后恢复。[7]

不过中国人在一种极特殊的情形之下，美国恩给归化权，这个权利是要九死一生及备具时间空间二要件方可取得的。这就是一千九百二十六年五月二十六日的法案，规定为美国参加欧战服务的中国人，如在欧战和平日以前

---

〔1〕　34 U. S. Statute, 1228.

〔2〕　42 U. S. Statute, 1021.

〔3〕　中国国籍法第十条第一项第一款："为外国人妻。自请脱离国籍，经内政部许可者。"且由有籍之国变为无籍国民，内政部不会轻于许可的。

〔4〕　42 U. S. Statute, 1021.

〔5〕　详见 R. D. MeKenzie, Oriental Exclusion, p. 81 sqq.

〔6〕　42 U. S. Statute, 2021.

〔7〕　8. U. S. Code, §10.

已申请归化的，得令其本人备具申请书及举行效忠宣誓而予以规划权。[1]这种外侨，法案称为"特勋外侨"（alien veteran）除此而外，中国人，纵其如何高尚及精通英文，无归化为美国人的能力。

夏威夷（Hawaii）的华侨国籍，除地方情形不能适用之部分外，皆适用美国宪法及一切国籍有关的法令。[2]故凡出生于夏岛的中国人，当然取得美国国籍及夏威夷籍民的资格。[3]美籍的中国人如居住夏岛一年以上者，同时取得夏威夷岛籍。[4]

美属菲律宾群岛的中国人，原则上出生该岛的，亦依美国法及美西一千八百九十八年十二月十日的条约取得菲岛的岛籍。[5]中国人在菲岛亦无归化权，这是规定于一千九百十六年八月二十九日的美国法案。[6]菲律宾的一千九百二十年三月二十六日的条例，就根据美国法案订立菲籍取得之资格及手续。[7]

由上看来美国现行国籍法的精神是在如何排去美籍中国人，而中国国籍法即在如何保留中国血统，所以根本上不发生问题，其成为问题的只是婚姻及子女问题。

六、荷属华侨的国籍

在前清末叶，中国国内的法规，还没有完备，而关于国籍法规，竟在一九〇九年制定的原因，就是因当时关于居留荷属东印度华侨的国籍问题，成为外交上的悬案的缘故。当时荷属东印度当局，根据各种理由，一定要把居留地的华侨，归到他们荷兰国去，而在我国方面，都依据血统主义的国籍法，尽力主张华侨是中国国民，以致中、荷两国间，发生外交上的争执。那时候，中国在荷属东印度，还没有设置领事，华侨居留该地的。颇受不公平的待遇，而荷兰方面，就拿荷属设立领事条约来牵制，要求在该约内，加一附则，说

[1]　44 U. S. Statute, 654.

[2]　48. U. S. Code, 495.

[3]　48. U. S. Code, §494.

[4]　同上。

[5]　美西条约批准系在一八九九年四月十一日。见条约第九条。30. U. S. Stat. 546.

[6]　39. U. S. Stat. 546.

[7]　15 Public Laws of the P. J. , 267.

明"荷属人民，不能视为中国人民"。那时候主持这项交涉的，是驻荷代办唐在复氏，争持许久，设领条约，差不多要毁灭，唐氏呈外交部，主张设领不可缓，而国籍须让步，清廷卒从唐氏之言。[1]宣统三年四月初十日（即一九一一年五月八日），两国代表在北京订立中和关于和属领事条约十七条，互换附件中声明："本日画押之领约内有中国臣民，荷兰[2]臣民字样，因两国国籍法不同，故遇此等字样，易滋疑义……在荷兰属地领地内，当然依照该属地现行法律解决。"[3]

荷兰的国籍法原以血统主义为原则，辅以出生地主义的例外，这在一八九二年公布的法令是如此规定的。[4]可是荷印政府，既不愿放弃其对当地出生的华侨的保护权利，借口设立荷属东印度的人口国籍标准，竟通过其一九一〇年二月十日的法律，又于一九二七年六月十日修正。[5]此法和一八九二年颁布的国籍法大有区别，其主要目的却是为华侨的国籍问题。该法第一条规定：[6]"凡左列各人，依荷兰国籍及居住条例，虽非荷兰人，亦视为荷兰籍民：

（一）出生于荷属东印度，苏里南[7]（Surinam）或库拉索[8]（Curacao）等地，而其父母在各该地居住，或父无可考，其母在该地居住者；

（二）出生于荷属东印度，苏里南，或库拉索等地而其父母无可考者；

---

[1] 唐在复上外部的理由："就和属立论，我若守宁不设领，永不弃侨之旨，争持到底，则领约永无成议，而乃不能阻和律之在此属地进行，壤地相隔，干涉为难。侨民之在彼律范围内者，将不失自失，此不便一也，其不再彼律范围内者，自无虑新律之迫压，惟领约不成，将失领事保护之希望。——此不便二也。侨民所最不平者，在和人特设之例……现和政府虽有减除禁限之议，恐只为已归籍华人地步。……至于侨民之未加入和籍者，能否均沾利益，殊未敢言。又此后华民在彼，既有本籍客籍之分，和官歧视必深。若无领事为耳目，难保无枉法偏枯之事，是又不可不思患预防者也。总之，设领事不可缓，而国籍必须让步之方。与其全体尽被吸收，不如预与划清界限。……而于让步中，仍定限制华侨等一日离和属，即一日复归于我国籍范围之内；倘能办到此层，或亦两还就轻之道。"（见上引史科卷八）

[2] "荷兰"原文作"和兰"，现据今日通常用法改正，下同。——校勘者注。

[3] 此为荷驻华大臣之照会。

[4] 一八九二年十二月十二日颁布，一八九三年五月二十日施行。英译文见 84. Br. And For. St. Papers, 663；N. L., p. 440.

[5] 见上引 N. L., pp. 446~447.

[6] 英译文见 N. L., p. 446. 一九二七年六月十日之修正案原文见 Staatsblod (1927), No. 175.

[7] "苏里南"原文作"苏利南"，现据今日通常用法改正，下同。——校勘者注。

[8] "库拉索"原文作"古拉梭"，现据今日通常用法改正，下同。——校勘者注。

（三）前二款籍民之妻，或其未再嫁之寡妇；

（四）属于本条籍民之未婚子女，虽非出生于上述三地，亦视为籍民，但以未满十八岁者为限；

（五）出生于荷属东印度，苏里南，或库拉索以外之人，其父母依本条属荷国籍民，于成婚或届满十八岁后在帝国居住者，其妻及未婚子女而其年龄尚未满十八岁者，亦同时取得荷籍，但以在帝国居住为限。"

由上看来，已可知其充分的表现其出生地主义之色彩。因之，我国侨胞，在荷属东印度所生之子女（俗称侨生）依此籍民条例的规定，悉属该国籍民。订约迄今数十年，此类侨生，在荷属各地，已有六七十万人之多。此数十万人的国籍，依我国国籍法第一条之规定，原属中国国民，终因条约的关系，不能不承认那籍民条例为有效，于是我国承认华侨在荷境内，照荷律解决。而荷兰方面虽亦声明华侨入荷的人，每往中国地方如要归中国籍，亦无不可，均听其便，如往别国，出荷籍否亦可一律听便。[1] 然此辈华侨重入荷境，仍视为籍民，侨生以事业关系，自以居住荷兰为便，而我国既不能主张此辈侨生的国籍，便亦无法实行外交上保护的权利。这是荷属华侨国籍的一个最严重问题。[2]

七、暹罗华侨的国籍

暹罗的华侨，依据中国国籍法来决定，其人数当在二百余万以上。但若照一九一三年四月十日暹罗国籍法[3]这二百余万的华侨，差不多十九是暹罗籍民了。暹罗所采的主义，可以说是血统与出生的平行主义。试以该法第三条的规定来看，就可明白。该条原文是规定左列各人属暹罗人：[4]

---

〔1〕 和国驻华大臣贝拉斯照会云："中国派领事前往驻扎和国属地新近幸已妥定章程。商订该约章时，历次提及两国籍律之区别，论至此，中国政府曾经发表赞成两国律例平等相值之情。本大臣仅应讲明，所有原系华族而入和之人，每往中国地方，如愿归中国籍，亦无不可，均听其便。此等办法，本大臣谅与以上所提平等相值之理，并无不合。且以上所提之籍民，除中国业经言明外，如前往别国居住者，或存或出和国民籍，亦可一律听其自便也。"（此系宣统三年四月十二日照会）。

〔2〕 其情形亦可参见 MaeNair, The Chinese Abroad, p. 110 sqq. 一八九八年吕海滨被派为驻荷公使，看到荷地华侨惨遭虐待，乃于一九〇一年（即光绪二十七年）上书清廷，痛陈设领不可缓，其中沥述惨痛曰："和属南洋各岛，开埠最早，华民往彼谋生者亦最多。……初尚优待，后困破令入籍，率多残虐。"清史稿邦交志七。

〔3〕 佛历二四五六年。英译文见 N. L. , p. 524；108 Br. and For. St. Papers. 585.

〔4〕 第五条规定除第四条及第十条之情形外，暹罗人非经许可，不得出籍，改入他国国籍。

（一）生时父为暹罗人者，

（二）父无可考，其母为暹罗人者，

（三）生于暹罗地者，

（四）外国人为暹罗人妻者，

（五）外国人依归化取得暹罗国籍者。

就这条看来，暹罗华侨十九条成为暹国籍民，已是无可置疑。既是依法是暹国籍民，那么就有受暹国教育的义务，而华侨自办的学校——被封，其原因即根据此辈华侨已是暹罗人，中国政府几无法作外交上的交涉。同时，此辈暹罗的华侨却不承认是暹罗人，依中国法还是中国人，中国政府亦不能放弃其保侨的责任。这个问题是影响几百万的侨民生活问题，我们要问：中国政府是不是愿意放弃此辈侨民呢？

关于暹国妇女为外国人妻，暹罗国籍法第四条规定以丧失本国籍为原则，但以依夫的国籍法给与妻的国籍为限。这条规定，和中国国籍法第二条"外国人为中国人妻者，但依其本国法保留国籍者，不在此限"，正复相仿。故如暹籍华侨所生的女子嫁与中国人，当然丧失其暹籍，取得中国国籍，这点便无冲突的可能。

复次，暹罗人取得外国国籍者，如该国国籍法规定子女亦取得外国籍，依暹罗国籍法第十条规定，该子女即丧失暹籍。这种规定，在冀免子女国籍的冲突不能说是进步。

八、法属华侨的国籍

法国的国籍法，本来是采出生地主义，至十八世纪末始改以血统主义，但亦不是纯粹的。[1]其后法律滋多，关于国籍法的规定，随环境而变更。[2]一九二七年八月十日的法律，才对本问题重为规定。依该法第一条及第二条，左列各人属法国人：

（一）在法国或外国之婚生子女，其父母为法国人者；

（二）在法国之婚生子女，其父本人亦生于法国地者；

（三）在法国之婚生子女，其母为法国人者；

---

〔1〕 法国最初亦采用血统主义。见 N. L. , p. 241.

〔2〕 摘要见上引书。

（四）私生子在未成年期间之父母籍可考，经法院认许命令或由父母认领者；[1]

（五）私生子在法国出生，其父母依前项非为法国人者；

（七）父母无可考或国籍不明者；

（八）婚生子女之母为外国人，其母本人亦生长于法国地者；

（九）婚生子女之父母为外国人，其父母依本法第一条之规定非法国人者。

前两项之婚生子女，于届满成年日起一年内得为解除法国籍之声明。[2]

法属越南的华侨，占法属华侨的最大部分，不过中国人在上述地方，并不完全依照法国籍法的规定，[3]这也是因为殖民地的缘故。如越南土人，视为法属籍民，如欲取得法国国籍，要经过相当严格的程序。[4]在法国所发生的国籍问题不若荷属的严重，不过因其有"籍民"（subject）"保护民"（protégés）等区别，常要引起中国官厅保护侨民的阻碍。

九、日属华侨的国籍

日本的国籍之取得丧失，远至一八七三年已有明文规定，其原则一依固有法例，即以血统主义为唯一的根据。一八九九年始颁行国籍法的单行法案，于一九一六年及一九二四年先后修正。至国籍法施行法则于一九二四年十一月十七日制定。[5]

依日本的现行国籍法，其规定与中国大致相同。一八九九年国籍法第一条规定：子女生时之父为日本人者，取得日本国籍。即使生时父已丧失日本国籍，则自怀胎之时起决定。[6]第五条规定外侨为日本人妻及为养子女者，取得日本国籍。这一条规定与中国国籍法就发生冲突。中国人为日本人妻，依日本法取得日本籍民，依中国法，未经脱籍手续，仍视为中国人。

---

〔1〕 若父母俱可考属于同一证件者，取得父之法国国籍。同条第二项。

〔2〕 除条约规定外，声请除法国籍时应有服役之证书。同法第二条第二项。

〔3〕 见 N. L. , p. 275；H. Bell, Foreign Colonial Adminstration in the Far East, p. 151.

〔4〕 见一九一三年五月二十六日之法令（一九一九年九月四日修正）第一条。

〔5〕 T. Miyaoka, "La Coi Japanese sur la nationalité et les droit fonciers des étrangers connormément aux lois du Japan," Bull. De lég. comp. （1924～1925）, 348 sqq.

〔6〕 N. L. , p. 382.

至于日属台湾澎湖群岛的中国人，因有一八九五年马关条约的签订已丧失其中国籍。该约第五条载："本约准互换之后，限二年之内，日本准中国让与地方人民愿迁居让与地方之外者，任使变卖所有产业，退去界外，但限满之后，尚未迁徙者，酌宜视为日本臣民。"实际上，中国人迫于生活，怎能二年内完全迁徙界外？故自一八九七年以来，台、澎诸岛的中国人，已是视为日本籍民了。此辈中国人虽是人性风俗仍保有不少的中国化，却已非中国人民，不在"华侨"概念之内，中国政府殊应加以注意。

一〇、国籍法公约与华侨国籍

国际因国籍的冲突致引起的纠纷日见增多，各国都感觉着有统一规定的必要——至少也要对于重要问题加以原则的规定。一九三〇年的国籍法公约无非是这个意义而已。[1] 此公约于一九三〇年四月十二日在海牙订立，签字国有三十余，我国亦是签约国之一，不过对于公约第四条："国家关于本国人民之兼有他国国籍者，对于该第二国，不得施外交上之保护"的规定，加以保留，这因为我国不能放弃海外华侨的保护责任。依照公约第一条："每一国家，依照其法律，决定何人为其国民，此项法律，如与国际公约，国际习惯及普通承认关于国籍之法律原则，不相冲突，其他国家应予承认。"第二条："关于某人是否隶属某特定国家国籍之问题，应依该国之法律以为断。"第三条："除本公约另有规定外，凡有二个以上国籍者，各该国均得视之为国民"，由此三条的规定，我们可以提出三点来说明：第一，是各国关于国籍规定的法律，签约国应予承认，但以不与（甲）国际公约，（乙）国际习惯，（丙）普通承认之国籍法原则相冲突者为限。甲项之情形，尚可核对；乙项之情形，有待于解释；丙项之情形，变成无标准。本来每个国家无承认他国国籍法的义务，因公约的规定，在不与上举三项情形相冲突的范围内，签约国各有遵照公约承认他国国籍法的义务。第二，国籍的隶属问题，依据各个国家的法律决定，至于此项法律是如何规定，签约国不能加以否认，第三，重复国籍原则之承认，因为每个国家对于谁是国民既各有决定权，那么当然的结果是承认重复国籍。这三条于海外华侨的法律上地位是有利的，因为签约国不能

---

〔1〕 英文与法文本同一效力，英文见 24 American Journal of Int. Law（1930）本文所引者，从我国外交部译文。

否认华侨是备具重复国籍的条件。不过第三条的当然结果，我国亦不能认华侨是备具重复国籍的事实，既然是为出生地的国民，其主要居所及生活都在出生地，一切权利义务自受出生地国家法令的支配，中国虽欲施外交上的保护，势所难能。在这种情形之下，华侨所感觉的痛苦，是非中非外，而义务却是双重的。这个问题有待于急切的解决，借外交的力量，与主要的几个国家分别谋较善的解决。

新约与移民法[*]

李浩培

一

本年一月十一日中英重庆条约第六条前半规定曰："英王陛下对于中华民国人民在英王陛下各领土内早予以旅行居住及经商之权利,中华民国政府同意对于英王陛下之人民在中华民国领土内予以相同之权利。"

条文规定得很清楚:英人从此在我国全都领土内,除取得其他权利外,取得了居住权。这居住权行使的范围,不如以前一样,只限于通商口岸,而及于我国一切的领土,故一般人称这权利为内地杂居权。英人既取得了在我全都领土内的居住权,相应的,我国就负了容许英人居住的义务。这义务是我们因新约的订立,也就是因领事裁判权与其他特权的撤废,而负担的一种新义务。这我国的新义务,英人的新权利,一方面对于我国的文化及经济,可能发生值得重视的影响,另一方面也必将引起几个同样值得重视的法律问题。关于文化及经济的影响,我们现在不拟讨论,这篇文字,限于篇幅,只拟讨论一二个法律问题。

英人因新约取得了居住权,这居住权是否无限制的呢?换句话说,新约的订立,是否剥夺了我们制定移民法以限制他们入境居住的权利?如果我们尚有制定移民法的权利,我们现在是否需要一个移民法?如果我们需要移民法,我们规定容纳外人入境的条件应如何?这是我们在这篇文字里所要讨论的几个问题。

---

* 本文原刊于《世界政治》1943 年新约特号。

二

我们拟依次解答这几个问题，先讨论第一个问题。

一国如未与他国订立允许后者之人民在前者之领土内居住的条约，前者是否有容纳后者之人民入境的法律上义务？对此问题，虽国际法学者的见解及国际案例，似有分歧，但如果我们详加研究，我们就会觉得他们间实际的距离，不能谓远。就国际法学者的学说言，我们固承认：一方面，Victoria，Ghotius，Thomas，Bluntschli，Fauckille 等，或根据自然法，或以私法上关于无主物的理论为比附，或从国际法的互赖及联系出发，均主张人类有国际交通的权利，而另一方面，wolfe，Vattel，Oppenheim，Hall，Moore 等多少从国家主权及国家自保等概念出发，主张一国得禁止外国人入境。就国际实例言，我们也见到；一方面巴西最高联邦法院于一九一〇年曾判决谓外国人有入巴西国境的权利，而另一方面北美合众之总统、国务卿，及法官会屡次宣称美国绝对不能放弃拒绝外人入境的权利。但吾人必须注意：主张一国应容忍外人入境者，并未主张绝对不能为些微之限制；而主张一国得保留拒绝外人入境的权利者，亦并未主张绝对拒绝外人入境。吾人观察现代各国的惯例，并从事理推断，吾人可为如下的结论：如未有任何条约规定，一国不得武断地拒绝外人入境，但得根据正当的理由，拒绝或限制外人入境。

但现在我国已以条约允许英人以居住权；我国拒绝或限制英人入境居住的权利，是否在法律上业已因此而丧失？关于此问题，我们可即以英美两个先例做我们解答的根据。一八九三年美国上议院因恐欧洲移民将其时在该处盛行之虎疫传入美国，拟制定法案，于一年内暂行停止容纳欧洲方面之移民；但该院对于此种法律是否违背美国与外国业经订立之条约，颇有疑问，函请国务卿福斯特[1]解答。福氏援引国际公法家 Pbillimore，Calvo，Halleck，Wheaton 等，美国名法官 Gray，Field 等，及美国前国务卿 Everett 氏之意见，认为美国虽经与外国订约，允许外人以入境、旅行、居住的权利，但此种条约的规定，绝对不能剥夺美国限制移民的权利：此种限制移民的权利，系美国警察权的正当行使，或依一部分国际公法家之意见，系美国"自保权"的

---

〔1〕 "福斯特"原文作"福斯德"，现据今日通常用法改正，下同。——校勘者注。

行使，不因条约允许外人入境、旅行、居住而消减。

不但上述美国的先例，可为新约虽予英人居住权，我国仍得限制英人入境的根据，即从英国的先例推断，我们亦可得同样结论。如上所述，依中英重庆条约第六条前半规定，因英国业已予我国人民以居住的权利，故我国政府亦同意对英国人民予以相同的权利。但英国所予我国人民居住的权利是否无限制的呢？我们的回答是：绝对不是无限制的；英国虽原则上予我国人以居住的权利，但例外的仍得禁止我国人入英国境内。依英国一九二〇年之枢密院命令——该命令系根据英国会制定的一九一四年及一九一九年之外入限制法案而定——外国人须符合颇多条件（详细条件见后），方得准入英国境内居住。该英国枢密院命令规定之入境条件，适用于一般拟入英国过境之外国人民，自然也适用于拟入英国国境之我国人民。然则我国人民在英国之居住权，系附有上述之入境条件。英王陛下所予我国人民居住之权利，既附有入境条件，而我国政府，依条约规定，既予英国人以"相同之权利"，这"相同之权利"，自无不可同样的附以入境条件之理。然则，新约虽予英国人民以居住权或内地难居权。我国仍得限制英人入境之法律，毫无疑义。

上述理论，不但适用于中英新约，并适用于我国与他国所订类似之条约，自不待言。

三

我们在上面既已确切证明了我国不因新约的订立而丧失限制外人入境的权利，我们就自然想到第二问题，即我国现在是否需要限制外人入境的移民法。对于这个问题的解答是很明显而毫无犹豫的；假如英国为其本国的安全而需要制定"外人限制法案"，那么，基于同样的理由，我国也需要制定一个类似的英国"外人限制法案"的法律或移民法。事实上，现代各国，一方面虽因国际通商及其他实际需要，原则上允许外人入境居住，但另一方面，因维护本国之安全，鲜有不制定法律外人入境条件之法律者。

四

不过我们在这里又遇到另一问题——这就是本文所要讨论的第三个问

题——这移民法规定入境的条件应如何？于此，我们拟先说明一点：如果我们拟定移民法，这移民法应是一个概括的法律，换言之，这法律原则上应适用于一般拟来我国侨居我国者。故我们讨论我国移民法所应规定之入境条件时，应注意与我可能发生较密切关系之各国人民。其次，我们以为我国立法者在移民法中规定外人入境条件时，英美两国移民法之规定，很可参考。现在我们拟将两国移民法中规定之入境条件，加以审查探讨，俾判断是否可为我国移民法所采取。

（甲）英国移民法中规定之入境条件如上所述，就英国法言，外人入境之条件，规定于一九二〇年之英国枢密院命令，其名称为"关于外人之命令"。该命令规定外人入境之条件如下：

一、该拟入境之外国人生活足以自立并能扶养倚赖其为生之人；

二、如该外国人意欲在英国受雇服务，必须提出英国劳工部发给其雇主之准许雇佣证书；

三、该外国人必须非系精神病人，或心神耗弱人；

四、该外国人必须未曾经检查医师向移民官员证明其因医病上之理由，不宜准予入境；

五、该外国人必须未在外国受有合于英国一八七〇年及一九〇六年引渡法案规定引渡各罪之处刑判决；

六、该外国人必须未经受有依英国法案或枢密院令而发之驱逐命令；

七、该外国人必须未经受有英国国务大臣禁止入境之命令；

八、该外国人必须履行英国国务打成以一般或特殊命令所定之其他条件。

我们试一审查英国关于外人之枢密院令所定之入境条件，我们即可明白地看出入境条件中之第一款及第三至第六各款，均着眼于拒绝不良外人之混入英国境内。一个人赖其为生之人，必将依英国之慈善机关之救济以为生，此于英国社会自有损害。精神病人，心神耗弱人，及经医师证明因医疗上之理由不宜入境之人（后者实在即系患有传染病之人），亦难望其不与社会有害。在外国受有处刑判决——且系受有引渡罪之处刑判决——之人，以及在英国曾经被驱逐之人，自均于社会安全有碍。英国法之不准此类外国人入境，显然具有充分理由，我们不得不认为系主权之正当行使。入境条件中第二款，以限制外国劳工之人入境为手段，期达保护内国劳工之目的。与此类似之规定早已见于美国、法国、澳大利亚，及加拿大之法律；在现代商战剧烈，英国劳工过剩之环境中，我们也不得不认此规定为合理。入境条件中之最后两款，系立法者为个别情形及不能预见之特别情形而设，俾执行者遇有此种情形时得随时自由斟酌规定枢密院令未经规定之其他条件。人事繁赜?，国际社会情形亦常变迁，而立法者之预见究属有限，此最后两款之补充规定，不失为智慧谨慎之立法。

我们以为上述英国枢密院令中规定之入境条件，除其中第二款或无须采用（因我国劳力，似较其他国家者为贱，外国工人不易来我国与我国工人竞争）外，其他各款，以均可采入我移民法内。

（乙）美国移民法中规定之入境条件美国移民法颇为详备：其主要之规定载在一九一七年之移民法案，嗣后屡有修正与补充，关为拒绝我国劳工入境之法律，则始自一八八二年，其后亦屡有修订。依各该法案之规定，现在美国准许外人入境之条件可分为四类：

一、关于拟入境外人个人性质之条件例如：拟入境外人身体须无缺陷，不患某种疾病，经济情况良好，认字，未犯刑事，未在美国被驱逐出境，道德上无可背义，所持关于政治、经济、或社会之见解非为美国所禁止（例如：非无政府主义者）。

二、关于拟入境外人入境目的或方式之条件例如：拟入境者非为受雇服劳务之目的，非为不道德之目的，意图使他人入境为不道德之行为而入境，拟入境者之入境，会经备有正式护照或签证。

三、关于拟入境者所属之特殊种族、国籍，或地方之条件例如：拟入境者须非为我国之劳工。

四、关于数量之条件此种条件规定于所谓"分数法"（Quota Law）。依此种法律，外国人之入境，须不超过法律所规定予各该外国人之移民数量，如超过此数量，无论该拟入境之外国人如何具备优良之品质及其他入境条件。仍不准许入境；但只拟暂住美国者不在此限。

美国移民法规定之入境条件，失之繁琐，既如是其繁琐，我们的篇幅决不容许为详书的讨论。好在一部分的入境条件与英国法之规定大同小异，已无讨论之不要。但有几点，似乎值得我们注意：

一、外国人所持关于政治、经济，或社会的见解，如为美国所禁止，美国即禁止其入境。此种立法，是否应为我移民法所采取？我们知道，外国人中仍有服膺共产主义者：此种注意，与我国国体不相容，我国将禁止其入境耶？我们以为就我国现在之环境言，我们不应认此为拒绝入境原因，盖否则某一友邦之人民，将完全不能入我国境。惟我们对于此种人民之入境，得附以不得宣传该主义之条件。如果此种人入境后违背此条件，我国自得依国际公法驱逐外侨之原则，予以驱逐出境之处分。如此则国际礼仪，国内安全，均得顾及。

二、美国法规定得拒绝为不道德之目的而入境之外国人。此处所谓不道德，特指关于性的方面之不道德，例如：入境之目的系为卖淫。我们相信，英美苏的人民，不至为此种目的而入境，故如纯为属于此种友邦的外侨而立法，此项拒绝入境原因，实无承认之必要。但我们知道，这世界上实有一个国家存在，其向来侨居我国之人民，颇多从事上述美国法所谓"不道德之目的"。我们为避免此种不良分子之入境，自应于移民法内规定此项拒绝原因。不但如此，我们也知道，从上述同一国家来的外侨，竟有为不法的目的而入境者；例如：为输入海洛因等毒物而入境者。故我国之移民法更应规定禁止有不法目的的之外人入境。

三、美国移民法规定我国劳工完全禁止入境，我们是否在移民法内应有报复的规定？于此，我们应略述美国拒绝华工之历史。据美国于十九世纪中叶时，或因需要人力以开发其富源，原欢迎我国人民入境。故一八六八年中美续增条约第六条规定我国人民在美国，关于旅行居住之特权及豁免，得享受最惠国人民之待遇。但一八八〇年时，美国人民反对华工入境之情绪，日益高涨。结果该年美国与我国重订新约，其一款订定美国得"整理、限制，或暂停华工之入境"，但"不得绝对禁止"，且此项限制或暂停应"合理"行使。嗣后美国即于一八八二年，一八八四年及一八八八年年，分别制定拒绝华人法案。依上述各法案，非属劳工之华人，执有中国政府证书，仍得准许入境，但于十年之期间内华工之入境悉被禁止。惟依前两法案之规定，原在美国之华工，仍得留在美国；彼等如欲暂来中国，可于离美前向美政府声讨请发给证书，凭证仍得回美。但一八八八年之法案，竟将原住美国之华工之返美权利，原则上一并剥夺。一八九二年，禁止华工入境之时间期限届满，但美国会却制定新法案，将禁止入境之法律，延长有效期间十年。一九〇二年，延长有效之期间又属满；美国会此次便"一劳永逸"，将禁止华工入境之法律，无限的延长，以是该项禁止之法律，在美现在仍属完全有效。

我们于此发生一个法律问题：上述禁止华工入境之法律，在美固属完全有效？但是否绝对未违反一八八〇年之中美条约？如上所述，或暂停华工之入境，但"不得绝对禁止"，且此项限制或暂停应"合理"行使。岂现在止，美国禁止华工入境已六十年，且该项禁止仍在继续进行中。六十年之禁止，是否尚得解释为"暂停"、"限制"，或"整理"？是否尚得谓行使"合理的限制或暂停"之条约上权利？是否不构成条约所不容许之"绝对禁止"？依笔者绝非从狭隘的民族情绪出发至纯粹法律上见解。美国一九〇二年将禁止华工入境法律无期延长之法案，显违一八八〇年年中美条约之文字与精神。美国会不少远见的政治家，也有不少维护法律的国际公法家，美国向亦主张国际应有法治，我们期望其本传统之守法精神，并与我同盟抗敌之情谊，将此完全拒绝华工入境之法律重加考虑，毅然废止，使中美友情可以继长增高。

故我们对于美国完全拒绝华工入境之行为，我们只希望美政府秉此中美外交开一新纪元之际，从速终止。从此观点出发，我们自然不主张我国移民法案有报复的规定。我们明知，我国根据国际公法，至少可以合法的行使报复权（如我们以上所为关于美国绝对禁止华工入境行为之合法与否的判断并不错误，依法我国实在不仅可行使报复权而已）；但我们也认识，解决国际间的争端，除诉诸依法报复外，尚有其他更和平因此更妥善及更智慧的办法。

以上我们结束了因美国拒绝华工入境而我国在移民法内是否应有报复的规定之问题。但我们尚有另一个问题必须解答：我们是否对某一外国，有仿效此种立法例之必要？我们很容易想到下面的情形：假定在这次抗战结束后，我们完全收复东四省——事实上我们不能想象东四省不收复而我们可以停战——假定日本仍希图殖民关外，或且希图殖民至我腹地；日人入我国境以后，筑房买田为永久之计。此种情形，我们是否可以容许，笔者以为审度我国国情，这我们很难容许。理由是：我国人多，而地实不广。东四省虽面积较大，人口较稀，但以我国腹地各省人口密度太高，故东四省可为我腹地人民之移植[1]处所。至我腹地各省则人口密度既高，更何能再容许外人移植？现在抗战胜利不远，我们至盼政府于与日本签订新约时，注意条约的规定，仍能容许我们制定拒绝日人永久移植之法律。如不得已而求其次，鄙意我们最大的让步，只能仿照美国"分数法"之办法，允许日人按年移入一定限度以下之人数，超过此限度之移民，一概拒纳。至我国与日本恢复和平后，如

---

[1] "移植"原文作"移殖"，现据今日通常用法改正，下同。——校勘者注。

日人为经营正当商业之目的，暂时侨居我国，只须符合一般入境条件，我仍可许其入境居住。此处的问题，在永久移植，抑暂时侨居。不论何国人民，如以前者为目的，大量且继续入我国境，我们为维持国内人民所必需之空间计，万虽熟视无睹；但拟入境之外国人，如以后者为目的，且无一般的拒绝原因，我们并无特别拒绝之必要。故我们之必拒绝日人在我领土内大量永久移植，正如我们之将拒绝其他国人一样——如果我们发现后者亦有大量求久移植之企图。我们之为此种拒绝，既有正当理由，且不歧视日本人，日本人便无反对之余地。

五

移民法一面关系内国安宁，一面关系外人利益，其重要可知。新约订定后，因外人得在内地杂居，其需要制定之殷切，亦显然可见。立法者想能谨慎从事，规定尽善。兹借本刊纪念新约成立之机会，聊作芹献，敬祈海内贤达，赐以指正。惟以篇幅关系，讨论范围，只限于关于移民法之少数问题。其他与上开讨论有关之问题，如外人入境之检查，应有具有何种资格之公务员为之，并应由何种机关主管；及被拒入境外人之处置，与此种外人因被拒入境而应有之救济方法，均未遑论及，他日有暇，当重论之。

三二（1943 年）、二、二、嘉定

国际法上之抵货观[*]

吴经熊^{**}

下系前任上海临时法院院长吴经熊氏对抵制日货条约责任问题为上海时事新报之撰文，刊十一月二日该报时论栏。

自日人以暴力袭取东北，占城池掠公私财物杀伤中国官吏人民，举国人士莫不椎心泣血号呼奔走谋所以自权之计者。国家当局诚不忍以此摇动世界和平，是以力为隐忍未与抵抗，而令我日内瓦国际联盟出席代表向国联要求公道之处置，以期用和平之方式为正义之解决；而国中各界则专力于经济绝交一方面的猛进，期以和平之经济击打，促日人自行觉悟其侵略政策之非计，同时对于居留中国境内之日人生命财产继续予以安全保障。吾国家上下此次所采取之态度可谓已积极履行国际法上一国对于他国之义务，分毫未有逸出于国际公法之行动，视之日人恣意横行，毁弃国际公法与国际联盟约章非战公约九国条约如无物者，诚不可同年而语。乃日本代表于国际联盟行政会中

---

  * 本文原刊于《福建教育厅周刊》1931 年第 96 期。

  ** 吴经熊（1899～1986 年），字德生，浙江宁波人。享有国际声誉的法学家和法律教育家。1920 年毕业于东吴大学法学院。1921 年毕业于美国密歇根大学法学院获博士学位（J. D）。1921 年至 1924 年，赴法国巴黎大学，德国柏林大学与美国哈佛大学从事研究工作。1924 年回国担任东吴大学法学院教授，1927 年选任为东吴大学法学院院长，同年被任命为上海公共租界临时法院民事庭的法官，后曾短暂代理上海公共租界临时法院及上诉院院长。1929 年底赴美西北大学与哈佛大学从事教学与研究工作。1930 年回国后，进入立法院，担任宪法起草委员会副委员长，以个人名义公布宪法草案，即被后人称为《吴氏宪草》者。1939 年，被选为美国学术院名誉院士。1946 年，出任驻罗马教廷公使。1949 年后旅居海外，先在美国夏威夷大学任中国哲学与文学资深客座教授（1949～1966 年）。1966 年定居台湾，任中国文化学院哲学教授。其名誉学衔甚多，如波士顿大学、波特兰大学、圣若望大学法学博士，劳克赫斯大学、韩国岭南大学文学博士，韩国圆光大学哲学博士等。其著作等身，内容横跨法学、文学、哲学、宗教等，写作语言为中、英、法、德语。

声声以中国人抵制日货为口实、认为破坏国际条约义务而要求我政府立即制止此项行动。吾人对于无人道无国际正义公理完全野蛮行为之日本国家原不屑与之哓哓置辩，顾中国人民因日本之野蛮行为而出于抵货之举动，是否为行动于国际公法范围以内抑或[1]系轶出于国际公法范围之外而有亏于国际之责任，则不能不向全世界明白声辩之。

国际之权利义务，约而分之可以别为两种，其一为固有的普遍的，其二为特殊的规定的。前者根据于国际公法之通例，而不必待于条约之保障，举其大者而言，即为无论何国家既已取得国际人格，则其政治之独立与领土之安全无论任何国家不得侵犯之，任何国家在国际法上均立于平等之地位。若此实为国际各国家互有之普遍的权利亦互负之普遍义务，不必待条约之规定而即存在者也。其次为特殊的规定的权利义务，此等权利义务之发生完全根据于条约上之规定，国与国间之条约既各异其趣，是以其相互之条约义务亦大相径庭，而亦随时依条约之变更而变更者也。

中国人民之抵制日货果为中国国家违反中日条约之义务耶？则其大前提必为中日间现行之条约已确有规定中国必须购买日本之货物，依条约行事者于是为确尽条约义务，而抵货乃为违背条约上之责任。然而遍布中日两国所订立之条约乃并无此项规定。中日两国之商约，日本所得享受之权利仅仅为日本人民得在中国口岸贸易，为日本货品得于完纳关税后运至中国境内求售而已。至于运至中国后，中国人民是否乐于购用乃完全为中国人民之自由。日本货运至中国境内固为日本商人应享之条约权利，而运至中国境内以后中国人民是否乐于购用，惟有悉听中国人民之便，条约固未有必须购用之规定，而亦万不能有此种无理之规定，而且中国政府万不能以其权力强迫人民购用任何国家运华之货品。则中国国家对于人民抵货之举动当然绝对不负任何责任，而关于中日两国条约方面，中国国家绝未违反任何义务，毫无疑问者也。

夫贸易自由不特为国际各国人民交易之原则，亦且为国内法上所不容干涉之人民自由权利之大经。甲国不能强乙国与之贸易，即国家自身亦何从以权力而强其人民购用特言国之货物。抵制日货者乃中国人民自动之私人行为也。中国人民因愤怒日本历次蔑视中国主权之举动，更极端痛心疾首于兹次九月十八日国际史上空前未有之野蛮行为，其人民以私人性质，一时激于义

---

[1]　"抑或"原文作"抑果"，现据今日通常用法改正。——校勘者注。

愤，相约而不更购用日本之货物，予日本以经济击打之报复。中国政府对于日本政府虽至今仍继续其原有之邦交，而中国人民以私人之性质已认日本为不共戴天之仇人，因其蔑视中国国家之故，将尽其力量以对待仇人者对待日本。苟非日本国家自己觉悟立即幡然改正其态度，则中国人民将以再接再厉之态度继续坚决抵制日本货物与日本完全断绝经济上之往还，而同时中国政府固并未禁止日本货物纳税进口亦从未禁止日本人民至中国贸易。不宁惟是，中国政府自出事以后且充分保护日本侨民之生命财产，从未丝毫干涉其行动，则中国国家可谓已极尽其对日条约之责任。至于人民私人之行动，既非国家可以以权力任意干涉其自由，是中国政府绝对不能负任何责任也。

中日条约上之责任既如上述。乃日本代表此次在国际联盟中所提出之第二条要求中国政府缔此项抵货运动，可谓不特轶出于现行条约义务范围之外，抑且欲强中国政府为自身权力所不能为之事，欲责令中国政府非法干涉全本国人民之贸易自由，是者无理，顾视以武力蹂躏中国之领土犹差一间，而其态度与性质盖实完全无殊。此则岂特中国政府所不能容忍，且万一即使中国政府懦弱而勉强让步，而中国人民为确定其贸易自由之根本权利之故，为表示其对于日本暴行态度之故，亦万不容其本国政府妄加干涉者也。

对于完全蔑视公理正义之日本国家，对于任意破坏国际公法与国际条约并危害世界和平之日本国家，吾人原不必与之言国际公法。言国际条约，中国政府与人民于九月十八日以后，纵使极尽破坏中日条约义务之能事，而举世亦必认为正当之报复。然而中国政府与其人民为表示其绝对遵守国际公法与国际条约义务起见始终以极端之隐忍态度，要求于国际条约里面以和平手段取得其救济，此种态度直至现在仍未变更。至于人民所有经济绝交政策仍系条约义务范围以内之自由，即使提交海牙国际法庭判断，亦决不能认中国国家为违反任何条约义务，而日本方面乃欲对于此点提出抗议，吾人根据国际公法与国际条约，并根据国民应享受之自由原则绝对不能容许而承认之。吾人将坚持此项行动直至日本根本改正其对华政策为止。吾人决不放弃现有之运动与吾人之贸易自由权，并吾人对于他国之私人的仇与友的表示。

抵货之运动，国民经济绝交政策，乃法律上之条约上吾人应有之自由，此项自由绝对不容任何权力之干涉。吾人对于国家之公仇必须厉行积极之报复，直至仇人抛弃其帝国主义而后止。

经营商业之国有船舶在国际公法上之管辖问题[*]

陆鼎揆

发端

最近上海临时法院，发生一牵涉于国有船舶之管辖问题之案件，其内容为一波兰商名李柴爱夫者，为委托苏俄商联舰队，运输货物，而受损失，于是乃诉之临时法院，是案由前推事吴经熊判决，以为被告即系苏俄之国家机关，则关于管辖问题一层，应先行解决，查国际公法之惯例，凡友邦之国有行业机关，概不受其它所在国之法院管辖，是本院显无受理此项诉讼之权云云，是判断出后，字林西报特为将全文登载，认为自有临时法院以来，最有趣味之判决，（见一九二七年十一月十四日该报第七页）而一时法律界中，则又议论纷起，以为是项判决于法律上实有未合，律师公会之当局者，且以是而诉之于国府司法部，认为该项判决所引之国际公法，毫无根据，欲求法部命令省政府转行临时法庭切实纠正，夫吾国法律制度，自改革以还，已二十载，际此萌芽时代，役于法界者，往往仅知注意事实，而忽视法律内容，实为普通之现象，今乃进而为法律上原则之争论，此实不得不认为法律界之好现象者，愿是非曲直，不再空谈，若国际法者，尤世界各国所共守之行为规则，一国法庭之判决。牵涉于此法之问题者，苟非确有依据，将何以示天下而昭后世，用是不揣固陋，草为是编，使海内贤达，不吝而教之，则幸甚幸甚。

---

[*] 本文原刊于《法学季刊（上海）》1928 年第 3 卷第 7/8 期。

一、国际公法上治外法权成立之原因及其种类

现代国际公法之基础，盖完全建立于主权论之上者，何则，国际公法上所认为唯一之主体者为国家，而国家以外之团体，或人不与焉，其所谓国家者，又必为独立的自主的国家，若附庸受护半主权国，亦皆不得与于国际人之列，不能取得国际的人格，是故一部国际公法，盖完全以主权国家为其出发点者，奥本海[1]者，近世国际法之泰斗也，其论国际人格之必要条件曰，

凡一国家之加入国的社会也，必为此社会中社员之平等者，又必要求此社会承认其国家之尊严独立性之保持，与夫领土的及对人的最高权力，是以国际上承认一国家为国际社员也，当然亦必承认其平等地位，尊重其尊严与独立，及其领土的与对人的最高权力，……凡此条件，实为构成一国家之国际人格之要件也，……（奥氏国际法一九五页三版）

奥氏更进而释明国际公法所谓主权之旨趣曰：

所谓主权者，（即最高权力）盖具有许多状态焉，就其不受他国权力之干涉而言，主权者，独立也，一国与他国有互相周旋之自由，是对外的独立也，一国于其疆域以内，有绝对的行为自由，是对内的独立也，就一国之对于自国过境以外有绝对支配一切事件之最高权力而言，主权者，乃对领土的最高权力也，就一国对于自国国籍之人民不论其在境内或境外皆得行使其权利而言，则主权者，乃对人的最高权力也……（全书二〇六页）

由是言之，所谓主权者，盖不外一国之独立性，与夫领土的及对人的最高权力而已，愿国际团体中之国际人，既非指一员，而又同立于平等之地位，为国际人者，又互相负有尊重其它团员之独立性与最高权力之义务，又以近世交通之便利，国际关系之复杂，一国之主权体或其代表或则其国家机关之一部分[2]，常常离开其本国之国境，而行入于他国之领土以内，使所在国而亦绝对的行使其主权权力，于此种目标之上，且不将有以一国之权力，干涉他国主权之嫌，为避免此种冲突之故，由是所谓独立性与最高权力，其运用也，有时乃并非绝对的，而实为有限制的，限制之设立也，或则处于关系国家自己之意志，（例如以条约放弃一部分之国权是）或且出于国际之习惯，

---

[1]　"奥本海"原文作"阿本海"，现据今日通常用法改正，下同。——校勘者注。

[2]　"部分"原文作"部份"，现据今日通常用法改正，下同。——校勘者注。

而其最普通者，则为治外法权是也，治外法权原文之意义，谓超出乎领土之外，独言外国之主权者或其代表，当其行在他国境内时，因其不受所在国权力之支配，是以宛然超乎领土之外者也，霍尔以为治外法权之由来，虽发源于古代邦国之互相敬礼，其元首或其代表者，原不如认为根据于事实上之便利与必要，盖一国之元首或其主权代表，而行经他国之境内，若临时得受所在国权力之干涉，则必失其尊严与主权之不可犯性，其本国之利益，且因此而必大受阻碍，（霍尔一六八页）关于享受治外法权之种类，则大概不外为外国之元首，外交特使大使公使军队军舰及国有船舶，元首者，一国之代表，若君主则尤为主权之所寄托者，自不能受他国法权之干涉，若外交特使大使公使，则系一国元首所派遣至他国之代表，为尊重其所代表之元首起见，并为外交上周旋之便利起见，自亦不得不予以特殊之待遇，若军队军舰者，乃一国之武器，实为权力之唯一表现者，此而若受他国权力之支配，则其本身成立之目的，且将消失，是以一国军队而通过或驻防于他国境内时，当然仍有本国权力指挥，而绝对不受所在国权力之干涉，若军舰而游弋他国领水以内，在国际法上视为有如一国浮动之领土之往来，自亦唯有本国权力指挥之，所在国除于必要时，得命令其限时出境以外，不得对之有何主张，至于军舰以外之国有船舶，其待遇问题之发生，盖肇于近世，在昔海上之战争未甚发达之际，军舰与普通船只之构造，无甚差别，是以凡属国家之船舶，一转瞬间，皆可改装为军舰之用，因此十九世纪中叶以前，欧洲各国，往往于交战之时，以委任状授予私家之船舶，令其执行军舰之职务者，在英法之海战史上，最为惯见，逮至近代，军舰之构造日新月异，普通船舶，既不能辄改为战船之用，由是二者区别使分，而国际法学者，则仍沿袭以往国际周旋之习惯，以待遇军舰者待遇共有船舶，以为虽与军舰不同，而其为国家之财产相同，为国家之机关则一，既系同一的代表，其主权之一部分，自亦唯有赋之以治外法权，以尊重其国体而增进相互间之友谊，此国有船舶所以在国际法上，与军舰属于类似之地位也。

国有船舶之与军舰，应受同一待遇，盖为近世国际法学者所公认，试举英美各家之著作而言，奥本海论军舰在国外应受之待遇时，谓

公家之船舶，若警舰海关船国家雇佣私家船舶，用以载运军舰战品时，一国元首及随从人员乘坐之船舶，皆应一律以国家机关论，应受军舰同一之待遇（六一二页）。

霍尔亦曰：

战舰或其它国家所有之公用船舶，在他国之领水内时，应豁免其所在国之法权管辖（一九五页）。

韦斯特莱克[1]讨论此问题时，尤为透彻，《关于外国船舶在领海内或港岸内之管辖问题》有两点，必须为之区别分明，其一，必须区别其是否公有船舶，抑私有船舶而非军舰，与其它属于和平使用船舶之区别，关于外国公有船舶在领水内之管辖权，自唯有属于此船舶所有之国家，此则因尊严与利益之关系，不问其为海军，抑系建造装置或雇佣为商业上或其它和平之使用，其事固属于一律也（二五二页）。

毕晚考培德于其国际公法重要例案注解一书中，解释公有船舶之意义，与其地位曰，所谓共有船舶者，即凡一主权国家或其而为半主权国家，（只须此国家已能得国际人格时）政府所有或所雇定之船舶也，属于此类者，不仅为军舰，即凡公有之普通船舶运舰等等皆属之，英国法庭对于此类船舶，苟使始终属于政府所有或管理，则纵系属于商业使用性质，仍得享有公有船舶之待遇，此例或者且将为他国所采用，是故凡系公有船舶，不问其性质如何，当其在他国领水以内时，皆不受所在国权力之管辖（二六九页）。

所谓不受所在国权力管辖之原则，其内容不外如下，公有船舶在外国港内时，不必缴付所在国关口之一切费用，如灯塔费港税等等，不受海关之检查，不受所在国法律之裁制，不受所在法庭之法律程序之牵制，不能因债务或损害构造之行为而逮捕之，不能因搭救其出险而强令付应召之费用其附属之小艇，亦同（中略）使此等船舶而构成损害行为时，所在地法庭，得以审查人之性质，审查其事实之经过，以供日后外交上交涉之根据而已，（二七一）由是观之，军舰与其他性质之公有船舶，其在国际法上，应享受同一之待遇，盖为毫无疑义之通例，所以然者，则以军舰者，国家机关之一部分也，若公有船舶，既为一国政府所管理或雇用，其为国家机关之一部分，将毋同是以只须问其船舶之所有者或使用者是否为国家，即足以为应否享受治外法权之去取之标准，其为军舰与否，盖不论焉，韦斯特莱克于此点，言之详矣。

---

[1]　"韦斯特莱克"原文作"韦司莱克"，现据今日通常用法改正，下同。——校勘者注。

二、关于公有船舶

以之为商业使用时，各国法庭之判例，国有船舶之管辖权，不属于所在国而属于所有国，既有如上述诸家所阐说，至于国有而船舶以之供纯粹的商业使用者，是否将变更其在国际法上之待遇乎，抑否乎，就表面言之，国有船舶所以得受治外法权之待遇者，原来因其为国家机关之一部分，以其主权者之代表之身份，是以取得此特殊之待遇，至于一旦纯粹以供商业之用途，则所有国之国家，是已由国际法上之人格，一变而为私法上之人格，与其他国家或私人相周旋主权者之代表之身份，似已不复存在，享受特殊待遇之理，既已丧失，似不应仍与通常专为公共用途之国有船舶一体待遇，顾事实上却因此等船舶之主人翁，既系为国家，则纵使其使用之状况，虽或以私人资格出之，而若竟与私有船舶同样处分，不免或则强使一国家受别国法庭之支配，或则不愿受其审理时不得不牺牲其财产，或且因此而肇邦交之裂痕，惹起外交上之纠纷，此则为顾全国际之友谊起见，大多数国家对于此等船舶，仍不得不援旧例而予以公有船舶应享之待遇也，在欧洲大战以前，世界各国，以其公共船舶供商业使用者，为绝无仅有之事，是以此项问题，不甚为国际法学者所注意，其在国际法判例上所仅见者，则当以一八八零年英国法庭所判决之巴力门裴奇一案 Parlement Belge，为嚆矢矣，巴力门裴奇者，为比利时国王所有之船舶，由王命令其海军人员管理，驾驶往来于英比之间，以之载运邮件，并装运乘客商品，而收其船资，实为商业使用之船舶也，某次入杜佛港口时，与另一船相扑，于是乃被控于英之法庭，是船之当事者，不理法庭之通知，法庭于是将遣役逮之，逮击之国家检察官，起而抗争，曰，是既为比利时王之舰，依国际法成例，英之法庭，不能受理控告此船之诉，下级法院不听检察官之请而为之判决，于是乃上诉至控诉院，卒将原判废弃而拒其诉焉，布莱特法官，申述其理由曰：

（上略）本案之第二点，即在公有船舶，如系供商业使用时，是否即丧失其应享之特权，夫使此前提而成立，则所谓商业使用者，必达至此种程度，使此类船舶，同时完全不供公共使用时，或则当认以为一经商业使用之后，其治外法权，立即丧失，虽使是船仍为国家所有并管理，亦无补于事实，原对于第一层而言，本案中船只之主人比利时王，固明白声明此船系属于王之所有而为比利时之公有船舶，而根据国际法先例，凡别国所有之船只，其性质如何，应以所有国之声明为决定，而法庭不能自己根究之，是则不能谓其已不供公共使用也，对于第二层而言，则依照国际法之惯例，凡属一独立国家之主权者，虽与他人为私人行为之交易，亦不得使就质于他国之法庭，盖否则且将与国家独立平等之原则大相违反也，是第二说亦无成立余地，且查是船原系供公共使用，其商业使用，仅属附带性质，当然更不能因此而否认其应享有公有船舶之待遇，（英国例案报告一八八零年一九七页）。

继巴力门裴奇案件而后，则有裘锐案件，裘锐者，系罗马尼亚国有船舶，用以供国家铁道联络运输之用者，于一九零六年赴英国港岸时，被诉于英国法庭，上诉院根据于同一之理由，以为是船既为罗国国家所有，自应享受治外法权之待遇，此项对物诉讼，不能成立云云（一九零六年英国法庭案例报告二七零页）。

盖自巴力门裴奇案件以后，历四十年而始有裘锐案件，自兹以后，直至大战争发生为止，此类之事，间无闻焉，自欧洲三十年战争以还，格劳修斯[1]创国际公法，至一九一四年数百年间，其事见于史者，仅此二例，此所以公有船舶供商业使用之管辖问题，不为前时国际法学者所注意，而虽渊涵如奥本海，乃亦忽视之也，逮夫欧战开始，交战国之对于敌国公私船舰，互以搜捕没收为能事，由是昔之私有船舶，一经敌国没收，而化为国有者，盖不可胜数，而同时协约诸国，因抵制德意志之潜艇攻击政策，唯恐海上运输之或有间断，竞以造舰为能事，数年之间，世界新舰加增之吨数，远达昔时之记录，而国有船舶，乃愈以加增，而是类船只，或则由各国政府直接管理而驶用之，以供商业运输之需，或则由政府租与私家使用之，后者或仍由政府人员驾驶，或则纯粹供商业之需用，或则于公用之外，并营商业，公私之性质不明，而对于此类船舶，欲主张其权利者，则又纷纷群起，法庭认为私家性质之船舶，而提起诉讼，由是各国法庭，始注意于此类船舶之管辖问题，战时最初发生之案件，为纽约联邦初审法庭之阿桑纳西奥斯[2]Athanasios 一案，该舰系由希腊政府所征用，以之运输粮食之用，而归私家公司租赁者，法庭认为应享受治外法权而拒绝受理，（联邦判例报告第二二八卷五五八页）

---

〔1〕 "格劳修斯"原文作"格鲁鸠"，现据今日通常用法改正，下同。——校勘者注。

〔2〕 "阿桑纳西奥斯"原文作"爱新诺苏司"，现据今日通常用法改正，下同。——校勘者注。

翌年，于路易吉[1] Luigi 一案中，联邦法庭，又一同一理由，对于路易吉号之诉讼，拒绝受理，是舰系意大利政府所雇佣，以供运输之需者，其理由书中，引证巴力门裴奇判决之前例，以为顾全国际之友谊起见，友邦之主权者，不能使为本邦法庭中之被告人，使本法庭而袒护原告之私权，则两国之友谊，必致发生影响云云，一九一七年有隶属于阿善尔丁国海军之船只滂湃号，受私家之委托而代为运货至美，即为人所诉于法庭，亦以同一理由，未获受理，（同书二四五卷一三七页）惟一九一六年联邦法庭，对于亚都立带 Attualita 号一案，（该舰系意大利政府所租用以供商业运输者，惟管理权仍归之于船之主人）则以为对于此类船舶，所提起之物权诉讼，不应享受注外治权之待遇，对于国家船舶外交人员，以及其他国有之财物，而予以治外法权，其流弊尤少，盖自有此物之政府，或其外交人员，负其责任而不至滥用者，特权也，若本案中此类之船舶，今方充塞于海洋，执役于此类船舶之人，又汗牛而充栋，若一一与之以治外法权之待遇，其流弊将不可胜言，况此类船舶原系私家之财产，自不能以其为政府所雇用，而遽变其性质也（同书二三八册九〇九页）。

· 惟于性质完全相同之罗骚立克号一案 Roseric，联邦法庭，则又更改其判决，以为此类既为国家所雇用，则不问是否仍由私家管理，自应享受治外法权云云，此则因宣判之际，于前者，美利坚时尤未加入大战，而后者，则已为协约国之一员也，不宁惟是，国际之待遇，向以相互主义为原则，若意大利政府对于本问题，向不以治外法权许之此类船舶，此美之法庭所以对于同一性质之案件而异其处置也，其后于意大利船佩萨罗[2] Pesaro 一案中，（同书二七七册四七三页）法庭更明白宣言，依意大利政府之惯例，此船不能享有治外法权云云，玛克法官于此判决，有一冗长之意见书，主张治外法权不应滥为引用，使此类船舶亦受此特殊之待遇，彼以为对于国有船舶而令其受所在地之管辖，依国际法之成例而言，原不足为新异云云。

其后有智利海军运输舰迈波[3]号（Maipo）者，系租赁与一私家为商业之用，而仍以海军人员为其驾驶，运货抵美以后，将代其政府运物品回国，

---

[1]"路易吉"原文作"罗奇"，现据今日通常用法改正，下同。——校勘者注。
[2]"佩萨罗"原文作"沛瑞路"，现据今日通常用法改正，下同。——校勘者注。
[3]"迈波"原文作"梅坡"，现据今日通常用法改正，下同。——校勘者注。

至美而为船货之主人诉于美之联邦法庭以为应享受治外法权之待遇，而拒绝受理，迈耶[1]推事（Mayer）以为仅就国际之交谊而言，一国法庭，即不应干涉友邦国有之船只，而强为判决，最后于本案上诉判决中，霍夫[2]事Hough亦以为对于此类船舶而予以治外法权之待遇，并不得认为治外法权之适用，视之以往，有何扩大或变更国际法之成例，一如昔日所不同者，国有船舶，今昔多寡之不同而已，使国家以之为商业上的使用，而一面仍以国有船舶名义出之，则法庭固不能强谓其非国有，而异其待遇也，使外交家以为是类船舶，不应再享治外法权，则是乃外交上之问题，而非司法方面所得越俎而过问者也，

由是观之，美之法庭，对于现代国有船舶，以为商业性质的使用者，盖始终仍认为应享有治外法权之待遇，上列诸案中，除却意大利船只因适用相互主义而异其待遇之外，其他案件之判决，盖无不如出一辙者也。

战后英国法庭，对于此问题之态度，盖始终依据巴力门裴奇案之先例，而采取贯一之原则，一九一九上诉院于亚力山大港 orto Alexandre 一案中，宣称凡对于各国国家所有或所征用之船舶，以之为商业使用者，不能在他国法庭使为被告云云，原告律师主张，对于此类船舶，应分别为纯粹供公共之使用，抑为供商业上之使用，因而分别其待遇，而后可无流弊，惟上诉院谓近今许多船舶，收归各国国有或征发，以后此类船舶，数目骤增，今一一悉予以治外法权之待遇，固不免流弊时生，然此乃商业上或外交上问题，而非法庭所应过问云云。

最后于一九二四年三月有亚然尔丁商业公司者，诉美国航政局于英国法庭，（法案报告九十三卷八一六页）因该局曾有一舰，收雇于一荷兰公司，为原告运输粮食至西班牙，其后因此契约而与航政局发生争论遂致涉讼，英法庭以为航政局乃美国政府机关之一部，对于该局而起诉，是无殊诉美国国家之本身，英之法庭自不能受理云云。

其次，德意志一九二一年有美国航政局之船只冰王者 Ice King，因在亨堡与一德舰相撞，被控于亨堡法庭，法庭以为国有船舶，分别公共使用与商业使用者，仅为晚近发生之现象，在国际法上，对于国有船舶而予以治外法权，

---

[1]　"迈耶"原文作"梅得"，现据今日通常用法改正。——校勘者注。
[2]　"霍夫"原文作"霍甫"，现据今日通常用法改正。——校勘者注。

原未尝强为之别，至于关于此类船舶之享受治外法权，是否应加以限制，此乃外交上或立法者之职责，而非司法者之所得代谋，则本案亦惟有依照向来之成例而判决，认以为应一律享受治外法权之待遇，该案上诉于最高法院中上诉判决时，仍采用同一态度，此案之最可异者，即德意志法庭对于对于一敌国之船只，而亦积极适用，免予管辖之原则也，（是时德美宣战后尚未修好）盖德意志法庭，自一九一零年恩霍尔脱案件以还，（见美国国际法学季刊第五卷四九零页）始终采用此原则者也，原英美法庭，束缚于成例，而不得轻有所出入，实为其司法官必须遵循之法规，斯其恪守纍例，尤可说也，若德意志则法庭仅受法令之束缚，而无遵守旧历之必要，然亦如此措施，至对于一敌国之船舶，而亦承认其治外法权，斯可异也，又德意志法庭判决是案时，原告曾申诉谓依照美国法令，此类船舶，应受所在地法庭之管辖，则是该船舶所有者之国家，实已自行放弃其应享之治外法权云云，惟法庭答称美国此项控告，乃一种国内法之规定，若治外法权则为国际法上之事件，不以国内法而遂发生影响云云。

一九二一年维多利亚 S. S. Victoria 号船主因与魁而渥船 Quillevark 相撞，而诉该船于苏格兰法庭，（苏格兰法律时报一卷六五页）是船系属于美国航政局所有，而私赁于私家公司为商业使用者，法庭根据于亚历山大号案之判例，认以为美国国有之船只，不能受他国法庭司法之裁判，而拒绝其诉。

一九二零年在埃及港口中有苏门答腊[1] Sumatra 船者，为英王所有，而租赁于私家以供商业之使用，因与他船相撞，而被控于埃及法院，其上诉院宣称，治外法权之设定，仅对于国有船只以之供公家用途者，方始适用之，若一旦仅以供商业用途，而其损害又为国家所雇佣之人以私人行为而构成者，若仍欲援治外法权待遇之例，是未免有违公平之原则云云，埃及法院之态度，盖实遵守其一九一二年已成之判例也。

原法兰西法庭对于国有船舶之为商业使用，虽认为应受所在国之管辖，但认为除却判决权以外，不能再进一步而向此项船只为判决之执行或为扣留之处分，此种成例，发生于法兰西法庭中者盖已屡见而不一，例如波尔多之民事法院，对于美国航政局船只恩格伍德[2] Englewood 号（租赁于世界航务

---

〔1〕 "苏门答腊"原文作"苏买屈勒"，现据今日通常用法改正。——校勘者注。
〔2〕 "恩格伍德"原文作"恩格华"，现据今日通常用法改正。——校勘者注。

公司者）而命令撤销下级法院所裁决之扣留处分，又哈佛之商务法庭，判决一柏鲁抚拉国有船舶以之租与私家作为商业使用者，谓法庭无权扣留是项船只云云，同法庭对于一美国航政局所有之格伦里奇[1] Glenridge 号亦为同样之判决，对于上项诸案，法兰西法庭，盖皆受理其诉讼，而以之为被告，顾对于判决执行及扣留船只之处分，则认以为无比权力也。

比利时法庭之态度盖与法兰西相同一九零三年雪莱 Sirey 案件之判决中，明白宣言治外法权之设定，仅限于国家以其公法人之资格行使权能之时，方能享受此项待遇，若以私人资格从事于商业之际，则应与私人一律待遇，例如国家控告其债务者于他国法庭时，自应同时召答辩其债务者之反诉之责任云，特比之法庭，亦主张对于是类船舶不能为扣留或执行之处分焉。

若意大利法庭之态度，则最为积极，对于各国国家之财产，苟非施之于公共用途者，不仅认为应受意法庭之管辖，而且明白申声有提封执行之权利，其上诉院于一八八七年判决是类之案件时，声言国家关于是类之行为，必须分辨其为主权者之行为，抑系私人资格之行为属于前者，则意大利法庭诚系无权管辖，若后者否则。

法兰西法庭对于此类事件之态度，主张应分别其是否为公家使用，抑系私人的使用，对于前者则认为应完全不受法兰西法庭之管辖而对于后者，则认为虽得受理是类之诉讼，因而船只本身仍系国有，法庭无权执行判决或为扣留之处分，盖认为相对的仍应享受治外法权者，关于一九一九年三月十九日亨格福德[2] 号 Hunguford 事件，法之上诉院于驳斥原审之判决中，以为国际公法上之原则，国家既系互相平等与独立，而不受他国权力之干涉，则是类船只自应不受他国法庭之管辖，而享受治外法权之待遇（亨格福德号系美国国家所有以之辅助海防事物者，惟并不由海军人员驾驶，而由私家航业公司管理之）当时原告会提出抗辩，以为该船既已提供十万法郎之现金担保于法兰西法庭，是实已放弃其治外法权之特权，则法庭无强予以此项待遇之必要，但法庭答称，果使该项船只自愿放弃此项特权，法庭自亦可受理此类诉讼，顾仅仅提供担保于法庭而并无别种之积极表示，则不足构成为充足之证明云云。

---

〔1〕 "格伦里奇"原文作"格林立治"，现据今日通常用法改正。——校勘者注。

〔2〕 "亨格福德"原文作"亨嘉福"，现据今日通常用法改正，下同。——校勘者注。

由是观之，就近代各国对于此项问题所采取之主张而比较之，盖可分为两派，若英吉利美利坚合众国德意志则主张积极的适用治外法权原则者，若法兰西比利时埃及意大利则主张治外法权仅限于国有船舶以之为公共使用者，而意大利之态度又最趋于极端，对于本问题且主张与私有之船舶完全一律待遇，若法此则一方虽亦认所在国之法庭对于此类船舶有受理诉讼之权，而他方则仍以其为国家所有而以为不能处分其船舶之本身，一言以蔽之，则仍承认其享有相对的治外法权者，是故吾与其谓接近于意大利之主张，不如谓实际上同情于英美德之主张者，盖后者虽认为此类诉讼法庭无受理判决之权，而有审问事实情性之权，以供异日外交上交涉之根据，毕德考培德之书既已详言之，而霍尔书中亦谓：

关系此类公有船舶之诉讼，法庭亦未始不可受理，顾法庭受诉以后，仅得以审查性质，讯理其事件之实在情性而已，固不得遽为之判决，即使判决之，而亦必无实行之效力，徒足以供日后外交方面交涉之参考而已（一九七页）。

由是言之，则英美一派之主张，虽以为公有船舶不受所在国法庭之管辖，而固得审理其诉讼之真相以明辨其事之是非曲直，若法兰西比利时虽以为应受所在国之管辖而受理其诉讼矣，然究以其属于国家所有，不得扣留之或执行法庭之判决，实际上治外法权之待遇，固亦未尝完全丧失，则是二者之分别，一则为之判决，一则不为之判决而已，对之而不为判决，是认为不能管辖也，对之而判决矣，而以为是固未可以执行，而惟有听其自己之意志以为从违，则实际上其为不受所在国权力之干涉将毋同，是故法比之成例，盖与英美德诸国之主张其不同亦相去一间而已。

三、国际法学者之见解

经营商业之国有船舶，既为晚近发生之现象，是以国际法学者，对于管辖问题为详细之讨论者甚少其例，惟国际法学者，对于国家之为公法人行为之分别而下讨论者，则常常见之，若李斯德者晚近国际法之明星也，其论此问题曰：

依据与国际法之根本原则，即所谓国家互相独立之原则而言，一国家自不能使就质于他国之法庭之前，不然则是以一国之主权受屈于他国而一国之主权随之隳矣顾此原则者，虽久为学者与各国法庭所公认，而晚近乃有起而攻击之以为不当者，以为一国苟不以其公法人之身份而行为，而以私法人之资格出而周旋时，则是原非行使其国家之权力，是虽强使就质于他国之法庭，庸何伤，顾其实就事理而言，无论以何因缘而欲使一国家受他国法庭之指挥，是皆不能不谓侵犯一国主权之举动也。

李斯德之见解，盖认为一国家无论以公法人或私法人之身份而行为皆不能受他国法庭之指挥者也。

经营商业之国有船舶之管辖问题，晚近发生于美国一方面者为最多，而因事实上之利害起见，因是乃发生一国际法修改之问题，即为此类船舶从维持公平之原则上观察，国应听其与普通之公有船舶一视待遇，而享受治外法权乎，盖因晚近协约国家拥有无数之海船，大战终了以后，各国即以之直接经营商业或租赁与私家而经营商业，然亦仍未变其为国有之性质，由是此类船舶，乃充塞于各国港岸之中，而或因契约关系，或因过失酿成损害，其间与私人争讼之事，乃时时而闻，顾以其享受治外法权之故，遂使私人之受其害者乃不得申之于法庭，于是虽主张应照普通公有船舶待遇之法官，亦觉有改步之需要，若上述亚都力带案件中法庭之宣布之意见，最足以代表此种态度者，此外玛克推事于佩萨罗一案中亦谓：

此类经营商业之国有船舶，于平靖无事之日，似不应予以治外法权，盖如是不特受害者不能获得应有之救济，而船舶本身因其不受法律上拘束之故，遂使人人望而却步，毋肯与之贸易，是始所以厚遇之者，终且反为其累而已，而况此类船舶之受法庭之管辖，实际上原无所损于所有国之权威与尊严乎。

加纳[1]教授 Prof. Garner 最近于英国国际法年报一书中曾发表关于该问题之极详密之论文，而最后则附以下列之主张：

其一，凡一国之军舰，或其他国有船舶，或政府雇用之船舶纯粹以之供政府自用者，应不受他国法权任何之干涉，若逮捕诉讼扣留等，其二、凡其他国有船舶，或由政府征用之船舶，纯粹或大部分以供商业使用者，尤其在平靖之际，与国防毫不相涉者，应与私家船舶一律待遇，加氏以为晚近英美法庭之判例，乃根据于巴力门裴奇一案，而不知是案判决之际，是类性质之船舶，乃为百年难逢之事实，至今日而情势悬殊，则判例实有变更至必要也，顾说者尤以为虽不能致之于法庭，而固可以由外交之方式申愬其区直，不知

---

[1] "加纳"原文作"茄瑙"，现据今日通常用法改正，下同。——校勘者注。

一私人争讼之事件，而欲从外交上获得结果，乃为最无把握之事，文书之往来，不知须经若干次，费时不知若干，旷日长久，尤不能必得一定献，则是无异不知一国而以私法人之资格活动时，早已与所谓主权与尊严二者绝缘，则难以普通私人之地位待遇之，庸何伤焉，伯伦知理 Bluntrile，冯白 Von Bar，台颁纳 Depargnet 之流，于此言之详矣，顾加氏最后则主张欲彻底解决此问题，尚须经过一国际公约之手续，必需各国之意见一致，然后乃得通行无阻焉。

其次海德[1] Charles Hyde，于其美国现行之国际法一书中，讨论是问题曰：假使国有船舶因各国之征用频繁，或类同原因，而其数日以加众，由是往来于海上之商业船舶，尤以关于国外贸易者泰半皆属于政府之直辖，则前之国有船舶予以治外法权待遇之例，实有变更之必要，不然，则船舶之国家，亦必对于船舶之行焉，负充分之责任，而予个人以便利之方法，使得随时而求得其公平，顾欲求此问题之得有归束，则非经过一国际会议之手续，由各国订立一条约不为功，使今之领土主权者（即所在国）之积极的放弃其管辖之旧例，乃始有一新例代之而起，若于目前未经各国一致主张之时，则法庭原无此权能而对于此问题为取择焉也，芬威克[2] Fenwick，于其国际法一书中，亦以为：

以今日国有船舶与铁道之日益加众，与夫国家所辅助之公司在未开化国境内多开采油磺之举之时有所增益，是盖已有必要焉，由国际会议制定一明确之规则，一方以保护对于此等财产主张权利之私人之利益，他方则授权于所在国之法庭，使得于必要时，行使其管辖之权力，伊文思于其国际法案例一书中，亦以为：昔日国际法之予外国国有财产以特殊之待遇，至于今盖已无存在之必要，盖往昔之国家财产，几全以供国家之公用，此其应享治外法权宜也，若大战而后，国家活动之幅员乃有突飞猛进之概，尤以航业方面为甚，然皆偏于寻常私人活动方面者，则昔之所以免除国有财产，使不受他国法律之干涉，其理由早已无存矣，顾今之法庭，则尤狐疑而未敢遽为新异之主张者，盖终乎忌器而不敢投鼠也，何则，盖以今之各国政府，所以对于航业而自为其主人者，其用意正欲利用其所享受之特权，使不至受人牵制也。

诸家之说，其旨相同，以为今日所沿用之旧例，以情势之殊异，乃有异

---

〔1〕"海德"原文作"海特"，现据今日通常用法改正。——校勘者注。

〔2〕"芬威克"原文作"范会克"，现据今日通常用法改正。——校勘者注。

辙之必要，昔之予国有财产以治外法权待遇之特权者，以其确实供国家之自用，彼国家以主权者之身份而活动，斯不得不予以特殊待遇以尊重其国家之主权也，若今之国有船舶，从事于寻常商业者，其活动也，既纯粹以私法人之身份而出之，而范围既已日增，其与个人交易之事，尤日以繁杂，若尤泥于特殊待遇之旧贯，则是无益于主权之尊严，而私人之利益受损实多，是则有类于柱以鼓瑟者也，夫就事实之利害以为取舍，则吾亦固承认旧例有改变之必要，特国际法之为物，乃世界各国所共同遵行之行为规则，而非一国所得自由而为之立法或变更者也，苟非举世各国认为有变更之必要，从而起以修正之，则新法一日不立，旧例一日存在，为之执法者，惟有依法为判而已，虽明知其不适于实用，又孰得而废之，是以上述诸家，虽痛论往例之短，而皆承认变法之权，不在于法庭，而必由于国际会议之方式，虽主张之积极若加纳，而亦不能辄易是说，则是问题之有待于国际法自身之变化而始得圆满之解决亦以明矣，夫法之真相与其良否，盖为各别之问题，法未必尽善，而吾国不得以其不善而遂不认其为法，又不得以较善而遂以未成为法者而强指为法，若今之国有船舶之管辖问题是已，彼英美之法庭，固未尝不知现例之未适于实用，而旧规既树，法型已存，苟非司立法者，毅然舍旧而谋新，又乌得而易之，此所以虽明知其非善，而不得不用之也。

就举世各国之先例以言于此问题，原有英美德与意法比两派之分别既如吾上述矣，揆以从众之义，则中国今日法庭之舍意大利诸国之例而从英美之往辙，既不得不谓无正当之理由，特舍此以外，就吾国国家之地位以言，乃尤有不得不随英美而舍意大利之势，何者，今世拥国有船舶之国，其最盛者，皆举世之大邦也，吾国今既倡言废领事裁判权矣，一旦条约期满，势必实行，于是而吾国之法庭，果有是类之事件陆续发生，固将击大邦国有之舰，而一论是非曲直乎，抑且就其国之强弱大小而互异其待遇乎，闻吾说者，且必起而责曰，子以为吾讼庭之法官，皆将慑于大国之炎而畏葸不前乎，法者但闻是非而不闻强弱，子不解是说，不可与言法，而不知是乃事实上之问题也，不观夫今之以兵临吾境，戮吾赤子而焚吾民之墓庐者，吾且不能赞一词，谓为他日法庭击大邦之舰，而大邦者乃能拱手而听吾法庭之处分，又孰得而信之，是则与其待他日而发生外交上之纠纷，若今日毅然采英美之主张，以符从众之义，而息他日国际方面无谓之争论，此其应采英美之例者一也，复次以吾国对外贸易之日增而目前私人海洋航业之缺乏，他日根本改善之法正有赖于国家之保护与提倡，由国家自身经营航业于欧亚美之间，则既可不至以得失盈亏为行止之取舍，而对外贸易始可蒸蒸日上，又可不至受他国商人无谓之干涉，而畅行以无阻，则今日施之于友邦者，他日乃亦自收其惠，则系必斤斤于细微之公平得失而乃卒蹈意大利之后尘，使施之于众人而独靳之于吾哉，由是观之，李柴爱夫案件之判例，其于是非得失，虑之亦以熟矣，虽有明智孰得而易之。

国际法上"情势变迁"原则之研究*

费 青**

一、引言

十七年七月七日国民政府外交部颁布宣言。

国民政府为适合现代情势，增进国际友谊及幸福起见，对于一切不平等条约之废除，及双方平等互尊主权新约之重订，久已视为当务之急。此种意志，迭经宣言在案，现在统一告成。国民政府对于上述意旨，应即力求贯彻[1]。除继续依法保护在华外侨生命财产外，对于一切不平等条约特作下列之宣言。

（一）中华民国与各国条约之已居满期者。当然废除，另订新约。

（二）其尚未满期者。国民政府应即以正常之手续解除而重订之。

（三）其旧约业已期满而新约尚未订定者。应由国民政府另订适当临时办法。处理一切。

特此宣言。

对于条约已废止国家，在新约尚未成立前，且定有临时办法七条：

---

　* 本文原刊于《法学季刊（上海）》1929 年第 4 卷第 1 期。

　** 费青，江苏吴江人，1929 年毕业于东吴大学法学院（第 12 届），获法学学士学位。1935 年考取清华大学公费留学资格，赴德国柏林大学研究院攻读法律哲学。回国后，曾任云南大学、西南联合大学、复旦大学教授，东吴大学法律系主任、教务长。1949 年后，曾任最高人民法院委员、政务院法制委员会委员、北京大学教授、法律系主任、北京政法学院教授、副教务长。著有《国际私法论》、《法理学概要》、《西方法律史》等，译有《法律哲学现状》。

　[1]"贯彻"原文作"贯澈"，现据今日通常用法改正。——校勘者注。

（一）本办法各条所称外国及外人，专指旧约业已废止而新约尚未订立之各国及所属人民。

（二）对于驻华外国外交官，应予以国际公法赋与之待遇。

（三）在华外人之身体及财产，应受中国法律之保护。

（四）在华外人应受中国法律之支配及中国法院之管辖。

（五）由外国或外国人民输入中国及由中国向外国输出之货物所应征之关税，在国定税则未实行前，照现行章程办理。

（六）凡华人应纳之税捐，在华外人应一律照章缴纳。

（七）凡未经上列各条规定之事项，应依照国际公法及中国法律处理之。

这种外交步骤，在我国外交史上是开了一个新的纪元，尤其在惯施高压的列强的眼中；所以当时就受到很烈的反对。在各国答复我国废约宣言的照会里，多责我国政府背弃条约义务，蔑视国际信义，一时形势很是恶劣。到了现在，去时已有六阅月，我们正可回顾去看看我们外交上的成绩，再来定我们此后的方针。

在前二日的申报上载有已签定条约各国的一览表：

国名	签定日期
中美	七月二十五日
中德	八月十七日
中挪	十一月十二日
中比	十一月二十二日
中意	十一月二十七日
中丹	十二月十二日
中葡	十二月十九日
中荷	十二月十九日
中英	十二月二十日
中瑞	十二月二十日
中法	十二月二十二日

在此十一条约中我国得到了订约各国对于我国关税自主的承认。此外西

班牙更有日内签定同样条约的确实消息。如此，则与我国关税有关系的国家内，仅一个日本尚没有承认我们的自主权；然日本在外交上的孤立，和受我国抵货的影响，实也没有持久反对的可能，所以在关税自主的问题上，我国外交至少是成功了。

但我国不平等条约的内容，决不就是关税权一种，试看我们在其他方面所有的成绩如何。在本已放弃了领事裁判权的国家如俄德等外，比，意，丹，葡，在新约上已有条件的允许将其领事裁判权取消。虽国人对此有不满意的怀疑，在大体上我们也不能不说是外交上的一种成功，不过在此四国之外，领事裁判权的取消，连有条件的允许尚没有得到。他如租界的收回，内河航行权的撤销，租借地的收回，外兵入驻权的取消，以及其他一切在条约上及条约外所负偏面义务的解脱，可说一点没有动手。

从上述的情形看来，我们的成功是极渺小。不过渺小的成功，是大成功的初步，我们更应坚持着七月七日宣言的精神，向前努力。我们法律学生，就请对于政府所采的外交手段，作一点法律上的研究，在国际法上找一种根据。也算尽我个人的努力。

二、本论

七月七日宣言为对于已到期的条约予以废止，对于未到期的以正常手续解除而另订之。所谓到期的条约有依其自身的条款而效力终止者，这在国际法上是没有多大问题的；不过在解释条款时二缔约国难免有不同之处，或竟有强词夺理的下一种武断的解释。例如这次日本对于其与我国于光绪二十一年（一八九六）所订通商行船条约之强词主张其继续有效。第二种有依情势变迁一原则而予以废止者，这可参考外交部王致送意大利公使的照会：

"……查前清同治五年九月十八，即西历一八六六年十一月二十六日。中义两国全权大臣在北京签订之友好通商航行条约，距今已六十余年。其间中义两国之政治经济商务情形，或已根本发生变迁，或已完全不复存在。考该约所载之各项规定，其性质与订约时情形有密切之关系，今此种情形既已更易，则为中义两国之共同利益计。该约自不应继续存在，彰彰明甚，且查该约第二十六条载有按期修改之规定，即其明证。因此，国民政府认为该约于本年六月三十日期满后，应即废止……"

对于未到期的条约，我们本来也可以根据情势变迁原则而予以废止，不过为谨慎起见，宁可采取普通外交步骤，要求修改，例如对于英美二国即是由这种步骤办理的。然一考于条约未到期前即行要求修改之理由，则恐仍不外乎因情势变迁，该约不宜继续有效罢。

可见情势变迁原则实为我们所采手段之根本理由，而列国的反对，也是对此最甚，所以我们可认定这原则为我们研究的目标。先请用客观的眼光把这原则的渊源，学说，实例，分项研究，然后再来考量我们这次的外交手段是否合法。

甲、渊源与地位

情势变迁原则 REBUS SIC STANTIBUS 在罗马法中向占重要地位，依此原则，任何契约均含情势变迁的解除条件，因契约的意义与订约时的情势有密切的关系，一旦情势转变了，契约就失了他原有的意义和法律上的效力。这种国内法上的原则，经过了十二世纪一辈罗马法学者 Glossatories 者之后，才渐渐的渗入国际法的范围内。[1]

条约是国家间的契约，他对于缔约的两造有一种束缚力，除了依合法条件解除外，决不容一造单独任意的废止。解除条约合法条件，约分下列数种：

（1）条约所规定的事件已经成就，

（2）依条约内的条款而解除，

（3）同意解除，

（4）外界之阻力，如：

a. 缔约国之被并，

b. 条约目的物之失灭，

c. 对于该条约不相容之道德或社会观念发生，

（5）一缔约国违犯契约，则他缔约国有解除约条之权，

（6）情势变迁，则任何缔约国均有解除条约之权。[2]

这六种条件内，惟第六种最是聚讼纷纭，莫衷一是；因为一方见到条约的意义和效力与缔约时的情势实有极密切的关系，设情势变了，而一缔约国受到非缔约时所预计的损失，则该缔约国实不得不享有废止该条约的权利；

[1] Oppenheim "International Law" 3rd Edition. Page. 689. note 2.
[2] Fenwick "International Law" Page. 339.

但他方面因所谓情势，所谓变迁，没有一定的标准，于是缔约国不难利用这个原则为护盾，而任意拒绝履行条约上的义务。历来国际法学家的主张多不外权衡这二方面的利害，而设法来定一个公正的标准。

乙、学说

当一六二五年国际法鼻祖荷兰 Grotius 将其名著"和平与战争法"问世，就承认了情势变迁为解除约条的一种合法条件，不过他顾到了滥用的危险，所以就加以限制，一定须"当时的情势显然为该条约约因的一部"，于是他的变迁，才能将条约废止。[1]他的同国人 Bynkershoek（1702-37）则持反对态度，坚决的否认一缔约国有废止条约的权利。[2]瑞士法学家 Vattel（1749）之主张与 Grotius 很相似，他说："所谓情势须指该条约所为订立者而言，设此等情势有所变迁，始可由一缔约国爽其初约，"[3]在此时期，国际法本身尚在哲学派时代，学者好自理想上求问题之解答，故对于此问题，其限制亦最严。

降及十九世纪中叶，证实派国际法学兴，同时国家主义正崛起于欧洲，于是学者多为积极的主张。在大陆各国，德有 Heffter（1844）及 Bluntchi（1868）主张凡条约与人民的权利及安宁相背驰，或足以阻止国运之发达者，均得由一缔约国废止之。[4]嗣后 Treitsehke 更扬其波，至谓当条约将一国之前途为抵押时，该国即不应受该约之束缚，并主张国内政治的变化亦可为废止前此所订条约之理由，[5]此则失之过滥，适为前述一派之反动。

法意学者持论较中，如 Hautefeuille 谓"凡条约含有无偿的割让，或抛弃一种重要国权者如独立权之一部等，则该条约不复有效"[6]Bonfil 谓"当条约之原因消灭，该条约亦当然失效，因两国经济政治等利益之变迁，可使条约变为无用或竟有害"[7]意人 Fiore 亦谓"条约而与一国自动之发展相反，或阻其天赋权力之行使者，即为无效"。[8]

---

[1] Grotius "De Jure Belli et Pacis"（English Translation）BK II. Chap. XVI. § XXV.

[2] Bynkershoek "Quaestiones Juris Publicae" Lit. II. Cap. X.

[3] Vattel "Droit des Gens"（English Translation）BK II. § 296.

[4] Heffter "Volkerrecht" § 98, "Bluntchi" "Das Moderne Volkerrechte" § § 415. 456.

[5] Treitschke "Polictics" I. 28, II. 597（trans. by Dugdale and De Belli）.

[6] Hautefeuille "Droitet Devoirs des Nations Neutres" cited by Hall § 119.

[7] Bonfil "Mauuel der Droit International Publique" § 857.

[8] Fiore "Nouveau Droit International." Part. I. chap. IV.

英国国际法学者霍尔 Hall（1880）他很顾到一缔约国废止条约的危险，所以他在讲完了几种当然解除的条件之后，就说"任何缔约国，不能于缔约时所计及之条件外任意否认条约之效力，而在他方面，则当为该条约有效之默认条件有变迁时，约该条约即失其效力"，他更列举三种所谓契约之默认条件：

1. 缔约国均有遵守条约之义务，故当一造违约，则他造有废止该条约之权。

2. 该条约须继续与缔约国之自存权相谐和，除缔约国于缔约时自愿放弃其自存权外，设条约因时间或其他关系而对于一缔约国之自存权相左时，则该缔约国即可将条约废止。

3. 缔约国对于条约之目的物须继续有其自由，除非其自由为订约时所放弃者。

他更进而否认其他条件，且讥 Fiore 之主张为过甚。[1]

承 Hall 之绪者有 Westlake，Lawrence，及 Oppenheim。

Westlake 承认情势变迁原则在法律上的效力，不过很是小心，所以他结论说："最难的问题还在决定什么条件是默认的，是重要的，一缔约国废止条约的权利，虽不能说在现时国际法上已完全确立，但亦已不能完全否认。总之，在行使此权利时须具有甚深之道德责任心。"[2]

Lawrence 将一造单独废止条约的条件，分为二种，一是威胁，惟仅限于对元首或缔约代表所加切身之威胁为限，二是情势变迁，他说："虽在法律上言，条约义务为永远的，除非经合法的解除手续；但事实上终须消灭，譬如现在没有人再去逆溯到 Munster 或 Ultrecht 条约，很少的还愿意去回到拿破仑倒后维也纳会议所决定的条约。当情势变了，一切为了他而有的条约也就过时，至于在什么时候或何种条件下始得否认条约的问题，则属于道德为多，规而属于法律为少，我们不得不就各个特殊情形以为判断。"他进而否认关于此点的划一的成。[3]

Oppenheim 虽为德人，但其学说多宗英国学派，其巨著"国际法"亦作

---

〔1〕 Hall "International Law" 5th Edition，p. 351～361.

〔2〕 Westlake "International Law" Page. 283.

〔3〕 Lawrence "The Principle of International Law" 7th Edition p. 3021.

于其剑桥大学教授任内，他对于情势变迁一问题，讨论独详，根本以 Hall 所主张国家之自存及发展为行使废止条约之要件，且举例以限其范围，如一国政府之变动或政体之改换均不得认为情势变迁；更为免除此原则之危险，特提出实际的办法，当一缔约国遇有情势变迁，不得不废止旧约时，应先向对造提出废止之要求；设遭拒绝，或更无其他国际法庭可为最后判决者，然后乃得自动的废止之。[1]

美国学者 Wheaton 以为情势变迁一原则，当条约存在的理由消失时，即可适用，因他的履行已属不可能或须产生过当的损失。[2]

Fenwiek 对于这问题，先用批评的态度研究各家的立说，在结论中则指出这问题主张的分歧[3]，实无一定的成规可援，近世既无国际行政机关以保护弱国的权利，致强国可一逞其霸力以订立威胁下的条约，更以国际法对于民族单位的划分，无公平久远的规定，仅为暂时的调置故条约之以情势变迁而须废止者很多，我们所得认以为取去之准绳者惟国际之信义而已。[4]

国际法学到了近年已入社会学派的时代，一方注意于国际的实际情形，一方仍立有理想的目标，所以不愿规定一种一定不变的成法，而注重于各个案件之特殊情形，最后之准绳还在国际的道德和信义。

丙、实例

学说乃根据于事实者，我们现在可回过头来看看国际在运用这原则时的实况。

一八七〇年俄国否认一八五六年巴黎条约关于黑海中立和对于俄国在黑海内巡置兵舰加以限制的条款，而他否认的根据就是当时的情势已与缔约时大异，因为多瑙河[5]流域的小国受列强的指使已组成联盟，而海上铁甲舰战术亦已有了变化。当时列强对于俄国的行为虽难免不满，但在普法战争完了各国召集伦敦会议，（一八七一）却一方面承认了取消黑海的中立，一方面又发了一个宣言：

---

[1] Oppenheim "International Law." 2. nd edition. Vol. I. Page 688 ~ 693.

[2] Wheaton's Com. Am. Law Page. 161.

[3] "分歧"原文作"纷岐"，现据今日通常用法改正，下同。——校勘者注。

[4] Fenwick "International Law" Page 344 ~ 349.

[5] "多瑙河"原文作"多脑河"，现据今日通常用法改正。——校勘者注。

"这是国际法上最重要的一条原则，就是无论何国，除了得到对方缔约国的同意，决不能抛弃条约上的义务，或加以修改。"

俄国并且也在这宣言下签了字，对于这个宣言，后来在学者间有很多的批评。[1]

一八八七年俄国复知照各国，声明其对于一八七八年柏林条约第五十九款关于 Batoum 港之规定撤回承认。[2]

一九〇八年匈奥联邦国将一八七八年柏林条约所给予占居与治理的 Bosnia 及 Heszegovia 二国吞为己有，他的理由不外乎条约的规定已不合于当时的情势，如 Bulgaria 和 Eastern Roumelia 已互相并合，土耳其且崛起于东南，巴尔干的风云更是变幻莫测。这种理由在当时列强的眼中或可认为充分，但匈奥联邦国采取了断然的手段，不免对于一八七一的宣言有背违之遗憾。[3]

同年 Eulgaria 更否认一八七八年柏林条约而宣告独立。[4]

在美国 Hooper v. United States. 22ct. cl. 408 一案内，Court of claimes 判决美国政府对于一七七八年美法商约之否认为合法，即根据其理由于情势变迁一原则者。且更援引一八八四内务大臣 Frelinglinyen 为美政府否认英美间 Clayton－Bulwer 条约致驻中美公使 Hall 氏一函，内云"该条约的原因既已消失，其目的物亦将永难达到"，是则亦以情势变迁为其否认之理由者也。[5]

自欧战之起而此原则之援用更多。

一九一四年德国战事发动，即不顾一八三九比利时中立公约；一九一五年希腊拒绝履行与塞尔比亚在一九一三年所订之攻守同盟条约；一九一四土耳其宣布取消一切不平等条约；一九一七至一六俄国苏维埃政府迭次宣布取消一切秘密条约及债务；多以情势变迁原则为理由。[6]

---

〔1〕 Oppenheim "International, Law". 3rd. edi., Vol. I., Page 692.

〔2〕 Oppenheim "International, Law". 3rd. edi., Vol. I., Page 639.

〔3〕 Lawrence "Principle of International Law" 7th, edit. p. 365.

〔4〕 Fenwick "International Law". Page 348.

〔5〕 Scott's "Cases on International Law". Page. 433.

〔6〕 最近实例可参考 "Rebus Sic Stantibus" in The American Jaurnal of International Law, April issue, 1927. 及 "Soviet Treaties and International Law" in the American Jaurnal of International Law. Oct. issue 1928.

从这许多实例里我们得到一种感想，就是弱国可用这原则来求他们的解放，强国也可借口这原则来背弃他们条约上的义务，所以在没有国际机关可以就各个案件判决其是否合于这原则以前，这原则终含有多量的危险性的。

欧战终了，国际联盟成立，关于这原则的确立，似很有希望，联盟约法第十九条更明白规定：

"联盟议会可随时忠告联盟盟员，对于业已不适用之条约，或其继续不已将危及世界和平之国际状态者，重加考虑。"

当时的一般弱国，久处于不平等条约束缚之下，像顿见了天日，觉得他们前途的希望。但是事实上什么样呢？我们可举几件实例来看。

一九二〇年十一月一日国际联盟议会开会，Bolivia 代表根据联盟约法第十九条将 Bolivia 与 Chile 于一九〇四年十月二十日所订条约提出，并说明该项条约系借武力压迫而成，并且此条约的结果，Bolivia 全被剥夺了入海的通路，此种情形可为妨碍世界和平的极大危险，所以希望国际联盟能将该条约予以修改。[1]

当讨论该提呈应否列入议会议程时，智利代表 M. Edward 当即动议拒绝，他说"我们对于这种要求而予以讨论，即足以对于此后的国际条约造成一种最有害的先例，所以我们不得不予 Bolivia 的要求以绝对而立刻的拒绝"，更根据十九条他说"联盟仅有劝告之权，而劝告更须得全体盟员的一致同意，因为第五条第一节规定：除本约法或本条约另有明白规定者外，凡议会或董事部开会时之决议应得联盟列席于会议之盟员全体同意。"

当时一般在战后得到特别权利的国家多表同情于 Chile 代表，争辩很是激烈，结果由主席宣告搁议，更聘请法学专家意大利 M. Scialoja 哥伦布[2] M. Urrutia 和加史他立加 M. de Peralta 为专门委员，研究在第十九条中联盟议会所有的权限。

一九二一年九月二日会议中三专家将意见书提出：

在此情形之下 Bolivia 的请求为不合法，因国际联盟自身不能修改条约，

---

[1] Annex to zoth Meeting of League, League of, Nations Assembly Records, P. 595.
[2] "哥伦布"原文作"哥仑布"，现据今日通常用法改正。——校勘者注。

而条约修改实惟由缔约国行之。

联盟的劝告仅能行之于条约变为不能应用之时，例如缔约国的情状已经物质上或道德上之激变，使该约之应用不复可能，或有国际的关系足危及世界之和平者。

议会当此种案件发生时，即应判决其是否属于上述情形之一。

议会当即采纳了这种意见，而十九条的意义也就此确立。所以国际联盟关于此点所有的权限，实甚狭小，设能真的根据于事实与公理而为判断，也只能造成一种舆论，而决不能强制条约的废止。[1]

一九二五年九月十一日我国代表朱兆莘也根据第十九条向联盟会议提出请求书，请其注意我国所受不平等条约压迫的情形，并希望他们援助。结果议会就议决了一个议案：

"议会对于中国代表所提出请注意于中国国际关系之请求，实深表同情，并希望将在中国举行之有关系各国之会议可解决一切问题，而早日得有满意的结果"。[2]

对于这个空泛的决议我们是深表不满的，不过须知联盟会议本身的权限，也不允许他有更切实的决议，我们也不应对于联盟过存奢望。

三、结论

国际公法到了现在尚不是一种成文的法律，所以我们不得不就国际习惯，国际条约，国际会议之协定，国际及各国法院的判决例，法学家的学说等渊源，来寻求国际法。对于情势变迁一原则要求国际法上的根据，也不得不就上列几种渊源内找寻。先看国际习惯，则在上述许多实例里，各国确已据用了这原则来行使他们废除条约的权利，但要归纳一条在何种条件之下才可行使的原则，则因各个情形的分歧，实是不可能。国际条约虽可说多包含情势变迁的默认条件，然对此而有明文规定或进而规定此原则之内容，则是没有

---

[1] League of Nations Assembly Act, 1921, Vol. II. Sep. 7. 1921. 15th Plenary Meeting.

[2] Verbatim Record of the 6th Assembly of the League of nations, 14th. Plenary Meeting, Sept. 11, 1925.

的。国际会议之协定，则我们已说过列强在一八七一伦敦会议的宣言，他绝对否认了这原则的存在。对于这宣言，我们可不看后来学者对他所下的攻击，只要看他们列强虽一方发了这宣言，一方却承认了俄国据用这原则而对于黑海中立条约宣言废止，已可见这宣言在法律上地位的低微。国际联盟约法第十九条虽给予盟联以极有限的权力，但根本上终承认了情势变迁可使条约不复适用，其继续不已且危及世界和平之虞。国际法庭对于这问题尚没有判例，各国法庭的判例如上述美国的 Court of Claims 在 Hooper v. United States 则已正式承认了这原则在法律上的地位。在以上的几种渊源里，我们都不能对于此原则内容加以确定，不得已，只能就诸家学说来求一个解答。依上述许多学说里，我们可总括其条件如下：

（1）缔约时的情势必为条约的原因。

（2）情势变迁后条约与一国之自存权相左。

（3）情势变迁后条约与一国之发展相左。

（4）于废止条约时不背国际的信义。

具备了这四种条件，于是一缔约国乃能行使其废止条约的权利。

我们现在可以根据这四种条件，来评量我国这次所采废约的手段是否合法。

所谓缔约时的情势必为条约的原因，乃指因了缔约时的情势，才订定了这条约之谓。我国所有的不平等条约，除了一部分系在强暴胁迫下所订定，他的废止乃合于以力抗力原则，不在本文讨论的范围以内，其他条约都为了当时的特殊情形而订立的，譬如领事裁判权的承认，乃为当时中国法律和司法制度上的缺陷，这就是为该条约原因的情势，若一旦这情势变了，则该条约当然可废止。

无论何人不能否认，我国在五六十年以前所有政治，经济，社会，以及国际关系上的种种情势，到今日已有了激烈的变迁；更不能否认的，就是这种情势的变迁已使旧有的条约，如协定关税，领事裁判权，内河航行权，租界，驻兵与警察权等，消极的阻止了我国的发展，积极的危害了我国的自存权。

至于国际的信义，则我们的废约既为根据于合法的条件，即为合法的步骤，决不能说有悖于信义，何况我国已屡次在巴黎和会，国际联盟，及华盛顿会议里表示改善我国国际关系的愿望，结果因列强的拒绝和敷衍，乃不得出于废约一途，亦深合于 Oppenheim 所提出的办法，所以在我国一方讲，可说已是义至仁尽了。

所以我坚定地说，我们这次的废法是合乎国际法的。

十七年（1928 年）岁底脱稿

十九世纪的国际私法学[*]

李浩培

一

国际私法学的起源，可追溯至十二世纪。自十四世纪至十八世纪，它为法则区别学派所独占。法则区别说者的解决法律冲突，从法律规则出发；换言之，他们分别探究各法律规则究以人，物，或行为为标的，以资决定它们的适用范围。但他们先后经过了五世纪的探讨与辩论，对于究竟哪一种法律是"人法"，那一种法律是"物法"，那一种法律是"混合法"，仍不能获得一致的结论。故在十九世纪初，法则区别学派已失其生气，而国际私法学如不能另辟新径，将难辩护其存在。很幸运地，国际私法学于十九世纪得到了三位法学大师的培植，因此它能继续发荣滋长。这三位大师是美国的斯托雷[1]（Story），德国的萨维尼（Savigny）及意大利的曼西尼[2]（Mancini）。本文拟叙述十九世纪的国际私法学。但十九世纪的国际私法学既以上述三位大师的学说为代表，本文自须详陈他们的理论，及他们的理论对于国际私法的影响。

二

斯托雷（一七七九——一八四五）是美国最高法院的一位推事，也是哈佛

---

[*] 本文原刊于《新法学》1948 年第 1 卷第 1 期。

[1] "斯托雷"原文作"施都莱"，现据今日通常用法改正，下同。——校勘者注。

[2] "曼西尼"原文作"马纪义"，现据今日通常用法改正，下同。——校勘者注。

大学法律学系的一位教授。在一八三四年，他出版他的著作法律冲突论（Commentaries on the Conflict of Laws Foreign and Domestic, in Regard to Contracts, Rights and Remedies, and especially in regard to Marriages, Divorces, Wills, Successions, and Judgments）。

斯氏主张："每一国家，在其自己的领土内，有绝对的主权及法权（Jurisdiction）。"[1]故"一国的法律，只在该国的领域及法权以内，有其固有的力量"。[2]详言之，"每一国家的法律，直接影响并拘束存在于该国领域内的一切财产，不论动产抑不动产，及居住于该国内的一切人，不论出生于该国的人民抑外国人，以及在该国内所为的一切契约与一切行为"。[3]但"无一国家得以其法律直接影响或拘束存在于该国领域以外的财产，或拘束不居住于该国内的一切人，不论出生于该国的人民抑外国人"。[4]一国的法律在外国既无固有的力量，则"一国的法律在外国所具有的任何力量及拘束性，纯粹依赖后者的法规，换言之，依赖后者的法理与制度，及明示或默示的同意"。[5]故适用外国法，非系一国的法律上义务，而国际私法的一切规则的发生，系由于国家相互间的利益与实利，并由于如采取相反的主义可能发生不便的感觉，且由于为期他国对己国实行公平故对他国有实行公平的道义上的必要"。[6]因此，"国际礼仪（Comity of Nations）是一个最适当的名词，可用以表示一国的法律在他国的领域内具有拘束力的真正的基础与范围"。[7]

上面所述的斯氏的基本理论，构成现代英美法系的国际私法的基石。很显明的，斯氏的思想，深受十七世纪荷兰法则区别说学者所持主权属地因此法律亦属地的影响。对于荷兰法则区别说学者的这个主义，我们此处不拟加以评论。但值得我们注意的是：在斯氏的理论体系中，"一国的法律只拘束存在于该国内的人及物，而不拘束存在于国外的人及物"的基本假设，看似精

---

〔1〕 见 Story, Conflict of Laws, 1st ed., 1834, §17.

〔2〕 见 Ibid., §7.

〔3〕 见 Ibid., §18.

〔4〕 见 Ibid., §20. 但在该书第二十一及第二十二两节，施氏承认一国得以法律拘束侨居于外国的本国人民，虽他主张这不过是一个例外，而他的承认的理由则为：这种人民回国时，该国得予他们以任何处置。

〔5〕 见 Ibid., §23.

〔6〕 见 Ibid., §35.

〔7〕 见 Ibid., §38.

审，实际上却自相矛盾。这假设实隐含有另一重要的假设，即"法权得分别地对人及物行使；对人行使法权时，必不同时对物行使法权；对物行使法权时，亦必不同时对人行使法权"。但，我们如稍加思索，即知一国对物"行使法权"时，换言之，即就存在于该国境内的物创设，变更，或废止一权利时，这被创设，变更，或废止的权利，虽关于物，仍影响于人，且不仅影响于存在于该国的人，并亦影响于存在于他国的人。同样的，一国对人"行使法权"时，结果亦常影响于物，纵这种物不存在于该国境内。兹举一例以明之。依我国法律适用条例，物权依物之所在地法；故只须一物在我国境内，该物的所有权究竟归属何人，便须依我国法解决，不论有关的当事人系在我国抑在他国。现在，设居住于英国的甲，与居住于我国的乙，就存在于我国的动产，发生所有权的争执，因此甲诉乙于我国法院，结果我国法院依我国民法判决该动产应归乙所有。于此，依斯氏的理论，该动产既存在于我国，我国的法律自得"拘束"之，故关于该动产，该判决自属有效；乙既居住于我国，我国的法律亦得拘束之，故对于乙，该判决亦自属有效；但甲既不居住于我国，我国的法律便不得拘束之，然则该判决是否对甲无效？我们的回答，无疑的是：理论上该判决不能仅拘束乙及该动产，而不拘束甲，因此亦不能仅对乙及该动产有效，而对甲无效。盖该判决如不能拘束甲，则甲尚得对乙就该动产主张所有权；然则我们何能谓该动产已归乙所有？如该动产确已归属于乙，则甲不能再对乙主张就该动产有所有权；然则我们何能谓甲不受该判决的拘束？就事实言，该判决确定后，甲不特在我国法院不能再对乙主张就该动产有所有权，且因该判决为英国法院所承认，甲亦不得再在英国法院对乙主张就该动产有所有权，因此该判决的对甲有效，及我国法律的得拘束不在我国境内的人，并无疑问。[1]且在上述的案件，设我国法院采用斯氏的理论，而认为我国的法律应拘束乙及该动产，英国的法律应拘束甲（因甲居住英国）；设关于动产所有权，英国法及我国法的规定并不一致，而适用我国法，该动产应归乙所有，适用英国法，该动产应归甲所有，我国法院究应适用我国法？抑英国法？从此可见斯氏的基本假设，实属无可维持，并绝对不能解决法律冲突问题。

---

〔1〕 参阅：Gutteridge, Reciprocity in Regard to Foreign Judgements, 13 British Year Book of International Law, 49 ff.

但斯氏的著作，对于国际私法，至少有下列的四大贡献：

第一，他的著作，助成法则区别学派的推翻。在斯氏的大著中，他虽采撷颇多法则区别说学者——罗登堡（Rodenburgh）、佛罗兰[1]（Froland）、波依尔[2]（Bouhir），富特[3]父子（Voet），波利诺[4]（Boullenois），及胡伯[5]（Huber）（尤其最后两人）——的学说的菁华，但法则区别说的法则二分或三分的主张，他却予以摒弃，而分就人之能力，婚姻，离婚，契约，动产，不动产，遗嘱，法定继承，审判权与救济，及外国判决等项目，讨论国际私法的问题。这样，他至少助成法则区别学派的推翻。这，我们应记取，是斯氏的一个重大的功绩。其理由略如下列。我们承认法则区别学派对于国际私法中颇多的问题，曾予以精详的探讨，与适当的解决，但我们亦不得不主张：这学派之企图以法则二分或三分的方法解决法律冲突，永无成功的可能，在斯氏时，这学派已无继续发扬的余地，故非将它推翻不能促进国际私法学的发展。

第二，他的著作显示欧陆的国际私法学者以一个崭新的，脚踏实地的，且易得正确结果的，研究国际私法的方法——从判例入手的方法。欧陆的学者大都喜用演绎的方法，以研究国际私法。他们常喜设定几个基本的假设；从这几个基本的假设，他们推衍出不少原则及个别的规则。这种假设，原则，及个别规则，构成一论理的体系，而这论理的体系，他们即称曰国际私法。这演绎的方法有其优点：采用这方法，可多得原则，并可多得新颖的思想，以促进现实法律的改进。但这方法亦有其弱点：因采用这方法而得的结果，只是作者个人的理论体系而已，与现实法律的内容常不相符合。斯氏的著作虽也含有几个基本假设，但他的实质却以英美法院的判例为根据。斯氏将这从判例入手的研究方法贡献于欧陆的学者，其功绩较之上述第一项的功绩更为伟大。近来，欧陆的一部分国际私法学者，对于演绎的方法已觉厌倦，故有更重视斯氏关于这方面的贡献的倾向。[6]

---

[1] "佛罗兰"原文作"佛乐朗"，现据今日通常用法改正。——校勘者注。
[2] "波依尔"原文作"蒲依而"，现据今日通常用法改正。——校勘者注。
[3] "富特"原文作"服蔼特"，现据今日通常用法改正。——校勘者注。
[4] "波利诺"原文作"蒲朗饶"，现据今日通常用法改正。——校勘者注。
[5] "胡伯"原文作"胡勃"，现据今日通常用法改正。——校勘者注。
[6] 参阅：Rabel, The Conflict of Laws, 1945, 19 ff.

第三，斯氏将欧陆颇多学者的国际私法学说介绍于英美，使英美与欧陆关于国际私法的发展，不至绝无联系。这也是一个不小的功绩。

第四，他的大著，形成英美的国际私法。现代英美的正统的国际私法学说，仍不出斯氏的范围，英美现实的国际私法规则，大部亦可溯源于斯氏的著作。在一八七九年，英国的国际私法学者哈里森[1]（Harrison）曾谓："该著作出现以后，在英美，关于该问题（国际私法问题），几无一案件的判决，未参考这博学的著作"。[2]这句话并非过分。

三

萨维尼（一七七九——一八六一）系德国十九世纪的著名法律学者，曾任柏林大学教授三十二年（一八一〇——一八四二），及普鲁士立法大臣。在法理学方面，萨氏系历史法学派的创造者，其学说风靡十九世纪的全球，至本世纪（20世纪——校勘者注）方告衰退。在国际私法学方面，萨氏学说的影响亦既广且远。萨氏在其名著现代罗马法体系（System des heutigen römischen Rechts）的第八卷中，讨论国际私法。这第八卷出版于一八四九年，故萨氏曾获得参考斯托雷及德国学者瓦克泰[3]（Wächter）的著作的利益。

萨氏的关于国际私法的基本理论，与斯氏的大相径庭，萨氏意欲找出国际私法的科学根据，俾国际私法借此根据得有普遍的发展，不受任何特殊的法律秩序的限制。这科学的根据，萨氏认为就现代世界的情形言，存在于各主权国家的互赖。在各主权国家间，因有互赖存在，故有基于国际法的社会存在。他说：

"主权的严格权利自得令一国的法官纯粹依内国法判决一切案件。……但这种规则，在我们所知悉的任何国家的立法中，未被发现。……这种考虑，使我们得到这个观点，即互相交通的各民族间基于国际法的社会（Völkerrchtlich Gemeinschaft der miteinander verkehrenden Nationen）。一部分因共同的耶教道德的影响，一部分因有关的各方依这观点均可得到实利，故时间愈进行，这观

---

〔1〕 "哈里森"原文作"哈礼逊"，现据今日通常用法改正。——校勘者注。

〔2〕 见 Harrison, Jurisprudence and Conflict of Laws, 1919, 119.

〔3〕 "瓦克泰"原文作"惠许德"，现据今日通常用法改正。——校勘者注。

点愈获得普遍的承认。如我们以绝对主权的严格权利相比较，这基于国际法的社会可被认为主权国家间的礼让的容许，容许在内国法的渊源中原非固有的法律。但我们必须了解各国间的这种容许，不仅是慷慨或武断的意志的结果，否则这种容许将不确定且不经久。相反的，我们必须认这种容许为既正当且进步之法律的发展。"〔1〕

萨氏认为国际私法所应致力以求达到的主要目的应为："在法律冲突的事件中，一法律关系，不论其判决系由甲国或乙国所为，应有同一的解决。"〔2〕

关于解决法律冲突的方法，萨氏虽受惠施两氏的影响，但仍独辟蹊径。斯氏将法则区别说的法则二分或三分摒弃不用，惠氏将该说予以猛烈的抨击，萨氏不特抨击及摒弃该说，且独创一新法，用以替代法则区别学派的旧法。从此法则区别说不得不销声匿迹。萨氏以为我们欲解决法律冲突时，我们可从法律规则出发：探究它们的性质，确定它们究以人，或物，或行为为标的，以资解决它们的适用范围。这是法则区别学派已经使用五百年的旧法。但，相反的，我们也可从法律关系出发：探究法律关系的性质，以资决定它们究应受何法律秩序的支配，或换言之，究应适用何国的法律。这是萨氏所提示的新方法。故依萨氏，国际私法学的问题，非为审究各种法律规则之系人法，物法，或混合法，亦非为界限各国立法者的立法权，而为"就每一法律关系，确定其依其本质所应归属或应受制的法律秩序。"〔3〕

因人系一切法律关系的中心，故萨氏先寻求人应归属的法律秩序。萨氏以为人应归属于其住所地的法律秩序。这规则他以为在当时已成为一般公认的规则。故人的权利能力及行为能力，均应依住所地法解决。〔4〕但人与人间，及人与物间，成立种种法律关系，故萨氏又寻求各种法律关系应归属的法律秩序。萨氏谓："法律规则所规律的直接目的物是人。……但人有支配物的欲望；人在达到物所占的特定空间时，人也可能进入一外国法的领域内。且人籍债的关系支配他人的行为，或将自己的行为受制于他人的意志。最后，为有家庭，人取得各种不同方式的生活，而因此他有时自愿地有时无意地离去他原来的及纯粹个人的法律领域。"

---

〔1〕 见 Savigny, System des heutigen römischen Rechts, VIII 1894, 26, 27.

〔2〕 见 Ibid., § 27.

〔3〕 见 Ibid., § 28.

〔4〕 见 Ibid., § 95.

　　然则我们应如何寻求各种法律关系所应归属的法律秩序呢？萨氏以为正如人有其住所然，每一法律关系亦有其本座（Sitz）——人的住所，存在于一特定的空间，一法律关系的本座，亦存在于一特定的空间。故我们如欲探得一法律关系所应归属的法律秩序，我们只须探得该法律关系的本座：支配该本座所存在的空间的法律秩序，即系该法律关系所应归属的法律秩序。但我们应如何发现一法律关系的本座？曰：我们应探索该法律关系的特性；我们应依该法律关系的特性，确定其本座。[1]故萨氏的解决法律冲突的方法实不外是：就每一法律关系，精细地分析并确定其性质，然后依其性质，探讨其适当的准据法。

　　萨氏分就物权，债权，继承，婚姻，亲权，监护，及法律行为的方式等问题，探讨其本座。现在我们拟略举数例，以显示萨氏解决实际问题的方法。关于物权，不论动产或不动产物权，他以为应以物的所在地为本座，换言之，即应适用物之所在地法。因此，关于动产，他摈弃动产从人的规则。他说："因物权的客体为我们所感觉，且占据一特定的空间，故客体的所在地，即系法律关系的本座。"[2]从契约所生的债，他以为应依当事人的意思，定其本座；但如当事人并无明示的相反意思，应以契约履行地为本座。他的理由如下：

　　"债的特别管辖权（债的真正的本座，与债的特别管辖权相符合），基于当事人的自由受制；这种自由受制，通常非系当事人的明示的意思表示，而系其默示的意思表示的结果，故常可以相反的意思表示排除。然则我们应探求当事人所见到的拟作为债的本座的地方；我们应将基于当事人自由受制的债的特别管辖权定在此地。但债的法律关系的本质，只有无体与无空间的存在，故我们解决此问题的适宜的方法，为就债的法律关系，寻求其可见的现象，俾得将其不可见的本质，系属于此种可见的现象，恰如我们对此法律关系予以一形体然。……债的关系，因原得由一个人任意处置的事项，成为该人不得不为的事项，原系不确定的事项，成为确定的事项，而存在；但此成为不得不为并确定的事项，实即债的履行。当事人的期望既集中于债的履行，则我们认履行地为债的本座，且为基于自由受制的债的特别管辖权所在地，

---

　　[1]　见 Ibid.，§28.
　　[2]　见 Ibid.，§169.

实合于债的本质。"[1]

关于继承，萨氏认为继承制度既将被继承人的遗产移转于他人，此制度实延长被继承人的权力与意志，使及于他的自然生命的期间以外。故继承关系的本座，应为被继承人死亡时的住所地。因此，依萨氏，不论动产继承或不动产继承，且不论此种财产系在何地，均依被继承人死亡时的住所地法。[2]

以上我们已略述萨氏的学说；以下我们拟估计其价值及其影响。

萨氏既以各互相交通的民族基于国际法的社会为国际私法的基础，他实是国际私法中国际学派的首创者。这我们不能不认为萨氏的功绩。依国际学派，解决法律冲突的法律规则，即国际私法，系一种国际法，为全世界各国所共有，而与这种国际法不相容的规则，各国不应制定。这种理论自与事实不相符合，但它亦有其优点：它使全世界的国际私法规则趋于一致，因之它使私权的保障逐渐巩固。关于萨氏的这个功绩，巴尔（Bar）早已明白道出：

"萨氏的优点，存在于其以完全的意识，采取国际法律社会的观念——这个观念限制一切地域的法律，并界限后者的权能——作为他的出发点，并存在于其不想像法律秩序的冲突，而想像一切法律秩序的和谐的联合。"[3]

但萨氏学说的真价值，尤存在于其提示我们以解决法律冲突的一个新方法。如上所陈，法则区别学派曾经使用五百年的旧方法，决非解决法律冲突的正当方法，因此绝无成功的希望。萨氏的新方法，富于新的启示，并曾被誉为现代国际私法学的真正起源。诚然，萨氏的新方法，在国际私法学者中，并非反对者，亦非无弱点。他的法律关系的本座，以及确定各种法律关系的本座的企图，曾受严厉的攻击。"本座"是一个含糊的名词；法国的尼布瓦耶[4]（Niboyet）以为他只能造成"法律的印象主义"（impressionnisme juridique）。十九世纪德国的法律学者白灵芝（Brinz）曾对债的本座的观念加以讥笑，谓债绝未坐着，如果是坐着的话，在双务契约的情形，债应有两个座位，坐在两

---

〔1〕 见 Ibid. , 206, 208.

〔2〕 参阅：Gutzwiller, Der Einfluss Savignys auf die Entwicklung des I. P. R. , 1923, 100.

〔3〕 见 Bar, The Theory and Practice of Private International Law, translated by Gillespie, 2nd ed. , 1892, 56.

〔4〕 "尼布瓦耶"原文作"倪抱一"，现据今日通常用法改正。——校勘者注。

个椅子上。[1]现代德国的著名民法专家及国际私法家沃尔夫[2]（Wolff）也曾说："萨氏的思想，不指示到达目的地的路径，而只指示该路径的方向"。[3]这种种批评，我们均可同意。简要言之，我们认为萨氏学说的弱点存在于纵我们采取萨氏的见解，认每一特定的法律关系，依其本质，有一特定的本座，但两人根据两不同的理由，对于同一的法律关系，却可主张两不同的本座。例如：人的能力，萨氏以为应以人的住所地为本座，但依现代欧洲大陆法系学者的通说，却应以当事人的本国为本座。但萨氏的学说，虽具有上述种种的缺陷，仍不失其真正的价值：它究竟给与我们以一个富于新的启示的解决法律冲突的新方法。

萨氏学说的影响甚为深远。从他的著作出版之日起，以迄十九世纪终了止，他的学说支配欧洲大陆的思想。甚至英国也不能避免他的影响。以下各著名的欧洲国际私法家均受到他的影响。德国：Walter, Gerber, Unger, Beseler, Roth, Gierke, Seuffert, von Keller, Holzschuher, Windscheid, Regelsberger. 法国：Lainé, Despagnet, Bartin, Valéry. 意国：Lomonaco, Brusa, Pertile, Fiore, Diena, Contuzzi, Gabba. 英国：Phillimore, Westlake 他的学说，于各国实际的国际私法规则，影响亦颇巨大。在一九〇〇年以前，德国无统一的民法典，亦无统一的国际私法典；这情形有助于萨氏的学说之实际上成为德国的普通法。在法国，关于国际私法的立法，包含于拿破仑法典第三条；但这条的规定甚为简略，可以任何学说填充其阙漏。故萨氏的学说，于法国的判例，亦颇有影响。在英国法院中，萨氏的权威亦几与斯托雷者相等。意大利的国际私法的立法，因受属人学派的影响，受萨氏的影响较小。

四

曼西尼（一八一七——一八八八）是意大利的一个政治家。当十九世纪中叶时，他热望意大利的统一。因此，当他从流放中逃至皮德蒙特[4]（Piedmont）而就都灵（Turin）大学教授的职务时，他在一八五一年正月二十二日

---

[1] 见 Brinz, Lehrbuch der Pandekten, 1, 1873, 102.

[2] "沃尔夫"原文作"服而夫"，现据今日通常用法改正。——校勘者注。

[3] 见 Wolff, Internationales Privatrecht, 1933, 16.

[4] "皮德蒙特"原文作"毕蒙"，现据今日通常用法改正。——校勘者注。

所为的就职演讲——其题目为：国籍视为国际法的基础（Della nazionalitá come fondamento deldiritto della genti）——予民族及国籍以特殊重要的地位。他以强烈的情感主张：国际法的基本概念系民族而非国家；国际法的合理的基础系国籍。国籍的构成因素系地域，种族，语文，习惯，历史，法律，与宗教：人民关于国籍的共同意识，予这种种因素以蓬勃的生气。个人的人格，最初决定于国籍。承认个人的人格，只能借承认个人的国籍达成之。[1]

曼氏的演讲，仅属粗枝大叶。但在一八七四年他向国际法学会（Institut de droit international）所提出的报告——该报告的题目为：以一或数国际条约的形式，使全体国家受国际私法的若干一般规则拘束的实利（De l'utilité de render obligatoires pour tous les Etats, sous la forme d'un ou de plusieurs traités internationaux, un certain nombre de régles g'enérales du droit international Privé）——他曾将其主义予以较详的阐发。我们拟只注意他所讨论的两个主要问题：（一）适用外国法的理由，（二）法律冲突的解决。[2]

关于第一问题，他受了萨维尼的影响，也以国际法律社会为出发点。开头他就提出这基本的问题：依国际私法，每一独立的主权者是否在其领土内有完全拒绝适用外国法的权力？他的回答是：纵每一国家的政治独立必产生立法独立的结果，但各国之享有立法权，并非谓各国得制定并适用不公道的及有害于法律社会的法律。法律社会的产生系由于人类的需要，并由于因各民族间有一般的社会联系而生的国际义务。关于法律的适用，既以真实的国际义务为基础，而非以互惠或互让为基础，则任何主权者自不得在其境内拒绝一切外国法的适用。

关于第二问题，他的理论，可归纳为三原则：（一）国籍的原则——依此原则，关于人的身份[3]能力，亲属关系，以及继承关系，他以为应适用当事人的本国法；（二）个人自由的原则——因此原则，关于物权及债的关系，他以为应尊重当事人的意思自治，故可适用当事人所选择的法律；（三）属地主权的原则——从此原则，一国的以公共秩序为目的的法律应适用于居住于

---

〔1〕 参阅：Mancini, Diritto internazionale; Prelezioni, 1873, 5 ff.

〔2〕 参阅：Diena, "Conception du droit international prive' en Italie" Recueil des Cours de l'Academie, 1927, II, 347 ff.

〔3〕 "身份"原文作"身分"，现据今日通常用法改正。——校勘者注。

该国的人民，不论此种人系本国人抑外国人。

下面是他对于国籍原则的阐明：

"气候，温度，或多山的或沿海的地理环境，土地的性质以及其肥瘠，需要与习惯的不同，决定每一民族的法律制度，几无例外。上述种种因素，多少决定身体的与智力的发展的迟早，亲属关系的组织，流行的职业，以及通常发生的事业与商业关系的性质。故，在各国的私法中，人的身份与能力必因上述各种情形的不同而亦有异。正如在国内私法的关系中，保护个人的合法并不可侵犯的自治之自由原则，确定政治权与立法权的限度，国籍原则亦确定外国人与内国人间的类似的界限。此中的理由，可从个人的及相互的自治（合法并不可侵犯的自治）中找得之；正因属于全民族的国籍规则与属于个人的自由规则实质上并无不同，故个人得以外国国籍原则的名义，要求各民族及各国家对于他的继承其私法的尊重，与他向其本国所要求者相同。因此，这种保障是严格的公平的行为，并且是不得违反的义务。产生这种义务的原则，较之国家的互相礼让或善意的原则，或民族的实利的原则为高，虽实利亦要求严格履行这种义务。"

从上面所引的一段话看来，曼氏的国籍原则只适用于私法：曼氏明示，个人得以外国国籍原则的名义，要求各民族及国家尊重其对于其私法的继承。他的意思盖谓：各国的私法，因他所列举的气候，温度等各种因素的不同而亦不同，然则将个人的本国的私法适用于该个人，自属最为适宜，并最足保护个人的利益。故依他的国籍原则，私法系属人法，应依当事人的国籍定其应否适用；一国的私法应适用于该国的人民，不论此种人民系在国内抑在国外。至公法却不然。曼氏以为私法得认个人所有的个别的能力及个人与他人所成立的法律关系，与其所居住的地域毫无关系，但公法规定一切人应受制于属地主权的条件，且必使个人与其所居留的国家的主权者发生关系。公法非以私人利益为目的，而以国家的公共秩序为目的：它实系国家对于个人的一部分自由的合法的"征用"。故关于公法，应不适用国籍原则，而应适用属地主权原则。公法应系属地法。一国的公法应适用于居住于该国的全体人民，不论此种人民系内国人抑外国人。

曼氏以公法为关于公共秩序的法律，而使之受其属地原则的支配。但曼氏的公共秩序的法律，不仅包括公法。曼氏以为一国的私法中，亦必有一部分，依该国主权者的见解，认为为保护其国家的善良风俗，以及良好政治的目的，系属必要；故此种法律亦应为属地法，因此亦应适用于在其领土内的一切人，不论此种人系内国人抑外国人，而不能以任何外国的法律排除其适用。曼氏叙述其此部分的公共秩序的法律曰：

"在一切国家中，公共秩序，依其广义，亦包含对于自国所认关于人类与社会伦理的较高原则的尊重；包含对于该国，任何制度，政府，及基于人类意志的行为绝对不能为有效的减损的善良风俗，人性所固有的原始权利，以及自由。一国的法律，外国的判决，或在外国所为的行为与契约，如损害这种原则或权利，每一主权者不但不能同意这种对于人类天性与伦理的侵害，且得公正地在其领土内，对于这种法律，判决，行为，或契约，不予以任何效力，亦不予以执行。例如：奴隶制度，多妻制度，以及其他在他国绝不能同意与承认的外国制度。且，不但与道德秩序不能相容的制度，一国得予以排斥，即与一社会中所建立的经济秩序不能相容的制度，一国亦得排斥之，盖经济秩序亦包括于广义的公共秩序之内。"

因与一国的经济秩序不相容而得予以排斥的外国制度，曼氏所举的例为：封建制度，社团的不动产不得让与的制度（main morte），以及世袭财产的制度（fideicommis）。

综上所述，可见曼氏的公共秩序，其含义颇为广泛，因此他的属地主权原则的适用范围，实大于他的国籍原则。曼氏以其国籍及属地主权两原则，似已可解决法律冲突的问题，但他尚以为不足。曼氏审慎地考查私法的结果，认为私法尚应分为两部分，其一他称为"必要"的部分，而另一则他称为"自愿"的部分。必要的私法法规，不得以个人的意思变更或排除其适用；故必须依当事人的国籍决定其是否适用。自愿的私法法规，有补充的性质，得以个人的意思排除其适用；故如当事人以自由意思决定适用他国法时，得适用该他国法，而不适用当事人本国法。私法中关于人的身份，亲等，亲属关系，法定继承，得以遗嘱处分遗产的限度，以及遗嘱的实质成立要件，的法律，曼氏以为均系必要的。但他以为关于物权，契约的成立，以及其他的债的法律，均系自愿的。这样，成立了另一原则，个人自由的原则，或意思自治的原则。这原则创始于十六世纪的法国的杜摩兰[1]（Dumoulin），在十九世纪又为曼氏理论体系中的一个柱子。

---

〔1〕 "杜摩兰"原文作"杜慕兰"，现据今日通常用法改正。——校勘者注。

　　曼氏的见地，由于当时欧洲大陆民族感的强烈，为颇多学者所景从与发扬。意大利的埃斯珀森〔1〕（Espersen）及菲奥雷〔2〕（Fiore），法国的韦斯〔3〕（Weiss），以及比利时的劳昂（Lanrent），尤能发扬曼氏的学说。结果另一重要的学派因以建立；这学派通常被称为意大利学派，或法意学派，或属人法学派。兹再述韦斯的理论于后，俾显示该学派的精义。

　　依韦氏的见解，国家系个人的集合。但国家为达保护个人的目的，必须有领土。以是国家的权力同时行使于人及领土。惟领土与人两者，其重要并不相等。一国若无人民，该国即不能存在；但我们能想象只有属人主权而无领土的国家。美洲的野蛮部落，及非洲的游牧部落，实不能谓有领土，但彼等仍各构成国家；这种国家虽其组织并不完备，仍能保护其人民的独立及自由的生存。领土之对于国家，实与住所之对于个人相似。住所既不能构成个人，领土亦不能构成国家。故国家因有其人民而存在；国家的属地主权，不过系其属人主权的附属品，依属人主权而存在。

　　一国的属人主权，以该国对于其人民有颁布法律的权利表示之。属人主权并无国境的限制。如甲国人至乙国，而乙国以乙国的法律加诸甲国人，除非乙国的国家利益需要将其法律加诸甲国人，即属损害甲国的属人主权，自非正当。在另一方面，如甲国人一出甲国境，甲国即放弃其管理该甲国人的权利，即系抛弃其属人主权，亦属不当。

　　且一人除其本国法外，何种法律能更适宜于其个人利益及个人需要？各民族的法律不同，系因各民族所处地域的气候不同，各民族的道德不同，天赋的才能不同，政治及宗教的观念不同，及文化的历史发展不同。然则将个人的本国法适用于个人，自属最为适宜。例如：设一英人的家庭侨居中国，中国对于该家庭适用英国的法律，自较适用中国的法律为公平适宜：盖中国法系为中国人及中国家庭而设，非为英国人及英国家庭而设；而英国法却正为英国人及英国家庭而设。

　　将外国人的本国法适用于在内国的外国人，于内国的主权无损。盖内国之适用外国人的本国法，系根据内国的命令及同意。

---

　　〔1〕　"埃斯珀森"原文作"爱斯沛孙"，现据今日通常用法改正。——校勘者注。
　　〔2〕　"菲奥雷"原文作"佛里"，现据今日通常用法改正。——校勘者注。
　　〔3〕　"韦斯"原文作"魏斯"，现据今日通常用法改正，下同。——校勘者注。

基上理由，韦氏综述其属人法主义的原则，但附以三个例外，曰：

"法律之规律私益，常以人的实利为目的；它为某种人民而制定时，只能支配此种人民，惟不论此种人民在何处，并不论此种人民的法律关系如何，它均应支配之；但因国际公秩序（ordre public international），场所支配行为（locus regit actum）及意思自治（autonomie de la volonté）三规则而生的例外或限制，不在此限。"[1]

属人法学派的学说，于各国关于国际私法的现实法规，有颇大的影响。

第一，欧洲大陆法系的国际私法，因属人法学派的国籍原则，除少数例外如丹麦挪威外，几已一致地以当事人本国法解决人的身份能力。当事人本国法，虽实际上远在曼西尼演讲以前，早已为一八〇四年的拿破仑法典及一八一一年的奥地利法典采用为人的身份能力的准据法，但如无属人法学派的尽力提倡，这主义未必能远于如现在的普遍。结果，关于国际私法，在现代欧洲大陆法系以及英美法系间，有一个重要的鸿沟存在；前者以当事人本国法决定人的身份能力，后者则仍以当事人住所地法解决该问题，两者的意见竟无法调和。

第二，公共秩序（ordre public）的概念，因属人法学派的属地原则，而其在国际私法中的地位，顿增重要。公共秩序，在斯托雷及萨维尼的学说中，不过是对于外国法的适用的一个例外。但在属人法学派的学说中，它却从例外的地位，升到原则的地位。属人法学派的出发点为：法律系为本国人而制定。故依该学派，一国的法律，论理上应绝对不适用于外国人，而应绝对适用于全体的本国人，不论后者系在本国，抑出国外，亦不论任何法律关系。但绝对的法律属人主义，已成为中古时代历史上的陈迹，在属地主权现在颇为各国重视的时节，该学派自不得不承认关于若干法律关系，外国人的本国法绝对不能适用，而属地法必须适用。属人法学派的公共秩序的法律即系属地法，为顾及各国的属地主权而设。然则，依该派，这种法律与一国属地主权同其重要，其范围决非狭隘的，其适用决非例外的，其存在亦决非暂时的。虽魏斯为维持其理论起见，不得不以公共秩序法律的适用为对于国籍原则的一个"例外"，但按之事实，这"例外"的重要，决不较减于它的原则，故我们仍不得不以原则称之。

---

〔1〕 见 Weiss, Mannel de droit international prive', 9th ed. , 1925, Introduction.

公共秩序，既因属人法学派的学说而从其原有的例外的地位升到原则的地位，现代各国的法院间有滥用这概念以过分扩张适用法院地法的倾向。这于国际私法的正常发展有不利的影响。[1]

---

[1] 参阅：Lewald, in Mitt. d. Gesellsch. f. Völkerrecht, VII, 1926, 47 ff.

国际私法中的当事人本国法主义[*]

李浩培

一

关于人的权利能力与行为能力，婚姻关系，亲属关系，以及继承关系的法律，一般国际私法学者现独称为"属人法"（Personaltatut）。属人法究应为当时人本国法抑当事人住所地法，各国的国际法私法尚未有一致的解决。

在现代的国籍观念尚未确立之时，且在各国的国内法尚未统一，因此法律冲突常只发生于同一国家内数不同的法律秩序间之时，适用当事人本国法的问题，自不至发生。故在一八〇四年的拿破仑法典施行以前，欧洲各国国际私法的学说与立法，大多以当事人住所地法为属人法，[1]就学说言，法则区别说学者所主张的应适用于境外的人法，几均指当事人住所地的人法。就立法言，一七九四年的普鲁士普通法第二十三及第二十五两条，尚规定"人的性质与权能"（Personliche Eigenschaften und Befugnisse），依其住所地法；无住所时则以出生时其父之住所地法（Lex originis）。

但自欧洲各国的国内法律统一，且人与人间的交通不仅保持省际的性质，并亦逐渐具有国际的性质后，属人法究因为当事人住所地法抑当事人本国法，便成问题。在立法中首创当事人本国法主义者是一八零四年拿破仑法典第三条。依该条第三项的规定——"法国人虽居住于外国，关于人之身份[2]能

---

* 本文原刊于《新法学》1948 年第 1 卷第 3 期。

〔1〕 参阅：Wolff, M, Internationales Privatrecht, 1933, 27.

〔2〕 "身份"原文作"身分"，现据今日通常用法改正，下同。——校勘者注。

力的法律仍支配之"。自十九世纪中叶以后，因属人法学的大加倡导，且因国家主义的盛行于世界，当事人本国法主义逐渐在国际私法中确立其地位。现在，下列各国的国际私法，在不同的范围内，均以当事人本国法为属人法：中、日、土、埃、法、比、荷、西、意、希、葡、德、奥、匈、罗、保、波、捷、芬、瑞典、卢森堡、南斯拉夫、智利、哥伦比亚〔1〕、秘鲁、委内瑞拉、海地以及萨尔瓦多等。〔2〕

在另一方面，英、美、丹、挪，以及南美及中美的大部分国家，例如：阿根廷、巴西、巴拉圭、乌路圭、危地马拉等国，关于属人法，却采当事人住所地法主义。瑞士在颇大的范围内亦采之。〔3〕

在国际公约方面，采当事人本国发主义者有下列各公约：①一八七八年中美及南美的一部分国家因利马（Lima）会议而订立但未经批准的国际私法公约；②欧陆一部分国家于一九零二年及一九零五年举行海牙会议而成立的关于婚姻、离婚与别居，未成年的监护，婚姻之身份的及财产的效力，以及禁治产，的五个国际私法公约；及③一九三零年世界颇多国家因日内瓦会议而成立的关于汇票及本票的国际私法公约。但南美一部分国家于一八八九年因蒙得维的亚会议而成立的国际私法公约，却采当事人住所地法主义。一九二八年第六次全美会议所采取的布斯塔曼特〔4〕法典则规定关于属人法，缔约国或得采当事人本国法主义，或得采当事人住所地法主义，并无限制。〔5〕

二

属人法究应为当事人本国法抑当事人住所地法，各国的见解即不相同，我们似应探究当事人本国法主义者及当事人住所地法主义者的主要的论辩。〔6〕前者的重要论点，不外四个：

1. 以当事人住所地法为属人法，是封建制度的成果。封建制度视人为土

---

〔1〕 "哥伦比亚"原文作"可伦比亚"，现据今日通常用法改正，下同。——校勘者注。

〔2〕 参阅：Rabel, E, The Conflict of Laws, 1945, 112.

〔3〕 参阅：Ibid, 110.

〔4〕 "布斯塔曼特"原文作"布斯他满贴"，现据今日通常用法改正，下同。——校勘者注。

〔5〕 参阅：Ibid, 115.

〔6〕 参阅：Arminjon, P, Precis de droit international prive, II, 2nd ed, 1934, 23ff.

地的附属品，故以一人的住所地法解决该人的权利能力，行为能力，婚姻关系，亲属关系，以及继承关系，自属当然之事。然则，当事人住所地法主义有视人为物，因此有降低人的地位的缺点。国家实质上是由于自愿而联合于同一政府下之人的集合；国籍代表个人与其本国的精神的关系。故以当事人本国法为属人法，实与自由的原则相符合。

2. 为尊重他国的属人主权，并保持自国的属人主权，应以当事人本国法为属人法。甲国的人民，纵出甲国而设定其住所于乙国，仍不失为甲国人，故仍受甲国的属人主权的支配。对于此种设定住所于乙国的甲国人，乙国必须以甲国法——即当事人本国法——为属人法，方得谓尊重甲国的主权。乙国如不采此办法，而以乙国法——即当事人住所地法——为此种人的属人法，结果必将使当事人本国法认为未成年的人，成为成年人，或当事人本国法认为已结婚的人，成为未结婚，是乙国对于甲国的主权只予以名义上的尊重，而实际上并未予以尊重。故为尊重他国的属人主权起见，应以当事人本国法为属人法。不但如此，甲国为保持其自国的属人主权起见，对于侨居于乙国的甲国人民，亦应以当事人本国法为属人法，否则甲国实放弃其属人主权。

3. 以当事人本国法适用于个人，最为适宜。盖一国的主权者制定关于人的法律时，自能顾及其本国人民的观念、需要、习惯、特性，以及体质等，但绝不能顾及外国人民的上述各因素。

4. 属人法为达保护个人的目的，应具有永久性。但采当事人本国法主义，方能使属人法具有此种性质，如采当事人住所地法主义，属人法即难有此性质。盖住所的取得、丧失，或变更，常基于个人的自由意思，且常颇容易。故如以当事人住所地法为属人法，则当事人每易一住所即变更其属人法，自非适宜；且住所即易变更，变更住所以期规避法律的情形，亦自易发生。国籍的变更，较之住所的变更，远为稀少；且国籍的变更，常不纯凭当事人的意思。故当事人本国法较住所地法为永久；当事人变更国籍以远法律规避的目的亦较困难。

在另一方面，当事人住所地法主义者却以左列的几个理由为辩论：

1. 当事人住所地法主义，较之当事人本国法主义，实予个人以更完全的自由，因一人得依其自由意思于任何时在任何地设定或废弃其住所。故当事人本国法主义者之批评住所地法主义有视人为物并有降低人的地位的缺点，殊无理由。

2. 以当事人住所地法为属人法。较为自然合理。一人的住所地，系该人的永久居住所在地，且系其事务及利益中心的所在地。然则，如一人将其住所从其本国移至他国时，该人即日常在该他国的空气中生活，其事务及利益中心即亦移至该他国，则以该他国的法律——即住所地国的法律——为该人的属人法，自属自然合理。故意大利国际私法学者迦巴（Gabba）"在住所地人为其大部的行为，获得其习惯，形成其品质，故在住所地人取得其在无论何地追随之的特性"。[1]

业将住所从本国移至他国的人民，虽与其本国尚有些微的政治关系，但这关系，在决定此种人民的民法上的身份及能力时，并非必须予以考虑的因素。否则，一人与二十五岁将其住所移至他国，在该他国生活五十年后，仍须以对渠？甚少的关系的本国法为其属人法，岂非荒谬？

3. 国籍是一个不确定的系属因素。依现实的国际公法，每一国家原则上得自由地规定取得其国籍的条件，故得自由地决定何人系其人民，何人非其人民。结果，人有取得重复国籍者，亦有无国籍者。于此两种情形，以当事人本国法为属人法，显有困难。纵我们可设法解决此困难，法律的适用，亦难期稳定。但住所的概念，颇为单纯。一人究在何地有住所，可以证明。故适用当事人住所地法，可得法律稳定的结果。

4. 在法律秩序众多的国家内，当事人本国法的使用，不能解决实际问题。例如：在美国国内，每一洲有其特殊的法律，其法律秩序的众多，可以概见。设美国当事人本国法为属人法，则例如，美国对于一纽约州人，应以美国法为其属人法，但美国的法律秩序即颇众多，究应适用何一法律秩序的法律，问题仍为解决。英国的法律情形，亦正类此。此后英美学者所常提出以支持住所地法主义的一个理由。

5. 人口移入颇多的国家，不得不采用当事人住所地法主义，以保持内国的利益；如此种国家以当事人本国法为属人法，于内国的利益将大有妨害。例如：在欧洲的瑞士，北美的合众国，南美的阿根廷等国，人口的移入，数目均颇巨大。于此情形，如采当事人本国法主义，结果或将至使用外国法的机会，多于适用内国法的机会，于内国的利益自有重大妨害。人口移出的国

---

[1] 参阅：Diena, G, La conception du droit international prive dapres la doctrine et la pratique en Italie, Recueil des cours, 1927, II, 358.

家，如采当事人本国法主义，可使其移出的侨民仍与本国保持联系。欧洲的德、意、波等国，亚洲的日本，均系人口移出颇多，而移入甚少，其采取当事人本国法主义，固属得计；但如期望瑞士，北美合众国，以及阿根廷等国亦采当事人本国法，宁非过甚？于此，我们可引哥斯远黎加及哥伦比亚两国的代表国于签订采取布斯塔曼特法典的条约时的声明，以资参证。如前所述，布氏法典，关于究以当事人本国法抑以当事人住所地法为属人法的问题，完全任诸缔约国的自由。上述两国，均系人口移入的国家，其声明如次："在下面签署的两国的代表国，于接受（本法典）第七条之对于欧洲的属人法主义，以及纯粹美洲的住所地法主义，以支配国际私法中的人之身份梦里后，声明接受此折衷，目的系在使美洲一切国家现有期望的并认为本会议最重要工作之一的法典，其签订不至延缓；但强调声言此折衷应系暂时的，因美洲大陆的法律的一致应以唯一的可有效地保证美洲各民族的主权与独立的住所地法实现之。美洲的国家即现为或将为人口移入的民族，她们每一念及欧洲移民之得主张在美洲援用他们的本国法，以在此间支配他们的民法上的身份以及他们的订约能力，不能无深沉的忧虑。承认此种办法之可以容许（此办法之可以容许，系本国法原则所重视，而本国法原则为本法典所部分认许），实等于在美洲的一个国家内设立另一个国家，且几将置我们于领事裁判权制度之下——这制度是欧洲在这几个世纪中加于其所认为在国际关系中较为低劣的亚洲国家的。欧洲为欲在美洲对于定着于美洲的自由土地上的欧洲人民保持其法权而鼓吹的理论（此种理论宁是政治的，而非法律的理论）在下面签署的两国的代表国愿望从美洲的立法中，迅速消灭其痕迹，且希望美洲大陆的立法依移入的外国人无限制地受属地法律支配的原则而统一。故，在下面签署的两国的代表国，由于希望住所地法于短时期内在美洲成为支配人之民法上的身份与能力的法律，并深信这是我们全体愿意创设之法律的泛美主义中最特殊的形象之一，对于该国际私法典投赞成票，并接受该法典所曾受启示的理论的折衷"。[1]

从上面的论辩看来，当事人本国法主义及当事人住所地法主义，实各有利弊。以当事人本国法为属人法，通常固可远属人法永久的目的，但在重复

---

〔1〕 见 Bustamante y Sirven，Le Code de droit international prive et la Sixieme Conference pan – americaine，1929，Appendice.

国籍及无国籍的情形，确难得满意的结果。在另一面，以当事人住所地法为属人法在当事人居住外国为时颇久，而与其本国甚少关系的情形，固属自然合理，但有时住所地的证明与确定，亦实属困难。故我们不能无保留地拥护其一而排斥其他。至各国国际私法之决定采择其一或其他，实际上大半基于政治的理由。首创当事人本国法主义的法国，因现在人口移入颇多，对于该主义正发生反动，而以当事人住所地法局部的代替当事人本国法的议论，在该国正逐渐得势。可见问题真正存在于何处。[1]

三

我国的国际私法，关于属人法，系采当事人本国法主义（法适第五至第二十一条）。鉴于我国是一个人口移出的国家，采取这主义，自属妥善。我们即采该主义，下列问题，必须解决：（一）当事人的国籍，依何法以决定？（二）使用当事人本国法时，如当事人有重复国籍，应以何国籍为准？（三）当事人无国籍时，如何补救？（四）当事人本国内各地方法律不同时，应适用何法？以下拟依次解决之。

四

关于当事人的国籍应依何法以决定的问题，其解决并不困难。国际法原则上即任各国自由地规定取得及丧失各该国国籍的条件，则一人究竟是否某一特定国家的人民，换言之，究竟是否取得或丧失某一特定国家的国籍，应依该国的法律决定之。[2]例如：中国籍的夫妻甲乙两人于英国的伦敦生女丙：该丙是否得认为中国人，应依中国的国籍法决定。依该法第一条第一款，丙应认为中国人。在另一面，该丙是否得同时被认为英国人，应依英国的国籍法决定。依英国一九一四年国籍及外国人地位法第一条第一款，丙亦系英国人。设丙成年时与德国籍男子丁结婚，丙是否因其结婚而取得德国国籍，

---

〔1〕 参阅：Cassin, R, La nouvelle conception du domiciledans le reglement des conflits de lois, Recueil des cours, 1930, IV, 657 ff.

〔2〕 参阅：Oppenheim, L, International Law, 6th ed, edited by Lanterpacht, I, 194, 297；Rabel, E, op. cit. 136.

却应依德国的国籍法决定。依中国国籍法第十条第一项第一款，丁只在自请脱离国籍，经我国内政部许可的条件下，丧失中国国籍。但依德国一九一三年七月二十二日国籍法第六条，外国女子如与德国人结婚，即取得德国国籍，故丙因其结婚即取得德国国籍。

但此处我们须注意者，该丙之丧失中国国籍及取得德国国籍，依中国及德国的国籍法，均以丙与丁的婚姻为要件；然则，丙与丁的婚姻是否成立的问题，应以何法以解决？我们的回答是：为解决丙是否丧失中国国籍的问题，丙的婚姻之成立与否，应依中国国际私法所定的婚姻准据法（法适第九条及第二十六条）解决；在另一面，为解决丙是否取得德国国籍的问题，丙的婚姻之成立与否，应依德国国际私法所定的婚姻准据法（德国民法施行法第十三条及第十一条）解决。盖丙之究竟是否丧失中国国籍及取得德国国籍，即应分别依中国法及德国法以解决；而丙的婚姻之是否成立，即分别依中国及德国的国籍法，又系丧失中国国籍及取得德国国籍之民法上的先决问题；则我们自须分别从该两法的观点，解决丙的婚姻是否成立的问题。

兹举德国法院的一个判例，以资说明。德国女子戊在瑞士与意国男子已结婚。戊是否因其婚姻而成为意人？德国斯？加特法院依意大利的国籍法解决该问题。依该法，意大利国籍的取得，戊在瑞士的婚姻有效为要件。该法院因此使用意大利国际私法所定的婚姻准据法，换言之，从意大利法的观点，以解决戊在瑞士的婚姻是否有效的问题。但关于戊是否因在瑞士与已结婚而丧失德国国籍的问题，德国法院依德国国际私法所定的准据法，即从德国法的观点，以解决该婚姻之是否有效。[1]

五

现在我们拟讨论适用当事人本国法时，如当事人有重复国籍，应以何国籍为准的问题。在解答这问题以前，我们似应先探究人可能取得重复国籍的两种不同的情形。

（一）出生时即取得重复国籍的情形。此因一国采血统主义（Jus Sangui-

---

[1] 德 tuttgart 高等法院一九零六年六月十一日判决，见 Jahrbucherfur die Wurttembergische Rechtspflege，XIX，179.

nis）而他国采出生地主义（Jus Soli）之故。例如：设中国籍夫妻甲乙两人住阿根廷，在阿生子丙。依中国国籍法第一条第一款，生时父为中国人者，即取得中国国籍，故丙系中国人。但依阿根廷一八六九年十月八日第三四六号法律第一条第一款，凡生于阿根廷领土内者，如非外国外交官的子女，不论其父母的国籍如何，均取得阿根廷国籍，故丙亦系阿根廷人。

（二）出生后因结婚归化等原因取得新国籍，但仍不丧失其旧国籍，因此取得重复国籍的情形。例如：设一美国女子与一德国男子结婚。依一九一三年七月二十二日德国国籍法第六条，外国女子与德国人结婚，即取得德国国籍。但依一九二二年九月二十二日美国法律第三条，美国女子与外国人结婚，仍保持其美国国籍。结果，该美国女子因与德国男子结婚而取得重复国籍。

适用当事人本国法时，如当事人有重复国籍，究应以何国籍为准？这问题，又应分两种情形解答。

（一）在当事人所取得的数国籍中，有一系内国国籍的情形。于此情形，该当事人虽依某一国籍的国籍法，已取得该外国国籍，但他依内国的国籍法，亦已取得内国国籍。依各国通例，内国法院，遇有此种情形，得不顾外国国籍法的规定，而依内国法，认其系内国人，并以内国法为该人的本国法。[1]例如：在上述中国籍夫妻甲乙两人在阿根廷生子丙的情形，如丙的属人法的问题系在中国法院发生，则中国法院即依中国国籍法认其为中国人，并以中国法为其本国法。此盖因就内国法院的立场言，一人是否系内国人，应完全依内国的主权者的决定；故外国主权者是否同时认该人系外国人可以不问。布斯塔曼特法典第九条，一九三零年四月九日海牙国籍公约第三条，日本一八九八年法例第二十七条，巴西一九一六年民法第九条，列支敦士登民法典人法第三十条，以及我国法适第二条第一项但书，其规定均与上面所陈的解决方法相同。

（二）在当事人所取得的数国籍中，并去内国国籍的情形。于此情形，内国的国籍法不认该当事人为内国人，故该当事人为外国人，并无疑问。但该当事人有数外国国籍，我们应以何一外国的法律为其本国法？依法适第二条第一项前半段，应依当事人最后取得的国籍定期本国法。例如：在前述美国女子与德国男子结婚的情形，该女的属人法的问题，如在我国法院发生，应

---

〔1〕　参阅：Lapradelle et Niboyet, Repertoire de droit international, TV, 639－641.

适用德国法，盖在该女所取得的美德两国国籍中，德国国籍的取得在后，但此规定只能适用于非同时取得数国籍的情形；在此情形，该规定的适用，尚不能令人完全满意；如数国籍系同时取得，例如，德国夫妻在阿根廷生子，该子因出生而同时取得德阿两国国籍的情形，此规定无适用的可能。

我们以为最适宜的解决方法，是依当事人最密的国籍，定其本国法。故如当事人有数本国而在其中之一复设有住所或永恒的居所时，应即以该国法为其本国法。如当事人在其数本国中均未设有住所或永恒的居所，我们仍可分别情形，定期本国法。（a）如当事人在数本国中的一国以前曾设有住所或永恒的居所时，可即以该国法为其本国法；（b）在当事人因婚姻而取得重复国籍的情形，可依其最后取得的国籍，定其本国法；（c）在当事人于出生时即取得重复国籍的情形，可依基于血统而取得的国籍，定其本国法。

国际法学会于一九三二年奥斯陆（Oslo）会议中所为的关于本问题的决议，与上面所陈的解决方法略同。[1]

六

其次，我们须解答因无国籍人而发生的问题。无国籍人亦可分为两类：（一）出生时即属无国籍者，（二）出生后因某种原因成为无国籍者。前一类的无国籍人，常在下列情形中见之：

（一）严格地采出生地主义的国家的人民，在严格地采血统主义的国家的领土内所生的子女，于出生时即无国籍。例如：阿根廷一八六九年十月八日法律第一条第二款，阿根廷人在外国所生的子女，只在其选择阿根廷国籍的条件下，取得阿根廷国籍。但依德国一九一三年七月二十二日的国籍法第三条，外国人在德国领土内所生的子女，不得取得德国国籍。故阿根廷人在德国所生的子女，在该子女未选择阿根廷国籍时，依阿根廷的国籍法即不能取得阿根廷国籍，依德国的国籍法又不能取得德国国籍，于出生时即成为无国籍人。

（二）无国籍人在纯采血统主义的国家的领土内所生的子女，于出生时即无国籍。

---

〔1〕 见 Annuaire de l'Institut de droit international, 1932, 471.

后一类的无国籍人，常见于左列两情形：

（一）女子与外国男子结婚。依颇多国家（例如：英、德、荷、捷、匈、土、卢森堡、玻利维亚，及海地等国）的法律，女子与外国男子结婚时，即丧失其本国国籍。但依另一部分国家（例如：美、苏、阿根廷、智利、及巴西等国）的法律，外国女子不因与内国男子结婚而取得内国国籍。故，例如，一德国女子如与一美国男子结婚，该女子一面即失去德国国籍，另一面复不取得美国国籍，即成为无国籍人。

（二）因政治的理由被剥夺国籍。例如：苏俄政府于一九二一年十二月五日层以命令剥夺旅外白俄人的俄国国籍。被剥夺国籍的人均成为无国籍人。

当事人无国籍时，应以何法为其属人法？对于此问题的解答，各国的立法并不一致：

1. 有规定依无国籍的人最后本国（即成为无国籍人以前最后取得的国籍）法；如该人后来无国籍，则依其住所地法；如并无住所，则依其居所地法者。德国民法施行法第二十九条的规定，即系如是。德国法院曾依此条对于被剥夺苏俄国籍的白俄，以苏俄法为其本国法。此种解决方法，殊可訾议：盖苏俄既不欲以白俄为其人民，白俄亦不愿以苏俄为其本国，自以不适用苏俄法为其本国法为宜。

2. 有规定依无国籍人的居所地法者。意大利一九一二年六月十三日法律第十四条曾有此例法例。该法之所以依居所地法而不依住所地法，主要的系因住所在意大利法中有颇特殊的意义之故。

3. 有规定依无国籍人的住所地法；如该人并无住所，则依其居所地法者。此系颇多国家的立法例，以现在最流行的学说为依据。我们以此立法例为妥善；盖一人除其本国外，当以其住所地为与其最有关系之地，故以住所地法为无国籍人的属人法，自属最为适宜。但无国籍人无住所，应适用其居所地法，因居所地与人的关系的密切，仅次于其本国及其住所地。此立法例除经我国法适第二条第二项采取外，其他国家立法采取者为：日本法例第二十七条，巴西民法典第九条，列支敦士登民法第三十一条，匈牙利一八九四年十二月九日婚姻法，及瑞士一八九一年六月二十七日联邦法第七条。[1]

---

〔1〕 参阅：Rabel, E, op, cit, 122～124.

七

颇多国家的国内法,现在尚未统一。然则,依我国法律适用条例应适用当事人本国法,而在当事人本国内各地方法律不同时,究应适用何法? 依法适第二条第三项,当事人本国内各地方法律不同时,应依其所属地方之法。这规定系仿自日本一八九八年法例第二七条第三项。依日本学者山田三良对于该项的解释,"无论在何场合,其实际所适用之法律,皆当为其当事者本国所行之法律中之一;至其当事者之果属于其本国之何地方,则非为我法律所能决定之问题,而以其本国之宪法、行政,及其他公法之规定为定"。[1]但这种规定过于简略,实际应用时未免发生困难。我们以为这问题应分三种情形解答之:

1. 如该当事人的本国已有省际或区际私法(Interlokales Privatrecht;droit interprovincial Prive)我们即应依这种法律,以决定应适用的法律。例如,波兰是一个"一国数法"的国家,但她已于一九二六年八月二日颁布省际私法以解决其"一国数法"的问题。故设我国法院须决定一个波兰人的行为能力而依法适第五条第一项应适用他的本国法时,这所适用的当事人本国法应是依波兰省际私法的规定应适用的那种波兰地方法。依该省际私法的规定,波兰人如在波兰有住所,应适用其住所地法;如在外国有住所,应适用其在波兰的最后住所地法;如在波兰未曾取得住所,应适用波兰首都所在地法。[2]因此,我国法院只须分别情形,适用该波兰人的性质住所地法,最后住所地法,或波兰首都住所地法,便属妥善。其理由不难明了[3]。依我国法适,关于人的能力,即应依第五条适用当事人本国法,则究竟适用当事人本国的何一地方的法律,原则上应完全由该当事人本国决定,而不应由我国代为决定。

2. 但若干国家——例如,南斯拉夫[4],不列颠帝国,及北美合众国等,私法既未统一,省际或区际私法亦付阙如。与此情形,上述第一种解决方法,自无应用的可能。但,如该当事人的住所系在其本国的领土内,问题的解决亦

---

〔1〕 [日] 山田三良:《国际私法》,李倬译,第三版,第一百页。
〔2〕 波兰省际私法第一及第三两条。
〔3〕 "明了"原文作"明瞭",现据今日通常用法改正。——校勘者注。
〔4〕 "南斯拉夫"原文作"巨哥斯拉夫",现据今日通常用法改正。——校勘者注。

尚不难。依一般成人的规则,我们即以该当事人的住所地法为其本国法。[1]盖该当事人的住所即在其本国,则适用其住所地法即系适用其本国法;且住所即系一人生活的中心,适用其在本国的住所地法亦即适用与其关系最为密切的法律。

3. 最难解决的情形是该当事人的本国,私法既未统一,省际或区际私法亦付阙如,而该当事人的住所复不存在于其本国而存在于他国的情形。于此情形,我们如适用该当事人的住所地法,岂不将舍当事人本国法主义而从当事人住所地法主义?我们以为较妥善的解决方法是:适用当事人在其本国的最后住所地的法律,而于当事人绝未在其本国取得住所的情形,适用其本国的首都所在地法。这个解决方法是德国学者的通说,且已为瑞典的立法例所采取。[2]但对于采当事人住所地法主义的国家的人民,我国法院如有援用反致条款的可能,自应援用该条款而适用中国法。例如:住所在我国的英国人,设因其身份能力问题涉讼于我国法院时,我国法院适用法适第四条的结果,自应适用我国法,而不适用该英国人在英国的最后住所地法,或英国首都所在地法。

---

〔1〕 参阅:Rabel, E, op, cit, 129.

〔2〕 参阅:Ibid, 130.

如何解决识别之冲突[*]

卢　峻[**]

一

　　至少在成文法国家，国际私法系国家意志之表现，[1]其性质与一般民商法同为国内法之一部，故其内容因国而异。非与国际公法之具有共同性者所可同日语也。然自十九世纪末叶以来，各国法学者深觉人类文明之进步，务须各国人民之行为应受类似法律之支配，故有主张纵不能立将各国国内法，一一去其异点，而规定统一之民商法，亦宜设法将各国国际私法法则，作划一共同之规定。是以一八七八年利马[2]会议（Lima Conference）以后，各国迭次召开关于国际私法之国际会议，[3]而学者亦渐重视比较法之研究，以谋各国对于同一法律关系得有统一之解决焉。

　　即令各国国际私法法则，规定尽同。但在某种案件场合，其判决仍不免时有参差，而不能达完全统一之境，因是学者间除认反致说外复倡法律性质

　　*　本文原刊于《中华法学杂志》1948 年新编第 7 卷第 2/3 期。

　　**　卢峻（1909～2000 年），浙江宁波人。1930 年毕业于东吴大学法学院（第 13 届），获法学学士学位。美国哈佛大学 1933 年法学博士。曾任新中国学院法律系主任、国立暨南大学法学教授、私立光华大学法学教授、东吴大学法律学院法学教授、西北法商学院院长、中央大学法学院院长。1949 年后历任复旦大学、东吴大学、华东政法学院、上海社会科学院法学研究所教授。著有《国际私法之理论与实际》等。

　　〔1〕　见 4 Revue de droit international Prive（1908）911.

　　〔2〕　"利马"原文作"列马"，现据今日通常用法改正，下同。——校勘者注。

　　〔3〕　利马会议以后，美洲有一八九九年之 Montevides Congress 一九〇一一二年之 Second Pan - American Congress 欧洲有一八九三年，一八九六年，一九〇〇年，一九〇四年之 Hague Conference.

说（Theory of Qualifications 又称 Theory of Classification 或称 Theory of Character-ization），以为补救之道。[1]

一八九七年大陆学者巴丹[2]氏（M. Bartin）开始研究法律性质说，一九二〇年美国洛伦岑[3]教授（Professor Ernest G. Lorenzen）在哥伦比亚法学杂志发表法律性质说与国际私法（The Theory of Qualifications and The Conflict of Laws）一文，介绍该学说至英美法学界。[4]我国关于国际私法问题所据为裁判之法律适用条例，规定綦简，而自领事裁判权废止以后，我法院之受理涉外案件已渐增多，法律性质问题，必将发生，故介绍之以供学者之研讨及审判上之参考。

二

有以为法律性质说者，即某法律名词，应认为具有何种意义之谓也。[5]此定义殊嫌过简，欲知该说之真义，当先明其所包含之问题，爰将发生法律性质冲突问题之场合，择其要者列举如左：[6]

甲、因区分夫妻财产与继承问题而发生性质冲突问题之场合（Matrimonial Profty and Succession）例如甲乙夫妇于结婚时设定住所于子国，其后移设住所于丑国，甲死于丑国并遗有财产于丑国，乙在丑国法院起诉，主张该财产应归其所有。设子国法关于夫妻财产，规定夫妇未经约定财产制者，为夫妇共同财产，丑国之继承法规定，妻无继承夫之财产之权，于此有问题矣，苟依法庭地之国际私法规定：夫妻财产依夫妇结婚时之住所地法，继承依被继人死亡时之住所地法，则法院究应认本案为夫妻财产问题而依子国法予乙有利之判决，抑为财产继承问题而依丑国法予以败诉之判决耶？

乙、因区分契约与侵权行为问题而发生性质冲突问题之场合例如甲在子国向乙为结婚之约定，而在丑国违反之，乙向甲在丑国法院主张权利，设依

---

[1]　参见拙著国际私法之理论与实际第一一四至一二二面。
[2]　"巴丹"原文作"白尔丁"，现据今日通常用法改正，下同。——校勘者注。
[3]　"洛伦岑"原文作"劳莱森"，现据今日通常用法改正，下同。——校勘者注。
[4]　见 20 Columbia Law Review 247.
[5]　见洛伦岑氏所著 The Theory of Qualifications and the Conflict of Laws 一文。
[6]　关于英美判例有涉于本说者见 Robertson, Chorscterzation in the Conflict of Laws 157~280.

子国法律，本案系关于契约问题，依丑国法律，则认为关于侵权行为问题，而依丑国之国际私法法则，契约之有效成立问题应依缔约地法，侵权行为应依不法行为地法，是则法院究应认为契约问题而依子国之国内法（即缔约地法）解决之，抑为侵权行为问题而依丑国之国内法（即不法行为地法）解决之耶？

丙、因识别当事人之国籍问题而发生性质冲突问题之场合例如：有原属子国国籍之女子乙嫁与属丑国国籍之男子甲为妻。依子国国籍法，子国女子嫁与外国人为妻者不当然因而丧失子国国籍，而依丑国国籍法，妻之国籍从夫之国籍，从而外国女子嫁与丑国男子为妻者，因结婚而当然取得丑国国籍，设丑国法院发生乙之有无能力问题，依丑国国际私法法则，能力依其人之本国法，苟非子国国内法，其人为有能力，依丑国国内法其人为无能力，则该法院究应依子国国籍法认乙有子国国籍，而复依子国国内法（即其本国法）认其为有能力，抑依丑国国籍法认乙有丑国国籍而复依丑国国内法认其为无能力耶？

丁、因识别缔约地及因识别不法行为地问题而发生性质冲突问题之场合例如：子丑两国之国际私法法则，均采缔约地法为契约有效成立问题之准据法，不法行为地法为侵权行为之准据法，但依子国之国内法以要约地为缔约地，以行为发生地（即损害原因发生地）为不法行为地，而依丑国之国内法，则以承诺地为缔约地，以行为结果地为不法行为地。设甲乙两人以通信方法缔结契约，甲在子国发送要约，乙在丑国为承诺，则缔约地究为何处耶？又甲在子国以枪射毙在丑国之乙，则不法行为地为子国抑丑国耶？

戊、因区分实体与程序问题而发生性质冲突问题之场合例如：甲向乙因在子国发生之票据债务起诉于丑国法院，乙以甲之债权依子国法已罹时效为抗辩。依丑国之国际私法法则，实质权利问题应依权利发生地国法，程序问题依法庭地国法，苟子国之国内法，认时效仅生阻碍诉之进行之效力，而无消灭权利本身之效力（即认为程序问题），而依丑国之国内法，时效之完成有消灭权利本身之效力（即认为实体问题），如是，则丑国法院应依子国之国内法认时效仅属程序问题，而复依程序依法庭地法之原则（即丑国法）不认乙之抗辩为有理由（因依一般国际私法原则，法庭地国不承认外国法关于程序之规定），抑经依丑国之国内法认甲之权利已因时效而消灭耶？抑更进而依权利问题从权利发生地国法之国际私法法则，将此问题再从子国法之规定办理以入于反致说之循环不息之境耶？反之，苟子国法认乙之抗辩为有理由（因实质问题应依权利发生地法），抑依丑国法认其抗辩为不成立耶？

己、因区分结婚能力与结婚仪式问题而发生性质冲突问题之场合例如：一般国家之国际私法规定：结婚能力依当事人之属人法（即住所地法或本国法），婚姻仪式依婚姻举行地法，设有住所于子国之某甲，未得其父同意，与有住所于丑国之女子乙在丑国结婚，子国法规定结婚以取得父之同意为要件，苟子丑两国法律均认甲之结婚能力问题应依子国法，婚姻仪式问题，应依丑国法，其后在丑国法院发生婚姻是否有效问题，则该法院究应认父之同意为能力问题而依子国法解决之，抑为仪式问题而依丑国法解决之耶？

上述六种场合，虽均系关于法律名词之意义，但法院对各案件应予解决之问题，其性质不尽相同，概括言之，可分下列三种类：

（一）在甲乙两案所应解决者为系争问题之法律性质（Juridical Nature of the problem）。就甲案而言，法院依其国际私法法则决定适用何种准据法之先，应决定该案之性质究为关于夫妻财产问题抑为关于继承财产问题，盖此两问题所应适用之准据法各不相同也。又在乙案法院虽已决定契约之是否有效成立，依缔约地法，侵权行为依不法行为地法，然在选用其中任何准据法之先，当确定该案之性质究属契约问题抑属侵权行为问题？

（二）在丙丁两案其所包含系争问题之法律性质，已经确定，而所待决者乃系确认何者为连系已选用之国际私法法则与某外国法的因素。此种因素，学者间有称之谓"联系因素"者（Connecting Factor）。[1] 例如国籍，住所，缔约地，侵权行为地等皆是。就丙案而言，法院虽已确定为关于能力的法律性质问题，且依其国际私法法则选定本国法为准据法，犹不能解决整个案件，而仍须限定本国法所根据之国籍的意义。又在丁案，法院虽已认定该案系关于契约的法律性质问题，且依其国际私法法则，选定缔约地法为准据法，但亦仍须限定缔约地的意义，究以要约地为缔约地抑以承诺地为缔约地耶？

第一类案件与第二类案件所不同之点，即法院对于前者应根据案件全部事实以定其法律性质，对于后者则只须确定有关之"联系因素"的意义，复依此因素以定应适用之某国法律。

---

〔1〕 此名词为福尔肯布里奇氏 Falconbridge 所倡［见福氏所著 Characterization in the Conflict of Laws（1937）53 Law Ouarterly Review. 235，236. 洛伦岑氏称之曰 Point of Contact］。

（三）在戊己两案，法院之所应为者乃决定案件各方面之所应适用之国内法及外国法之确切范围。就戊案而言，法院在已决定应适用之国际私法法则后——即实质权利问题依权利之发生地国法，程序问题依法庭地国法。尚须审究子国国内法关于实体问题的容度，以及丑国国内法关于程序问题之容度。又如在己案，法院虽已决定其应适用之准据法——即结婚能力依当事人之住所地法，婚姻仪式依婚姻举行地法，但尚须审究该准据法适用之容度，换言之，法院尚须决定子国法律内之几多部分〔1〕应适用于结婚能力问题，以及丑国法律内之几多部分应适用于婚姻仪式问题是。

第三类案件，与第一类案件骤视之似无显著之区别，〔2〕实则不然，两者可以其发生性质问题是否在适用国际私法法则之先后为区别之标准。如性质问题发生于适用国际私法法则之先，则属第一类性质问题，反之，则为第三类案件。

由上述三种不同之案件观之，解决涉外案件常有须经过下列三个阶段者：一为决定案件之法律性质，二为决定"联系因素"，三为准据法之定界及其适用（The delimitation and Application of the Properlaw），例如在上述乙案，法院当应为者，第一为确定该案之法律性质是否为关于契约案件。其次倘决定为契约案件，则须确认该案之"联系因素"，而后始能知契约之是否有效成立应依子国法（即缔约地法），再次尚须决定所谓"有效成立"之意义，此则已届于第三阶段矣。第一及第二阶段均仅包含国际私法之概念，适用于特定一部分事实之上，换言之，其问题系关于特定之事实，与国内法中任何法则之性质无关。但在第一阶段，法院于未选定应适用之国际私法法则之先，已须区分事实之性质，在第二阶段则法院须先选定应适用之国际私法法则，而后区分构成"联系因素"之事实，此为其不同之点，至第三阶段包含之问题，则系关于法庭地法法则或外国法法则之定界。〔3〕

---

〔1〕 "部分"原文作"部份"，现据今日通常用法改正，下同。——校勘者注。

〔2〕 福氏将第三类案件置于第一类中，漆雪儿氏（Cheshire）认能力与仪式问题亦属第一类（见 Cheshire, Private International Law. 2d ed. 58）。

〔3〕 见贝克特氏所著"类别问题与私国际法"一文 Beckett, The Question of Classification（"Qualification"）in Private International Law（1934）15 British Year Book of International Law 46. 贝氏却未将本文所述之第二阶段与第一阶段分离，而将"联系因素"之决定程序亦置于第一阶段中，其将第二阶段由第一阶段分离者，首自福氏。

国际私法案件，有仅至第一阶段即能解决者，有至第二或第三阶段始获解决者，此须视案件之内容而定，非每案之解决程序必须经此三阶段也。

综上所述，性质冲突问题之发生，不外下列三种情形：

其一，为当法院应解决案件之事实问题之时——例如案件之性质究属契约抑侵权行为问题，夫妻财产抑财产继承问题等是，在此阶段法院所遇见之问题即系究应将本案之特定事实，分属于何一法律类目之下是也。解决此问题之困难，在依照与案件有关之某国之法律或认该案应归于甲种类目（以婚约定于子国而违反于丑国之场合为例，子国或认该案为属于契约类目），而依其他有关之国之法律则或认应归于乙种类目（如前例丑国或认为应属侵权行为类目）。故问题所在，实为法院应依何国法律以定其所属之类目是也。于此应注意者，此项决定，乃为法院选择适用某项国际私法法则之先所必须经过之程序，诚以未决定案件之先，无从选定应适用之国际私法法则也。

其二，法院已为上述之决定后，乃选定应适用之国际私法法则，复借"联系因素"之媒介，将案件指由某国法律解决之。于此法院当本案情以决定何者为适当之"联系因素"，其困难之点，即同一案中甲国法律认某特定事实（例如承诺之发送）为"联系因素"者，乙国法律，或认其他特定事实（例如承诺之收到）为"联系因素"，换言之，某特定事实，甲国认之为"联系因素"者，未必亦为乙国所承认，故本阶段之问题，即为法院应依何国法律以决定并解决与案件有关之"联系因素"是也。

其三，"联系因素"之功能，在使某案件应解决之问题与应适用之国际私法法则，发生接触，换言之，"联系因素"为事实与法律之媒介物，例如法院决定缔约地在丑国时，则即得适用丑国之国内法矣，但法庭地国之国际私法法则，所谓应依丑国之国内法者，非谓凡关于契约之任何问题概须依丑国法律解决之也，例如关于起诉程序之要件，除依法庭地法外，别无他途，于此法院又当决定法庭地法之可能适用之范围以及选定之某外国法之可能适用之事实成分，（例如案中之何者部分应属程序范围，依法庭地法解决之，何者部分应属契约之有效成立问题，依丑国法解决之是。）此阶段之困难问题，亦为某项法律规定，依某国法律（例如关于时效之规定）有解为属于甲种问题（如认实质权利问题），而依他国法律则有解为属于乙种问题者（如认程序问题），故本阶段之问题为法院应依何国法律以解释有关之法律规定的性质，究属实体问题抑属程序问题是也。

三

对于法律性质冲突问题之解决方案，学者间之见解不一，总括之，可分法庭地法主义（The internal law of forum）、原因法主义（The lex causae）及国际观点主义（The international view）三种，兹分述之：

（一）法庭地法主义此为巴丹，康恩（Kaln）[1]，狄那[2]，洛伦岑[3]诸氏所主张，略谓法律性质冲突问题应依法庭地法决定之，其理由（甲）凡涉外案件经法庭地法选择某一外国法适用时，乃系法庭地法自动限制其国之主权，故某一案件究属何种类目，究以适用何者外国法为当，法庭地法均有完全裁量之权，但如已决定应由外国法支配之法律关系，苟其性质尚须依该外国法决定之，则该外国法殊有限制法庭地法之效力，而法庭地国之主权似有失独立之尊严矣，巴氏即以此为理由以为舍依法庭地法外，别无较合理论之办法。[4]劳氏亦谓英美法院处理涉外案件时，除受国际公法之一般限制外，其适用外国法之理论根据，非为外国法有当然拘束法庭地之效力，实系在某种场合适用外国法实较适用法庭地法合于正义与便利之故，故倘外国法之适用，纯系根据法庭地国之愿意，则由适用外国法而生之性质问题，自当同样依法庭地法决定之，始合逻辑。（乙）法庭地法主义较其他主义为优，盖原因法主义有因果倒置之嫌，而国际观点主义系完全基于拟制之上，故为一种理想而与实际情形显有未合。（丙）法律性质冲突问题系国际私法之一部，一国法院既应适用其本国国际私法之规定，则关于性质问题自亦应适用其本国之办法。[5]（丁）比尔[6]氏（J. H. Beale）谓在属地主义之法系中，性质

---

〔1〕 见 *Gesetzeskollisionen*: Ein Beitrag Zur Lenre des Internationalen Privatrechts（1891）30 Jehrings Jahrbuecher. "康恩"原文作"康伍"，现据今日通常用法改正。——校勘者注。

〔2〕 见前引劳氏论文第二六一面。

〔3〕 见前引劳氏论文第二四七面。

〔4〕 巴氏对此主义认有两种例外：即一，决定物之性质为动产抑为不动产，应依物之所在地法，缔约地之决定，从完成契约之最长时期国之法律，依劳氏研究英美判例之结果，认英美法院，除物之性质依其所在地法外，余如住所，缔约地等等"联系因素"之意义，应悉从法庭地法。

〔5〕 此为毕立氏之理由见 Pillet and Niboyet, Manaul de Droit International Prive'（1924）376.

〔6〕 "比尔"原文作"卞尔"，现据今日通常用法改正，下同。——校勘者注。

问题在原则上常从法庭地法。[1]

对法庭地法主义持异议者，曰法庭地法主义除实际上理由外殊乏理论根据，以巴氏之侵害国家主权一点而言，姑无论当今主权之说，已为一般学者所不取，若谓依外国法以定性质问题有侵害国家主权之嫌，则不但不当，抑且不足为信，何则？苟认国际私法系指示法院何种场合应舍法庭地法而适用外国法之科学，则自不能依法庭地法以定法律关系之性质，一若一国既同意某种国际纠纷由独立公断人裁判，则不论该公断人如何裁判，务须尊重其决定，毫无因此侵害其国家主权之嫌，则一国依国际私法规定适用外国法时，依该外国法以定法律关系之性质，何侵害主权之可言？复就主权说之本身言之，苟认主权说为成立，一国主权依现今实际状态，亦得自行限制而仍不失主权之完整。

巴氏认主张法庭地法主义者以关于物之性质之决定，不得适用法庭地法一节，（此为适用法庭地法之例外）亦即足以反证法庭地法主义除有实际上之理由外并无理论上之根据，否则，何以关于物之性质，认为例外耶？

至谓法律性质冲突问题，亦为法庭地国国际私法之一部，故应从法庭地法云云，似为以问答问，盖兹所欲解决之问题，即为法院应否依其法庭地法以定事物之性质也。又比尔氏之说，其意亦不过谓在属地主义法系中法院在原则上常从法庭地法，非谓必需依法庭地法也。

（二）原因法主义此说为德帕涅[2]氏（Despagnet）所主张，一称外国法主义，意即法院遇有涉外案件，在决定适用法庭地法时，关于法律关系性质之决定，固应依法庭地法，但倘认某法律关系应适用某外国法者，则关于该法律关系之性质亦当依该外国法决定之是也。[3]德氏以为法律关系之性质，对于支配该法律关系之法律以及制定该法律之立法者，甚为重要，故法律关系之性质应由同一之法律决定之，换言之，支配法律关系之法律，应即是决定该法律关系性质之法律。倘法院以某涉外法律关系应受某外国法之支配，而仍以法庭地法决定该法律关系之性质，是无异拒绝外国法之适用。

又严格从法庭地之纯国内法（不包括国际私法法则）之结果，法院于决

---

[1] 此为比尔氏之理由见 Beale, Conflict of Laws (1935) 35.

[2] "德帕涅"原文作"狄斯百尼"，现据今日通常用法改正，下同。——校勘者注。

[3] 见前引劳氏论文第二六三面。

定法律关系之性质时，其选择之范围仅限于本国所有之法律制度，而国际私法之所以规定应适用外国法之场合，其目的即在使之承认本国所无之外国法上的特殊制度。故法庭地法之严格适用，在实际场合，往往感觉限制过严，有失国际私法存在之理由。例如，依此主义，则英美国际私法必因英美普通法之无夫妻财产制，而否认夫妻财产之法律关系，又如因法国法律无信托（Trust）规定，则其国际私法亦必否认信托之法律关系，原因法主义即所以补上述法庭地法主义应用上之缺陷。

对于原因法主义之非议者曰，倘法律关系之性质依外国法决定之，则法庭地法（即法院所属国法）即失解决案件之控制权。结果，势不免违反制定国际私法法则之立法原意。再则国际私法法则与一般之国内法均属同一体系之法律，法院遇涉外案件依其国际私法法则适用外国法时，其适用外国法之性质，无异一般之国内法，故其法律关系之性质，自无依外国法之理。

（三）国际观点主义，此为贝克特[1]氏（Beckett）所主张。[2]其意略谓性质区分云者系各国国际私法中所共有之观念的解释，故区分法律关系之性质当以分析法学（Analytical Jurisprudence）及比较法为根据；学者如杰玛[3]氏（Gemma）及翟脱氏（Jitta）等亦谓法院于决定性质之际，宜考虑某特定案件之"正当国际秩序"（Proper International Order）及"国际社会生活的相当要件"。换言之，法律性质冲突问题应适用"国际共同法则"（International – Common）Rule，"无国际共同法则"者，依"一般国际原理"（General International Principles）。

依贝氏见解，凡案件之不涉于国内法之法则或制度之性质者，应悉依法庭地法，此固有相当理由。然彼显然未经注意大部分有关性质问题之案件，系属于第一及第二阶段者，贝氏并谓法院于选定某外国法应适用时，即性质问题除违反一般之原理外，表面上应亦从该外国法决定之，但如选定适用法庭地法时，则表面上除法庭地法有明文规定外，应从一般法学以区分其性质。然其何以作此区别，则贝氏未予说明，此亦其说之缺点也。

---

〔1〕 "贝克特"原文作"裴克铁"，现据今日通用用法改正，下同。——校勘者注。

〔2〕 见 Beckett, The Question of Classification in Private International Law, （1934）15 British Year Book of International Law. 46.

〔3〕 "杰玛"原文作"仇姆"，现据今日通用用法改正。——校勘者注。

除上述三种主张外，福尔肯布里奇〔1〕氏（Falconbridge）之折衷说（"Via Media"）亦足有讨论之价值，依福氏主张，法院应依其国内法之概念（即法庭地法）以区分事物之性质，但于适用此种概念之先，务需考虑有关之外国法律所认定之性质，换言之，法院决定性质，虽以依法庭地法为主，然并须顾及外国法上所认定之性质，故其主张实为法庭地法主义及外国法主义之折衷办法。福氏以为每一涉外案件之判决，必须经过三种步骤：一为问题之性质的区分（Characterization of the Subject or Question），二为准据法之选择（Selection of the Proper Law），三为准据法之适用（Application of the Proper Law），其对各步骤之解决方法因亦不尽相同，彼认解决第一步骤殊无适用外国法之可能，而比较法之原理，往往亦过于空泛，故主张应依法庭地法，而对于第三步骤，因其所引据之成例不甚充分，尚无一定之解决方法。

愚亦以为性质区分问题，应就其各阶段而求解决之途径，如上所述，第一阶段为关于"事实状态"（Factual Situation）或法律关系（Legal Relationship）之性质问题，换言之，即为案件之事实要点，应列于何者法律类别之下是也，例如，契约乎侵权行为乎？统一各国之法律，目前既无实现之希望，则此种问题自惟有依法庭地法解决之，殆无可非议，何则？盖欲决定支配案件"事实状态"之法律，必先确定该"事实状态"之性质，故于未决定其性质之先，实无从决定何种"法律关系"之存在，诚以法律关系，为法律规定与法律事实所产生之结果，故"法律关系"之存在，有赖于特定之法律，而欲确定某特定法律之应予适用，又须先确定"事实状态"之性质也，"法律关系"既须先赖"事实状态"之性质而决定之，则支配法律关系之法律（即外国法）自不能即为决定"事实状态"性质之法律矣，此其一。适用比较法之一般原则以决定第一阶段之性质问题，亦非尽善方法，盖一则法官未必皆为精习于比较法者，再则各国所同意之比较法上之一般原则甚少，不足以资应用，故比较法说亦非实际解决本问题之道，此其二。

愚意第一阶段以采用法庭地法实为最易且最适合实际之方法。然除实际上之理由外，殊无充分理论上之理由。

第一阶段之性质问题，固以依法庭地法较当，然在左列两种情形应认为例外：

---

〔1〕 "福尔肯布里奇"原文作"福康培著"，现据今日通常用法改正，下同。——校勘者注。

一，关于物之性质究为动产抑不动产问题。物之性质，在实际上有依其所在地法之必要，此非法庭地国应受物之所在地法之约束，乃以物之取得丧失以及变更等等，事实上非依其所在地法以定其性质，往往发生困难或窒碍故也。

二，某事实状态依有关之数外国法均认为具某种性质，而依法庭地法认为此种情形应从各外国法共认之性质为断而具有他种性质者。例如：在子国订约而在丑国违约，因而起诉于寅国的场合，苟子丑两国法律，均认该案性质，应属侵权行为范围，而寅国法律则认为一契约案件时，法院应认为属于侵权行为案件而据以选择其应适用之准据法以解决之。其理由甚为简单，盖依一般国家之国际私法法则，除程序问题从法庭地法为原则外，凡关于实质问题应依问题之性质以定其适用之准据法，故其结果往往适用某外国之国内法。

第一阶段之性质问题原则上所以认应从法庭地法者，原因实际上并无较良之方法。盖法院于两以上之外国法均可能依据而无法选用其一时，自以采用法庭地法较为简便，然有关之外国法既同认为具有某种性质者，则自毋庸法庭地法介入其间矣。

上述例外之设定，亦纯由于实际上社会之要求，不能谓有理论上之根据也。

于此有问题焉，即法庭地法所认之性质，其范围为如何？仅以法庭地国之国内法认可之性质为限乎？抑并认外国法特有之性质乎？愚以为国际私法所谓之性质，与一国之国内法所谓之性质，其范围往往不同。在实用上前者较后者为广，盖不然国际私法将失其存在之理由矣。故英国法院之不能以英国法无夫妻财产制而否认法国之夫妻财产制度，一如法国法院不得以其国内法无信托制度而否认英国信托制度之性质也。

第二阶段系关于"联系因素"之选择问题，而后以该因素所在地国之法律为解决案件之国际私法上的准据法。在此阶段之中，有于决定"联系因素"后，其准据法当然确定者，有"联系因素"虽经决定而准据法仍不确定者，设我法院已决定某事实状态系关于能力问题之争执，依我法律适用条例第五条规定："人之能力，依其本国法"，苟其人为英国人，则自当依英国法，然所谓英国法者究系指英国全部法律包括其国际私法在内，抑指其纯国内法而不包括其国际私法耶？倘认为指前者而言，英国国际私法采"人之能力依其住所地法"。苟其人有住所于中国时，则法院实际据以解决之法律，为中国法而非英国法。故于此场合"联系因素"之选择与准据法之选择系包含先后二个之步骤。

决定"联系因素"之性质，在英美学者及判例中，认为除应适用反致说之场合外，概依法庭地法。[1] 其理由谓决定"联系因素"之性质，既在决定外国法之可能适用之先，换言之，在未决定"联系因素"性质之先，既尚未发生国际私法问题，则自惟有法庭地法始得决定"联系因素"之性质。[2] 此理由似是而非，盖法院于未遇有国际私法问题之时，无庸审究"联系因素"之性质也。例如法院审及被继承人之住所是否在子国抑丑国时，即已涉于国际私法之领域矣。第二阶段之性质问题，原则上所以应依法庭地法者，与其谓有理论上之根据，毋宁谓基于实际上之需要，盖除此之外，未有其他较合实际之方法，诚以法官既不能倒果为因遽依事实状态之准据法以解决之，则依法庭地法自为最适当之方法，然此所谓法庭地法者，在英美法观念中，亦系包括国际私法法则在内，非仅指法庭地之纯国内法。盖纯国内法不涉于契约地，侵权行为地法等问题也。

以"国籍"为"联系因素"场合，除当事人具有多数国籍而依法庭地法亦为有法庭地国籍者应依法庭地法外，国籍之意义殊当依关系国家之法律定之，故英国法院不能依英国法律以决定其人为德国人，一若德国法律不能决定其人为英国人，此盖国籍之性质犹结婚之身份，一经依某国法律取得国籍，他国即有承认之必要。由此观之，在以本国法为属人问题之准据法的大陆国家，国籍问题乃为适用法庭地法的例外场合。

第三阶段系关于法院适用外国法之范围问题，例如法院于区分契约之性质而决定适用某外国法时，决非关于该契约之任何方面，均应适用该外国法，而事实上往往外国法仅须适用于其中之一部耳！（如关于契约之实体问题是）

---

[1] 如洛伦岑、贝克特、漆雪儿（Cheshire）诸氏是，又参见英国上诉院关于麦丁一案之判决（English Court of Appeal in re Martin）。在适用反致说之场合，认为例外之例：依英国法认动产继承应依被继承人死亡时之住所地法为准，设被继承人死亡时有住所于阿根廷（依英国法观念之认定），因继承其遗产发生诉讼于英国法院，自首当依上开国际私法法则从阿国法解决之，但如依阿国法认其人之住所系在英国时，则法院须依阿国法（即外国法）所认定住所之意义以解决之。

[2] 此理由为翁格尔氏所提出，见 Unger, The Place of Classification in Private International Law (1931) 19. Bell Yard 3.

罗伯逊〔1〕氏 Robertson 以为解决第三阶段性质问题之方法与解决其他阶段应有不同，而应以决定"事实状态"或问题的性质之法律，决定本阶段之性质，〔2〕例如设认契约之实质权利问题依子国法，实施此实质权利之程序问题依丑国法，则子国法所规定之取得时效（Prescription）究为实体抑程序问题当依子国法决之，而丑国所规定之消灭时效（Statute of Limitations）之性质问题，当依丑国法决定之，是此种解决之办法乃为求"理论合一"之需要殊为适当，愚亦从之，盖法院依国际私法则决定由契约所生实质权利依子国法，则何者为实质权利问题自当亦依子国法决定之，始能一贯，不然则实质权利问题虽名依子国法而实则从丑国法矣。

---

〔1〕 "罗伯逊"原文作"劳伯森"，现据今日通常用法改正。——校勘者注。

〔2〕 见 A. H. Robertson, Characterization in the Conflict of Laws. P. 131 其他法学者如漆雪儿氏毛来氏（Maury）德帕涅氏（Despagnet）亦主同说。

关于婚姻成立问题的国际私法*

李浩培

一

在国际私法中，婚姻成立的问题，通常分为实质成立要件与形式成立要件两问题解决之。本文亦拟分就此两问题讨论：先论婚姻实质成立要件的国际私法，次及婚姻形式成立要件的国际私法。

关于婚姻的实质成立要件，各国所采的准据法颇不一致。我们可分为三种主义以叙述之：

（1）婚姻举行地法主义。这主义是美国学者斯托雷[1]（Story）及毕夏普[2]（Bishop）所倡，[3]为美国法院的判例所采取。[4]一八八九年蒙得维的亚[5]公约第十一条亦采之。简括言之，这主义的要义是：一婚姻，依举行地法为效者，除一夫多妻或一妻多夫的婚姻以及特殊近亲的婚姻外，在任何地均有效；一婚姻，依举行地法为无效者，在任何地均无效。[6]这主义有其优点：它简单明了；它使婚姻当事人，为当事人顾问的律师，以及证明身份的官吏，除注意婚姻地法的规定外，无须探索其他法规。但它也具有重大

---

　* 本文原刊于《浙江学报》1948 年第 2 卷第 1 期。

　〔1〕 "斯托雷"原文作"施多莱"，现据今日通常用法改正。——校勘者注。

　〔2〕 "毕夏普"原文作"皮晓白"，现据今日通常用法改正。——校勘者注。

　〔3〕 见 Story, Commentaries on the Conflict of Laws, lst. Ed., 1834, 103; Bishop, Marriage, Divorce, and Separation, 1891, §839 ff.

　〔4〕 参阅 Lorenzen, Cases on Conflict of Laws, 4th ed., 1937, 734 – 745.

　〔5〕 "蒙得维的亚"原文作"蒙德维的俄"，现据今日通常用法改正。——校勘者注。

　〔6〕 参阅 Story, op. cit., 113 ~ 114; Bishop, op. cit., §§857, 858.

的缺点。第一，这主义使婚姻地成立与否，决于与婚姻并无重要关系的举行地。设甲男乙女，均中国人，其住所均在中国，而在其偶然经过的游历地瑞士举行婚礼。关于该婚姻的实质成立要件，何以必须依瑞士法，我们实不能解。第二，这主义的采取，使当事人易于规避法律。例如：在美国，婚姻当事人为规避住所的法律而赴他处举行婚礼，事所常有。结果，法律成为有钱阶级的工具；只须当事人有充足的旅费，常易达成规避法律的目的，而住所地法律的威信与住所地利益，却因此受损。为制止这种规避起见，美国的一部分州会制定所谓"规避法"（Evasion Statutes），规定当事人以规避本州岛法律的意思去他州结婚者，婚姻无效。且甚至有规定只须婚姻当事人的一造居住甲州，或拟继续居住该州，而依该甲州的法律，该造不得举行某一婚姻时，如去乙州与他造结婚，不论当事人规避法律的意思是够可以证明，均属无效者。[1]但，这种婚姻地被认为无效，如以证明当事人确有规避法律的意思为必要，结果必将使当事人间的婚姻关系，增加不确定的因素；反之，如不以这种证明为必要，则婚姻举行地法主义必不能维持，而实质上成为另一主义。

（2）当事人各该住所地法主义。依英国的国际私法，婚姻地实质成立要件，依当事人各该住所地法。[2]这是英国的国际私法以当事人住所地法为人之身份[3]能力的准据法的当然结果。丹麦也采取这主义。这主义的采取，仍易使当事人以变更住所的方法，规避其原来的住所地法所规定的婚姻禁止或障碍。

（3）当事人各该本国法主义。现代欧陆通行的学说与立法例，以当事人各该本国法为婚姻实质成立要件的准据法。[4]这主义系法国所首创，由于属人主义学派的提倡而盛行。奥、德、意、比、荷、西、葡、罗、希、保、波、匈、瑞典、瑞士、卢森堡、日本等国的国际私法以及我国法适第九条均从之。一九〇二年六月十二日海牙婚姻公约第一条也采取这主义。国籍不易变更，故采取这主义，法律规避的弊病[5]，大部可以防止。但如后所述，这主义

---

〔1〕 参阅 Graveson, The Doctrine of Evasion of the Law In England and America, Journal of Comparative Legislation, 1937, 21.

〔2〕 参阅 Dicey, Conflict of Laws, 5th ed., 1932, Rule 172.

〔3〕 "身份"原文作"身分"，现据今日通常用法改正。——校勘者注。

〔4〕 参阅 Rabel, the Conflict of Laws, 1945, 261 ff.

〔5〕 "弊病"原文作"弊宾"，现据今日通常用法改正。——校勘者注。

也产生不少复杂且不易解决的困难问题。

二

我国法适，关于婚姻地实质成立要件，既采当事人各该本国法主义，则一切的婚姻障碍……例如，年龄未及婚，近亲，前婚未消灭，奸淫，特定人未同意等——悉依当事人各该本国法解决。简括言之，婚姻地成立，以两婚姻当事人，各依基本国法，得对他造结婚为要件。故如甲乙两婚姻当事人的国籍不同，我们应分别依甲的本国法，审查甲是否得对乙结婚，依乙的本国法，审查乙是否得对甲结婚。通常，甲的本国法只能决定甲一方所必备的结婚要件，其所规定的结婚障碍，自亦只能适用于甲。但有时，甲的本国法亦可规定，为使甲乙的婚姻成立，不特甲一方须具备某种结婚要件，即乙一方亦须具备这种结婚要件：于此情形，甲的本国法所规定的婚姻障碍适用于甲乙两方。故婚姻要件或婚姻障碍有一方的与两方的之别；有时不易决定其属于前者抑后者时，应解释规定这种要件或障碍的法律，以资解决。兹举例以明之：

（1）依我国民法第九八〇条，男满十八岁，女满十六岁，方届及婚年龄，而有婚姻能力。此种年龄的要件系单方的：中国男子与外国女子结婚时，中国男子自须满十八岁，但外国女子的及婚年龄，不应依该条的规定，而应依其本国法的规定。故如已满十八岁的中国男子与已满十四岁而未满十六岁的意大利女子结婚，该婚姻就当事人的婚姻年龄言，完全适法；因依意国民法，女子满十四岁，便得结婚。同样，中国女子，如与外国男子结婚，后者的及婚年龄，亦不依我国民法的规定，而依其本国法的规定。其理由不难明了：各国人发育的迟早不同，因此及婚年龄亦不得不同，从而甲国民法所规定的及婚年龄，依事理言，应只适用于本国人，而不适用于他国人。

（2）我民法第九八六条规定："因奸经判决离婚，或受刑之宣告者，不得与相奸者结婚。"但法国无类似的禁止。[1]设甲夫乙妻，均中国人；乙与一法国的未婚男子丙相奸，经我国法院判决准丁戊两人离婚；乙自不得与丙相婚。但设丁夫戊夫，均法国人；戊与一中国的未婚男子已相奸，法国法院判

---

[1]　见 Burge, Commentaries on Coloial and Foreign Laws, 1907~1928, III, 121.

决准丁戊两人离婚后，戊与己是否得相婚？正当的解答应为：虽戊的本国法——法国法—不禁止这种婚姻，但我们解释上述我民法第九八六条的结果，应认为该条规定戊必须未与己相奸，或虽相奸而未经判决离婚或受刑的宣告，方得成立婚姻；现在戊己既经相奸并经判离婚，自不得相婚，故该条所规定的婚姻障碍，不特及于我国人，并及于拟与我国人相婚的外国人，换言之，系两方的。至我们所以为这种解释，不外因这条的规定系为维持我国的善良风俗而设，而认这条规定两方的婚姻障碍，方能使它远成目的。

（3）西班牙法不承认离婚制度，故西班牙人结婚后，不得在其配偶生存的期间内另与他人结婚。但中国籍的女子甲结婚而离异后，在其原配偶生存的期间内，是否得与西班牙男子乙结婚（该乙以前并未结婚）？我们以为此处西班牙法所规定的婚姻障碍，就西班牙法解释，系两方的障碍，故甲乙的婚姻，西班牙法院自不能认为有有效。但这种婚姻障碍既违反我国的公共秩序，故这婚姻是否有效的问题如在我国法院中发生，我国法院应认这婚姻为有效。[1]

三

法适第九条所称的当事人各该本国法，自指婚姻举行时的当事人各该本国法。当事人在婚姻举行前或举行前或举行后，如有国籍的变更，于决定此处的本国法时，应不予顾及。故如当事人的一造或两造，为规避其原来的本国法所规定的婚姻障碍，归化另一国而结婚时，其婚姻的实质成立要件，依其新的本国法，而不依其原来的本国法。例如：依我国民法第九八三条第一项第二款，伯叔与侄女，不得结婚，但依德国民法第一三一〇条第一项，却可结婚。设叔父甲，中国人，侄女乙，德国人；甲为欲与乙结婚，归化德国，然后实行结婚；甲乙的婚姻为有效。同样的，女子如因结婚而其国籍发生变更时，该变更于决定其婚姻实质成立要件的准据法，亦无影响。

一婚姻如依婚姻举行时的当事人各该本国法为有效，不因当事人以后变

---

〔1〕 法国蒙彼利埃（Montpellier）法院一九二〇年三月十八日所为的判决，与我们的意见相反，但颇为学者所采击。参阅 Journal de droit, international, 1920, 633; Audinet, Les Conflits de Lois en matiere de mariage et de divorce, Recueil des Cours de t'Académie de droit international, 1926, I, 182.

更国籍而无效；如依该法为效时，亦不因当事人以后变更国籍而有效。例如：设上述的叔侄结婚后，甲如在归化我国，该婚姻仍属有效。但设上述的甲未归化德国而即与乙结婚，则该结婚既因违反我国法律的禁止而无效，纵甲于结婚后归化德国，亦不能使之有效。[1]

四

婚姻地实质成立要件，既依当事人各该本国法，则就原则言，当事人各该本国法所规定的一切婚姻障碍，均应予以尊重，而其他法律所规定者，均不应予以尊重。对于这原则，因法适的采取反致（Renvoi）与公共秩序（Ordre Public），却有两个重要的例外。法适第四条规定："依本条例适用当事人本国法时，如依其本国法应适用中国法者，依中国法"。故如两美国人在中国结婚，关于婚姻障碍，因美国的国际私法采用婚姻举行地法主义，反致的结果，我们应不适用美国法，而应适用中国法。同样的，如在中国有住所的两英国人，在任何地结婚，关于婚姻障碍，亦因英国的国际私法采用当事人各该住所地法主义，反致的结果，应适用中国法。

因婚姻是重要的社会制度，于公序良俗常有重大的影响，故婚姻事项适用公序规则的机会特多。就婚姻事项言，公序规则的适用，可产生两不同的结果：（1）不适用当事人本国法所规定的婚姻障碍；在此种情形，当事人本国法所禁止的婚姻，婚姻举行地的官应却准予举行，或受理诉讼的法院却认为有效；（2）适用婚姻举行地法或法院地法所规定的婚姻障碍；在此种情形，当事人本国法所容许的婚姻，婚姻举行地的官厅却不准举行，或，如业经举行，受理诉讼的法院却不认为有效。我们应记取者，在上述两种情形中婚姻举行地官厅决定是否准当事人举行婚姻时，自只注意举行地的公序；受理诉讼的法院诉讼的法院决定是否认已举行地婚姻为有效时，亦只注意法院地的公序，而不注意举行地的公序。

（1）不适用当事人本国法所规定的婚姻障碍。例如：奥地利一八一一年民法典第六四条禁止基督教徒与非基督教徒结婚；波兰法亦有类似的规定。此种禁止，英法等国均认为与信仰自由的原则有背，而援引公序规则，不予

---

[1]　参阅 Wolff, Internationales Privatrecht, 1933, 117.

适用。故奥国籍的基督教徒与奥国籍的非基督教徒可在英法等国结婚。[1] 又如：美国一部分州，路易斯安那[2]（Louisiana），亚利桑那州[3]（Arizcna），及佐治亚（Georgia）等禁止白种人与有色人间的婚姻。此种禁止，亦为欧洲各国，且甚至为美国北部的州，以公序规则排除适用。再如：德国民法第一三一五条规定："军人及邦官吏，依邦法须经特准方得结婚者，非得况定之准许，不得结婚。"这种"政治上的障碍"，其他国家亦可不予尊重。

依公序规则不适用当事人本国法所规定的婚姻障碍而结婚时，该婚姻于举行地自属有效。但当事人的本国仍将认为无效。至第三国的法院是否认该婚姻为有效，视当事人本国法的适用是否与该第三国的公序违反以为断。如当事人本国法的适用与该第三国的公序相违反，则该第三国将认这婚姻为奥国籍的有效：例如，设奥国籍的一个基督教徒与一个非基督教徒在法国结婚，法国法院固认该结婚为有效，我国法院或英国法院亦必认该婚姻为有效。反之，如当事人本国法的适用，与该第三国的公序不相违反，则该第三国法院将认该婚姻为无效：例如，设上述在法国举行地奥国基督教徒与非基督教徒的婚姻是否有效的问题发生于波兰法院，该法院将认为无效。

依海牙婚姻公约第三条第一项，缔约国只得就当事人本国法或该法明示应适用的他国法中纯粹关于宗教上理由的禁止不予尊重，而准许外国人结婚。故这些法律中所含的其他婚姻障碍，缔约国均应尊重，不得以公共秩序的理由予以排除。这规定实际上未充分顾及举行地国的利益。例如：该条不承认举行地国得不尊重当事人本国法所规定的政治障碍。故德国军人逃役而居住于法国者，既未得其长官的特准结婚，法国当局不得为之举行婚礼。法国感觉不便，因此退出该公约，自一九一四年六月一日起，不受该公约的拘束。基于同一的理由，比利时亦退出该公约，自一九一九年六月一日起不受其拘束。

依同条第二项，婚姻举行地法依据第一项的规定准许外国人结婚时，其他国家得不认这种婚姻为有效；然则，她们亦得认其为有效。

（2）适用婚姻举行地法或法院所规定的婚姻障碍。例如：重婚的禁止，

---

[1] 见 Audinet, op. cit, 183.

[2] "路易斯安那州"原文作"鲁意斯安那"，现据今日通常用法改正。——校勘者注。

[3] "亚利桑那州"原文作"亚利桑那"，现据今日通常用法改正。——校勘者注。

近亲结婚的禁止，以及因奸经判决离婚与其相奸者结婚的禁止，常被视为有国公共秩序与善良风俗，故虽外国人亦不得在规定有这种禁止的国家内，违反这种禁止而结婚。如果违反这种禁止而结婚，举行地法院应不顾当事人本国法，而依举行地法的规定，予当事人以制裁。因此，设甲男及乙女，均苏俄人，居住我国，原系翁媳，拟举行结婚时，虽依苏俄法翁媳亦得结婚，为宜；如在我国结婚，我国法院应依法适第一条，我民法第九八三条第一项第一款及第九八八条第二款，认为无效。但此处我们须注意者，婚姻的当事人既均系外国人，且在通常的情形，外国人结婚后不至永久居住于举行地国，故举行地的法院不应轻易认定外国人的婚姻有背举行地的公序良俗，而认为无效或得撤销。上述甲乙两苏俄人在我国的婚姻，我国法院自应认为无效。但如甲乙两人并非翁媳，只有监护人与受监护人的关系，而在监护关系存续中，违反我民法第九八四条的规定，在我国结婚时，我国法院不应以公共秩序为理由，认该婚姻为得撤销，而应依苏俄法的规定，认其为有效。不但如此，即在上述翁媳结婚的事件中，如甲翁乙媳的结婚非在中国，而在苏俄，结婚后甲乙来我国时，我国法院亦应依苏俄法，认该婚姻为有效；盖于此情形，婚姻地缔结，既在苏俄，于我国的公序便无损害。

在海牙婚姻公约订立时，各缔约国因欲将公序规则的适用范围予以确定与限制，故该公约的第二第三两条分别就举行地国得以公序的理由排除当事人本国法的适用而准许或禁止外国人结婚的情形，予以列举的规定。第三条规定举行地国得以公序的理由准许外国人结婚的情形；这业经讨论于上。兹阐述该公约容许婚姻举行地国以公序的理由禁止外国人结婚的规定——公约第二条——于下：

依第二条第一项，婚姻举行地法得以外国人的婚姻违反其下列规定之一，而禁止举行：①基于血亲或姻亲等关系的绝对禁婚；②因通奸而一造的婚姻被解除时，对相奸者的绝对禁婚；③因与配偶的一方向谋杀害他方而被判有罪时，对同谋杀害者的绝对禁婚。所谓"绝对禁婚"（Prohibition absolue）系指不得免除的婚姻禁止，别于得免除的相对禁止。例如：法民法第一六一条的禁止伯叔与侄女结婚，系相对的禁止，因该禁止公约同法第一六四条，得由总统准予免除；瑞士民法第一〇〇条第一款也禁止伯叔与侄女结婚，但因该禁止不得免除，系绝对的禁止。故在海牙公约对法德瑞三国有效的期间内，如德国籍的叔父与侄女两人拟在瑞士结婚（德国民法不禁止这种婚姻，已如上述），瑞士得禁止之，但如果在法国结婚，法国不得禁止。惟该叔侄两人如竟在瑞士结婚时，依该公约第二条第二项，该婚姻因依当事人本国法——德国法——系属有效，他国，甚至瑞士，仍应认为有效。试将该公约第二条的第一及第二两项合并观之，该公约之一面容许婚姻举行地法得以列举的公序合的理由禁止外国人结婚，但一面却对于违反这种禁止的婚姻仍认为有效，似颇可使我们感觉到这种规定既不甚合于论理，且未免使婚姻举行地法失其尊严，婚姻举行地国的利益失其保障。但该两规定之努力使依当事人本国法有效的婚姻，在无论何地均为有效，却灼然可见。这种努力颇值得赞扬：盖一婚姻在当事人本国原属有效，而在他国认为无效，究于婚姻当事人甚为不利。

依该公约第二条第三项，各缔约国就基于宗教上障碍的理由或前婚的理由而认为违反自国法律的婚姻，无为之举行的义务。婚姻当事人违反举行地法的这种禁止而结婚时，该婚姻只在举行地国无效，在他国仍属有效。此处所谓"前婚的理由"，尚非指重婚的情形，但主要的系指夫妻的一造被宣告死亡而他造再婚的情形或前婚消灭后夫或妻再婚的情形而言。宗教上的障碍，例如，奥地利法的禁止宗教师结婚，以及禁止基督教徒与非基督教徒结婚。故如瑞士籍的基督教徒甲与非基督教徒乙虽依其本国法可以结婚，但如该两人拟在奥地利结婚，该国无为之举行婚姻的义务。如该两人竟在奥地利结婚，则该婚姻在奥地利应为无效，但在其他一切国家，均属有效。结果，婚姻当事人在奥地利依法并非夫妻，其所生的子女并非婚生子女，但在其他一切国家则当事人依法取得夫妻的身份，其所生的子女亦依法取得婚生子女的身份。如婚姻当事人的一造，因婚姻在举行地国无效，而在该国另与他人结婚，该后的婚姻，举行地国将认为有效，但其他国家，因认前的婚姻为有效，将认为无效。这种结果，自与我们的理想——一婚姻，各国应一致认为有效或一致认为无效——不符；但在现实的情形下，妥善的救济办法，殊难发现[1]。

五

关于婚姻地形式成立要件，学说及各国现实的国际私法，除少数采用宗

---

[1] "发现"原文作"发见"，现据今日通常用法改正。——校勘者注。

教婚国家的国际私法外，大都认为应适用"场所支配行为"（Jocus regit ac-tum）的规则。惟关于这规则的意义，却尚未有一致的见解。依这规则，婚姻的方式，依婚姻举行地法。但这种方式是否必须符合婚姻举行地法的规定，方属有效？抑不符合婚姻举行地法的规定时，如符合其他特定法律的规定，亦属有效？换言之，"场所支配行为"的规则，究系强制的，抑系任意的，意见尚不无歧异。但这歧异，究尚不大。依我国司法院的见解，婚姻地形式成立要件，依当事人各该本国法。这使我们的关于婚姻形式成立要件的准据法，与宗教婚国家所采的准据法相同，而与大多数国家所采的"场所支配行为"规则相反，是否有当于事理，大有疑问。我们拟先就学说，各国现实的国际私法，以及国际公约，讨论这问题，然后叙述我国的法律适用条例及司法院的解释与指令关于这问题的解答，略陈对于这解答的管见，并提供私意所认为正当的解答。

在学说方面，比利时学者洛朗[1]（Laurent）以为婚姻方式的法律系一种警察法律，故婚姻地方式，必须依行为地法，方属有效。[2]洛氏的为此主张，实因其厌恶宗教仪式的婚姻，故企图以强制的"场所支配行为"的规则，使采取宗教婚的国家的人民，在采取民法婚的国家境内结婚时，必须采用民法婚的方式。但德国学者巴尔（Bar）却认为法律行为的方式系法律行为成立要件之一，故原则上应适用法律行为实质成立要件的准据法，但为使行为人易于成立行为起见，亦得依行为地法。故依巴氏，"场所支配行为"的规则成为任意的：婚姻当事人的婚姻当事人的婚姻方式，得依当事人各该本国法或婚姻举行地法，均属有效。德国学者奇特尔曼[3]（Zitelmann）及弗兰肯斯坦[4]（Frankenstein）更进一步，倡导婚姻的方式应依当事人各该本国法；只在当事人本国法承认"场所支配行为"规则的效力时，当事人方得依婚姻举行地的方式成立婚姻。

---

〔1〕 "洛朗"原文作"劳盖"，现据今日通常用法改正，下同。——校勘者注。

〔2〕 参阅 Laurent, Droit civil international, 1880 – 1881, IV, §230ff.

〔3〕 "奇特尔曼"原文作"戚特儿曼"，现据今日通常用法改正。——校勘者注。

〔4〕 "弗兰肯斯坦"原文作"佛兰根许坦"，现据今日通常用法改正。——校勘者注。

六

至于现实的国际私法，我们可分三类叙述：

（1）第一类——认"场所支配行为的规则系强烈地强制的规则：它不但强制适用于在内国举行地婚姻，也强制适用于在外国举行地婚姻；不但强制适用于内国人与内国人所为的婚姻，也强制适用于外国人与外国人所为的婚姻"。这类可以英美两国的国际私法为代表，丹麦的国际私法也属于这类。

依英国的国际私法，婚姻的举行，原则上须依婚姻举行地法所定的方式；只在几个特定的例外中——例如：在外交官或领事前举行婚姻时，在英国驻外军队中举行婚姻时，或婚姻举行地法无适当的方式可以采用时——得依当事人本国法所定的方式。[1]原则上，婚姻的方式，依举行地法为有效时，纵依婚姻当事人的住所地法或本国法为无效，英国法院仍认为有效；且纵婚姻当事人的选择婚姻举行地有规避当事人住所地法或本国法的意思时亦同。[2]反之，婚姻的方式，依举行地法为无效时，纵依婚姻当事人的住所地法或本国法为有效，英国法院仍认为无效。这种原则的强制适用于一切婚姻，我们可以下列两个判例说明之：

（a）Papadopoulos v. Papadopoulos 案。[3]本案的事实为：甲男，其住所在塞浦路斯[4]（Cyprus），其宗教信仰系希腊正教，与法国籍的乙女在伦敦于注册员（Registrar）前依英国法结婚。依塞浦路斯法，甲男既信奉希腊正教，其婚姻必须由希腊正教的牧师在教堂为之举行，方属有效，否则无效；故甲与乙的婚姻，依塞普洛斯法，实属无效。甲乙于婚后八年，经双方合意，呈由塞浦路斯法院将该婚姻宣告无效，并由该法院判令甲向乙给付损害赔偿费及扶养费若干。嗣后甲移居伦敦，乙又在伦敦法院诉甲，请求扶养。伦敦法院以为甲对乙扶养义务的存在，以甲与乙婚姻地存在为前提。故该法院须解

---

〔1〕　参阅 Dicey, op. cit. , Rules 172, 173；Westlake, Private International Law, 7th ed. , 1925, § § 17, 20.

〔2〕　参阅 Cheshire, Private International Law, 2nd ed. , 325 ~ 326.

〔3〕　1930 p. 55.

〔4〕　"塞浦路斯"原文作"赛浦洛斯"，现据今日通常用法改正，下同。——校勘者注.

决的问题为：①甲乙的婚姻，究竟是否有效？②甲乙的婚姻如原属有效，是否因塞普洛斯法院地确认无效而成为无效？关于第一问题，该法院以为婚姻方式的是否有效，应纯依婚姻举行地法解决；本案甲乙的婚姻既在伦敦举行，而依施行于伦敦的法律，该结婚的方式既属有效，则该婚姻纵方式上依塞浦路斯法为无效，仍为有效，并无疑问。关于第二问题，塞浦路斯法院实系英帝国的法院之一，其设置及管辖权系以英国的枢密院令为依据。依设置该法院地英国枢密院令，该法院实无宣告婚姻无效的管辖权。伦敦法院以为当事人的合意，不能使原无这种管辖权的法院成为具有这种管辖权的法院。因此，塞浦路斯法院地宣告该婚姻无效的判决，既属并无管辖权的法院的判决，不能为伦敦法院所承认；故甲乙的婚姻，不因该判决而成为无效。结果，伦敦法院仍判令甲向乙给付扶养费。

（b）Scrimshire v. Scimshire 案。[1]甲男乙女，均英国人，其住所均在英国，在法国结婚。该婚姻，由于其举行地秘密，依法国法绝对无效，但依英国法只得撤销，在撤销前仍属有效。乙于该婚姻经法国法院宣告无效后，在伦敦法院对甲起诉，请求判令同居。法院因此亦须解决该婚姻是否有效的问题。该法院以为虽甲乙两人结婚时住所均在英国，但他们既选择法国为结婚举行地，关于婚姻地方式，即受制于法国的法律。依法国法，该婚姻既属绝对无效，英国法院亦应认为绝对无效。甲乙的婚姻，既绝对无效，乙的请求判令同居自无理由，故该法院予以驳回。

依美国的国际私法，婚姻，不分实质成立要件与形式成立要件，均依婚姻举行地法。[2]

（2）第二类——认"场所支配行为"的规则，关于在内国举行的一切婚姻，有强制的性质，关于在外国举行的一切婚姻，有任意的性质。因此，在内国举行的婚姻，不论婚姻当事人系内国人抑外国人，非依举行地的方式，不为有效，但在外国举行的婚姻，得或依举行地的方式，或依属人法（即当事人本国法或住所地法）所定的方式，均属有效。现在，大多数国家的国际私法均采此主义。兹以法德两国的国际私法为代表，以资说明。

依法国的国际私法，法国人在外国结婚时，依婚姻举行地法的方式，即

---

〔1〕　2 Hag. Con. 395.

〔2〕　参阅 American Law Institute，Restatement of Law，Conflict of Laws，§120.

属有效，但法国民法中所规定之婚前的公示，与婚后回国时的注册，必须遵守。[1]如在法国驻外使领前结婚，依法国的方式，亦属有效。外国人亦得依法国的方式，在法国结婚；或得依当事人本国法的方式，在该国驻法的使领前结婚。但法国法院，为维持其民法婚的制度起见，会屡经判决，认外国人于法国境内，在非使领前所举行的宗教婚为无效。一九二二年时，巴黎法院会判决一案，其事实为一希腊的宗教师在巴黎希腊使馆的礼拜堂中，为希腊人举行婚礼。该法院认为该婚姻的方式系属无效，其理由为：希腊使馆不能视为希腊领土的一部；希腊宗教师不能以使领人员待过。[2]

依德国民法施行法第十三条第三项，在德国缔结的婚姻，其方式绝对依德国法。德国原则上复不承认外国的使领得在德国为其本国人民举行婚礼。故依德国的国际私法，关于在德国举行地婚姻，"场所支配行为"的规则有高度的强制性：外国人在德国结婚时，如违反德国法所定的方式，纵符合婚姻当事人的本国法所定的方式，德国法院仍认为无效；相反的，如符合德国法所定的方式，纵违反婚姻当事人本国法所定的方式，德国法院仍认为有效。例如：西班牙，希腊，及保加利亚等国的法律均采取宗教婚，但德国法只认民法婚而不认宗教婚；故如西，希，保等国人民德国举行宗教婚，其本国将认此种婚姻为有效，但德国却认为无效。又如：苏俄以婚姻当事人的同意为婚姻成立的要件，无须任何方式，但德国法以方式为必要；故如两苏俄人在德国举行此种无方式的婚姻，苏俄将认为有效，但德国亦认为无效。

但依德国的国际私法，在外国举行的婚姻，其方式得依婚姻当事人本国法，或依婚姻举行地法，均属有效。这是适用德国民法施行法第十一条第一项的结果，依该项，法律行为的方式，应依为该行为目的之关系的准据法，但遵守行为地的法律者亦可。故此处，"场所支配行为"的规则成为任意的。例如：

（a）两苏俄人在苏俄举行依苏俄法有效的无方式但只基于双方同意的婚姻，德国法院将认该婚姻为有效。

（b）两美国人在纽约举行依纽约法有效的"普通法婚姻"（Common law marriage）此种婚姻亦只以双方同意为必要，无须方式—德国法院地判例亦认

---

[1] 参阅法民法典第六三，第一七〇及第一七一各条。

[2] 参阅 Pillet - Nihoyet, Manuel de droit international prive, 2nd ed. , 1928, 732.

为有效。[1]

(c) 两希腊人在法国境内，但非在其本国的使领前，举行宗教婚。法国将认该婚姻为无效，但希腊及德国均将认为有效。盖德法两国，虽均以公序的理由，禁止在各该国境内举行宗教婚；但该项禁止，既基于公序的理由，适用一国的法院只注意其内国的公序而不顾及外国的公序的原则，德国法院应认该婚姻为有效。

(3) 第三类——认"场所支配行为"的规则，不适用于婚姻形式成立要件的问题。采取宗教的国家的国际私法大部保持这种见解。在这种国家中，宗教——通常是天主教——的势力既颇强大，婚姻竟被视为宗教上的一种制度。这种国家的国际私法，为欲使侨居于外国的本国人民，仍遵守内国的宗教的仪式起见，常规定这种人民，非依其本国的宗教仪式结婚，不能认为有效。例如：依希腊的国际私法，婚姻的宗教仪式，非系婚姻地形式成立要件的问题，而系其实质成立要件的问题，故应适用当事人本国法，而不应适用婚姻举行地法。[2]侨居外国的希腊人，如依当地的民法举行结婚，这种婚姻，希腊法院视为并不存在，故任何人得主张共无效，而无须法院以判决宣告其无效。[3]保加利亚，巨哥斯拉夫，

马耳他，塞浦路斯，及伊朗的国际私法，亦认为婚姻的宗教仪式，应依属人法。[4]

<h2 style="text-align:center">七</h2>

在一九〇二年磋商婚姻公约的海牙会议中，出席国家的一部分，如法，德，荷，意，及瑞士等，只采取民法婚；另一部分，如奥，西，葡等国，则对于非天主教徒的婚姻，容许民法婚，对于天主教徒的婚姻，强制的采取宗教婚：最后，瑞典依国，却只采取宗教婚。只采取民法婚的国家，主张关于婚姻的方式，应从"场所支配行为"的规则，换言之，主张婚姻方式，依举

---

〔1〕　参阅 Lewald, Das Deutsche Internationale Privatrecht, 1931, 85；R. G. 1, 5, 1902；Journal du droit internatioual 1903, 882.

〔2〕　参阅 Maridakis in Zeitschrift fur auslandisches und internationales Privatrccht, 1937, 121.

〔3〕　参阅 Streit – Vallindas. 所着国际私法（一九三七年雅典出版）第三一七页注第三二.

〔4〕　参阅 Cheshire. op. cit. , 325；Rabel, op. cit. , 213, 232 ff.

行地法为有效时，无论何国，均应认为有效。但赞同宗教婚的国家却以为宗教方式不但是婚姻的方式问题，抑且是婚姻的实质要件问题，故应适用婚姻实质成立要件的准据法，即当事人各该本国法。在该会议中，适用婚姻举行地法的意思胜利。该公约第五条第一项规定曰："依举行地法举行之婚姻，关于方式，不论何地应认为有效"。依次规定，婚姻当事人遵照婚姻举行地法所规定的方式结婚时，不论此种方式系宗教方式抑非宗教方式，任何国家均应认该婚姻的方式为有效。但该公约为尊重采宗教婚姻的国家的意见起见，对此原则，于同条第二项设一例外规定。该第二项的规定为：

"但规定结婚须依宗教仪式之国家，得对于其本国人民在外国不遵其关于仪式之规定而为之婚姻，不认为有效"。于此我们应注意者，依该项规定，只婚姻当事人的本国得否认该婚姻为有效；其他一切国家仍应认为有效。不过，该规定可能产生若干困难问题，无法解决。例如：设当事人的婚姻，因违反其本国法关于宗教仪式的规定而为其本国认为无效，且当事人的一造在其本国重为婚姻时，当事人本国以外的国家，对于该当事人的第一及第二婚姻，究应采取何种态度？答案是：该第二婚姻，不论在当事人的本国或他过，均应认为有效：盖该重为婚姻的当事人，其第一婚姻既为其本国依第五条第二项的规定认为无效，其第二婚姻复符合其本国法的规定，一切国家均应认该第二婚姻为有效。但依第五条第一项的规定，该当事人的第一婚姻，一切国家，除该当事人的本国外，仍应认为有效，不应因当事人的本国得否认其有效而认为无效。然则在当事人的本国以外的国家内，该第一及第二婚姻均将被认为有效——这我们不得认为一件憾事。

如上所述，依海牙公约，婚姻的方式，适用举行地法。但如当事人的结婚，违反婚姻举行地法的方式时，应有何种法律上效果？答案为：我们解释第七条的结果，应认这种婚姻为这种婚姻为无效。但依该条但书的规定，该婚姻如已遵守婚姻当事人各该本国法关于方式的规定，则虽违反举行地法的规定，他国得认为有效。该但书的目的显在于采取宗教婚姻的国家以让步，使此婚姻，举行地国自将认为无效，当事人的本国自将认为有效，第三国则将依其所持"场所支配行为"的规则究系任意的或强制的之见解，而认该婚姻为有效或无效。

八

现在，我们可讨论关于这问题的我国的法律。依我国法适第九条，"婚姻成立之要件，依当事人各该本国法"；依第二六条第一项，"法律行为之方式，除有特别的规定外，依行为地法；但适用规定行为效力之法律所定之方式，亦为有效"。该两规定的正当解释应为：婚姻的实质成立要件，依当事人各该本国法；婚姻的形式成立要件，依婚姻举行地法，但依当事人各该本国法的方式，亦为有效。盖婚姻系法律行为的一种，故其方式的准据法应依第二六条第一项，而不当依第九条。但司法院的见解，却与此处所陈者相反。关于此问题，司法院的见解显示于一个指令与一个解释中，均颇富兴趣，兹叙述如下：

民国二十年间，芬兰驻华代办函询我国外交部以下述的问题：芬籍教士，在其本国有执行证婚权能者，在我国境内为芬籍人民或当事人有一人为芬籍人民者执行证婚仪式，我国政府有无异议？外交部转询司法行政部，司法行政部呈请司法院核示。司法院第四五五号的指令为：

"婚姻成立之要件，自应依当事人各该本国法。惟当事人中有一人为中国人时，应依照民法第九百八十二条规定，有公开之仪式及二人以上之证人。至证人之国籍，法律上并无限制。"[1]

民国二十四年间，捷克京城大主教办公处函我捷克公使馆，询问如下的问题；按照我国现行法律，中国人与外国人结婚，应否遵照中国民法规定举行婚礼？抑可遵照当地法律办理？该使馆呈请我国外交部转请司法院解释。司法院院字第一四三四号解释的要旨为：

"婚姻成立之要件应依当事人各该本国法。如中华民国人民与外国人结婚，具有公开之仪式，及二人以上之证人，在我国民法即可认为合法。"

从上述的指令与解释，我们可将司法院的见解陈述如下。婚姻，不论实质成立要件与形式成立要件，均应依法适第九条，以当事人各该本国法为准据法。不论外国人在我国结婚，或我国人在外国结婚，或我国人与外国人在我国或外国结婚，婚姻的方式，均绝对依当事人各该本国法，而绝对不依婚

---

[1] 见国民政府司法例规（二十九年十月版）第二册第七八五页。

姻举行地法。我们对于司法院的见解的阐述，如果不错，这种见解，我们殊难苟同。试略述我们的理由如下：

（1）婚姻的方式，非如婚姻的实质成立要件，并无非适用当事人本国法不可的理由。婚姻的实质成立要件以保护婚姻当事人或婚姻当事人本国的利益为目的，故性质上宜以当事人各该本国法为准据法。相反的，婚姻的方式，主要的不过用以明确显示当事人会为婚姻行为而已。任何法律所规定的任何方式，均足显示婚姻的确会举行。然则当事人各该本国法的方式，并无必须遵守的理由。如上所述，宗教婚姻国家的坚持以属人法为婚姻方式的准据法，纯系为使侨外的本国人仍不得不举行宗教婚起见。从此观点言，我国既非宗教婚国家，亦无必须以属人法为婚姻方式的准据法的理由。

（2）为使桥居于外国的本国人民易于成立法律行为起见，各国的国际私法几均承认"场所支配行为"的规则；换言之，承认法律行为的方式，依行为地法为有效者，其他各国均应认为有效。这规则之确已成为世界上一般国家所公认的规则，我们即究上面所述英，美，法，德等国的国际私法观察，亦可了然。事实上，甚至属人学派的学者亦不得不予者规则以尊重。我们如无相当理由而规定婚姻的方式须绝对依当事人各该本国法，绝对不得依行为地法，未免违反国际法律社会的精神，将为颇多的外国所诉病。

（3）婚姻的方式，如须绝对依当事人各该本国法，绝对不依行为地法，于当事人将甚不便利。例如：设中国男子甲与希腊女子乙拟在我国结婚，甲乙依我国民法所定的方式结婚后，该婚姻尚属无效，必须再依希腊的宗教仪式结婚，方为有效。一婚姻而须经过两次仪式，方能有效，我们至少可以说，无甚意义。如果这甲乙两人旅居德国，而拟在德结婚，他们将不能缔结依完全有效的婚姻。盖依德国的国际私法，外国人在德国结婚，其方式必须依德国法，即举行地法，至宗教方式，则绝对禁止。结果，甲乙如依中希两国的方式结婚，虽中希两国认该婚姻为有效，德国将认为无效；如依德国的方式结婚，虽德国认该婚姻为有效，中希两国将认为无效。这种结果，颇不能使人心安理得。

（4）婚姻的方式，如绝对依当事人各该本国法，绝对不得依行为地法，将损害外国人的利益。例如：英国人甲与法国人乙在巴黎结婚时，依英国及法国的国际私法，他们的婚姻方式，只须依举行地法，即法国法，便属有效。但如他们的婚姻究竟有效与否的问题在我国法院发生，而我国法院解决此问题时，必须适用当事人各该本国法，则该婚姻未符合英国的方式，必将被认为无效。然则，英国人与法国人的婚姻，英国及法国均认为有效者，我国竟因适用当事人各该本国法而认为无效。这种离奇的结果，恐未为当事人各该本国法主义者想象得到，但不难发生。

综上所论，司法院的解释与指令，理论上甚难维持，已颇显然。如采取我们的见解——婚姻系法律行为的一种，故其方式的准据法应依法适第二十六条第一项，而不当依第九条；依第二十六条第一项，婚姻的方式，得依婚姻举行地法，亦得依当事人各该本国法——则一方面上述的不便均可免去，另一方面，关于婚姻的方式，我们的国际私法将与世界上一般国家的国际私法大致相合，岂不较为妥善？

九

在上面，我们已略提及在外交官或领事前举行的婚姻；此处拟再予以交详的叙述。此种婚姻，简称为"使领婚"（mariage diplomatique ou consulaire），其婚礼系由当事人本国驻外的使领主持，且在此种使领前举行；其实质成立要件与方式，均依当事人本国法，而不依举行地法。一国的使领，在外国究竟是否有为其本国人举行婚礼的权能，第一须视该使领的本国对否会对之授与此种权能以为断。统观现代各国的法律，大多数授与使领以此种权能：此盖因各国只认宗教婚，并无证明身份的官吏，而被迫举行宗教婚。在另一方面，采取宗教婚姻的国家，亦属有之，此种国家亦殊不愿其居住于外国的人民，因所在地国只认民法婚而被迫举行民法婚。故此两种国家均感觉有承认使领婚的必要。兹略举数例，以显示各国授与使领以此种权能的实际情形。依法国民法第一七〇条，法国驻外的使领有权在使领馆内，为法国人民举行婚礼。

一九〇一年十一月二十九日的法国法律更规定：在若干国家——例如，中国，暹罗，埃及，土耳其，塞尔维亚等国——内，法国的使领并得为法国男子与外国女子举行婚礼。依一八七〇年五月四日的德国法，德国宰相得授权德国的驻外外交代表，在其驻在国的全境内，或驻外领事，在其执行职务的区域内，为德国人民举行婚礼，并甚至为婚姻当事人只一造为德国人而另一造为外国人者举行婚礼。依英国一八九二年的在外结婚法（Foreign Marriage Aot），婚姻当事人中至少一造为英国人时，得在英国驻外使领前结婚；于此情形，此种驻外使领有婚姻官吏（marriage officer）的职权。依瑞士法，联邦行政院亦得授瑞士的驻外使领以此种权能。

依一般国家惯例，婚姻当事人两造均为本国人时，本国的驻外使领得在外国为之举行婚礼，并无疑问。[1]两造当事人均非本国人时，本国的驻外使领不得为之举行婚礼，亦无疑问。[2]但如两造中只一造为本国人而另一造为外国人时，究竟本国的驻外使领是否应为之举行婚礼？依法国法，如上所述，结婚的男子系法国人而女子系外国人时，法国的驻外使领，在若干特定的国家内，尚得为之举行；如女子系法国人而男子系外国人时，不得为之举行。此种立法例颇可采取。尽在前者的情形，当事人间的婚姻，其实质成立要件及方式，既已符合男子的本国法，则男子的本国必认该婚姻为有效。且女子结婚后，通常取得其夫的国籍。该女子的婚姻，既得其夫的本国——亦即其婚后自己的本国——的承认，则其妻的地位与权利已得相当的保障；从该婚姻因未符合其婚前的本国的法律而未得该国的承认，亦无甚关系。但在后者的情形，法国的使领如果为此种当事人举行婚礼，此种婚姻因未符男子的本国法的规定，男子的本国自难认为有效；结果，女子妻的地位将毫无保障。此种立法例为此，意，匈，及瑞典等国所采取、英国一八九二年的在外结婚法虽规定婚姻当事人的一造为英国人时，英国的驻外使领便得为之举行婚礼，但基于该法律的一九一三年及一九二五年枢密院令，就婚姻当事人的一造为英国人而请求英国驻外使领为之举行婚礼的情形，亦定有颇严的限制，其目的在使所举行的婚姻不至被婚姻举行地国，尤其不至被夫的本国，认为无效。[3]惟依德国一八七○年五月四日的法律，只须婚姻当事人的一造系属德籍，德国的驻外使领便得为之举行婚礼，不问他造的本国是否认该婚姻为有效。但此种使领亦须先得特殊的授权。[4]

虽各国大都认本国的驻外使领得为在外国的本国人民举行婚礼，但认外国的使领得在内国为属于该外国而侨居于内国的人民举行婚礼者，却较少见。英，法，此等国均承认外国使领的此种权能；德国及瑞士原则上不认此种权

---

〔1〕 参阅 Pillet, Traite pratique de droit international prive, 1923～1924, 544.

〔2〕 参阅 DiceY, op. cit., 619; Peitreis v. Tondear, 1 Hag, Con. 136.

〔3〕 参阅 Westlake, op. cit., 65.

〔4〕 参阅 Audinet, op. cit., 207.

能，但例外的可因与外国订有特殊的条约而承认之。值得注意的是：德国与意大利，苏俄，土耳其，保加利亚等国所订立的此种条约，均规定必须婚姻当事人双方均系使领的本国的人民，方得在使领前举行婚姻。[1]

于此发生一问题：如果依甲国的法律，该国驻外的使领得为其本国人民举行婚礼，或甚至在婚姻当事人中只一造为本国人民时亦得为之举行婚礼，但依乙国（婚姻举行地国）的法律，甲国的使领却无此权利时，甲国的使领是否得不顾乙国的反对，仍为各该人举行婚礼？我们以为此问题不能一概而论，应就各种不同的情形，分别解答。如果婚姻当事人两造均属甲国人民，如果依乙国的法律，乙国的驻外使领在外国亦有为其本国人民举行婚礼的权能，则乙国的反对甲国使领为甲国人民举行婚礼，并无充分理由，甲国的使领应仍得为之举行。在另一方面，如果婚姻当事人中只一造为甲国人，而另一造为乙国人时，甲国的使领如为之举行婚礼，颇易使该乙国人达规避乙国的法律的目的；故如乙国反对，甲国的使领应予以尊重，而不为举行。最后，如婚姻当事人中的一造为甲国人，另一造为丙国人（既非甲国人，亦非乙国人），而乙国反对时，甲国的使领亦不应坚持为此种当事人举行婚礼。盖甲国的使领，其职权原则上既只应及于其本国人民，则乙国的反对自非无理由。在此种情形中，甲国的法律最好予其驻外使领以较广泛的自由裁量权，使其能就个别的情形，从婚姻当事人的利益（例如：该婚姻如由该使领举行婚礼，是否得为举行地国及当事人的本国认为有效；以及该婚姻如不由该使领举行婚礼，是否当事人事实上将别无他法可以举行）以及国家的利益（例如：该婚姻如出该使领举行婚礼，是否将引起较严重的国际争执）着眼，以决定是否实行为当事人举行婚礼。英国一八九二年的在外结婚法原规定婚姻当事人中一造系英国人时，英国的驻外使领即得为之举行婚礼。但该法律却含有这样一个耐人寻味的规定："一婚姻官吏不必为当事人举行婚姻仪式，亦不必容许婚姻仪式在其面前举行，如依该官吏的意见，该婚姻仪式的举行将与国际法或国际礼仪不兼容"。[2]

婚礼得由驻外使领依本国法为本国人民举行的规则，大约导源于使节所

---

[1] 参阅 Wolff, op. cit., 121.
[2] 第十九条。

享有的治外法权。[1]但我们现在可将使领的此种职权置于国际惯例的基础上，而不必以治外法权的观念解释之。外交官的治外法权，系指外交官依国际法享有的若干特权及豁免；此种特权及豁免的赋与，目的在使外交官有效地执行其外交的职务。但，纵外交官并无为其本国人民举行婚礼的特权，他们仍可有效地执行其外交的职务。且领事无疑的并无治外法权。至使馆虽依法不得侵犯，但究竟仍系驻在国领土的一部，而非外交官的本国的领土。故婚姻在驻外使馆内举行时，不应视同在当事人的本国的领土内举行。因此，设举行地法认某种婚姻障碍的规定为国际公秩序的法律，其效力为禁止婚姻的举行时，虽当事人本国法并无这种婚姻障碍的规定，外交官应尊重举行地法的规定，而不予举行婚礼。例如：我民法第九八三条，应解为国际公秩序的规定；各外国驻华使领，不得以适用其本国法为借口，而违反该条，为其本国人民举行婚礼。

海牙公约第六条第一项规定于使领前举行的婚姻，须符合下列三要件，其方式方为有效：（1）婚姻当事人须非举行地国的人民；（2）婚姻的举行，须依使领的本国法；（3）举行地国不反对婚姻的举行。依同条第二项，举行地国不得以婚姻有前婚的存在，或有宗教上的障碍为理由，认为违反该国法律而反对举行，可见得以其他理由反对举行。依该条第三项，规定结婚须依教仪仪式的国家亦得对烟其本国人民不遵其关于仪式的规定而在外国使领前所为的婚姻，不认为有效。

十

婚姻违反成立要件的准据法时，该违反的法律上效果，应依被违反的准据法决之。①该违反准据法的规定的婚姻究竟是否应认为无效，或得撤销，或于婚姻的效力并无影响，及②如该婚姻因违反准据法的规定而被认为无效或得撤销时，究竟该婚姻有何效力，均应依被违反的准据法解决。依我国法适，婚姻的实质成立要件依当事人各该本国法，形式成立要件依婚姻举行地法或当事人各该本国法，已如上述。故如婚姻的实质成立要件违反当事人各该本国法的规定，其违反的法律上效果，应依当事人各该本国法；如形式成

---

[1] 参阅 Pillet, op. cit. I, 546－7；Westlake, op. cit. 63.

立要件违反婚姻举行地法或当事人各该本国法，其违反的法律上效果，亦应依婚姻举行地法或当事人各该本国法。兹分就上述两问题讨论之。

（1）如两造婚姻当事人系同一国家的人民，而婚姻违反其共同的本国法中关于实质或形式成立要件的规定时，违反的效果自易决定。但如两造当事人非属同一国籍，而婚姻只违反当事人一造的本国法的规定则如何？或婚姻虽违反两造各该本国法规定，但依一造的本国法，该违反应产生婚姻无效的结果，而依他造的本国法只产生婚姻得撤销或甚至于婚姻的效力无影响的结果时又如何？我们的回答是：婚姻的实质成立要件既须依当事人各该本国法，则一造当事人的本国法认婚姻为无效时，婚姻实质成立的要件即未具备，应即认为无效；故他造当事人的本国法纵认该婚姻为只得撤销，或甚至认为有效，均可不顾。同样的，如一造当事人的本国法认婚姻为得撤销，则婚姻的实质成立要件亦未具备，故纵他造当事人的本国法认为有效，仍得撤销。婚姻的方式，不依婚姻举行地法举行，而依当事人各该本国法举行时，如未尽符合当事人各该本国法的要求，亦依这原则解决。例如：

（a）甲男乙女，均中国人。甲乙结婚后，因甲与法国籍的女子丙在我国通奸，经我国法院依乙的请求，判决离婚。甲丙两人，如违反我民法第九八六条的规定而结婚，虽该婚姻依法国民法为有效，中法两国均应依我国民法第九九三条的规定，认为得撤销。

（b）甲男，中国人，乙女，纽约人，在中国举行依纽约法有效但依中国法无效的普通法婚姻。该婚姻中国法院及美国纽约法院均应认为无效。在上面所举的两例中，各该国的认婚姻无效或得撤销，系采一致的态度。但有时因各国适用准据法的不同，或因公序的理由，一婚姻可能为某一或某些国家认为有效，而为其他国家认为无效或得撤销。例如：

（a）依英国国际私法，婚姻的实质成立要件，依住所地法；依我国的国际私法，依当事人各该本国法。依英国民法，男子满十四岁，女子满十二岁，即得结婚。设年满十四岁但未满十八岁的中国男子甲，与年满十二岁的英国女子乙，同在英国有住所，并在英国结婚。该婚姻英国法院因适用住所地法，将认为有效；但我国法院因适用当事人各该本国法，应依我民法第九八九条，认为得撤销。

（b）依美国国际私法，婚姻的实质成立要件，依婚姻举行地法。依纽约民法，一男子得与其继女（stepdanghter，即其妻与前夫所生的女儿）结婚。

设中国男子甲与其美国籍的继女乙在纽约结婚，纽约法院因适用婚姻举行地法，自将认该婚姻为有效；但我国法院因适用当事人各该本国法，应依我民法第九八三条第一项第一款及第九八八条第二款，认为无效。

（c）依德国国际私法，在德国举行的婚姻，方式必须依德国法，方为有效。两中国人在德国依中国民法所定的方式而为的婚姻，既未符合德国民法所定的方式，德国民法自应认为无效。但依我国国际私法，婚姻的方式既得依当事人各该本国法，我国法院自将认该婚姻为有效。

（d）依法德两国国际私法，婚姻的实赞成立要件，均依当事人各该本国法。一个逃避兵役的德国男子甲拟在巴黎与法国女子乙结婚。依德国民法第一三一五条第一项，军人的结婚，须先得其长官的允准。甲未得其长官的允准，但法国的为人民举行婚礼的官吏，基于公序的理由，不尊重上述德国法所想定的政治障碍，为甲乙两人举行婚礼。该婚姻法国法院将认为有效，但德国际院必认为无效。

（2）一"无效"的婚姻，常非完全无效；一被撤销的婚姻，亦常非自始无效。例如：法国民法虽规定颇多婚姻得以判决宣告无效，但依该法第二〇一及二〇二两条，如两造当事人结婚原系善意，则其婚姻虽被宣告无效，该婚姻对当事人及其所生子女仍发生效力，只自宣告日起该婚姻不再发生效力；加只一造当事人有善意，则该婚姻对该善意的当事人以及所生的子女，亦发生效力。德国民法并有类似于法国民法的立法例。[1]依我国民法第九九八条，结婚撤销的效力亦不溯及既往。且"无效"或得撤销的婚姻，有时因有某种事实（例如：事实上的同居，怀胎，登记，期间的经过等）的发生而补正，因此成为完全有效的婚姻。上述的"无效"婚姻或得撤销婚姻所可发生的种种效力，及其他类似的效力，均依被违反的婚姻准据法解决。几个法律秩序的法律被违反时，只在各被违反的法律均认有某效力发生的情形，该效力方发生。

---

[1]　参阅德国民法典第一三二三条以下。

国际私法上的婚姻问题[*]

郑保华[**]

近日交通日便，一国人民常有娶外国人为妻者，一不得当，动辄引起法律上或事实上的种种纠纷和问题。现在国民政府虽然有对于军人和外交人员娶外国女子为妻的限制的通令，可是其他人民仍无任何限制，且军人及外交人员在通令前已依法娶得外国女子为妻者，自应仍认为有效。所以我想把这个问题来和读者谈谈。

婚姻为组织家族的本源，它的重要是任何人都知道的，婚姻未成立时，多有豫约，就是我们所知道的订婚和婚约，西名 Engage 的意思。关于婚姻豫约，各国法律规定，多有不同，像关于婚约性质，有采父母主婚的买卖婚和聘娶婚制度的，也有男女两造自定其婚而经父母同意；或未成年人的订婚须经其同意的允诺婚和自由婚制度的。关于婚姻的方式，也有不采一定的方式，像罗马法，德意志普通法。及现代多数国的民法。也有采一定的方式，像德意志，古代法，和我国习惯法上的交换庚帖。关于婚约的效力，有认绝对有效，认悔婚之罚，像英国得提起履行婚约之诉是。有认绝对无效，如意大利，日本等民法，只认履行婚约，为道德上的责任，有认为相对无效，得提起赔偿之诉，如奥、德、瑞士，我国民法是。

关于婚约履行问题，认有效或无效，都出国家公安问题的见地，其有效无效，原则依法庭地法，例外非当事人为本国法和法庭地法共认之者，不能

* 本文原刊于《新人周刊》1936 年第 3 卷第 15 期。

** 郑保华（1905 ~1952 年）字亚男，原籍浙江省慈溪县（今属宁波市江北区慈城半浦村），民国时期在法学界有较大社会影响的法学家、法律家、教育家。1931 年毕业于东吴大学法学院（第 14 届），获法学学士学位，1933 毕业于东吴大学法学院（第 16 届），获法学硕士学位，曾担任东吴大学法学院教授。译有《法系概览》、《心证要旨节译》等，著有《社会法律化论》等。

提起。

关于婚约的赔偿问题有两种关系，一、亲属关系，二、债的关系，可依两造当事人的共同属人法支配之，否则依地方法定之，亦有采用自由选择法，如无意思时采住所地法者。

关于婚约的能力，即订婚年龄，父母同意与否，依能力的原则，采用当事人各本国法。

订婚后就不免结婚，讲到婚姻的成立要件，可分为实质的要件，和形式的要件。实质的要件，像婚姻年龄，各国法律规定不一。日本男十七岁、女十六岁，俄国男女均为十八岁、英国法系诸国男十四岁，女十二岁，德国法系诸国男廿一岁，女十六岁，我国规定男非十八岁，女非十六岁不得结婚。近亲限制也有分别，除直系血亲，或姻亲，各国均禁止结婚外，旁系亲属的结婚，有限于三亲等，或限于四亲等。推算亲等的方法，有依罗马法的，也有依寺院法的。堂兄弟姊妹结婚，及妻死后与妻之姊妹结婚，有禁止和不禁止者。对于再婚，有禁止再婚者，有只对女子而设限制者，有对男子于离婚后一定期内禁止结婚者，有不禁止再婚者。对于配偶数目，有认一夫一妻制者，有认一夫多妻制者，如回教国，有认一妻多夫制者，像西藏，及印度纳亚族。在此种情形，倘国籍不同之人，互为婚姻，其处理方法，依国际私法亦有三种主义。

一、婚姻举行地法主义。

二、住所地法主义，此主义可分为夫之住所地法，及夫妇双方住所地法两说。

三、本国法主义，此主义也可分为夫之本国法主义，和双方当事人的本国法主义两种。

所谓婚姻举行地法主义，乃认婚姻为契约的一种，所以亦像契约一样须结婚行为地法的支配。美国最近判例，及英国旧判例多采用之，但依现今通例，契约并非定须适用行为地法，况婚姻不能与契约相提并论，盖婚姻以双方当事人亲属身份[1]为重，非如契约专为财产关系而订立也。又契约可附期限或附条件，婚姻则否。至于过失赔偿责任，也必须于离婚后方成立，非如契约之决定于履行时期。倘当事人的本国法，苟不承其婚姻有效，依举行

---

[1] "身份"原文作"身分"，现据今日通常用法改正，下同。——校勘者注。

地法认为有效者，其结果必损及其人本国的人民主权，如其本国不加承认，相率而至举行地法为之，窃法舞弊，意图规避，亦足影响其本国婚姻法的强行性质。

所谓住所地法主义，乃认婚姻的成立，依当事人之住所地法，采夫之住所地法者，认妻以夫之住所为住所。采夫妇双方住所地法者，婚姻之成立，须夫妇双方住所地法，因结婚之际固各有住所地也。

住所地法，昔日一国数法的国家，尚可施行。现各国均有统一法典，已无适用住所地法的必要。又住所地乃双方当事人偶然而选择者，更不应定婚姻永久的效力，欧洲大陆各国多反对之。

本国法主义，认婚姻之成立，应依当事人的本国法，近日欧陆各国，及日本等多采用之。夫之本国法主义，依夫之本国法，妻常因婚姻关系，不经归化程序，当然取得夫之国籍，然违反男女平等原则及在法理上本末颠倒，因婚姻未成立时，当事人因各有本国法也。当事人双方本国法主义，须婚姻成立，须均合男女两国婚姻成立之条件，方可称为有效，此说最妥。日本，摩洛哥，德国，及海牙婚姻条例均采用之。我国法律适用条例第九条规定"婚姻成立之要件依当事人各该本国法"，亦即此意。

次之讲到婚姻的方式，从司方式的手续上区别之，有所谓公示方式，举行方式，证书方式，欧洲诸国通例婚姻成立，必须具备上述三方式。

也有婚姻依当事人意思而成立，不须法律上方式者，像北美就是一例。

还有向户籍吏登记而生效，不必一定有公示方式，和举行方式者，例如日本。

关于司方式之机关，有须依宗教的仪式，使僧侣司婚姻举行者，像巴西，塞尔维亚。也有仅依民事上方式举行婚姻者，例如法、意、德、日本。也有并用上述两种方式者，像英、奥、匈、西班牙。我国民法仅规定举行方式，再无其他条件。

对于婚姻方式，法律适用之原则，均以行为地法为原则。即婚姻举行地法为各国通例，海牙国际私法条约所公认，但因其亦有种种不便，所以近世国际上惯例，使驻在外的领事公使，代国内人民，依其本国方式举行婚姻为之证婚，亦可有效。惟间亦有采本国法，或举行地法主义者，像摩洛哥是。我国亦采行为地法，但例外有时亦得采本国法。

讲到婚姻成立后的效力，可分身份上的效力，和财产上的效力两种。关于身份的效力，如视婚姻为契约，则采当事人的意思主义，如意思不明，采行为地法主义。惟婚姻既非契约，婚姻之效力，与举行地也没有任何重大的关系，所以不能谓为适当。又有认婚姻的效力，应采所在地法主义，因婚姻的身份效力，关系所在的公安，然不宜因偶然发生的事，遂使婚姻全部之身份效力，归其支配。有采夫妇双方住所地法，只在一国数法的国家，尚可采用，否则婚姻效力，与成立性质不同，易起纷扰。所以婚姻身份的效力，以采夫的本国法主义为正当。因和夫的本国最有利害关系也。况妻既入夫家，通例即取得夫之国籍，但夫的本国法，指婚姻当时的本国法呢？还是问题发生时的本国法？则夫既取得新国籍，自应依问题发生时的本国法为当，我国法律适用条例第十条第一项规定，"婚姻的效力依夫的本国法"，也是这个意思。惟如适用时，有害中国的公序良俗时，得不适用，以示限制。像法的强制同居，英之夫有监禁其妻的权利等，就是好例。

关于财产上的效力，有共产制，如共同财产，妻之特有财产，均属于夫之管理，如法、荷。非共产制，夫妇各保持其固有财产，由夫取得收益权，例如德、意。别产制，则夫妇财产各别，夫亦无收益权，例如英。以上均为法定财产制，其他夫妇得自由以契定财产关系，叫契约财产制，现只南美二三小国及瑞士二三联邦，不加承认约定财产，对于法定财产制，如夫妇不定财产契约，那么〔1〕有采：

一、动产不动产弁法说 动产依动产从人，采夫之住所地法，不动产从物权依不动产所在地法、英、美，学派颇有主是说者，惟夫妇结合之目的，不专在财产，又如不动产散在各国，使支配困难。

二、住所地法主义 此说尚有依夫之住所地法，或主张夫妇之双方住所地法，又可分为依结婚时之住所地法，例如索逊民法及依结婚后所定之住所地法，例如一八八八年国际法协会之决议，阿根廷〔2〕，玻利维亚〔3〕等五国条约，然住所既易变更，且为偶然现象，适用之，自多未妥。

三、本国法主义 依夫之本国法，我国仿德、日之制，依婚姻当时夫之本国法，采用不变更主义，免因夫取得新国籍而起纠纷，（法律适用条例第十条

---

〔1〕 "那么"原文作"那末"，现据今日通常用法改正。——校勘者注。

〔2〕 "阿根廷"原文作"亚尔然丁"，现据今日通常用法改正。——校勘者注。

〔3〕 "玻利维亚"原文作"玻利非亚"，现据今日通常用法改正。——校勘者注。

第二项）。

夫妇结合后，常因种种关系而致不睦，结果常常闹到离婚，关于离婚的规定，各国法律亦不一致，有采禁止离婚制的，夫妇不和，只许别居，例如西班牙、意大利、巴西。有只许裁判上离婚者，例如瑞士。有认裁判离婚协议离婚均为合法者，例如丹麦、挪威、日本、法国国。也有采任意离婚的，像苏俄。也有认裁判离婚，和别居制度，但须合于法定的原因，像英、法、匈。我国亦认裁判离婚，和两愿离婚，但裁判离婚须合于法律上的原因，关于离婚的原因，应依何国法律，也有五个主义：

一、法庭地法主义 须诉讼地法允许，方可离婚。但离婚非只关系诉讼地之公序良俗，且常变更当事人的身份能力，与其本国极有关系，故不足取，这主义为德国，荷兰学者所提倡，苏格兰判例间采用之。

二、原因地发生法主义 依离婚原因的发生地法，视为一种不法行为，而加以罚，但离婚非可认为一种刑罚，故不得当。

三、住所地法说 像英、美以离婚为身份的变更，所以认住所地法，然为结婚时之住所地法，抑离婚时的住所地法，又夫未得妻之认诺而变更住所，虽有补救办法，仍有困难，且夫妇离散，和其所属国关系颇大，所以这主义也不能说是十分的好。

四、本国法说 为欧陆各国的通例，因为人的身份，依其本国法的原则，又离婚的结果，不仅消灭夫妇的关系。还影响所生的子女，所以凡本国法所不认的原因，外国法院不能判决离婚，除非其本国法授权于外国，使依外国为之。关于本国法，应采夫的本国法呢？还是夫妇双方的本国法呢？离婚非夫妇的身份和效力可比，以采双方的本国法为宜。海牙会议公约有"夫妇未有相同的国籍者，非依夫妇之各该本国法均得离婚者，不得宣告离婚"就是采用夫妇双方的本国法主义的。又离婚以依事实发生时的本国法为限，免当事人因规避法律，而另入其他国籍。

五、本国法和法庭地法主义，有采夫的本国法和法庭地法的离婚原因，均须符合方可离婚。但也有采用夫妇共同本国法，和法庭地法的，我国法律适用条件，即采夫的本国法，和法庭地法，妻的本国法，纵为反对，亦不顾及。

总之，这个问题，范围颇广，兹所言者，惟其大略而已。

国际私法中关于离婚与别居之研究[*]

章任堪[**]

甲、离婚

（一）概论

离婚制度为罗马法所有制度之一，但与结婚同被认为应基于当事人之自由意思而不属于司法范围之事件。此与我国周代之以离婚属诸礼官而行于栈道情形正复相同。其后欧洲之离婚关系管辖权属于教会之神父，直至宗教改革，宗教法院始停止行使其职权。英国自一八五七年离婚法案（Matrimonial Cause Act）施行以后，婚姻事件始由宗教法院而移属于皇家法院，即其一例。法国在革命前，离婚原甚自由，并得以协议行之，拿破仑败亡，离婚制度随即而终，直至一八八四年始经法令准许。西班牙则直至最近革命始经一九三一年十二月四日之法律创立离婚制度。

自马丁路德改革宗教后，在法国之基督教离婚法律，具有与旧教显著之不同，虽不能协议行之，但其原因则甚宽泛。自法国革命后基督教之宗教法不复存在，离婚事件，始改由国家管辖。离婚原因，在德国各邦间迥然不同，直至一八七五年之法令，始告统一，德国民法基于此项法令制定离婚原因，就中一五六八条并以"不堪续为婚姻"为离婚之原因焉。

奥、巴西、意，及波兰之一部（以前属于俄国者）仍守旧规，不许天主教徒离婚，盖谓依神意结合者，不得以人意使之分离。同时另一极端则在苏

　＊　本文原刊于《中华法学杂志》1946 年新编第 5 卷第 5 期。

　＊＊　章任堪，浙江人，哈佛大学法学博士，曾任东吴大学法学院教授。著有《优待出征抗敌军人家属法规浅释》等。

联，不仅离婚得以协议行之，且得基于一方之意思向行政官厅登记离婚，而不复再经司法之裁制。

总而言之，夫妻关系在法律上之地位，诚如智利学者 Alvarez 所谓"妻对夫服从之义务已逐渐减弱，夫妻之结合已趋于易以离婚而解决之一途"。

（二）比较研究

（Ⅰ）大陆法系——英美认婚姻契约为物权契约，并以住所地为此项婚姻物质 Marriage Res 之所在地。但在大陆法系则认婚姻关系涉及亲属关系，社会秩序，应由当事人本国法院行使管辖，不得基于当事人明示或默示之合意管辖，亦不得认之为民事上之侵权行为，而由侵权行为地之法院管辖（意 Diera 语）。此项见解远宗意大利各法学家 Muncini 之本国法主义，而为德、法、意、瑞诸国所同采，即波兰国际私法第十七条及捷克民法草案第三十二条之规定亦同。

意大利为天主教国家，仅认别居制度，而无离婚制度。其民总第六条以本国法为关于亲属关系之准据法。从而意大利人虽住在外国，并在外国取得离婚判决，仍非意大利所能承认。

依本国法原则推论之结果，外国人住在意大利而其本国法采用离婚制度者，似可依据其本国法律所定之原因向意大利法院请求离婚。此虽为十九世纪末年意国法院之见解，但其近年之判例，则以其违反意大利公共秩序而拒绝行使管辖。惟外国人经其本国法院准许离婚后，再为婚姻，关于第二次婚姻是否合法在意大利发生诉讼或拟在意大利再为婚姻时，则意大利法院仍以当事人之本国法院有权管辖，对其离婚判决予以承认，不复认为违反意大利之公共秩序。

法国认婚姻契约为债权契约之一。依法国民法第十四十五两条之规定，法国人间或法国人与外国人间之债权契约，无论在法国或外国订立，法国法院均有管辖权。从而配偶之一方为法国人时，纵令双方之住所均在外国，法国法院仍基于对债权契约管辖之原则，就其离婚诉讼行使管辖权。Weiss 虽认此项见解为不合理，主张在立法上加以修订，然行之既久，殊非旦夕所能望其实现。且此项原则在适用上亦非强行规定，法国夫妇住在外国，在外国取得离婚判决者，法国仍予承认，而发给"承认"之裁判。足见法国法院所持者，仅在类此之情形，亦得基于当事人本国法院之立场行使管辖权而已。

法国民法第三条第三项规定法国人住在外国者其身份[1]与能力，亦仍依法国法。依其反面之解释，外国人之住在法国者，其身份与能力，亦应依其本国法。从而关于其身份涉讼者，自应由其本国法院管辖。但如外国人之本国法以住所定离婚管辖，因其有住所于法国而不可在其本国请求离婚者，法国法院又常基于衡平与公道（Ex aequo etbous）之原则，行使管辖权，盖认拒绝管辖即无异予此类外国人以不公平之待遇也。

此类离婚管辖权之行使，虽以外国人有住所于法国为先决问题，但其所适用之实体法，则仍应为外国人之本国法，盖管辖权之有无为诉讼程序问题，而离婚原因之存在与否，则系实体法上之问题。此在外国人所属国家，同系以本国法为属人法者，固甚明了，其离婚之原因，亦可以诉讼所在地法（法国）与当事人本国法所公认者为其原因。但如外国人所属国家，系以住所地法定离婚管辖，且系以住所地法为属人法，而其国内之实体法又非统一者，（美国各邦对于立法均有自主之权）则其定管辖之准据法亦即同时为决定离婚原因之实体法，且以无统一之属人法可资遵循，在理论上既不易分，适用上遂多困难。法国法院于此种案件，有以当事人在其所属国之最后住所地法为其属人法者，甚或以当事人在其所属国之婚姻举行地法为其属人法者。有时对于英、美、阿根廷、德国诸国人民之有住所于法国为当事人时，因其本国法均系以住所地法定离婚管辖，法国法院更进而利用反致之方法以法国法为其应适用之实体法，据以定离婚原因之存否。Pillot 曾就此评为有损当事人本国之主权，（盖住所地所以定管辖而定离婚原因之住所地法则又为本国法之代用也。）其一九三〇年五月二十八日 Pan 法院之判决亦谓反致虽可适用于财产，继承之事件，但不应适用涉及身份之离婚事件。

至对于异籍之外国人（德人与罗马尼亚人）有住所于法国，依法国民事上仪式结婚，而依其各该本国法均认为应依宗教仪式结婚者，法国法院亦复以当事人本国不行使管辖权为理由，而准许离婚，此又无论就其婚姻之效力或就其离婚之效力言，均非当事人本国法所能承受矣。

依德国民法施行法第十七条第一项规定，离婚依起诉时夫之本国法，同条第四项规定离婚原因须为德国法及当事人之本国法所公认。但第十七条第一项之规定依同法第二十七条本受反致之适用，从而夫之本国法认为应适用

---

[1]　"身份"原文作"身分"，现据今日通常用法改正，下同。——校勘者注。

德国法时，则又以德国民法所规定之原因为准。此种情形在法国不过为判例上之见解，而在德国则经以明文规定。

德国人无论其住所何在，得向德国法院请求离婚，固矣，至于德国人之住在外国者，能否向外国法院为此请求，依其民事诉讼法第三百二十八条第一项第五款规定，首须审查为判决之国家是否德国认为有相互承认之国家。盖德国人之住在外国者，得向德国法院请求离婚，虽非强行规定，但德国法院既属存在，则依同条第二项规定，当事人向之为请求之外国法院，无论是否其住所所在地之法院，仍应受相互承认原则之适用。所谓相互承认，依德国通说系指固定承认而不随各案事实或环境更易者而言。但外国判决依英美普通法原则，须就管辖权有无一点加以审查，关于离婚之判决，自非就当事人住所地何在以及管辖权行使之方法详细重加审认不可。因之美国法院就住在美国之德国人间离婚诉讼所为之判决，多非德国认为合于相互承认国家所为之判决。抑更有进者，即纵令认为合于互相承认之原则，但如仅依住所地之美国法为判决，而未依德国民法所定离婚原因为判决，亦仍非德国所能承认。

假令有住所在外国之德国人，向其住所地之外国法院，取得准许离婚之判决，而其判决并非基于德国民法所承认之离婚原因，则德国法院必认其以后之婚姻为重婚。德国最高法院一九〇六年二月五日之判例，更进而认德国夫妻之一造，向外国法院请求离婚，而其所定离婚原因与德国法不同时，他造得以此为离婚之原因向德国法院请求离婚。

瑞士离婚管辖之立法，远较他国为宽。虽认本国法院对于住在外国瑞士夫妻之离婚诉讼有管辖权，但其民法第六十一条同时承认外国法院所采离婚原因与瑞士相同者，对于住在该国之瑞士夫妇之离婚诉讼亦有管辖权。反之外国夫妇有住所于瑞士者，如瑞士民法所定之离婚原因及瑞士法院之管辖权为该外国所承认者，亦得受理其离婚之诉讼。离婚原因发生时，夫妇国籍不同者，依民法第七条第一二两项规定，以其离婚原因是否同为其以前所属国法律承认者为断。至于离婚之效力，如关于子女之监护，赡养费以及夫妻财产之分割等，则依瑞士法之规定。

（Ⅱ）英美法系——英美法系认婚姻契约为物权契约，视婚姻身份（Marriage Status）为物（Res），而以住所地为此项物之所在地，已如前述。此项见解，似与大陆法系之见解不同，实则同系认婚姻契约有关亲属身份，而以属人法为其准据法。所异者，大陆法系因采本国法主义，以本国法为属人法，不妨一面认婚姻契约为债权契约，一面认当事人本国法院为具有离婚管辖权之法院；但在英美法系，则系采住所地法主义，以住所地法为属人法，且系专以住所地法院为具有离婚管辖权之法院，因而其见解即与认离婚诉讼为对人诉讼之观念，根本不能相容。复因对物诉讼，例由物之所在地法院管辖，故进而喻婚姻契约为物权契约，婚姻身份为物，更进而喻此项诉讼之性质为对物诉讼，或准物权诉讼（Action in Rem or quasi in Rem）。假令吾人简化英美对于离婚诉讼之见解，为下列两点：（一）离婚诉讼为涉及夫妇身份法律行为；（二）仅当事人之住所地法院有权管辖；则其系以属人法为准据法之结果，又复相同。

依英美法不成文法原则（Common Law）妻系以夫之住所为住所，并无自设住所之权。纵令妻在另设住所以前，曾得其夫同意，或因其夫之行为不检因而另设住所者，仍属无效。在此种情形下，离婚诉讼，专由夫之住所地法院管辖，离婚原因不问在何地何时发生，亦专以夫现在之住所地法所定者为准，自属简单明了。英国至今仍保持此项不成文法原则，未加变更。但在显失公平之场合，例如在英国有住所之英国夫妇，夫因便利离婚起见，废止在英之住所，另设住所于外国时，[1]英国法院虽不认其妻具有另设住所之权，亦常基于公平原则，认其夫在英国之住所继续存在，不容其夫以在英国之住所业经废止为抗辩，而仍许其妻在原来之住所地请求离婚。一九〇八年之 Ogden V. Ogden 一案 1908. p. 78 及一九一三年之 De Montaign V. De Montaign 两案之判决主旨均属相同。

惟上列三案，第一案与第三案均为英国第一审法院之判例，第二案系英国上诉法院之判例。英国终审法院即上议院于一九二一年 Lord Advocate V. Jaffrey[2]一案则仍否认夫妇最后共同住所地法院具有离婚诉讼之管辖权。

夫妇平等之观念，在美国较在英国为进步；其判例及成文法亦认妻得因法律所认许之原因，自行另设住所。从而妻在遭受遗弃时，自得在其另设之住所地，依法请求离婚；纵令他造（夫）系受公示送达并未出庭，妻之住所地法院所为缺席判决，亦仍有效。此无他，盖不认夫妻各有设定住所之权则

---

〔1〕 Armytage v. Armytage 1898 P. D. 178.

〔2〕 Lord Advocate V. Jaffrey et sal. 89. I. J. P. C. 209，1921 A. C. 146 at p. 152.

已，既认妻方并无过失，且得因法律所认许之原因另设住所，即不能不承认整个婚姻，身份已随其妻而去，亦即不能否认此项妻之住所地法院对于整个之婚姻身份具有管辖权也。此项见解，始见于一八五六年 Rode Island 州之判例 Ditson V. Ditson[1]。但美国最高法院之判例 Atherton V. Atherton[2]、Haddoch V. Haddoch[3] 则仅限于左列两种情形，始认一州对于他州所为之离婚判决，有依宪法第四条第一段规定，履行绝对信任（Full fairland Credit）之义务。在其余之情形，则信任与否，悉听各州自便。

（1）为离婚判决之住所地法院，为两造之最后共同住所地，且两造中之一造，仍住在该地者（按此即离婚诉讼中所谓之 Matrimonial Domicile）或

（2）为离婚判决之住所地法院，虽非两造之最后共同住所地，而系一造之新住所地，但对于他造具有属人管辖者。

上述两种情形，其第一种与前述英国第一二两审法院所持见解相同。其第二种情形，并未限定离婚判决之法院为两造之最后共同住所地法院，虽似与前述 Ditson V. Ditson 之一案情形相同，但此之所谓属人管辖，系指被告他州设有住所，而在为离婚判决之住所地亦即原告之住所地受有直接送达而不出庭，或未受送达而自愿出庭者而言，此则又与前述 Ditson V. Ditson 一案被告系受公示送达且未出庭之情形不同。

美国法学会一九三四年之国际私法草案第一百一十三段，参酌前开最高法院判例，规定：

配偶之一造住于本州，而他造住于州之外者，如合于左列规定，得行使关于离婚诉讼之管辖权：

（A）住于本州之一造：

（1）曾经同意他造另设住所或

（2）因其自己之行为不检 Misconduct 无权反对他造另设住所或

（3）受本州之属人管辖时

（B）本州为夫妇两造之最后共同住所地时

右开（A）（3）及（B）系根据其最高法院之判例而来，（A）（1）及

---

〔1〕 Ditson V. Ditson 4 R. I. 87.

〔2〕 Atherton V. Atherton（1901）181. U. S. 155.

〔3〕 Haddoch V. Haddoch. U. S. 562.（1906）.

（A）（2）则系参照各州间多数之判例所得之结论。质言之，则如左列公式：

（1）妻随其夫住于同一之住所地时，此项夫之住所地法院得因夫妻两造中任何一造之请求，行使离婚管辖权，并依该地之实体法为判决。

（2）两造之最后共同住所地，且两造中一造仍住于该地者，此项住所地之法院得因住在该地一造之请求，行使离婚管辖权，并依该地之实体法为判决。

（3）一造之新住所，加（A）他造关于设定此项住所之同意，或加（B）他造之行为不检；或加（C）对他造之属人管辖——曾受直接送达或自愿出庭；具有此三种情形之一造住所地法院，亦得行使离婚管理权，并依其实体法为判决。

此外应注意者——美国国际私法草案第八段第二节规定："关于离婚判决之效力问题，依夫妻住所地之法律——包括该地之国际私法"。虽许适用反致办法（Renvoi），但依该地节之注释，则仅指本国四十八州间之判决而言。例如妻随其夫住于甲州，遭受虐待，其后复随其夫变更住所，住于乙州，妻向乙州法院根据在甲州所受虐待请求离婚，乙州国际私法规定此项离婚原因必须为甲乙两州所公认者，始得据为离婚之原因，丙州则无此项规定。假令此项离婚判决，以后在丙州发生，是否有效之疑问时，丙州应依乙州国际私法之规定，视其是合于甲乙两州所规定之原因为判断，而不能仅依丙州国际私法规定，纯依乙州国内法所规定之原因为判断。此因美国宪法第四条第一段规定："各州对于他州之行政处分，档卷及判决，具有绝对信任之义务"使然。对于外国法院所为之离婚判决，则仍不受反致办法之适用。

乙、别居

（一）概论

别居制度为我国所不采，各国间虽多采此制，而实际大不相同。有采永久别居制度者，如奥国民法第一百〇七条至一百〇八条，巴西民法第三百一十五条至三百廿五条，意大利民法第一百四十八条至一百五十八条（不采离婚制）；有认别居必须经司法官厅之裁判不得协议行之者，如法国民法三百一十一条；有认别居得依协议行之者，如意大利民法第一百五十八条，荷兰民法第二百九十一条，挪威一九〇九年八月二十日法令，瑞典一九一五年十一月十二日法令，及英、美均是；有认别居诉讼应由行政官厅管理而不由司法官厅受理者，如挪威、丹麦是；有认别居以后经过三年不再同居者得请求更改为离婚判决者，如法国民法第三百一十条；又有限定以离婚之原因为别居之原因，且随时得以已经别居为离婚之原因者，如德国民法第一千五百七十五条、一千五百七十六条及一千五百八十六条是。

（二）比较研究

（Ⅰ）大陆法系——别居无论为永久的或暂时的，虽其夫妇之名义仍然存在，然在实际上则影响甚大，故大陆法系仍以本国法为其准据法。至关于别居之原因，各国国际私法上虽常以当事人本国法及诉讼地法所公认者为准许别居之准则，但必相同至如何程度，则大有问题在。试以德国民法施行法为例，依其第十七条第四项规定"如非外国之法律与德国之法律，皆准许离婚时，不得依外国之法律为别居之宣告"。此项以离婚原因为别居原因之规定，使德国法院认其别居制度为异于他国之制度，并否认有权为准许外国夫妇别居之判决。其最高法院对于法国夫妇之请求别居者虽曾于一九〇二年十月廿三日判决准许，但经一九〇三年十月十二日该院各庭联席会议加以否决，而为相反之判决。该国学者 Walkor 认此项决议为正当，意为外国夫妇仅可向其本国法院请求别居，如其本国并无别居制度者，亦仍与德国无涉。但 Lewald 则持反对说，其理由计分两点：（1）德国民法与法国民法同许于别居后以此为离婚之原因。（2）德国民法施行法并未规定须外国法与德国法具有完全相同之规定；因之只须准许别居之原因相同，即应加以准许。纵令外国法不以已准别居为请求离婚之原因，亦只限制德国法院，不得进而据以为离婚之判决，仍不妨就别居之请求，加以准许。

又有因别居诉讼程序之不同，而致当事人本国否认其效力者，如依法国民法规定离婚得依协议行之无须经过诉讼，而别居则必须经过诉讼，不得依协议行之。但依意大利民法规定，别居得经诉讼，亦得依协议行之。法女甲嫁与意男乙同住于意大利，并在意协议别居。甲回法居住（依法国法甲仍为法国人）并依法国民法请求更改别居为离婚之判决，法国最高法院于一九二二年七月六日判决即以其在意之别居未经裁判，且其别居原因不合于法国民法规定为理由，维持下级法院驳回甲之请求之判决。

夫妇国籍不相同者，无论就离婚或别居之诉讼言，均使国际私法之问题趋于复杂。德国民法施行法第十七条第一项明定依起诉时夫之本国法。此固因妻于结婚时多取得夫之国籍，且妻有从夫之义务使然，但近来立法例既多明文规定本国女子并不因嫁与外国人而丧失国籍，且遇有夫之住所地即在妻之所属国者，似尤无强使以夫之本国法为准据法之理。设有美国女子嫁与意大利人住在法国，依美国 Cable 法案女子不因嫁与外国人而丧失国籍，依意大利国籍法则外国女子为意大利人妻者，即取得意大利国籍。如认此美国女子为意大利人势必不能依其本国法（意大利法）为准许离婚之判决。但德国法院一九二六年对于此类事件，即常依次美国女子原所属国之美国法律，准予离婚，而不以之为意大利人。

海牙离婚及别居公约第八条规定，"夫妇国籍不同一者，以夫妇最后之共同[1]法为前数条适用上夫妇之本国法。"此在欧洲，自系指最后共同之国籍而言。且在适用上亦具困难。瑞士即因此而于一九二八年退出此项公约，盖当时意大利人住在瑞士者多娶[2]瑞士女子为妻，此项意大利人回本国后，常依其本国法请求别居而置其原属瑞士籍之妻于不顾。依瑞士法律，此项经宣告别居之瑞士女子，虽可重新取得瑞士国籍，但因公约第八条规定系以夫妇最后之共同国籍（意大利法）为离婚之准据法，瑞士受其拘束，即又不克更依住所地之瑞士法律为准许离婚之判决。为求不受此项拘束起见，因而退出公约。美国 Kuhn 主张改依夫妇最后之住所地法为夫妇异籍时之准据法。此项最后住所地之原则，就男女平等言，或就避免属人法主义之不同言，似均较优于最后共同国籍。且住所多在两当事人所属国家中之一，而在选择住所地时，固又多出夫妇双方之同意也。

上述一九○二年公约第八条经一九二八年之会议附加"夫妇未有相同之国籍者，非依夫妇之各该本国法均得离婚者，不得宣告离婚。"盖亦鉴于最后共同法之不易确定使然。

（Ⅱ）英美法系——暂时别居制度为英美不成文法及成文法所同采用，且认此项诉讼之性质，为对人诉讼而非对物诉讼。此因在一八五七年英国婚姻法案施行前之宗教法即认别居制度并不影响婚姻身份，且宗教法庭（Ecclesiastical Court）之定管辖，系以夫妻双方均在教区之内设有居所为已足，并非以住所或本国法为定管辖之准则。此项见解至今仍为英美所共同承认。别居既与身份及住所问题无关，即与离婚诉讼之性质迥异，自不发生是否对物诉

[1] "共同"原文作"共通"，现据今日通常用法改正，下同。——校勘者注。
[2] "娶"原文作"取"，现据今日通常用法改正。——校勘者注。

435

讼之问题也。

英国上议院即终审法院判例中，虽有仅因被告一造在英国有居所，即认英国具有此项别居诉讼之管辖权，并依英国实体法为裁判者[1]，但其下级法院，则多以原被两造均在英国有居所为行使别居诉讼管辖权之先决条件[2]，至于双方之住所地法院或其最后之共同住所地法院，得依该住所地法为准许别居与否之裁判，则又不待言。[3]

美国判例之见解，与英国略同，但在以居所定管辖时，必须原被两造均在美国有居所，始据以为准许别居与否之裁判。各州中订有关于别居之成文法者，如 Michigan 及 Minnesota，多以具有与离婚诉讼同样之管辖权时，始得行使别居诉讼之管辖权者，在此种情形下，自又不能仅恃居所定管辖，且不能以居所地之法律为其应适用之法律焉。

美国法学会一九三四年国际私法草案第一百一十四段，亦因前开不同情形，而分别此类判决为两种：（1）仅依两造居所为别居之裁判者，仅能在为裁判之本州内，发生保护对方之效力，其他各州仅可不予承认。（2）具有为离婚诉讼同样管辖权之法院，其所为之别居裁判，则应与离婚判决同受关于宪法上绝对信任之保障，无论在本州或他州，均有拘束当事人效力。

丙、关于离婚或别居之公约

(一) 海牙公约

除关于夫妇异籍之问题（海牙第八条）已如前述外，关于离婚或别居之管辖依第五条规定系以夫妇之本国法认为有管辖权之法院或夫妇住所地之法院为有管辖权之法院。依夫妇之本国法，夫妇无同一之住所时，以被告住所所在地之法院为管辖法院。于妇被夫遗弃及离婚或别居之原因发生以后，变更住所时，并得以最后共同住所所在地之法院为管辖法院。但当事人本国法认为仅其本国法院为对于本国人民离婚或别居之诉讼为唯一有管辖之法院时，仍得保留此项管辖权，外国法院仅于当事人事实上不能向其本国管辖法院为离婚或别居之请求时，行使管辖权。关于离婚或别居之原因，依其第一条规

---

[1] Enstace V. Enstace. 1924. p. 45.

[2] Armytage V. Armytage. 1898. p. 178.

[3] Ward V. Ward. 1923. 39 T. L. R. 440.

定系以夫妇之本国法及法庭地法均采离婚或别居之制度时，为准许离婚或别居之先决条件。至其原因，在原来之草案仅以依本国法及法庭地法认为有充分之原因时为准，但在一九〇二年正式通过时加入"Encore gue ce soit pour des cause defferentes"一语，因之，虽两国所规定之原因不必相同，然必基于两国所同认之原因时，始得为离婚或别居之请求。对于一二两条之规定，第三条虽规定法庭地法得专依本国法之规定为决定，而不必依法庭地法。但离婚或别居之原因发生以后，夫妇之一方有变更国籍之情事者。则依第四条规定，又不得以其以前所发生之事实为合于现在本国法所规定之原因，以请求离婚或别居。此与上述第五条第二项中，于妇被夫遗弃以及离婚或别居原因发生以后，变更住所时，得以最后共同住所所在地之法院为有管辖权法院之规定，同属防止当事人利用国籍或住所之变更之规定。

上述海牙公约之规定，系以本国法为原则，而以法庭地法及住所地法为补充，其用意虽在调和以本国法为属人法及以住所地法为属人法国家间之不同点，但在适用上则既有原则与补充之别，即仍难期有效也。

一八八八年国际法协会，Justitute of International Law 第十次会议，决议以当事人之本国法是否采用离婚或别居之制度，以决定其能否在外国请求离婚或别居。至于构成离婚或别居之原因，则纯依法庭地法 Lex fori 为其准据法而不依本国法或住所地法。瑞士学者 Mieli 认为此项决议实较海牙之规定为优，以其确能调和本国法与住所地法所生之歧异，且能解除司法官适用与解释外国法条之困难。

（二）美洲国际私法典（Bustamante Code.）

美洲[1]国际私法典亦就请求离婚或别居之权利与其原因分别加以规定；关于前者依夫妇共同住所地法（即婚姻住所地法）之规定（第五十二条前段）关于后者，其原因发生于取得住所以前者，必须为双方属人法所承认者，认得据以请求，（第五十二条但书）发生在取得住所以后者，则依住所地法，（第五十四条）以上规定难适于以住所地法为属人法之国家，但以本国法为属人法之国家遇有不合于双方属人法所承认之效果与原因，所为之再婚，则仍具有承认与否之权（第五十三条）。

上述规定相当于一八八八年国际法协会之决议，而异于海牙公约，美国

---

〔1〕"美洲"原文作"美州"，现据今日通常用法改正。——校勘者注。

学者 Kurn 于一九一〇年国际法学会议 Association of International Law 在伦敦廿六次会议时提议："夫妇双方中之一方依国际标准，而非依当地法之标准，在宣示离婚法院所在地，设有善意之住所 Bona fide domicile 而宣示离婚之法院复曾对他方为直接之送达，并据双方属人法所认许之原因为离婚之判决时，此项判决在各国间均属有效。"考虑周详，足供参考，因并及之。

丁、赡养费

依德国民法第二百三十八及第三百〇一两条规定，夫妇在离婚判决中或在和解程序中，如属生活需要各得向对造请求赡养费，但不得超过对方收入三分之一。外国离婚判决附有按期给付之赡养费者，亦得如其他性质之判决在德国请求执行。一九二三年 C'unet 即载有下列之判决，英国女子甲嫁与瑞士男子乙为妻，在英国离婚并取得按星期给赡养费若干之判决。乙移居法国愆期不付，甲对乙在法之财产为假扣押并请求执行。此项过期未付之赡养费，虽依英国法认为甲已抛弃按期给付之权利，但法国法院则以执行之程序应依法庭地法为理由，仍予全数执行。此足见外国人间赡养费之判决，法国并不依当事人本国法加以审究，而系依法庭地法所规定之程序为执行。

德国民法施行法第十四条规定德国夫妇间之身份关系依德国法之规定，且不因其有住所于外国而异其适用。（其民法第一千三百六十条复规定夫妇在其力所能及之限度内互负扶养义务）。依上开民法施行法所规定之原则解释，外国夫妻间之赡养义务，亦应依当事人之本国法办理。因之一九二六年十二月三日 Kiel 地方法院对于荷兰夫妇间因请求赡养费之诉讼，即因荷兰法律并未规定得因离婚请求赡养费而予以驳回。其最高法院于一九〇六年二月五日对于有住所于德国之葡萄牙籍夫妻间之赡养费诉讼，亦认为不得援引德国民法按年给付之规定为其请求之根据。

柏林高等法院一九一〇年十二月十六日对于住在纽约之德国籍夫妇经纽约法院依住所地法所为之离婚及赡养费之判决，即依德国民法施行法第十七条第一项"离婚依起诉时夫之本国法"之规定，认为其离婚及赡养费之判决均不合于德国法而拒绝承认。此亦足见德国无论对于其本国人民间或外国人间赡养费之诉讼均以本国法为准据法。

美国认离婚诉讼为物权性质之诉讼，而别居诉讼则为对人诉讼，已如前述，对于因离婚而请求赡养之诉讼亦同认为对人诉讼，而非对物诉讼。在离婚诉讼中，如诉讼地为夫妇最后共同住所地，即可认为婚姻身份亦即 Matrimorial Res 之所在地，对于已离该最后共同住所地而另设住所地之被告，亦仍得基于物即身份所在地关系对之行使离婚之管辖，但不得就赡养费之诉讼，行使管辖权，此因赡养费诉讼之性质为对人诉讼，除非对被告有属人之管辖外，并不能因诉讼地为其以前之住所地，据以行使管辖权，亦即不能基于对物诉讼之同样理由，而行使对人诉讼之管辖权也。从而赡养费之诉讼必被告曾在各该州本州内受直接送达或自愿出庭者，其他各州始能认其判决为有效。至于基于被告在本州之所有物为扣押而以之为赡养之请求标的者，则又属对物之诉讼，此项标的物既在本州，则虽对被告为间接之送达（如公示送达），亦仍无不可。

英美普通法认赡养为一国基于公共政策加诸被告之义务——无人扶养者无异加重国家救济之负担，此项法令并无域外之效力。赡养为扶养义务之一种，故只能依诉讼地法所许可之范围为请求，而不得依他州之不成文法或成文法为其请求之根据。惟对于外国或他州之赡养费判决，如已到期，且属确定之给付（不得再为减免者），则又与其视一般外国判决迥异，即无须更基于外国之赡养费判决更行起诉，而得迳就此项外国判决请求执行。[1]

依照上开说明，夫妇两造之一造，可基于对物诉讼之原则在其住所地，对于有住所于他州之被告请求离婚，并得基于对人诉讼之原则，在他州依其法律对被告为赡养费之请求，似属明了。但其判例中亦有认为准许离婚之判决既无赡养费之记载，应发生不得更为赡养费请求之既判力，且亦不得于婚姻关系消灭后更行请求赡养费者，此项见解，常使基于自己一造住所地而请求离婚之原告，在被告不出庭或未在本州受直接送达之情形下，因判决离婚之法院并未同时对被告具有属人之管辖权，根本不能提出赡养之请求，实非公允，故为多数学者及判例所不采。[2]

依英国法，当事人必自离婚法院取得终局与确定 Finality or Conclusireness 之判决，始得向普通法院为赡养费之请求。依此推论，外国准许赡养之判决，亦必终局而确定，始得以之为诉讼之原因而请求在英执行。各国判决命按期

---

〔1〕 参阅美国国际私法草案第四六二段至第四六四段。

〔2〕 参阅 Goodrich：Conflict of Laws. p. 314.

给付之赡养费，亦必业已到期，始得以为诉之原因。[1]就实体上言，英美制度系属相同，所异者在美得就外国赡养费判决之本身请求执行，而在英则仍须以此项外国判决为起诉之原因。

---

[1] Beatty v. Beatty 1924 I k. B. 807.

已婚妇女的国籍问题[*]

黄应荣[**]

国籍问题,在现代国籍关系里,是个非常的问题。这是因为国籍是国家与人民间的身份关系。这种关系的取得和丧失,概依内国法的规定,因为各国自有它的主权,得自由制定法律,不许第三者干涉,于是因各国法律的互异而引起国籍的冲突,致发生种种的纠纷,则势所难免。妇女为国民一分子,她们的国籍当然不容忽视。最近几十年来因交通的便利及人民智识的提高,种族间的恶感已日益减少,于是这国人民,和那国人民通婚的事,也天天的增加,就是闭关自守的本国人民,也逐渐的和外国人民通婚起来了。可是妇女们都因为这种婚姻而发生了她们的国籍问题,她们的国籍变更,关系她们的终身利益,所以近几年来,欧美各国的妇女团体,都很努力设法解决这种纠纷,本文所要讨论的也就是所谓国籍通婚对于妇女的国际问题,因为同一国籍人的结婚,除夫化外不会发生国籍问题,兹为使读者容易明了起见,我们姑把这个问题分三方面讨论:(A)本国妇女为外国人妻时的国籍问题(B)外国妇女为本国人妻时的国籍问题(C)婚姻解除[1]后的国籍问题。

A 本国妇女为外国人妻时的国籍问题

现时世界各国,对于本国妇女为外国人妻时的国籍的规定,可分为三大派别:(a)绝对的丧失本国国籍(b)不丧失本国国籍(c)有条件的丧失本

---

  * 本文原刊于《女青年月刊》1934 年第 13 卷第 4 期。

  ** 黄应荣(1905～1978 年),广东梅州人。1905 年出生于新加坡。少时就读于莱佛士学院,参加剑桥会考获优等文凭。1927 年,毕业于东吴大学法学院(第 10 届),获法学学士学位。后又远渡美国乔治·华盛顿大学,获法理学博士学位。因成绩优异,毕业后获该校金牌奖章。一九三零年,学成后在上海挂牌执行律师业务。同时在东吴大学担任教授,讲授英美合同法。

  〔1〕"解除"原文作"除解",现据今日通常用法改正。——校勘者注。

国国籍。

（a）绝对丧失。在欧战以前，妇女因婚姻而随其夫的国籍，可说是世界各国的通例，就是到现在，英德意日等国，还是保持着这个通例，依这些国家的法例，本国妇女为外国人妻时，即丧失本国的国籍；不论她是否离开本国，或曾否取得丈夫的国籍。这无非要使夫妇国籍一致，以便成立一个良好的家庭，可是事实倒没有那么〔1〕简单。而且无条件的强迫本国妇女丧失本国国籍，实违反男女平等的原则！本国妇女为外国人妻时如果即取得其夫的国籍，倒没有什么问题可说。可是各国的法律，并不一致，假使依其夫的国籍法，她不能取得夫籍，那么她是要变成个无国籍人了。如果她的丈夫是个无国籍人，她当然也是个无国籍人。这样一来，好像有意刑罚本国的妇女。这在现代眼光看起来，是否公允，确是个疑问。

（b）因此晚近一般提倡女权的人，都大声疾呼要求改善她们的地位。她们认为这种规定，是昔时夫权独尊的原则。在近代男女平权的时候，无论怎样，不能重男轻女，女子应和男子一样，有她独立的国籍。所以美国在一九二二年就通过一条改律，名为 Cable Act，变更他向来的主张，依那个律例，美国妇女，并不因婚嫁而丧失她的国籍，除非她已正式宣言放弃美国国籍，或嫁与不能归化的外籍人民，所谓不能归化的外国人，系指非"纯白"Pure White 种人，如日本人及中国人等。美国的议院始终不容许他们的妇女绝对自由，故意设立这种限制，是因为美国的人民种族的偏见很深，对于有色种人，非常的痛恶轻视，尤其是对于我们中国人。所以他们以为美国妇女嫁给这样的外国人，国家对她应予相当的处分，丧失她的本国籍，是个最好不过的处分。苏俄在一九二四年的法令里也规定：苏俄妇女得保留她们的国籍，但是这种国籍的变更，可依苏俄法律所规定的最简单的手续行。依瓜地马拉〔2〕（Guatamala）一九二六年的国籍法，瓜地马拉的妇女，也得保留本国的国籍。除非在婚书内，声明愿取得丈夫的国籍。法国也和美国一样，向来是采取绝对丧失主义的。但自欧战后，因受女权运动的影响，及人口问题的支配，不得不在一九二七年，变更历来的规定，另制定新国籍法，依该律第八条第二款的规定：法国妇女与外国人民结婚，仍保留本国国籍；但明白宣言愿依其夫所属

---

〔1〕 "那么"原文作"那末"，现据今日通常用法改正，下同。——校勘者注。

〔2〕 "瓜地马拉"原文作"瓜大马拉"，现据今日通常用法改正，下同。——校勘者注。

国之法律，取得其夫之国籍者不在此限；若婚后其配偶即在法国之外，取得住所而依其所属国之法律，当然取得夫籍者该法国女子即丧失其法国国籍。照这款解释起来，法国女子丧失她的国籍，要有两种场合：（一）要明白宣言愿取得她丈夫的国籍（二）结婚后她们俩既在外国取得住所，而依夫的本国法，当然取得夫的国籍。我国十八年的国籍法也不容许本国妇女丧失中国国籍。而且限制也比较他国严。依该律第十条的规定：中国妇女为外国人妻者不丧失中国国籍，除（一）自请脱离国籍（二）经内政部许可。这些规定，虽然是因为要拥护女权，不肯轻易让本国的子女，变为外国的人民而制定的。且从本国的立场上讲，谁都不能否认这是独立国家所应有的权利，但是国籍的纠纷因此而发生而容易使国际的关系恶化起来。例如有一个美国女子在一九二二年以后，和一个英籍民结婚。依 Cable Act 那个美国女子，仍保留她的国籍。而依英国的法律，她即取得英籍。因此两国规定的不同，她就变为双重国籍人了。虽然依美国的法律，她可宣言放弃美国籍，可是现代的妇女个性强，爱国心又不稍逊于男子，怎肯情愿为爱情即脱离本国籍呢？有之，也不过极少数吧！尤其是强盛国家的女子，和弱小的国民通婚时，我们实难希望她们自动脱离本国籍。例如法国女子，为中国人妻时，在那种场合！试问有几个法国女子，肯在举行婚礼前，明白宣言情愿取得中国籍？

（c）有条件的丧失：除上述绝对丧失或不丧失两派外，尚有采取折中主义的。埃及，希腊，丹麦，及暹罗等国，都属于这一排。依这些国家的规定：本国女子为外国人妻时，不即丧失本国籍，除夫的所属国，认为她们当然取得夫籍。比利时一九二二年的国籍法，也有同样的规定，不过另加条件，准许比国女子，在婚后六个月内，向所属地主管官厅，宣言保留比国籍。和比国一样特别尊重个人意思的有阿尔巴尼亚[1] Albania 和爱沙尼亚[2] Estonia 两国，不过保留的手续及时间各有不同罢了。依 Albania 一九二零年的民法第十五条的规定：Albania 的女子，为外国人妻时，即丧失 Albania 国籍！如取得夫所属国的国籍，除在婚约特别保留 Albania 国籍。而依 Estonia 一九二二年的法律，Estonia 女子保留本国籍的手续及时间则比较严厉，依该律第十九条第一款之规定：Estonia 女子若婚后二星期内，不向其所在地的市长表明愿

---

〔1〕"阿尔巴尼亚"原文作"阿尔培尼"，现据今日通常用法改正。——校勘者注。
〔2〕"爱沙尼亚"原文作"阿斯端尼"，现据今日通常用法改正，下同。——校勘者注。

保留 Estonia 国籍，或在国外不向所在地的爱沙尼亚外交领事人员申明保留，即认为已丧失 Estonia 爱沙尼亚籍。我以为这种折中的办法，比较有伸缩性。在此女权膨胀的时期，立法者固然要顾到女子的身份，不能随便使她们变更，但不能不注重本国女子个人的意志。于是一方面须规定：本国女子为外国人妻时，不即丧失本国籍，除已取得夫籍；因为外国不予我国女子以国籍，我也不应强她丧失本国籍。而另一方面又要准许本国女子变为无国籍人的弊病，并可减少国籍的冲突。

B 外国妇女为本国人妻时的国籍问题

外国妇女为本国人妻时，是否取得本国籍，各国的法例亦不一致。大约可分为两派：（一）当然取得（二）有条件的取得。

（a）当然取得。为贯彻夫妇国籍一致的原则起见，多数国家的法例规定：凡外国妇女为本国人的妻时，即取得本国籍。如英，德，意，荷，希，及日本等国。依这些国家的规定；不论外国妇女曾否在本国取得住所，或既否丧失本国籍，概认为本国人民。这个国籍的取得，也无须她们有承认的表示，不许她们以个人的意思否认这种法律的效力，所以这样的规定，是要使夫妇国籍一致，并免外国妇女变为无国籍人，但这种法律究有违反男女平等之嫌，况现代的趋势，多数的国家既不以婚姻为丧失国籍的原因，实不应该反而行之致引起国籍的冲突，以违立法的精神。例如：一个美籍女子为英籍民的妻时依英国的法律，她当然取得英籍，但依美国一九二二年的 Cable Act，她仍旧是个美国人，除非她已明白宣言放弃美国籍，所以在未表示放弃以前，她是个双重国籍人。因此有许多国家改变历来的主张，制定较有伸缩的法律以谋补救。

（b）有条件的取得：我们在上面已经说过，美法等国，为尊重女权起见，对于本国妇女为外国人妻时，不认为即丧失本国籍，于是对于外国妇女为本国人的妻时，不认为即丧失本国籍，也不以为当然取得夫籍，依一九二二年的 Cable Act，凡外国妇女为美国人的妻时，欲取得美国籍，须另依归化的手续归化，但不能归化的妇女除外，如中国及日本的妇女。我国国籍法第二条则规定：外国妇女为中国人妻者，取得中华民国国籍，但依其本国法保留国籍者不在此限。厄瓜多尔〔1〕Ecuador 一九二五年的国籍法也有同样的规定，

---

〔1〕 "厄瓜多尔"原文作"哀瓜度"，现据今日通常用法改正。——校勘者注。

依该法第七十二条：外国妇女为 Ecuador 人妻时如依其本国法不保留国籍，并在 Ecuador 取得住所者即取得 Ecuador 国籍。依法国一九二七年的国籍法第十八条的规定：外国妇女为法国人妻者不当然取得法国籍，除该妇女明白宣言愿为法国籍民或依其本国法已认为取得夫籍者。以这四国的规法来论，法国似乎比较进步，因为它能消除国籍上的消极冲突，并能顾到个人的意志，但仍不能消除积极的冲突。依美国法只可减少消极的冲突。譬如以英籍女子与美籍人结婚，依英籍法律她即丧失英籍，她须另依入籍的手续入籍。所以在入籍手续未完备以前，她就变成个无国籍人。又如我国妇女为美国人妻时，永远不能为美国人，因为我们是"不能归化"的外籍民。假使那个女子是在民国十七年结婚的，那么，她就要变成个无国籍人了。因为依我国那时的国籍法：我国女子为外国人妻时，即丧失我国国籍，不论其是否取得夫籍。

C 婚姻关系解除后的国籍问题

妇女因婚姻的存在，或取得夫籍，或丧失本籍，或保留本籍，种种的变更，我们在上面已经说明。那么一旦婚姻解除，为妻的国籍又是怎么样的呢？在保留本国籍制度之下，妻的国籍，倒没有什么[1]问题。现在要问的是（a）外国妇女为本国人妻者，已取得本国籍，婚姻解除后，是否仍保留本国籍（b）本国妇女为外国人妻时，即丧失本国国籍，婚姻解除后，是否恢复[2]本国国籍。

（a）外国妇女是否保留本国籍，各国的律例，也不一律。（一）有认为当然保留的；如英吉利，德意志，荷兰，墨西哥，埃及 Heijaz 及阿尔巴尼亚[3] Albania 等国，惟适用上各国略加限制，而限制的程度亦异。例如埃及一九二九的国籍法，明文规定：外国妇女，为埃及人妻时，婚姻解除后，仍保留埃及籍，除在外取得永久的住所及恢复原来的国籍。又如 Hedjaz 一九二六年的国籍法第八条的规定：该外国妇女仍保留 Hedjaz 籍，除在外再与外籍人民结婚。（二）有许多国家的法律认为不是一定保留，如比利时，阿富汗，法兰西及伊朗[4] Irag 等国。依这些国家的规定妻从夫籍的原则，原为维持夫妇国籍一律，今夫已死亡或已离婚，维持的原则已不存在，即无强迫妇女遵守的

---

〔1〕"什么"原文作"甚么"，现据今日通常用法改正。——校勘者注。

〔2〕"恢复"原文作"回复"，现据今日通常用法改正，下同。——校勘者注。

〔3〕"阿尔巴尼亚"原文作"亚尔培尼"，现据今日通常用法改正。——校勘者注。

〔4〕"伊朗"原文作"夷"，现据今日通常用法改正，下同。——校勘者注。

必要，所以她们得自由表示或保留或放弃，如伊朗一九二四年的规定：外国妇女已取得伊朗籍者得于三年内抛弃伊朗 Irag 籍；如比国一九二六的国籍法：该外国妇女得于婚姻解除后六个月内，宣言否认比籍。又如土耳其一九二八年的国籍法第十二条的规定：外国妇女因婚姻取得土籍者得于婚姻解除后三年内恢复本国籍，但若在婚姻期中未生有子女者须在土国外取得住所。再如法国一九二七年的国籍法第九条的规定：外国妇女因婚姻取得法国籍故如自动请求恢复本国籍，即丧失法国籍，但若其本国认为当然恢复本国籍者得保留法国籍。

（b）本国妇女是否恢复本国籍。本国妇女为外国人妻时，即丧失本国籍，是因为要维持夫妇国籍一致。在婚姻关系存续期中，不能恢复本籍，婚姻关系消除后，论理应当恢复本国籍，现时除南美几个国家如萨尔瓦多〔1〕Salvador 不许寡妇恢复本籍外，多数准许恢复，但为减免国籍冲突及尊重个人意志起见，特设种种限制。最普通的是以住所为条件，如希腊，比利时，Albania 等国的规定，因为本国妇女已随夫离开本国，非回来取得一定的住所实不足表示她确是愿意再取得本国籍。依日本及我国的国籍法，须以内政部的许可为条件。但日本国籍法的规定比较严一点；日本女子脱离关系后，还要在日本取得永久的住所，方能恢复本国籍。而我国十八年的国籍法，则无住所的条件。我国国籍法，特以内政部的许可为条件，是因为我国妇女并不因婚姻而丧失本国籍，她们的国籍的丧失全由于自愿请求脱离，与强迫的脱离完全不同。既一度自愿为外国人，而再归回本国，则本国不能不慎重从事，所以内政部还得考量其情形，以为决定；若有认为不应给予国籍时，那么仍可不许她恢复。

---

〔1〕 "萨尔瓦多"原文作"沙而凡淘"，现据今日通常用法改正。——校勘者注。

子女身份的准据法*

李浩培

在自然界中，子女并无"婚生"与"非婚生"的区别。但大多数国家的法律却规定如此区别，且规定婚生子女与非婚生子女不同的法律地位。[1]然则，子女的婚生与非婚生，究应依合法以决定的问题，颇值得我们的注意。关于本问题的解决，现代各国的国际私法主要的有两个不同的主义。

（1）子女出生时父母住所地法主义。依英美的国际私法，子女婚生与否的问题，既关于人的身份[2]的问题，应依当事人住所地法解决。通常，婚生子女系妻由婚姻关系受胎而生的子女，且子女及其父母的住所相同，故决定子女的婚生，只须适用子女出生时父母共同的住所地法。但如果父母的住所不同时，美国的国际私法分别适用该两个不同的住所地法，以决定子女的婚生与否；故结果，一特定的子或女可同时取得婚生与非婚生的身份，换言之，可对于其父母中的一方取得婚生的身份，而对于他方则取得非婚生的身份。例如：设住所地在子国的甲男与住所地在丑国的乙女结婚，但该婚姻因违反举行地的法定方式而无效，虽甲乙均信其为有效。甲乙于婚后仍分别居住于其各该的住所地国，并生女丙。设依子国民法，丙应视为婚生，而依丑国民法，因认为非婚生，则美国法院将认为丙对甲系婚生女，但对乙则系非婚生子女。[3]

---

* 本文原刊于《中华法学杂志》1948 年新编 7 第 8 期。

〔1〕 苏联是不区别婚生子与非婚生子的法律地位的一个重要国家。1926 年苏联亲属法第 25 条规定曰："亲子相互间之权利以事实上之亲子关系为基础。未结婚父母所生之子女，其权利与成婚配偶所生子女之权利相同。"

〔2〕 "身份"原文作"身分"，现据今日通常用法改正，下同。——校勘者注。

〔3〕 参阅：Beale, Conflict of Laws, 1935, II, 70466；American Law Institute, Restatement of Conflict of Laws, 137 ~ 139；Re Goodman's Trusts, 1881, 17 Ch. D, CA, 266.

阿根廷、丹麦、尼加拉瓜等国的国际私法，及 1889 年蒙德维的亚[1]公约亦以子女出生时夫妻婚姻住所地法决定子女婚生与否的问题。[2]

（2）子女出生时父的本国法主义。现代欧洲大陆法系的国际私法，关于人的身份，以适用当事人本国法为原则，故如子女及其父母的国籍相同，应适用其共同的本国法，殊无疑问。但如子女与其父母的国籍并不相同，大都以子女出生时父母的本国法为准据法。[3]其理由略如下列。子女的婚生与否，虽关系其身份，但我们不能以子女的本国法为准据法。盖子女的国籍，系有时得以出生地为决定的标准外，依血统主义应依其父的国籍决定：故如子女的本国法决定其婚生与否，将有陷于伦理循环之虞。[4]我们亦不能同时适用父母各该本国法以解决该问题，因否则子女须符合该两法所规定的婚生要件，方能取得婚生的身份，以是将甚虽取得此身份。子女的婚生与否，影响于父的法律地位较之影响于母的法律地位，究较重大，故适用父的本国法。至适用子女出生时父的本国法，而不适用其母受胎时父的本国法，盖因受胎时不易确定之。[5]子女出生后，父如变更其国籍，于子女的身份无影响，此所以保障子女的利益。

我国法律适用条例，亦采用此主义。法适第 12 条前半规定曰："子之身份，依出生时其母之夫之本国法。""其母之夫"，实即"父"；不过，当子之婚生与否的身份尚未确定时，"其母之夫"这个名词，较之"父"为精当。法文于女未有明示，但女的身份自亦适用同一的准据法。

因子女出生时其母之夫（一下简称"母夫"）的本国法决定于子女的婚生，故下列各问题均应依该法规定：受胎的期间，婚生的推定否认婚生的理由，否认婚生的期间，以及任何人得为否认婚生的权利人。例如：甲男，英国人，与乙女，中国人，结婚。结婚后乙未请脱离中国国籍，故我国仍认之为中国人。乙于结婚后一个月，生子丙。依中国法，妻的受胎，须在婚姻关

---

[1] "蒙德维的亚"原文作"蒙德维的俄"，现据今日通常用法改正。——校勘者注。

[2] 尼加拉瓜民法典法例第 6 条第 9 项；蒙德维德俄公约第 16 及 17 两条。并参阅：Rabel, Conflict of 1945, I, 560, n. 19.

[3] 参阅 Rabel, op. cit, 560.

[4] 但法国法院倾向于适用子女的本国法。参阅：Frankenstein, Internationales Privatrecht, 1935, IV, 28, n. 5.

[5] 但丹麦哥本哈根等法院 1916 年 7 月 17 日的判决，曾适用母受胎时母夫的本国法，见 Zeitschrift fur auslandisches und internationals Privatrecht, II, 866.

系的存续中，方推定其所生的子女为婚生子女；但依英国法，只须子女于婚姻存续中出生，即推定为婚生。故该丙的婚生与否的问题，如在我国法院发生，我国法院应依英国法——丙出生时甲的本国法——推定其为甲的婚生子。

"非婚生"系"婚生"的反面：子女不具备婚生的要件时，即属非婚生。故子女的非婚生，亦以出生时母夫的本国法决定。此点我们可以德国法院的一个判例说明。该判决的事实如下。在俄国 1917 年革命前，俄籍夫妻甲乙两人于婚姻关系存续中，生一子丙。嗣甲去世；但甲生前并未承认该丙的婚生。甲死后，丙于 1925 年向德国法院对乙及丙称其为生父的丁起诉请求确认丙系非婚生子女，系乙与丁所生，而非乙甲所生，并对丁请求依苏俄法非婚生子对生父所有的权利。的国法院以为本案丁究竟是否丙的生父的问题，只在法院认定丙非系甲的婚生子之情形下可以发生，故应先解决并究竟是否非甲的婚生子女的问题。该法院并以为丙既系有夫之妇的乙所生，丙的究系婚生抑系非婚生，自应依出生时甲的本国法——帝俄法解决。依该法，丙系甲的婚生子，自不能再为丁的非婚生子。[1]

不但子女是否系母夫的婚生子女，应依子女出生时母夫的本国法解决，即子女是否系母夫的婚生子女，亦依该法解决。[2]

子女的婚生，常以母夫与母的婚姻有效为前提。究竟此前提是否存在，应依婚姻的准据法——法适第 9 条及第 26 条——解决，而不是依第 12 条解决。[3]但母夫与母的婚姻如系无效时，对子女的身份究竟有何种效果，应依第 12 条解决之。此在德国亦曾有判例。甲男乙女，德国法院适用婚姻的准据法，认为无效。但从此无效婚姻所出的子女，德国法院适用德国民法施行法第 18 条所定子女婚生的准据法——子女出生时其母的本国法，在该案该法系奥地利法——以决定该子女究竟是否应认为婚生。结果，德国法院认为依奥国法，该子女既系从误想婚姻（Putativehe）所出，已取得婚生的地位。[4]从此可知，所谓母夫，不但指与母有有效的婚姻关系的夫，并可指与母只有

---

〔1〕 佛兰克福高等法院 1915 年 12 月 3 日及 17 日判决，见 Juristische Wochenschrift, 1926, 2858.

〔2〕 参阅 Rabel, op. cit, 558, 559.

〔3〕 参阅 Lewald, Das doutsche international Privatrecht, 1931, 129, 130；Rabel, op. cit, 565；Wolff, Internationales Privatrecht, 1933, 133.

〔4〕 德国最高商事法院 1912 年 12 月 9 日判决，见 Die Rechtsprechuug der Operlandesgerichte auf dem Gebiete des Zivilrechts, XXXXII, 97.

"无效的婚姻关系"的"夫"。

子女的身份，依出生时母夫的本国法，已如上述。但如母夫于子女出生前已因死亡或离婚而与母的婚姻关系消灭时则如何？在母夫于子女出生前死亡的情形，法适第12条后半已有明文规定：于此情形，应适用母夫生前最后所属国的法律，换言之，适用母夫与母婚姻关系消灭时母夫的本国法。然则，母夫与母离婚时，亦应适用离婚时母夫的本国法。离婚后母夫如变更其国籍，于子女的身份并无影响；此亦所以保障子女的利益。

女子于婚姻关系消灭后，在短期内重为婚姻而生子女时，如其前夫与后夫的国籍不相同，决定改子女的身份，有时颇为困难。例如：设甲夫乙妻，均英国人，其住所均在英伦。嗣甲去世；乙于甲死后的一个月内，即与德国籍的丙男结婚。乙丙结婚后的第181日，乙生一子丁。设丁究系甲抑丙的婚生子，或非婚生子的问题发生于我国法院时，应如何解决？依法适第12条："子之身份，依出生时其母之夫之本国法；但出生时其夫已死时，依其最后所属国之法律。"然则本案我国法院究应适用英国法抑德国法"前者系母的前夫死时最后所属国的法律，后者系丁出生时母的后夫的本国法"？如适用英国法，则因丁可能系甲的婚生子，亦可能系丙的婚生子，故丁得于达到有思考能力的年龄时，就甲丙两人中选择其一为其父。[1]如适用德国法，则依德国民法典第1600条，丁的出生如在乙的前婚消灭后的第275日内，应认为甲的婚生子，如在275日意外，则应认为丙的婚生子，故本案的丁自应认为甲的婚生子。我们以为如果本案发生时，丁已达有思考能力的年龄，而丁所选择的父与依德国民法确定者系属同一人时，我国法院应认丁系该人的婚生子，因此种解决方法与英国法及德国法的规定均相符合。反之，如本案发生时，丁尚未达于有思考能力的年龄，或未为选择，或所选择者与德国民法所确定者非属同一人，则我国法院并无在英国民法及德国民法中选择适用其一而排斥其他的理由，因此只得审判该案的具体事实，以资确定该项究系何人的婚生子。[2]

---

〔1〕 参阅 Coke upon Littleton, 8a.

〔2〕 参阅 Wolff, op. cit, 134.

处置日本在华财产之法律观[*]

桂　裕[**]

一

日本本于一贯的侵略政策，企图兼并中国，然后进而征服世界，数十年来处心积虑，曾无一日之懈怠。日本在华之种种经济活动，均与其积极的侵略政策有密切之联系，未可与单纯的国际投资同论。其人民之来华经商或从事其他事业者亦无一非为其帝国主义之爪牙，包藏祸心，以侵害中国为目的，故日本在华之一切财产，不问公有或私有，自应一律视为战利物，予以没收。

日本政府所在华之财产，形式不一，或为具有侵略性之投资或为运用特殊势力而攫得之利益，要皆与此次侵略战有直接或间接之因果关系。今予没收，自属立场严正无可訾议。惟敌国人民之私有财产，虽实际上亦同有侵略之意味或作用，然是否可以并予没收，则因国际法学者间之意见未趋一致，乃有详加检讨之必要。

　＊　本文原刊于《东方杂志》1947 年第 43 卷第 16 期。

　＊＊　桂裕（1902～2002 年）字公绰，浙江慈溪（今宁波）人。1927 年毕业于东吴大学法学院（第10 届），获法学学士学位。任职于上海商务印书馆，担任英文编译。1930 年，入上海地方法院，历任司法行政部编审、上海第一特区法院推事、上海江苏高二分院推事、上海高等法院推事。后服务于国民中央政府，抗日战争时期，担任国防最高委员会秘书。担任司法院参事。抗日战争胜利以后，1946年，派往日本东京，出任远东国际法庭检察官，参与国际审判日本甲级战犯。历任台湾大学、法官训练所、东吴大学、辅仁大学、中国文化学院（今中国文化大学）教授或客座教授，讲授法律法学，是海商法、保险法的权威专家。1958 年，代表"中华民国"参加联合国的第一次海商法会议。著作有《大陆法系与英美法系》、《司法官之素质与数量》、《法律之理论与实践》和《处置日本在华财产文法律观》、《英译中华民国民事诉讼法》等。

按诸国际作战法之原则，私有财产不得予以没收（见海牙作战公约），此项原则已被公认为作战之"大宪章"（Magna Charta）。故在作战之时对于敌国人民私有之财产，如非别有正当或必要之原因，绝对不许仅以其为敌产之理由而加侵害，但此显系指侵入他国时对被侵入之他国境内人民之私有财产而言，旨在保障被蹂躏之弱者彰明甚。至在开战前或开战后移入被侵略国内之财产，类皆直接或间接供作战之用，因主客形势之不同于侵略国最后被击溃而投降时，其情形即与上开原则所指者有别。

1814年美国白朗一案[1]。美军最高法院判决云，敌国人民于开战之时所有在交战国境内之债权及私有财产，按严格的作战法，均得予以没收，惟依宪法之规定其没收之权属诸国会云云，1926年美国化学基金公司（U. S. v. Chemical Foundation, Inc.）一案，美国最高法庭仍引用白朗案之判例，认敌产管理人依1918年之修正敌国贸易法之规定而没收德国人民所有之四千五百中专利权为合法，其理由为美国宪法并无禁止没收敌产之明文也。

反之，1817年摩尔（Moell v. Oxholm）一案，英国大法官艾伦巴勒[2]氏（Lord Ellenborough）认丹麦政府所颁没收英国人民对丹麦人民之债权之命令为违反国际法，丹麦人民对其政府为清偿者，不生债权消灭之效力。1814年巴黎条约第十九条，亦有规定凡被法国没收之私有财产，应一律对所有人恢复[3]原状。

第一次世界大战时交战各国对于敌产均指派管理人代为管理，惟管理人之权限则有宽严之不同。在英国依1916年之法律，管理人赋有清理敌产之权，而商务部于特定条件下并得禁止或结束其营业法国法律规定对于德国人之产业须经由法院裁判后，始得勒令停业，或强制结束。德国对于敌产最初仅取监视之态度，可谓最为宽大，嗣因协约国处理德国财产办法较严为报复计，乃亦采用强制管理及清理之办法。美国仿英法之例，惟管理人之权限特大，与德国所采之强制管理制相似，管理人且有处分敌产之权，其理由在削弱德国在美国之经济势力。

由上面观，没收敌国人民私有财产，无论所取之方式如何，旧日国际法

---

〔1〕 Brown v. U. S, Cranch 110 and Scott Cases 555.

〔2〕 "艾伦巴勒"原文作"爱伦勃鲁"，现据今日通常用法改正。——校勘者注。

〔3〕 "恢复"原文作"回复"，现据今日通常用法改正。——校勘者注。

上固属早有成例，惟现代法学家认此为不合公道，而有所指摘，因有渐被摒弃之趋势，但征诸美国化学基金公司一案之判例，美国法院在 1926 年尚采此立场。

第一次大战结束后，凡尔赛和约规定德国应放弃其对于在海外属地之权利，让与主要之协约国，[1] 凡在德国或其联邦之属地内之一切动产及不动产一律予以没收，[2] 协约国对于德国人民在协约国领土内或其殖民地占有保护国，及依和约而割让之土地内之一切财产，权利，或利益，均有扣留或清理之权，[3] 此项协定，对于阿尔萨斯[4]，罗兰省（Alasace – Larrance），亦适用之，[5] 而实际上则广泛的适用于德国境界以外，协约国管理区域以内，并特别适用于中国俄国土耳其奥地利国境以内之一切私有财产。[6]

此次世界大战因战术及战器之进步，波及之广，破坏之烈，尤非上次大战可比。日本穷兵黩武，首先开衅，中国东北各省及沿海繁盛之区，被其铁蹄蹂躏，为时在十年以上。人民生命财产之损失，有不能以数字计算者。际此清算之时，没收敌人在华直接或间接供作战之用之资产，以及原属中国而被强力攫取之财产，自属符合公道之原则。

二

凡尔赛和约关于没收敌产之规定，其要旨略云："……Private German property generally outside the German frontiers and within Allied jurisdiction or in particular countries……" 原系以土地主权之所及为其适用之范围，国际法上已有先例。故没收云者，应指没收在日本国外中国管辖区内之财产而言，其在日本国内之财产，既因与之议订和约而承认其国家主权，自不得以片面之意思，而予没收。就公司而言，总店在中国者，仅得没收其总店之财产，分店在中国者，仅得没收其分店之财产，总店分店均在中国者，当然一并没收

---

〔1〕 见 119 条。
〔2〕 同上。
〔3〕 见第 121 条乙项。
〔4〕 "阿尔萨斯"原文作"亚尔蕯斯"，现据今日通常用法改正。——校勘者注。
〔5〕 见第 53 条第 47 条。
〔6〕 见第 260 条。

之。倘依总店及于分店之原则，因总店在中国而没收其在日本或第三国境内分店之财产者，则总店在日本分店在中国者，即无从没收其分店之财产；否则在理论上既无法调协，而在实际上尤不免引起其他国际上之纠纷，不能不加审慎焉。

按没收与赔偿性质迥异，没收云者，系没收供犯罪所用或犯罪预备之物，或与犯罪有关之财产，在违反国际法而作战之场合，指在作战区域截攫之枪，武器，战利品，以及与战争有直接或间接关系之公私财产，与刑法第 38 条规定之没收，盖属同一意义，故于没收后，不生扣算或抵消之问题。至于赔偿则犹如民法上之债权，必须认定对方之主体而后主张之。倘因总店与分店有不可分之连带关系，仅没收其一部分，不能发生经济上之效用，或将减损其经济上之价值，因有归并合一之必要者，应于议和时列为赔偿之特定项目，于和约成立后，乃予接收或归并。此项接收或归并之财产，应就赔偿数额内扣除之，乃属理所当然之事。至日本公司商店所有之商标及专利权等无形财产，自亦应随同总店或分店并在没收之列；但仍以土地主权之所及为其范围，因是可能发生同一商标或专利权在中国及日本或他国同时行使之情形，此应于议订和约时另谋合理解决之一端也。

国际私法中外国公司的问题[*]

张企泰

　　八年抗战，胜利在望，共信不出一年半载，战事可以结束，一切恢复[1]
常态。国际经济，究将发生如何变化，非本文所应及。但深信此后列国互助
互赖，比往昔为尤甚，国际交往，亦将更为频繁。其在工商金融方面者，列
强向有公司之组织，推广其业务于国外。战后外国公司，将向中国作更积极
之发展，常在意料之中。平等新约既经签订，外人在华所享特权亦告废绝。
此后对于外国法人，尤其工商金融公司，在法律上应采取如何之政策，系复
员后有关吾国法律之一大问题。兹就法人之国籍，国际私法上外国法人的问
题，及超国家之法人三端，略抒所见，以就正于有道。于此须声明者，即本
文仅以外国公司为标题，其所以然者，良以问题之涉及公司者为多而重要。
但本文所论，仍及于一般外国法人。

　　甲、法人之国籍

　　在解决国际私法上外国法人问题之前，应先确定何者为外国法人，何者
为内国法人，盖两者之法律上地位，不尽相同。事实上各国为顾及其本身之
重大利益计，无有不为此区别者。此即关于法人之国籍问题，可分下列数点
论述。

　　（一）法人是否有国籍

　　法人是否有国籍，年来对此问题，争执极烈。多数学者，采消极说。其
所持理由，各有不同。（一）或根本否认法人具有真正之人格，于是亦无国籍

---

　　* 本文原刊于《中华法学杂志》1944 年新编第 3 卷第 9 期。
　　〔1〕 "恢复"原文作"回复"，现据今日通常用法改正。——校勘者注。

之可言。（二）或虽承认法人具有真正之人格，但以为国籍仅系自然人之特赋，非法人所得有。

上述之第一派，原以法人为法律上拟制或虚构之人，而非实有其人。早在一八六九年，此国民法学家 Laurent 氏，在其所著民法原理一书内论述："对于虚构之人，探讨其是否有祖国国籍，及其他构成国家之德智体各种条件，实属毫无意义。……不论人类想象力如何之强，我人断难称此虚构之人为法国人或德国人，英国人或比国人也"。德国公法学教授 Von Seydel 亦称，法人纯系应合实际交易之需要所虚构之制。若有三十人合组一法人，国家不因此而多得第三十一个国民。

上述之第二派关于法人之学说，多采实在说，或有机体说。故承认其有实际上之生存，并有人格。但否认其如自然人之具有国籍。盖国籍者，系国家与个人间之双务关系。一国国民在一方面，应矢志忠诚，而有服兵役之义务；他方面亦有参与制造民意，在外国受外交上保护之权利。此种关系，并非一纯粹法律上之关系，亦是一种政治上及伦理上之关系。故仅自然人使得与国家发生此种关系，而法人则不能。吾人有敢谓法人得服兵役或行使政治权者乎，可见法人不能如自然人之具有国籍，彰彰明甚。综观各国之国籍法，仅就自然人国籍之得丧予以规定，而不涉及法人，愈益征信。

但事实上势不能不对于法人确定其国籍。不过国籍两字之意义，应予修正。其关于自然人者，系一隶属之问题；其关于法人者，系一联系之问题。盖法人既系法律之产物，势必基于特定一种法律，而与此一法律发生联系。若以德文区别之，自然人之国籍称 Staatszugehoerigkeit，法人之国籍应称 Staatshingehoerigkeit。此联系之问题，盖为重要，盖即所以分别本国法人与外国法人者也。为尊重习用之名词起见，本文仍将援用国籍两字，但予以修正之意义。

（二）法人国籍之确定

一法人究与何国联系，其在公法上法人，问题至为简单，盖其往往为地域上之分区，联系问题，迎刃而解。例如国家本身以及省份[1]，地方自治团体等，与某一特定国家之联系，当可不生任何问题。他如大学商会等，亦与其所在国发生联系。其在公司及一般私法上法人，标准之采择，较为困难，

---

[1] "省份"原文作"省分"，现据今日通常用法改正。——校勘者注。

历来学说，颇不一致。

有主张以组成法人社员之国籍以定法人之国籍者，此说既不合理，又不切实用。以个人之国籍，直接加于团体，此其所以不合理则也。如遇社员之国籍分歧时，是否须取决于多数。若系一股份有限公司，此多数指人，抑指股份，均系难题。纵勉强解决，当可发生离奇现象，即该公司今日具有德国籍，明日可变而取得法国籍，后日又复回德国籍，如此善变，此其所以不切实用也。

有主张以法人之设立地，定法人之国籍者，乃根据国际私法中 Locus regit actum 一原则而来。但此原则只适用于创设行为之方式，不应同时采为决定法人国籍之标准。若有多数英国人在巴黎设立一公司，不问其是否合乎法国法律所定程式，而即以之为法国公司，在事理上，至欠通达。

有主张以法人设立时所根据之法律，以定其国籍者。此说在英美尚为通行，偏重于公司发起人之意思。至于事务所或行政机构何在，创设行为于何处成立，均非所问。故若英国人依法国法在英国订定章程，设立公司，此公司即系一法国公司。但国籍既系公法上关系，不得仅凭发起人之主观而定。必须采一较客观之标准始可。此外有依据公司章程所订定者，即章程定为甲国公司，即认其具有甲国国籍，亦偏重于主观，颇欠允当。

上列各种学说之争论，犹之战争之边际接触，其主力战则发生于下列三种学说间，分述如次。

（1）许可主义——视许可法人成立而赋予其人格者为何国，即以该法人与该国联系。英美两国之学理与判例，均从此说。在英国有一成语称："不得英王之同意，不能有法人之成立"。No corporation exists without the King's consent 故仅根据英国法取得人格之法人，始为英国法人，否则为外国法人。考其理由，国家既赋予法人以人格，则其与该国之关系，至为密切，以后是否许其继续成立为权利主体，其权悉采于该国政府之手。但此说可发生事实上困难。盖一国对于某一法人许可其成立，其许可之行为，对于其他各国，无对抗之效力，因此其他各国，亦可同时赋予该法人以人格，而认其为己国之法人，此是非可发生两重国籍之问题乎。

（2）业务中心地主义——即以法人经营业务之中心，定其国籍。各国法院判例以及国际条约之采取此主义者，颇不在少。但此说亦可发生事实上之重大困难。各一公司之业务有数个中心者，则应以何处为标准，例如依法国法创设之公司，在罗马尼亚，伊拉克，伊朗等国，采取石油，而各该国均为其经营业务之中心，则究以何国为其国籍。有主张应由法院酌定之者，其说称，法院酌定时，应视该公司究为何国之利益创设，即认为其重心在该国，应以该国与该公司联系。但事实上一公司在各地之业务，往往具有同等之重要性，此际法院应如何酌定之，至难解决，此其一；再某种公司连续在各不同之国家经营其事业，尤其专事建筑修理港埠，或建筑铁道之公司，时将其业务之中心移动，是否每次移动时，即须改易其国籍，此其二；又若一采矿公司，创设于德国，从事业务于苏联，若苏联政府禁其采矿，是否将变成无国籍之法人，因而丧失其存在，此其三。有此三端，足见以经营业务之中心，定法人之国籍，实有未当。

（3）事务所所在地主义——德国学理判例以及瑞士、法国、意大利之判例，均以法人事务所所在地 Siege social，Verwaltungssitz 为定国籍之标准。良以事务所在某国，则某国政府得对之行使其权力，并控制其组织与生存。因此权力关系，该外人自应与该国发生联系。但所谓事务所者，可于公司章程所载明之地点而言，亦可指公司执行机关实际行使职权之地点（即行政中心）而言，依德民第二四条，瑞民第五六条，公司得不以实际行使职权之地点，而于章程中另指定一地为其事务所。此种规定，仅得适用于内国。盖不问章程所定之事务所与行政中心之地，是否同一，仍不越出己国之境域，而终由己国控制。其在国际私法，情形自极不同。若一公司在其章程中规定设定事务所于巴黎，而在柏林实际进行其业务与行使职权，决不能援用德国民法第二四条而主张为法国法人。否则可发生窃法舞弊之现象 Freude a la loi 故自以采取行政中心之实际事务所为较适宜。德国最高法院于一九〇四年，曾就下列一案，著有判例。一在华盛顿登记之公司，在墨西哥经营商业，而在汉堡管理。易言之，其章程中虚构之事务所在华盛顿，其行政中心之实际事务所则在汉堡。股东大会亦在汉堡召集。德国最高法院即以该公司为德国法人，并依德国法定其行为能力。因其未在德国声请登记，致被目为非法人团体。

行政中心地之确定，有时亦可发生疑问，例如一股份有限公司，其组织包括股东大会，（相当于国家之议会）董事会，监察人，及一定数量之职员以执行公司业务。上列各组织部分，如均在同一地点，则该法人之行政中心，即在该地，殆无疑义。如在不同地点，即股东大会在甲国召集，而董事会为指导督促业务之进行，另设于乙国时，应如何确定其行政中心地，则以股东大会为最高权力机关，即应以股东大会之召集地为标准。

但此主义，忽视法人创设之地点，亦有未妥。一公司创设于甲国，而由甲国法律赋予法律上人格，并受其管辖。若因其行政中心设于乙国，于是将后关于认股股本之缴纳及其他事项，不依甲国法律，而均依乙国法律定之，亦至不允当。

我国法制亦采事务所所在地主义，但民法第二九条，民法总则编施行法第一〇条第一项中载主事务所或事务所，及公司法第四条中载本店者，究指章程中所订定之地点，抑亦指实际管理业务之地点，似难悬揣。不过依民法总则编施行法第一条之规定，称"外国法人在中国设事务所者……"其事务所三字，系指实际管理业务之地点而言，在该条规定既作如此解释，则同一名词而见于他条者，若无其他形容词，亦应作同一之解释，殆无疑义。

于此不得不并述第一次欧洲大战时各国所采用之控制主义 La theorie du controle，凡公司之控制，出于某一国者，即认其为该国公司。盖双方交战国于从事经济战时，往往不注重公司之国籍，而重视其敌性。故凡在己国创设之公司，而由敌国人民管理或控制者，不问其管理或控制采任何方式，均视为敌国公司，其财产为敌国财产。其交易之全部或一部促进敌国人民之利益者，亦同。法国政府于一九一四年颁布与敌通商之命令，及英国政府于一九一八年颁行之修正与敌通商条例，均采此说。此外之交战国，亦莫不尽然。德国一九一四年九月四日之命令，其规定亦同。

但控制主义之采取，系一时权宜之计，且其旨在确定公司之敌性，非为确定公司之国籍。一旦经济战结束，该主义亦应放弃，故战后已不为采用矣。

上述参与主力战之三种学说，均有所偏，未见全妥。应如何定一更适宜之标准，使列国一律采用，洵为国际私法中一大问题。自一八八九年起，即有国际会议研讨之，以期订定国际协约。是年南美各国举行会议于 Montevideo。同年巴黎举行世界博览会，乘此时机，有股份有限公司国际会议之召集。一八九一年国际法学会，对此问题，亦有所决议。一九〇〇年股份有限公司国际会议举行第二次会议于巴黎。历次会议之解决方案，均欠妥善。迨一九二六年国际联合会所属编纂国际法专家委员会集会，由波兰法学家 Rundstein 提出报告书，主张"……公司之国籍，以其创设时所依据之缔约国一方之法律，及其实际事务所而定。其实际事务所，不得设于该国领域之外。"申言之，法人国籍之确定，采取两种标准：一须视赋予法人人格者为何国，不问该国系采特许主义，准则主义，或自由主义，二、并须视法人之事务所即行政中心之实际事务所，是否设在该国境内而定。其解决方案，至为确当。抑且调和英美及大陆两派所通行而相异之学说及法律。其意见虽未采入国际协约中，但为以后继续研讨此问题时，最可宝贵之意见。例如国际联合会于一九二九年发动召集之国际会议，旨在草拟关于外国人地位之协约，就法人之国籍一点，即有相同之结论。至于一九三二年在荷京海牙举行之比较法学第一次国际会议，突有转采许可主义者，良以负责研讨此题而提出报告之人，系属于英美法系之法学家。

Rundstein之意见，其实远在十九世纪末叶已在国内立法，露其端倪。惟以其国弱小，未为人重视而已。例如西班牙一八八八年之民法，其第二八条规定称，"法人（包括财团及社团）为法律所认许。而设事务所于西班牙者，具有西班牙国籍。但以依本法取得法人资格者为限。"又洪都拉一九〇六年关于外国人地位之法律，其第七条称："……法人依本共和国之法律创设者，系洪都拉法人。但须该法人并设其事务所于本共和国领土内"。随后既由Rundstein作详尽[1]之报告，并由国际联合会之专家委员会赞同，其意见即被世人注意。以后之国际条约，采用此两重标准者渐多，已造成一种新的趋势。例如一九二七年八月十七日法德条约第二六条称："股份有限公司及其他公司，……设事务所于缔约国之一方，而依其法令生存者，缔约国之他方应承认之。……"又同年八月七日土耳其与瑞士所订条约，其第十条亦称："依缔约国任何一方之法律所创设之工商或金融公司，而设事务所于其境内者，他方应承认之。"独我国于一九四三年一月十一日与英国所订平等新约，竟未采用，殊属遗憾。其第一条称："……'缔约此方（或彼方）公司'字样，在本约适用上，应解释为依据本约所适用之各该方领土之法律而组织成之有限公司及其他公司合伙暨社团。"仍采英美通行之许可主义，显未参照目前国际条约之新趋势。抑且依我国民法之规定，系采事务所所在地主义，而中英新约，忽又改采许可主义，俱见订约之时，颇欠斟酌。尤少独立主张，实不无随声附和之嫌。至于中美新约，则未涉及此问题。

此外，关于法人设有分事务所或分店者，自法律观点言之，此分事务所或分店，并无独立人格，而与主事务所或本店同其法律上命运，故不能有其

---

[1] "详尽"原文作"翔尽"，现据今日通常用法改正。——校勘者注。

独特之国籍。

（三）法人国籍之变更

法人国籍之变更，不仅与一国之经济财政有重大之关系，在学理上亦系一争执之问题。各国因欲对于法人争取管辖权，致往往发生法律之冲突。法人国籍之变更，得分自愿变更与非自愿变更两种。

（1）自愿变更——法人自愿变更国籍，往往须其事务所或本店迁移他国，以脱离原来国家法律之管辖。故国籍之变更，与事务所之迁移他国，颇有不可分离之关系。否则原来国家，以法人事务所并未迁移，仍得对之行使其权力，而不发生国籍变更之问题。自愿变更国籍，仅限于私法上法人始有此情形。学者间对此问题，为说不一。其采法人拟制说者，认为法人之生存，既本于国家法律之许可，而系一种虚构，则于法人迁移其事务所于国外，而与本国断绝关系时，其人格即当然消灭。故严格言之，就法人而言，并非国籍之变更，实际上系旧法人消灭，而新法人产生。此与自然人国籍之变更，迥不相同。但亦有持相反说者，认为事务所虽经迁移，法人之本国法，依旧如故。因此其国籍亦不变更。有认为事务所之迁移，当然影响法人之本国法。但若新事务所所在地之法律，就法人取得人格所规定之要件，于该法人迁移时即具备者，其身元仍予保持，其人格继续存在。即不因事务所之迁移，而其人格当然消灭。故法人国籍之变更，有时可与自然人国籍之变更同其情形。际此法人有机体说通行之时，自以后说为较合理。但种种事实上考虑，不得不并顾及。例如法人变更国籍之后，若其身元仍予保持，则法人（尤以公司为然）前此之债权人，得因新国法律规定有异，而蒙受不测损害。同时法人前此对于国家所负之各种义务，亦因新法之适用而获免除。为解决此种实际上困难情形起见，有主张事务所之迁移得发生清算之效力者；易言之，事务所既经迁移，即丧失其原来法律上人格，并其原来国籍，但在清算之必要范围内，仍视为存续。如其具备外国法律所规定之要件，而取得法律上人格时，则系一新法人之创设，原来国家或债权人对于该法人所享有之权利，或所得为之主张，遂可于清算时，仍依原来法律之规定以求实行，而获充分之保障。德国最高法院于一八八二年关于罗马尼亚铁道有限公司一案，首创此说，依我国民法之规定，其欲在中国取得法人资格者，须该法人设其实际事务所于中国境内。若其嗣后迁移事务所于国外，即缺乏法人成立要件之一，即当然丧失人格，并丧失其国籍。法律上人格既经消灭，等于解散，因此必需清算。

因民法第四〇条第二项及公司法第五二条、第七一条、第二一四条、及第二一六条第二项之规定，称在清算范围内，视为尚未解散，则谓法人国籍之变更或事务所之迁移国外，实发生清算之效力，一似德国最高法院所主张者，未见其不当也。

国际条约，有对于法人国籍之变更，特设专条规定者，例如奥国一九二二年与意大利，一九二三年与罗马尼亚所缔结之条约，订定缔约国一方之公司，迁移其事务所于缔约国他方境内者，得不经清算程序，而直接发生国籍之变更。

（2）非自愿变更——法人之事务所，因国家疆土之让与，而处于新主权之下时，即发生非自愿之国籍变更。法人之事务所固未移动，但国家之疆域已变。上次欧洲大战之后，列国疆土更改甚多，此问题颇具实际上重要性，此次战事结束后，此同一问题，势将重复发生。

在第一次欧战之前，各国之学理判例[1]，多已主张因国家继承所发生之主权变动，不影响于法人之存续。其法人资格，虽不受影响，但其国籍，则随之变更。一八七一年法国将阿尔萨斯[2]及洛林[3]两省，割让德国时，法国之学理判例，均认为在该两省境内之法人，均当然取得德国国籍。一九一三年土耳其割让土地与希腊及保加利亚时亦然。至于一九一九年之和约，对于在割让土地境内法人之命运，如何规定，亦值得注意。例如凡尔赛和约规定阿尔萨斯及洛林两省，既经由德割让法国，则在其境内之法人，随之取得法国国籍。其余一部之法人，因由德人控制，均经清算（和约第二九七条B项）。盖虽因疆土易主而变为法国法人，但仍富有敌性，依和约第七四条，得予解散清算。但在该两省之德国法人，为保持其与德国原来之联系，尝将其事务所迁出而移至德国境内。洛林省碎仑水泥股份有限公司，即其一例。该公司虽经依和约之规定而解散清算，但不及于其在德境内之一切财产。

乙、国际私法中法人之问题

（一）法人之本国法

法人既经成立，应依何法定其权利能力，复依何法而生存，而行动、而

---

〔1〕 "判例"原文作"判列"，现据今日通常用法改正。——校勘者注。

〔2〕 "阿尔萨斯"原文作"亚尔隆斯"，现据今日通常用法改正，下同。——校勘者注。

〔3〕 "洛林"原文作"鲁伦"，现据今日通常用法改正，下同。——校勘者注。

解散，此均系关于法人之国际私法上问题。学理实务方面意见，颇不一致，一似其对于法人国籍之问题然。但有一点，似均认为无疑义者，即一法人，应仅受一种法律之管辖，并以定其身份 Statut Personel。（我国法律适用条例中称"本国法"者即指此）否则为权利义务主体之法人，将无由推进其事业矣。

定法人之本国法，应以法人之国籍为标准。其具有中国国籍者，即以中国法为其本国法。惟应定法人国籍之标准，历来颇有争执，已如上述，故定法人之本国法，其问题亦同样之烦复。吾人上述关于法人国籍之确定，既已主张采取两重标准，则此两重标准，同时即为决定法人身份之依据。

定法人本国法之标准，既经确定，其适用范围何若，亦待研究。盖法人之本国法，并不管辖该法人之一切法律关系。关于物权之取得丧失或变更者，依物之所在地法 Lex rei Sitae，（参照法律适用条例第二二条第一项）法人之侵权行为责任，依行为地法 Lex loei delieti commissi。（同条例第二五条第一项）

至于法人之创设行为、组织、章程、管理等，均依其本国法。此包括机构之额数，职务、内部及对外之权力，代理法人之权限，对于债权人所负之责任，及法人与社员间之关系等问题。外国法人之行为能力，亦依其本国法。但内国有禁止之规定者，从其规定。但外国法人如依其本国法为无行为能力，而依内国法为有行为能力者，就其内国之法律行为，视为有行为能力。我国法律适用条例第五条第二项前段，即订有明文。此一规定，实际上颇为重要。盖依英美法制，法人尤其股份有限公司之行为能力，以及董事或经理之代理权，以其事务或行为合于章程所定之目的者为限，始生效力，否则因越权 Ultra vlres 而其行为为无效。故除非一英国公司取得国王之特许 Royal charter，而有一般能力 General capacity，或经章程明白订定，否则不得处分公司之财产（尤其不动产）。但若该英国公司在中国有越权之行为，则自中国法律观点而言，就其此一法律行为，该英国公司仍视为有行为能力。

外国法人之权利能力，包括当事人能力在内，亦依其本国法。但内国法律有禁止之规定者，并从其规定。例如外国公司不得取得或承租在中国境内之农地、林地、牧地、鱼地、盐地、矿地、要塞军备区域，及领域边境之土地（参照土地法第一七条）是。

最后法人人格之消灭，（包括解散及清算）亦依其本国法。俄国于共产党取得政权后，将所有私人银行与企业归为国营。在国外之分行或分店，是否随之丧失其生存，一时学者，颇多议论。一九一七年十二月十四日银行国营之命令，及一九一八年正月廿六日取消各股份有限公司股份之命令虽未明文规定银行或公司之原来人格，业经消灭但事实上银行或公司已均不存在。但各国为顾及自身利益计，有继续维持分行或分店之生存者；或托词银行及企业虽归国营，但其人格仍未消灭者；或称苏联政府之命令，放弃发生域外之效力者；或以苏联政府未经本国政府承认为理由者，莫衷一是。但近时德国与瑞士之判例，仍重视理论，一贯主张认为分行或分店，应以本行及本店之消灭，而丧失其生存。

（二）外国法人之承认

业经在外国适法成立之法人，其在内国之法律上地位究何若，此即涉及外国法人之承认一问题。称承诺者，谓对于法人之人格，予以认可；易言之，法人依外国法所取得之法律上人格，内国亦承认之。故自内国法律而言，彼亦具有独立之人格，得为权利义务之主体。承认无创设之效，仅有认定之功。故言承认，必先假定法人业已依法成立。

公法上法人如国家等之承认，在国际私法上，问题较为简单。依国籍惯例，凡国家经列国之承认，即同时被认为私法上权利义务之主体。所谓承认其国家者，同时承认其国库是也。故甲国经乙国承认时，即得在乙国本于其法人资格，发生私法上关系。

私法上法人之承认，系一较复杂亦较重要之问题。查考各国法制，凡依法设立之外国法人，其人格之取得，系一种既得权利，本于其法人之资格而取得之其他权利，亦系既得权利，原则上，内国辄予承认。惟若外国法人尤其公司，欲在内国积极活动而发生各种法律关系者，或为推进其事业起见，欲在内国特设分店者，各国立法，规定不同，得分三种。

（1）外国之公司无条件，并充分予以承认。德、奥、比、意、瑞士及英国等，采用此制，最为宽大。

（2）内国政府以个别行为，认许外国法人成立。此为苏联所采用（参照苏俄民法第八条）最为严格。盖苏联在实行社会主义之初，政治经济基础，尚未稳定，深恐欧美资本主义国家，借公司之组织，伸长其势力于苏联，而破坏其国策，此所以对于外国公司在苏联之活动，不得不严加限制也。

（3）外国公司之承认，须经条约订定，或经法令特别规定。西班牙、古巴，及法国采用此制，实为一折中办法。法国一八五七年五月卅日之法律，其第一条称："经比利时政府特许成立之股份有限公司，及其他工商金融团体，得依法国法律，在法国行使各种权利，并向法院起诉"。故仅比利时法人为法国法律所承认。但同法第二条规定法国政府得以命令之方式，规定对于其他国家，适用前条之规定。易言之，使比利时以外之其他国家，同受其惠。按诸事实，多数欧洲国家，已因法国政府尽量运用同法第二条，而与比利时享有同一之权利。此外他国与法国订有条约者，其条约与命令有同一之效力，其法人亦获法国之承认。

反观我国法制。其有关外国法人之承认者，有民法总则编施行法第十一条至第十五条之规定。虽仅寥寥数条，而所行起之问题，颇为复杂。关于承认之一般原则，规定于同法第十一条，称"外国法人，除依法律规定外，不认许其成立"。可谓属于上列第三种体系。该条原根据中央政治会议民法总则编立法原则审查案第十端而来。该端原案称："外国法人之认可、依法律及条约之规定"。嗣因认为条约亦法律渊源之一种，法律一词，即可包括条约在内，故将"及条约"三字删去。此所以第十一条即不载明条约字样。中外条约涉及法人承认之问题者，有最近之中英新约。其第一条称："……'缔约此方（或彼方）公司'字样，在本约适用上，应解释为依照本约所适用之各该方领土之法律而组织之有限公司，及其他公司合伙暨社团。"并读该条约其他各条，可见依英国法律创设之公司，中国政府不仅认许其在中国境内亦有法律上人格；并得设分事务所，积极经商，纵在该条约前依法设立之英国公司亦同。若无条约可据，自应依法律之规定。但自民国十八年十月十日民法总则编施行法施行之后，该法律迄未制定颁行。仅有十九年七月五日国民政府第三九四号之训令，称"有外商在我国设立公司，不问本店支店，均应依照我国法规呈请注册，方取得外人资格"。而"其在我国注册之准驳，以对方国家允否我国同类公司在彼国注册为先决条件"，可谓采取互惠原则。当时领事裁判权尚未废弃，凡遇华原洋被之案件，中国法权不及于外国法人，故不得不对外国法人之承认，略有所限制。但今后外国法人在中国所为法律行为，将绝对受中国主权之管辖，其情形与过去自极不同。抑且衡量今后形势，国与国间唇齿相依，其关系之密切，将远较往昔为甚。中外之商业关系，亦将更为发达。在原则上，似不宜对于外国法人之承认，再加以不必要之限制。我国之工业固尚在萌芽时代，商业之规模，亦远不如欧美之宏伟，未始不可于此特殊情形，另订特别法令，而为保护之规定。

民法总则编施行法第十一条称："……不认许其成立"者，其意义究何若。是否根本否认有外国法人之存在。此说与国际私法之基本原则有背，自不足恃。外国法人既经适法成立，而取得法律上人格，此其取得之权利，他国应予尊重。且其在外国之种种活动，均属合法，他国亦无绝对否认之理。如因其活动而在中国境内发生某种影响，例如在中国取得物权，或在中国投资，负担债务，吾人实无任何理由，加以否认，并拒绝其入中国法院之门。则所谓"不认许其成立"者，其意义或仅指其不得在中国境内有种种活动，例如积极经商或设分店等是。

外国法人依条约之规定，或依上述国民政府之训令，经认许其成立时，自得在中国设事务所或分店，而积极进行其文化、社会、经济或金融等事业。此与我国之生存，关系至钜，自不得不另有所规定。此际应分别情形论述。若所谓外国法人者，仅虚设事务所于他处，而其管理事业之实际事务所在中国，则依上述定法人国籍之两重标准，如该法人业依民法总则编施行法第十三条而准用民法各条，具备法人成立之其他要件时，即可以该外人为中国法人。

若外国法人仅设分事务所于中国时，依同法第十三条之规定，仍须准用民法各条，完成登记等手续，与一般法人创设时之程序相似。既经完成登记等手续，在法律上究有何种意义。或称系新法人之创设，此不仅依同法第十三条并该条规定准用之民法各条，应作如此解释，即依十九年七月五日之国民政府训令，亦足见呈请登记后，方取得法人资格。愚以为不问从学理或实际而言，此说殊不足恃。吾人上述分店者，仅系法人之一部，无独立之人格，与本店同其法律上命运。兹承认其取得独立之人格，其不通者一也。若因向中国主管官署呈请登记，并具备其他要件，即取得法人资格，此法人势必与中国联系，易言之，其分店即取得中国国籍。同一法人，其本店属外国籍，而其分店为中国籍，其不通者二也。更从实际而言，外国法虽设分事务所于中国，其仍为外国法人无疑，其在中国所为一切法律行为，应认为该外国法人所为。因而发生之权利义务，仍以该外国法人为主体。若谓分事务所经中国主管官署，准予登记，即取得法人资格，并中国国籍，与实际情形，亦殊不符。考民法总则编施行法第十三条之立法理由，原以外国法人在中国设事务所者，其与我国工商金融各业，影响至大，故不得不在分事务所设立之程序上，略加限制。例如向主管官署呈请登记等是。但此登记，并非要件主义，而仅系行政上手续。故一般新设之法人，如不依民法第三〇条等，向主管官署登记，即欠缺要件之一，不得成立。而外国法人之分事务所，如未向主管官署登记，仍不失为外国法人。若业经依法律或条约之规定，认许其成立时，仍得在中国独立享有权利，负担义务。分事务所之是否业经登记，实属无关宏旨。但为贯彻[1]立法之意旨起见，不妨更规定分事务所不依法登记者，应处以若干元之罚锾，以示儆诫。甚至勉强适用民法总则编施行法第十五条，使工作于分事务所之人，以法人之名义与他人为法律行为者，其行为人就该法律行为与该外国法人负连带责任。该条之适用，原限于未经认许其成立之外国法人。若既经认许其成立，易言之，承认其有法律人格，而仅设立于中国之分事务所未经依法登记，初无适用该条之余地，既予适用，自属勉强，上已言之。但衡以法理，亦未见其不可通也。

经内国承认之外国法人，应受内国法律之限制，与内国法人无异。纵该外国法人之本国法，并未有此种限制之规定，亦不能在内国主张不受限制。盖关于公序良俗之规定，在一国境遇，不分当事人之国籍与事件之性质，一律有其适用。民法总则编施行法第十四条之规定，称"依前条所设之外国法人事务所，如有民法总则第卅六条所定情事时，法院得撤销之"。亦即本于此原则而来。

反之外国法人本国法所设之限制，有时内国维持公共秩序，并保护内国人民之权利起见，得不予考虑。前此论述英美法系之越权说时，业已述及。故若一英国公司，与一中国公司，在中国订约，纵有越权情事，就该契约而言，该英国公司仍视为有行为能力。纵依英国法该英国公司不得越权，订此契约，中国法院可不予顾及。

最后经认许之外国法人，原则上固与同种类之内国法人有同一之权利能力，但并非种种方面，均与内国法人同化。关于外国人地位之法令，往往对于外国法人之活动，设种种限制，此所以我国有民法总则编施行法第十二条之规定。其主要目的，无非为保护国民经济，以防免外国之侵略也。

关于外国法人之承认，既无国际惯例可循，各国遂以条约之方式，谋求解决。在通商友好条约中，往往订定互惠原则。凡在缔约国一方设立之法人，他方应予承认。中英新约第一条即其适例。此外尚可举下列两条约，以资说

---

[1] "贯彻"原文作"贯澈"，现据今日通常用法改正。——校勘者注。

明。一九二二年六月二十六日之波兰瑞士商约第三条，载"公益社团或商业公司，依缔约国一方之法律有效设立，而设事务所于其境内者，缔约国他方，应承认其法人资格。但该社团或公司须不追逐违法或有背良俗之目的。其在缔约国他方，得依法令随时请求法院救济，或起诉，或应诉"。一九二七年八月十七日法德条约第二六条称："股份有限公司及其他企业公司……设事务所于缔约国之一方，并依法成立者，缔约国他方，应承认其为适法成立之公司"。各国关于外国法人承认之问题所解决之方法，既各不同，故有企图以国际公约规定统一之办法者，其事始于一八八九年南美各国在 Montevideo 举行之会议，主张采取宽大之承认主义。国际法学会自一八九七年起，亦不断研究此题，仍采同一主张。一九二九年在纽约之会议，亦有决议。一九二七年国际联合会专家委员会讨论此题时，有 Rundstein 提出报告，但并未订为公约。第六次泛美会议于一九二八年二月间举行，通过接受布斯德曼法典。其第三一条至第三五条及第二五二条于本题有关，特移译以供参考：

第三一条 每一缔约国，以法人之资格，在他缔约国境内有权利能力及行为能力，除当地法律设有明文限制外，不受其他限制。

第三二条 法人承认之意义，由当地国之法律定之。

第三三条 除上列两条所设限制外，行政机构之私法上能力，依承认或创设其机构之法律定之；财团之私法上能力，依其捐助章程，而该章程，依本国法，往往应经主管官署之赞许；社团之私法上能力，亦依其章程。

第三四条 除受同样之限制外，工商业公司之私法上能力，依公司成立时章程中所订定者。

第三五条 法人丧失其生存时，其财产之归属，依当地国法律。但其章程，捐助章程，或管辖法人之现行法令，有相反之规定者，从其规定。

第二五二条 在一缔约国合法创设之商业公司，在他缔约国，于其法令限制内，享有同一之法律上人格。

最后一九二九年在巴黎举行关于外国人地位之会议，亦制有草案，其第十六条规定缔约国间应相互承认在各该国适法成立之公司。

丙、超国家之法人

近百年来，以交通发达，国际交往密切，列国休戚相关，往往非专设国际组织，不能达一定之目的。上次欧战结束之后，为维持世界永久和平起见，遂有国际联合会之组织，即其一例。最近飞航伎俩之进步，一日千里，地球旅程，愈益缩短。各国经此次战争之惨痛教训，益觉有设置强有力之国际组织之必要。以切实维持世界永久和平。同时为求有无相通，共存共荣，必尚有其他目的与任务较为单纯之次要国际机构出现，殆无疑义。依过去已成立之国际组织而言，得分两类：（一）有为图达一绝对而超乎国家之目的而设者，辄系一政治组织，前次之国际联合会，即其适例。过去一七七六年至一七八七年之美洲邦联，一八四八年以前德国及瑞士之邦联亦然。均系数特定国家合作之中心，具有独立的政治上意思。（二）有专为图达各会员国之目的而设者，其自身并无一超然之目的。国际清算银行，及其他国际行政机构，系其适例。此类组织，不得为国际公法上承认之对象，在国际公法上亦无负担义务能力。除上述两类系属于公法上之组织外，尚有私人之国际组织，分述如次。

（一）超国家之公法上组织

属于上述第一类者，以国际联合会为最显著。虽在国际盟约及其他条约中，并未有明文之规定，承认其为私法上法人，但事实上，国际联合会仍不断为私法上之行为，如购买租用房地，出卖印刷品，受领赠与及遗赠，订立各种承揽及雇佣契约等，从未见有对于其法律行为之有效性，或其权利能力，发生疑问者。列国中惟瑞士与意大利对于国联之私法上人格，予以明白之承认。瑞士与国联秘书应一九二一年之约定，称"瑞士联邦政府承认国际联合会具有国际法上人格及行为能力。依国际公法之原理，原则上，在未得其明白之合意前，不得以之为被告向法院起诉"。意大利于一九二六年三月卅一日致国联行政院之函中载："国际私法统一会议（国联之直属机关）取得之财产，尤其在董事会督导下所保存之档案及文件等，属国际联合会所有。"其他各国，虽未为明白之表示，未有不承认其私法上之人格，而具有能力者。

事实上列国固已承认国联有私法上人格矣。但学理上究有何种根据。有以为国联与列国并论者。一国在他国境内，既认为有权利及行为能力，则国联在任何一国境内，应同认为有权利及行为能力。但国联与列国间，颇有不同。列国之所以有其私法上能力者，盖依其内国法，彼系一有法人资格之组织。至于国联并无内国法律秩序，故无本国法之可言。理论上，自不能以此例彼。有主张以私法上一般法律秩序以定国联之身份者。故毋庸国联本身有内国法律秩序，得根据国际常设法院组织法第三八条中载"法律之一般原理"Principes generaux du droit 搜求之。故一九三〇年五月二十一日国联秘书应为设置无线电台，而与瑞士无线电股份有限公司所订合约，其第十二条第三项称："本约定之解释，应根据法律一般原理"。但所谓法律一般原理者，其为物究属十分空泛。各国雅不愿其人民与国联发生私法上关系，不依据一种特定之私法，致双方权利义务，陷于不稳定之法律状态中。

以上之学理上解释，似均有欠缺。依原有之法律观念，以解释新事实，固难免于牵强附会也。故惟有根据事实状态，而为解释。夫国联之组织，既有独特而绝对之目的，一似列国之组织，则国联与列国实处于平等地位。列国为图达其目的，而需要私法上能力；并在他国境内活动时，需要他国承认其人格或能力，则自应使国联同具有私法上人格，并受列国之承认。衡之事理公理，实属当然。

兹既承认国联有私法上人格矣，其身份能力及本国法又何若。有以为以其事务所所在地之法律为其本国法即瑞士法者。有认其为无国籍之组织，故应经常适用行为地法 Lex Locl Actus 以定其身份者。但若认为国联之需要私法上人格，其理由与列国同，则上述之论争，即无实益。盖一个国家在他国境内活动，而为私法上行为时，事实上不发生本国法与身份之问题也。

属于上述第二类者，有国际清算银行等。此种国际行政机构，专为促进各会员国之特定若干种利益而设，并无独特绝对之目的。故不得与列国并论。亦非国际公法上之主体。其私法上能力，须待各会员国赋予之。往往其组织法订定该机构事务所所在地之国家，应赋予法律上人格，例如设在 Bale 之国际清算银行，在巴黎之卫生协会，及度量衡事务所是。其组织法中无规定时，以事实上需要，列国亦未有不承认其有法律上人格者。

（二）私人之国际组织

国际组织，亦有由不同国籍之私人构成，而以图达某一国际目的为宗旨者，亦得称为超国家之组织。应否认为有国际上人格。如其目的与经济有关者，列如原料之分配，国家往往不愿私人操纵，当亦无意赋予国际上人格。如其目的具公益而无政治性质者，例如旨在促进科学，文艺宗教等，则各国无有不深表赞助，而承认其有最低限度之能力。一九二三年国际法学会在比京集会，经 Totitis 提出报告，通过国际社团法律上地位之草案。规定其社团须具私人性质，另在促进国际目的，而不以营利为图。其章程须呈请驻在比京之常设委员会注册，并由该会分别转送各缔约国。届四个月期间，而不提出异义时，该社团在各缔约国境内，即取得法律上人格，有取得动产及一定数量不动产之能力，在一定限制下有受领赠与及遗赠之能力，及诉讼能力。各缔约国亦得超过此最少限度，而以国际社团与国内社团并论。为其从事商业，或宣告破产，或其行为有背公序良俗者，各缔约国得取消其法律上人格。但该社团得向国际法院起诉，以求救济。此外国际商会亦于一九二八年拟定类似之草案，以期列国对于此一问题，有统一之见解，而订立公约也。

国际贸易交易之程序[*]

傅文楷[**]

　　国际贸易事务虽繁，手续虽多，然其内容则不外乎进口与出口二种。近日一般对于进出口之概念，皆为出口多于进口，则国家商务发达，国将随之而富庶。反之，进口多于出口，则国家商务不振，国将因之而贫乏。换以贸易上之术语言之，即出超国将致富，入超国将致贫，此固当然之理。故欲谋一国之富庶，非从事于振兴实业，发展海外贸易不为功。实业既发达，则研究对外贸易技术，交易方法，当为次要事务也。盖国际贸易范围既广，手续尤烦，绝非国内贸易之间而易行者可与之并论。故经管对外贸易，非洞晓其中实在交易程序，明悉其中应行步骤，必无操胜算之理。盖国法各不同，习惯尤各相异，苟不精研有素，遽尔行之，难免不陷入危险境地。因此各国对此颇为重视，设专科于学校，或特设商业补习，所以养成此项人才，为发展海外贸易之用。

　　吾国自海禁开放，与外国接触之机会渐多，其中尤以商业关系为最要。因此彼此互市之事日益繁多，而日趋重要矣。洎自欧战告终，各国因战后元气大丧，企图恢复旧观，以救其国民之失业。故对于对外贸易之增加，遂为其唯一之政策。我国地广民众，工商幼稚，为天然良好市场。于是各国挟其雄厚之资力，从事角逐。冀握东亚商业霸权，而吾国遂为经济侵略之唯一战场。吾人若不急起直追，行见商权沦落。不可救药矣。故本篇将对外贸易之实在交易程序逐一依次说明，而略去国际贸易之原理，以为有志于进出口事

　　* 本文原刊于《钱业月报》1925 年第 5 卷第 1 期及第 2 期、第 3 期。

　　** 傅文楷，1927 年毕业于东吴大学法学院（第 10 届），获法学学士学位，美国京都国家大学研究院法学博士。曾任东吴大学法律学院宪法教授，私立厦门大学法律系主任，暨南大学商学院院长。著有《国际汇兑与贸易》、《法律之渊源》等。

业者之参考资料耳。兹分为两大部分，即出口商方面与入口商方面，前者复分为以下数节。

一、招徕

二、货样

三、标准

四、承受定货书

五、预备装运

六、实行发货

七、轮舶运输

八、出口应行手续

九、通关办法

十、领事证书

十一、水险

后者则分为下列数节，逐一说明，以备从事斯业者按部就班，或有裨益于万一也。

一、调查市面

二、征求货样与货价

三、实行定货

四、货物入口应行手续

五、通关办法

六、清偿货款

（甲）出口商方面

（一）招徕

吾人在经营出口事业之前，不可不有充分的考虑，详细的调查，此种事业，手续繁冗。非若经营内国贸易之间便可比。此种事业之成功，其唯一要素为敏捷与真确。盖一国之中，经营出口事业者非独一家，竞争之事，必不可幸免。苟不有敏捷之手假。灵通之消息，势必不能立足，事务既烦，苟不持之为谨。一旦错误，则亦难望其成功。是故第一步须觅富有经验学识之人主持其事，内部部署既定，然后从事招徕。普通所采用者不外下列三端。

  （1）通信贸易

  （2）广告贸易

  （3）样子贸易

  通信贸易者，以文书之往来而吸引顾客者也。此种贸易方法，西方大商店大工厂间有行之者。然收效殊鲜。盖通信贸易不易吸引买主，且关于一切交易上手续及贸易之性质等，均未能详细载明，因此彼此未能十分明了。交易因之而生阻滞。然小额交易亦未始不可。可但亦须视商品之数量性质，而定采取与否也。总之通信贸易，亦为近日商场所惯用之招徕方法，至其成效如何则另一问题也。

  广告贸易者，利用各种广告式样，如登印报章杂志，招点路途墙壁，以招徕顾客也。此种招徕之法，其效特著。盖欲使人人知悉，无论家居外出，国内国外，均得而知之。惟广告有此伟大力量，如报章杂志，其所至之范围甚远，则欲使四方买主咸知此项出品，舍此无他法矣，墙壁之招点，使行人触目而生购买心，其效不亚于前者。故今世之大商店大工厂，莫不利用广告以广招徕。而每年化于广告之费用，为数亦不在少。可见其收效之大矣。

  样子贸易者。将货样寄与与各处商号以为招徕之具也。因各地买主，得有实物，便可调查其工作原料及估计价值，认为满意，然后实行定货，于此并无达意之事。一方卖主依样发货，当然不致有错误之事。双方便利，故各国商人多行之。

  以上所述，仅为普通商人所常用之招徕方法，其余方法正多，未能一一论列。总之经营国外贸易者，能独出心裁，谋增进其出口货物，则其发达当可预卜也。

  （二）货样

  出口商当发行货样时，有二要事须特别留意者。即货物必须与货样相符，盖商人欲保持其商业信用，维持长久之交易，"诚实"二字，实为成功之秘诀。故出口商对于货物与货样相符一事，必须切实实行。盖不独入口商期望货物丝毫无误，亦为出口商所应如此作为者。苟运出之货物与发出之货样性质或颜色不符时，买主势必不允接受，不独诘责卖主，且将要求赔偿也。英吉利之对外贸易也，视此点极为重要。不独自在本国之商人如是，即在其殖民地或属地之商人亦无不如此。1893 年之 Sale of goods act 至今仍应用于各地。

其中最重要者，凡用货样订买卖之合同，有数点必须完全了解与切实实行。如：

(1) 须予买主以比较货样与货物之机会
(2) 货物须与货样性质相同
(3) 货物须丝毫无假冒或缺点

此种条例，在国际贸易间，应切实行之，盖不如是。商业信用不但不能增加，且将失其固有荣誉，甚至增加交易上种种纠纷，岂不可惧哉。

(三) 标价

出口商对于货物价格之标定为一种重要之问题，盖定价失之过高，则购者甚少；失之过低，则不利于自身。故对此问题标价亟须注意也。

(1) 货价之变动出口商之标定货物价格，必须于各方面观察周详，然后决定。制造家之定物价也，有内锅贸易与外国贸易之别。普通每许国外买主以种种之便宜，如许以若干折扣 (Discount) 等是也。且每视其购买货物数量之多寡而高低其折扣率。此法不独国外贸易行之，即国内贸易亦多用之，此二法固可实行，然其阻碍亦不可不知。故运用敏捷之脑力与灵巧之手腕，决不可少也。而对于初次经营出口货者，尤不可不注意于确立稳固之商誉。(Good will) 以期立足于外国市场，而博得顾客之欢迎也。

货价亦每因供求之趋势不同而异其标定例，譬若甲地对于某种货物需要正殷，而供给者不足以满足其需要程度，则依经济原则，求过于供，货价当然高昂。反之，乙地对于某种货物需要程度甚低，且旧货积存尚多，则依经济原则，供过于求，货价当然低落，有时又因竞争之关系而变动其货价。出口商于标定货价时皆不可不顾及也。

(2) 何谓折扣折扣者用于现银交易而于买主以货价之便宜也。如货物定价为 100 元，以七五折计，(25% Discount) 则实价为 75 元。此 25 元之差，名之曰折扣息，此项折扣，多用于国内贸易之现银交易。如国外贸易行此者，必买主预先将货款存于出口商处，预付将来清付货款之用。然若信用昭著者，即无现款预存，亦予之以便宜也。至其名称，则中外适相反，如货物价值 100 元，实付 75 元，吾国人称之为七五折，外人则称为 25per cent discount.

(3) 外国货币标价各国商人对于标价所用之货币，当然以本国本位货币为主。如美国卖主，必用金圆标价，德国则用马克，法国则用法郎，然有时亦不能一概而论。盖各国货币市价变更无常，商人营业断无不从利而从害者，故有时查悉用本国货币标价，预知其结果较用外国货币为劣，则不能不随机应变，而用外国货币矣。有时亦因买主方面要求用其本国货币标价，则卖主又不得不顺其请，以广招徕。故出口商对于各国货币市价之变动，须特别留意也。且当用外币标价时，其价目切勿过紧，因恐市场价略一变动，而已蒙其损失也。

（4）落货价值在国外贸易发票中，常见有 F. O. B. 字样，此数字究系表示何种意义，不可不知。F. O. B. 者，即 Free on Board 之简写，其意义即表明货价包含各种运费，如包装费、铁路运输费、小艇费、货栈费、与码头捐等，直至货物运至目的地为之。例如 F. O. B. Shanghai 即表明货物由他处运至上海，一切费用均已包含于货价中，其余由上海转运他处之运费，当归买主自理也。故国外贸易之 F. O. B. 记号应不能代表他种意义也。

（5）C. I. F 之价目此字母即为英文 Cost, Insurance, Freight. 之简写即我国所谓成本、保险费、与运费是也。但此记号包含在发货地一切用费，而对于进口地之入口税或登陆税以及其他用费，均未能包含其中。所谓成本者，即货物生产之费用，并包含各种运费之谓也。所谓保险费者，即货物出口时，在保险公司购买水险，应付保险公司保险费也。所谓运费者，系依照提单上所载轮船舶一切运费数目之谓也。总之 C. I. F 之标价式样，其主要目的，在于欲使入口商明悉其货物抵岸时之各种费用，及货物之总值也。

（四）承受定货书

出口商将货价标定后，寄与各处买主，如买主认为合意，而愿采办者，则当依商业习惯，先行交付定货书（Order of Goods）于出口商。经出口商，承受，正正式签字，即成为买卖契约。一经签字后，此契约在法律上即生效力，双方均受其约束。此后非得两方之同意后，任何一方不得解约。如有破坏行为，即可以法律绳之。故双方当执行时，不可不谨慎行事也，而尤以出口商为要。盖一旦错误，纠纷发生，故出口商当收到买主之定货书时，必须详细验明，有无疑点。如稍有不明处，虽极细微，为慎重起见，亦当函询明白，庶不致发生异议也。一经接受定货书，则务须切实遵照施行，如数量、性质、交货期等，均不可有误。而于后者尤须注意，如定货书中言明 7 月交货，则在七月内必须将货物交轮装运前往，盖商业最重要时日，稍有延迟或耽搁，影响甚大，甚或因出口商误期交货，而买主不允接收货物，则损失将不堪设想，故不可不注意也。

（五）预备装运

出口商既接收国外买主之定货书，彼此买卖契约即发生法律上之效力，故履行定货书中各条款实为出口商所应尽之责。今假若所定购之货物均已制造完毕，于是预备装运为其执行顺序。预备装运时所为之事约有数端。

（1）包装经营出口事业，对于包装货物实为一重要事务。盖国外贸易不若国内贸易之距离甚近且转运多用轮舶，苟包装法不甚精良，则恐货物未到目的地而已破损不堪应用矣。出口商仍负损失之责。故出口商对于出口货物，须依货物之性质种类而异其包装方法。譬如所运货物为瓷器玻璃等类，破碎极易，故箱内须以废纸或稻草紧塞其箱，勿使有丝毫空隙。假如所运货物为铁器木器等不易破损者，则仅装以木箱已可无虞。因此，大规模之出口商，必须聘延富有经验精于包装之人，专司其事，庶几危险损失，可稍减杀也。

（2）包装前之点货出口货物当预备包装时，对于货物之件数，及有无混杂他货等，必须特别留意。故在未包装前，必须派人检点数量，并一一对之以发票。视有无多装或少运等事，不然货物既到运轮目的地，如发现数量缺少，或混杂他货，则买主必大失所望，甚至遗书诘责。对于出口商信用不无关系，故包装前之点货为不可少之手续。

（3）包装前之秤货出口货物在包装前必须逐一秤之，以知货物之纯重。一经包装，即成为总重量。假若途中有偷窃之事发生，必易追究。且国外入口商亦甚欲知其货物之纯重，故包装前之秤货，亦为必要手续也。

（4）包装上之记号出口货包装上所用买主之名，每不全写，而另用一种简单记号（Mark）以代表之。其主要目的，为易于认识，货物在码头上与船舱中，及装载起运时数量既多，运主非一，所至目的地亦各不同。若必一一认之以名，则时间有所不许。故用一简单之记号附于包皮上，使一见而知为何人之货物，运至何处，时间既可简省，运轮当较快捷也。此种记号不但附于货物包皮上，即提单（Bill of lading）上印有同样记号，以便照样起货，而不致误运。普通记号用于出口货物包皮上者约有三种，即买主之记号，海口之记号，与货箱之次第号数是也。买主之记号，系买主自定，为代表其商店或公司者，通常用一字或数字相联，而用各种形式括之。海口记号者为货物运验目的地之记号也。凡此记号均居最重要地位，盖欲其不误运，全赖此记号也。故记号须简单而明显，字体亦须较大，以便一见而知，庶无错误。货箱之次第号数者，即书于各货箱面上之记号数是也。如 1. 2. 3 以至 20 依次第书之。其中无重复之数，亦无缺少之数。如货物至目的地，检查而有二同号者，则知其必为误运他货，如其中某号缺少，其必为中途遗失或落装，此其效用也，兹示其记号之式如左：

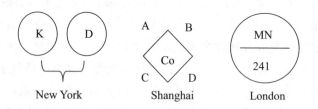

New York　　Shanghai　　London

（5）填写发票　发票为交易中不可缺少之单据，无论其为国内贸易亦为国外贸易，莫不皆然。通常国外贸易之发票，因货物数量出入较大且繁，故每正式印就，其中印有各种条件，以便买主遵守，至填写发票时，贵清晰明了〔1〕，与夫真确详细，盖发票之为用。原为记录货物之数量及价目名称等。苟填写时随意涂改或用一种不易明白之商业词，以至疑窦发生，则反失去发票之真价值矣，不宁惟是。入口商必因此发生困难。譬若完纳海兰入口税时，因数量或价值不明或不符而发生纠葛者，比比皆是，是故填写时务须留意也。

（六）实行发货

出口商将前数项所言预备装运各种事务，均完全办妥，然后实行发货。国外贸易之装运货物方法与国内贸易稍有不同，然亦易于执行。兹假设出口商系兼管制造业者，其厂基设于南京，今有纽约商人向其定货，故其运送方法必先由铁路运送至上海，然后船转运外国，故出口商可于上海设置出口代理人，（Agent）以料理一切关于出口事务。迨货物包装完毕，交沪宁铁路转运上海，同时填具一出口通知书，（Shipping Advice）连同铁路提单，一并寄交上海代理人。此通知书须将货物之性质数量价值一一开明，以便代理人呈报海关，缴纳出口税也。

铁路运输有二种方法，一为直接运输，（Throug Bill of Lading）一为间接运输（Local Bill of Lading）前者即南京制造厂，将货物交沪宁铁路运输至上

---

〔1〕 "明了"原文作"明瞭"，现据今日通常用法改正。——校勘者注。

海，复托铁路公司代定出口船舶舱位，将货物转运至纽约为止，铁路公司接受此种运送法时，随即发出直接提单交与商人。商人将总运费付讫后，即了其职事，不必另在上海设置代理人，料理出口事务。后者与前者之不同处，即南京厂主须自设驻沪代理人，货物由南京运上海，交其代理人接收，铁路公司即完成职责，一切觅船定舱纳税等事，均由代理人执行，铁路公司可不问焉。

（乙）进口商方面

吾人已将出口商方面之种种手续细言之，兹请言入口商之各种应行手续及其程序。

（一）调查市面

经营商业者，欲图其营业之发达，资本充裕固为最要元素。然苟非有敏捷之眼光，灵巧之手腕，与乎详细的调查，未见其有卓著之成效，故在决定经营入口事业之前，调查市面，为必经之第一步。盖吾人经营某项事业，非料有盈利之可能，必无冒险从事之理。（投机事业不在其例）因此足踏实地之经营，为最要也，而欲完成此项理想，其为调查市面乎，调查之范围甚广，普通须在注意者约有数端。

（1）市面需要情形及其程度

（2）社会购买力之强弱

（3）有无竞争者

（4）社会心理

（5）原料或商品供给之由

今假设拟经营汽车事业，吾人有此意思，然后切实调查市面上需要情形。如上海商埠道路宽宏，各种车辆均可通行。故营汽车事业尚称适宜。反之，在内地各省，道路狭隘，不便行车，若遽然经营此项事业，其不失败者几希。地点既定，然后调查社会上需求此项自动汽车之人几何，及该地原有供给程度如何。如供给多而求少，则事业无发达之望。反之求多而供少，则事业大有兴之望，此于经营事业前，不可不知者也。

社会购买力（Purchasing Power）之强弱，实为发达事业之关键。譬如该地地位虽佳，需要亦有，然生活程度（Standard of Living）甚低。因生活程度低，而购买力必无强大之理。购买力不强，安能购买价格高昂之自动汽车，因此汽车虽为便利交通之利器，然因价格至少在数百以上，如此非中等家世，决无购置之力。故苟当地中等阶级占有多数，则此项汽车业或有发达之望，此于决定经营汽车之先，不可不调查之又一端也。不独此也，近世商业无论何种方式，经营者必不止一二家。经营者既多，竞争斯不能免，因此营商者对于同行事业之多寡，少不得须下调查工夫矣。譬如汽车事业，经营者多，竞争者众，则非有出众之才，特别之货，无操胜算之理。此点亦为必须加以考虑者。

经营事业之发达与否，全恃顾客心理之适合与否而断。譬如今日市上对于美国福特[1]洋行（Ford Company）之汽车颇为欢迎，则业汽车者，应随顾客嗜好所趋而求适应之，不然牢守固习，闭眼不察社会心理，其命运殆可预卜矣也。

种种关于调查事务完毕后，然后探查汽车供给之由，将世界各大汽车厂之出品一一比较，则其价最廉而物最美者购之，使顾客乐于惠顾，庶几营业有发达之望。

（二）征求货样与货价

商人既将社会上之需供情形，人民之购买力等，详细调查后，认为有设立之可能。于是进而为确实之估计，先通函各大工厂，嘱其将货样与货价寄来，然后逐一比较，择其价格最低而货质最良者采购之。迨货样寄到，将其一一检阅，查明质料良否，然后对之以取标价目，是否适当，抑或过昂。故在决定采定货物之前，必须注意者，约有数端。

（1）货物之原料及其工作最精细耐用

（2）货物之价目是否适合于货物之价值

（3）运费所需几何

（4）货价加上运费后出售能否获利

（5）市上固有货物之价格是否超过此原货价

---

[1]　"福特"原文作"福德"，现据今日通常用法改正。——校勘者注。

苟其货样及货价能满足以上条件，实行经营，当无危险也。

（三）实行定货

入口商将以上手续完全办妥，然后实行定货，由商店正式发出定货书（Order to Good）由邮寄与所欲定货之工厂或商号，或转托该处经理出口店（Export Commession House）请代为向某工厂订购所需货物亦可，然后于发出定货书前，对于定货方法，必先决定，即或用现金或用信用是也。如采用前法，于寄汇货款时，便可随时发出定货书，书中详细载明货物名称、数量、价值、包装法、货箱记号、交货时日等。如采用后法，则须仅依信用为据，不必即时汇寄现款。然亦有商业信用（Commercial Credit）与银行信用（Bank Credit）之别。商业信用者，即担保买主信用之人为商人，或商店，由其出书或票用证书，代入口商保证其货款之谓也。无论采何种信用方式，一经决定，即可随时发出定货书。于是毕其定货手续，直至货物运到而有所为焉。

（四）货物入口应行手续

货物入口，其手续远不若出口之繁琐，该入口商除完纳开税，领取货物外，他无须行矣。故极为简使，国务至海口后，应行手续与次序。为

（1）接收通知书外国出口商将货物装运前来时，随即将提单发票及其他各种随货单据，直接邮寄与进口商，（其货款已无先付者）或以此种票据单据，由银行押汇前往。（用信用证书交易时）故在货物未到买主地时，提单以及其他附属单据，早已达买主之手。然货物船舶核实抵埠。则未能确悉。于是轮船买办或公司，当货船抵岸时，必有通知书（Notice to take Delivery）告知入口商以货物业已到埠，请其持提单至船埠领取货物。入口商接到通知书，随即持提单至轮船公司，换取提货票根，（Delivery Order）至码头领取货物。然有时因店中空地无多，又未自备货栈，货物数量既多势必积塞店中。故将货物先行堆存船埠货栈中。普通于二十四小时内不取栈租，二十四小时外则须按日付租也。当入口商将货物存入船埠堆栈时，堆栈公司随即掣发收据交货，主此收据名曰栈单，（Warehouse Receipt）此单据如经货主用裹书法签其名于后，则变为流通证券。（Negotirble Instrument）无论何人取得，据以提取货物，其效用一与提单相等，且可作为抵押之用。

（2）提货票根当入口商接到船公司或轮船买办之通知书时，如欲及时提取货物，不能用原有提单运至船埠货物所在地领取货物，必须将提单交轮船公司查验，另易一提货票根（Delivery Order）然后连同入口申告书，携至海

关，请求查验货物，完纳入口税。然后领取货物通常亦有不另用提货票根者，则在原提单背面戳盖"提货票根"字样，亦作有效。

（五）货物通关办法

（1）进口之顺序凡商人呈报货物进口，依进口申告书程式填写署名，连同船公司发出提单或提货票根，交于海关办公室之进口枪，以便移转号头枪。填入商船进口号数，至被税货物应否查验。饷单枪有自由裁量之权，因是影响于进口手续繁简颇钜，兹逐一述之。

（甲）查验饷单枪认为应行查验时，按照货物所在，于进口申告书上批明在何价处码头查验（To be examined the wharf at the jetty）等字样，命验货员照章查验，此时顺序又因查验结果之不同而别为两种：（A）单货相符时，（B）单货不符。饷单枪据验货员之报告，提单与货物两相符合时，即分别按照定率而计算其应纳税额，掣发验单，（Duty Memo）令呈报者。完纳于海关收税处，给予收据，呈报者将收据呈验于饷单枪，对照无误，当交由进口枪加盖图章于提单或提货票根，上交还货。主为通关已毕之，证有时提单上或提货票根上所载货额，与实在货物不符时，由验货员发出报单，报告问事枪。情节轻者，促其改正，情节重者，报告税务司分别课罚，其他顺序，一如上述。商人不服验货员报告时，得提出异议。

（乙）免验呈报商人欲得免验之利益，则须提出价值凭单（即发票），凭单为类不一，有记载生产地或出口地之原价者，曰"Local Involce"。有于生产地或出口地加上落货下船之之费者，曰 F. O. B. Invoice。有于原价驳费之上加入船赁者，曰 C. &F. Invoice 有于原价驳货船赁之上再加保险费者，曰 C. I. F. Invoice 普通发票之票价，多用后者，以此项价值每为定率所据也。饷单枪认凭单为正确时，则盖"验讫"字样，于其上，不待经过查验，即以凭单上所记价值或数量为课税之根据。此后纳税一切程序，自与应行查验货物无异，即此一端，予商人之利益已非浅显。盖免验货物手续既省，时间亦不至空费也。但实际山此种免验权利，惟欧美入口商在中国得享之。至若土货之进口，查验程序，为必经之事，亦可叹矣。

（2）短运货物普通短运货物有二种，一为起卸件数少于提货票根所载件数之货，一为装运中破损之货。前者即船货卸毕，其货栈收据（Go down Receipt）与提货票根所载货物件数不符，船主欲免除其纳税义务，必预提出短运单（Short Landed Memo），请验货员证明，不然海关仍须照计税额也。后者与短运不同，然货物一经破坏达某种程度以上，价格丧失，有货与无货等，故得援照办理。

（3）存栈货物凡商人呈报货物进口，不得在装运商船提出舱口单之先，亦不得在装运商船入口十五日以后，其逾期限未报而未纳税者，例由船主或其代理人，提出报单，负责纳税。惟缴有年纳税保证金者，准其暂存货栈，以待货主到关呈报，仍不得过一年之期。此项办法，专为洋货而设，土货务于商船进口后十四日内，一律完清税款云。

（六）清偿货款

入口商与出口商之交易也，至交付货款时为双方交易完结之日。故买主依定货书中所载货物完全收到时，须及时筹付货款。其清偿之法有二：一为买主直接将现款输送前往，一为向银行购买外国汇票，由卖主向发汇银行之支行或代理店兑款。前者殊少实行，盖现金笨重，且多危险，后者因其手续简单危险殊少，故现今商业场中，咸用此法以清偿债务也。

（七）轮船运输

代理人收到宁来货物后，随即须寻觅出口船舶，以免迟延时日，而误运送期。船舶一经觅就，装运宜早。盖各地轮船航线，每不止经过一地，如自美国旧金山运货至上海，须经檀香山菲律宾日本等地。故装货入船，时间必须预早决定，不能将所有货物同时于起椗日落货也。轮船装运时日，每次输运地之远近而定迟早。例如货物由旧金山运至上海者，必先行装入，至日本者次之，至菲律宾者又次之，至檀香山者最后。盖欲使起货时之便利也，故装货入船而误其落货时日，则必为船公司所拒受，而须另待下期出口之船舶矣，不可不留意也。

（1）海运运费及其标准海运运费因种种之关系，每不能如铁路运费之有统一，有时同一性质之货物，在此航线运费较高，在彼航线则运费较低。又同一性质之货物，在此航线用重量计算，在彼航线则用容量计算。有时亦照货物件数单位计算，各不相同。因此各轮船公司所定运费，亦各不相同，有用每吨重（per ton measurement）（合四十立方尺）计先令几何，又有用每日磅或每尺计仙使（Cents）几何者，依各地商人习惯而异。普通羊毛绒线则多用磅重计算，米麦则用斗斛计算，粗重物件如钢铁等类，则多用吨重计算，轻细物件如家私鞋帽玻璃器具等，则多以容量计算。总之视各公司之商业习惯而异其定货标准也。

（2）运费高低与商业之关系货物价格之低昂，常为运费所左右。运费低廉时，出口商与入口商双方均蒙其利。盖运费既廉，货架自然低落，货架廉则顾主而踊跃营业发达。入口商因视其商业兴隆，于是向出口上定货数量必随之增加。岂非双方受其利哉。反之运费高昂，影响货价，买主寥寥，则入口商之向出口商定货亦必大为减色，岂非双方蒙其弊哉。是故吾人知运费之高低，与商业实有绝大之关系也。

各种交通工具，运费最廉者，莫若海运，故有时加增少许运费。对于商业，当无甚大影响。然若大宗之贸易，数量在五千吨以上者，每一单位加赠二先令，则总数已一万先令矣。此一万先令对于货价之影响，不得谓不大也，故出口商对于运费之高下，不能不加以注意所以顾念买主之损失也。

（3）平准人平准人即英文 Sworn measurer 之译意，其职务专为出口商度量出口货物之数量容积。盖商人货物交轮船公司转运，必先完纳运费，此运费计算之标准，则全凭平准人之报告也。商人将货物包装妥洽，即缮就一请求单交平准人，请其某日在何处码头度量，并于请求单上填明出口船名，出口地点，货物数量，货箱记号等，以便将货物长短之高低重量占据容积之多寡，一一填入报告单，然后署名其上，商人即据此至轮船公司缴纳运费。

平准人何以有此种权力决定度量容积乎？轮船公司又何以愿依据其报告而计算运费乎？此盖有理由在也。平准人乃法律准许，而经轮船公司之承认者也，故凡所平准之数量，船公司当无不信从至理，为其有如船公司之代理人也。

（4）完付运费出口商据平准人之度量报告单，即持往轮船公司，依照船公司运费价目，完纳运费，此为出口商先行代付运费之一法。有时出口商并不先付运费，俟货物运至运输目的地，然后由船公司向入口商收取。如用前法，则出口商所代付运费之金额，将开列于发票上或水脚清单上，以便向买主收回也。普通转运公司多采前法。

（八）货物出口应行手续

出口商将出口之货物包装妥当，预备装运时，其出口应行手续，说明如下：

（1）预定舱位出口商将所有出口货物预备妥当后，第一步即往各轮船公司探听运费率。如认为满意，即须先行预定舱位（Engaging Freight Room），因恐出口货物过多，不及运载，如预先订定舱位，则可保无落运之虞。然既将舱位订定，即须将货物装入。如不及赶赴船期，则出口商仍须照付运费，盖船公司所预留之舱位，已成废地（Dead Space）矣。在一方又与入口商约定交货期，如有失误，势必罹不赀之损失，可不留意哉。

（2）运输准许单运输准许单（Shipping Permit）者，为船公司发出之单据，准许商人装运货物者也。码头司理非见有运输准许单，不肯收受货物，故此单据为出口不可少之物，其他装货手续，比依照准运单上所载各种条件行之，如有未便依行者，必须另易新单，然后无阻。此亦应注意者也。

（3）码头收据货物运送至码头时，码头司理人随即掣回收据，此收据名曰"码头收据"（Dock Receipt）由司理人署名，承认受收到货物若干，附搭何船。有时货物分数次交付码头时，则每次交货由货主自备一收据，由码头司理签盖图记为凭，及至货物交付完毕，然后由码头司理发出正式码头收据，交与货主，而取消前此货主自备之收据。

（4）船主收据船主收据（Mates Receipt）者，船主收到装运货物后所发出之收据也，其内容一如码头收据所载，用此收据交至轮船公司，便可换取正式提单。惟读者或问曰，船主收据既与码头收据性质相同，何必多此一番手续乎？曰二者乍观之，似乎相同。其实两者性质稍异，用处亦不同。码头收据并非最后之一回单，未能即用以换取提单，而船主收据确表明货物业已装运，而为最后回单，即可以之换取提单也。

（九）货物通关办法

货物既运至码头待船出发，出口商必先至海关呈报货物出口，请其派人查验，给予凭据，然后轮船公司始允接受货物，当呈报货物出口时，出口商须具备一纸出口申告书（Declaration for Exportation）连同运输准许单（Shipping Permit）提出于海关大公事房之出口柜，出口柜交由号头柜编号，然后由饷单柜签名盖印，并批明在何处码头查验字样。一俟接到验货员之报告，照拟税单分别计算正税附税（码头捐等）之总额。掣发验单（Export Duty Memo）由出口柜发给盖印运输准许单，为出口通关已毕之证明。

货物有时因特别原因，致全部不及下船者，俗称曰滞装货物（Shut out Cargo）如一部分未能下船者，俗称之曰短装货物（Shut Shipment）海关则不论滞装短装，凡通关已毕尚未出口之货物，概作为短装货物，此项货物除当时报告海关，以便于出口货单上注明短装字样外，务于该船出口后二十四小时内由商船公司或其代理人提出短装单（Memorandum）于海关，方可请领存票，他日出口，可免重征也。

（十）领事证书

经营出口事业者，尚有一种重要单据，不可不注意。此单据即领事证书（Consulay Certificate）是也。领事证书为出口商所在地外国领事所签发之商品证明书也，此项证书，非各国均行通用，盖依各该国之律例而定也。如美国葡萄牙则必须此项证书。今假若上海出口商欲运大批丝茶至纽约，上海出口商将货物包装完妥后，付与轮船公司转运时，必先赴上海美领事署请求签发领事证书。商人呈请时，将货物之数量，名目，性质，价值等，一一详尽开明报告，不许有丝毫之错误与不确。盖恐一毫不慎而误报，则遭累纽约进口商实非浅鲜。海关或扣留货物，或处罚巨金，而此项损失，亦必转由出口商负责，岂非大不幸乎？故出口商当运货至需用领事证书之国时，必先询明买主如何填写发票，及其所在地之律例，以免蒙意外损失。出口商将详细商品单报知领事署，经领事审查后，认为非违禁品时，即签发领事证书，证书中所用文字，大都依照各该国文字。而出口商须亲自发誓交纳证书费，然后取得该书。缴纳证书费，依美国领署之规定，货物价值低于一百金元者，无须此项证书，百元以上者，然后用之。其证书费为二元五角金元，至其张数亦因各国需用不同而异，普通为四张至八张也。

（十一）水险

海运有种种不测之危险，以致损及船舶与货物，故运货者苦于绸缪未雨之难，一朝不幸罹灾，则一蹶不振。每不能幸免，因此有水险（Marine Insurance）之制度发生。水险者，船主或货主为预防危险起见，向保险公司购买水险，平时按期付与若干之保险费，一旦中途遇灾，如暴风，触礁，搁浅，冲撞，海盗，火毁等，保险公司当照所损价值赔偿，以填补其损失也。

海运事业在法律上之地位与陆运事业完全不同，陆运公司对于货物一切损失，均负完全责任，海运公司除起落货物所损失者担任赔偿外，其余在航行中所受损失，完全不负其责如因救护船舶及乘客之危险，将一部分货物抛掷海中，则公司将照普通平均法以赔偿其所失，此原则曾继续实行约十世纪之久，故货物由海舶运输，苟非有保险公司为之保障，则商人将旦夕蒙其损害矣。

保险机关为发展海外贸易要件之一，盖交易频繁，货物数量甚大，其经营必择稳妥而少危险者行之。今乃实行国际之懋迁，海舶运载为不可少，而危险又随时潜伏其后，一旦猝遇，经营者虽或不至家破人亡，然损失已不赀矣，因此此种冒险事业，谁愿独当。人人裹足不前，国际将返昔闭关时代矣，故欲推广一国之对外贸易，保险机关之设立，为不可少者也。

水险之起源，较其他各种保险业为早。然其制度与今之水险不同，盖其距今日之水险制度（Marine Underwriting）亦约在百年之前。其实商业国家，取得"船舶抵押借款"（Loan Bottomry）之保险利益，即借款以船货为抵押，而以高率之利息付之。然其本息之偿还，须至船货之安抵目的地。如中途遇险，货物损失，则货主失去其本息金。其制度与今日水险不同者，为今日之水险，须先付保险费，（Premium）而后收受货物损失之赔款。如在船舶抵押借款制度之下，则先收赔款金，然后货物到目的地时，加上保险费，连同本金偿还货主。

此种船舶抵押借款，罗马贵族独多行之。因彼等极欲自行直接投资于商业上，而同时设法免去亲自交易之烦琐。因此引用此制度也。其时商业各国盛行之罗马正统文学史，亦曾记载。且于五百二十三年，罗马帝查士丁尼[1]（Emperor Justinian）亦曾下敕令，规定此种借款之利率为一分二厘，其意盖欲使此种保险制度风行各处也。

至于近世纪水险之制度，其起源当远在船舶抵押借款制度之后。十七世纪后半期，英国经济势力颇为膨胀，对于航海事业尤为发达，故其时各国对于水险问题亦颇注意。然英国直至十八世纪中叶，始臻发达其水险事业，至吾人不得不略知世界最古保险公司之略历。此公司名曰"来公司"（Lloyds）成立于1770年。最初本为一海员咖啡室，为爱德华来氏（Adward Lloyds）所创之，除为便利海员上落外，复设立通讯机关，搜集各处消息，报告各口岸船舶来往情形，以便商贾之懋迁，而对于保险航海损失，实为其次要事业，其后公司对于航海消息，为有系统之收集，以致成为伦敦主要会集市场，商人与专事保险者，咸集其间，以交易关于航海事业，因此来公司乃日益发达，而1792年，由伦敦陶瓦街（Tower Street）迁至朗伯德[2]街（Lombard Street）最后于1794年复迁至伦敦皇室交易所（Royal Exchange）而推广发达，成为联邦王国（United Kingdom）及世界之水险中心矣。

---

[1]"查士丁尼"原文作"查斯丁宁"，现据今日通常用法改正。——校勘者注。
[2]"朗伯德"原文作"龙巴"，现据今日通常用法改正。——校勘者注。

保险事业中有二种重要职员，即保险经纪人与保险代理人（Insurance Brokers and Agents）是也，此二种人员之法律上地位，为非公司职员及代理人。故未能代表公司之行为，仅受收其应得之报酬金而已，美国法律有明文规定，保险经纪人，须向保险委员会（Insurance Commissioner）领取受权证书（Certificate of Authority）并完纳证书费，自十元至二百元不等，视各州法律而异。在证书中载明经纪人姓名及其权力所及，然有数州经纪人认为保险公司代理人，而多数州法则认经纪人为受保险者（Insured）之代理人。兹举一实例以释之。美国免基尼公司诉波维保险公司于法庭，关于代理人及经纪人权限问题，此诉讼之事实，即保险公司除非收到保险费不生效力，乃有某甲向保险经纪人 A，请求保险其产业，A 复转请于经纪人 B，B 因为便利起见，再转请于经纪人 C，C 然后向保险公司正式代理人取得保险纸，于是将保险纸交由 BA 而转交于某甲，某甲随即交付保险费于 A，由 A 而 B。当保险费交至 B 手时，而某甲之产业，已遭损失，乃请求公司照数赔偿。公司不许，盖谓保险费未到公司前，其保险纸完全失其效力。因 ABC 均为受保人之代理人，保险费交与彼等，不得谓已交与保险公司，故公司不负赔偿之责。

保险代理人者，为保险公司聘请专为招收保险业，转移保险纸（Insurance Policy）决定损失赔偿数目，及收受保险费之人也，其一切举动，如在其权限范围内者，均足使保险公司受束缚也。用证书证明某种为其代理人，后者即虽未经公司发有证书，然其作为，经公司之承认者，亦得认为公司代理人，然无论如何，为郑重起见，当以前者为最适宜也。代理人复分二种，一为普通代理人（General Agents）一为特别代理人（Special Agents），前者即代理人可执行各种关于保险事务，如接收危险，决定保险条件，发出与复新保险纸等。凡公司可作为者，代理人无不可代执行之。后者即代理人受公司之委托，仅执行特种指定事务，或在指定地点执行某一种事务也，越出其指定范围，代理人即无权执行。

保险公司之分配赔偿法，通常有二，即"普通平均"（General Average）与"特别平均"（Particulay Average）是也。普通平均者，即指一切损失，起于因救护船舶运费起见，将一部分货物掷于海中，其所受损失，若仅归于受损害者担责，未免欠公，因此有特种原理绍入，以平均分配为原则，即货主或船舶所受损失，应由全体受惠者分摊，不应由原货主独担，以示公平也。至计算船舶之损失，通常依其损失之程度，所费之修理费之多寡而定，计算商品之损失，如全部则以纯价为标准，即总价减去水脚运费是也。如一部则以其未损害时之纯价，与已损害后余货出售之价之差为标准，计算运费之损失，为船公司在船舶未受损失以前，应赚之运费之总数减去，（一）载运时应用杂费（二）转驳之费用是也。兹举一例以示之。

船舶值银五万元，货物值银二万五千元，运费计一千元，当船航行至中途时，适遇大风，以致损失，总共五千元，依普通平均分配数如下：

总值…………MYM76 000

损失…………MYM5000

安全货财　　　　　　　MYM71 000 分派 71/76 之 5000
　　　　　等于…………467. 106

财货损失　　　　　　　MYM5000 分派 5/76 之 MYM5000
　　　　　等于…………328. 94

船舶价值　MYM50 000　平均分派……3289. 47

货物纯值　MYM25 000　平均分派……1644. 74

运费（纯量）MYM1000　平均分派……65. 79

特别平均者完全用于部分损失，其异于普通平均所有损失为起于自动牺牲（Voluntary sacrifice）即因救护船货，由船主抛掷海中，或折断桅杆以避风。特别损失即为一切损失起于偶然骤遇，且非人力所能驾驭者也。在特别平均下，货主损失均自行负责，而不若在普通平均下之由受惠者平均分派，至其赔偿之决定，于英国法律中有云，"凡货物运至目的地时，其一部或全部之损失其计算赔偿法，为以保险纸中所载保险数目之比例，而以总安全之价值之差为准"安全价值之决定，为其货物到案时之市价，损失价值之决定，为其卖价总纯价之差。二者之差即保险公司应赔之数目也。

以上所述十一节，为出口贸易应行之手续及程序，然此仅举其荦荦大者言之，其余琐碎手续尚多，未克一一罗列。

国际贸易之清偿债务方法[*]

傅文楷

不佞于本报五卷第一二三号,曾述关于国际贸易进出口之方法,及其程序,兹继续论其清偿货款方法。盖交易完成后,最要问题,厥为清付货款。今分二段说明:一为买主如何清偿货款,一为卖主如何取得货款,依次述之如次:

(甲)买主如何清偿货款。买卖两方,若同居一地,固不难以现款清偿其货款,然贸易既冠以国际二字,则其为异地也明矣。然则当用何法以偿清债务乎,曰不难也。吾人但用国际汇兑之原理与方法可也。兹将关于买主清付货款之汇兑法,分节言之。

(一)银行汇兑。各国入口商,多与外国工厂或商店预定买卖契约,将货物装运前来。然后买主购买银行汇票,将汇票寄往,由卖主向银行兑款。因此市面上有所谓汇票供求电汇等发现矣,其法至易,其理至明。譬之,上海某甲向纽约某乙购买摩托车一百辆,计美金五万元,言明俟货物到沪后始行清付货款。今假设某甲已照收所购之百辆摩托车,即须将款项付清,然纽约某乙并无分店或代理人驻沪,于是不得不将现金运送至美。然中国系银本位国,所用币制银为本位,金银比价又未能一律,且运送现金手续繁重,尤多危险。于是惟有至上海某银行购买美金五百万之纽约汇票,照金银比价用上海通用银元付之。然后将此汇票由邮寄于纽约某乙,某乙收到汇票之日,即可持往上海某银行之纽约分行兑款,毫不繁渎。此种付款法,为现今国际交易场中普通行用者也。然入口商如何取得金镑、法郎、金元,以及其他货币之汇票乎,曰可向银行经纪人(Broker)收买也。经纪人者为一种商人,介乎商人与银行之间,奔走寻觅,使商人与银行之交易成就而已。则与其中谋

---

* 本文原刊于《钱业月报》1925 年第 5 卷第 5 期。

取报酬费（Commission）者也。商人或经向银行购买此等汇票亦可。国外汇兑之经纪人，在市场颇占重要地位。因其一方代银行寻觅买主，并通知随时变动之汇兑市价，银行因此可省却无数时间与劳力。一方买主因不易得真确汇兑市价，有经纪人介乎其间，亦乐得利用之以免烦渎也，然犹未可一概论也。盖商人经营进出口事业，一岁中出入款目颇钜，自必有专一之银行交易，庶可获得平廉汇价，无须假道经纪人之手也。

（二）寻觅市场。商人欲知银行汇兑市价，可于每日银行开始营业时，查阅其挂牌市价。所谓其开盘市价（The rate shown at the open of business）是也，或于每日报纸所载之银行收盘市价（The rate published close of business each day in the news paper）查之。假若某商人决定于某日清偿其外国债务，则可亲至银行或用电话询问市价，如认为满意时，即行购买所欲汇款地之汇票。虽然，商人如何得悉其所获之市价为平廉与否，（Flat Rate）是则须将各银行市价比较，而后知之。兹揭每日报章所载之国外汇兑市价表如下：

银行卖价	
伦敦电汇	三先令二便士[1]二五
伦敦即期	三先令二便士三七五
伦敦四月期	三先令二便士五
意国电汇	十五利拉四五
（以上系以规银一两合）	
印度电汇	一一七
法国电汇	一·一四五法郎
纽约电汇	六九元
爪哇电汇	一九〇福禄令五
（以上系以规元百两合）	
香港电汇	七四两
（以上系以港洋百元合）	
日本电汇	六一两五
（以上系日金百元合）	
新加坡电汇	七三两七五
（以上系以坡币百元合）	

---

〔1〕 "便士"原文作"辨士"，现据今日通常用法改正，下同。——校勘者注。

续表

银行买价	
伦敦四月信汇	三先令四便士二五
伦敦四月押汇	三先令四便士三七五
伦敦六月信汇	三先令四便士五
（以上系以规元一两合）	
法国四月信汇	一·二二五法郎
纽约四月信汇	七二元五
纽约四月押汇	七二元七五
（以上以规元百两合）	

（三）由卖主发汇。前节所言，系由买主将现款运送前往，或购买银行汇票寄于卖主，以清偿债务。本节所言，适得其反。非由债务者发出票据也，所谓逆汇兑是也。盖出口商每不顾负融通资金之责。因为恐货物寄出，而买主无力清偿债款，则损失将不可胜计。故出口商每自行发出商业票据，随同船货单据，（Shipping Documents）交银行代收。该项货款如需用孔急，此票据亦不难出售或贴现。盖此种票据为有价证券，且有切实货物为其抵押品，决非融通票据（Accommodation Bills）等，无交易关系发生者可比。假若外国出口商系一信用颇著之商人，则其票据无须附连船货单据，亦有同样效力。此种票据所谓单纯票据（Clean Bill）是也。票据上所用货币，可即用出口商所在国之货币。然亦有用第三国之货币者，如美国售货与法国，而票据用英镑计算者是也。如是美国银行，将照银行买进伦敦票据市价计算而收买之。又如中国商人发出纽约票据美金一万元，卖与上海银行，银行即依市价计算，交上海通用银元二万元与中国商人。（假定中美汇价为二一之比）上海银行既买得该项票据，即交由邮局寄往其驻纽约之分行或代理店，请其就近向受票人（Drawee）收款。此种取款方法，胥为近日国际贸易常用者，此外尚有运用信用证书法，以清偿债务者。兹姑不赘。

（乙）卖主如何取得货款。前节所言清付货款法则，系由买主方面设想，本节所欲言者，专从卖主方面定论。虽其清付货款与取得货款结果相同，然各方所注意之点究不能相类。卖主对于取得货款，其厉害有较买主为尤甚者，盖双方交易之唯一目的，为求满足欲望，买主既得货物，对于其所需要业已满足，余无所求。卖主则将货物贩卖，冀得现金，以为其售货之代价。所谓卖主之利害关头较买主为大者，即恐于发生危险故也。盖将货物发出后，须待买主收到货物，始将此项货款汇来。若买主失信，或不幸而破产，势必遗累卖主，故卖主对于追取货款，为其所特别注意，其取得货款法，亦不外发出票据与现银交易两种，更述于次。

（一）出口票据。国际汇兑市场，将出口商发出之各项票据，统名之曰出口票据。（Export Drafts）至期限之长短，及买卖之条件，本无一致之趋势，有发行即期票（Demand Drafts）者，有发行长期或短期票（Long Time or Short Time Drafts）者，或者必须附连船货单据，（Shipping Documents）或者只发行单纯票据，（Clean Bill）各视其信用习惯，而异其发行形式。假若中国商人向纽约商人定货，定货书中言明准卖主发出见票后九十日付款之承付票价，（90 - day Sight Draft Drawn Document Against Acceptance）纽约卖主一经承受该项定货书，则必依照定货书中所列方法，发行票据，再不得用裁定法或其他形式发行。如必须变更买卖契约者，势必得对方之同意，借免相互防止，另生枝节。故商人对于发行票据，当各方观察而行之。

（二）随货即期票。随货即期票，一名押汇即期票（Documentary Sight Drafts）乃发出货物时，连同货物发出之即期票据也。即期票据到买主地时，买主必须立即清付货款，而后提单等条件始尤交出，如买主不允依票面数目照付，或因无力清付，则卖主可将原货拍卖，或转运他方。所亏仅少数运费保险费而已。如其不然，货物先行交付，货款俟以后拨付。若买主发面发生意外，卖主将受无穷损失。故此种票据，对于初次交易，或信用未固之商人行之，颇为相宜。

（三）支付与承付票据。支付汇票，英文称为（Documents Against Payment）简式为 D/P。承付汇票，英文称为（Documents Against Acceptance）简式为 D/A。此二种汇票性质各异，各视贸易情形而定何者适用。如用支付汇票，则危险程度可减少，损失自不易遭得。盖当买主接收货物时，须先清付票据款额（用现金或稳妥之银行支票）然后卖主将提单等单据交付买主。因此对于卖主毫无危险与顾虑。然有时买主亦可分期交付货款，而分期领取货物也。总之，无论分期或全付，卖主决不至危及自身也。承付汇票则不然，卖主易受危险与损失，盖卖主将货物交与买主，仅发出一承付期票，换得买主之承付，（Promise to Pay）须至票面到期，然后得兑取现款。如在票据到期之前，买主有欺诈行为，或不幸而家破人亡，卖主将何从追债乎？故此种票据多用于信用昭著或素有交往之商人也。

（四）票据贴现。上述取款方法，为卖主发出汇票，直接由其分店或代理人向买主收款。今假设卖主不胜收款之烦，将其所有商业单据票据（Documents）统交其所在地银行，托其代理，亦常有之事。又如卖主需款恐急，竟将其票据转交银行。换言之，即请求银行贴现也。银行查验其票据后，对于出票者之信用认为满意时，即依期限之长短，计算利息，而予以贴现。贴现者，即由票额扣去一定数目，而估得现价也。换言之，即票据未到期而欲先兑现款，扣去贴现日起至票据到期日止之利息也。例如卖主持九十日期票，款额为三万元，往银行贴现，银行贴现利率为五厘，计贴现息为三百七十五元。三万元减去三百七十五元，卖主实得二万九千六百二十五元正。卖主虽少得三百七十五元之进款，且可省去收款之繁琐手续。故出口商多用此法以取得货款也。

（五）现银交易。卖主如欲免去以上种种手续，而取得现款，则惟用现金交易之一法。即买主定货时，随将货款汇往，然此种方法，究不能见诸实行。即间有行之者，亦比为小额交易，为数不钜，或因不能取得银行信用证书，故不得不行此法。盖买主方面亦决不顾负此重大之融通责任也。

东吴法学先贤文录编辑人员名单

总主编：

胡玉鸿

各分卷主编：

法理学卷：孙莉

法律史卷：方潇

宪法学、行政法学卷：上官丕亮、黄学贤

民事法学卷：方新军、胡亚球

刑事法学卷：李晓明、张成敏

商法、经济法、社会法学卷：李中原、朱谦、沈同仙

国际法学卷：陈立虎

司法制度、法学教育卷：胡玉鸿、庞凌

录入人员名单

魏 琪	邢凌波	殷凯凯	吴思齐	马健博	张昊鹏	倪文琦	陈 萍
梁艳茹	安子靖	张基晨	施嫣然	袁小瑛	戚小乐	陈康嘉	臧 成
苏 峰	王 杏	许瑞超	张盼盼	刘鑫建	刘文丽	安 冉	张秀林
陈雯婷	蒋 超	钱 佳	张 琦	崔皓然	陈钰炅	惠康莉	唐奥平
马 敏	徐湘云	赵 琪	吕森凤	孙蓓蕾	姜 瑛	胡寒雨	张 尧
阴宇真	王晓宇	李婉楠	卢 怡	柳一舟	丁 楚	孙 浩	宋 鸽
李臣锋							

校勘人员名单

魏 琪	邢凌波	殷凯凯	吴思齐	倪文琦	张昊鹏	张盼盼	金徐珩
陈雯婷	钱 佳	蒋 超	崔皓然	陈钰炅	唐奥平	徐湘云	赵 琪
吕森凤	姜 瑛	张 尧	卢 怡	丁 楚	王春雷	韩进飞	孙 浩
宋 鸽	刘冰捷	杨丽霞	李臣锋				